선으로 읽는 금강경

禪으로 읽는 금강경 金剛經

김태완 번역 및 설법

침묵의 향기

점심(點心)!

　　중국 당나라 시대의 덕산선감(德山宣鑒: 782-865) 스님은 원래 성이 주(周) 씨였는데, 늘 《금강경》을 강의하여 별명이 주금강(周金剛)이라고 불릴 정도로 그 이름이 높았으며, 동료에게 "배움이 있는지 배움이 없는지를 오직 나만이 알고 있다"고 말할 정도로 자부심이 대단했다. 뒷날 남쪽 지방에서 선(禪)이 성행한다는 소문을 듣고는 기분이 나빠서 말했다.

　　"출가한 사람이 천겁만겁토록 부처님의 행동을 자세히 배워도 부처가 되지 못하는데, 남방의 마귀들은 감히 '사람의 마음을 바로 가리키고 본성을 보아 부처가 된다'고 말하고 있구나. 내 마땅히 그 도깨비 소굴을 찾아가 마귀들을 소멸시켜서 부처님의 은혜에 보답하리라."

　　그리하여 자신이 지은 《금강경》 해설서인 《청룡소초(青龍疏鈔)》를 짊어지고는 촉(蜀) 지방을 나와 풍양 땅에 이르렀는데, 길에서 떡을 팔고 있는 한 노파를 만났다. 마침 점심때라 어깨에 멘 책을 내려놓고는 떡을 사서 점심으로 먹으려고 하였다. 이에 노파가 그 책을 가리키며 물었다.

"이것은 무슨 책입니까?"

"《청룡소초(靑龍疏鈔)》라는 것이오."

"무슨 경전을 해설한 것입니까?"

"《금강경》을 해설한 것이지요."

이에 노파가 말했다.

"저에게 질문이 하나 있는데, 스님이 답을 하시면 제가 점심(點心)을 드릴 것이고, 답을 하지 못하시면 점심을 드릴 수 없으니 다른 곳으로 가 보십시오. 《금강경》에 이르기를 '과거의 마음도 얻을 수 없고, 현재의 마음도 얻을 수 없고, 미래의 마음도 얻을 수 없다'고 하였는데, 스님은 어느 마음에 점을 찍으려(점심點心) 하십니까?"

덕산 스님은 그 질문에 대답을 하지 못했다.

자, 어느 마음에 점을 찍어야 떡을 얻어먹을 수 있을까?

– 떡을 먹었거든 입술을 닦아라!

2004. 3.

김태완 합장

5

차례

대승금강반야바라밀경(大乘金剛般若波羅蜜經)이란?

《금강경》에는 한역본이 7가지 정도 있습니다. 무엇을 가지고 해도 상관없습니다만 가장 널리 읽혀지고 가장 간략하기 때문에 구마라집의 번역본을 가지고 설법을 하겠습니다.

먼저 제목을 보면 《대승금강반야바라밀경》 이렇게 되어 있습니다. 대승금강반야바라밀경(大乘金剛般若波羅蜜經)[1]…

대승(大乘), 큰 수레입니다. 큰 수레! 여기서 '대승'이라든지 '금강'이라든지 '반야바라밀'이라든지 '경'이라는 말은 사실, 명칭은 다르

---

1) 구마라집이 번역한 《금강경》의 본래 이름은 《금강반야바라밀경(金剛般若波羅密經)》이다. 여기에서는 《대승금강반야바라밀경(大乘金剛般若波羅密經)》이라고 하였는데, 이 경전 강의의 자료로 삼은 《금강경》에 그런 제목이 붙어 있었기 때문이다. 대승(大乘)이라는 글을 앞에 붙인 이유는 《금강경》 제15분 지경공덕분(持經功德分)에서 "여래는 대승의 마음을 낸 자를 위하여 설법하신다(如來爲發大乘者說)"라는 구절을 염두에 두었기 때문으로 보인다.

지만 같은 '하나'를 가리키는 말입니다. 이미 그 '하나'는 여러분에게 다 드러나 있습니다. 숨겨지지 않고 우리 모두가 이미 맛을 보고 있습니다. 그래서 이 맛을 아시는 분이라면 벌써 《금강경》을 다 말하였다 해도 과언이 아닙니다.

그러나 우리는 아주 어릴 때부터 '이름'을 따라다니고, 이름이 가리키는 '모양'을 따라다니고, '육체'에 갇혀 있고, '느낌'에 갇혀 있고, '생각'에 갇혀 있고, '욕망'에 갇혀 있고, 여러 가지 장애를 받아왔기 때문에, 그 '하나'가 무엇인지, '하나'라고 하는 말로 가리키는 '이것'이 무엇인지를 사실은 늘 맛보고 있으면서도 알지 못하고 있는 것입니다.

그렇기 때문에 수많은 경전이 있는 것이고, 조사(祖師) 스님의 가르침이 있는 것이고, 외람되지만 저 같은 사람이 여기 나와서 이런 얘기, 저런 얘기로 구업(口業)을 짓고 있는 것입니다. 사실 이런 말씀을 드린다는 것이 제 스스로 볼 때 여러 가지로 죄송한 마음이 듭니다. 왜냐하면 혹시라도 제 말만 따라서 제 이야기만 듣는다면, 저의 말 역시 오히려 이 '하나'의 참된 맛을 보지 못하게 하는 장애물이 될 뿐이기 때문입니다.

그래서 제가 설법을 하면서 늘 드리는 말씀입니다만, 제 말이 아니라 제가 정말 여러분과 함께 나누고자 하는 것이 무엇인지 거기에 오직 관심을 집중하시고 오직 '거기'에만 목말라 하시면서 제 말에 귀를 열어 놓고 계시기 바랍니다. 그러다 보면 제 말은 마치 스쳐 지나가는 봄바람처럼 지나가면서, 혹시 그 봄바람 가운데 어느

9

한 줄기 바람이 여러분 스스로가 이 '하나'의 참 맛을 보게 만들어 주는 계기가 될 수 있을 것입니다.

왜 '대승'이란 말로써 이 '하나'를 말하고 있는가? '대승'이란 큰 수레죠, 어느 정도 큰 수레냐? 이 이상 더 클 수 없는 수레입니다. 가장 큰 수레, 모든 것을 다 담고 있는 수레, 모든 것을 다 싣고 있는 수레, 생각할 수 있는 모든 것을 아무리 싣고 싶어도 더 실을 수 있는 수레입니다. 그래서 '크다'는 말로써 이야기하지만 사실은 '크다'는 말도 해당되지 않습니다. 더 이상 클 수가 없이 큰 수레입니다.

우리가 보통 알고 있는 수레라는 것은 정해진 크기와 양이 있어서 작은 수레, 그보다 좀 더 큰 수레, 그보다 더욱더 큰 수레… 이런 식으로 어느 정도 순위를 정할 수 있습니다. 그러나 이 대승의 수레는 애초에 실을 수 있는 짐칸의 크기가 정해져 있지 않습니다. 그러니까 무엇을 실어도 다 채워지지 않는 그런 수레입니다. 그럼 이 수레가 도대체 '어디' 있느냐? '어디' 있어서 그 모든 것을 싣고 다니고 있는가? 우리 모두는 그 수레의 축(軸) 위에 발을 딛고 있다고 이야기할 수 있습니다. 그 수레의 손잡이를 내 손에 쥐고 있고, 나 스스로가 그 수레를 운전하고 있다고 할 수 있습니다.

더 가깝게는 지금 "수 · 레", "대 · 승"이라는 이 말!
"대! 승! 수! 레!"
당장 지금 이 말! 이 말에 그 모양 없는 큰 수레가 숨김없이 드러나 있습니다.

애초에 말씀드렸듯이 제 말의 진정한 뜻을 잘 보시기 바랍니다. 머리로 헤아리라는 말이 아니고, 제가 정말 '무엇'을 이야기하려고 하는가? '거기'에 관심의 초점을 두시기 바랍니다.

지금 이 수레는 내 손에서 (손을 펴고 오므리면서) '이렇게' 움직이고 있고, 내 입에서 '이렇게' 소리를 내고 있습니다. 여러분 스스로의 눈앞에서 끊임없이 움직이고 있습니다. 그런데 바로 이 수레는 '수·레'라고 부르지만 사실은 수레의 모양을 갖추고 있지는 않습니다. 이름만 수레입니다. 지금 이렇게 "수·레"라고 하는 말 자체에 이 수레가 있습니다.

그러나 생각을 따라서 수레라는 말의 뜻을 좇아가서는 이 수레를 손에 쥐고서도 보지 못하는 가련한 신세를 면할 수 없습니다. 만약 이 수레를 맛보았다면 "대·승·금·강·반·야·바·라·밀·경" 이렇게 읽고 있는 이 자리에서, 내 손아귀에서, 내 귀에서, 내 눈에서, 이 수레의 움직임을 직접 확인할 수 있습니다.

색깔로서 드러나는 것도 아니고 소리로서 드러나는 것도 아닙니다. 그러나 '대승', '금강', '반야바라밀', '경'이라는 글자를 볼 때, 그 소리를 들을 때, 그 수레는 이렇게, (팔을 흔들면서) 여기 지금 이렇게 (손을 오므리며) 드러나 있습니다.

그러면 도대체 이 수레라는 것은 무엇인가? 모양이 없다 하고, 그러면서도 이미 다 드러나 있다고 하는데, 도대체 이것이 무엇인가?

이런 의심이 부쩍 일어날 것입니다. 그러나 지금 이렇게 일어나는 의심, 그것조차도 이 수레가 실어 나르고 있는 것입니다. 내 눈 앞에, 내 귓전에, 내 손아귀에, 내 발밑에, 내 머리에, 그 무엇이 나타난다고 하더라고 모두 이 수레가 실어 나르고 있는 것입니다. 하나도 빠짐없이 모든 것을 이 수레가 싣고 있기 때문에 '큰 수레'라고 하는 것입니다. 작은 수레와 비교해서 큰 수레라고 하는 것이 아닙니다.

얼마 전에 누가 저에게 귀신에 대해 물었는데, 그 귀신조차도 이 수레가 싣고 온 것입니다. 따로 귀신이란 것이 있을 수가 없습니다. 수레에 실리지 않고는 귀신이 귀신 노릇을 할 수 없습니다. 우리는 스스로가 자기 수레에 귀신을 싣고 다니면서, 귀신에게 속고 있는 것입니다. 내 수레에 내가 싣고 다니면서 귀신에게 절을 하고, 귀신을 모시고, 귀신을 두려워하는 것입니다. 그래서 만약 이 수레를 직접 확인한다면, 귀신이 나타나든, 하느님이 나타나든, 악마가 나타나든, 부처님이 나타나든 아무런 상관이 없습니다. 그것들은 내가 싣고 다니는 물건들일 뿐이지요. 내가 실을 수도 있고 버릴 수도 있는 것들일 뿐입니다. 그러니 정말 자유로운 것입니다.

결국 우리가 마음공부란 이름으로 하는 공부에서는 그 무엇에도 매이지 않는 자유, 그것을 불교에선 자재(自在)라고도 하고, 해탈(解脫)이라고도 하는데, 그 무엇에도 매이지 않는 이 자유를 맛보고 확인하는 것입니다. 공부를 많이 했다고 하면서도 스스로가 싣고 다니는 물건들에 매여서, 그 물건들로부터 자유롭지 못하다면, 그것은 공부를 제대로 했다고 말할 수 없는 것입니다. 스스로의 공부를 되돌아볼 때 자기가 무엇에 매여 있는가, 아니면 진실로 무엇에도 매여 있지 않은가를 통해 자기의 공부를 확인할 수 있는 것입니다.

대승, 큰 수레라는 말은 정해진 크기가 없다는 말입니다. 작게 접으면 한없이 접어서 더 이상 작을 수 없이 작아질 수도 있습니다. 큰 수레라는 말은 어쩔 수 없어서 하는 말이지 꼭 들어맞는 말은 아닙니다. 그래서 이것에다가 '도(道)'라는 둥, '마음'이라는 둥, '진리', '부처', '법(法)', '창조주', '신(神)' 온갖 이름을 갖다 붙이지만, 사실은 어떤 이름도 알맞은 이름이 아닙니다. 어떤 이름도 붙일 수 없습니다.

이름이 붙을 수 없는 '거기'에 우리가 억지로 이름을 붙이는 것입니다. 우리는 아주 어릴 때부터 이름을 붙이는 것이 버릇이 되어 왔기 때문입니다. 생각해 보십시오. 우리가 보통 말하는 교육이라는 것도 아이 때부터 어떤 이름을 가르치고, 그 이름에 대한 뜻을 익히는 것이 아닙니까?

이름에 따라서 그 이름이 가리키는 뜻을 따라가는 것이 아니라, 지금 그 이름이라는 놈이 예컨대 '대승', '하느님', '부처', '촛대', '시계', '컵' 뭐라 하든지 간에, 지금 이 말이, 이 이름이, 이 동작이 일어나는 이 자리가 확실해야 합니다. 자기가 이 자리에서 확실해야 하는 것입니다. 이 자리에서 변함없이 확고부동해야 하는 것입니다. 다른 것이 없습니다. 이 자리라는 이름도 억지로 붙이는 것입니다. 어느 특정한 자리가 있는 것이 아닙니다. 오히려 '이것'은 머묾 없이 흘러가는 것인데, 흘러가는 곳곳이 곧 머무는 자리입니다.

인위적으로 정해 놓은 자리는 자리를 옮김에 따라 바뀌지만, 확인해야 할 변함없는 자리라는 것은 걸음걸음 걸어갈 때, 그 걸음걸음 걸어가는 한 걸음 한 걸음이 바로 변함없는 자리입니다. 한 발 두 발 딛는 이 자리가 변함없는 자리이고, 한 생각 두 생각 일어나는 이 자리가 변함없이 떠날 수 없는 이 자리이고, 한 번 눈길을 돌리고, 한 번 귀를 기울이는 이 자리가 바로 결코 벗어날 수 없는 자리입니다.

사실은 절대로 이 자리에서 벗어날 수 없습니다. 단지 벗어나 있다는 망상을 할 뿐입니다. 여기는 여기고 저기는 저기고, 이렇게 시간과 공간이 따로 있다는 식으로 말입니다. 사실은 시간과 공간이라는 것도 이 자리가 확실하면, 시간은 흘러가는 것이 아니고, 공간은 펼쳐져 있는 것이 아닙니다. 늘 이 자리가 있을 뿐입니다. 이것이 바로 대승의 수레가 움직이는 자리입니다.

그럼 금강(金剛)은 도대체 무엇인가? 금강경을 영어로 번역하면 '다이아몬드 수트라(Diamond Sutra)'라고 합니다. 그러니까 금강은 다이아몬드입니다. 모든 것을 다 끊을 수 있지만 스스로는 끊어지지 않는 가장 단단하고 영원히 변하지 않는 것을 다이아몬드라고 합니다. 역시 이 자리를 형용하는 말입니다. 왜 그럴까요?

금강이라고 이름 붙여진 '이것'이 사실은 우주를 조각조각 잘라서 우리 앞에 드러내고 있고, 시간을 조각조각 잘라서 지금 몇 년 몇 월 며칠이라고 우리에게 드러내고 있습니다. 우리는 이것을 '분별심(分別心)'이라고 합니다. 이것이 모든 것을 분별해 내고 있는 것입니다. 이것이 모든 것을 만들어 내고 있는 것입니다. 눈에 보이는 여러 가지 색깔과 모양, 귀에 들리는 여러 소리, 코에 맡아지는 여러 가지 냄새, 손에 느껴지는 감촉의 여러 모습… 전부 이것이 조각조각 잘라서 그 다양한 차이를 드러내고 있는 것입니다. 그런데 이것은 다른 대상은 얼마든지 자를 수 있어도 자기 스스로는 절대 잘리지 않습니다. 그래서 다른 것들을 자를 수는 있지만 스스로를 자르지 못하는 이것을 중국의 선사(禪師) 스님들은 칼에 비유하곤 했습니다. 다시 말해서 금강이란 스스로는 변함없으면서 모든 것을 잘라서 눈앞에 드러내는 '이것'입니다.

다음에 반야바라밀경(般若波羅蜜經)이라…

그런데 사실은 대승(大乘)이란 한 단어 가지고 끝까지 다 하고 싶은데… 여기서 제가 직접 보여 드리고자 하는 것은 이런 글자가 아닙니다. 《금강경》의 숱한 내용들도 아닙니다. 딱 '하나'만 깨달으면 됩니다. 우리 모두가 항상 손아귀에 쥐고 있고, 눈 속에 넣어 다니고, 귓속에 담아 다니고, 머릿속에 가지고 다니고, 발밑에 깔고 다니는, 딱 '하나'만 깨달으면 됩니다.

이것만 깨달으면 《금강경》 32분(分)까지의 내용 역시 아무리 부처님의 말씀인 경전이라 하더라도 구차하고 쓸데없는 말들일 뿐입니다. 그래서 '대승'이든 '금강'이든 이런 이름이나 뜻을 따라가지 마시고, 이런 말들이 참으로 '무엇'을 드러내고 있는지 잘 살피시기 바랍니다.

반야바라밀이라… 반야(般若)는 지혜라는 뜻의 인도 말을 한자로 흉내 낸 것입니다. 바라밀이라고 하는 것은 도피안(渡彼岸), 즉 피안으로 건너간다는 인도 말을 한자로 옮긴 것입니다. 따라서 반야바라밀이란 피안으로 건너가는 지혜라는 뜻입니다.

피안으로 건너가는 지혜… 피안(彼岸), 저쪽 언덕. 그럼 우리는 이쪽 언덕에 있다는 말이 됩니다. 저쪽 언덕으로 건너가는 지혜라고 했으니까, 우리는 이쪽 언덕에 있는 셈이 됩니다. 그럼 이쪽 언덕과 저쪽 언덕이라는 말이 가리키고 있는 것은 무엇일까요? 이쪽 언덕은 어디 있는 무엇이고, 저쪽 언덕은 또 어디 있는 무엇이기에 우리는 이쪽 언덕에서 저쪽 언덕으로 가야 할까요?

본래는 이쪽 언덕이라는 말과 저쪽 언덕이라는 말이 가리키는 두 개의 언덕은 없습니다. 있다면 오직 하나의 언덕이 있을 뿐입니다. 다만 우리 스스로가 이쪽 언덕, 저쪽 언덕으로 나눠 놓고 있을 뿐입니다. 그렇다면 왜 이쪽 언덕이니 저쪽 언덕이니 하고 나눌까요? 방편의 말입니다.

이쪽 언덕의 특징은 무엇입니까? 눈에 보이는 색깔과 모양 그 이상을 알지 못하고, 눈으로는 색깔과 모양만 볼 줄 알고, 귀로는 소리만 들을 줄 알고, 머리로는 생각하고 욕망할 줄만 알고, 육체는 그냥 피와 살로 이루어진 물질 덩어리라고 알고 있는 사람들이 사는 언덕이 이쪽 언덕이라 할 수 있습니다. 모양을 따라서, 모양에 구속되어서 이것과 저것으로 나누고, 이것을 버리고 저것을 취하고, 이것과 저것 사이에서 갈등하는 것이 이쪽 언덕에 사는 사람들의 특징입니다. 말과 생각과 분별을 잘하고, 말에 따라 생각하고, 말에 따라 살아가는, 보통 우리가 알고 있는 삶이 이쪽 언덕의 삶이라고 할 수 있습니다.

그러면 저쪽 언덕의 특징은 무엇입니까? 저쪽 언덕에 사는 사람들도 말을 할 줄 알고, 생각도 할 줄 알고, 색깔도 볼 줄 알고, 소리도 들을 줄 아는 것은 똑같습니다만, 이런 것들로부터 조금은 자유롭습니다. 말을 하지만 말에서 조금 자유롭고, 색깔을 볼 줄 알지만 색깔에서 조금 자유로운 것입니다. 왜 조금 자유롭다고 하느냐 하면, 완전히 벗어나 있어야 자유롭다고 하겠지만 실제로는 그러기가 대단히 어렵습니다. 왜냐하면 우리는 너무나 이쪽 언덕 생활에 익숙해 있기 때문에 저쪽 언덕으로 발을 한 번 옮겼다 하더라도 이쪽 언덕 생활에서 금방 벗어나기가 어렵기 때문입니다.

그렇다고 이쪽 언덕의 생활과 저쪽 언덕의 생활이 따로 있는 것은 아닙니다. 또 이쪽 언덕의 생활에서 저쪽 언덕 생활로의 변화가 따로 있는 것도 아닙니다.

그러나 공부를 한다고 하면서 아무런 변화가 없다고 하는 것도 맞지 않습니다. 그냥 있는 그대로 살아가면 된다고 할 수도 있습니다만, 마음공부라는 것을 하면서 내면적으로 아무런 변화가 없다고 하는 것은 맞지 않는 말입니다. 그렇다고 변화된 것이 구체적으로 무엇이냐 하면, 제시할 만한 것이 특별히 따로 있지는 않습니다만 분명히 달라진 것도 있습니다.

이쪽 언덕, 저쪽 언덕이라 하는 이유가 거기에 있습니다. 저쪽 언덕이라는 것이 따로 없지만 역시 이쪽 언덕은 이쪽 언덕이고, 저쪽 언덕은 저쪽 언덕입니다. 저쪽 언덕이라 하는 것은 이쪽 언덕에서 구속받고 갈등하던 것으로부터 자유를 얻는 것이라고 표현할 수 있습니다. 그러나 그것이 전부는 아닙니다. 대승이라 하고, 금강이라 하고, 반야라 하는 '이것'을 확인하는 일은 결코 말로써 모두 설명할 수는 없습니다. 흡사 장님이 코끼리를 만지는 것과 같습니다. 장님이 코끼리를 만지되, 단지 자기가 만진 부분만이 코끼리라고 알면 그것은 어리석은 사람입니다. 그러나 한번 만져 보고서 전체 코끼리가 어떤 것인지를 확실하게 알 수 있다면 그것으로 되는 것입니다.

그러나 마음이란 코끼리처럼 정해진 크기와 모양이 없는 것이기에 한 번만 뚫을 수 있다면, 어떤 계기를 통해서든 "아!" 하고 확인이 된다면, 그것으로 되는 것입니다. 특별한 길이 더 남아 있는 것이 아닙니다.

마음은 흔히 허공에 비유됩니다. 우주 전체도 허공입니다. 하늘도 허공입니다. 방 안도 허공이고, 우리 손아귀 안도 허공입니다. 그러므로 우리가 우리 손아귀 안의 허공만 알아도 우주 전체의 허공을 아는 것입니다.

마찬가지로 마음이라고 하는 것도 공부를 하다가 어떤 계기를 통해서 "아!" 하고 확인하면 그것으로서 다 맛을 본 것입니다. 마치 바닷물이 어디서 맛을 보든 한 맛이듯 말입니다. 부산 앞바다 바닷물의 맛을 본 것이 바로 태평양 전체의 바닷물 맛을 본 것과 같습니다.

그렇다고 문득 모든 것을 다 아는 것은 아닙니다. 시간이 걸립니다. 그것을 보림(保任)이라고 하는데, 상당한 시간 동안 과거의 습(習)을 점차점차 녹여 내야 합니다. 녹여 낸다는 말에 속지 마십시오. 따로 녹여 낼 무엇이 있는 것은 아닙니다. 이 말이 가리키는 바가 무엇인지는 체험을 해 보시면 이해할 수 있습니다. 시간이 지나면서 더욱 뚜렷하게 알 수 있습니다.

그러니까《금강경》이라고 해도 사실 뭐 특별한 것이 없습니다. 저는 지속적으로 온갖 손짓 발짓, 온갖 말을 통해서 항상 이 '하나'를 가리키고 있습니다. 어떤 말 구절, 어떤 손짓 발짓 가운데서 제가 가리키고자 하는 '하나'만 '탁!' 하고 체험하면, 그러면 됩니다. 별 특별한 것이 없습니다.

여기서는《금강경》의 전체 내용에 대해 글자 구절을 하나하나 따져서 이해하려는 것이 아닙니다. "이 문으로 들어옴에는 알음알이를 두지 마라(入此門來 莫存知解)"란 말이 있잖습니까? 알음알이로는 도저히 알 수 없는 것입니다.《금강경》이라고 하는 것이 따로 있는 것이 아닙니다. 오직 우리 각자가 가지고 있는 이 '하나', 이 '하나'만을 드러내고자 하는 것이고, 이 '하나'만을 맛보고자 하는 것입니다.

'경(經)'이라는 말도 보통 알기로는 부처님의 말씀이라고 알고 있는데, 부처님의 말씀이라는 것이 결국 무엇입니까? 부처님의 말씀이 어디 있는 무엇입니까? 부처님이 무엇입니까? 부처님이든, 도(道)든, 하느님이든, 창조주든, 모두 같은 것을 가리키는 것입니다. 이름에 속지 않을 수 있다면 '선풍기', '형광등', '방석'이라고 해도 상관없습니다. 모두 같은 것을 드러내고 있습니다.

부처님이 어디에 있느냐? 여기 말 속에 있습니다. "부·처·님"이라는 말 속에 있습니다. "부·처·님"이라는 말이 지금 드러내고 있는 것, 이것이 부처님이에요. "부·처·님"이라는 말이 드러내고 있는 이것을 "선·풍·기"라 한다고 해도 전혀 다를 것이 없습니다.

절에 열심히 다니시던 분들은 이 말에 충격을 받을 수도 있을 것입니다. '아니, 부처님하고 선풍기하고 어떻게 같아?' 하고 말입니다.

그것을 같지 않게 보는 것을 《금강경》에서는 '중생(衆生)'이라 그랬고, 그 둘을 다르지 않게 보는 것을 《금강경》에서는 '여래(如來)'라고 그랬습니다. 《금강경》을 공부하는 우리는 응당 다르지 않게 보는 법을 익혀야 하는 것이지, 다르게만 보아서는 《금강경》을 천 날 만 날 보아도 아무런 소용이 없습니다. 다르지 않은 '하나'를 확인하는 공부가 《금강경》 공부고, 불교 공부고, 선(禪) 수행입니다. 따로 있는 게 아닙니다.

두 개를 다르게 보면 그 사이에서 갈등이 일어나고 문제가 생깁니다. 우리는 이것을 '번뇌'라 합니다. 이러한 번뇌 없이 두 개를 다르지 않게 보는 것을 '중도(中道)'라고 합니다. '불이법문(不二法門)'이라고도 하고, '무생법인(無生法忍)'이라고도 합니다. 이것 '하나'를 확인하기 위해 《금강경》을 보는 것입니다.

결국 우리는 말에 속습니다. 어릴 때부터 주입되어 익혀 온 말입니다. 말에 속아서 부처님을 모시고, 악마를 미워하고, 선(善)을 좋아하고, 악(惡)을 싫어합니다.

《금강경》의 요점을 달리 말하면 '말에 속지 마라' 이거예요.

한국 불교는 간화선, 화두 불교인데, 화두의 요점도 '말에 속지 마라' 이겁니다. 말에 속지 않으면 1,700공안(公案)의 답이 분명한 것이에요. 말에 속으니까 온갖 망상이 다 나오는 것입니다. 말에 속아서 망상하니, 갈등이 일어날 수밖에 없어요.

그래서 '경(經)'이라는 말도 결국은, 바로 지금 여러분이 눈앞에 보고 있고, 손아귀에 쥐고 있고, 귀에 담아 다니고, 머릿속에 넣어 다니는, 결코 부정할 수 없고 떠날 수 없는 이것을 이렇게 드러내 보인 것입니다.

"경!"이라는 말로.

만약에 '대승', '금강', '반야바라밀', '경' 이라는 한자(漢字)의 뜻을 따라서 풀이하고, 그것을 '그래, 그런 뜻이구나' 한다면, 마치 도화지에 떡을 그려놓고 배를 불리려는 것과 같습니다. 말뜻을 따라 이해를 한다면 말입니다. 우리는 그림만 그리고 있을 게 아니고 실제 떡을 먹고 배가 불러야 합니다.

禪으로 읽는 **금강경**

金剛經

모양을 취하지 않으면 늘 한결같아서 움직이지 않느니라 무슨 까닭인가

모든 유위(有爲)의 법은 꿈같고 물거품 같고 그림자 같고 이슬 같고 번개

같으니 마땅히 이렇게 보아야 한다 부처님께서 이 경 말씀하시기를 마치

시니 장로 수보리와 여러 비구 비구니와 우바새 우바이와 여러 세계의

하늘사람과 세상 사람과 아수라들이 부처님의 법문을 듣고 모두들 매우

즐거워하면서 믿고 받들어 행하였다

1
법회를 이룬 연유 法會因由分

이와 같이 나는 들었다.

어느 때 부처님께서 사위국 기수급고독원에서 비구들 천이백오십 명과 함께 계셨다. 그때 세존께서는 밥때가 되어 가사를 두르시고 바리때를 드시고 사위성으로 들어가시어 밥을 비셨는데, 그 성안에서 집집마다 차례차례 비시고는 계시던 곳으로 돌아오셔서 빌어 온 밥을 잡수셨다. 그러고는 가사와 바리때를 거두시고 발을 씻으시고는 자리를 펴고 앉으셨다.

如是我聞. 一時佛在舍衛國祇樹給孤獨園 與大比丘衆千二百五十人俱. 爾時世尊食時著衣持鉢入舍衛大城乞食. 於其城中次第乞已, 還至本處. 飯食訖 收衣鉢 洗足已 敷座而坐.

단지 하나의 광경이 그려지고 있습니다. 밥때가 되어 밥을 먹는 광경을 이야기하고 있습니다. 부처님의 말이 한마디도 없습니다.

　　여시아문… 이와 같이, 이렇게 나는 들었다.

　모든 경전의 첫 구절은 '여시아문'으로 시작되고 있습니다. 우리가 거기에 대해 알기로는 '아, 아난존자가 오랫동안 부처님의 시자(侍者)로서 부처님의 설법을 들었고, 나중에 부처님의 말씀을 경전으로 결집할 때 아난존자가 기억했던 내용을 경전으로 삼았기에, 아난존자가 부처님의 말씀을 이렇게 들었구나'라고 보통은 알고 있습니다.

　말의 뜻을 따라서 이해하면 그렇게 됩니다. 그러나 경전이 무엇입니까? 왜 아난이 우리에게 이런 이야기를 하고 있습니까? 알려주려는 것이 있기 때문이죠. 알려 주고자 하는 그것을 중심에 놓고 항상 경전을 보아야 합니다. 경전을 통해서 무엇을 알려 주려 하느냐? 그것을 아는 것이 경전을 보는 목적이기 때문입니다.

　그렇게 본다면 "이와 같이 나는 들었다"는 이 말이 완전히 새롭게, 아주 중요한 말로서 등장합니다. 왜 모든 경전 앞에 이런 말이 오느냐?

　지금 아난이 이 자리에서 경전을 말하고 있다고 생각해 보십시오.
"이와 같이 나는 들었다!"
이와 같이, 이것처럼, 이대로, 이것, (손짓을 하며) 요거대로…
지금 눈에서 쓰고 있고, 귀에서 쓰고 있고, 입에서 쓰고 있고, 머

26

리에서 쓰고 있는, 이와 같이 듣는다 이겁니다. '들었다'가 아니라 '듣는다'입니다. 바로 지금 이·렇·게.

이와 같이 들을 수만 있다면 경전을 읽든, 애들이 보는 동화책을 읽든 아무 차이가 없습니다. 항상 이것대로, (손가락을 들며) 이것 따라서, (손가락을 들며) 이것 가지고 (손가락을 들며) 듣는 것입니다. 항상 이와 같이 들을 수만 있으면 됩니다. "손을 대는 그곳에서 끝을 내라"던 어느 선사(禪師)의 말처럼, 눈치가 빠르다면 '여시아문'이란 말에서 끝나야 합니다.

이와 같이… 모양을 따라가고 뜻을 따라가면 '이와 같이'가 결코 될 수 없습니다. 아난은 말을 하는 것이 아니라, 아난은 정말 '이와 같이' (손을 흔들며) 영원한 부처님을 '확!' 보여 주고 있는 것입니다.

이대로, 이와 같이…(손을 흔들며)

이와 같이 이야기하고 있고, 이와 같이 듣고 계시고, 이와 같이 이곳에 오셨고, 이와 같이 집으로 돌아가실 것이고, 이와 같이 밥을 먹고, 이와 같이 잠을 자고 있는 것입니다. 다 '이와 같이'입니다. 다른 것이 없습니다.

이와 같이만 하실 수 있으면 《금강경》의 처음부터 끝까지 이와 같이 다 되는 것입니다. 그래서 왜 모든 경전의 처음에 "이와 같이 나는 들었다"라는 이야기가 나오느냐? 이러한 깊은 뜻이 숨어 있는 것입니다. 이와 같이 다 되는 것입니다.

여기서 '이와 같이'라는 말이 '확!' 하고…

"그래! 이대로 되는 것이고, 이와 같이 듣고 있구나! 이와 같이 쳐다보고 있구나! 이와 같이 생각하고 있구나!"

이렇게 될 수만 있다면 더 이상 들을 것이 없습니다.

그런데 우리는 "이대로!" "이와 같이!" "이것!"이라는 것을 다시 '이와 같이'란 하나의 그림으로 그리게 되는 것이 일상적인 버릇입니다. 그렇게 하니까 아난이 따로 있고, 부처님이 따로 있고, 내가 따로 있고, 천이백오십 비구가 따로 있게 됩니다. 수없이 나눠지게 됩니다. 아까 마음을 칼이라고 했듯이 온갖 조각으로 잘라 내고 있습니다. 만약에 이와 같이 자른다는 사실, 이와 같이 분별한다는 사실이 확실하다면, 아난은 뭐고, 부처님은 뭐고, 나는 뭐고, 천이백오십 비구는 뭐고, 《금강경》은 뭐냐 이겁니다.

다른 것이 아닙니다. 달리 있는 게 아닙니다. 이름 따라가면 수없이 나누어지고, 모양 따라가면 역시 헤아릴 수 없습니다. 그러나 어떤 이름이든 어떤 모양이든 본래 하나입니다. 마치 형광등을 켜고 방 안을 보면 방 안의 다양한 사물들이 각각 모두 다른 색깔로 드러나고 있습니다만, 방 안의 다양한 사물들로 하여금 그 모든 색깔을 드러내게 해 주고 있는 것은 형광등 불빛 하나인 것과 같습니다.

우리가 형광등 불빛에는 관심을 두지 않고 눈에 보이는 다양한 사물들의 색깔과 모양에만 정신이 팔리듯이, 글자를 읽으면서 그 글자의 뜻만 따라다녔지, 그 글자를 읽는 것이 정말 무엇인지, 이와 같이 읽는다는 사실에 대해서는 전혀 관심조차 없었습니다. 항상 온 우주를 다 돌아다니는 것입니다. 모양을 따라서. 그러나 돌아다니는 바로 그 발밑에 모든 우주가 자리 잡고 있다는 사실을 모르고 있습니다.

공부라고 하는 것은 다른 것이 아니라, 이제까지 익혀 온 버릇을 교정하는 것입니다. 세상을 보는 눈, 그것이 교정되는 것입니다. 이때까지 보아 왔던 시각으로 보는 것이 아니고, 다른 시각으로 보는 것입니다. 그것을 '회광반조(回光返照)'라고 합니다.

그러나 실제로 뒤로 돌아 무엇을 본다는 것이 아닙니다. 돌아볼 뒤가 따로 있는 것도 아닙니다. 뒤로 돌아보고, 앞으로 돌아본다는 행위 그 자체에서 회광반조가 이루어져야 합니다. 앞과 뒤가 따로 있는 것이 아닙니다. 회광반조라 해서 되돌아볼 무엇이 따로 있는 것이 아닙니다. 고개를 돌리는 그 순간 분명하다면, 그게 바로 회광반조 하는 것입니다. 보아선 안 되는 것이 있고, 꼭 보아야 할 것이 따로 있는 것이 아닙니다. 무엇을 보든지 간에 보는 그 순간 분명하다면 그것이 바로 회광반조입니다.

사실 이 공부는 전혀 어려운 것이 아닙니다. 단지 우리가 너무나 익숙해져 있는 습관 때문에 어려운 것입니다. 다른 어려움이 없습니다. 매일 손아귀에 쥐고 다니고, 눈에 넣고 다니고, 귀 속에 담아 다닌 것이기에 항상 확인할 수 있습니다. 다만 우리가 거기에는 관심이 없고 항상 엉뚱한 곳을 보고 있기 때문에 어려운 것이지, 이 실재(實在) 자리란 것이 따로 있는 것이 아닙니다.

우리는 여기서 발을 뗄 수가 없습니다. 그래서 이것을 평상심(平常心), 즉 평소의 마음이라 하는 것입니다. 평소의 마음을 못 벗어나는 것입니다. 평소의 마음일 뿐인데, 우리는 익힌 버릇대로 이름과 모양, 느낌, 생각, 욕망, 몸뚱이 같은 엉뚱한 곳에 관심을 가집니다. 아까 말했듯이 모든 모양이 빛에 의해 드러나는데 빛에는 관심이 없고 드러나는 모양에만 관심이 있는 것이 우리들입니다. 그러니까 한결같이 좇아다니고, 매여 있고, 분별하고, 갈등하고 그럴 수밖에 없습니다.

이와 같이 나는 듣는다.

이 자리만 확실하다면 《금강경》은 시작하는 자리에서 끝이 납니다. "이와 같이 나는 들었다." 이것만 확실하다면, 지금 듣고 있는 이것이 확실하다면, 이것뿐입니다. 이와 같이 여러분 지금 듣고 있지 않습니까?

지금 이렇게 듣고 있는 이것만 분명하게, 이게 뭔지, 제 말에 속지 말고⋯ 여기서 이와 같이 듣고 있는 이것은 어디서 무엇을 듣든지 항상 변함없이 이와 같이 듣고 있는 것입니다. 여기서 제 말을 들을 때나, 집에서 텔레비전이나 라디오 소리를 들을 때나, 칭찬을 들을 때나, 욕을 들을 때나 항상 이와 같이 듣고 있을 뿐이지 다른 것이 없습니다. 변함없이 항상 무슨 소리를 듣든지 이와 같이 듣는 이걸, 지금 이 자리에서 여러분이 듣고 있는 것입니다. 이와 같이, 이렇게, 이것만 확실하게 들을 수 있다면, 이 공부는 입학하자 동시에 졸업을 할 수가 있는 것입니다.

'법'이라고 말하지만, 법이라고 하는 것은 어떤 사물로서 있는 것이 아닙니다. 한 마디 한 마디, 한 구절 한 구절, 매 순간 바로 눈앞에서 귓전에서 이렇게 들리는 겁니다.

바로 이 자리에서 법을 이렇게 듣고, 맛보고, 확인하고, 조금도 의심이 없다면, 우리는 이미 《금강경》을 다 읽은 것과 마찬가지입니다. 이것이 바로 《금강경》을 읽는 목적이고, 《금강경》은 이렇게 읽어야 하는 것입니다.

그렇지 않고, 언제 누가 그랬다는 식으로, 생각을 따라서 사유의 그림을 그린다면, 그것은 죽은 《금강경》을 죽은 사람이 읽는 것입니다. 그러나 우리는 여기서 살아 있는 《금강경》을 살아 있는 사람이 읽어야 하는 겁니다. "금강!", "경!"이라는 말 자체가 법을 드러내는 겁니다. 법의 말씀을 살아 있는 그대로, 살아 있는 사람이 하나하나 확인하는 겁니다.

지금 '이렇게' 듣고 계신 겁니다. 다른 것이 없어요. 살아 있다는 것은 늘 '이 자리'에서 살아 있는 것이지 다른 곳에서 살아 있는 것이 아닙니다. 과거에 살아 있는 것도 아니고, 미래에 살아 있는 것도 아니에요. 바로 '지금 이 자리'에 살아 있는 것이고, '지금 이 자리'에 살아 있으면서 살아 있는 진리를 그대로, 몸으로 마음으로, 맛보고, 느끼고, 경험하고, 확인하고 있는 겁니다.

우리는 삶과 죽음을 극복한다… 이런 이야기를 하는데, 삶과 죽음이라는 말 자체는 단지 '말'일 뿐입니다. "나는 죽었다"라고 말하는 사람은 죽은 사람이 아니죠. 죽음에 대해서 말을 하고 생각하는 사람은 결코 죽은 사람이 아닙니다. 살아 있는 사람은 자기가 살아 있으면서 삶에 대해서 말할 필요가 없어요. 살아 있는데 삶을 또다시 말할 이유가 없는 겁니다.

삶과 죽음이라는 것은 말일 뿐인데, 삶과 죽음이라는 말을 따라가고 생각을 따라가서 '죽음이 어떻고, 삶이 어떻고…'라고 여러 가지 망상을 낸다면, 그 사람이 바로 죽지 않았으면서 죽은 사람이에요. 말하자면 '산송장'입니다. 우리가 말하는 소위 범부들은 다 '산송장'이에요. 살아 있으면서도 진정으로 살아 있는 '이' 지점에 있지 못하고 죽은 망상을 좇아다니는 거예요.

지금 이렇게 듣고 있는 바로 이것! 듣고 있고 느끼고 있고 생각하고 있고… 법은 말이죠, 인연(因緣) 따라서 드러나는 것입니다. 여러분이 듣고 있는 제 목소리는 여러분에게 인연이죠? 왔다가 가는 것이니까. 왔다 가는 것은 인연이죠. 매 순간 매 순간 모든 인연들이 왔다 갑니다. 그 왔다 가는 인연들을 접하면서 우리는 소위 삶이라는 것을 살고 있습니다. 하나하나의 인연이 왔다 갔다 하는 그것이 바로 법(法)입니다. 파도가 철썩거리고 있지만 거기 그대로 물이잖아요. 모든 인연들이 왔다 갔다 할 뿐이죠. 달리 법은 없습니다. 법이라고 이름하면 뭔가 다른 것이 있는가 싶은데, 법이라는 물건은 없습니다.

법을 다른 말로 마음이라고도 합니다. 마음은 항상 여기에 있습니다. 마음이 부처고, 마음이 도(道)고, 마음이 진리입니다. 바로 지금 여러분 눈앞에, 귓전에, 왔다 갔다 하는 인연 바로 거기에, 왔다 갔다 하는 것에 구애받지 않고 왔다 갔다 하는 그 자체로 마음이 오롯이 있는 겁니다. 마치 파도는 밀려왔다 밀려가는 것처럼 보이지만 물은 항상 그 자리에 있는 것과 마찬가지예요. 인연들이 왔다 갔다 하는 바로 '거기'에, 마음은 그대로 거기에 온 적도 없고 간 적도 없으면서….

'이것!'만 분명하면, 지금 '이렇게 듣고 있다'는 '이것'만 분명하면, 지금 '이렇게 듣고 있다'라는 이 말이 《금강경》의 주제이고, 《금강경》이 우리에게 전해 주고자 하는 모든 말, 모든 의도가 다 이 안에 포함되어 있습니다.

"이와 같이 나는 들었다." 이것 하나만 확실하면, 《금강경》은 다 끝난 거예요. 그렇지만 또 여러 가지 다른 인연들이 펼쳐지는 대로 보면서, 어떻게 법을 다양하게 보여 주고 있는가를 구경하도록 하겠습니다.

한때에…

한때에… 한때. 시간이 도대체 '몇' 때가 있습니까? 우리가 알고 있는 시간으로는 과거, 현재, 미래가 있고, 달력을 보면 1년 365일, 하루 24시간, 무수한 시간들이 있죠. 그러나 시간을 맛보고, 직접 시간을 마주 대해서, 시간을 확인해 보고, 경험하고, 실감하는 것은 언제나 항상 '한때'뿐입니다.

우리가 '두 때'를 동시에 접할 수 있습니까? 7시와 8시를 한꺼번에 접할 수 있습니까?

'한때'뿐입니다. 한때!

시간은 항상 '한때'입니다. 한때!

한때에… 하는 여기서 그 한때는 어디에 있습니까? 우리가 항상 접하고 있는 이때! (손을 치켜들고 흔들며) 이것밖에 없어요. 늘 이렇게 접하고 있는 이 한때(손을 흔들며)밖에 없습니다. 다른 때가 없어요. 이 한때라고 하는 이것(손을 흔들며)을 정확하게 실감할 수 있다면, 이 한때야말로 바로 법입니다. 이것이 법의 자리고, 이것이 바로 마음이에요.

늘 한때밖에 없습니다. 이 한때는 2,500년 전의 그 한때가, 바로 지금 이 자리에서 이 한때(손을 흔들며)입니다. 전혀 다르지 않습니다. 생각을 따라가면 2,500년 전의 그때가 있고 지금 이때가 있지만, 우리는 언제든지 이 한때를 겪을 수밖에 없고, 이 한때를 겪고 있는 것이 바로 살아 있는 것입니다.

2,500년 전이 어떻고, 100년 후가 어떻고, 그런 식으로 생각을 좇아가는 것이 바로 죽은 것입니다. 있지도 않은 헛된 것을 좇아가니까 죽은 것이죠. 2,500년 전을 아무리 이야기해도 바로 지금 이 한때일 뿐입니다. 100년 후를 아무리 말해도 지금 이 한때일 뿐이에요. 직접 지금 경험하고 있는 이 한때. 시간이라는 것은 한때뿐입니

다. 다른 때가 없습니다.

이 한 구절 한 구절이 그대로 이 한때를 드러내고 있는 것입니다.

부처님께서 사위국 기수급고독원에서 비구의 무리 천이백오십
명과 함께 계셨다.

부처님은 무엇인가? 부처님 하면 어렸을 때 이름은 고타마 싯다
르타요, 나중에 출가해서 깨닫고 나니까 석가모니라 하고, 세존이라
하기도 한다고 알고 있는 것이 바로 범부의 앎입니다.

부처라는 존재가 우리에게 왜 필요한 겁니까? 왜 우리가 부처를
받들어 모시고 부처를 좇아다니며 배우려 하는 겁니까? 그 헛된 이
름을 좇아다니는 것이 아닙니다. 부처라는 이름이 그리 좋으면 우
리 아이들 이름을 다 부처라고 해도 돼요. 이름을 좇아가는 것이 아
니다 이거예요. 부처의 생김새가 그리도 좋으면 다 성형수술 하면
돼요. 이름을 좇아가는 것도 아니고 생김새를 좇아가는 것도 아닙
니다.

그렇다면 왜 부처가 우리에게 필요한 것입니까? 말하자면 진리
라고 하는 것, 마음이라고 하는 것, 도(道)라고 하는 것이 바로 부처
고, 우리가 망상 속에 죽어 있을 때 실상(實相) 속으로, 실제 세계로
살려내는 것이 바로 부처예요. 부처는 이름이나 모습에 있는 것이
아닙니다. 너무나 당연한 이야기죠.

더 정확하게 말하면, 바로 지금 이 자리에서 우리 각자가 진리를
실감하고, 확인하고, 진리 위에서 살아 있는 이때 바로 '이것'을 이

름 붙여서 부처라고 하는 거예요. 달리 부처가 있는 것이 아닙니다. 정말 우리가 만나야 할 참된 부처는 내 눈앞에, 내 손아귀 속에, 내 발밑에, 내 엉덩이 밑에 깔고 앉아 있어요. 뱃속에 넣어 다니는 것이고, 귓속에 담아 다니는 것이에요. 우리가 만나야 하는 참된 부처라고 해서, 만난다는 말에 속아서 부처 따로 있고 내가 따로 있어서 어디서 만난다는 그런 의미로 알면 안 됩니다.

"만·난·다"는 이 말이 바로 부처입니다. "부·처"라는 말이 바로 부처입니다. 말의 뜻을 따라서 '부처'라는 말의 뜻이 부처란 말이 아니에요. "부·처"라는 말로써 가리키고자 하는 바가 무엇일까요? 그것은 "부·처" 하는 지금의 이 말에 드러나 있습니다. 다른 데에 드러나 있지 않아요. "부·처"라고 하는 이 말에 '부처'라는 말로 진짜 가리키고자 하는 바가 드러나 있는 겁니다.

말에만 있는 것이 아니라 눈앞에 있고, 손아귀 속에 있고, 코끝에 있고, 온갖 곳에 다 있습니다.

경전(經典)은 이중적인 의미가 있습니다. 하나는 우리의 일상적 사유방식에 따라서 과거의 이야기를 구성하고 있습니다. 그러나 그 이야기가 우리에게 진정으로 드러내고자 하는 것은 그 옛날의 이야기가 아닙니다. 《금강경》이 드러내고자 하는 것은 바로 지금 여기의 이 진실입니다.

"부처님이…" 하는 데에서 옛날이야기를 좇아가면, 2,500년 전의 석가모니라고 이해하는 것이 될 것입니다. 그러나 여기서 우리가 정말 찾아야 할 것은 2,500년 전의 석가모니가 아니고, 내 부처입니다. 내 부처, 나 자신이다, 이겁니다.

사위국 기수급고독원…

평소의 사고방식을 따라간다면, '사위국 기수급고독원'은 저 인도(印度)에 있는 어디라고 이해를 하게 됩니다. 아마 실제로 유적(遺跡)이 남아 있을 수도 있고, 성지순례(聖地巡禮)도 갈 수 있을 것입니다. 그런데 성지(聖地)가 어디 있습니까? 성스러운 땅이 어디에 있어요?

'입처개진(立處皆眞)'이란 말씀 들어 보셨죠? 입처개진, 서 있는 그 자리가 바로 진리라는 말입니다. 부엌에 있으면 부엌이 성지요, 변소에 있으면 변소가 성지요, 법당에 있으면 법당이 성지요, 도로에 있으면 도로가 성지입니다. 성스러운 땅이라는 것은 바로 진리가 있는 땅인데, 처한 그 자리가 진리입니다. 왜? 진리는 여기에 있기 때문입니다. 항상 직접 경험하고 있기 때문입니다. 있는 자리가 바로 성지입니다. 따로 성지가 있는 것이 아닙니다.

그러니까 말을 따라가면 사위국 기수급고독원이 저 인도 어디에 있지만, 참으로 지금 바로 경험할 수 있는 사위국 기수급고독원은 바로 '이' 자리입니다. 이 법당이란 말이 아닙니다. '사위국 기수급고독원'이라는 말, 이 말에 바로 드러나 있는 겁니다. 진정한 '사위국 기수급고독원'은 "사·위·국·기·수·급·고·독·원"이라는 말에 드러나 있는 것입니다. 이게 바로 법이거든요. 이게 바로 진리입니다.

경전은 이렇게 읽어야 합니다. 처음에 읽을 때는 과거 이야기로 읽더라도, 읽으면서 지금 살아 있는 진리로서 경험해야 하는 것입니다. 들어갈 때는 중생으로 들어갔다가 나올 때는 부처가 되어 나와야 하는 겁니다. 경전은 그렇게 읽어야 합니다. 그렇지 않다면 경전은 아무 소용이 없어요. 다 남의 이야기일 뿐이에요. 2,500년 전 부처 이야기를 무엇 하려고 알 겁니까? 지금 당장 눈앞에 할 일도 많은데. 남의 이야기로 읽는 것이 아닙니다.

경전의 가치가 어디에 있느냐? 처음 읽을 때는 보통 소설이나 신문 기사 읽듯이 옛날이야기로 읽어요. 그러니까 중생의 입장으로 경전에 들어가는 겁니다. 그러나 읽으면서 바뀌어야 합니다. 부처가 되어야 합니다. 그래야 《금강경》이 우리에게 의도한 바가 그대로 성취되는 것이지, 끝까지 중생의 입장에서 남의 이야기가 어떻더라… 하게 된다면, 그것은 경전을 살리는 것이 아니라 죽이는 것입니다. 들어갈 때는 평상시대로 이해하며 들어가지만, 반드시 지금 이 자리에서 내가 직접 확인하고 경험하는 진리로서 읽어야 되는 겁니다.

사위국 기수급고독원도 마찬가지예요. "사위국 기수급고독원"이라는 이 말에 '나'가 있는 겁니다. 내가 '여기'에 발을 딛고 있는 거예요.

큰 비구의 무리 천이백오십 인과 더불어 계셨다.

이것도 그대로 말뜻으로는 유치원생들도 충분히 이해할 수가 있을 것입니다. 그런데 그렇게만 해서는 경전을 올바로 읽는 것이 아닙니다. "큰 비구의 무리 1,250인과 더불어 계셨다"라는 한마디 한마디에서, 바로 법을 '확-확-' 확인하고, '확-확-' 실감해야 하는 거예요.

법을 확인하고 실감한다는 이야기를 하면, '이게 도대체 무슨 얘기냐?' 하고 의구심을 가지실 것입니다. 법이라고 하는 것은, 《반야심경》에서도 말하듯이, 어떤 모양으로 확인할 수 있는 것은 아닙니다. 그러니까 눈으로 볼 수 있는 것도 아니고, 귀로 듣거나, 무슨 사물로써, 우리의 눈, 귀, 코, 혀, 몸이라는 감각 기관으로써 확인할 수 있는 것이 아니에요. 그러나 확실히 확인하고 맛볼 수 있습니다.

눈으로 사물을 볼 때, 색깔을 볼 때, 모양을 볼 때, 바로 법을 확인할 수 있는 겁니다. 그 색깔과 모양을 따라가지 않는다면 말입니다. 귀로 소리를 듣는 것도 마찬가지예요. 소리를 습관적으로 따라가지만 않는다면, 소리라는 인연이 나에게 왔다 지나갈 때 법이 오롯이 드러나고, 색깔이라는 인연이 나에게 다가왔다가 지나갈 때 법이 오롯이 드러나는 겁니다. 냄새도 마찬가지고, 맛도 마찬가지고, 감촉도 마찬가지고, 생각도 마찬가지예요. 5온(五蘊) 18계(十八界), 어떤 대상이든지 간에 눈앞에 나타나기만 하면 우리는 습관대로 '확!' 따라가 버리는데, 사실은 나타나는 그 순간에, 그곳에 법이 있고 마음이 있습니다.

우리는 나타나는 대상만 자꾸 좇아가고 있습니다. 그런데 대상이 나타나는 거기에 내가 있는 겁니다. 대상이 나타날 때, 거기에 마음이 나타나는 겁니다. 그러니까 혜능 스님이 깃발이 움직이는 것도 아니요, 바람이 움직이는 것도 아니요, 마음이 움직인다고 한 것입니다.

대상은 나타났다가 지나가고, 나타났다가 지나갑니다. 그러나 어떠한 대상이 나타났다가 지나가든 간에 언제든 '이것'은 변함이 없습니다. 변함없이 있는 '이것'을 깨달으면 흔들림 없이 안정이 됩니다.

경전의 말도 마찬가지입니다. 온갖 말들이 눈앞에 나타나지만, 그 말 한 구절 한 구절이 나타날 때마다 말을 따라가 버리면, 우리는 말이라는 망상에 속아서 '자기'를 상실하게 됩니다. 자기 자신은 잃어버리고 대상만 따라다니게 됩니다.

그런데 무슨 말이 나타나고, 무슨 구절이 나타나더라도, 그 말 한마디 한마디에 바로 '자기'가 있고, 마음이 나타나 있습니다. 그것은 변함이 없어요. 수만 마디 다른 말들이 나타났다 사라진다 하더라도, 그 말에 '자기'가 항상 있는 겁니다. 언어에, 문자에 '자기'가 항상 있는 겁니다. 그래서 선가(禪家)에서는 '문자를 세우지 마라(不立文字)'고 그럽니다. 문자를 세워서 따라다니지 마라… '자기'가 그 문자에 있는데, 왜 '문자'를 세워서 '자기'를 쓰러지게 하느냐 그겁니다.

큰 비구의 무리 천이백오십 인과 더불어 계셨다… 한마디 한마디에 바로 '이것'이 있는 겁니다. 다른 게 없어요.

그때…

그때는 어느 때냐? 바로 이때입니다. 이 한때.

세존이 밥 먹을 때가 되어서 옷을 입고 발우를 들고…

지금부터 세존께서 등장하셔서 가지고 우리에게 법의 쇼(Show)를 보여 주고 계신 겁니다. '법의 스트립쇼'를 보여 주고 있다고요. 법은 숨길 수가 없기 때문에 스트립쇼예요. 옷을 입고 발우를 들었어요. 옷을 입고 발우를 들었는데, 법은 거기서 발가벗은 채로 '확-' 드러나 있습니다. 옷 따라가고 발우 따라가면, 대상을 따라서 법을 상실하는 겁니다. 옷을 입고 발우를 드는 움직임에서, 법은 '이렇게' 드러나 있는 겁니다.

사람이 말없이 가만히 있으면 있는지 없는지 모르듯이 법도 그렇습니다. 법을 확인하고 진리를, 마음을 확인하는 것은 마음이 가만히 있을 때 확인하는 것이 아니고, 움직일 때 확인할 수 있는 것입니다. 그래서 선사(禪師)들이 매번 우리에게 '움직임'을 보인 것입니다.

주장자를 들고, 손가락을 세우고, 실오라기를 입으로 불기도 하고, 두들겨 패기도 하고, 코를 잡아 돌리기도 하고, 발로 밟기도 하고, 차를 마시기도 하고, 발우를 씻기도 하고, 온갖 방법으로 움직여 보이는 겁니다. 움직일 때 바로 법이 드러납니다.

움직여 보이는 이 가운데, 그 모양을 따라가지 않고, 바로 지금 움직이고 있는 여기에서 '이렇게' 탁 통하게 되면, 지금까지는 망상에 끌려다녔지만 이제는 진리를 손에 쥐게 되는 겁니다. 그 진리를 내가 항상 활용하고 있는 거예요.

그래서 선정(禪定) 한답시고 눈 감고 앉아 가지고는, 반은 졸고 반은 정신이 있고, 들이쉬고 내쉬는 호흡을 헤아리면서 진리를 알고자 한다면, 유감스럽지만 기약이 없습니다. 왜? 진리는 그렇게 붙잡아 매거나 조작하거나 해서는 알 수가 없는 겁니다. 그것은 진리라고 하기보다는 스스로 몸을 조작해서 그럴듯한 경계 위에 의지하려는 의도라고밖에 할 수 없습니다. 진정한 진리를 확인하고 맛보려고 한다면 그렇게 해서는 안 됩니다.

분명하게 확인할 수 있습니다. 이렇게 확실합니다. 거짓말이 아니에요. 왜냐? 매일 쓰고 있는 이 마음을 확인한다는 게 어떻게 거짓말입니까? 거짓말일 수 없어요. 확인해 보고자 하는 소망이 정말 간절하다면 충분히 확인하실 수가 있습니다.

　　옷을 입고 발우를 들고 사위대성으로 들어가서 밥을 얻는데 한
　집 한 집 차례대로 얻고…

그런데 여기서 부처님께서 한 집 한 집 밥을 얻고 돌아다니시는 것은, 배가 고파서 밥을 얻는데 한 집에서 다 얻으면 부담될까 봐 여러 집을 돌아다니시면서 밥을 나누어 얻는 정도의 뜻만 있는 것이 아닙니다. 법을 보이시는데 한 집에만 보여 주기엔 너무 편협하니까 집집마다 발우를 탁 내미시면서, "자, 봐라! 법이 여기 있다! 밥을 담으면서 네가 스스로 사용하는 그 법을 봐라!" 하시는 거예요.

복전(福田)이라는 말이 있죠? 스님들에게 보시하는 것을 복 짓는

것이라고 복전이라고 하잖아요? 그것이 무슨 복이냐 하면 진리 속에 있는 복이거든요. 스님에게 보시하는 것이 왜 진리를 확인하는 복이 되느냐? 스님이 발우를 내밀 때 우리에게 진리를 딱 보여 주시거든요. 이게 진리다!

우리도 스님이 내민 발우에 밥을 담으면서 스스로가 진리를 한번 직접 확인해 보는 거죠. 마음을 써 보는 것이고, 도를 써 보는 거예요. 거기서 바로 탁- 깨달으면 진정한 복전이 되는 것이고, 그냥 내가 좋은 일을 했다고 생각하면 업을 짓는 것이 됩니다. 좋은 일 했다는 업!

그 성 가운데에서 밥을 비시는데 차례차례 발우를 탁 내밀고… 보세요! 발우를 탁 내밀었는데(팔을 뻗어 발우를 내미는 시늉을 하며)… 밥 주는 사람이 발우를 내미니까 밥 달라는 것만 알고 발우만 쳐다보면서 밥만 턱 담아 주고 아무 생각이 없다면, 거기까지 발 아프게 가셔서, 팔 아프게 발우까지 내밀면서, '그것'을 탁- 보여 주신 부처님은 얼마나 가슴이 타시겠습니까? 부처님께서 정말 배가 고파서 밥 한 덩어리 얻어먹기 위해 그런 줄 아십니까? 아닙니다. 법을, 진리를, 지금 한 집 한 집 나눠 드리고 있는 겁니다. 보여 드리고 있는 거예요.

2,500년 전의 부처님이 아니고, 지금 여기서 이렇게 보여 드리는 겁니다, 발우를. 여기!(발우를 내미는 동작을 하며) 다른 데 있는 게 아니에요. 여기! 있는 겁니다. 여기에서 딱!(발우를 내미는 시늉을 하며), 확인할 수 있는 겁니다. 이렇게 딱!(발우를 내미는 시늉을 하며) 쓰고 있는

겁니다.

　그런데 뭐가 문제냐 하면, 습관적으로 익힌 생각이 문제예요. 맨날 헛것만 보는 버릇이 들어 있기 때문에, 아무리 이렇게 직접 보여 줘도 헛것을 보고 있어요! 보이는 이것만, 발우만 보고 밥만 담을 줄 알았지 진짜 보여 주고자 하는 '이것'을 모른다 이거예요.

　석가모니가 영산회상(靈山會上)에서 꽃을 들었는데, 꽃만 쳐다보고 '저 꽃을 왜 들었을까?', 꽃만 쳐다봤지 '이것!'(팔을 들어 올리며)을 모른다 이겁니다. 정말 보여 주고자 하는 것은 꽃이 아니에요. '이것'!(팔을 들어 올리며)을 보여 주고자 한 것입니다.

　지금 '여기'(팔을 흔들며)에 뭐가 있습니까? 아까 대상이 나타날 때 나타나는 것은 대상이 아니라 뭐라고 했습니까? 지금 여기에 '이것'은 제 팔이 아니에요. 제 팔이 아니라고요, 이것! 보세요. '여기'(팔을 흔들며)에 바로 뭐가 있어요? 이게 제 팔이 아닙니다, 제 팔이! 여기 무엇이 보여요? 누가 보이고 있어요, 여기에? 이게 제 팔이 아니고, 보이시잖아요, 무엇이 확인되고 있는 겁니까, 여기서? 아주 간단한 겁니다. 자꾸 딴 생각에 사로잡혀 있으니까 눈앞에 두고도 맨날 놓치는 거예요.

　발우를 이렇게 탁 내밀어서 집집마다 진리를 숨김없이 드러내시고는 결국엔 본래자리로 돌아오시었다. 본래 계시던 자리로 돌아왔다… 말뜻대로 하면 아까 밥 빌러 가기 전의 그 자리로 돌아왔다 그렇게 되는데, 역시 우리가 말뜻을 따라가지 않고 경전의 의도를 읽는다면 '본래자리'가 어디냐? 아무리 발우를 내밀고 온 동네를 돌아다녔지만 항상 본래자리에 계신 것입니다. 본래자리에 늘 있는 겁니다. 다른 데 간 게 아니고. 수처작주(隨處作主)요, 입처개진(立處皆眞)이라… 발길 닿는 곳마다 주인이 되고, 서 있는 그 자리가 바로 진실하다. 온 동네를 돌아다녔지마는 그 발길 발길마다 진실을 밟고 다녔고, 손길 손길마다 진리를 그대로 드러낸 겁니다.

그러니까 이 진리를 확인해 놓고 보면 한 순간도 진리에서 빠져나가는 것이 없습니다. 그래서 불법을 '무루법(無漏法)'이라 합니다. 루(漏)는 새는 것을 말하는데, 이 진리에서는 새어 나가는 게 없다는 말입니다. 전부 여기에 다 있는 것입니다. 발길 닿는 곳마다, 눈길 가는 곳마다, 들리는 소리마다, 전부 다 이겁니다. 다 확인이 되는 겁니다. 무루법이죠. 새는 것이 없어요. 그러니까 어떤 스님은 법을 드러낼 때 이렇게 손만 들었고, 어떤 스님은 손길도 귀찮아서 앉아서 눈만 껌벅껌벅 했습니다. 좀 더 부지런한 분들은 발로 밟고 때리기도 했지만… 마조(馬祖) 스님 같은 분은 꽤나 부지런한 분이었어요. 그렇게 법을 드러내 보인 겁니다.

본래 있던 자리로 돌아왔다… 에서 본래 있던 자리란 사실 정해져 있는 자리가 있는 것이 아니기에 '무주법(無住法)'이라고 합니다. '본래자리'란 것은 정해져 있는 것이 아닙니다. '마음'은 정해져 있지 않습니다. '도'는 장소가 없습니다. 그래서 다가오는 인연 위에 마음이 살아 있고, 도가 살아 있는 것입니다. 그러니까 밥을 먹을 때는 밥숟가락 위에 도가 있고, 빨래할 때는 빨래판 위에 도가 있고,

글을 쓸 때는 손가락 끝에 도가 있고, 걸어갈 때는 발끝에 있고, 눈길을 돌려서 쳐다볼 때는 눈길 가는 그곳에 있습니다.

저기에 선풍기, 액자, 창문이 있는 게 아니라, 저기 저 "선·풍·기", "액·자", "창·문"에 바로, 이름만 떼고 보면, 하나하나 전부 마음이 확인되는 겁니다. 다른 게 뭐 있습니까? 어쨌든 확인은, 선풍기를 통해서 확인하든, 액자를 통해서 확인하든, 확인은 항상 여기에서 이것을 확인하는 것입니다. 다른 게 없어요. 선풍기를 통해서 선풍기를 확인하는 것이 아니라, 선풍기를 통해서 마음을 확인하는 것이죠. 깃발이나 바람을 통해서 마음을 확인하는 것이지, 깃발이나 바람을 확인하는 것이 아닙니다.

손을 통해서 손을 확인하는 것이 아니라, 마음이 확인되는 것입니다. '마음'이라는 것은 '공'이니 '도'니 '진아'니 뭐라고 불러도 좋은데, 마음을 확인하는 것이지 손을 확인하는 것이 아니에요. 눈길이 가서 무엇을 쳐다본다, 손을 쳐다본다… 손을 확인하는 것이 아니라, 손을 쳐다보면서 손을 본다는 사실 속에서, '마음'이 살아 있는 것이죠. 목소리를 들으면서, 소리가 들린다는 그 속에서, '마음'이 살아 있는 겁니다. 온 우주는 성품의 바다라고 합니다. 성품이 곧 마음이니까, 마음의 바다, 곧 도예요.

손을 움직여서 그 바다를 물결치게 하든지, 눈을 움직여서 그 바다를 물결치게 하든지, 귓가에서 그 바다가 물결치게 하든지 간에, 색(色), 수(受), 상(想), 행(行), 식(識), 어디서든지 간에, 안(眼), 이(耳), 비(鼻), 설(舌), 신(身), 의(意), 어디서든지 간에 마음의 바다가 물결침을 확인할 수 있는 거예요. 눈으로 쳐다볼 때, 거기에 마음의 바다가 물결치고 있잖아요. 소리를 들을 때, 손을 움직일 때, 마음의 바다가 물결치는 게 확인된다 이거예요.

마음의 바다는 뭐냐? 마음의 바다엔 물이 없어요. 그래서 공(空)이라고 그럽니다. '물'은 없지만 '물결'은 치고 있습니다. 눈으로 쳐다보기만 해도 거기에 마음이 밝게 드러나 있지만, 마음이라는 사물이 있다는 이야기가 아닙니다!

생각을 하고 있으면 무언가 드러나 있죠? 소리를 듣고 있으면 무언가 드러나 있죠? 무엇을 하든지 간에 무언가가 드러나 있죠? 드러나 있는 그것이 바로 마음이에요. 내가 무엇을 하든 무언가가 거기서 드러나 있잖아요? 그것이 마음이에요. 그것은 사물이 아니기 때문에 공(空)이라고 이름을 붙이고 있고, 사물이 아니기 때문에 사물처럼 확인이 되지 않습니다. 사물만 확인하는 버릇 때문에 우리가 그것을 못 보는 겁니다. 사물만 보던 그 버릇 때문에 확인하지 못하는 거예요.

> 밥을 다 잡숫고 옷과 발우를 거두고 발을 씻고 자리를 펴고 앉았다…

하나하나의 행동을 통해서 그대로 법을 보여 주고 계신 겁니다. 하나도 숨김없이… 이렇게 명백하게 보여 줘도 모르니까, 마지못해 이 다음부터 입을 엽니다. 입을 열어 말로 하는 것은 중생의 버릇인데 이렇게 직접 보여 줘도 모르니까, 중생의 버릇에 따라서 입을 열어 말을 통해서 이야기를 시작하게 됩니다. 그 이야기의 내용은 무어냐? 여기서 이미 다 보여 준 '이것'을 보라고 하는 겁니다. 다른 것을 보라는 것이 아니에요.

2
수보리가 설법을 청하다 善現起請分

　그때 장로 수보리가 대중 가운데 있다가 자리에서 일어나 옷을 벗어 오른 어깨에 메고 오른 무릎을 땅에 꿇고 합장하고 공경히 부처님께 사뢰었다.

　"드무십니다! 세존이시여. 여래께서는 보살들을 잘 보호하여 주시고, 보살들에게 잘 부촉해 주십니다. 세존이시여, 선남자나 선여인이 아누다라삼약삼보리를 얻겠다는 마음을 낸다면, 어떻게 그 마음을 머물러야 하며 어떻게 그 마음을 항복시켜야 합니까?"

　부처님께서 말씀하셨다.

　"좋은 말이다, 참으로 좋은 말이다, 수보리야. 그대의 말과 같이 여래는 보살들을 잘 보호하시고 보살들에게 잘 부촉해 주신다. 그대는 이제 잘 들으라. 그대를 위하여 말해 주리라. 선남자 선여인이 아누다라삼약삼보리를 얻겠다는 마음을 낸다면, 이렇게 그 마음을 머물러야 하며, 이렇게 그 마음을 항복시켜야 되느니라."

　"예! 세존이시여. 기꺼이 듣고자 하옵니다."

時長老須菩提在大衆中, 卽從座起偏袒右肩右膝著地, 合掌恭敬
而白佛言: "希有世尊. 如來善護念諸菩薩, 善付囑諸菩薩. 世尊, 善
男子善女人, 發阿耨多羅三藐三菩提心, 應云何住云何降伏其心?"

佛言: "善哉善哉, 須菩提. 如汝所說, 如來善護念諸菩薩, 善付囑
諸菩薩. 汝今諦聽. 當爲汝說. 善男子善女人, 發阿耨多羅三藐三菩提
心, 應如是住如是降伏其心."

"唯然世尊. 願樂欲聞."

장로 수보리가 좌석에 앉아 있다가 일어나서 인사를 하고 설법
을 청하는 겁니다. 위없이 바르고 평등한 깨달음을 얻고자 하는 사
람은 도대체 어떻게 해야 하느냐? 설법을 청하는 겁니다. 앞에서 세
존이 말없이 행동으로 직접 다 보여 주었는데, 그것으로는 말에 속
고 말에 길들여진 범부중생들의 지혜를 열어 줄 수 없기 때문에 말
을 가지고 말을 통해서 설명을 해 달라는 부탁을 드리는 겁니다. 그
런데 이야기는 그렇게 되어 있지만, 역시 우리가 이 경전을 읽는 목
적은 진리를 바로 지금 이 자리에서 드러내고 경험하고 직접 실감
하는 것이 목적이기 때문에 진리의 입장에서 다시 본다면,

그때에 장로 수보리가 …

그때는 바로 지금 이때입니다. 언제든지 우리는 이때, 이 한때 이
외에는 달리 경험할 수 없어요. 바로 지금 이때!

50

화두(話頭) 중에 이런 화두가 있지요? 엄마 뱃속에서 나오기 이전의 너는 어디 있었느냐? 부모미생이전 본래면목(父母未生以前 本來面目)이 무엇이냐? 하는 화두가 있어요. "엄마 뱃속에서 나오기도 전에"라는 말에 속아 가지고, 무슨 전생의 이야기라는 둥 하는 이런 식으로 망상을 부린다면 그 화두하고는 아무 상관이 없습니다.

"엄마 뱃속에서 나오기도 전에"라는 말이 지금 어디에서 만들어지고 있는가? 지금 이 말이 어디에 존재하고 있는가? 어디에서 지금 이 말을 경험하고 있는가? 모든 화두의 물음은 동일한 물음입니다. "네가 지금 어디 있느냐?"라고 묻는 겁니다. "너의 정체가 뭐냐?" 이거예요. "너의 실상이 뭐냐? 실체가 뭐냐? 지금 어디에 있느냐?" 이것을 묻는 것이지, 엄마 뱃속에서 나오기 이전의 과거 일을 알아서 무엇을 할 겁니까?

미래의 일도 마찬가지예요. 죽어서 천당을 갈 것이냐, 지옥을 갈 것이냐? 죽어서 천당 가고 지옥 가고 하는 이 말의 진실한 실체가 뭐냐? 이거예요. 그 말이 지금 어디 있습니까? 어디서 어떻게 나타났다가 사라지고 있습니까?

망상(妄想)에는 과거와 미래와 현재의 삼세(三世)가 있습니다. 그러나 실상(實相)에는 삼세가 없습니다. 한때가 있을 뿐이에요, 한때!

어느 한때? 지금! 이렇게!(팔을 들어올리며)

망상에는 저쪽이 있고 여기가 있고, 여러 곳이 있습니다. 그러나 실상에는 그런 것이 없습니다. 지금 내가 발을 딛고 있는 곳, 육체의 발을 말하는 게 아닙니다. 육체의 발로 쫓아가지 않는다면 지금 내 발은 우주의 끝에 가 있어요. 모든 우주 위에 내 발을 딛고 있는 겁니다. 그러니까 다 '여기'일 뿐이에요.

그러니까 살아 있는 진실, 당장 내가 손아귀에서 쥘 수 있고 경험할 수 있는, 이 진실은 언제든지 우리 눈앞에 있는 것이고, 내 손아귀 속에 있는 겁니다. 진실은 여기에 있는 것입니다. 우리의 망상 속에서는, 우리 생각 속에서는 과거가 있고 미래가 있습니다. 그러나 과거의 어떤 일들을 생각하고 이야기하든지, 미래의 어떤 일들을 생각하고 이야기하든지, 그 생각과 이야기가 지금 진실로 어디 있느냐? 이겁니다. 지금! 어디에 그 이야기의 근거(根據)가 있느냐, 근원(根源)이 어디냐? 이거예요.

근원은 바로 '지금'이에요. 지금! '지금 여기'에 내가 붙잡고 있는 거예요. 허상을 쫓아가지 마시라 이겁니다. 말을 쫓아가면 허상을 쫓아가는 겁니다. 생각 쫓아가면 허상 쫓아가는 겁니다. 그래서 그렇게 말에 속지 말라고 마르고 닳도록 이야기하는 겁니다. 말에 속지 마라! 생각에 속지 마라!

말에 속고 생각에 속으면, 역사(歷史)가 있고, 온갖 시간(時間)과 공간(空間)이란 것이 확 펼쳐져 있습니다. 말에 속지 않고 생각에 속지 않으면 언제든지 그냥 지금 이 자리, 내 눈앞에 있을 뿐이에요. 모든 것이 이 안에 다 있습니다. 온 우주가 이 안에 다 있습니다. 과거도 여기에 있고, 미래도 여기에 있고, 우주 전체가 '여기'에 다 있는 거예요.

그래서 '그때···' 하는 것은 지금 이때입니다.

　장로 수보리가 대중 가운데 있다가 자리에서 일어나···

대중 가운데 있다가 자리에서 일어났다··· 무엇을 지금 드러내고 있군요. 지금 여러분은 앉아 계십니다. 지금 앉아 있는 여기에 마음이 있습니다. 마음이 바로 여기에 있습니다. 바로 확인이 되는 거예요. 일어나면서도 확인하고, 걸어가면서도 확인하고, 인사하면서도 확인하고, 말하면서도 확인하고, 마음이 이렇게 그대로 확인이 되는 겁니다. 진리가 그대로 확인된다 이겁니다.

　자리에서 일어나 오른쪽 어깨를 드러내고 오른쪽 무릎을 땅에 대고···

하나하나의 동작이 전부 진리를, 즉 도를, 마음을 드러내고 있는 겁니다.

　합장 공경하고 부처님께 아뢰기를, 희유하십니다···

희유하다, 희유(稀有). 드물다. 참 드문 일이다. 희한한 일이다. 이 말이 정말 맞는 말이에요. 왜 희유하다, 희한하다 하느냐면, 맨날 손아귀에 쥐고 있으면서도 그게 뭔지 모르고, 그걸 아는 사람이 정말 극소수다 이거예요. 아예 내 손아귀에 없는 것 같으면 희한한 일이 아니죠. 어차피 없는 것이라면 희한할 것도 없지. 맨날 가지고 있으면서도 그것을 확인하지 못하고 엉뚱한 데를 자꾸 쳐다보고 있으니까 희한한 일이다 그거예요. 세존(世尊)이라는 이름을 붙이는 이 사람은 그것을 알았다 이겁니다.

세존, 석가모니가 불법을 아는 과정을 보면 이 사람도 고생 많이 했잖아요. 출가하기 전에는 왕자 노릇 한다면서 욕 봤지만 출가하고 나서도 고생 많이 했거든요. 요가 선생들 따라다니면서 요가 했지, 그 다음에 고행림(苦行林)인가 거기 들어가서도 죽을 고생 다 했습니다. 말라 죽을 뻔 했다가 마지막에 이러다가 죽겠다 싶어 우유를 먹었잖아요? 그렇게 했는데도 도(道)는 모르겠어. 그러니까 환장할 노릇이죠. 그래서 아이고, 공부고 뭐고 모르겠다 밥이나 먹고 기운이나 차리고 보자 이거예요. 밥 먹고 기운 차려 가지고 이제 도대체 내가 뭘 하고 있는가? 멍하게 보리수인지 무슨 나무 아래 앉아서 기가 막혀 가지고 어떻게 할 방법이 없었어요.

이 고행과 요가는 그 당시 인도의 수행 방법으로 알려진 것인데 자기가 이미 다 해 보았어요. 그런데 모르겠거든요 뭐가 뭔지. 원하는 진리가 안 나타난 겁니다. 그러니 손쓸 방법이 없는 거죠. 가르치는 것을 다 해 보았는데도 안 되니까 기가 막힐 노릇인 겁니다. 목은 마른데 감로수(甘露水)를 준다는 방법을 아무리 해 봐도 감로수는 안 나와. 그 목마름을 안고서 갑갑하고 답답하고, 죽어야 할지 살아야 할지, 왕자라는 지위까지 버리고 나와 이 무슨 꼴이냔 말이죠. 그러니까 잠이 안 오지, 잠이 오겠어요?

그런 어느 날 새벽에 답답한 가슴이 더욱 아파서 멍하니 하늘을 쳐다보는데, 샛별이 반짝하고 빛이 나. 평소에는 그놈이 맨날 저 하늘 끝에서 반짝했는데 그날따라 그것이 눈앞에서 반짝하는 겁니다. 여기서 반짝하는 겁니다. 여기서 반짝하는 거예요. 저기서 반짝하는 줄 알았는데 여기서 반짝하는 겁니다. 거기서 바로 탁! 안 겁니다. 맨날 저기 어디 엉뚱한 데 있는 줄 알았는데 '바로 여기 있네! 이거구나!' 거기서 알았어요. 아무것도 없어요. 6년 동안 죽을 고생을 했는데, 샛별이 반짝하는 그걸 보고 알았어요. 내일 새벽에 샛별 한번 보십시오. 어디서 반짝거리는지.

세상일이라는 것은 다 인연들입니다. 온갖 인연들이 우리 앞에서 어지럽게 왔다 갔다 합니다. 왔다 갔다 하는 그 인연 가운데 우리는 눈이 어지러워서 어떤 놈이 진짜이고 어떤 놈이 가짜인지 정신이 없어요. 마치 정신없이 바뀌는 영화 장면을 보다 보면 어디가 앞이고 어디가 뒤인지 스토리가 어찌 되는지도 모르고 한참 보다가 '에이, 그만두자!' 하고 눈을 돌리니까, 나는 여기 멀쩡하게 있는데 괜히 그냥 화면에 속아 가지고 정신이 있느니 없느니… 나는 사실은 정신이 없었던 적이 없었어요. 그냥 여기 있는 거예요.

그런데 화면이 왔다 갔다 하는 그 사이에 잘 보면, 화면이 왔다 갔다 하는 거기에, 사실은 화면이 왔다 갔다 하는 것이 아니라 내가 거기에 있는데도 불구하고 그걸 몰랐던 거예요. 내가 거기에, 왔다 갔다 하지 않고 딱 있는데도 그것을 모르고 화면을 따라서 자꾸 왔다 갔다 한 겁니다. 말하자면 대상 사물에 속아서 자기를 상실한 것입니다.

도에 속아서 나를 상실하면 도는 마구니입니다. 그건 도가 아니에요. 부처한테 속아서 나를 잃어버리면 부처님은 악마예요. 진리에 속아서 나를 잃어버리면 그건 진리가 아니라 망상입니다. 말에 속으면 안 돼요. 여기에 도 배우러 왔다, 불법 배우러 왔다, 견성하러 왔다, 본래면목 보러 왔다, 진리 배우러 왔다 하겠지만, 여기에는 그런 거 없습니다. 그런 것이 있다고 해도 진공청소기로 이미 다 청소했습니다. (웃음) 법회 날에는 꼭 진공청소기로 청소하고 걸레 가지고 한 번 닦거든요. 그런 쓸데없는 것은 싹 닦아 내고 아무것도 없어요, 여기에는. 여기에는 오시는 여러분 스스로가 발에 달고 들어오시는 그것밖에 없습니다.

다른 게 없어요. 손아귀에 쥐고 오는 그것밖에 없어요. 도도 없고 여기에 제가 준비해 놓은 것은 아무것도 없습니다. 여러분 각자가 다 가지고 들어오신 거예요. 맨날 가지고 다니는 겁니다. 어디를 가든지 그것을 가지고 다니죠. 그것을 안 가지면 어디를 갈 수가 없어요. 맨날 그것을 가지고 다니는 겁니다. 맨날 가지고 다니면서도 모르니까, 마치 1억 원짜리 수표를 주머니에 넣고 다니면서 버스 칸에서 모자 벗어서 100원짜리 동전 구하는 사람과 똑같아요. 늘 자기가 가지고 다니면서 자기 것을 모르니까 남의 이야기에 끌려다니고, 남이 쓴 책의 글자에 끌려다니는 겁니다.

자기가 다 가지고 있습니다. 내가 다 쓰고 있는 거예요. 언제 부족한 적이 한 번도 없었습니다. 그러면 왜 자기가 가지고 있으면서도 모르느냐? 희유하다고 했듯이 우리는 자기가 가지고 있는 것에는 관심이 없어요. 너무 당연하게 생각하고 그냥 무시해 버려요. 그러고는 남의 떡이 커 보인다고 맨날 엉뚱한 것만 좇아다니는 거예요. 맨날 그냥 바깥으로만 좇아다닙니다.

참된 자기 자신, 내가 가지고 있는 이 진리를 확인하려고 한다면, 밖으로만 향해서 남의 떡만 쳐다보고 있는 이 눈길을 안으로 돌려야 하는데 그렇게 하기가 쉽지가 않습니다. 왜냐하면 우리는 너무 오랫동안 남의 떡만 쳐다보는 버릇이 꽉 들어 있기 때문에 쉽지가 않아요.

우리가 선정(禪定)이라고 할 때 정(定)이란 것은 '안정시키다'라는 말입니다. '마음을 안정시킨다'라는 의미가 다른 의미가 아니라, 밖으로 대상들을 좇아다니던 그 관심을 자기 자신에게로 향하는 겁니다. 그렇지만 자기 자신이란 것이 어디 따로 있는 것은 아닙니다. 정해진 장소가 없습니다. 바깥으로 대상을 좇아다니던 그 자기 자신이 바로 그것이지 따로 또 자기 자신이란 것은 없어요. 어쨌든 간에 정해진 장소는 없지만, 밖으로 대상을 좇아다니지 말고 '내가 이것을 알아야 한다'라는 간절한 목마름이 있어야 합니다. 목마른 자가 우물을 판다는 그 말이 딱 맞습니다. 목마름이 있어야 스스로가 우물을 파서 물을 마시게 되는 겁니다.

그 목마름을 가지고 계실 때 주의해야 될 것은, 물이 나올 때까지 한 우물을 끝까지 계속 파서 정말 물이 나오게 해야 하는데, 꾀를 부려 가지고 조금 파다 보니까 여기 물이 안 나올 것 같아… 다른 데를 파고… 이렇게 맨날 표면만 파다가 볼 일을 다 보는 그런 일이 있어서는 안 됩니다. 일단 물이 나올 때까지 파 보고, 나오는 물이 먹을 수 있는 물인가 없는 물인가는 그때 확인하면 됩니다. 왔다 갔다 하는 것이 아니라 공부를 여기에서 끝장을 내야겠다 하는 생각이 있다면 한 우물을 파야 합니다.

그 다음에 또 이런 것이 있습니다. '여우와 신 포도' 이야기가 있잖아요? 여우가 나무에 열린 포도를 보고 먹으려고 콩콩 뛰어오르다가 먹을 수가 없자, '에이, 저 포도는 신 포도일 거야' 하고 그냥 가잖아요? 이런 식으로 하면 그 여우는 영원히 포도를 먹을 수가 없습니다. 끝까지 끈기 있게 해서 일단 그 포도를 따 놓고 봐야 합니다. 자기 합리화를 하지 마세요. 나는 무엇무엇 때문에 공부가 어려워… 그 합리화가 공부를 향한 굳은 발심(發心)을 약화시켜서 공부가 힘을 얻지 못합니다.

그 다음에 이런 것도 있습니다. 예컨대 우리가 금강산에 가 보고 싶다… 가고는 싶은데, 가려면 돈이 있어야 하잖아요? 그런데 지금 돈이 없어. 그러면 돈을 모아 가지고 가야 하는데 돈이 마음대로 잘 모이지 않는단 말이에요. 시간이 걸린단 말이죠. 한 달 모아서 될 줄 알았는데 한 달 모아서는 턱도 없어. 두 달 모으면 될 줄 알았는데 두 달 모아도 안 돼. 그러다 보면 견디다 못해 어떻게 하겠습니까? 금강산 갔다 온 사람이 찍은 비디오라도 보게 되는 겁니다. 보니까 별것이 아니거든요. 아, 저것이 금강산이로구나, 하고 만족해 버리고는 금강산 가려고 모아 둔 돈으로 맛있는 것 다 사 먹고 만단 말입니다. 이렇게 하면 결국 금강산엔 못 가는 겁니다.

이게 무슨 이야기냐 하면, 머리로 이해를 해서 이렇다 저렇다, 이치가 이런데 그러면 '뻔하네, 그렇네…'라고서 미리 법에 대한, 깨달음에 대한 비디오를 보게 되면 가고 싶은 마음이 약화됩니다. 이치로 이해를 해서는 안 됩니다. 이런 거다 저런 거다 하는 상상, 추측 같은 것은 금물입니다. 모르면 그냥 모를 뿐이에요.

제가 지금 '그것'을 맛본다, 실감을 할 수 있다 하면 많은 분들은 '진짜 그런 것이 있을까?' 하는 의심을 가질 수가 있는데, '에이, 진짜 그런 것이 있을까? 못 믿겠다!' 이러면 할 수 없는 것이고, '진짜 그런 것이 있다면 나도 한번 해 보자!' 하고 공부를 하시다 보면 여러 가지 경험들이 있습니다. '햐, 이것 희한하네?' 하는 작은 경험들이 공부를 하는 와중에 많이 와요. 그러나 그런 경험들을 거칠 때 '이게 과연 내가 맛을 본 것일까?' 하는 의구심이 들게 되면, 제게 오시든지 아니면 경전을 보세요. 경전의 이야기가 예전과 달리 쏙쏙 소화가 잘 된다면 그것으로 된 겁니다. 그러나 그렇지 못하다면 그런 작은 경험들은 단지 지나가는 길가에 피어 있는 야생화와 같은 겁니다. 예쁘죠. 감동스럽지만 지나가야 합니다. 그것을 붙잡고 있으면 정말 가고자 하는 목적지엔 갈 수가 없습니다. 그래서 끝까지, 진짜로 이 맛을 보셔야 합니다. 그것이 그렇게 어렵지는 않습니다.

희유 세존…

정말 희유한 일이다. 어떻게 이런 일이 있을 수 있는가? 아까 석가모니의 깨달음을 말씀드렸듯이, 그렇게 위대한 스승들에게 배운

대로 해도 안 되던 게 샛별 한 번 보고 알았다는 이것이 희한한 일이다 이거예요. 그래서 처음에 그 양반이 알고 나서 이야기를 안 하려고 그랬어요. 도무지 이런 일이 있느냐 이거예요. 전혀 뜻밖의 일이었습니다. 예상하곤 전혀 달랐다 이거예요. 얘기를 안 하려고 했어요. 얘기해 봐야 전부 못 알아들을 테니까 말이에요. 그러나 나중엔 결국 이야기를 안 할 수 없어서 하게 되었어요. 안 할 수가 없어요, 이거는. 잘못된 공부를 하고 있는 사람을 보면 입이 근질거려서 가만히 있을 수가 없어요.

희한한 일입니다. 세존이시여. 여래께서는 모든 보살들을 잘 보살피시고…

여래(如來), '그렇게 왔다'는 뜻이죠. 여래가 바로 법을 가리키는 겁니다. 이 법(여래)은 모든 보살들을 잘 보살펴… 그렇죠? 우리가 마음이 아니면 말 한마디를 제대로 할 수가 있습니까? 손가락 하나를 움직일 수가 있습니까? 밥 한 숟가락 떠먹을 수 있어요? 아무것도 할 수가 없어요. 이 마음이라는 것이, 법이라는 것이 우리를 항상 보살피고 있는 것입니다. 여래라는 이름은 법에다 붙인 이름입니다. 법이 아니라면 우리는 손가락 하나 까딱할 수 없어요. 그러니 늘 잘 보살피고 있는 거지요.

보살(菩薩), 보살은 보디사트바, 깨달은 중생이라는 말인데, 우리를 가리키는 말입니다. 공부하는 사람. 우리는 모두 본래 깨달아 있어요. 그런 사실을 모르고 있으니 중생이지. 우리가 깨달은 중생이란 말입니다.

모든 보살들에게 부촉 …

부촉(咐囑)이라는 것은 맡기고 부탁한다는 말입니다. 무엇을 맡기고 잘 부탁하느냐? 법이죠, 법! 우리 모두에게 법을 맡긴 거예요. 법을 마음대로 쓰도록. 마음을 우리 모두에게 맡긴 거예요. 기독교에서 하느님이 진흙으로 사람을 만들어서 코로 혼(魂)을 훅 불어 넣었다고 하잖아요? 맡기신 거잖아요. 그와 마찬가지로 마음이 우리 모두에게 맡겨져 있습니다. 우리 모두는 각자가 맡은 마음을 잘 사용하고 있어요. 적절하게 쓰고 있는 겁니다. 우리는 너무 당연하게 생각하기 때문에 고마움을 몰라요. 그래서 사실은 부처님의 고마움을 안다는 것은, 밥 한 숟가락 떠먹고, 말 한마디 하고, 발걸음 한 발자국 걸을 때, 이게 전부 부처님이 하시는 거다, 마음이 하는 거다, 법이 하는 거다, 일거수일투족에, 행동 하나하나에서 고맙기 짝이 없죠. 정말 제대로 안다고 하면 고맙지 않을 수 없어요.

세존이시여, 선남자와 선여인이 아누다라삼약삼보리…

아누다라삼약삼보리란 것은 무상정등각(無上正等覺)이란 말인데, '위없이 바르고 평등한 깨달음'이란 뜻입니다. 이 역시 법을 말한 것입니다. '위가 없다'(無上)란 말은 우선 첫째로는 '최고(最高)다' 그런 말도 되지만 위가 없다는 말에는 '아래도 없다'란 말도 들어 있어요.

뒤에 평등(平等)하다 했잖아요. 법은 위도 없고 아래도 없어요. 모든 것이 법 속에 들어가는 것입니다. 그래서 바르고 평등하다 했습니다. 평등하다는 것은, 하늘로 치면 저 하늘 끝까지, 땅으로 치면 저 땅 끝까지, 크기로 치면 전 우주에서, 작기로 치면 미세한 먼지까지, 법에서 벗어날 수가 없다는 것입니다. 깨달음에서 벗어날 수 없습니다.

깨달음, 부처, 보리, 여래, 세존, 도, 본래면목… 전부 같은 말입니다. 말에 속지 말라고 했습니다. 만약 말에 속지만 않을 수 있다면, 보리, 도, 부처… 이것만 같은 것이 아니고, 화분, 시계, 컵도 똑같은 겁니다. 똑같이 법이에요, 법! 왜? 보세요. "깨 · 달 · 음"이라는 이 말과 "시 · 계"라는 이 말이 어디가 같고 어디가 다릅니까? 소리로 따라서 뜻을 따라가면 다르지만 본질적으로는 하나도 다를 게 없어요. 깨달음이나 시계나, 시계나 깨달음이나 전혀 다를 게 없어요. 똑같은 겁니다. 말에 속지 마시라 이겁니다.

《금강경》에서 부처님이 입을 열어서 처음부터 끝까지 입이 닳도록, 혀가 닳도록 이야기하고 있는 것이 말에 속지 말라는 겁니다. 말에 속지 말고 모양에 속지 마라, 그러면 모든 말과 모든 모양이 똑같아서 전혀 다르지 않습니다. 그러니까 불법을 무슨 법이라고 합니까? 불이법(不二法)이라고 합니다. 다르지 않다 이겁니다. 다른 것이 없다 이거예요. 다른 것이 없으니까 무루법(無漏法)입니다. 새나가는 것이 없어요. "부 · 처 · 님" 하는 말이나 "악 · 마 · 님" 하는 말이나 말에만 안 속으면 똑같은 말입니다. "천 · 당" 하는 거나 "지 · 옥" 하는 거나 말에만 안 속으면 똑같은 거예요. 어디에 있습니까? 바로 지금 내가 쓰고 있는 겁니다. 내가 그리고 있는 겁니다. 이 자리에서! 다른 게 없습니다.

위없이 바르고 평등한 깨달음을 얻고자 하는 마음을 낸다면, 어떻게 (마음을) 머물러야 하고 어떻게 그 마음을 항복시켜야 합니까?

마음을 어떻게 머물고 그 마음을 어떻게 항복시켜야 하느냐? 질문을 이렇게 했습니다. 우선 알 수 있는 것은 마음을 문제 삼고 있다는 것입니다. 결국 풀어야 할 문제는 마음이죠. 불교의 주제는 마음이란 말입니다. 이 점을 잊어서는 안 됩니다.

우리가 머무를 수 있는 것은 어떤 게 있습니까? 우리가 머무를 수 있는 것은 사물입니다. 사물은 머무를 수 있습니다. 그러나 마음은 다 아시겠지만 본래무일물이라 그랬습니다. 마음은 허공과 같다는 말도 수없이 들었죠? 마음은 물건이 아니에요. 머물지 않고 이리저리 잡아당길 수 있는 것도 아니고, 그렇다고 머물러 있을 수 있는 것도 아닙니다.

그러니까 이 질문이 참 묘한 겁니다. 그 마음을 어떻게 머무르고 어떻게 항복시켜야 됩니까? 이렇게 묻고 있습니다. 만약에 마음을 머물려고 한다면 마음에다가 하나의 장소를 정해야 합니다. 이렇게 하면 이렇게 가는 거고, 저렇게 하면 머무는 식으로… 그러나 그렇게 정하는 것은 우리 마음이 만들어 내는 것이거든요. 망상이에요, 망상! 마음은 머무를 수가 없는 겁니다. 그래서 《금강경》에서도 뒤에 보면 "응무소주(應無所住) 이생기심(而生其心)"이라 했습니다. 본래 마음이란 것은 어디에 머무를 수가 없어요.

우리는 팔을 움직이다가 머무를 수가 있습니다. 팔을 움직이다가 딱 머물렀다… 팔이라는 사물로 본다면 움직임과 머무름이 다릅니다. 그런데 팔을 움직이는 도중에 또는 머물러 있는 도중에 팔이 아니라 마음을 보세요. 마음의 입장에서는 이랬다고 해서(팔을 들고 가만히 있음) 머물러 있는 것도 아니고, 이랬다고 해서(팔을 아래위로 움직이며) 움직이고 있는 것도 아니에요, 마음은. 팔이 움직이고 있다고 해서 마음이 움직이는 것도 아니고, 팔이 머문다고 해서 마음이 머무는 것도 아닙니다. 언제든지 움직일 때도 거기 그대로 있고, 머무를 때도 거기 그대로 있습니다. 그렇게 머무는 것이 바로 마음을 올바르게 머무는 거예요. 움직이든 머무르든 늘 그대로…. 사물은 움직임과 머무름이 있지만 마음은 움직임과 머무름이 없습니다. 늘 그대로 한결같습니다. 그렇게 머무는 게 바로 올바른 머무름이요, 그것이 바로 우리가 소위 선정(禪定)이라고 하는 겁니다. 정(定), 머무른다는 것은 이런 뜻입니다. 어디에? 본래자리에, 마음을 이탈하지 않는 거예요.

…어떻게 그 마음을 항복시켜야 합니까?

항복(降伏)? 마음이란 놈은 우리에게 지려고 하지 않습니다. 망상을 부린다는 면에서 말입니다. 우리는 언제든지 마음이 부리는 환상에 끌려다닙니다. 그러면서 자기 스스로가 마음인데도 불구하고 마음이 그리는 환상에 끌려다니면서 제자리에 머물지를 못해요. 마치 꿈을 꾸는 것과 같습니다. 몸은 멀쩡하게 편안히 잘 자고 있으면서도 의식이 망상을 부리고 있는 것이 꿈이거든요. 꿈속에선 온갖 이상한 경험들을 다 하고, 온 데를 다 쫓아다닙니다. 실제론 멀쩡하게 잘 자고 있으면서…

온갖 생각, 호기심, 의문… 이런 게 일어납니다. 그게 결국 마음이 그런 식으로 장난치고 있는 겁니다. 바로 이 자리에 있으면서 온갖 망상을 쫓아다니도록 장난을 치는 겁니다. 그렇게 망상으로써 장난치는 그 마음을 항복시켜야 비로소 본래자리에 머물러서 망상이 없을 수 있다 이겁니다. 그렇지만 마음은 사물이 아니기 때문에 실제로 잡아 가둘 수 있는 것은 아닙니다. 망상 부리는 그 마음을 알고 보면 망상이 곧 실상(實相)이에요. 망상과 실상이 따로 있는 게 아닙니다. 꿈과 꿈 아님이 따로 있는 것이 아닙니다.

마치 영화를 보면 화면에 그림들이 나타나는데 그것들은 모두 환상이거든요. 그런데 그 모든 그림 하나하나가 영사기의 렌즈에서 나오는 불빛입니다. 실상은 아무런 그림도 없는 불빛이거든요. 아무런 그림도 없는 불빛이 그런 온갖 색깔의 망상을 그려 내는 겁니다. 잘만 보면 내가 화면 그 자체이자 불빛이라는 것을 알 수가 있어요. 그런 것처럼 망상과 실상이라는 것이 따로 있는 게 아닙니다.

그러니까 공부란 것은 생각을 잡아매고 망상을 가두어서 꾹꾹 눌러 가지고 쓰레기봉투에 담아 내버리고 실상을 만드는 게 아닙니다. 기본적으로 망상 부리는 게 마음이에요. 우리 마음이라고 하는 것은 어차피 망상 부리게 되어 있어요. 그러나 망상의 실체를 알면 그 모든 망상이 곧 실상이 되는 겁니다. 그렇게 되면 망상에 속지 않게 되는 겁니다. 마치 공포영화의 화면이 영사기의 불빛에 불과하다는 것을 알게 되면, 공포영화 속의 귀신이 눈에 뻔히 보이지만 안 속는 것과 같습니다.

늘 온갖 생각을 다 하고 온갖 망상에 사로잡혀 있지만, 속지 않습니다. 어차피 마음이란 것은 가만히 있는 것이 아니에요. 고요한 방 안에 들어앉아서 '가만있어! 가만있어!' 한다고 되는 것이 아니에요. '가만있어!' 하는 것이 얼마나 시끄러운 일이에요? 활발하게 움직이는 그 가운데 실상을 탁 보면 아무리 움직여도 움직임이 없는 겁니다. 그러니까 《반야심경》에서 "시(是)제법(諸法)은 공상(空相)이니…" 그랬습니다. 온갖 모양이 왔다 갔다 하지마는 그 실상을 알면 아무것도 왔다 갔다 한 것이 없어요. 늘 그대로예요. 이것 하나만 알면 돼요. 망상은 수없이 많지만 실상은 딱 하나밖에 없어요. 그러니까 쉬운 겁니다. 망상은 엄청나게 많기 때문에 망상을 버려서 실상을 얻으려면 한이 없어요, 자꾸자꾸 나오니까. 다행히 실상은 딱 하나밖에 없으니까 실상만 잡으면 되는 거예요. 비유하자면 분수에서 물이 막 뿜어져 나오는데 물방울 하나하나를 잡으려고 하면 불가능하지만, 수도꼭지는 하나이기 때문에 수도꼭지만 탁 잡으면 되는 겁니다. 그것과 똑같은 겁니다. 마음은 하나밖에 없어요. 이것 하나만 딱 잡으면 온갖 망상에 신경 쓸 필요가 없어요. 이 실상, 마음 하나만 잡아 버리면 해결이 되는 겁니다.

그 마음을 어떻게 항복시킵니까?

이렇게 묻습니다. 질문자도 보통이 아니죠. 그러니까 부처님께서 말씀하시기를…

선재, 선재…

훌륭하다! 좋다! 질문이 참 좋구나! 네가 보통이 아니구나! 수보리야, 네가 말한 바와 같이 여래께서는, 즉 이 법은, 진리는, 마음은 모든 보살들을 잘 지켜 주고 모든 보살들에게 잘 맡겨진다.

너는 이제 잘 들어라.

진리는 말하고 듣고 하는 가운데 드러나는 겁니다. 잘 들어라 이 겁니다. 가만히 벽을 보고 앉아 있는 데에서 진리가 드러나는 게 아닙니다. 가르치고 배우고 하는 것은 말하고 듣고 하는 사이에 있는 겁니다. 그래서 부처님이 하루도 안 빼먹고 영취산에서 설법을 하신 거예요. 벽만 보고 앉아 있었던 게 아닙니다. 말하고 듣고 하는 가운데 진리를 붙잡을 수 있는 겁니다.

너는 이제 잘 들어라. 너를 위해서 말해 주겠다. 선남자 선여인이 위없이 바르고 평등한 깨달음을 얻고자 하는 마음을 낸다면, 마땅히 이렇게 머물고 이렇게 그 마음을 항복시켜야 한다.

발아누다라삼약삼보리심(發阿耨多羅三藐三菩提心)… 위없이 바르

67

고 평등한 깨달음을 얻고자 하는 마음을 낸다. 이것을 줄여서 '발심' (發心)이라고 합니다. 이 발심이 분명해야 되는 겁니다. 아까 한 우물을 파야 한다고 강조를 해 드렸습니다만 그게 바로 발심이거든요. 적어도 불문(佛門)에 입문을 했다면, 부처의 가르침을 배우러 입학을 했다면, 깨달음이라는 졸업을 해야 되거든요. 이 발심이라는 게 확고해야 졸업이 가능한 겁니다.

위없이 바르고 평등한 깨달음을 얻는 게 목적입니다. 간혹 불자들 가운데 불교의 문화적 측면이 좋아서, 절의 분위기가 좋아서 불교에 입문하게 되었다 하는 신문 기사나 이야기를 듣곤 합니다. 그러나 그것은 진정한 의미에서 불교에 입문했다고 할 수 없습니다. 취미생활이죠. 다방에 차 마시러 가는 것과 같아요. 모름지기 불교에 입문한다면 발심을 해야 합니다. 위없이 바르고 평등한 깨달음을 얻고자 하는 확고한 결심이 되어 있어야 해요. 부처는 우리에게 절 짓는 법을 가르친 건축가도 아니고, 조각을 가르친 예술가도 아닙니다. 부처가 우리에게 그런 것을 가르친 것이 아닙니다. 부처는 오직 자기가 얻은 것 하나만 가르쳤습니다. 위없이 바르고 평등한 깨달음! 이 하나 가르친 거예요. 그것을 배우려고 해야지 다른 것을 목적으로 삼아서는 안 됩니다. 혹시나 이곳에 오신 분 가운데 그런 분이 계시다면 여기에서는 아무것도 얻을 것이 없습니다. 보시다시피 여기에는 아무런 분위기가 없어요.

그러나 발심을, 위없이 바르고 평등한 깨달음을 얻으려는 마음을 냈다면 누구든지 할 수가 있습니다. 부처 혼자 이것을 안 것이 아니거든요. 수없이 많은 사람들이 이것을 해냈습니다. 그래서 '무수한 부처'(諸佛)라고 하잖아요. 누구든지 할 수가 있고, 누구든지 경험할 수가 있고, 확인할 수가 있고, 발심만 제대로 해서 끝까지 밀고 나갈 수만 있으면 누구든지 맛볼 수 있는 겁니다. 그것을 나도 한번 해봐야겠다는 굳은 결심이 서야 이 공부는 할 수가 있고, 결국엔 졸업까지 가능한 겁니다. 마지막까지 가서 부처가 맛보았던 걸 나도 맛본다 이겁니다. 그랬을 때 비로소 석가모니가 맛보고 그 맛을 이야기한 경전을 나도 똑같이 맛볼 수가 있는 겁니다. 그러기 이전에는 경전은 전부 다 남의 이야기예요. 내 이야기가 아니에요.

옛날 국어책에 '산정무한'인가 하는 금강산 기행문이 있었어요. 금강산에 다녀온 그 절절한 감정을 적어 놓았는데, 금강산에 가 보지 못한 저는 그 글을 읽었지만 별로 그렇게 감동이 안 오더라고요. 그런데 직접 금강산에 가서 글쓴이가 다녔던 길을 똑같이 다녔던 사람이라면 그 글을 읽고서 감동이 올 겁니다. '아, 이게 바로 그걸 얘기하는 거구나!' 경전은 그렇게 보는 겁니다. 그때 비로소 경전의 진면목을 맛볼 수 있는 거지, 그전에는 경전을 읽어 봐야 그냥 남의 이야기를 뜻도 모르고 읽는 거예요. 발심이 확실해야 합니다. 부처가 맛본 것을 나도 한번 맛보자! 그 발심이 안 되어 있다면 불교 공부는 그저 취미생활, 다방에 차 마시러 다니는 식으로… 전혀 불교와 상관이 없게 됩니다. 그런 사람은 불제자가 아닙니다. 이 발심을 확실하게 하셔야 하는 겁니다.

마땅히 이와 같이 머물고 이와 같이 그 마음을 항복…

이와 같이, 간단합니다. 어떻게? 이렇게! (팔을 들어 손을 쥐었다 펴며) 이렇게 머물고, 이렇게 그 마음을 항복시켜라 그거예요. 간단합니다.

이렇게, 지금 이렇게! (손을 흔들며) 보이시죠? 이렇게(손을 쥐었다 펴며) 머물고 이렇게(손을 흔들며) 항복시켜라 이겁니다. 이렇게 머물고 이렇게 항복시켰는데도 머물러지지 않고 항복되지 않는다면 이제 목이 마르셔야 돼요. (손을 흔들며) 이렇게 머물고 이렇게 항복시킨다는데 왜 나는 저것이 그저 손을 흔드는 것으로만 보일까? 그런 사람은 왜 저럴까 하고 목이 말라야 합니다. 이건 거짓말이 아닙니다.

물론 말을 따라간다면 여시(如是)란 말은 '다음에 내가 말하는 바와 같이'란 뜻입니다. 그러나 말 따라 해석하는 것에 그쳐서는 안 된다고 제가 이미 말씀드렸습니다. 그렇게 하면 경전의 맛을 수박 겉 핥기 식으로 겉만 확인하는 데 그치는 거예요. 수박 속의 시원한 단맛을 못 보는 겁니다. 단맛을 본다는 것은 바로 이렇게!(손을 움직이며) 하는 것을 여기서 바로 딱! 맛을 보셔야 하는 겁니다.

유연 세존 원락욕문

예, 세존이시여… 감동해서… 예! 즐겨 듣겠습니다. 제발 감로수를 맛보게 해 주십시오… 다음 시간부터는 그 말씀을 드리도록 하겠습니다.

3
대승의 바른 근본 大乘正宗分

부처님께서 수보리에게 말씀하셨다. "모든 보살마하살은 마땅히 이와 같이 그 마음을 항복시켜야 한다. 있는 바의 일체 중생의 종류들, 혹 알에서 나거나, 혹 새끼로 나거나, 혹은 물에서 나거나, 혹은 환상으로 생겨나는 것, 혹은 육체가 있거나, 혹은 육체가 없거나, 혹은 생각이 있거나, 혹은 생각이 없거나, 혹은 생각이 있는 것도 아니고 없는 것도 아니거나, 나는 이러한 모든 종류의 중생들을 남김없이 열반에 들게 하여서 모두 제도하겠다. 이와 같이 헤아릴 수 없고, 셀 수 없고, 한이 없는 무수한 중생들을 제도했지만 실제로는 제도를 받은 중생이 하나도 없다. 왜 그런가 하면, 수보리야! 만약 보살에게 아상이나 인상이나 중생상이나 수자상이 있다고 한다면 그것은 보살이 아니기 때문이다."

佛告須菩提: "諸菩薩摩訶薩, 應如是降伏其心. 所有一切衆生之類 - 若卵生若胎生若濕生若化生, 若有色若無色, 若有想若無想, 若

非有想非無想 - 我皆令入無餘涅槃而滅度之. 如是滅度無量無數無邊衆生, 實無衆生得滅度者. 何以故? 須菩提. 若菩薩有我相人相衆生相壽者相, 卽非菩薩."

드디어 제3분에서 부처님이 대중에게 말로써 가르침을 펼치는 부분이 나오기 시작합니다. 앞에서 직접 법을 보여 주셨지만 대중이 그것을 제대로 깨닫지 못했기 때문에 수보리가 질문을 했고, 그 질문에 대한 답변으로서 언설을 통해서 설명을 해 나가는 겁니다.

경전이라는 것은 어떤 지식을 전달하기 위해서 있는 것이 아닙니다. 그야말로 부처님께서 깨달으신 이 법! 이 법을 우리도 똑같이 경험하고, 확인하고, 그래서 법 속에서 살고 있음을 실감하도록 해 주는 것이 경전의 목적이기 때문에, 단순히 그 경전의 뜻을 이치로, 지식으로 알아듣는 정도에 그쳐서는 안 된다 그겁니다.

모름지기 학교 공부도 그렇잖습니까? 공부를 '학습'이라고 합니다. 학습(學習). 배워서 익힌다. 배우기만 해서는, 지식만 가지고는 그 공부는 별 소용이 없어요. 학습이란 것은 배우는 것과 익히는 것, 즉 지식으로 얻는 것과 실습을 통해서 직접 확인하는 것, 이 두 가지를 함께 했을 때 가르침이란 것이 원만하게 이뤄지는 것이고 배움도 원만하게 이뤄지는 것입니다.

경전의 가르침도 마찬가지예요. 우선 부처님의 말씀을 이해하고, 이해를 했다면 그 법을 실제로 실습해야 하는 겁니다. 그 법을 실제로 실감하는 과정을 거쳐야 비로소 경전에 대한 이해를 올바르게 한다 할 수 있습니다.

그래서 우선 이 말부터 이해해 보도록 하겠습니다.

부처님께서 수보리에게 말씀하셨다. 모든 보살마하살은…

여기에 '보살(菩薩)'이란 것은 '보디사트바'라는 인도 말을 그대로 본뜬 말입니다. 이 말은 '깨달은 중생', 또는 '깨달음을 추구하는 중생'이란 뜻이 있습니다. 그래서 보살이라고 하는 것은 이 법을 공부해서 이 법을 얻은 사람이거나, 법을 공부하는 도중에 있는 사람이거나 다 보살이라 할 수 있습니다만, 자기가 보살이란 명칭을 부끄럽게 듣지 않으려면 법을 깨달은 중생이 되어야 하겠죠. 아직 깨닫지 못하고 깨달음을 향하는 중생의 입장에서는 보살이란 말을 듣더라도 부끄럽겠죠.

그래서 《금강경》에서는 끊임없이 올바른 보살이 되어야 한다는 이야기를 하고 있습니다. 올바른 보살이라고 하는 것은 바르게 법을 보고, 바르게 법을 알고, 법의 자리에서 어긋나지 않는 사람, 이런 사람을 올바른 보살이라고 합니다. 마하살에서 마하란 것은 큰 대(大) 자거든요. 큰 보살이라는 말인데, 보살을 꾸미는 말이라고 할 수 있습니다. 큰 법을 공부하는 사람이어서 마하살이라는 표현을 쓰는 겁니다.

모든 보살마하살은 마땅히 이와 같이 그 마음을 항복시켜야 한다.

마음을 항복시킨다… 결국 불교의 주제는 마음입니다. 《금강경》의 주제도 마음입니다. 앞서 수보리가 "어떻게 그 마음을 머물러야 하고, 어떻게 그 마음을 항복시켜야 합니까?" 이렇게 물었단 말이죠. 결국 마음의 문제예요. 불교의 주제는 마음입니다, 마음. 그것을 잊어서는 안 됩니다. 불교는, 종교는 마음공부다 이겁니다. 물질공부는 우리가 학교에서 학문이란 이름으로 배웁니다. 그러나 마음공부는 종교에서 가르치는 겁니다. 어떻게 살 것이냐 하는 것은 둘째 문제예요. 그보다는 마음의 진실을, 실상을 어떻게 알 것이냐, 경험할 것이냐 하는 것이 첫째 문제입니다. 이 마음의 실상을 우리가 법이라고 부르고, 도라고 부르고, 진리라고 부르고 있는 겁니다.

그 마음을 마땅히 이와 같이 항복시켜야 한다.

여기서 '이와 같이'란 것을 말 그대로 이해한다면, '다음에 내가 일러 주는 바와 같이' 이런 뜻입니다. 그 다음에 일러 주는 바를 보면,

존재하고 있는 바 모든 중생의 부류들. 그 중생이란 것이 혹은 알에서 나는 것도 있고, 새끼로 나는 것도 있고, 물이나 습지에서 나는 벌레 같은 것. (화생이란 것은 귀신이나 도깨비 같은 실물이 없고 환상으로 생겨나는 것.) 육체를 가지고 있는 것이거나 없는 것, 생각할 줄 아는 것이거나 생각을 하지 않는 것이거나, 또는 생각을 하는 것도 아니고 안 하는 것도 아닌 것이거나 간에 모든 중생, 살아 움직이는 모든 중생, 내가 이 모든 중생을 무여열반, 남김 없는 열반, 망

상이 다 소멸되고 번뇌가 소멸된, 남김없이 번뇌와 망상이 다 없어져 버린 그 열반에 다 들어가게 해서, 제도(濟度)해서 중생이란 이름을 다 없애겠다. 전부 부처님으로 만들어 버리겠다.

지구상의 인구가 약 60억인데, 인구 60억뿐만 아니고 짐승, 새, 물고기, 심지어 벌레까지 전부 제도를 해서 다 열반에 들게 해서 다 부처님으로 만들겠다 이거예요. 그러니까 헤아릴 수가 없죠. 사람만 해도 60억인데, 벌레, 짐승, 새, 물고기, 거기다가 도깨비, 귀신까지 전부 다. 헤아릴 수가 없지.

그러니까 무량(無量), 양이 없고, 무수(無數), 숫자가 없고, 무변(無邊), 한정이 없는 중생을 전부 제도를 했는데, 이와 같이 제도했는데, 다 제도해 놓고 보니까 실제로는 제도한 중생이 하나도 없어요! 이 이치가 딱 들어맞습니다. 이렇게 되어야 보살이다 이겁니다.

그런데 생각해 보면 말이 앞뒤가 안 맞잖아요? 제도를 다 했다고 해 놓고 제도를 하나도 안 했다 하니까. 경전에서 거짓말을 하고 있을 리는 없을 테고… 모든 중생을 전부 제도했다고 해 놓고는 그렇게 하고 보니까 하나도 제도된 중생이 없다고 했거든요. 그럼 헛고생 한 것 아니냐? 그럴 리야 없죠, 부처님 말씀인데. 부처님께서 쓸데없는 농담을 할 리도 없고, 진실한 말씀이란 말이죠. 그런데 이치상으론 도무지 이해가 안 되죠? 아니, 모든 중생을, 벌레까지 다 제도시키겠다 해 놓고는 다 제도를 해 놓고 보니까 제도된 중생이 하나도 없다고 하니 이거 뭐가 잘못된 것 아니냐?

이치상으로 따져서는 도무지 이해가 안 되실 겁니다. 이 방 안에 있는 모든 사람을 밖으로 내보내겠다, 다 내보내 놓고 보니까 밖으로 나간 사람이 한 사람도 없더라, 이런 거와 같은 겁니다. 그런 이치거든요. 계산이 맞는다면 가능성은 하나밖에 없죠? 뭡니까? 원래 방 안에 사람이 하나도 없었을 그 가능성밖에 없는 겁니다. 사람이 있었는데 내보내 놓고 안 내보냈다면 그것은 거짓말이죠. 가능성은 그것 하나밖에 없는 것 아닙니까?

본래 이 방 안에는 사람이 한 사람도 없었다, 이 말입니다. 그러니 내보낼 사람이 없죠. 이치는 그거밖에 없는 겁니다. 그래서 사실은 내보내 놓고 보니까 한 사람도 나간 사람이 없고, 그러니까 원래 사람이 없었어, 그렇다면 내보낸다는 말 자체도 안 맞잖아요? 안 맞는 거예요. 원래 방 안에 사람이 없었는데 뭘 내보내? 내보낸다는 말 자체가 또 안 맞아. 그런 이치인 겁니다. 자, 그 다음에 한번 보세요. 제 얘기에 대한 대답이 그 다음의 부처님 말씀에 나와요.

왜 그러하냐? 수보리야!

왜 그러하냐? 수보리야… 왜 중생을 다 제도했는데 하나도 제도된 중생이 없느냐? 이거예요.

왜 그러하냐 하면 수보리야, 만약에 보살에게 아상, 인상,

아(我)와 인(人)이라는 것은 '나'와 '남'이라는 뜻입니다. 여기서 상

(相)은 곧 상(想), 생각, 개념이라는 뜻입니다. '나'라는 생각, '남'이라는 생각, '이것은 나이고 저것은 남이고' 하는 분별을 말합니다.

중생상, 수자상

중생이라는 생각, 수자(壽者)라는 것은 목숨이라는 뜻입니다.

'나'라는 생각, '남'이라는 생각, '중생'이라는 생각, '목숨'라는 생각이 보살에게 있다면, 보살의 마음에 '나'라는 분별심, '남'이라는 분별심, '나'와 '남'을 분별하는 그런 마음, 그래서 이건 나고 저건 남이고, 이것은 중생이고 저것은 부처요, 이것은 삶이고 저것은 죽음이요, 이런 분별하는 마음이 있다면, 그런 사람은 보살이 아니에요. 분별하고 있으니까 보살이 아니죠. 보살은 아까 말했듯이, 보디사트바, 깨달은 중생이잖아요. 분별하는 사람은 깨닫지 못한 중생인 겁니다.

결국 이것을 뒤집어서 이야기하면 무슨 뜻입니까? 모든 중생을 다 제도한 보살이라면 자기 마음에 아상도, 인상도, 중생상도, 수자상도 없어야 돼. 그 말은 무슨 말이냐? 원래 내 마음이라는 방 속에 제도할 중생이 없는 거예요. 본래 보살에게는 제도할 중생이 없는 겁니다. 그러니까 아까 얘기했듯이 방에 사람이 본래 없어서, 내보내 봐야 나간 사람이 하나도 없는 겁니다.

본래 나에게 중생이 없으니 중생을 다 제도했지만 실제론 제도된 중생이 하나도 없는 거예요. 그렇게 그 마음을 항복시켜라, 이렇게 되어 있습니다.

그러면 중생이 어디 있는 겁니까? 중생이 어디에서 태어나는 거예요? 아까 알에서 태어나고, 새끼로 태어나고, 물에서 나고, 환상으로 생겨나고, 육체가 있고 없고, 생각할 줄 알고 모르고, 이런 온갖 종류의 사람, 짐승, 물고기, 새, 벌레, 귀신… 온갖 종류의 중생이 결국은 어디에서 나오는 겁니까? 어디에서 생겨나서 어디에서 없어져야 하는 겁니까?

내 마음의 문제입니다. 밖에 있는 것이 아닙니다, 중생이란 것이. 내가 만들어 낸 내 중생이지 밖에 있는 것이 아니에요, 중생이 바깥에 있는 게 아닙니다. 만약에 바깥에 있는 중생을 생각한다면, 60억 인구를 다 제도하는 것은 말할 것도 없고, 우리 동네 있는 사람? 그것도 말할 것 없어. 우리 가족! 저는 자신이 없어요, 우리 가족도 제도할 자신이 없다고요. 밖에 있는 중생을 쫓아간다면 부처님 말씀은 전부 거짓말입니다. 안 맞아요.

마음의 중생입니다. 그러니까 보살의 마음에 나와 남이라는 분별심이 있고, 중생과 부처라는 분별심이 있으면, 그게 바로 내 마음에 중생이 있는 거예요. 나 스스로가 이거는 이거고 저거는 저거고, 분별하고 나누고 하면서 온갖 중생을 만들어 내는 겁니다. 그렇게 해놓으면 제도가 안 되는 거예요. 나 스스로가 그런 분별심을 따라가지 않고 모양을 만들지 않으면, 그러면 본래 중생도 없고, 부처도 없고, 나도 없고, 남도 없어서 제도할 중생이 없는 겁니다.

아주 간단한 말이지만 핵심을 탁 찌르고 있는 거예요. 그러니까 이치는 아주 간단한 겁니다. 나 스스로가 나와 남을 구별하고, 중생과 부처를 구별하면, 즉 분별하고 있으면 세상에는 무수한 중생이 있는 것이고, 나 스스로가 분별하지 않으면 중생도 없고 부처도 없어요. 그러니까 제도할 일이 없는 겁니다. 제도할 일이 없으니 제도된 중생이 없는 거죠.

그러면 결국 문제는 뭐냐? 나 스스로가 나와 남을 나누어서 분별하는 생각을 좇아가지 않는 것이고, 부처와 중생을 나누어서 하나는 취하고 하나는 버리는 그런 취사간택(取捨揀擇)을 하지 않는 겁니다. 그게 바로 보살이다 이겁니다. 우리 마음속에 중생과 부처가 따로 나뉘어 있으면 중생은 버려야 되고 부처는 취해야 되잖아요. 그렇게 되면 끝날 날이 없이 마음속에 항상 갈등만 남습니다. 왜? 마음은 하나밖에 없어요. 마음은 하나밖에 없습니다. 하나밖에 없는 것을 가지고 자꾸 그걸 떼어서 하나는 내버리고 하나는 가지려고 하니까 그게 안 맞는 겁니다.

비유를 들면, 동전이 있는데, '나는 뒷면은 싫어! 앞면만 가질 거야' 하고 동전을 탁 자르고 보면 거기에 뒷면이 또 있어요. 자르고 자르고, 아무리 잘라도 뒷면은 사라지지 않습니다. 동전은 하나이기 때문에 앞뒷면이 원래 그렇게 갖추어져 있는 겁니다. 마음도 마찬가지다 이겁니다. 동전은 본래 하나다, 그래서 앞뒷면이 따로 없다, 그러면 앞면을 취하고 뒷면을 버릴 이유가 없는 거죠. 그저 하나의 동전일 뿐인데, 우리가 이것은 앞면 저것은 뒷면 나누어 놓고 '나는 앞면이 좋고, 뒷면은 싫어!' 그러면 문제가 생기는 겁니다.

마찬가지예요. 마음은 하나고, 법도 하나뿐인데 우리 스스로가 분별하고 나누고 해서, 하나는 좋아하고 하나는 싫어하고, 그처럼 불가능한 일을 자꾸 하니까 그게 바로 번뇌라! 끝날 날이 없어요. 계속 갈등하고 스스로가 괴로워하면서… 실상을 모르면 우리 스스로가 분별해서 허상을 만들어 놓고 끝나지 않을 고생을 사서 하는 겁니다. 동전이란 게 단지 하나밖에 없는데 앞면 뒷면을 딱 정해 놓고 난 앞면만 가질 테니 뒷면은 없애 버려라… 끝없이 잘라 보세요. 뒷면이 없어지나. 되지 않을 일을 우리 스스로가 어리석어서 그런 고생을 사서 하고 있는 겁니다. 그래서 중생을 뭐라 하느냐? 전도(顚倒)되어 있다고 합니다. 스스로 어리석어서 끝없는 번뇌를 일으키고 있기 때문에 뒤집혀 있다 이렇게 얘기하는 겁니다. 마음의 실상을 모르니까…

마음이라 하는 놈은 본래 모양이 없지만 무수한 모양으로 우리에게 드러납니다. 온갖 색깔, 온갖 소리, 온갖 냄새, 온갖 느낌, 온갖 생각, 온갖 욕망… 헤아릴 수가 없죠. 온갖 모양으로 우리가 항상 경험하고 있는 겁니다. 본래 하나인데도 불구하고 그런 온갖 모양으로 나타납니다. 우리는 그 나타나는 모양을 좇아서 이리 가고 저리 가고 정신이 없어요. 본래 하나인 줄만 알면 아무런 문제가 없을 텐데, 그걸 모르기 때문에 나타나는 인연마다, 나타나는 모양마다 좇아다니면서 어지럽게 살고 있는 겁니다.

그래서 보살이 될 수 있는 길은 딱 하나예요. 뭐? 그냥 하나인 이 마음을 바로 깨달으면 되는 겁니다. 본래 하나뿐인 이 마음을, 본래 하나뿐인 이 법을 올바르게 확인하고, 실감하고, 실제로 '그렇구나!' 라는 사실을 명확하게 스스로가 증험(證驗)하는 겁니다. 증험한다는 게 뭐냐 하면, 직접 음식을 먹어 보고서 맛을 알듯이, 말만 듣는 게 아니고, 생각하는 게 아니고, 직접 확인해 보는 겁니다.

본래 하나이기 때문에 제도할 것도 없고 제도될 것도 없어요. 달리 말하면, 열반에 들 것도 없고 어리석음에 떨어질 것도 없다 이겁니다. 부처가 될 수 없고 중생이 될 수도 없어요, 사실은. 본래 하나의 입장이라면, 거기엔 부처도 없고 중생도 없는 겁니다. 나도 없고 남도 없는 것이고… 지금 경전의 말씀이 바로 그것을 이야기하고 있는 겁니다.

자기 스스로가 세상을 분별하여 나누어 보면 중생이고, 아무리 다양한 모양이 나타나더라도 '이 모든 모양이 본래 하나뿐이구나' 라는 사실을 확인하게 되면 그럼 부처다 이겁니다. 그것이 어디 있느냐? 주제는 마음이라고 했잖아요. 여기에 있어요. (손을 흔들며) 여기에 있는 겁니다. 다른 데 있는 게 아니에요.

다시 말하지만 불교는 물질적인 대상을 연구하는 과학이 아닙니다. 불교와 과학을 대조하고 대비하는 그런 일들을 하는 경우가 있는데 그것은 맞지 않습니다. 불교의 주제는 마음이에요. 내 마음이라. 내가 직접 경험하고 있는 이거라. 딴 게 없어요. 그렇다고 이 마음을 물질 따로 마음 따로, 이렇게 나누어서 하는 얘기는 아닙니다.

그래서 대상을 좇아가서 연구할 필요는 없어요. 자신이 직접 눈앞에 보고 있고, 실감하고 있고, 육체적으로도 실감하고 있고, 의식적으로도 실감하고 있고, 직접 마주해서 실감하고 있는 이 마음, 이 실상을 깨달으면 그뿐인 겁니다. 다른 게 없어요.

(눈앞의 난초를 가리키며) 물질적 대상인 '난초'의 실상을 아는 게 아닙니다. 물론 마음이라는 이름의 '이것'을 알면 '난초'의 실상도 알 수가 있어요. 난초뿐만 아니라 모든 삼라만상의 실상도 알 수가 있습니다. 왜? 삼라만상이라는 게 우리가 마음이라고 부르는 '이것'을 떠나서 따로 존재할 수가 없어요. 우리는 '이것' 하나만 알면 되는 겁니다. 그런 측면에서 볼 때 이 공부는 다행스럽게도 어렵지가 않습니다. 결국 '이것' 하나만 알면 돼요. 대학 입학시험은 과목도 많고 문제도 수없이 많지 않습니까? 그런데 이 마음공부는 문제가 딱 한 문제에요. 딱 한 문제만 풀면 합격이고, 못 풀면 불합격! 그러니까 여기에는 변별력이란 게 필요가 없어요. 합격 아니면 불합격, 둘 중 하나니까 하나만 아시면 됩니다.

자! 그러면 다시 한번 보죠. 그러면, '아, 이게 결국 이것 하나를 가리키는 말이구나!' 하는 측면에서 다시 보도록 하겠습니다. 이번에는 글자의 뜻을 따라서 보는 것이 아니고, 이 하나의 입장에서 한번 보도록 하겠습니다. 달리 말하면, 아상, 인상, 중생상, 수자상을 갖지 않는 입장에서 보자 이 말입니다.

마음속에 나와 남, 중생과 수자를 분별하는 입장이라고 한다면 글자의 뜻을 따라가는 입장입니다. 그래서 사과는 사과고, 배는 배고… 부처는 부처고, 수보리는 수보리… 이런 식으로 나누는 것이 바로 아상, 인상, 중생상, 수자상을 가진 마음이요, 그렇게 보는 것을 중생의 입장에서 경전을 읽는다고 할 수 있는 겁니다. 그 반면에 아상, 인상, 중생상, 수자상을 가지지 않는 입장에서 본다면, 사과와 배도 구별되지 않는 것이고, 부처와 수보리도 분별하지 않는 입장입니다. 이런 입장에서 경전을 읽을 줄 알아야 비로소 우리가 보살마하살이라는 말을 들어도 부끄러움이 없을 겁니다. 그 입장에서 한번 다시 읽어 보겠습니다.

부처님께서 수보리에게 말씀하셨다 …

부처가 여기에 있고 수보리는 앞에 있고, 그래서 부처가 수보리에게 이러쿵저러쿵 말했다… 이렇게 하면 그것은 부처 따로 수보리 따로이니까 중생의 입장에서 이해하는 것이고, 보살의 입장에서 이해한다면, "부처님이 수보리에게 말씀하셨다"라는 말이 한결같이 하나여야 되는 겁니다. 부처 따로 있고, 수보리 따로 있고, 말하는 게 따로 있고, 침묵하는 게 따로 있고 그렇게 하면 안 됩니다.

자, 그럼 더 정확하게… "부처님이-, 수보리에게-, 말씀하셨다-." 제 말을 잘 들으세요. "부처님이-, 수보리에게-, 말씀하셨다-"라고 지금 제가 이야기를 하고 있습니다.

(잠시 말없이 있음) 지금은 말이 없습니다. 다시, 부처님이, 수보리에

게, 말씀하셨다… (잠시 말없이 있음) 이제 말이 끊겼죠, 또 말을 하고 있습니다. 말을 할 때나 말이 끊어질 때나 한결같음이 있지요? 이 한결같음을 확인하십시오.

자… "부처님이 수보리에게 말씀하셨다"라는 제 말을 듣고 여러분은 이미 머릿속에 기억을 하고 있는 겁니다. '아, 부처님이 수보리에게 말씀하셨구나.'

그렇게 기억하고 있는 그 모양이 바로 아상, 인상, 중생상, 수자상을 가지고 있는 모양입니다. 그러면 아상, 인상, 중생상, 수자상이 없이, 달리 말하면, "부처가 수보리에게 말씀하셨다"라는 그런 모양을 기억하지 않는다면, 한결같이 하나여야 합니다. 이것저것 차이가 나지 않아야 된다고요. 그렇다면 차이가 안 나는 지점은 어디냐 이겁니다. 아무런 차이가 없는 지점은 어디냐? 거기에 딱 머물면 되는 거예요.

어떤 마음을 항복시켜야 해요? 아상, 인상, 중생상, 수자상을 가진 마음을 항복시키고. 어떤 마음에 머물러야 해요? 그런 마음이 항복된, 차별하지 않는, 분별이 없는 그 하나의 마음에 항상 머물러 있으면 되는 거예요. 수보리의 질문이 그거였고, 부처의 대답이 바로 그겁니다. 그러면 아상, 인상, 중생상… 생각을 따라가지 않고, 말의 뜻을 따라가지 않고, 모양을 따라가지 않는 게 중생심을 항복시키는 것이고, 동시에 그렇게 하는 그 자체가 늘 변함없이 하나인 마음에 머무는 겁니다. 그래서 수보리가 그렇게 질문한 거예요. 그 마음

84

을 어떻게 머무르고, 그 마음을 어떻게 항복시켜야 하느냐? 그러면 어디에 머물러야 하느냐? 우리가 어디에 머물러 있어야 하느냐?

우리는 머물 수 있는 데가 딱 한 군데밖에 없습니다. 다른 데 머물 수가 없어요. 우리는 항상 어디에 머무를 수 있습니까? 내 마음은 항상 어디에 머물러 있습니까? 마음이 머물 수 있는 장소, 시간은 딱 하나밖에 없습니다. 어디냐?

지금 이 순간 여기에! 이렇게!(팔을 들어 올리며)

이렇게 밖에는 머물 데가 없어요. 지금 이렇게 제 이야기를 듣고 있고, 스스로 이러쿵저러쿵 하고… 지금 이 순간에 있죠? 마음이 딴 데 있는 게 아닙니다. 지금 이 순간에 있으면서 과거를 지금 이 순간에 가지고 와서는, '이거는 과거다.'… 예컨대 작년 여름휴가 때 사진을 꺼내 놓고 보면서, '작년에 거기 가서 모기 때문에 고생 많이 했어….' 지금 작년에 있는 겁니까? 그게 아니거든요. 작년 사진을 내놓고 지금 여기 이 순간에 있는 겁니다, 항상!

우리는 아주 다행스럽게도 다른 데 있을 수가 없어요. 항상 이 자리에 있을 수밖에 없어요. 어디에? 법의 자리에, 진리의 자리에, 마음의 자리에 있을 수밖에 없는 겁니다. 지금 이 순간에 머물 수밖에 없어요. 그러면 문제는 왜 생기느냐? 망상을 일으키는 겁니다. 작년에 어쩌고저쩌고 이렇게… 작년이 어디 있어요? 작년으로 어떻게 돌아갈 수가 있겠어요? 돌아갈 수 없는데 허망한 생각에 사로잡힌다 이거예요! 망상을 부린다 이겁니다, 망상! 항상 지금 이 순간 여기에 머물 수밖에 없으면서도 망상을 부려서 다른 데 있는 것으로 착각하는 겁니다. 다른 데로 가 버리는 거죠. 그러니까 그 망상이 문제지, 망상만 안 부리면 우리는 항상 본래 있어야 할 이 자리에, 법의 자리에 늘 한결같이 있는 겁니다.

자! 그래서 "부처님이 수보리에게 말씀하셨다"라고 하지만, 부처님이 옛날 사위국 기수급고독원에서 수보리에게 이야기하셨다… 이런 식으로 좇아간다면 그건 망상이죠. 그것은 분별심을 따라서 중생상, 수자상이 따로 있는 겁니다. 그러나 "부처님이 수보리에게 말씀하셨다"… 지금 이 순간에 여기서 이렇게 하고 있잖아요? 다른 게 뭐가 있습니까?

지나가죠? 가만히 있는 것은 아무것도 없습니다.

"부처님이 수보리에게 말씀하셨다."

제가 아무리 반복해도 끊임없이 지나가지, 가만히 있는 것은 아무것도 없어요. 끊임없이 지나가는 것 같지만 가만히 보면, 끊임없이 지나가는 그 자리에 우리가 변함없이 딱 있는 겁니다. 다른 데 있는 게 아니에요. 끊임없이 지나가는 그 자리에 딱 머물러 있다 이거예요. 지금 이렇게 끊임없이 지나가는 이 자리에 내가 변함없이 딱 머물러 있잖아요. 다른 데 있을 수 있습니까?

마치 기차를 타고 가다 보면, 바깥의 풍경은 계속 지나가지만 자기는 기차의 그 좌석에 변함없이 앉아 있는 것과 꼭 같아요. 바깥을 쳐다보면 계속 지나가는데, 서울에서 부산까지 변함없이 그 자리에 앉아 있는 거예요. 그런 것처럼 온갖 모양들이 지금 마구 지나가고 있습니다.

그러나 나는 지나가는 그 자리에 이렇게 변함없이, 그 지나가는 모습들을 보면서 이렇게 변함없이 있잖아요? 늘 그대로. 모양들은 지나갑니다. 육체도 늙어 가고, 생각도 변하고, 느낌도 변하고, 세상도 바뀌고, 온갖 것이 다 지나가지만, 변함없이 지나가는 그 자리에 내가, 마음이란 것이 있는 겁니다.

마음이란 이름 자체도 그 이름에 해당하는 어떤 물건이 그 자리에 있는 것은 아닙니다. 마음에는, 내 기차 좌석이란 것이 있는 게 아니에요. 다만 지나가는 이 자리에 그냥, 지나가는 이것이 있을 뿐이에요. 끊임없이 지나갈 뿐이에요. 그냥 끊임없이 지나가는데 아무리 지나가도 끝이 없어, 이게. (손을 흔들며) 그냥 지나가고 있을 뿐이지, 이렇게. (손을 흔들며) 지나가고 지나가도 끝없이 지나가고 있잖아요. 이 순간에도 이렇게(손을 흔들며) 끝이 없이 계속 지나가고 있거든요. 끝없이 지나가도, 지나가는 여기에 변함없는 이게(손을 흔들며) 마음이라니까요.

우리는 우리가 머물 수 있는 자리에 본래 그냥 그렇게 머물러 있는 겁니다. 그러면서 머릿속에서 생각으로, 내일은 뭘 하고, 모레는 뭘 하고, 어제는 뭘 했고, 누구한테 뭘 받아야 하고 주어야 하고… 온갖 생각에… 그러나 그 생각 자체도 사실은 지금 이 순간 여기서 지나가고 있는 거예요. 그걸 모르고 우리는 그것을 따라가 버리거든, 망상을 따라간단 말이죠. 그런 생각들을 따라가 버리니까, 장소가 따로 있고, 시간이 따로 있어서, 언제는 어땠고, 어디선 어떻고…

이렇게 말을 하게 되는 겁니다.

그런데 우리는 항상 이 순간 여기에 있을 수밖에 없습니다. 그것 밖에는 다른 방법이 없어요. 그러니까 이건 너무 쉬워요, 알고 보면. 우리는 늘 그렇게 진리의 자리에 있는 겁니다. 본래 우리는 진리에 있는 거지, 진리의 자리에서 벗어날 수가 없어요. 예컨대 우리는 이 방을 들어왔다 나갔다 할 수 있잖아요? 바깥의 계단을 올라와서 문을 열고 걸어오는 그 순간순간, 나는 변화하는 그 자리에 있는 겁니다. 순간순간 움직이는 그 자리에 있으면서 들어와서 앉아 있다가 또 나가죠? 나갈 때도 들어올 때와 똑같이 육체가 움직이고 장소가 변하고 하는 그 자리에 있지만 나는 그냥 그 자리에 그렇게 있는 겁니다. 변화하는 순간순간 그 변화 속에. 장소도 변하고, 육체도 변하고, 생각도 변하고, 다 변해요. 그러나 변화하는 그 자리에 변함없이 있는 겁니다. 왜? 우리는 항상 이 자리에 있잖아요.

마치 바닷가에 가면 파도가 모래 위로 밀려왔다가 밀려가죠? 그 파도의 끝부분. 물결이라는 게 싸악 왔다가 싸악 가는 것 같은데 파도의 끝부분에 있으면, 물이란 게 왔다 갔다 하는 거지만, 그 끝부분에 있으면 끊임없는 움직임이지만 항상 물로서 거기에… 이게 아주 간단한 것이에요. 본래 내가 이 자리에 있는 것이고, 늘 이 자리에 있었지 절대 벗어난 적이 없습니다. 지금도 이 자리에 있거든요. 지금 이(손을 흔들며) 자리에 있으면서 순간순간, '아! 내가 그냥 이 자리에 있구나!' 하고 이 자리를 확인하시는 건데… 그런데 문제는 또 어디 있느냐 하면, 제 이야기를 듣고서, '그래, 이 자리에 내가 있구나!' 하는 생각을 한다면 그 생각 자체가 하나의 그림이 되어 버립니다. 망상이 되어 버립니다. 망상! 생각이 아니라, 그 생각이 일어나는 이(손을 흔들며) 자리에 있어야 된다니까요!

그러니까 "부처님께서 수보리에게 말씀하셨다…" 부처님이라는 말, 수보리라는 말, 말씀하셨다는 말처럼 그림을 하나하나 짜 맞추는 게 아니고, '부처님' 하는 것은 "부 · 처 · 님" 하면서 스윽 지나가잖아요? "부" 지나가고, "처" 지나가고, "님" 지나가면서 계속 움직여 가잖아요? 그렇지만 "부 · 처 · 님" 하든, "수 · 보 · 리" 하든, "말 · 했 · 다" 하든 어떤 말의 색깔이, 어떤 말의 소리가 지나가든 상관없이 언제나 이 자리…

그러니까 '부처님' 하니까 부처님인 줄 알지, '부' 하고 '처' 하고 '님'자를 따로 떼어 놓으면 부처님이란 뜻이 우리에게는 안 생겨 나요. 그런 그림이 안 생겨난단 말입니다. 말을 더 분해하면, '부'는 'ㅂ'에다가 'ㅜ', '처'는 'ㅊ'에다가 'ㅓ', '님'은 'ㄴ', 'ㅣ', 'ㅁ'… 더 분해시켜 보세요. 그럼 부처님이란 뜻이 거기에 없잖아요. 그냥 자음, 모음 모아 놓은 것이지. 자음, 모음도 더 분해시키면 옆으로 줄 긋고, 밑으로 줄 긋고, 동그라미 그리는 것밖에 없잖아요. 그것도 더 분해한다면 결국 옆으로 긋든, 밑으로 긋든, 동그라미 그리든, 단지 움직이고 있을 뿐이지 다른 게 아무것도 없어요. 그러면 항상 똑같은 겁니다. 자음, 모음을 끝까지 다 쓰더라도 단지 그냥 손이 순간순간 움직일 뿐이지 다른 게 없어요. 그러면 한결같잖아요. 그런데 그 것을 길게 늘어놓고 보니까 ㄱ, ㄴ, ㄷ, ㄹ, 자음 모음이 짝 맞춰져서 말이 되고, 한 폭의 그림이 되는 겁니다.

　마치 우리가 (뒷벽의 연꽃 그림을 가리키며) 이 그림을 그리는데, 붓을 가지고 쓱쓱 그릴 때는 특별한 모양이 없는데, 다 그려 놓고 보니까 하나의 그림이 된다 이 말이죠. 우리는 기억을 통하거나 말을 듣거나 해서, 보고 듣고 하는 그런 과정에 기억을 갖고 그림을 그려 버리는 겁니다. 매 순간 그림을 그리는 그 순간에는 꽃이 따로 있는 게 아니고, 잎이 따로 있는 게 아니고, 줄기가 따로 있는 게 아니에요. 똑같아요. 그래서 '응무소주 이생기심(應無所住 而生其心)'이라 하는 겁니다. 한결같이 마음이 생겨나고 있을 뿐이라. 다른 게 없다 이 겁니다.

　매 순간 마음이란 것이 생겨나고 있을 뿐이라. 이것을 실감할 수만 있다면, 비로소 나에게는 아상, 인상, 중생상, 수자상이란 것이 없어지는 겁니다. 아상이라고 하는 것은 그려진 한 장의 그림이에요. 그죠? 인상이라고 하는 것도 다 그려진 한 장의 그림이고. 중생상도, 수자상도 마찬가지고. 우리가 이 그림을 그리려면 붓을 잡아서 매 순간 이렇게 붓질을 해야 하죠. 실제로 우리는 매 순간 붓질을 하고 있는 것이지, 다 그려 놓은 그림 속에 고정되어 있는 것이 아니다 이겁니다.

　우리 삶이라는 게 그렇잖아요. 매 순간 새로운 붓질을 하고 있는 게 삶이거든요. 그래서 매 순간순간은 창조의 순간이다 이렇게 얘기하는 겁니다. 매 순간 우리는 삶의 붓질을 하고 있다 이거예요. 붓질만 하고 있는 동안에는 아무런 변화가 없이 붓질만 하고 있을 뿐이에요. 그런데 붓질 다 한 과거를 기억으로 돌이켜서 쭈욱 보니까 그림이 좌르륵 그려져 있는 거예요. 그러니까 그것은 전부 다 망상이죠. 실제로 지금 내가 하고 있는 것은 매 순간 그냥 붓질만 하고 있을 뿐이에요.

법을 진실, 실제, 실상, 이렇게 말하거든요. 진실이 뭔지, 실제가 뭔지, 실상이 뭔지. 그것은 매 순간 직접 경험하고 있는 이것밖에 없는 겁니다. 지금 당장 직접 경험하고 있는 이것밖에 없는 거예요. 그러니까 머무는 데가 없죠. 우리 인생의 붓질은 멈추지 않습니다. 끝없이 인생의 그림을 그려 나가는 거잖아요. 그러니까 매 순간 우리는 붓질을 하고 있는 겁니다. 그것이 나에게 가장 직접적이고 진실한 겁니다. 다른 게 없어요.

그 붓질된 과거를 자꾸 이러쿵저러쿵 내가 왜 그렇게 살았을까? 그게 바로 업(業)입니다. 다른 게 업이 아니고. 과거의 망상에 매달린 그게 업이고, 그러면 그 업의 영향을 받아서 인생이 괴로워지는 겁니다. 망상이지만 이 망상이란 놈은 힘이 세단 말이죠. 우리를 마구 흔들어 가지고 괴롭게 만드는 겁니다. 왜 망상이 힘이 세냐? 알고 보면, 망상도 다른 게 아니라 실상, 내 힘입니다. 내 힘!

옛날이야기 보면 도깨비를 만나서 씨름하는 이야기가 있는데, 도깨비와 씨름을 해서는 결코 이길 수가 없어요. 왜냐하면 도깨비란 게 실체가 없기 때문에 결국 내 힘을 가지고 나 혼자서 발버둥을 치고 있는 것이거든요. 도깨비란 놈이 힘이 있는 게 아니고 나 스스로가 헛것을 보고 발버둥을 치고 있는 것입니다. 그런 꼴이에요. 우리가 망상에 사로잡혀 있다고 하는 것은 말이죠. 망상이란 것은 본래 실체가 없고, 현재 내 실상이 활동해서 헛것을 보는 겁니다. 도깨비를 만난 것과 똑같아요.

그렇게 도깨비에게 홀린 사람을 정신 차리게 하려면 가서 뺨을 한 대 세게 때리거나 찬물을 확 끼얹든가 하면 되거든요. 그럼 문득 정신을 차리게 되고 헛것은 어디로 갔는지 없어요. 똑같은 겁니다. 생각에 마구 시달리다가 지금 이 순간 여기로 '탁!' 돌아오면 아무 문제가 없이 멀쩡해요. 아무런 문제가 없는데 스스로 망상에 속아서 고생을 하는 겁니다.

그래서 이런 보살의 입장, 아상, 인상, 중생상, 수자상을 갖지 않은 보살의 입장에서 이 경을 다시 읽어 본다면, 한 글자 한 글자가 전혀 다르지 않습니다. 똑같습니다. 부처님이 수보리에게 말씀하셨다… 뜻 따라가지 않는다면 똑같이 순간순간 생겨나는 마음의 자리에 늘 한결같이 있는 거죠.

부처님이 수보리에게 말씀하셨다. 모든 보살마하살은 마땅히 이와 같이 그 마음을 항복시켜야 한다…

한마디 한마디의 말이 그대로 한결같을 뿐입니다. 아무런 문제가 없어요. 아무것도 달라지는 것이 없다 이 말이에요. 그렇지 않습니까? 달라지는 것이 뭐가 있습니까? 모양을 좇아가니까 달라지는 거지. '말이 다르네!' 이러면서 말이죠. 말은 다르지만 말하는 입은 달라지지 않아요. 그런 것처럼 말의 내용은 달라지지만 말을 하고 있다는 이 행위는 달라지지 않거든요.

지구로 보면 춘하추동이 바뀌지만 지구가 태양 주위를 빙글빙글 돌고 있다는 그 사실에는 변화가 없어요. 겉으로 보이는 모양들은 달라지지만 실제 매 순간 매 순간은 항상 동일한 자리에 동일한 모습으로 있는 겁니다. 모습이라고 얘기할 수가 없죠. 늘 변화하는 그 자리에 변함없이 있을 뿐입니다.

이런 입장이라면 중생이라는 말과 부처라는 말에 아무런 차이가 없습니다. 지금 보세요. '중생' 하는 말하고 '부처'라는 말에 무슨 차이가 있습니까? 중생이라는 말의 뜻을 따라가고 부처라는 말의 뜻을 따라가니까 다르죠. 안 따라가면 중생이라 하든, 부처라 하든, 난초라 하든, 카메라라 하든 무슨 차이가 있습니까? 아무 차이가 없어요. 똑같아. 전부 다. 만법이. 무량 무수한 중생이 전부 다 똑같아요. 그냥 하나라. 아무런 차이가 없습니다. 그러니까 제도를 다 해도 제도된 것이 없다, 본래 똑같은 모습이니까 제도할 것도 없고, 제도될 것도 없는 거예요. 안팎이 따로 없으니까. 부처와 중생이 똑같은데 누가 제도하고 누가 제도당합니까? 그런 게 없어요.

그러니까 항상 매 순간 여기에 이렇게 변함없이 마음을 실감하면 아무 일도 없는 겁니다. 다가오는 인연? 그 인연에 맞추어서 대응해 주면 되는 겁니다. 아들이 다가오면 아들에게 알맞게, 딸이 다가오면 딸에게 알맞게, 아내가 다가오면 아내에게, 남편이 다가오면 남편에게, 사과가 다가오면 사과에 알맞게… 요리할 때 그러잖아요? 된장국 끓일 때는 된장국에 알맞은 재료를 넣어서, 마늘은 마늘대로, 파는 파대로, 양파는 양파대로… 인연에 따라서 하되, 어떻게 인연에 따라서 어떻게 된장국을 끓여 내든 아무런 차이가 없는 겁니다. 된장국은 달라지지만 그렇게 끓여 내고 있는, 지금 인연에 따라 드러나고 있는 이것은, 마음은 아무런 차이가 없다 이겁니다. 달라지는 게 없다 이겁니다. 한결같이 똑같을 뿐이에요.

이럴 때 우리는 비로소 보살마하살이라고 할 수 있는 겁니다.

4
묘한 행위는 머무는 데가 없다 妙行無住分

"또 수보리야, 보살은 법에서 마땅히 머무는 바 없이 보시를 행해야 하느니라. 이른바 색에 머물지 않고 보시하고, 소리와 냄새와 맛과 촉감과 법에 머물지 않고 보시해야 하느니라. 수보리야, 보살은 마땅히 이와 같이 보시하여 모양에 머물지 말아야 하느니라. 왜냐하면 만약 보살이 모양에 머물지 아니하고 보시한다면 그 복덕은 헤아릴 수 없기 때문이다. 수보리야, 어떻게 생각하느냐? 동쪽 방향의 허공을 헤아릴 수 있겠느냐?"

"아닙니다, 세존이시여."

"수보리야, 남쪽 서쪽 북쪽 북동 북서 남동 남서, 그리고 아래위 허공을 헤아릴 수 있겠느냐?"

"아닙니다, 세존이시여."

"수보리야, 보살이 모양에 머무름 없이 보시한다면 그 복덕이 또한 이와 같아서 헤아릴 수가 없다. 수보리야, 보살은 다만 마땅히 가르침 받은 대로 머물러야 하느니라."

"復次須菩提, 菩薩於法應無所住行於布施. 所謂不住色布施, 不住聲香味觸法布施. 須菩提, 菩薩應如是布施不住於相, 何以故? 若菩薩不住相布施, 其福德不可思量. 須菩提, 於意云何? 東方虛空可思量不?"

"不也. 世尊."

"須菩提, 南西北方四維上下虛空可思量不?"

"不也. 世尊."

"須菩提, 菩薩無住相布施福德, 亦復如是不可思量. 須菩提, 菩薩但應如所教住."

또 수보리야, 보살은 법에서 마땅히 머무는 바 없이 보시를 행해야 하느니라…

법(法), 법이라는 것은 제법, 삼라만상, 모든 것 다입니다. 그것을 불교교리에서는 작게는 육진경계(六塵境界), 더 자세하게는 오온(五蘊)·십팔계(十八界)가 다 법에 해당됩니다. 그 어디에도, 어느 것에도 머무는 바 없이 보시를 해라… 보시(布施)라는 것을 보통 우리는 '베푼다' 이렇게 생각하죠? 이 '베푼다'라는 말을 '내가 가지고 있는 무엇을 남에게 준다'라는 단순한 뜻으로 한정시키지 않고 본다면, 우리의 삶이 전부 베푸는 겁니다. 우리의 모든 삶이 결국은, 내 육체에게 베풀고, 남에게도 베풀고, 내 의식에게도 베풀고, 내 느낌에게도 베풀고… 따져 보면 다 베푸는 겁니다. 베풀지 않는 게 하나도 없어요, 사실은.

그래서 여기에서 보시(布施)라고 하는 것은 그저 남에게 무엇을 주는 것 같은 단순한 뜻이 아니라, '모든 행동'을 뜻하는 것입니다. 이렇게 뜻을 넓혀서 봐야 하는 겁니다. 그래서 다시 보면, 보살은 어떤 대상에도, 어떤 모양에도, 어떤 생각에도, 어떤 욕망에도, 어떤 물건에도 머무는 바 없이 행동해야 한다, 살아가야 한다… 이런 뜻이에요. 매 순간 매 순간을 살아가야 한다. 그렇게 해 놓고 설명이 너무 단순하니까 다시 조금 풀어내고 있습니다. 그러면 도대체 법에 머물지 않는다는 게 무어냐? 조금 더 자세하게 풀기를, 색깔에 머물지 않고, 소리에 머물지 않고, 냄새에 머물지 않고, 맛에 머물지 않고, 촉감에 머물지 않고, 법에 머물지 않고… 우리가 색, 성, 향, 미, 촉, 법이라고 해서 육진경계라고 그러죠? 육진경계뿐만 아니라 더 넓히면 오온 십팔계 모든 것, 우리가 보고, 듣고, 느끼고, 생각하고, 경험하는 모든 것, 매 순간순간 접하고 있는 모든 인연, 어디에도 머물지 말라 이겁니다.

머문다는 말이 도대체 무슨 말이냐? 사실 우리는 머물 수가 없어요. 이 말은 '머물지 마라'는 뜻으로 쓰였지만, '머물 수가 없다'는 뜻으로도 이해할 수가 있습니다. 왜? 생각해 보세요. 우리가 어디에 머물러 있을 수가 있습니까? 생각에 머물러 있을 수 있습니까? 살아 있는 사람이? 하나의 생각에? 하나의 육체에? 변함없는 하나의 육체나, 하나의 생각이나, 하나의 느낌이나, 하나의 욕망에 변함없이 머물러 있을 수 있습니까? 안 됩니다. 순간순간 지나가요. 그래서 세상은 무상(無常)하다 하는 겁니다. 머물러 있는 것은 원래 아무것도 없어요. 머물러 있는 것이 아무것도 없이 항상 흘러가고 있는데, 머무를 수가 있다고 하면 그것은 망상이다 이겁니다.

내가 지하철을 타고 여기 왔는데, 내가 계속 지하철에 타고 있다고, 지금도 지하철 안에 타고 있다는 생각을 버리지 못하고 있다면, 지하철에 타고 있다는 생각에 머물러 있는 겁니다. 그런데 실제로는 지하철에 타고 있지 않잖아요? 그러니까 허망한 거죠. 지나가는 인연을 순간순간 지나가는 대로 내버려두지 않고 거기에 집착해서 그것을 계속 기억하고 있고 생각하고 한다면 그것이야말로 머무른다는 말에 해당되는 것이지만, 사실은 그렇게 머무를 수는 없는 겁니다. 아무리 어떤 생각이나 느낌에, 욕망에 집착하고 있더라도, 사실은 매 순간순간 새로운 욕망이나 느낌이나 생각이 나타났다 지나가는 겁니다. 경험은 비슷하지만 사실은 새로운 것이에요. 똑같은 게 가만히 머물러 있을 수는 없어요. 가만히 머무를 수 있으면 살아 있는 사람이 아니에요. 그리고 마음이라고 하는 것은 그렇게 고정되어 있는 게 아닙니다. 마음은 흘러가는 거예요. 매 순간 매 순간 흘러가는 겁니다. 본래 머물 수가 없는 거예요. 머물 수가 없는 것을 머무른다고 하니까 그게 망상이 되는 겁니다.

색깔? 머무를 수 없는 거예요. 예컨대 우리가 똑같은 난초의 녹색을 보고 있다 하더라도, 우리는 변함없이 그 녹색이 여기에 있다고 생각하지만 사실은 그렇지 않습니다. 자, 여기(바로 앞의 난초 화분을 가리키며) 난초의 녹색 잎이 다 보이죠? '지난주에 봤던 것이랑 똑같네', '조금 전에 봤던 것이랑 똑같네', '그냥 그대로네' 이렇게 생각하실지 모르지만, 난초의 색깔을 잘 보고 계시면 여기서 지금 뭐가 '쌩-쌩-' 지나가고 있습니다. 가만히 있을 수가 없어요. 가만히 있습니까, 지금 이 난초의 색깔이? 난초의 색깔을 보고 있는 이 순간에도 흘러가고 있잖아요, 지금! 움직여 가고 있잖아요.

지금 이것을 영화 화면이라고 한번 생각해 봅시다. 영화 화면에 이 난초가 이렇게 나타났다… 이 난초가 비춰지고 있는데, 자, 그 영화의 영사기가 멈춰져 있는 겁니까? 아니거든요. 끊임없이 영사기는 돌아가지만 같은 영상이 반복적으로 새롭게 나타나고 있는 거예요. 우리 마음이라는 영사기는 가만히 머물러 있는 게 아니에요. 머물러 있다면 그건 죽은 거예요. 마음이란 영사기는 끊임없이 돌아가고 있는데, 그 앞에 난초라는 사물이 지금 나타나고 있는 것 아닙니까. 언뜻 보면 모양은 가만히 있는 것 같은데 사실은 가만히 있지 않은 거예요. 끊임없이 마음이란 영사기는 돌아가고 있는 겁니다. 그렇지 않습니까? 이 순간에 가만히 난초를 쳐다보고 있으면 마음이 멈춥니까? 멈출 수가 없어요. 끊임없이 이렇게 움직이고 있습니다.

마음이란 본래 머물러 있는 게 아닙니다. 머물러 있는 게 아닌 그 마음을 억지로 어떤 모양에다가 머무르게 하려고 하니까 망상이 생기는 거예요. 마음공부 중에 그런 식으로 마음을 어떤 대상에다가 붙잡아 매려는 공부 방법을 쓰는 사람들이 있는데, 그렇게 억지로 대상에다가 마음을 붙잡아 놓으면 병이 되는 겁니다. 병! 물도 흘러가는 물은 썩지를 않습니다. 고여 있는 물은 썩죠? 가축도 우리 안에 가두어 기르는 것보다 자연스럽게 방목하는 것이 발육 상태도 좋습니다.

　마음이란 게 결코 머물러 있는 게 아닙니다. 자연스럽게 흘러가는 겁니다. 하나의 대상을 보고 있다 하더라도 마음은 끊임없이 새롭게 생성 변화하면서 지나가고 있는 거지, 즉 움직이고 있는 거지 결코 가만히 고정되어 있는 게 아니에요. 머무를 수 있는 게 아닙니다. 머무를 수 있는 게 아닌데 우리가 머무른다 하는 것은 망상이다 이거예요. 그러니까 지나가는 과거를 하나의 상(相)으로써, 이미지로써, 모양으로써 기억 속에 담아 두고 있는 겁니다. 그래서 그런 소리를 듣는다거나 거기에 관련된 사물을 보거나 하면 그게 불쑥불쑥 올라온다 이겁니다. 말하자면, 그게 바로 업(業)이에요. 그런 식으로 머무를 수 없는 것을 담아 두고 있다가 불쑥불쑥 올라오는 그게 업보(業報)라. 다른 게 업보가 아니라 그게 바로 업보에요.

　티베트에 《사자(死者)의 서(書)》라는 책이 있습니다. 거기 보면 사람이 죽어서 49일 동안 어떻게 업보를 받느냐 하는 이야기가 주욱 나오는데, 마치 우리 두뇌가, 비디오카메라로 이제껏 쫘악 찍어 놓았던 테이프를 비디오 플레이어에 넣어서 재생하면서 지워 가는 과정처럼 묘사를 하고 있습니다. 그게 업입니다. 다른 게 업이 아니라 찍어 놓은 그게 업인 것입니다. 상(相)을, 모양을 담고 있다가 그것을 놓지 못하고 거기에 머물러 있으면 그게 바로 업이에요. 다른 게 업이 아니고… 업이란 게 실체가 없는 겁니다. 망상이라, 망상!

　그래서 이 진실한 마음을 탁! 깨닫는 순간, 업은 어떤 업이든지 간에 다 소멸되고 없어요. 업이란 게 본래 없는 거예요. 진실한 마음을, 이 실상을 딱 깨닫는 순간에 어떤 업이든지 간에 그 업이라는 게 본래 있는 줄 알았는데 없어, 그런 게. 그래서 앙굴리마라가 999명을 죽였지만 성불(成佛)했거든요, 마지막에 부처님 만나 가지고. 업이 싹 없어져요. 본래 업이라는 게 실체가 없어요. 법도 없는데 하물며 업이 어디 있겠어요? 법이란 것도 없어요, 실체가… 그냥, 지금 이 순간에 이것(손을 흔들며)이 있을 뿐이에요. 마음이란 것도 이름만 마음이지 실제로 뭐가 있는 게 아닙니다.

이것(손으로 법상을 두드리며) 하나만 깨달으면 모든 문제가 한꺼번에 싹 녹아 버려요. 이것 하나만 체험하면! 그러니 이 법이 위대한 법이에요. 여러 개가 필요 없어, 하나만 통하면 모든 문제가 한꺼번에 해결이 돼, 모든 중생이 싹 제도가 된다고 하지 않습니까? 우리가 앞부분에서 봤죠. 이 실상을 깨달으면 그 헤아릴 수 없는 모든 중생이 한순간에 싹 제도가 된다 이거예요. 왜? 본래 그런 것은 실체가 없는 망상이기 때문에, 허망한 것이기 때문에… 마치 꿈을 꾸며 꿈속에서 온갖 인생유전을 다 거치고, 돈도 많이 벌고, 명예도 높고 그랬지만, 깨어나면 한순간 모든 게 물거품처럼 싹 사라지는 거예요. 그런 것과 마찬가지예요. 망상이거든요.

그러니까 이 법이란 것이 이렇게 위대한 거예요. 우리가 결국 인생의 문제라고 하는 것은, 과거에 사로잡히고 미래의 희망에 찌들어 있다는 것입니다. 다른 문제가 없어요. 그게 바로 업이거든요. 그 업의 문제만 해결되면, 업이라는 게 실체가 없고 망상이란 말이죠. 그 문제만 해결되면 별 문제가 없습니다. 문제가 없으니까 남아 있는 것은 뭐냐 하면, 배고프면 밥 먹고, 졸리면 자고… 그것밖에 없는 거예요. 인연이 다가오는 대로, 남자가 오면 남자 접대, 여자가 오면 여자 접대, 강아지가 오면 강아지 접대, 인연이 다가오는 대로 그렇게 대하면서, 하루를 살았는지 이틀을 살았는지 한결같아요. 나이를 먹는 건지 안 먹는 건지, 그래서 육체가 다해서 갈 때 되면 가면 그만이고… 별 문제가 없는 겁니다, 법을 체험하고 보면. 한결같아요. 매번, 매 순간이 한결같은 겁니다. 특별한 것도 없고, 모자란 것도 없고, 이상한 것도 없어요.

본래 머무는 게 아닙니다. 그래서 보살은 마땅히 머무는 바 없이 보시를 행한다 했지만, 사실은 본래 머무를 수가 없다 이 말입니다. 마치 호수 위에 닻을 내린 배를 띄우고 가만히 지나가는 물결을 바라보고 있는 것과 같습니다. 바람이라는 인연을 따라 물결은 끊임없이 흘러가는 것처럼 보입니다. 물결은 흘러가죠. 매 순간 흘러갑니다. 하지만 그 물이 흘러가는 것은 아닙니다. 물은 그냥 거기에 있지만 흘러가고 있는 것처럼 보여요. 사실은 물이 아니라 물결이 움직이고 있을 뿐입니다. 이처럼 인연 따라 물결이 일어나는 것이 바로 물의 성질이죠. 왜냐하면 물이란 것은 정해진 모양이 없어서 인연 따라 모양을 나타내기 때문이죠. 해운대나 광안리 앞 바다의 파도를 한번 보십시오. 매번 파도가 왔다 갔다 하면서 물결치고 있지만 같은 파도가 두 번 오는 일은 없어요. 매번 새로운 파도입니다. 그러나 바닷물은 늘 그대로입니다. 마음이란 것도 매번 새로운 순간들이, 인연들이, 매번 새롭게 지나가지만 마음은 그냥 항상 그대로입니다! 왔다 갔다 하는 그 와중에 항상 그대로예요. 뭐 특별한 게 없어요. 아무리 여러 가지 변화가 있다고 하더라도, 마음은 변화가 없는 겁니다. 그냥 항상 그대로예요.

그래서 '머무는 바 없이 보시한다'고 하는 것은, 원래 머무는 바가 없는 것인데도, 머물게 하려는 그것이 바로 망상이에요. 그래서 색깔에 머물지 아니하고 보시하고, 소리나 향기나 맛이나 촉감이나 법에 머물지 아니하는 것이다… 원래 머물지 않는 겁니다.

수보리야, 보살이 마땅히 이와 같이 보시를 하되, 모양에 머물러선 안 된다…

그러면 이제 모양이 무엇인지 알겠죠? 뭐에 머물지 마라? 소리, 향기, 맛, 촉감, 법에 머물지 마라… 그게 바로 상(相)입니다! 상(相)이라고 하는 것은 이름을 붙이고, 또는 분별되는 모양… 상(相)이라는 게, 눈으로 보이는 것들만 상이 아닙니다. 우리가 분별해 이것이다, 저것이다 하고 분별하는 것은 모두 다 상(相)이에요. 상이라고 하는 것은 곧 분별해서 이거다, 저거다 하는 게 상입니다.

한번 보세요. 색도 상이라고 하는데, 색깔이라는 것도 빨주노초파남보, 수천 가지 색들이 있는데, 그 수천 가지 색깔이 결국 어디서 나온 겁니까? 하나의 태양빛에서 나온 거잖아요? 하나의 태양빛일 때는 아무런 구별이 없다가 그게 수천 가지 색깔로 나타날 때에는 이 색깔, 저 색깔… 다 상(相)입니다. 구별되는 것… 소리도 마찬가지 아니에요? 도레미파솔라시도… 수천 가지 수만 가지 헤아릴 수 없는 다른 소리들이 있죠. 다 상(相)입니다. 상이라는 것은 달리 말하면 분별상(分別相)이란 말이에요. 구별되는 모양이다 이 말입니다. 이거다, 저거다, 구별되는 것은 모두 상(相)이에요. 그래서 앞에서는 아상(我相), 인상(人相), 중생상(衆生相), 수자상(壽者相)… 이랬거든요… 나와 남을 구별하고, 중생과 목숨을 분별하면 그게 상(相)입니다. 10원, 100원, 1000원 구별하면 그게 상이에요. 오늘은 기분이 좋다, 안 좋다 그것도 상이거든… 그러니까 우리가 분별하고 구별해서 이것은 이렇고, 저것은 저렇고… 그런 식으로 나름대로 정리를 해 놓는 것이 우리 의식의, 우리 마음의 본성이거든요… 우리가 그렇게 하거든요, 정리정돈… 그 사람은 어떤 사람이고, 그 일은 어떻게 해야 하고… 그건 그렇고 저건 저렇고 좌악 정리해 놓고 그렇게 정리해 놓은 대로 우리는 이해를 하고 행동을 하죠. 그게 바로 상(相)입니다, 상(相).

세속적인 생활을 하는 데는 상이란 것이 대단히 중요한 것입니다. 학교에서 하는 공부를 보면, 모든 상을 전부 다 세밀하게 구별해 가지고 짜 맞추고 하는 게 공부거든요. 그러나 마음공부에서는 그렇게 수없이 많은 상을 구별한다 하더라도 구별되지 않는 이 하나를 알지 못한다면 제대로 공부하고 있다고 할 수 없습니다. 예컨대, 학교에서 수업할 때 칠판에 글을 쓰지 않습니까? 그래서 수학 시간에는 수학 공부 내용을, 국어 시간에는 국어 수업 내용, 음악 시간에는 음악… 이 칠판에 온갖 것이 나타나고 우리는 그것을 잘 구별해서 이해를 하면 공부 잘하는 학생이죠? 그건 세속적인 공부입니다.

그런데 마음공부에서는 그 칠판 위에 수학이 나타나든, 국어가 나타나든, 음악이 나타나든 그 바탕은 칠판이다… 더 정확하게는 국어 선생님이 시를 쓰든, 수학 선생님이 수식을 쓰든, 음악 선생님이 콩나물 대가리, 음표를 그리든, 결국 이 순간에 여기서 쓰고 있는 이게 마음이거든, 이게…(손을 흔들며) 이 순간에 쓰고 있고, 쓰는 것을 쳐다보고 있고, 받아 적고 있고… 이게 마음이에요. 여기에 아무 차이가 없어요. 콩나물 대가리 그리는 거나, 1 2 3 4 쓰는 거나, '국화 옆에서' 쓰는 거나 아무 차이가 없다고… 모양을 따라가니까 다 다르지, 구별하고 분별하고 하니까… 그게 상(相)이에요.

그렇게 구별, 분별하는 것은 상(相)이고, 똑같은 일을 하지만 구별, 분별하지 않는 이 하나를 알면 그게 바로 상(相)이 없는 거예요, 상(相)에 머물지 않는 겁니다. 어차피 우리는 상을 벗어나서는 살 수가 없습니다. 상(相)에 머물지 않는다고 해서 상을 벗어나서는 살 도리가 없어요. 왜? 눈으로 쳐다보는 게 전부 상(相)이고, 귀로 듣는 게 다 상이고, 머리로 생각하는 게 다 상인데 어떻게 상을 벗어나요? 벗어날 수가 없습니다. 상을 항상 접하되, 상이 아무리 달라지고, 구별이 되고, 분별이 된다 하더라도 변함없는 이 하나가 진실하면… 상에 머물지 않을 수가 있는 겁니다. 국어 노트에는 시를 쓰고, 수학 노트에는 수식을 쓰고, 음악 노트에는 음표를 그리지만, 이것은 똑같아… 이 하나를 가지고… 이 하나를 알면 전체가 하나로 딱 귀결이 됩니다.

그래서 '만법귀일(萬法歸一)'이라고 하는 거예요. 이 하나에 통하면 전체가 모두 이 하나로 귀결이 되고, 이 하나가 분명하면 상에 머물지 않고도 온갖 만법을 다 쓸 수가 있어요. 왜? 만법이 다 이리로 돌아오니까. 이 하나만 진실하면 모든 법이 다 이리로 돌아오기 때문에 뭐가 나타나든지 간에 아무런 상관이 없어요. 그러니까 모르는 게 없어요… 뭐가 나타나든지 간에 이리로 다 돌아오는데 전부… 눈앞에 도깨비가 나타나든, 귀신이 나타나든, 미스코리아가 나타나든 아무 상관이 없어요. 전부 다 여기로 싹 돌아오기 때문에 항상 한결같아요. 흔들림이 없다 이겁니다.

상에 머물지 않아야 한다… 보살은 이렇게 자유롭게 행동하면서도 어떤 모양에도, 분별상에도 머물지 않아요. 그러니까 행동하지 않고 어디에 가만히 머물러 있는 것이 아니고, 마음대로 행동하면서도 어떤 분별상에도 머물지 않는 겁니다. 그게 바로 법을 자유자재하게 쓰는 겁니다. 이 공부가 되면 법을 자유자재하게 써야지, '난 그런 것은 못해!' 그런 건 없습니다. 뭐든지 자유자재하게 쓸 수가 있습니다.

왜 그러냐 하면 만약 보살이 상에 머물지 아니하고 보시를 한다면 그 복덕을 헤아릴 수가 없다 …

보살이 상에 머무르지 않고 보시를 한다면 그 복덕을 헤아릴 수가 없죠. 왜? 만법이 다 귀일되니까 뭐든지 다 하는데 어떻게 그걸 다 헤아리려요? 다가오는 족족 다 반응하는데 그 복덕을 어찌 다 헤아려요? 헤아릴 수가 없는 거예요. 어디에 딱 머물러 있으면 그것으로 끝이에요. 그러나 머물지 않기 때문에 뭐든, 어떤 인연이든 여기서 반응하고 행하는 겁니다. 그러니 그 복덕이란 것은 헤아릴 수가 없는 거죠.

보살이 모양에 머물지 않고 보시를 한다면… 이것을 좀 더 구체적으로 보면, 결국 모양이란 것은 분별상인데, 우리는 좋아하는 것은 가슴에 담아 두고 싫어하는 것은 버리려고 합니다. 그런 식으로 되면 우리는 행동이나 생각이나 모든 면에 있어서 자유롭지 못하고, 자재하지 못하고 한쪽으로 치우치게 돼요. 그러니까 세상을 보는 눈도 치우치고, 치우치게 되니까 그 사람의 행동반경 안에서 일어나는 일이라는 게 뻔합니다. 그런데 이 법에 자재하게 되면 그 사람은 다가오는 법에 적절하게 대응할 뿐이지, 어디에도 치우쳐 있거나 머물러 있지 않기 때문에 무슨 일이든지 맡기면 다 해낼 수 있습니다.

꼭 같은 예는 아니지만, 《논어》에 보면 '군자(君子)는 불기(不器)'란 말이 있습니다. 군자는 정해진 그릇이 없다… 뭐든 맡겨진 일이면 다 처리한다… 사실 그렇거든요. 마음이 딱 안정이 되어 가지고 뭐든 다가오는 인연에 대해서 합리적으로 냉정하게 그리고 알맞게 대응을 할 수만 있다면, 무슨 일이든지 맡기면 못 할 일이 뭐가 있겠어요? 회사 같으면 수위도 할 수 있고, 부장도 할 수 있고, 사장도 할 수 있는 거예요. 다가오는 인연에 따라서, 주어지는 자리에서… 우리가 어떤 분별상에도 머무르지 않는다면 세상의 모든 인연들을 전부 내가 처리할 수가 있고 소화할 수가 있는 겁니다. 그러니까 그 사람이 할 수 있는 일의 복덕이란 것은, 성과란 것은 헤아릴 수가 없는 거예요.

　수보리야, 어떻게 생각하느냐? 동방의 허공을 헤아릴 수가 있
　느냐?

　허공은 헤아릴 수가 없거든요. 크기가 없기 때문에, 정해진 것이
없기 때문에, 그러므로 헤아릴 수가 없다… 그 다음에 남, 서, 북방,
사방팔방, 상하, 어디에 있는 허공이든 허공은 정해진 모양이 없고,
테두리가 없으니까 헤아릴 수가 없어요. 그와 마찬가지로 분별상에
머물지 않는 우리 자신도 마치 허공 속을 날아가는 새처럼 어디에
도 구속될 것이 없습니다.

　수보리야, 보살이 모양에 머물지 않고 보시를 행하는 것, 그 복
　덕 역시 이와 같아서 헤아릴 수가 없느니라…

　보시라고 해서 누구한테 꼭 무엇을 준다는 단순한 뜻에서의 보시
가 아니고, 사실 우리는 매 순간 매 순간이 베푸는 겁니다. 색성향미
촉법이라 하든, 오온 십팔계라 하든 그 모든 것에 대해서, 거기에 응
해서 적절하게 대응하는 것이 베푸는 것입니다. 이렇게 한번 생각
해 봅시다. 나에게 옷과 음식이 있는데, 어떤 한 사람은 배는 부른데
옷이 없고, 다른 한 사람은 배는 고픈데 옷은 많다… 이런 두 사람
에게 똑같이 베푼다고 해서 옷과 음식을 반씩 나눠 준다고 해서 올
바로 베푼 것은 아니거든요.

알맞게 베푸는 거예요. 달리 말하면, 인연이라는 것이 다가올 때 그 인연에 알맞게 응대하는 그 자체가 바로 보시다 이겁니다. 이웃집 할아버지를 아침에 만나면, "안녕하세요?"라고 인사하는 그게 보시입니다. 방 안에 먼지가 있으면 그것을 쓸어 내는 것이 보시다 이겁니다. 배가 고프면 밥을 먹어 주는 게 보시죠. 인연에 대해서 그 인연에 적절하게 응해 주는 것은 다 보시다 이거예요. 그러니까 알고 보면 우리의 삶 자체가 보시다 이겁니다. 보시라고 해서 특별하게 마음먹고 어디다 뭘 가져다주는 게 아니고⋯ 그렇게 넓게 봐야 하는 겁니다.

보살이 모양에 머무르지 않고 보시하는 것⋯ 이것을 다른 말로, 보살이 모양에 머무르지 않고 살아가는 것, 이렇게 생각하시면 됩니다. 보살이 모양에 머무르지 않고 살아가게 되면, 그 삶의 성과라고 하는 것, 삶의 의미라고 하는 것은 역시 헤아릴 수가 없이 많다⋯ 그런데 모양에 머물러서 살아가게 되면, 삶의 의미가 그 모양으로 축소가 되어 버린다 이겁니다. 우리가 삶을 살아가는데 어떤 생각에 딱 집착을 해서 완고하게 살아가면 그 사람의 삶의 의미란 것은 그 정도밖에 안 되는 겁니다. 나한테 아무런 그런 게 없다, 머물지 않는다는 것은 내가 아무것도 가지고 있지 않다는 겁니다. 아무것도 가지고 있지 않은 입장이라면 뭐든 다가오는 대로 거기에 적절하게 응해 줄 수 있으니까⋯

매 순간의 삶에 있어서 첫째 문제는 나 스스로 번뇌가 있느냐 없느냐 거든요. 첫째 문제는 내 문제입니다. 내 번뇌가 어떻게 해결되느냐? 내가 어떤 분별된 모양에 머무르고, 집착하고, 끌려다니고 해서는 번뇌가 해결되지 않아요. 그러니까 내 번뇌가 해결되는 길은 그냥 본래 머물지 않는 실상에, 실상은 본래 머물 수가 없는 거거든요, 실상에 머물러 있어라 이거예요. 본래 머물 수 없는 진실한 이 (법상을 두드리며) 자리에 있어라, 그러면 머무름이 없는 거예요. 항상 흘러가는 겁니다. 본래 머물지 않는 실상, 이 진실한 자리에 있으면 원래가 머물지 않는 겁니다. 만약에 이 마음의 실상이 꼭 머물러 있는 것인데 나는 억지로 노력해서 머물지 않으려고 한다… 그러면 그것은 대단히 어려울 뿐만 아니라 그런 법은 대부분의 사람이 해낼 수 없는 법이기에 문제가 있는 법입니다. 그러나 본래 내 마음은 머물러 있지 않는 것이고, 세계도 머물러 있지 않는 것이에요.

그러니까 머물러 있지 않는 세계의 진실한 모습, 마음의 진실한 모습에 그냥 그대로 통하여 하나가 되라 이거예요. 망상 부리지 말고, 딴 생각 하지 말고… 공부란 것은 간단해요. 망상 부리지 않고 원래 이 자리에 그냥, 여기(손가락을 세우며)에 통하여 이것과 하나가 되어 그렇게 아무 힘들이지 않고… 이것(손가락을 세우며)과 하나가 되면 힘이 들지 않습니다. 원래가 그런 것이기 때문에. 여기에 그냥 이대로. 조작하지 말고, 꾸미지 말고, 욕심 부리지 말고 그냥 이대로 통하면 되는 겁니다. 그러면 아무 힘이 들지 않아요. 그러면 항상 온 우주와 하나가 되어 있을 수가 있는 겁니다. 억지로 힘들여서 하는 것은 공부가 아닙니다. 조작하는 것이고 가짜죠. 그냥 그대로, 자연 그대로.

본래 자연 그대로가 순간순간 머무름 없이 흘러가는 거거든요. 인연이란 게 끊임없이, 마치 낙동강의 물이 흘러가듯이 끊임없이 이렇게 흘러가고 있는 거예요. 흘러가는 그 자체. 흘러가는 모양을 따라가지 말고. 흘러가는 그 모양을 따라가게 되면 거기에 머무르게 되는 거예요.

수보리야, 보살이라면 마땅히 다만 이렇게 가르침 받은 대로 머물러야 한다…

어디에 머물러요? 여기(법상을 두드리며)에 딱 머물러 있으면 되는 겁니다. 끊임없이 흘러가는 여기에 딱 머물러 있으면 돼요. 흘러감과 하나가 되어 이 순간 이 자리에… 이것(손가락을 세우며)이 생생하게 확인되면 됩니다. 마음이란 게 따로 뭐가 없는데도 이렇게(손가락을 세우며) 항상 불을 켠 것처럼 밝아요. 지금 다가오고 지나가는 여기서 밝고 분명할 뿐이에요. 마치 밤중에 자동차의 헤드라이트를 켜고 달리는 것처럼, 헤드라이트에 비춰지는 풍경은 계속 바뀌지만 항상 헤드라이트의 밝은 불빛은 그 자리에 있듯이…

이 밝은 자리, 밝은 자리란 말도 사실 안 맞는데, 바로 지금 이 순간에 여기… 이게 분명하다면 다른 게 없어요. 중생은 미혹해서 어두움을 헤맨다고 하는데 헤맬 어두움이 없어요.

제목이 '묘행무주분 제사(妙行無住分 第四)'이렇게 되어 있는데, 아주 묘하게 행한다, 묘(妙)라고 하는 글자는 계집 녀(女) 자에 적을 소(少) 자를 붙였는데, 어린 소녀들 보면 천진난만하면서도 도무지 종잡을 수 없는 측면이 있잖아요? 묘라는 게 종잡을 수 없다는 뜻입니다. 종잡을 수는 없지만 또 아무것도 없는 것은 아니고… 묘하게 행하면서도 머무는 바가 없다 그런 말인데, 결국 이 하나는 흔들림 없는 자리, 안정된 자리, 가르침 받은 대로 머물러야 할 자리… 앞에서 수보리가 "그 마음을 어떻게 머물러야 합니까?" 이렇게 물었거든요. 그 마음이 머물러야 할 자리는, 머무름이 없는 이 자리가 바로 머물러야 할 자리에요. 머무름 없이 지금 매 순간 이렇게 인연들이 흘러가고 있는 이 자리가 바로 머물러야 할 자리예요. 그러니까 뒤에 가서 "머무는 바 없이 그 마음을 내라." 이렇게 했거든… 앞에서 "그 마음을 어떻게 머물러야 합니까?"란 질문에 대한 대답이 "머무름 없는 여기에 머물러라" 이겁니다.

머무르지 않는 자리가 어디냐? 우리는 늘 머무름 없는 곳에 머물러 있어요. 지금 이 순간이 바로 그거거든… 머무르지 않는 속에 머물러 있는 겁니다. 지금 이렇게 머물면 되는 거예요. 그냥 힘들이지 않고 머물면 됩니다. 일렁이는 물결 위에 떠 있는 하나의 종이배처럼 다른 게 없어요.

그런데 실감이란 것은, 머무름 없이 이렇게(팔을 올리며) 끊임없이 지나가는 이 자리가 (팔을 내리며) 확실하게 확인되어야 하는 겁니다. 지금이 바로 머무름 없이 지나가는 것이거든…(팔을 가로저으며) 지금 이 순간 머무름 없이 지나가는 이것이 바로 '나'라고 하는 겁니다. 따로 '나'라는 사물이 있는 게 아닙니다. 마음이라 해도 좋고… 마음이란 것은 어떤 사물이 아니에요. 머무름 없이 흘러가는 이게 마음이라… 머무름 없이 흘러가는 이게 마음이고, 우리는 항상 이것(손을 흔들며)이거든… 항상 이러니까 변함없는 마음이라 하는 겁니다.

머무름 없이 지나가서 붙잡을 게 아무것도 없는데, 고정된 것이 아무것도 없으니까 무아(無我)라고 그러지만, 사실은 머무름 없이 지나가는 이것이 항상 분명하니까 변함없는 진여(眞如)라고도 하는 겁니다. 그래서 진공묘유(眞空妙有)다 이거예요. 아무것도 없는 것 같지만 그것도 참 묘하게 있는 거예요. 아무것도 없이 마구 지나가는 것 같은데, 고정된 것은 아무것도 없는 것 같은데, 그러나 또 무슨 사물이 있는 게 아니라… 머무름 없는 이것… 머무름 없이 흘러가는 여기에 우리가 의심할 수 없이 분명하게… 여기서 내가 눈을 사용하고 있고, 생각을 사용하고 있고, 손을 사용하고 있고… 매 순간 머무름 없이 흘러가는 여기에서 할 짓을 다 하고 있거든요. 이것뿐이라니까요. 다른 게 없어요.

그런데 모양을 분별하니까, 모양을 분별하여 이전엔 이렇고 이후엔 이렇고… 그래서 이 법을 알려면,《금강경》에서 계속 반복적으로 상에 머물지 말라고 했거든요. 그러니까 머물지 마세요. 모양에! 어떤 생각도 가지고 있지 마세요. 어떤 지식에도 머물러 있으면 안 돼요. '이거다'라고 하는 게 있으면 안 됩니다. 법은 '이거다'라고 하는 게 없어요. 진리에는 '이거다'라는 게 없습니다. '진리는 이거야!'라는 게 있으면 진리는 아닌 겁니다. 아니에요. 그런 거 없어요. 본래 그냥 흘러 지나가고 흘러 지나가지만, 흘러 지나가는 이것이 바로 법이라!

　그래서 게송 가운데 마음은 온갖 경계를 따라 흘러가는데, 흘러가는 그 자리가 정말 그윽하구나(心隨萬境轉 轉處實能幽)! 이렇게 얘기하는 겁니다. 이게(법상을 두드리며) 법이에요. 우리는 항상 여기에 있어요. 다른 데 벗어나 있는 게 아니에요. 다른 데로 벗어나 있는 게 아니라니까요. 우리는 진리의 자리, 진실의 자리에 항상 있는 겁니다. 벗어난 적이 없어요. 벗어날 수도 없고… 그렇지 않습니까? 지금 여기를 벗어날 방법이 있습니까? 우리는 늘 이 순간에 이렇게 흘러가고 있으면서 한 동작, 팔 하나 움직이고, 눈길 한 번 돌리고, 생각 한 번 움직이는 와중에 이렇게 분명히 드러나 있는 겁니다.

　이게(팔을 흔들며) 마음이라니까요, 이게! 하나하나의 동작, 이게 바로 그 흐름이잖아요, 이게… 하나하나의 동작, 하나하나의 생각, 하나하나의 느낌, 그러니까 육진경계가 전부 법이라… 매번 매번. 지금도 그렇잖아요? 지금 내가 하고 있는 이게(동작을 보이며) 법이라… 그냥. 그러니까 부처님이 꽃을 탁 든 거예요, 이게 법이다 하고… 구지 스님은 손가락 하나 들고… 황벽 스님은 몽둥이로 때린 거고… 마조는 백장의 코를 붙잡아 비튼 거고… 지금 이렇게(손을 흔들며) 이게 바로 법입니다… 이게(손을 흔들며) 마음입니다… 내가 항상 이렇게 이 마음의 자리에서 마음을 늘 쓰고 있는 거예요. 이걸 벗어날 방법이 없어요… 마음에서 좀 벗어났으면 좋겠는데 벗어날 방법이 없어요… 진리에서 벗어났으면 좋겠는데 벗어날 방법이 없다니까요. 이게… 이렇게 매일 행하고 있잖아요? 무엇을 하든지 간에 이것을 안 행하고는 살아갈 수가 없어요. 이 시간 이 순간에 (손가락으로 앞을 가리키며) 행하고 있을 뿐입니다. 시간도 사실은 없는 겁니다. 항상 이것만 행하는 거지… 시간이란 것도 과거, 현재, 미래라는 하나의 그림이지… 항상 이것 하나만 행하고 있을 뿐이에요. 다른 게 없어요.

그런데 그림에 머물고 분별한 모양에 머물러 있으면 과거 현재 미래가 쫙 펼쳐지고, 시간이 생기고, 공간이 생기고 하는 겁니다. 지금 거리를 걸어가고 있다… 옆으로 온갖 풍경이 끝없이 지나가고 있다… 분별하면 내가 이만큼 지나왔구나 하니까 시간과 공간이 있는 거죠. 그러나 지금 이 순간 다만 지나가고 있을 뿐, 걷고 있을 뿐, 아무 다른 것이 없어요… 여기에는 시간도 공간도 없는 겁니다. 기억 속에 담아 두고 분별을 하니까 시간과 공간이 있지만, 분별을 하지 않으면 시간도 공간도 없어요… 그냥 마음뿐이죠… 그러니까 만법은 마음에서 나온다고 하는 겁니다.

이것(손가락을 흔들며)밖에 없어요. 다른 게 없어요. 이거라니까요… 지금 이렇게 행하고 있잖아요. 내 눈도 지금 이 순간 이렇게 행하고 있고, 귀도 이렇게 행하고 있고, 손도 지금 이 순간 이렇게 행하고 있는 겁니다.

(죽비를 들며) 이것뿐이에요.

5

도리 그대로 진실하게 본다 如理實見分

"수보리야, 네 생각이 어떠하냐? 몸의 모양을 가지고서 여래를 볼 수가 있겠느냐?"

"없습니다, 세존이시여. 몸의 모양을 가지고서는 여래를 볼 수가 없습니다. 왜 그러냐 하면, 여래께서 말씀하시기를 '몸의 모양은 곧 몸의 모양이 아니다'라고 하셨기 때문입니다."

부처님께서 수보리에게 말씀하셨다.

"무릇 있는 바의 모든 모양은 전부가 다 허망한 것이다. 만약 모든 모양을 모양 아니게 본다면 바로 여래를 보는 것이다."

"須菩提, 於意云何? 可以身相見如來不?"

"不也. 世尊. 不可以身相得見如來. 何以故? 如來所說身相卽非身相."

佛告須菩提: "凡所有相皆是虛妄. 若見諸相非相則見如來."

수보리야, 네 생각에 어떠하냐? 몸의 모양을 가지고서 여래를 볼 수가 있겠느냐?

몸의 모양, 여래에게는 32상(相)이 있다고 그럽니다. 32상 80종호(種好)(32가지의 남다른 모양과 80가지의 빼어난 점)라고, 32가지 특징이 몸에 있다고 그래요… 귀는 죽 늘어지고, 혓바닥은 코를 덮고, 손은 정강이 밑에까지 오고, 발바닥에는 바퀴자국이 있고… 어쨌든 간에 그런 내용을 말합니다. 상(相)이라는 글자는 모양이라는 뜻이지요. 모양이라는 게 기본적으로 어떤 것입니까? 모양이 뭡니까? 상(相)이 뭐예요? 눈에 보이는 사물들은 모양을 가지고 있죠? 그것은 쉽게 이해가 됩니다. 그러면 귀에 들리는 소리에는 모양이 없습니까? 귀에 들리는 소리에도 모양이 있어요. 모양이 있으니까 '아' 다르고 '어' 다른 거예요. 서로 구별되는 것은 전부 다 모양이에요. 소리에도 전부 모양이 다 있습니다. 그러니까 음악이 가능한 거죠? 이야기가 가능한 겁니다. 향기? 모양이 다 있잖아요. 향수만 해도 종류가 수천 가지가 돼요… 맛? 음식 맛? 헤아릴 수 없이 많잖아요. 촉감도 모양이 다 다르죠? 생각? 무궁무진하죠, 모양이… 그러니까 알고 보면 우리가 접해서 살아가는 것은 전부 다 모양입니다. 우리가 살아가면서 경험하는 것은 100% 다 모양이에요. 모양 아닌 게 없어요. 그런데 우리가 경험하고 접해서 살아가는 게 100% 모양인데, 어떤 모양을 가지고도 여래는 볼 수가 없다고 그럽니다.

여래(如來)는 뭘 가리키는 겁니까? 이름을 따라가면 2,500년 전에 인도의 카필라 성에서 나서 80살을 살다가 쿠시나가라의 어디서 죽고… 그건 이름이죠, 생각입니다. 그렇게 생각 따라가는 게 바로 망상 짓는 겁니다. 여기서 여래는 뭐냐 하면 마음이라고 이야기하고, 도라고 이야기하고, 본래면목이라고 이야기하고, 바로 지금 확인코자 하는 이것이 여래입니다. 여래는 항상 여기에 있지 다른 데 있지 않습니다. 나하고 서로 함께 있어요. 그 말도 사실은 정확하게 안 맞아요. 내가 곧 여래입니다. 달리 있는 게 아닙니다. 그러니까 항상 그냥 여기에 있지 다른 데 있는 게 아닙니다.

"수보리야, 네 생각에 어떠하냐? 몸의 모양을 가지고서 여래를 볼 수가 있겠느냐?" 이 말은 곧 무슨 말이냐? 모양을 갖고서는 나를 알 수 없다 이거예요. 달리 말해서, 모양을 가지고서는 마음을 알 수 없다, 모양을 가지고서는 부처를 알 수 없다… 그래서 앞에 나왔잖아요. 아상, 인상, 중생상, 수자상이 없어야 된다고… 앞에서 이야기를 했거든요. 모양을 가지고서는 알 수 없다고.

그래서 모양을 가지고 알 수 있느냐? 하니까, 없습니다, 세존이시여. 모양을 가지고서는 알 수 없습니다. 그런데 그 까닭을 또 친절하게, 왜 모양을 가지고서는 알 수 없느냐? 마음이라는 것을 왜 모양을 가지고서는 알 수가 없는가? 비유를 들면 이런 겁니다. 모든 모양은 마음이 만들어 낸다(?) 마음 위에서 만들어진다(?) 하여간 말이라는 것은 불완전해서 정확하게 표현하기가 곤란하지만, 어쨌든 모든 모양은 마음에 의해서 나타나는 겁니다. 그러니까 마음이 모양을 만들어 내므로 모양을 가지고 마음을 알 수는 없어요. 마치 내 눈이 바깥의 다양한 사물들을 보고, 색깔들을 보는데, 사물과 색깔을 가지고는 내 눈을 알 수 없는 것과 같습니다. 그와 마찬가지죠. 흔히 드는 비유로, 물과 물결… 많이 드는 비유입니다. 물결이라는 것은 실체가 없어요. 그냥 물이 흔들릴 뿐입니다. 물이 그냥 흔들리는 것이 물결인데… 그런데 우리는 물을 보지 않고 항상 물결만 보고 있거든요… 물은 애초에 정해진 모양이 없으니까 물결을 본단 말이죠. 물결을 보고서 이런 물결은 물이고 저런 물결은 물이 아니다? 물결의 모양이 물을 결정하는 것은 아니지요. 물결이라는 것은 물이 외부적 인연의 자극에 의해서 다양한 형태로 움직이는 겁니다. 그러니까 물결의 모양을 가지고서 물을 이야기할 수는 없어요. 물결이 부드럽게 치면 이것은 부드러운 물이고, 물결이 사납게 치면 이것은 사나운 물이고… 그건 말이 안 맞잖아요? 어떤 물결이든 하나의 물이 인연에 따라서 다양한 형태의 물결을 만들어 내는 겁니다. 그러니까 물결을 가지고 물을 이야기할 수는 없는 겁니다.

물을 마음에다 비유하는 것은 참 좋은 비유인데,《노자 도덕경》에도 보면, 상선약수(上善若水)라 하고 있거든요. 도라는 것은 물과 같다… 참 적절한 비유입니다. 그렇지만 비유라는 것은 어디까지 비유일 뿐이지 딱 들어맞는 것은 아닙니다. 그러니까 마음이란 놈이 본래 정해진 모양이 없으면서도 다양한 모양들을 이렇게 경험하고 있단 말이죠. 그러니까 모양을 가지고 마음을 이야기할 수는 없는 겁니다. 마음은 정해진 모양이 없고, 어떤 모양이 왔다 갔다 하든 마음이야 항상 그냥… 물이 정해진 모양은 없지만 어떤 물결이 치든 그 물은 항상 그 물이에요. 그래서 여기서도, 여래께서 말씀하시기를, 본래 그 모양이라는 것은 모양이 아니다… 물결은 물결이 아니다 이거예요. 물결은 본래 물이거든… 물결이란 것은 물결이 아니라, 물결의 실체는 뭡니까? 물이에요. 모양이란 것은 모양이 실체가 아니에요. 모양의 실체가 뭐냐? 말 안 해줍니다, 모양 따라갈까봐… 그냥 '아니다'라고 말하고 있어요. 모양의 실체는 모양이 아니에요. 모양의 진실은 모양이 아니고, 말하자면 우리가 그것을 마음이라고 이름을 붙이고, 여래라고 이름을 붙입니다만, 모양의 진실은 모양이 아니다…

그럼 뭐냐? 대답할 수가 없습니다. 왜? 모양이 아니라고 했는데 자꾸 모양을 물어보면 그걸 어떻게 해요?

무릇 모양으로 있는 것은 전부가 허망한 것이다. 만약 모든 모양을 모양 아니게 본다면 곧 여래를 보는 것이다.

이 말을 그대로 풀이해 보면, 무릇 모양을 가진 것은 전부 허망하다. 그런데 사실은 또 우리가 경험하고 있는 것은 전부 모양으로 있는 것밖에 없단 말이죠. 다 그냥 모양으로만 있는 거죠. 눈에 보이는 색의 모양, 귀에 들리는 소리의 모양, 코로 맡는 냄새의 모양… 이것저것 구별할 수 있는 것은 다 모양입니다. 이것과 저것을 구별할 수 있어서… 예를 들어 빨간색, 파란색… 신맛, 짠맛… 이렇게 구별해서 이름을 붙일 수 있는 것은 전부 모양입니다. 우리가 감각 기관이나 의식으로 알 수 있는 것은 전부가 모양이에요.

그렇게 모양으로 아는 이게 전부 허망하다 그랬거든요. 허망하다 그러니까, 아무 가치가 없는 것이라고 생각할 수 있는데, 그런 뜻이 아니고… 허망하다는 것은 마음공부 하는 사람이 모양만을 알고, 모양에만 의지해서는 마음의 진실을, 법의 진실을, 도의 진실을 알 수가 없다는 겁니다. 그 이야기지, 모양이 허망한 건 아니죠? 예컨대 육체가 아픈 통증과 상쾌한 기분이 구별되니까 아플 때 병원에 갈 수가 있고 몸을 치료할 수가 있는 겁니다. 그것이 구별되지 않는다면 큰 문제가 되겠죠. 모든 면에서 그렇지 않습니까? 눈으로 보는 것, 귀로 듣는 것, 그게 다 구별이 되니까 미술도 가능하고, 음악도 가능하고… 사회생활 자체가 가능한 거죠. 그래서 그게 가치가 없다는 것이 아니에요. 무시해도 좋다는 말도 아니고… 그 말이 아니고, 여기서 허망하다고 하는 것은…《금강경》이 왜 존재하는가? 그것을 알면 쉽게 알 수 있죠?《금강경》에서 말하고자 하는 것은, 사회생활의 어떤 지침을 말하는 것이 아닙니다. 그게 아니고 우리 마음의 진실, 법의 진실을 알려 주고자 하는 것이 이 경전의 의도거든요.

그러니까 마음이란 것을 알고자 한다면, 모양을 가지고선 안 된다는 겁니다. 그것을 말하고 있는 거예요. 모양은 다 허망하니까 무시해도 좋다? 버려라? 버릴 수가 있습니까, 우리가? 무시할 수 있습니까? 무시할 수 없어요. 그런 이야기는 결코 아닙니다. 우리는 어차피 도를 알든 모르든 모양을 따라서 살 수밖에 없습니다. 도를 아는 도인은 모양은 다 허망하니까 무시해 버리고 47번 버스 탈 것을 74번 버스 타도 되느냐? 그런 건 아니에요. 그러면 엉뚱한 곳에 가지…(웃음) 그런 바보짓을 요구하는 것은 절대 아닙니다. 그런 것이 아니고, 마음의 진실을 알려 주려고 하는 말씀이다 이거예요. 물의 진실을 알려면 물결의 모양에 속아서는 안 되는 거죠. 물의 진실을 알려면 물결을 가지고 이야기해서는 안 되는 겁니다. 그와 마찬가지로 마음의 진실을 알고자 한다면, 마음의 표면에 드러나고 있는 각종 경험, 불교에서는 그것을 5온 18계라고 이야기합니다만, 구별 가능한 모양으로 나타나는 각종 경험을 가지고서 구별하고 분별해서 이야기해서는 안 된다 이겁니다.

그래서 범소유상 개시허망이라… 무릇 모양으로 있는 것은 어떠한 것도 이 마음의 실상을 보려면 믿어서는 안 된다, 그것에 의지해서는 안 된다 이겁니다. 그것은 앞에서 신상(身相)을 가지고 여래(如來)를 볼 수는 없다는 말과 같은 겁니다. 몸의 모양을 가지고 여래를, 진리를, 도를 볼 수는 없다는 말과 같은 말입니다.

또 뭐라고 이야기를 하느냐 하면, 만약 모든 모양이 모양 아님을 본다면 곧 여래를 보는 것이다… 이랬거든요.

자, (손을 들며) 제 손의 모양을 한번 보십시오, 손의 모양…

(손으로 가위, 바위, 보의 모양을 지어 보이며) 가위라는 모양, 바위라는 모양, 보라는 모양이 드러납니다. 이 말씀대로 따르면, (주먹을 쥐어 보이며) 바위의 모양은 바위의 모양이 아니라고 알면 그건 여래를 보는 거다…

자, 그럼, (주먹을 쥐어 보이며) 주먹을 쥐어서 바위라고 탁 냈다…

주먹이 이 바위, 주먹 쥔 모양이 아니라면 도대체 뭡니까? 주먹을 쥔 모양이 주먹을 쥔 모양이 아니라면 이게 뭐냐 이거예요. 뭐예요, 이거?

(대중 가운데 한 사람이 "손이죠"라고 말하자 일동 웃음)

그 이름을 좇아가니까 손인데, 손의 모양을 가지고 좇아가면 안 된다고 그랬잖아요. 손이 손이 아닌 줄 알아야 하는데, 손이 손이 아 니라면 도대체 뭐냐 이겁니다. 이게 손인데 (손을 들어 보이며) 손이 아 니게 봐라 이랬습니다… 손 아니면 이게 뭡니까?

(대중 가운데 또 한 사람이 "말할 수 없는 그 무엇!"이라고 말함)

말할 수 없는 그 무엇을 왜 이야기합니까?

("말로 전달할 수밖에 없기 때문입니다"라고 답함)

"말로 전달할 수밖에 없다"라고 하는 그 말도 말이거든요. 말할 수 없는 것을 말했다고 하면 앞뒤가 안 맞는 겁니다. 말할 수 없는 것을 말하고 있으므로 앞뒤가 안 맞죠. 말 그 자체가 모순이 되죠?

(주먹을 들어 다시 대중에게 보이며) 그럼 뭐예요, 이게?

(대중 침묵)

분명히 무엇이긴 무엇이죠? 왜냐하면 무엇이 아니라면 이 주먹이 이렇게 나타날 수가 없겠죠.

'무엇'이지만 이름을 붙여서 '손이다', '폈다', '오므렸다'라고 이름을 붙이면 안 맞는 거예요. 그럼 이름을 안 붙이면 이거는 뭐냐?

자, 제가 이렇게 물으면 백이면 백, 머리가 '확-' 회전을 해 가지고, 이것도 아니고, 저것도 아니고… 으음, 그러면… 말은 하시지 않지만 머릿속에 뭔가 잡혔을 겁니다. 그렇게 잡히면 안 된다는 거예요. 그것은 입으로는 말을 안 했지만 머릿속에서는 이미 말을 한 겁니다. 어느 책을 보니까, 우리는 깨어 있을 때는 한시도 말을 안 하는 때가 없다고 이야기하던데, 그 말이 맞아요. 입은 다물고 있어도 머리 안에서는 수많은 말을 하고 있어요. 그러니까 그런 식으로 해서는 안 된다 이겁니다. 입을 벌려서 이야기해야만 이야기가 아니고, 머릿속에서 하는 이야기도 모양을 따라가서 하는 이야기들입니다.

그러니 이제 도리가 없죠? 어떻게든 생각할 수 있는 방법이 없잖아요? 도리가 있으면 한번 이야기해 보세요. 무슨 도리가 있습니까, 여기에? 어떻게 입을 벌리고, 어떻게 이야기를 하더라도 방법은 없죠? 도리가 없죠?

(대중 가운데 한 사람이 주먹을 들어 올림)

　자, 금방 어느 분이 주먹을 이렇게 탁 내미셨는데… 좋습니다. 그 주먹을 내민 것이 우리가 들은 바… 마음이란 것을… 보통 선사(禪師)들이 다 이렇게 하는 것이고… 옛날 사람들이 다 이렇게 하더라… 들은 바의 그것이 아니라 진짜 주먹 내미는 이게 뭔지를 아신다면 주먹을 안 내밀고도 다른 방법이 또 있어요. 꼭 내밀어야 되는 것은 아닙니다. 그런데 주먹 내미는 여기서 힌트는 얻을 수가 있습니다. 어떤 힌트겠습니까, 이게? (주먹을 내밀어 보임)

　손에 대해서, '저게 손이다', 또는 '주먹이다', '폈다', '오므렸다', '마음이다', '말할 수 없는 것이다'… 어떤 생각을 안 하더라도 여기에 뭐가 있습니까? 아무 생각이 없어도 그냥… 아무 생각을 안 하더라도 뭐가 있습니까, 여기… 주먹을 내밀었을 때 뭐가 있습니까? 주먹을 내밀었을 때 여기 뭐가 있느냐 이거예요.

(대중 침묵)

　그렇다고 아무것도 없다고 이야기할 수 있습니까? 아무것도 없으면 아무것도 안 보여야 될 것 아니에요?

(대중 가운데 누군가 "말로써 할 수 없으니까 내민 겁니다"라고 말함)

　그것 말고, 그건 지금 말로 하신 거거든… 주먹 내민 것을 따지고 보면 말로써 할 수 없으니까 내민다… 그렇게 말을 하신 거예요.

(대중들 "이미지", "활동하고 있다는 것" 등등의 대답을 하거나, 누군가는 손뼉을 한 번 침)

제 주먹에 속아서는 어떤 것도 볼 수가 없어요. 제 주먹은 잘난 게 하나도 없습니다. 이거 보시라고 내미는 거 아니에요. 여기서 무엇을 확인하셔야 되느냐 하면…(잠시 침묵)… 꼭 이야기하자면, 내 존재를 확인하시라 이겁니다. 여러분 각자, 자기 존재… 여기서 확인할 것은… 여러분은 이때까지 제 말에만 속아 온 것입니다. 이 주먹은 아무것도 아니에요. 이건 제 주먹이에요. 제 주먹이라고요, 이거는… 이건 제 것입니다.

그게 아니고… 제 주먹에 대답을 하든 안 하든, 그건 상관없어요. 제가 정말 요구하는 것은… 이런 대화를 하고, 묻고 답하고를 하는 와중에 여기 계신 여러분 가운데 누구라도 탁 하고 법에 통달하시라는 겁니다. 법문이란 모두 밖에 있는 것처럼 들립니다. 시냇물 흐르는 것도 법문이다, 새 우는 것도 법문이다… 하고 말하잖아요? 그런데 그게 살아 있는 법문이 되려면 시냇물이 따로 있으면 안 됩니다. 마음이 여기 있는 것을 확인하게 되면, 사실은 입이 열리질 않아요. 이미 확인이 되었는데 입을 열 게 뭐 있습니까? 다만 이것만 확인하시라 이거예요, 이것만…

마음공부는 남한테 뭐 보여 주는 공부가 아닙니다! 보여 주기 위한 게 아니에요. 물론 우리는 대화를 할 수 있습니다. 보여 주고, 확인하고… 서로 아는 입장이라면 할 수가 있습니다. 그러나 진정한 확인은 내 속에 막혀 있는 게 뚫려야 하는 겁니다. 그게 확인이 되어야 하는 겁니다. 분명히 그런 게 있습니다. 찾아보면 아무것도 그런 건 없습니다. 원래 마음이란 건 어디에 있는 물건이 아니기 때문에… 그러나 명확하게 나의 본래면목이란 것에 막혀 있는 것이고, 분명히 뚫림의 경험이 있습니다. 마치 체해서 목에 가시가 막혀 있던 게 '화악-' 내려가는 것 같은 그런 경험이 있습니다. '확-' 뚫려요. 그렇게 되면 그것은 남에게 이야기할 성질의 것이 아니에요. 그래서 우리가 그걸 뭐라고 말하냐 하면, 벙어리가 꿈꾼 것과 같다고 합니다. 자기는 명확하게 알지만 말이 입에서 나오지가 않아요… 반야(般若)는 불과 같다고도 합니다. 접근할 수가 없다 이거예요. 다르게 표현하면, 뜨거운 기름 가마솥을 핥으려는 강아지와 같다고도 합니다. 핥아지지가 않습니다. 입만 데지…

제가 금방 여기서(주먹을 내밀어 보이며) 뭐가 확인되느냐… 물었던 것은, 제 손이라는 하나의 경계를 여러분에게 확인시켜 주는 것도 아니고, 여기서 뭐 이러쿵저러쿵 이치를 보여 주는 것도 아니에요. 이것을 통해서 바로 자기 자신의 마음을, 제 손이 아니라, 여기서 우리 각자의 마음을 확인할 수가 있는 겁니다. 그것을 제가 물었던 거예요. 선문답이라는 것을 하는데, 선문답의 요점이 그런 거예요. 상대방이 제시하는 것에 따라가는 것은 무조건 낙제입니다. 왜냐하면 이미 그것은 머리로 하는 거예요. 자기 자신의 존재를 확인하면 자유롭게… 독자적으로… 표현을 하든 안 하든 그건 상관없습니다.

스스로가 시원하게 뚫리면 되는 겁니다. 표현하건 안 하건, 그건 상관이 없어요. 그런 경험을 좀 하시라고 제가 그런 겁니다.

만약 모든 모양이 모양이 아님을 본다면…

그럼, 모양이 아니고 뭐냐? 알고 보면 모양이 전부 마음이 나타나 있는 건데… 그 모양으로 보는 게 아니라 마음으로 본다면…《반야심경》을 응용한다면, 색 · 수 · 상 · 행 · 식이 전부 공이라고 그랬잖아요? 마음을 공이라고 했습니다. 그래서, 색이든, 수, 상, 행, 식, 어느 것이든 간에 다 공으로 돌아온다면… 색만 색즉시공(色卽是空)이 아니라, 색 · 수 · 상 · 행 · 식, 오온(五蘊)이 전부 공이라고 했습니다. 그 공은 어디 있느냐? 공은 우리 스스로가 여기에서 이렇게 활용하고 있는 겁니다, 쓰고 있는 겁니다. 제 말에 속지 마십시오. 공은 내가 직접 경험하고 있는 것이고, 쓰고 있는 겁니다. 공을 떠날 수가 없어요. 공이라는 말의 뜻에 속지 마십시오. 왜 공이라고 그랬느냐? 정해진 모양이 없기 때문에 공이라고 그런 겁니다. 공이란 아무것도 없단 말이 아니에요. 공이라는 말에 속으시면 안 돼요. 마음을 가리키는 겁니다. 오온이 전부 마음임을 알면 모든 문제가 사라진다 이거예요.

우리가 불교를 교리적으로 말하면, '중도(中道)'라는 말을 많이 씁니다. 중도가 바로 법이다… 이러거든요. 그럼 중도가 도대체 뭐냐? 어디에도 머물지 않는 게 중도입니다. 이쪽에도, 저쪽에도, 왼쪽에도, 오른쪽에도, 가운데에도… 어디에도 머물지 않는 것을 중도라고 그럽니다. 어디에도 머물지 않는다는 말은 뭐냐 하면, 그러니까 모양이 없는 겁니다. 장소가 없어요, 정해진 장소가… 어디에도 머물지 않는다는 말은 끊임없이 돌아다닌다는 말이 아닙니다. 무슨 역마살이 있는 것처럼 끝없이 돌아다닌다는 말이 아니에요. 정해진 장소가 없다는 겁니다. 우리가 모양을 분별할 때에는 움직임과 고요함을 말할 수 있습니다. 아무 모양이 없는 거기에는 움직임과 고요함을 말할 수 없어요. 허공에 무슨 움직임과 고요함이 있습니까?

중도라고 하는 것을, 어디에도 머물지 않는다는 뜻에서 무주법(無住法)이라고도 해요.《금강경》에서도 그렇게 말하죠? 머묾 없이 그 마음을 내어라… 이렇게 합니다. 머묾이 없다는 이야기는 머물 데가 없다는 말이에요. 머물 데가 없지만, 자재하게 그 마음을 쓸 때에는 또 막힘이 없는 것입니다. 정해진 모양과 장소가 없지만 쓰고자 하면 언제든지 인연에 맞게 쓸 수 있는 것이지요. 그렇지 않습니까? 정해진 모양은 없지만, 어떤 대상이 다가왔을 때 거기에 알맞게 반응하는 겁니다. 인연 따라서 막힘없이 일어난다는 말은 마음을 적절하게 표현하고 있습니다. 정해진 모양은 없어… 머물 데도 없어… 장소도 없어… 그러나 인연 따라서 자재하게 일어나고 있습니다.

여러분이 모인 여기가 선원(禪院)인데, 선(禪)이라는 것은 이론적으로 추측해서 그림을 그리는 게 아닙니다. 선은 단도직입(單刀直入)이에요. 칼 하나만 들고서 적진의 사령부를 향하여 곧장 달려들어가는 겁니다. 이런저런 사정을 고려하지 않습니다. 곧장 뛰어들어

갑니다. 단도직입입니다. 마음이란 것을 중도니 연기니 이런 식으로 구질구질하게 이야기하지 않는다 이거예요. 구구한 이야기를 안한다 이겁니다. 그냥 '딱―' 바로 경험하는 겁니다. 바로 체험할 수가 있어요. 체험하고 보면 뭐 모양이 없니, 어디 머물 데가 없니, 인연 따라 쓰니 하는 그 말이 얼마나 구구한 쓸데없는 말인지를 알 수가 있어요. 너무나 명확한 겁니다. 너무나 분명한 거예요. 그런 식으로 표현은 가능하죠… 정해진 모양이 없고, 인연 따라서 그냥 쓴다… 얼마든지 말할 수 있습니다. 그러나 그 말을 통해서 이리로 들어오기는 참으로 힘듭니다. 단도직입으로 '탁!' 깨달아야 하는 겁니다.

그것을 우리가 언하변오(言下便悟)라고 하는 겁니다. 선(禪)의 체험은 언하변오(言下便悟)입니다. 말을 듣다가, 대개 설법을 듣다가, 또는 대화 도중에 그런 일들이 일어나는데… 꼭 그런 것만은 아니에요. 예컨대 소동파 같은 이는 시냇물에 떨어져 가지고… 시냇물에 떨어져서 이것을 깨달을 것 같으면 백번이라도 떨어지지…(웃음)… 떨어져 가지고 체험했고, 향엄 선사 같은 이는 청소하다가 기왓장을 던지고 체험했고, 어떤 사람은 복사꽃 피는 것 보고 체험했고, 두들겨 맞고 체험한 사람도 많죠. 임제 같은 사람도 몇 번 두들겨 맞다가 이걸 체험한 겁니다. 어찌 되었든 간에 문득 바로 '탁―' 단도직입해서 바로 들어가는 거지… 그래서 이걸 돈오(頓悟)라고 그럽니다. 선은 기본적으로 돈오입니다. 석가모니도 결국 돈오하신 겁니다. 자, 보세요. 요가 하다가 안 되어서 치우고, 고행하다가 죽을 것 같아서 치우고… 결국 보리수 밑에 앉아서 허탈해서 말이지… 할 것 다 했는데 방법이 없으니까, 어찌해야 하는가 하고 막연한 상황에서, 그러나 가슴에 맺힌 한은 있고… 그렇게 앉아 있다가 문득 샛별이 반짝반짝 빛나는 걸 보는 순간에 이걸 체험한 겁니다. 샛별에서 자기 자신을 깨달은 겁니다. 홀연 깨달으신 거예요. 뭘 어떻게 갈고 닦다가 깨치게 된 게 아닙니다. 다만, 나중에 방편으로는, 다양한 방편을 쓰셨으니까, 여러 가지 방법을 개발해 가지고 말씀을 하셨지만, 자기 스스로는 돈오를 하신 겁니다.

　우리도 뭐 여러 가지 방법을 쓸 필요가 없어요. 간단한 겁니다. 얼마나 가슴에 맺혀 있느냐… 공부에 대해서, 법을 알고자 하는 마음이 얼마나 간절하냐… 그게 결정하는 겁니다. 그렇게 시간이 지나다 보면 어느 순간에… 특히 공부하시면서 이렇게 나와서 설법도 들으시고 하다 보면, 생각으로가 아니고, 오히려 생각이 점차 놓여야 되는데… 생각이 놓이면 힘이 덜 들어요. 생각하는 게 참 힘들거든요. 모르는 걸 억지로 헤아리다 보면 얼마나 힘듭니까? 생각이 놓이면 힘이 덜 드는데, 생각을 놓고 놓아서 아무런 생각도 하지 않게 될 때… 아무런 생각에도 의존하지 않게 될 때… 그렇다고 평소에 전혀 생각을 안 한다는 것은 아닙니다. 법에 관해서는 어떻게도 생각할 수 없을 때… 다른 생각은 다 해야죠. 생활을 하려면… 사회생활 하려면 생각을 해야 하는데, 다만 법에 대해서만 어떤 망상도 부리지 않을 때, 그럴 때야말로 공부가 잘 되는 겁니다. 어떤 생각도 어떤 망상도 부리지 않지만 가슴속의 불은 활활 타고 있어야 하는 겁니다. 그놈이 나중에 확 소화가 되어야 하는 거니까… 그럴 때 오히려 힘이 덜 들면서 공부에 더 재미를 느낄 수가 있습니다. 그렇게 시간이 가다 보면 이것을 어느 순간에 문득 체험할 수가 있어요…

그래서 너무 성급하게 하시면 안 됩니다. 우리가 오랫동안 익혀 온 습이 깊기 때문에 금방 되는 것은 아닙니다. 그러나 바른 길을 가시다 보면 누구를 막론하고 반드시 체험하게끔 되어 있습니다. 제 경험으로 봐서 저 같이 둔한 인간도 맛을 본 거니까, 안 된다는 것은 말이 안 돼요. 문제는 스스로 그만큼 순일하게 해 나가지 못한다는 데 있습니다.

자, 그러면 다시 처음부터 보는데, 이제는 '모양을 모양으로 안 보는' 방식으로 보겠습니다. 경전에서 요구하는 것이 모양을 모양으로 안 보는 방식으로 보는 건데… 아, 그전에 또 하나 이야기를 해 보죠… 이 사구게(四句偈)를 보니까 생각이 나는데, 그전에 수덕사에 계신 혜암 스님이 이 사구게를 가지고 사람들을 꽤 애먹인 그런 일이 있었습니다. 찾아가면 이분은 말이죠, 범소유상개시허망 약견제상비상(凡所有相皆是虛妄 若見諸相非相則見如來), 이 열여덟 글자 가운데 딱 한 글자가 바로 요체다… 그 한 글자만 집어내면 인가(印可)를 해 주겠다… 그런 문제를 제시해 가지고 사람들에게 한 글자 집어 봐라 하고 요구하곤 했습니다. 어느 글자겠습니까?

(대중 가운데 몇몇이 "상(相)!", "망(妄) 자입니다!"라고 답함)

범소유상개시허망 약견제상비상즉견여래(凡所有相皆是虛妄 若見諸相非相則見如來)… 이 열여덟 글자 가운데 딱 한 자가 선의 요체를 드러내고 있다… 라고 문제를 제시해 놓고, 어느 글자냐? 물었어요.

혜암 스님이 장난치려고 그런 것은 아닙니다. 문제가 분명한 겁니다. 어느 글자겠습니까?

(대중 가운데 누가 "텅 비었다, 허(虛) 자입니다!"라고 하자 대중 웃음)

(모두 답 없이 잠시 시간이 지남)

그럼 그것은 문제로 남기고… 지금 정답이 전혀 나오지 않았습니다. 문제로 남기고 다시 처음부터 보겠습니다. 이 경전에서 요구하는 대로 처음부터 다시 보죠.

수보리야, 네 생각에 어떠하나? 몸의 모양을 가지고 여래를 볼 수 있느냐?

지금 읽는 것은 이 경전이 요구하는 바를 우리가 다 소화했다고 치고, 그 입장에서 읽는 겁니다.

수보리야… 네 생각에 어떠하나… 몸의 모양을 가지고 여래를 볼 수 있느냐…

지금 세 구절이 나왔습니다. 세 개의 문장… 수보리야… 하고 부른 것 하나하고, 네 생각에 어떠하나… 하고, 몸의 모양을 가지고 여래를 볼 수 있느냐… 하고… 세 문장의 내용이 다 다르죠. 그러나 우리는 이것을 다 소화한 입장이기 때문에 이것들을 다르게 봐서는 안 되는 겁니다. 소화한 입장이란 어떤 입장입니까? 불이(不二)의 입장이거든요… 둘 아닌 입장이고, 분별하지 않는 입장이거든요… 그러면 이 세 문장이, 세 구절이 다르지가 않아야 돼요… 그러면 어떻게 해야 되는 겁니까?

세 개까지 할 것도 없어요. 두 문장만 가지고 봅시다. "수보리야" 하는 것하고, "네 생각에 어떠하냐" 이 두 가지, 이 두 개만 놓고 봅시다. "수보리야"라는 말과 "네 생각에 어떠하냐"라는 말이 다르지 않아야 됩니다. 어떻게 보아야 다르지 않은 겁니까? "수보리야" "네 생각에 어떠하냐" … 제 말을 잘 들어 보세요. 지금… "수보리야"라는 말을 들었습니다. "네 생각에 어떠하냐"라는 말을 들었습니다. 자, 여기서 다르지 않은 걸 잘 살펴보십시오. 대답하시란 말이 아니에요. 자기 스스로가 잘 살펴보시란 말입니다. "수보리야" "네 생각에 어떠하냐" … 뭐가 다르지 않습니까?

경전의 가르침에 따르면, "수보리야"는 "수보리야"가 아니에요. 그 무엇입니다. "네 생각에 어떠하냐"라는 말은 "네 생각에 어떠하냐"란 말이 아니라, 그 무엇이에요. 그 무엇은 "수보리야" 하는 거나, "네 생각에 어떠하냐" 하는 거나 똑같아… 그것을 찾으시면 되는 겁니다. 분별 아닌 그 자리는 똑같다 이거예요. 그것을 찾으시면 돼요. 그것은 한결같아요.

마치 "수보리야" 하는 말은 손가락을 가지고 물의 표면을 왼쪽에서 오른쪽으로 긋는 것이라면, "네 생각에 어떠하냐"라는 말은 오른 쪽에서 왼쪽으로 긋는 것과 같습니다. 물결의 방향은 다르죠? 그래서 구별이 됩니다. 물결로는… 구별 안 되는 것은 뭡니까? 물이 구별 안 된다고 답을 하실 텐데… 그 물이 어디 있느냐 이겁니다. 그 물이… 우리가 물은 어떻게 경험합니까? 물을 어떻게 경험해요? 손을 넣어서 물결을 일으켜 보면 돼… 가만히 있으면 몰라요. 손을 넣어서 물결이 확 일어나면 물이지요. 생각으로 헤아려서는 모르는 겁니다.

　자, 그러면 다시… 수보리야, 네 생각에 어떠하냐… 지금 우리는 마음을 그런 식으로 경험하고 있는 겁니다. 여기서, 마치 우리가 물속에 손을 넣어서 물을 한번 경험하듯이… "수보리야", "네 생각에 어떠하냐"… 여기서 물을 경험해 보면, 일어나는 물결은 다르지만… "수보리야"와 "네 생각에 어떠하냐"… 이처럼 물결은 각각 다릅니다. 그러나 물결이 일어나는 것은 똑같아요… 경험해 보시라 이겁니다… 수보리야, 네 생각에 어떠하냐… 우리는 지금 마음의 물결이 출렁이는 것을 경험하고 있는 겁니다.
　여기서 '탁!' 하고… '앗, 물이다'라고 직접 체험하듯이 '탁-' 하고 바로 체험이 와야 하는 겁니다. 그럴 때 비로소 마음이란 놈이 드러나는 겁니다. 그렇게 깨닫는 거예요. 그렇지 않으면 우리는 끝없이 물결만 보고 있어요. 밖에서… 손은 대지도 못하고…

　이 공부를 무엇에 비유하냐 하면, 활쏘기 연습에 비유하곤 합니다. 처음엔 과녁을 향해서 시위를 당겨서 활을 쏘았는데 화살이 어디 갔는지 떨어진 자리가 안 보여… 처음부터 잘 맞추는 사람이 누가 있습니까? 자꾸자꾸 하다 보면 저절로 맞추게 돼요. 공부도 계속 이런 식으로 설법을 들으시고, 고민을 하시고, 이렇게 자꾸 하다 보면 언젠가는 딱 체험하는 날이 오는 겁니다. 금방 되는 것은 아니에요. 빠른 사람은 1, 2년 안에 오는 수도 있고… 1, 2년보다 적게 걸린 경우는 별로 들어 본 적이 없어요… 부처님만 해도 6년이 걸렸잖아요? (웃음) 그런데 스님 가운데 20년 걸린 사람도 있긴 있어요. 아, 6일 만에 된 사람도 있어요. 고봉 스님… 하기야 준비 기간이 한 20년 걸렸지마는… (웃음) 제대로 된 선지식을 만나면 6일 만에도 가능한 거예요. 그래서 세수하다 코 만지기다… 이렇게 얘기도 합니다…

수보리야, 네 생각에 어떠하냐? 몸의 모양을 가지고 여래를 볼 수 있느냐?

각각의 말은 말이 아니고 바로… '이것'입니다. 이름 붙일 수 없다고 하니까 우리가 이름 붙이지 말고 그냥 '이것'이라고 호칭을 해 보자 이겁니다.

불야세존(不也世尊)… 없습니다, 세존이시여…

없습니다, 세존이시여… 하는 게 지금 뭐냐? 바로 '이것'을 경험하고 있는 거예요, 우리가… 말하자면, 물결이라는 게 손을 휘저어

136

경험하는 거 아닙니까? 마찬가지입니다. 없습니다, 세존이시여…
하면서 내가 '이것'을 마치 손을 휘젓듯이 인연 따라서 경험하고 있
는 겁니다. 글자라는 인연을 따라서… 오직 '이것' 하나가 있을 뿐
이에요. 기독교에서 '오직 예수!' 이러던데… 오직 도(道) 하나뿐입
니다. "없습니다, 세존이시여…" 이 말도, "없습니다…"라는 말은 "없
습니다…"가 아니라 오직 이것! "세존이시여…"라는 말은 "세존이시
여…"가 아니라 오직 이것!

  몸의 모양을 가지고는 여래를 볼 수 없습니다.

  역시 마찬가지예요. 이 말은 이 말이 아니고, 바로 '이것!' 한결같
습니다. '이것'은… 전혀 달라지지 않아요.

  왜 그러냐?

  마찬가지예요. 말뜻을 따라가면, '왜 그러냐…' 이지만, '왜 그러
냐…'는 '왜 그러냐…'가 아니라, 바로 '이것!'《금강경》은 결국 이렇
게 한결같이 처음부터 끝까지 한 글자도 달라짐 없이 한결같이 '이
것'으로 돌아와야 하는 겁니다. 만법(萬法)이 귀일(歸一)해야 하는 거
예요. 오온(五蘊)이 개공(皆空)이라 했잖아요. 그렇게 확실하게 볼 수
있어야 지혜의 눈이 확실하게 열린 겁니다. 글 따라가고, 말 따라가
서는 절대 답이 안 나와요.

여래가 말한 바 몸의 모양이라 하는 것은 곧 몸의 모양이 아니다.

여기서는 바로 이야기를 하고 있네요. "여래가 말한 바 몸의 모양이라 하는 것은 곧 몸의 모양이 아니다"라고 하는 것은 "여래가 말한 바 몸의 모양이라 하는 것은 곧 몸의 모양이 아니다"가 바로 '이것'! 이렇게 되어야 합니다. 그러니까 알고 보면, 여러분이 이것을 체험하고 나중에 보림(保任)을 쭉 해 나가다 보면 경전이고 뭐고 간에 몇 줄 못 읽어요. 첫 글자부터 전부 다 '이것'인데 뭐…. 그러니까 책을 읽는 재미가 없어요. 보면 전부 다 '이것'이잖아요… 물론 '이것'을 어떻게 말하는가 한번 보자 하는 그 재미는 있죠. 처음부터 끝까지 '이것' 하나가 춤추고 있는 거예요.

(대중 가운데 한 사람이 "아, 앞에 질문한 것의 답을 알았다!"라고 말하자 대중 웃음)

뭡니까?

("이것!"이라 대답하자 대중 모두 폭소)

하하하… '이것'이 뭔데요? 하하하하… (대중 모두 잠시 웃음)

글자 한 자라는 말에 속았죠? 말은 말이 아니고, 상(相)은 상이 아니라고 분명히 이야기를 하고 있는데 그렇게 속으니… 도리가 없는

거지… (웃음)

　　부처님께서 수보리에게 말씀하셨다.

　　이것도 마찬가지입니다. "부처님께서 수보리에게 말씀하셨다"는 "부처님께서 수보리에게 말씀하셨다"가 아니라 '이것'이에요. 그렇다면 이 문장도 끝까지 할 게 없어요. 부처님은 부처님이 아니라 '이것!' "수보리"는 "수보리"가 아니라 '이것!' "말씀하셨다"는 "말씀하셨다"는 게 아니라 '이것!' 그러면 더 좁혀 볼까요? 부처님- 할 때 '부-'는 '부-'가 아니라 '이것!' '처-'는 '처-'가 아니라 '이것!' '님-'은 '님-'이 아니라 '이것'! 그러니까 나중에 보면 세밀해지는 겁니다. 세밀해져서 틈 하나 없어요, 틈 하나… 머리카락 하나 들어갈 틈도 없이 전부 '이것'이라… 그래서 '이것'을 뭐라 하냐면 '무루법(無漏法)'이라 합니다. 샐 틈이 없어, '이것!'은. 전부 '이것'뿐이라, 새어 나갈 틈이 없어… 전부 '이것'으로 싹 돌아오는 겁니다. 그래서 무루법이다, 안 새는 법이다 이거예요. 새어 나가면 망상이 되는 거예요. 말 따라가는 겁니다. 생각 따라가는 거예요.

　　그래서 '이것' 하나만 알면 어떤 경전을 갖다 놓고 보더라도 통하지 않는 게 없습니다. 다 이해가 돼, 전부가 다 무슨 말인지… 그러나 경전을 연구해서 '이것'을 알고자 한다면 백년하청(百年河淸)이라고… 안 되는 겁니다. 그래서 선(禪)이 그만큼 위대한 겁니다. 경전 연구 천 날 만 날 해도 안 됩니다. 그까짓 거… 단도직입으로 '이것'만 탁 깨달으면 어떤 경전을 갖다 놓더라도 무슨 말인지 다 소화가 돼요. 오히려 경전을 평가할 수 있습니다. 왜? 어차피 경전이란 것은 말한 사람, 쓴 사람이 있잖아요. 이것은 잘 썼는데 저것은 표현이 서투르군… 이렇게 볼 수가 있습니다. 임제가 그런 얘기를 하고 있습니다. 임제록에 보면… "내가 '이것'을 몰랐을 때는 경전을 열심히 연구했는데, '이것'을 알고 보니까 천하 노스님의 잘잘못을 알겠더라." 이렇게 말하고 있습니다. 우리는 큰스님, 큰스님 하면서도 그 사람들이 말하는 것을 평가 못 하잖아요? 그런데 '이것'을 알고 보면 다 평가할 수 있습니다. '아, 이 사람은 어느 부분에서 새고 있다. 정말 하나도 안 새는 사람이 누구냐?' 평가할 수 있습니다. 그러나 그것은 자기 스스로 그런 안목이 생겨야 되는 겁니다.

부처님께서 수보리에게 말씀하셨다. 무릇 모양 있는 것은 전부가 허망한 것이다. 만약 모든 모양이 모양 아님을 본다면 곧 여래를 보리라…

참으로 간단한 말이잖아요? 참 간단한 말인데도 불구하고 그 내용을 정말 완벽히 소화하기란 참 어렵습니다. 완전히 소화했다면 우리가 말 따라가지 않을 수 있습니다. 그래서 조주 스님이 한 유명한 말이 있잖아요. "세 살 먹은 어린애도 법은 말할 수가 있다. 그러나 팔십 먹은 노인도 그 법을 확실하게 실천하기는 어렵다." 실천이란 것은 자기가 완전히 실감을 하고 소화를 해내는 거거든요. 새지 않게… 그런 완벽함이란 면에서 법은 어려운 것이에요.

그러나 마음을 '탁-' '그래 이게 마음이구나!' 하고 비록 거칠게…

좀 새더라도 처음에 '탁-' 체험하는 것은 어렵지가 않습니다. 그것을 '탁-' 하고 단도직입적으로 체험하게 되면 그 다음에는 완벽을 향하여 나아가는 일만 남았어요. 어찌 보면 완벽을 향하여 나아가는 그게 어렵지, 처음에 '탁-' 체험하는 것은 사실 어려운 게 아닙니다. 내가 얼마나 간절하냐 하는 것에 달려 있는 겁니다.

그러니까 아까 드렸던 문제… 이때까지 말씀을 드렸으니까, 여기에 있는 어떤 글자에 끄달려서는 해답을 찾을 수 없다는 것을 아셨을 겁니다. 오직 '이것' 하나를 체험하시면 되는 겁니다.

여러분이 공부를 하시는 입장이라면, 공부하는 데 기본적으로 두 가지 입장이 있습니다. 나중에 공부를 깊이 하다 보면 우리 선(禪)의, 불교의 역사에도 그런 입장이 있습니다. 뭐가 있냐 하면, 중생의 분별심의 입장에서 분별심을 극복하고 분별하지 않는 불이(不二)의 반야에로 나아가고자 하는 입장이 있고, 애초에 반야의 입장에 서서, 분별심에 떨어져 있지 못하도록 자꾸 반야의 입장에 있음을 상기시키고 자극시키는 그런 방법이 있습니다. 중생의 분별심의 입장에서 본다면 망상과 실상이 따로 있어요. 분별을 하고 있으니까. 그래서 망상을 버리거나, 없애거나, 죽이거나 해서 실상을 확보하고자 하는 겁니다. 그러한 경우 우리는 파사현정(破邪顯正)이란 말을 써요. 삿된 것을 부수면 바른 것이 나타난다… 그것은 취사간택(取捨揀擇)이란 것을 기본적으로 깔고 있는 겁니다. 취할 것은 취하고, 버릴 것은 버리고… 그러나 그런 방법을 통해서는 끝내 목적지에 도달할 수가 없습니다. 마치 당나귀 코앞에 홍당무를 매달아 놓고 그것을 목표로 끝없이 달리게 하는 것과 같아요. 아무리 달려도 그것을 잡을 수가 없어요. 내가 따라갈수록 같이 도망가는 거니까… 끝이 안 납니다. 분별심을 가지고서 분별심을 없애고자 하는 것 자체가 끝없이 분별심을 일으킬 뿐이에요. 그래서 이것을 점수법(漸修法)이라고 합니다. 그런 공부 방법은 옳지가 않습니다. 결론이 나지 않습니다.

따지고 보면 우리 조사선(祖師禪)의 위대한 전통, 육조혜능 스님의 위대한 업적이 여기에 있는 거예요. 어디에 있느냐? 본래 우리는 분별하는 입장에 있지 않다는 겁니다. 반야의 자리에, 불이(不二)의 자리에 있어요, 우리가! 그러니까 분별을 버리는 게 아니에요. 본래 분별하지 않는 입장에 있으면서도 스스로가 그러한 사실을 모르고 있는 거예요. 그래서 자꾸 자극을 해 가지고, "본래 네가 그 자리에 있잖아…", "아무것도 완성해야 할 필요가 없어", "이것은… 완성되어 있어, 본래…" 이렇게 자극시켜 주는 거예요. 그게 선(禪)입니다. 그게 맞습니다. 본래 완성되어 있는 거예요. 그래서 그냥 이야기를 듣다가, 또는 어떤 계기를 만나서 문득 확인하면 그것으로 망상과 방황이 끝나는 겁니다. 그러면 과거에 내가 완전함을 알지 못하고 망상 부리던 그 버릇이 조금씩 시간이 지나면서 줄어들게 되는 겁니다. 그런 것이지 우리가 본래 중생의 입장에 있는 게 아니에요, 사실… 우리는 본래 완전한 불이의 입장에 있어요. 지금 현재… 거기서 벗어나질 않고 있습니다. 그렇게 해야 결론이 나는 거예요. 단번에 결론이 나는 겁니다. 단도직입이라는 말이 거기에 해당하는 것이거든요.

그래서 자꾸 무엇을 버리고 취하고 이런 식으로 공부하는 게 아닙니다. 본래 완전한 겁니다. 아무 문제가 없어요. 아무리 머리를 많이 쓰고… 번뇌를 일으키더라도… 단번에 '탁-' 체험하면 머리 쓰는 그 자체가, 번뇌가 즉 보리라고 하듯이… 분별이 곧 분별 아닌 거예요. 그러니까 《금강경》의 이 말이 맞는 겁니다. 신상(身相)은 곧 신상이 아니라… 신상을 돌려서 신상 아닌 것으로 되돌려 놓으라는 말이 아닙니다. 신상 그대로가 곧 신상이 아니라…《반야심경》에서도 색이 곧 공이라 했지, 색을 없애서 공을 만들라고 하지는 않았어요. 신상 이 자체가 신상 아닌 것이지, 신상을 밀어내고 신상 아닌 것을 얻으라는 그 이야기가 절대 아닙니다. 원래 둘이 없어요, 원래가 하나입니다. 원래가 하나예요. 그러니까 아주 쉬워요, 알고 보면… 그러니까 바로 단도직입을 탁- 할 수 있는 겁니다.

그렇지 않아도 현재 조계종에서 우리 조사선 전통 확립 문제를 가지고 고민을 하고 있습니다. 그 문제의 핵심도 지금 여기에 있는 거예요. 지금 왜 어디가 어긋나 있느냐? 본래성불(本來成佛)이라고 해 놓고, 자꾸 중생의 입장에서 반야를 이야기하고 있으니까 안 맞는 겁니다. 반야는 반야의 입장에서 이야기해야 맞는 거예요. 그러니까 공부라는 것은 단도직입으로 가능하다… 본래 우리는 둘의 입장에 있지 않습니다. 원래 하나의 자리에 있는 거예요. 벗어날 수가 없습니다, 여기에서… 바로 딱 알면 그걸로 되는 거예요. 어긋남이 본래 없는 겁니다. 어긋난 적이 없어요, 우리는… 어긋나 있지 않습니다, 본래… 어긋나 있다고 생각하는 그 자체가 바로 반야라… 망상이 그대로 반야예요… 번뇌가 곧 보리(菩提)라고 하듯이…

내가 반야의 자리에 있지 않고 자꾸 엉뚱한 쪽으로, 모양을 좇아가는 거기에만 관심을 두니까, 그 관심을 되돌려서 본래 내가 반야의 자리에 있음을 스스로 확인하는 게 이 공부입니다. 그러니까 아까 이야기했듯이 끈기 있게, 간절하게 본래 내 자리를, 내 자리에 있음을, 간절하게… 그걸 우리가 믿음이라 해도 좋아요. 진리에 대한 믿음, 실상에 대한 믿음… 그걸 가지고 자꾸 해 나가다 문득 확인하면 그것으로 이제 일단 공부는 끝나는 것이라고 볼 수가 있는데, 물론 나머지 습(習)을 없애는 보림의 시간이 있지만 이 공부는 일단 그것으로 완성이 되는 겁니다. 원래가 완성되어 있었기 때문에 완성되어 있음을 확인하는 거예요. 우리 스스로가 본래 아무런 문제 없이 완성되어 있음을 확인하는 겁니다. 그게 공부입니다. 그게 선이에요. 그게 돈오입니다. 그것이지, 불완전한 상태에서 내가 완성으로 나아가는 게 아닙니다. 그 점을 명심하시기 바랍니다.

6
바른 믿음은 드물다 正信希有分

수보리가 부처님께 아뢰었다.

"세존이시여, 중생이 이러한 말씀을 듣고서 진실한 믿음을 내는 자가 있겠습니까?"

부처님이 수보리에게 말씀하셨다.

"그런 말 하지 마라! 여래가 돌아가신 뒤에 오백여 년이 지나더라도 계를 지키고 복을 닦는 자가 있다면 이러한 말에서 믿는 마음을 내어서 이것을 진실하게 여길 것이다. 마땅히 알아야 할 것은 이러한 사람은 한 부처나 두 부처나 세 부처, 네 부처, 다섯 부처에게 선근을 심었을 뿐만 아니라, 이미 헤아릴 수 없이 많은 부처에게 모든 선근을 다 심은 것이다. 이러한 말씀을 듣고 한순간 깨끗한 믿음을 낸다면, 수보리야, 여래께서는 다 알고 다 보신다. 이러한 중생은 이와 같이 헤아릴 수 없는 복덕을 얻는 것이다. 왜 그러한가 하면, 이러한 모든 중생은 다시는 아상이나 인상이나 중생상이나 수자상이나 법상이나 비법상이 없기 때문이다. 왜 그러한

가 하면, 이러한 중생이 만약 마음에 상(相)을 취하게 된다면, 바로 나에 집착하고 사람에 집착하고 중생에 집착하고 목숨에 집착을 하기 때문이며, 만약 법상(法相)을 취하더라도, 역시 나에 집착하고 사람에 집착하고 중생에 집착하고 목숨에 집착하기 때문이며, (왜 그러한가 하면,) 만약 법 아니라는 상을 취하더라도 역시 바로 나에 집착하고 남에게 집착하고 중생에 집착하고 수자에 집착하기 때문이다. 그 까닭에 법을 취해서도 안 되고 법 아닌 것을 취해서도 안 된다. 이러한 까닭에 여래께서는 늘 말씀하시기를, '너희들 비구는 내가 법을 말하는 것이 마치 뗏목의 비유와 같은 것임을 알아야 한다'고 하였다. 법도 오히려 버려야 하는데 하물며 법 아닌 것이야 말할 필요가 있겠느냐?"

須菩提白佛言:"世尊, 頗有衆生得聞如是言說章句生實信不?"

佛告須菩提:"莫作是說. 如來滅後後五百歲, 有持戒修福者, 於此章句 能生信心 以此爲實, 當知是人不於一佛二佛三四五佛而種善根, 已於無量千萬佛所種諸善根, 聞是章句乃至一念生淨信者, 須菩提, 如來悉知悉見是諸衆生得如是無量福德. 何以故? 是諸衆生無復我相人相衆生相壽者相, 無法相亦無非法相. 何以故? 是諸衆生, 若心取相則爲著我人衆生壽者, 若取法相卽著我人衆生壽者. 何以故? 若取非法相卽著我人衆生壽者. 是故不應取法, 不應取非法. 以是義故, 如來常說汝等比丘, 知我說法如筏喻者. 法尚應捨何況非法?"

146

제목부터 보면, '바른 믿음을 내는 것은 대단히 드물다'… 바른 믿음… 바른 믿음이란 것이 뭐냐 하면, 우리가 무엇을 믿는다는 것은 두 가지 종류가 있죠. 하나는 믿어야 하겠다는 의지를 통해서 믿음을 갖는 것이고, 또 하나는 의심하고 싶어도 믿지 않을 수가 없는 그런 믿음이 있습니다. 의지를 가지고, 믿고자 하는 믿음을 가지는 것도 중요하죠. 중요하지만, 여기서 바른 믿음이라 하는 것은 의심하고 싶어도 의심할 수 없는 그런 믿음, 확실하게 확인함으로써 얻는 믿음, 그것이 바른 믿음입니다. 사실을 확인하기 이전의 믿음은 아무리 믿고자 하여도 일말의 의심이 남아 있는 겁니다. 자기가 그 사실을 확인해 보기 전에는… 인간의 신념이라는 게 결코 그렇게 호락호락하지 않거든요. 잘 안 믿어요… 그런데 자기가 사실을 확인하고 나면 이제는 믿기 싫어도 저절로 믿어지니까 의심이 안 되는 거죠… 그런 의미에서 이 바른 믿음은 사실을 분명하게 경험하고, 마음공부의 경우에는 마음의 실상(實相)을 분명하게 체험을 해서, 의심하고 싶어도 의심할 수 없는, 그런 믿음을 가지는 겁니다. 그것은 어떻게 보면 대단히 어려운… 드물다고 할 수 있겠지요… 그러나 꼭 드문 것도 아닙니다.

　공부라고 하는 것은 사실 뭐 특별한 게 아니고 결국 바른 믿음을 갖게 되는 게 공부인데, 뭐에 대한 바른 믿음이냐? 우리가 그 '무엇'에다 이름을 붙여서, '도(道)', '선(禪)', '마음', '부처', '깨달음', '불성'… 여러 가지 이름을 붙입니다만, 그런 이름에 현혹될 필요는 없습니다. 오히려 그런 이름이 우리에게 어떤 기대를 갖게 해서, '그것'을 확실히 경험하지 못하게 하는 폐단이 될 수가 있습니다. 사실 벌써 '도(道)', '선(禪)', '부처', '불성', '깨달음', … 이러면 뭔가 거창하고 대단한 것이란 상상이 일어나기 때문에, 나하고는 별 관계가 없는 듯 겁을 확 먹어 버린단 말이죠. 그래서 '마음'이라는 말이 그나마 가장 친근하고 쉬운 말이라고 볼 수 있는 겁니다. 왜냐하면 어쨌든 마음은 누구나 다 나름대로 알고 있다고 생각하고 있거든요.

선(禪)에서는 마음이라는 말을 자주 사용합니다. 우선 아주 친근하고, 별 주눅 들지 않는, 저 멀리 있지 않은 그런 어떤 것이라는 느낌을 주기 때문에… 사실 마음은 멀리 있는 게 아닙니다. 멀리 있는 게 아니에요. 항상 이렇게…(손가락을 올리며) 늘… 마음 아니고는 되는 일이 없지, 사실은… 항상 마음을 가지고 있는 것이고… 가지고 있다는 말보다는 마음밖에 없어요, 사실은… 예컨대 우리는 '내 마음…' 이러거든요. '내 마음…', '내가 마음을 갖고 있다' 이렇게 생각하거든요. '내 마음', '네 마음' 이렇게 말하거든요. 그게 잘못된 거죠. '내 마음'이라는 말이 바로 마음에 의해서 생겨나는 말이죠… 그러니까 '나'와 '마음'이라는 두 이름 자체가 마음에서 생겨나기 때문에, 그 마음이 바탕이 되어 있지, 그 위의 '나'나 '마음'이란 이름은 다 말일 뿐입니다. 마음이 바탕이 되어 있고, '나'와 '마음'이란 것은 말일 뿐이라… 그러니까 '내 마음', '네 마음'이란 것은 안 맞죠. 그냥 단지 마음뿐인데… 그래서 마음을 깨달으면 되는 거예요.
　　그런데 일반적으로 우리가 알고 있는 '마음'이라고 하는 말은 상당한 오해가 있습니다. 어떤 면에서는 맞기도 하지만 전혀 맞지 않는 부분이 있다 이거예요. 무슨 얘기인가 하면, 우리는 '마음'이라는 말을 들으면, '어! 마음은 이런 거야, 저런 거야'라고 하는 마음에 관한 '견해(見解)' 내지는 이미지(image), 상(相)을 갖게 되는데, 그게 잘못입니다. '마음'이 견해를 일으키고, '마음'에서 상이 생겨나는 것이지, '상(相)'이나 '견해'가 마음을 정해 주는 것은 아니다 이겁니다. 우리가 알고 있는 마음이라고 하는 것은 주객(主客)이 전도(顚倒)되어 있어요… 거꾸로 되어 있는 거죠. 그런 작은 잘못만 바로잡을 수 있다면, 사실 마음을 깨닫는 것은 그렇게 어려운 일이 아닙니다. 아주 작은 잘못, 아주 조그마한 전도, 그것만 바로잡을 수 있다면… 모든 것의 바탕이 마음임이 분명해집니다. 일체유심조(一切唯心造)란 말은 아주 잘 알고 있는 말이죠? 모든 것은 마음이 만들어 낸다는 말입니다.

모든 것의 바탕이 마음입니다. 그러면 '모든 것'이란 뭐냐? 앞에 나타나는 모든 것. 달리 말하면, 경험되는 모든 것. 나타나는 모든 것은 전부 마음으로 말미암아 나타나는 것이다… 그러니까 나타난 어떤 말이나 느낌이나 욕망이나 관념이나 사물이나 경험… 이런 것은 마음이 아니에요. 그것들이 물론 마음하고 관계없는 것은 아니고, 마음으로 말미암아 그런 일들이 나타나지만, 그것만 가지고 마음이라고 할 수는 없습니다. 마음은 어떤 식으로든지 이름을 붙일 수도 없고, 어떤 식으로든지 그 모습을 말할 수 없는 겁니다. 그러나 어떤 말을 하든, 어떤 느낌을 갖든, 어떤 욕망을 갖든, 어떤 생각을 하든, 어떤 행동을 하든 간에, 전부 마음이 바탕이 되어 있습니다. 마음이 다 하는 일이죠.

간단하게 더 구체적으로 예를 들면, (찻잔을 들어 올리며) 찻잔을 들어서 차를 마시는데, 이 찻잔을 들어서 차를 마시는 사실은 너무 평범하기 때문에 우리가 아주 잘 알고 있습니다. 그래서 흔한 일을 다반사(茶飯事)라고 하거든요… 다(茶), 차 마시고, 반(飯), 밥 먹고 하는 일(事)… 아주 흔한 일이다 이 말이에요. 흔하기 짝이 없는 일이죠. 찻잔을 들어서 차 마시는 것을 모르는 사람이 누가 있어요? 시키면 다 한다고요… "차 한 잔 해!" 하면, 다 하거든요. 누구나 다 차를 마시는데, 그런데 여기에 무슨 문제가 있느냐 하면… '내가' 팔을 뻗어서… 찻잔을 잡아서… 잔를 입에 대고… 차를 마신다… 이렇게 생각을 한다 이 말입니다. 이렇게 생각을 하지, 차를 마시는 것이 진짜로 무엇인지를 모른다 이 말입니다. '차 마신다'라는 겉으로 드러나는 그림을 그려 내는 것은 잘하지요. 마음이라는 놈은 눈으로 보는 것을 보이는 대로 다 그림을 그려 놓는단 말입니다. 이러한 것들이 전부 마음에 의해서… 팔을 뻗는 것도 마음이요, 컵을 입에 대는 것도 마음이요, 입으로 차를 마시는 것도 마음인데…, 그것보다는 자기가 그려 놓은 그림에 속아 버리는 겁니다. 마음 스스로가 팔을 뻗고, 잔을 잡고, 차를 마시는 행동을 하면서 또 거기에 대한 그림까지 마음이 그려 버리는 겁니다. 그래 놓고는 자기가 그린 그림을 앞에 놓고 그것만 보고 있는 거죠. 그러니까 이 작은 차이에서 속아 버리는 겁니다. 아주 간단한 겁니다.

'도(道)'니 '선(禪)'이니 '마음'이니 '깨달음'이니 하는 거창한 말들이, 알고 보면 그런 뭔가 거창한 내용들이 있는 것이 아니고, 차 한 잔 마시는 것, 아니면 손가락 한 번 꼼지락거리는 것… 예컨대 우리가 이미 도(道)에 관심을 갖게 되면, '불교(佛敎)'가 어떻고,《도덕경 (道德經)》이 어떻고,《반야심경(般若心經)》이 어떻고,《금강경(金剛經)》이 어떻고, '도(道)', '마음', '불성(佛性)', '견성성불(見性成佛)', '직지인심(直指人心)'… 뭔가 대단하고 심오하고 미묘한 뜻이 있는 것 같거든요. 그러면 머리를 싸매게 돼요. 고민이 되고 앞이 캄캄하다 이거예요. 그런 고민은 열심히 하면서도, 막상 책장을 붙잡고 두 손가락으로 책장을 넘기는 '이것'(손가락을 들어 비벼 보이며)에 대해서는 아무 관심을 안 갖는 겁니다.

말은 다 허깨비입니다, 허깨비! '도(道)', '선(禪)', '깨달음', '불성(佛性)', '마음', '부처'… 이건 다 말이거든요. 허깨비에 속아서, 그 허깨비 말을 보고서 거기에 그럴 듯한 그림을 그리려고 머리를 싸매는데, 실제 당장《금강경》이니,《반야심경》이니 하는 경전의 책장을 붙잡고 넘기는 이 손가락 한 번 움직이는 것, 이것이 뭔지에 대해서는 고민도 의심도 안 한다 이 말이에요. 사실은 손가락 하나를 꼼지락할 수가 없고, 눈 한 번 깜빡거릴 수 없고, 발가락 한 번 꼼지락거릴 수 없다면, 도대체 무슨 도(道)니 선(禪)이니 불성(佛性)이니 깨달음이니 하는 것이 있겠습니까? 그뿐만 아니죠. 혀 한 번 움직이는 것, 숨 한 번 쉬는 것… 그러니까 이 도(道)라고 하는 것은 아주 간단하고 너무나 당연한 그런 일이에요. 따지고 보면 도, 불교, 선… 이런 것은 배워서 아는 말이잖아요. 일자무식(一字無識)인 사람, 그런 말을 들어 본 적 없는 사람에게는 아무 의미가 없는 말이에요. 그런 말은 배워서 아는 것이지만, 손가락 한 번 꼼지락거리고, 발가락 한

번 꼼지락거리고, 눈 한 번 깜빡이는 것은 배워서 아는 것이 아니고 저절로 하는 것입니다. 태어날 때부터 저절로 할 줄 아는 것입니다. 그게 도(道)입니다. 그게 마음이고… 내가 배워서, 얻어서 아는 것이 아니고, 날 때부터 할 줄 알았던 것.

그런데 우리가 가지고 있는 문제점이 또 뭐가 있냐 하면, 날 때부터 안 배워도 할 줄 아는 것에 대해서는 무관심하고 무시해 버리는 겁니다. 너무 시시해, 너무 당연하게 잘하니까, 관심이 없어요. 인간이란 게 말이죠, 자기가 할 줄 모르는 것에 대해서는 엄청 호기심을 가집니다. 마구 탐구를 하고 파고드는데, 자기가 너무 당연하게 잘하고 있는 것에 대해서는 그냥 무시해 버립니다. 그게 마음공부에 있어서 우리가 가진 큰 마장(魔障)입니다. 커다란 하나의 장애(障碍)인 것입니다. 사실은 어린애들이 태어나자마자 입을 벌려서 울고, 손가락 발가락을 꼼지락거리고, 눈을 감았다가 뜨고, 숨을 쉬고… 그런 작은 일, 그게 없으면 '나'라고 하는 존재가 어떻게 있을 수 있느냐 이겁니다. 있을 수 없거든요. 어떻게 공부를 하고, 어떻게 살아갈 수가 있느냐 이겁니다. 살아갈 수가 없어요. 이런 일들을 할 수가 없다면… 내 존재를 받쳐 주고 있는 것은 도(道), 불교(佛敎), 철학(哲學)… 이런 거창한 것이 아니고, 손가락 한 번 꼼지락거리고, 눈 한 번 깜빡이고, 숨 한 번 쉬고, 말 한마디 하고, 생각 한 번 하고, 느낄 줄 알고, 쳐다볼 줄 알고, 들을 줄 아는 것. 이게 내 존재를 지탱해 주는 가장 기본적이고 근본적인 바탕이거든요.

그게 제일 중요한 것인데도 불구하고 그것은 그냥 무시하고 신경을 안 씁니다. 마음은 바로 거기에 있는 겁니다. 거기에 나타나는 겁니다. 그러니까 마음은 불생불멸(不生不滅)이요, 불래불거(不來不去)입니다. 어디에서 받은 것도 아니고, 남한테 줄 수 있는 것도 아니에요. 날 때부터 본래 그렇게 갖추어져 있는 겁니다. 날 때부터 갖추어져 있는 것이고, 남한테 주고 싶어도 줄 수가 없어요. 어디에서 가져온 것도 아니고, 노력해서 얻은 것도 아닙니다. 도(道)라는 것은 노력해서 얻을 수 있는 것도 아니고, 누구에게 줄 수 있는 것도 아니란 말입니다. 그저 갖추어져 있을 뿐입니다. 이렇게(손가락을 흔들며)… 그저 갖추어져 있으니까, 갖추어져 있는 도(道)로 말미암아, 갖추어져 있는 마음으로 말미암아 지금 이렇게 인간 노릇을 할 수 있다 이겁니다. 그러니까 가장 중요한 것이지, 이 도(道)라는 게. 이렇게 중요한데도 이것에는 관심이 없어요…

  마음이니 도니 하면 거창하게 생각해서 질리게 되는데, 사실은 그런 거창함은 없습니다. 이 손가락을 한 번 움직이는 이것이 뭐냐? (손가락을 들어 움직이며) 손가락 한 번 움직이는 이것이 무엇입니까? 이것이거든요…(손가락을 흔들며) 이것! 너무나 단순하고, 너무나 당연하고, 그래서 아예 잊어버리고 있고, 무시하고 있는 이것! 그래서 회광반조(迴光反照)라고 하거든요. 공부란 돌이켜 보는 것입니다. 무시하고 잊어버렸던 이놈! 이것이 무엇인지를 깨닫는 것이죠. 이것이 무엇인지를 깨달아야 비로소 내 존재가 밝혀집니다. 내 존재의 비밀이 여기에 있는 겁니다. 철학, 불교, 이런 것들은 몰라도 살아갈 수 있습니다. 다른 것 다 몰라도 돼요. 지식 하나 없어도 살아갈 수 있어요. 얼마든지 살아갈 수 있는 겁니다. 본래 주어진 것만 가지고도 얼마든지 아무 부족함 없이 살 수 있다 이겁니다. 본래 주어져 있는 이것! 그래서 아무 부족함이 없는 이것… 이것을 깨닫는 게 공부입니다. 다른 게 공부가 아니고… 이것을 체험하고 확인하는 것이 공부다 이거예요.

그러니까 이것에는 지식이 필요 없습니다. 어떤 종류의 방법도 필요 없어요. 노력도 필요 없습니다. 그냥, 문득, "아! 이것!" 하고 확인만 하면 돼요. 금방 태어난 아이에게도 갖추어져 있는 게 '이것'입니다. 다 가지고 있어. 다 갖추고 있고… 금방 태어난 갓난아이도 다 갖추고 있는 겁니다. '이것' 하나만 깨달으면 되는 것이지 다른 게 없어요. 어렵고 거창한 게 절대 아닙니다. 그러니까 부담 가질 이유가 하나도 없는 겁니다, 이것은… 무슨 현묘하고, 미묘하고, 그윽하고… 온갖 수식어가 다 붙으면 그게 전부 망상입니다, 망상! 거기에 전부 주눅이 들어 고민을 하고… 말에 속는 겁니다. 허망한 말에 속아 가지고, 진정한 도는 자기가 손아귀에 쥐고 있으면서 늘 사용하고 있는데도 관심이 없어요.

그래서 망상을 쉬면 다 나타난다는 게 그 말이에요. 희론(戱論)을 적멸하면 다 본래 그대로라는 말이 그 말입니다. 우리가 그동안 배워 온 망상 때문에…. 이 아주 분명한 것, '이것'(손가락을 치켜세우며), 손가락 한 번 움직이고, 눈 한 번 깜빡이는 이것이거든요. 도는 다른 게 아닙니다. 아주 간단한 겁니다. (손가락 하나를 굽혔다 펴며) 이것 할 줄 모르는 사람이 어디 있어요? 이거…. 눈 깜빡이고, 숨 한 번 쉬고, 생각 한 번 하고… 이것 할 줄 모르는 사람이 어디 있냐 이 말입니다. 이것이거든요, 다른 게 아니고… 1 더하기 1은 2다. 1 더하기 1은 1이다 해도 좋아요. 그러니까 그 계산이 틀려도 좋다 이거예요. 1 더하기 1은 2다, 1 더하기 1은 1이다. '1'이라는 생각 하나만 낼 수 있으면 돼… 그게 바로 이것이거든요(손가락 하나를 굽혔다 편다). 손가락 하나 꼼지락 하는 바로 이것이다 이 말이에요.

인간의 문화를 이야기한다면, 현재 21세기 문화를 보면 인간은 참 많은 것을 만들었거든요. 굉장히 많은 것을 만들었고, 많은 것을 생각할 수 있고, 많은 지식을 축적했는데, 그런데도 불구하고 가슴속은 허전한 거예요. 뭔지 모르지만 이게(가슴을 가리키며) 아직도 충족이 안 돼요. 그러니까 끝없이 철학을 추구하고, 끝없이 지식을 추구하거든… 그 가슴속의 뭔가를 충족시키기 위해서… 그러나 여전히 충족은 안 돼. 지식만 추구하느냐? 그렇지 않아요. 예술을 추구하고, 감각을 추구하고, 쾌락을 추구하고… 아무리 추구하더라도, 추구할 그 당시에는 거기에 매달려서 잊어버리지만 그래도 역시 완전히 잊히지가 않아요. 여전히 뭔가가 허전한 거야. 만족이 없어요. 안정이 안 되죠. 자꾸 뭔가를 찾아다녀야 하고… 왜 그러냐고요? 바로 '이것' 때문에 그런 것입니다. '이것'을 돌아보지 않고, 이 모든 것의 근본을 모르기 때문에, 마음에 의해서 만들어진 사물들만 자꾸 좇아가니까 끝이 없는 겁니다. 한 번만 딱 돌아보면 간단한 것인데…

절에 가면 탱화 있잖아요? 복잡한 선으로 이루어진, 아니면 만다라 같은 거… 티베트의 만다라 같은 것은 엄청나게 복잡하잖아요? 그 복잡함도 결국에 그리는 행동을 보면, 그냥 점 하나 찍는 겁니다. 점이 선이 되고, 선이 면이 되고… 뭐 이런 식으로 점 하나 찍는 겁니다. 간단한 행위 하나, 점 하나 찍는 간단한 행위, 그것에 의해서 복잡한 그림이 생겨나지요. 현재 이 순간에 행하는 것은 그냥 점 하나 찍는 그것밖에 없는 겁니다. 아주 간단한 거거든요. 아주 간단한 이것 하나를 모르니까, 여기를 돌아보지 못하니까, 끝없이 점을 찍어 나가는 겁니다. 뭔가 이 허전함을 달래기 위해서 끝없이 복잡한 그림이 이렇게 이루어져 나오는 거죠. 그러나 결국에 그것의 근원을 찾아보면 점 하나거든. 점 하나 찍는 것이 결국엔 거창한 그림, 지겨워서 못 볼 정도의 큰 그림이 되는 거지요. 그러나 그 순간에 그림을 보는 자도 그렇고 그림을 그리는 자도 그렇고, 이 순간에는 가장 간단하게 '이것' 하나만을(손을 흔들며) 움직이고 있을 뿐이라. '이것' 하나만을(손을 흔들며) 쓰고 있을 뿐이에요. 이 순간에 아주 간단하게 쓰고 있는 '이것!' '이것' 하나만 알면 항상 만족스러운 겁니다. 왜? 다른 게 없거든요. 늘 이것뿐이니까. 늘 '이것'뿐이지 다른 게 없다 이 말이에요. 항상 '이것'만 확인되는 거예요. 다른 게 없어요. 무얼 하든지 간에 '이것' 하나만 확인되는 거지. 왜? '이것'만 쓰고 있으니까… '이것' 하나만 확인되고 있는 거거든. 점을 찍든 선을 그리든 어쨌든 '이것' 하나만 쓰고 있는 거죠. 다른 게 없는 거예요. '이것' 하나만 확인하면 더 이상 찾을 게 없어요. '이것'이 그려 놓은 그림을 보면 끝이 없어요. 그런데 '이것' 하나만 깨달으면 결국 모든 것이 '이것' 하나뿐이기 때문에, 아무리 그림이 길고 많아도 하나라. 그래서 화엄경에서 말하기를 일즉일체(一卽一切)요, 일체즉일

156

(一切卽一)이라 한 것입니다. 전부가 다만 '이것' 하나뿐이라. 다른 게 없다. 그러면 다 볼 필요가 없는 겁니다. 점 하나 찍은 거나 복잡한 만다라 그림이나 똑같은 겁니다. 일즉일체라… 알고 보면 이 하나, 그래서 하나의 티끌 속에 온 우주가 들어 있다는 말이 그 말이에요. 한결같이 '이것'뿐이라. 이치를 따질 것은 없어요. 그냥 지금 눈앞에 있고, 쓰고 있는 '이것!'

어렵고 복잡할 게 없습니다. '이것' 하나만 명확하게 체험이 되고 실감이 탁 와서, '아! 그렇구나!' 하고 맛을 보게 되면, 그걸로 공부에 입문하는 것입니다. 공부는 크게 보아 둘로 나눠집니다. 사실 공부 과정이란 것이 따로 없지만 이야기를 하자면, 체험하기 전까지의 공부가 있고, 체험한 후의 공부가 있어요. 깨달음 이전까지의 공부(悟前工夫), 깨달음 이후의 보림(悟後保任), 이렇게 이야기하는데, 체험하기 이전까지의 공부는 사실은 헤매고 있는 것입니다. 공부라기보다는… 그것을 표현한 것이 있죠? 심우도(尋牛圖)라고, 소를 찾기 전까지는 어디에서 소를 찾아야 할지 모르니까 소를 찾으려고 마구 헤매 다니는 거예요. 소가 어디에 있는지 알 수가 없으니까. 마구 헤매 다니다가 소를 문득 찾게 되면, 비로소 붙잡고 길들일 대상이 있게 되는 것입니다. 소를 찾기 전에는 아무런 대상을 쥐고 있지 않습니다. 아무것도 가지고 있지 않아요. 그냥 헤매야 하는 거지…

소를 찾기 전에, 마음을 확인하기 전에, 마음을 체험하기 전에 어떤 주어진 공부 방법을 가지고서 이렇게 저렇게 계속해서 해 나가다 보면 일정한 단계를 거쳐서 마음을 알게 된다는 식의 공부 방법을 얘기하는 사람들이 있는데, 그것은 이치에 맞지 않습니다. 왜 안 맞느냐? 마음이란 것은 그런 식으로 단계적으로 알 수 있는 그런 모양이 없어요. 아무런 모양이 없어요. 본래 다 갖추어져 있고 지금 이렇게 활동하는 것입니다. 잃어버릴 수도 없고, 잃어버린 게 아닙니다. 마음은 문득 지금 이대로를 확인만 하면 되는 거거든요. 그런데 항상 이렇게 활동하면서도 확인을 못 해요. 왜 확인을 못하느냐? 마음이 항상 그림을 그리고 있기 때문이에요. 마음 스스로가 움직여서 계속 그리고 있는 겁니다. 그리는 자기 자신은 보지 않고, 자기 자신이 그린 그림만 의식하고 있어요. 그게 마음의 버릇이거든요, 그게 마음의 버릇이다 이거예요. 그런 어려움이 있어요.

그리고 도 닦는 이 자체가, 수행 이 자체가 마음입니다. 어떤 단계적으로 수행한다는 것… 예컨대 어디 가면 그런 게 있죠, 1단계, 2단계, 3단계, 4단계로 수행한다. 그러면 1단계에 들어가서 수행하는 그것은 마음이 아니고 다른 것인가요? 그것부터가 모두 마음일 뿐입니다. 그래서 마지막 단계까지 해도 역시 마음뿐이라, 아무것도 변한 것은 없어요. 똑같아 처음부터… 1단계부터 시작해서 마지막 단계까지 변한 게 하나도 없고 똑같다면 단계가 있을 까닭이 없는 겁니다. 단계를 두고 공부를 완성시켜 간다는 것은 곧 인과법(因果法)에 따르는 것입니다. 공부가 원인이 되어 결과로서 마음을 얻는다는 것이죠. 그러나 마음은 본래 그대로이고 지금도 그대로이므로 이것은 이치에 안 맞아요. 그러니까 어떤 방식으로든지 주어진 단계를 거치는 방식은 마음을 깨닫는 데는 알맞지가 않아요.

아예 모르고 헤맬 때는 모르고 헤매는 겁니다. 손을 탁 놓고 오로지 마음을 찾고자 하는 간절함 하나만 가지고, 딸에게 버림받은 리어왕처럼 황야를 마구 헤매 다니다 보면, 지성(至誠)이면 감천(感天)이라고 간절한 그 마음이 인도해 주는 것입니다. 인도한다는 게 뭐냐 하면, 스스로를 문득 자각하게 하는 힘이 간절함에 있는 겁니다. 그러니까 마음을 체험하기 전에는 그냥 간절함 하나만 가지고 헤매고 다녀야 되는 것이고, 마음을 깨닫게 되어 소를 찾게 되면, 그 다음부터는 그 소를 놓치지 않고 길들이는 과정이 있습니다. 공부라면 크게 두 과정이 있는 거예요. 소를 찾는 과정하고 소를 놓치지 않고 길들이는 과정….

심우도에 보면 소를 찾기 전에 소 발자국부터 본다… 하는 말이 있는데, 그것이 무슨 뜻인가 하면 마음을 체험하기 전에, 깨닫기 직전에, 알 듯 말 듯 하여 더욱더 답답해지고, 더욱더 캄캄해지고, 더욱더 헤매는 것을 가리킵니다. 그러면서 자기도 모르게 속도가 붙어요. 더 갑갑하고, 더 답답하고, 더 헤매지만, 그 속에서 공부에 가속도가 붙는 겁니다. 말하자면 마음의 그림자 정도를 봤는데 실체는 못 보니까 더욱 목이 마르는 겁니다. 그러나 의식적으로, 소 발자국을 보았으니까 내가 소 볼 날이 멀지 않았네… 이런 식으로 되느냐 하면, 결코 그렇게 되는 것은 아닙니다. 더 모르는 것 같아요. 더 갑갑한 거야… 왜? 의식적으로 하는 것이 아니기 때문에 그런 거다 이겁니다. 의식적으로 한다면 소 발자국을 봤으니까 소 찾을 날이 멀지 않았다 하고 기뻐하겠지만, 그렇게는 안 됩니다. 의식이 하는 게 아니라, 이 가슴이 하는 것이기 때문에. 가슴에는 그런 식의 헤아림이 없어요. 그냥 확실하게 마음을 확 깨닫거나, 아니면 아예 깜깜하거나… 마음공부란 것은 0점이거나 100점이거나 둘 중에 하나이지, 중간 점수가 없어요. 깨달았느냐, 캄캄하냐 둘 중에 하나지, 이제 60%쯤 알았다… 그런 것은 없다 이거예요. 0점에서 시작해서 99점까지는 0점하고 똑 같아요… 100점만 오직 있을 뿐입니다. 어쨌든 의식적으로 하는 것은 절대 아닙니다.

의식적으로 '그래, 이거구나!' 이런 경우는 절대 아니니까, 자기가 그 점만 명확하게, 내가 의식적으로 아는 것은 결코 아니다, 그것만 분명하게 조심하면 됩니다. 이런 이치구나 하고 아는 것은 아니거든요. 이치로 이해해선 안 된다는 그것만 경계를 하면 돼요. 그것만 경계를 하고서, 어쨌든 답답한 가슴을 안고 그냥 묵묵히 밀고 나갈 수밖에 없는 거예요. 그렇게 하다가 이걸 체험하게 되면, 문득 그 갑갑하고 답답한 것이 확 풀리면서 내려가는데, 그래서 그것을 '통 밑이 빠진다'고 표현하거든요. 통 밑이 꽉 막혀 있으면 통 안에는 쓰레기밖에 안 차요. 가득 들어차 있던 게 꽉 막혀 있으니까 온갖 냄새가 다 날 게 아냐? 부담스럽고… 그런 게 통 밑이 쑥 빠져 가지고 흘러 내려가 버리니까 얼마나 시원하겠어요? 그래서 마음을 허공에다 비유를 하거든요. 왜 허공에다 비유를 하나 하면, 예컨대 이 방도 하나의 허공이지만 이 방을 허공이라기보다 방이라고 이름 부르는 이유는 테두리가 있으니까 그런 거죠, 한계가 있어요. 그러나 허공 그 자체는 한계가 없거든요. 통에 밑바닥이 있으면 한계가 있어요. 꽉 차면 더 이상 들어가지를 않죠. 그런데 통 밑이 쑥 빠지고 나면 한계가 없잖아요. 넣으면 넣는 대로 다 빠지니까… 이 마음도 그런 거다 이거예요. 그러니까 뭐가 들어가 있는 게 아니라, 그저 그냥 이렇게 모든 것이 스쳐 지나가요. 모든 일들이 여기에서 다 일어나지만, 어떤 하나도 남아 있는 것은 없는 겁니다.

우리가 해야 하고 알아야 할 것은, 어쨌든 '이것' 하나! 작은 손가락 하나의 움직임, 눈길 한 번 주는 것, 소리 한 번 듣는 것, 아주 어린애 때부터 저절로 배우지 않고도 쓸 줄 알았던 '이것!' 이거예요. 아주 어릴 때부터, 태어날 때부터 배우지 않고도 할 수 있는 것, '이것!' 이것만 깨달으면 되는 겁니다. 다른 것이 없어요. 배우지 않았다는 것은 의식이 개입되지 않았다는 거거든요. 그래서 마음을 무위법(無爲法)이라고 해요! 무위법이라고 하는 것은 배워서, 노력해서 행하는 것이 아니고, 예컨대 걸음걸이를 보더라도, 누가 가르쳐 줘서 걷는 것이 아니라 내가 어릴 때부터 저절로 걷는 것은 아무 부담이 없잖아요. 만약 우리가 모델을 하려고 하면 걸음걸이를 따로 배워야 합니다. 걸음걸이를 다시 배워야 해요. 그런데 그렇게 배운 대로 걸으려고 하면 힘이 들어요. 배운 것은 부자연스럽지요. 아무리 오랫동안 해도 부자연스러운 겁니다. 노력이 필요한 것이고, 신경을 써야 하는 거거든요. 걸어가는데 신경 써서 걸어가는 사람이 누가 있습니까? 저절로 걸어가잖아요? 유위법과 무위법이란 게 그런 거거든요. 이것은 무위법이에요. 배우지 않고 저절로 되니까 전혀 부담이 없고, 그러니까 이 법을 알면, 이 마음을 알면 스트레스가 없어요… 다 저절로 되지요. 다 저절로 돌아가요. 애초에 어릴 때부터 배우지 않은 것! 저절로 되는 것! 늘 쓰고 있는 것! 한 번도 떠난 적이 없는 것!

이것을 모르고 인위적인, 머리가 만들어 낸 것만 좇아간다면 온 세상은 전부 허위 투성입니다. 전부가 허위라… 진실이 없다 이거예요. 왜? 머리가 만들어 낸 일이기 때문에 그렇습니다. 진실이란 것은 만들어지지 않은 것이거든요. 자연 그대로라, 도라고 하는 것은… 도를 자연이라고 하지요. 자연(自然)… 본래부터 주어진 그대로… 만들어지지 않은 것. 그게 정말 진실한 것이고, 아무 부담이 없는 것이고, 어머니 품속 같은 포근함이 있는 것이고, 안정됨이 있는 거라… 이게 바로 마음이고, 이게 도라고 하는 겁니다. 그러니까 이것은 뭐 힘들 게 전혀 없어요. 문제는 뭐냐 하면, 우리가 그런 사실을 모르고, '도라고 한다면 뭔가 내가 알 수 없는 거창한 거다' 하는 망상에 사로잡혀 있는, 그게 병입니다. 도는 아주 간단한 거예요. 지금 이 순간에 전혀 부족함 없이 그대로 누리고 있고, 쓰고 있고, 활용하고 있는 거예요. 도를 알아야 진정으로 부모의 고마움, 자연의 고마움, 부처의 고마움을 아는 거지, 안 그러면 만들어지고, 교육되고, 배운 바, 거기에는 진실성이 없는 겁니다. 전부 허위예요, 허위…

《금강경》에 무슨 미묘하고 현묘한 도리(道理)가 있는 것이 아닙니다. 여기서 말하고 있는 것은, 어떤 미묘하고 현묘한 도리에도 속지 말라는 겁니다. 그런 도리는 없으니까 거기에 속지 말라는 겁니다. 상(相)을 따라가지 말라는 말은 바로 그 말이거든요. 속지 마라, 말에 속지 마라! 상이라는 것은 이름이죠, 이름. 이것은 전부 교육된 거잖아요. 사람이 만든 거잖아요? 그래서 제가 보기에는 인간이 언어를 만들었다는 것이 타락의 시작이에요. 기독교에서 선악과(善惡果)라고 하는 것은 제가 보기에는 언어의 발명을 말하는 것 같아… 인간 언어의 발명… 선(善)을 발명하게 되면 반드시 악(惡)이라는 게 따라서 발명되게 되어 있거든요. 언어라는 건 항상 상대적이잖아요? 인간 타락의 시작은 아마 언어에 의해서 시작된 것 같아요. 그러나 인간은 그 타락을 원상태로 되돌릴 수 있는 능력도 있는 겁니다. 그것이 바로 이 마음공부입니다.

언어가 도대체 뭐냐? 선악이 뭐냐? 선과 악이라는 게 말을 따라가면, 선과 악은 전혀 다르죠. 그러나 만들어진 말을 안 따라가고 지금 현재 선악이라는 말을 만들고 있는 입장에서 본다면, 선이라는 말과 악이라는 말을 어떻게 만들어 내는가 하는 입장에서 보면, 전혀 다를 게 없어요. 선이라 하든 악이라 하든… 똑같이 만들어져 나오는 거거든요. 만들어 놓은 결과를 따라가면 완전히 달라지지만, 만들어 내고 있는 이 입장에서는 전혀 달라지는 것이 없다 이겁니다. 선이라 하든 악이라 하든 똑같아요. 그러니까 만드는 입장, 지금 '선악'이라고 말하고 있는 이 입장으로 돌아와 버리면, 이 자리에서 바로 진실을 찾게 되는 겁니다, 진실… 선악이란 것은 사실 허위거든요, 허위… 우리가 만들어 낸 허위에 불과한 거예요. '마음공부란 바로 진실 찾기다.' 이렇게 말할 수 있습니다.

수보리가 부처님께 아뢰었다.

(한참 말 없음)

수보리가 부처님께 아뢰었다… 여기서 법이 다 드러났네요. 수보리가 부처님한테 말씀을 드렸다… 라고 하는 여기서… 이《금강경》의 구조를 앞에서도 얘기했지만, 제1장에서는 옷 입고, 밥 먹고, 발 씻고, 앉았다… 그렇게 행동만 나오고… 사실 그렇게 행동만 나오는 그것이 바로 직접 법을 보여 주는 겁니다.

조계종(曹溪宗) 홈페이지에 들어가 보면, 직지인심(直指人心), 견성성불(見性成佛), 이런 문구가 있습니다. 마음이란 것은 에둘러서 보여 줄 수 있는 것이 아니거든요. 바로 탁 보이는 겁니다. 그래서 육조(六祖) 스님은 항상 '직심(直心)'이라고 했습니다. 직심(直心)! 바로 탁 보이는 거다, 바로. 왜냐하면 어떻게 하든지 간에 전부 마음이라, 손바닥을 보이든, 손등을 보이든, 혓바닥을 보이든, 무엇을 보이든 모두 마음입니다. 그렇지만 모르면 모양을 좇아가는 겁니다. 이름과 모양을 좇아가 버리는 거예요.

옷 입고, 밥 먹고, 발 씻고, 앉았다… 인연 따라서 행동을 함으로써 마음이 어떻게 드러나는가를 보여 주고 있습니다. 가만히 있어서는 있는지 없는지 모르잖아요? 그러니까 인연을 따라 씀으로써 마음을 드러내어 보여 주는 겁니다. 그렇게 보여 주어도 모르니까 그 제자 중에 수보리라는 제자가, 직접 바로 보여 줘도 모르는 사람들을 위해서 질문을 하는 거죠. 이 마음을 깨달으려고 하면 어떻게 마음을 항복시켜야 하고, 어떻게 머물러야 하느냐? 그렇게 질문을

164

하니까, 비로소 말로써 설명을 하는 겁니다.

말로 설명하는 것이지만, 결국 그 설명의 목적이 뭐냐 하면, 직접 보여 주는 쪽으로 유도하여 끌어가는 데 있습니다. 왜냐하면 그냥 직접 보여 주면, 옷 입으면 '옷 입는가 보다' 이렇게 생각하지 마음인 줄 모르고, 밥 먹으면 '밥 먹는가 보다' 이렇게 생각하지 마음인 줄 모른단 말입니다. 그러니까 옷 입을 때 옷 입는 모습에 속지 않으면 옷 입는 모습이 바로 마음이라는 사실을 보여 주는 것이죠.

그래서 《금강경》 전체에서 항상 하는 이야기가 뭡니까? 모양을 가지고는 여래를 볼 수 없다. 모양이 모양이 아닌 줄 알면 그것이 바로 여래다… 이랬거든요. 옷 입는 모습을 가지고는 마음을 볼 수가 없어… 옷 입는 모습이라는 게 옷 입는 모습이 아니고 마음이라는 사실을 바로 알아라… 그것을 줄기차게 말하고 있는 거예요. 《금강경》이란 경전은 그런 경전입니다. 첫 번에는 마음을 바로 보여 주고, 모르니까 말을 가지고… 그래서 이 말이라고 하는 것은 병(病)에 응해서 쓰는 약(藥)이다… 이렇게 이야기하죠. 우리가 몸이 아플 때 약을 먹는데, 사실 약(藥)이라는 게 독(毒)이거든요. 약이란 게 독하잖아요. 소화도 잘 안 되고 자꾸 먹으면 몸에도 안 좋고. 안 좋지만 몸에 일단 병이 있으니까 그것을 낫게 하기 위해서 우선 쓰는 거죠. 건강한 사람이 일부러 약을 먹지는 않거든요. 그런 것처럼 우리가 너무나 이름과 모양(名相)에 끌려다니는 병에 걸려 있으니까, 어쩔 수 없이 약으로써 이름과 모양을 끌어들이는 것입니다. 그 이름과 모양에 끌려다니는 병에 걸린 환자를 치료하려고 하니까 역시 이름과 모양이라는 독을 약으로 쓰는 겁니다. 그것이 경전이라고 하는 것입니다. 바로 보여 주어도 모르니까 마지못해 말로써 하는 겁니다.

그래서 여기 맨 마지막에 뭐라고 하냐 하면,

> 너희들 비구들은 내가 법을 말하는 것이 모두 뗏목의 비유와 같
> 은 줄을 알아야 한다…

뗏목이란 게 뭐예요? 필요할 때 탔다가 필요 없을 때 내버려야 하
는 거거든요. 단단한 땅 위를 걸어갈 때에는 뗏목이 필요 없잖아요?
길을 가다가 갑자기 강물을 만났다… 다리도 없어… 그런데 마침
옆에 뗏목이 있다… 그러면 뗏목을 이용하겠지요. 물론 헤엄칠 줄
안다면 뗏목은 없어도 되겠죠. 무슨 말이냐 하면, 자기 스스로 그런
장애물을 건너갈 능력이 있으면 뗏목이 필요 없어요. 그러나 우리
는 그런 능력이 없으니까, 그런 지혜가 없으니까 뗏목이라는 수단
을 빌려서 건너가는 것입니다. 그 다음에 다시 새로운 길을 갈 때에
는 뗏목은 필요 없으니 버려야 해요. 그러니까 강물이라는 병이 있
으니까 약으로써 뗏목을 쓰는 거다… 이 말이지, 강물이란 병이 없
으면 그 뗏목은 필요 없는 거예요. 언어문자(言語文字)라고 하는 것
은 그런 겁니다.

그래서 경전의 말씀을 읽을 때에는, 그 뜻을 이해했으면 그 다음
에는 그 뜻이 지시하는 바, 그 뜻이 요구하는 바에 따라서 다시 경
전을 봐야 하는 겁니다. 결국엔 뭐냐 하면, 앞에서 옷 입고, 밥 먹고,
발 씻고, 앉고 하는 그 직지(直指)를 이제는 글자 한 자 한 자가 보여
주고 있는 겁니다. 말씀 이 자체가 마음이라는 것을 바로 보여 주고

있는 겁니다. 왜? 말이란 것이 별개입니까? 말이란 것도 마음에 나타나는 거거든요. 말은 머릿속에, 의식에 그림을 그리는 것이에요. 말을 통해 우리는 의식 속에 그림을 그립니다. 말의 뜻이라는 게 그런 겁니다. 옷 입고, 밥 먹고, 발 씻고 하는 행동은 눈앞에서 직접 그림을 보여 주는 것이고, 말이라고 하는 것은 우리 의식 속에 의미를 가지고 그림을 그리는 것입니다. 그러니까 그림을 그리는 것은 똑같아… 이렇게 하나 저렇게 하나 마찬가지지요.

그림에 속지 말고 그림을 그리고 있는 이것을 보세요. (옷 입고 벗는 동작을 보이며) 옷을 내가 직접 벗고 입거나, 아니면 내가 "옷을 벗는다"라고 말을 하고 "옷을 입는다"라고 말하는 것이 전혀 다른 것 같지만 사실은 똑같은 것입니다. 옷을 직접 벗고 입고 하며 행동하는 것이나, "나는 옷을 입는다, 옷을 벗는다"고 말을 하는 것이나 꼭 같은 것입니다. 그 모양을 따라가면 완전히 다르지만, 모양을 따라가지 않는다면 결국 옷을 입을 때에 몸을 움직이는 동작이나, "옷을 입고, 옷을 벗는다"고 말을 하는 것이나, 또 생각을 한다면 그 생각이나, 모두를 이 하나가 이렇게 만들어 내고 있는 거다… 다른 게 없다… 똑같은 거다 이 말이에요.

똑같은 이것 하나를 문득 깨닫게 되면, 똑같다는 생각이 없어요. 참 묘한 것이, 똑같은 줄을 문득 체험하면 '똑같다'는 생각이 없어져요. '똑같다'는 생각이 있는 동안에는 아직까지 '똑같다'라는 그림을 그리고 있는 거라. 진짜 똑같음을 턱 체험하게 되면 똑같다는 생각 자체가 없어져요…

마치 손으로 뱀장어를 잡으려고 하면 쏙쏙 빠져나가는데 확실하게 꽉 잡으면 물컹하고 꽉 잡히죠 이놈이… 슬슬 잡으면 쏙쏙 다 빠져나가 버려요. 법도 그런 것과 마찬가지입니다. 어떨 때는 잡힐 듯 잡힐 듯 하면서 쏙쏙 빠져나가는데 꽉 잡으면 이게 못 빠져나가요. 확실하게 잡으면… 이 체험이라고 하는 것도 그와 같습니다. 제가 지금 이렇게 말하는 하나하나에서 뜻을 따라가면 다른 말들이 새롭게 나오는데, 소리소리를 보면 끝까지 똑같은 소리 하나예요. 이것은… 끝까지 똑같은 소리라고요.

저의 이 말도 그 뜻을 따라가면 새로운 말들이 계속되지만, 결국에는 똑같은 소리, 소리, 소리… 똑같은 소리만 납니다. 소리에는 새로운 게 전혀 없으니까, 그 모양을 좇아가지 않는다면, 거기에서 무엇을 확인하냐면 똑같은 소리, 소리, 소리만을 확인하는 것입니다. 이렇게 확인되는 것이 바로 나 자신입니다. 똑같은 소리, 똑같은 소리… 그게 바로 나 자신이거든요. 그 똑같은 소리 위에서 나 자신을 발견하는 겁니다. 이놈을 발견한다 이 말입니다. 하여튼 이것은 경험이 되어야 합니다. 탁! 하고 체험하게 되면 그 다음부터는 제 말이 실감이 날 거예요.

어쨌든 추구할 것은 이 체험 즉 소를 잡는 겁니다. 소 붙잡는 꿈을 꾸는 것은 아니에요. 직접 소를 붙잡는 거거든요. 사실 소를 붙잡으려면 겁도 좀 나요… 사나워도 보이고… 지금까지 붙잡아 본 경험이 없기 때문에. 저 놈이 어떤 놈인지 아직 모를 때는 겁이 나는 겁니다. 그러나 끝내 소를 붙잡고야 말겠다는 간절한 소망을 가지고 있어야 합니다. 소를 붙잡고자 하는 간절함만 있으면 언젠가는 문득 소를 붙잡을 수가 있습니다. 소를 직접 붙잡아야지, 소를 붙잡는 것에 관한 상상이나 그런 것은 전혀 필요 없는 거예요. 오직 그냥 그 소를 직접 붙잡아야겠다는 열망 하나만 가지고 있으면 되는 겁니다. 그래야지, 뭐 깨닫고 나면 어떻게 될까? 이렇게 될까? 저렇게 될까? 그런 망상은 아무 소용이 없습니다. 오히려 소를 직접 붙잡고자 하는 행동을 그것이 자꾸 지연시킨다니까요, 그런 망상들이… 그냥 붙잡고자 하는 열망 그것만 간절하게 가지십시오.

또 모르지요, 소를 붙잡고 나면 어떻게 될까 하고 자꾸자꾸 생각하다 보면 소를 붙잡고 싶은 생각도 더 강해질지 모르겠는데… 화성(化城)의 비유라는 게 있잖아요? 거기 가면 진짜 아름다운 것들이 많이 있다고 하지만, 실제 가 보면 아무것도 없거든요. 그런 식으로 유도하는 이야기도 있지만, 그러나 그런 기대를 가지고 하다 보면 오히려 잘못될 수가 있어요. 실제로는 그런 게 없거든… 그런 것보다도 하여튼 그냥, 내가 이것을 실제로 붙잡아야겠다는 간절함 하나만 있으면 되는 겁니다.

자, 이제 본문의 내용을 한번 보죠. 그래서 "수보리가 부처님께 여쭈었다, 부처님께 말씀드렸다"라는 이 말 자체가, "수 · 보 · 리 · 가 · 부 · 처 · 님 · 께 · 말 · 씀 · 드 · 렸 · 다"라는 이 말 자체가, 말의 뜻을 따라가면 그것은 그림이지요… 그림 그리는 것이고, 말뜻을 안 따라가면, "수 · 보 · 리 · 가 · 부 · 처 · 님 · 께 · 말 · 씀 · 드 · 렸 · 다"라는 이것 자체가 '이놈'이라… 이놈이 숨김없이 드러나 있는 거예요. 한번 잘 살펴보세요. "수 · 보 · 리 · 가 · 부 · 처 · 님 · 께

·말·씀·드·렸·다" 이 말이 나오기 전에는 아무것도 없는데…
자, 한번 보세요. "수·보·리·가·부·처·님·께·말·씀·드
·렸·다"라고 지금 이야기를 하고 있습니다. 귓전에 이 말이 그냥
쏙쏙 들어오잖아요? 내가 듣고자 해서 듣는 것도 아니고, 내 귀를
내가 지금 작동시키고 있는 것도 아니죠. 가만 있으면 되죠. 그냥 저
절로 탁, 탁, 탁, 나타나는 거예요. "수·보·리·가·부·처·님·
께·말·씀·드·렸·다!" 저절로 소리가 귓전에 탁, 탁, 탁, 탁 나
타나잖아요. 이거라니까요, 이것! 그러니까 이것은 네 것 내 것이 없
어요. 자, 보세요. "수·보·리·가·부·처·님·께·말·씀·드
·렸·다"라고 하는 이 말은 지금 우리가 모두 공유(共有)하고 있거
든요? 나와 너라는 의식이 없어요, 여기는. "수·보·리·가·부·
처·님·께·말·씀·드·렸·다"… 이 말밖에 없는 거죠.

주문(呪文)을 외우는 게 이런 효과가 있는 것 같아요. 주문을 여러
명이 같이 외우면 주문만 있고 사람이 없어요. 법만 있고 사람은 없
는 거죠. 마음만 있고 사람이 없는 거죠. 마음은 하나밖에 없는 거
예요. 사람이 따로 없는 거예요. 마음은 하나밖에 없어요. 내가 너의
말을 듣는다… 이러면 벌써 그림을 그리는 거예요. 그림을 안 그리
면, "수·보·리·가·부·처·님·께·말·씀·드·렸·다" 이것
밖에 없는 거예요. 이 순간에, "수·보·리·가·부·처·님·께·
말·씀·드·렸·다" 이것밖에 없는 거지 다른 게 뭐 있어요? "수·
보·리·가·부·처·님·께·말·씀·드·렸·다"라고 하는 이
것밖에 없지…

자, 시험 삼아 죽비 소리 한번 들어 봅시다. 죽비 소리가 이렇게…

(딱! 딱! 딱!)

…난단 말이죠… 자, 죽비 소리가 이렇게 딱 하고 들릴 때는 다른 게 없잖아요? 죽비 소리만 딱 하고 울리죠. 어디서 울리는지는 모르죠. 딱 하고 죽비 소리만 울리는데, 자꾸 듣다 보면 '어, 저기서 죽비를 저렇게 치고 있으니까 내가 듣고 있네…' 이렇게 생각이 움직여 버리게 되는데, 그러면 어긋나요. 이처럼 시간이 지나면 어긋나 버립니다. 시간이 안 지나고 지금 즉시 바로…

(딱!)

이 순간에 죽비 소리밖에 없는 거예요. 다른 게 없어… 죽비 소리뿐이라…

(딱! 딱! 딱!)

이것밖에 없지…

그런데 이제 이것을 우리가 눈으로도 보고, 귀로도 듣고, 생각도 움직이니까 그림을 쫙 그려 버리는 거죠. 그렇게 되면 네가 있고, 내가 있고, 죽비가 따로 있고, 소리가 따로 있고… 전부가 확 달라져

171

버리는 겁니다. 안 그러면 이 순간에 이것밖에 없어요.

(딱! 딱! 딱!)

항상 이 순간에…

(딱!)

이것밖에…

(딱!)

없는 거예요… 죽비 소리뿐만 아니라 어떤 광경이 눈앞에 나타나든, 어떤 소리가 들리든, 무엇을 하든지 간에 그냥 이것뿐입니다, 항상. 이걸 탁 깨닫게 되면 다른 게 안 나타나요. 이것밖에 없는데 뭐… 이것만 이렇게 확인하시면 되는 거예요. 그러니까 "수 · 보 · 리 · 가 · 부 · 처 · 님 · 께 · 말 · 씀 · 드 · 렸 · 다"… 말 따라갈 필요 가 없는 거예요. "수보리가 부처님께 말씀드렸다" 하면, 글자 한 자 한 자가 전부 부처님이라, 이게… 전부 마음이에요, 글자 한 자 한 자가…"수 · 보 · 리… 백 · 불 · 언…" 전부 그대로가 부처님이고 마음이라. 여기서 다 알아들어요. 확인이 하나하나 착착착 된다 이겁니다…

세존이시여…

세존(世尊)… 세상에 존귀한 분, 이렇게 우리는 알고 있지만, '세
존' 이것 자체가 뭐냐? 이게 바로 세존이라… 세존이란 말 이 자체
가 세존입니다. 세상에 이것보다 더 존귀한 게 어디 있어요? 이게
다 만들어 내는 건데. 가장 지저분한 것에서부터 가장 존귀한 것까
지 이것이 다 만들어 내는 거니까 이것이 가장 존귀한 것이죠.

중생이 이 말을 듣고서 진실한 믿음을 내겠습니까?

중생은 어디 있어요? 중생은 어디 있느냐? "중생" 하고 말하는 이
것이 중생입니다. "중생" 하는 이것이 중생인 줄 알면, 이것은 바로
"부처" 하는 이것과 전혀 다를 것이 없어요. 그러니까 "중생"이라 하
든, "부처"라 하든 아무런 장애가 없다 이 말입니다. "중생"이라 하
든, "부처"라 하든, 아니 "형광등"이라고 해도 좋아. "부처"… "생강
차" 해도 되죠. 똑같은 것이다 이거예요. 이 똑같은 것이 분명하면
되는 겁니다.

부처님이 수보리에게 이르시기를, "그런 말 하지 마라! 여래가
죽은 뒤에 5백 년이 지나고 나서도 계를 지키고 복을 닦는 자, 발
심해서 공부하는 사람이라면 이러한 말을 보고서, 능히 믿는 마음
을 내어서 이것을 진실하게 여길 것이다."

발심해서 공부하는 것은 무엇을 알고자 해서입니까? 이것, 마음을 알고자 해서죠. 그러므로 마음에 관한 진실을 이야기해 주고 있는 게 있다면, 당연히 그것을 믿고서 진실하게 여기겠지요. 결국엔 뭐를 믿고 뭐를 진실하게 여기는 겁니까? 말뜻이 아니라 말하는 것, 이것! 진실한 것은 말뜻에 있는 게 아니에요. 진실은 말뜻에 있는 게 아니라 진실은 말하는 여기에 있는 것이지… 지금 말하고 듣고 하는 여기에 진실이 있는 것이지, 말뜻에 있는 것이 아닙니다. 왜냐하면 말이란 것은 우리가 만들어 낸 거라. 이 소리는 이런 그림, 저 소리는 저런 그림, 이런 식으로… 만들어 내어 약속한 것이기 때문에, 거기에는 진실도 없고 허위도 없어요. 만들어 낸 것에 무슨 진실과 허위가 있느냐 이 말입니다. 진실과 허위는, 그것을 지금 만들어 내서 쓰고 있는 여기에 있는 겁니다. 여기에는 진실과 허위라는 말 자체도 사실은 해당이 안 되는 거죠. 진실과 허위라는 말을 만들어 내어서 쓰고 있는 여기에는 진실이니 허위니 하는 말 자체가 해당이 안 돼요. 진실, 허위라는 것은 우리가 만들어 낸 소리에 불과한 겁니다.

마땅히 알아야 될 것은, 이러한 사람은 한 부처, 두 부처, 셋, 넷, 다섯 부처에게 선근(善根)…

근(根)이란 뿌리죠? 뿌리란 것은, 뿌리에서 싹이 돋아나니까… 그러니까 선(善)한 뿌리를 심는다는 것은… 선한 뿌리에서는 깨달음의 싹이 나오겠죠? 깨달음의 싹이 나올 선한 뿌리를 하나, 둘, 셋,

넷, 다섯 부처에게 심은 것이 아니고, 즉 헤아릴 수 있는 유한한 부처에게 심은 것이 아니고, 이미 헤아릴 수 없는 무한한 부처에게 모든 선근을 다 심었다… 이건 도대체 무슨 말입니까? 이 깨달음이란 것은 결국 마음을 가리키는 겁니다. 마음은 '마음'이라고 쓰인 책을 볼 때는 마음이 있고, '마음'이라고 쓰여 있지 않은 다른 것, 예컨대 벽을 보고 천장을 보고 할 때는 벽과 천장이 있고 마음은 없다… 이러면 안 되죠. 뭐를 보든 다 마음이 거기 있어야 하죠. 마음이 나면 만물이 나오고(心生種種法生), 마음이 없으면 만물이 없다(心滅種種法滅)… 그러니까 무수히 많은 모든 것에 마음이 다 있어요. 그러니까 그 말이죠. 무수하게 많은 부처란 것은 곧 마음을 가리키는 겁니다. 《화엄경》에서 "일즉일체(一卽一切)요, 일체즉일(一切卽一)"이라고 하듯이, 하나하나의 사물을 전부 다 보더라도 거기서 다만 이것 하나가 확인될 뿐입니다. 그러니까 단지 하나만 확인하면 되는 거죠.

우리가 보통 대상을 가지고 말할 때에는 더 많은 숫자를 확인할수록 확률이 더 높아진다고 하지만, 마음은 그럴 필요가 없는 겁니다. 단지 하나만 확인하면 됩니다. 많은 걸 확인할 필요가 없어요. 왜냐하면 아무리 확인하더라도 한결같이 똑같은 것뿐이니까. "일즉일체(一卽一切)요, 일체즉일(一切卽一)"이라… 그 말은 우리가 이제 마음을 확인하는데, 천장이 있고, 방바닥이 있고, 선풍기가 있고, 탁자가 있고, 형광등이 있고… 이렇게 있지만, 선풍기를 보고 마음을 확인해 보고, 방바닥을 보고 마음을 확인해 보고, 이렇게 할 필요가 없다는 겁니다. 선풍기를 봐도 확인이 되고, 방바닥을 봐도 확인되고,

형광등을 봐도 확인되고… 뭐를 보든 다 확인되는 것이 마음이니까, 여러 개를 확인해 볼 필요는 없는 거죠.

하나, 둘, 셋, 넷, 유한한, 헤아릴 수 있는 부처에게 마음을 깨달을 수 있는 선근을 심어 놓은 게 아니다 이 말입니다. 왜? 무한한, 모든 사물에서 전부 다 마음을 확인할 수 있는 겁니다. 깨달음이란 마음을 확인하는 것을 말하는 것입니다. 깨달음의 싹이 튼다는 것은 마음을 확인하는 것을 이야기하는 거죠. 세상에 있는 모든 사물을 바라보면 거기서 모두 다 마음이 확인되니까, 이미 거기에다 마음을 확인할 수 있는 뿌리를 심어 놓은 거다 이 말입니다. 그 사실을 이런 식으로 표현하는 거예요. 그것을 뭐라 하느냐? '무정설법(無情說法)'이라 그럽니다. 모든 게 다 설법을 한다 이겁니다. 바람도 설법하고, 태양도 설법하고, 바위도 설법하고, 물도 설법하고… 눈에 보이는 것, 귀에 들리는 것, 설법 안 하는 게 하나도 없다 이거예요. 그것만 그래요? 사랑, 미움… 추상적인 것도 다 설법해요.

그러니까 무수한, 무량한 부처입니다. 무수하고 무량한 부처라고 하는 것은, 무수하고 무량한 경계를 대할 때 전부 거기에서 부처가 확인돼요. 부처가 뭔데? 마음이니까, 마음이 확인되죠. 그러니까 무수하고 무량한 부처에게 선근을 다 심어 놓았다 이겁니다. 뭐를 만나든 확인되는 것은 결국 이것밖에 없다 이거예요. 그러니까 천 부처, 만 부처, 헤아릴 수 없는 모든 것에 깨달음의 뿌리를 모두 다 심어 놓았어요. 뭐를 보아도, 난초를 봐도, 찻잔을 봐도, 시계를 봐도, 나타나는 전부가 다 이거라… 딴 게 없어요.

이러한 말씀을 듣고서 곧 한순간에 깨끗한 믿음을 낸다면… 그
렇다면 수보리야, 여래께서는 다 알고 다 본다…

이 중생은 무한한, 헤아릴 수 없는 복덕(福德)을 얻는다는 사실을
다 알고 다 본다… 다 알고 다 보는 것은 여래(如來), 즉 마음입니다.
그 마음이 다 알고 다 볼 줄 아니까 무한한 복덕이 거기에 있는 겁
니다. 무한한 복덕이란 것은 왜 무한한 복덕이라고 하느냐 하면, 뒤
에 "복덕은 복덕이 아니기 때문에 복덕이다." 이렇게 이야기하지요.
왜 그러냐? 마음이란 것이 밑바닥이 있는 유한한 형태라면 아무리
좋은 복덕이라도 가득 찰 날이 있어요. 무한할 수가 없는 거지, 그걸
로 끝이죠. 그런데 마음은 본래 밑바닥이 없다고 그랬잖아요? 밑 빠
진 독에 물 붓는 것처럼, 이것은 아무리 넣어도 끝이 없어요. 그러니
까 이게 무한한 복덕이죠. 마음이란 것은 정해진 모양이 없어요. 정
해진 모양은 없지만 작용은 무한히 할 수 있습니다. 마음은 하나의
상자 같은 게 아니고 파이프 같은 겁니다. 넣어 놓는 게 아니라 그
냥 지나가는 거예요. 왔다 갔다 하는 거죠. 그러니까 허공과 같다고
그러는 겁니다. 허공! 마구 작용하고 움직이지만 그 안에 들어 있는
것은 아무것도 없습니다.
　컴퓨터로 치면 마음은 주 기억장치인 하드 디스크가 아니라 중앙
처리장치인 CPU, 거기에 해당되는 것입니다. 모든 것을 처리하지
만 아무것도 남겨 두는 것은 없어요. 저장은 아무것도 안 해요. 마음
은 그런 것과 같은 겁니다. 중앙 처리장치는 처리 속도에는 한계가
있지만 처리 용량에는 정해진 한계가 없어요. 저장장치에는 저장

용량이 있지요. 일정한 한도가 있는 것입니다. 그러나 처리장치는 시간만 주어지면 아무리 많은 양도 다 처리할 수 있는 겁니다. 마음이란 그와 같은 겁니다. 늘 작용하는 것이지 어디에다 저장해 놓는 게 아닙니다. 그러니까 무한한 복덕이 있는 것입니다. 이 모든 중생에게는 무한한 복덕이 있습니다, 이렇게… 이 모든 중생은 무한한 복덕을 얻습니다. 무한한 복덕을 얻는 거죠, 아무리 얻어도 채워지지가 않으니까, 그냥 지나가니까, 항상 작용하고 있는 게 이 마음이니까.

그러니까 그 이유를 뒤에 이야기하고 있잖아요. 왜 무한한 복덕이 있느냐? 채워지지 않는다는 말을 어떻게 하고 있느냐 하면,

이 모든 중생에게는 상(相)이 없다…

이렇게 하거든요… 상이 있는 것은 채워지는 겁니다. 모양이 있다 이겁니다. 한계가 있으므로 채워지는 겁니다. 상이라는 것은 테두리가 있다는 거죠. 모양은 테두리가 있잖아요? 한계가 있어서 그것은 채워지는 겁니다. 그것은 무한할 수가 없어요.

그러므로 상이 없다고 한 겁니다. 아상, 인상, 중생상… 이런 것까지 이야기할 것도 없어요. 그저 상이 없는 겁니다, 상(相)이! 상이 없으니까, 테두리가 없으니까, 모양이 없으니까, 무한한 거예요. 상이 없으니까 무한한 상을 활용할 수가 있는 겁니다. 스스로에게 상이 없으니까… 거울은 자기의 모습이 없으니까 무한한 모습을 비출 수가 있듯이, 마음도 자기의 정해진 모습이 없으니까 무한하게 작용

178

할 수 있습니다… 그러니까 이렇게 무한하게 작용하는 이것 자체가 마음입니다! 이런 이치를 따질 것도 없어요! 상(相)이 있니 없니… 상이 원래 없는데 상이 있니 없니 하는 것은 사실 쓸데없는 이야기죠. 원래 상이 없는데 상이 있니 없니 하는 것은 우습잖아요? (웃음) 본래 상이 없으니까 상이 있니 없니라고 말할 수 있는 것이지, 정해진 상이 있다면 상이 있니 없니란 말도 할 수가 없어요. 무슨 상, 상이 있니 없니, 상이 아니니 맞니, 이러니저러니, 옳니 그르니… 이런 온갖 이야기를 할 수 있는 게 바로 마음에 정해진 게 없기 때문에 그런 것이죠. 자유롭게 작용하면서 걸림없이 말하는 거죠. 그렇지만 마음은 항상 그대로라…

그래서 물과 물결의 비유를 이야기하는 겁니다. 물에 어떤 물결이 일든지 물은 아무 상관이 없는 거죠. 항상 물일 뿐입니다. 우리는 온갖 다양한 모습으로 물결을 만들 수가 있습니다. 인연을 어떻게 일으키느냐에 따라 얼마든지… 그러나 물 자체는 아무 상관이 없는 겁니다. 늘 그냥 그 물이죠. 그러나 마음은 물과 같지만 액체인 물처럼 어떤 무엇이 있는 것은 아닙니다. 허공과 같은데 허공 속에서 물결을 일으키는 거죠. 그래서 중국 스님들이 마음을 이야기할 때, "허공에다 도장을 찍는다"라고 하거든요. 도장을 찍는다는 말은 확인한다는 말입니다. 도장을 찍어서 확인하긴 하는데 허공에다 하니까, 그야말로 허공에 도장 찍는 것은 볼 수 있는 사람만 보는 거지요… (웃음)

'깨끗한 믿음을 낸다'란 것은 이것, 마음을 체험하는 것이죠. 마음을 깨닫고 보면 여기에는 무량한 복덕이 있는 겁니다. 마음이란 것이 정해진 테두리가 없기 때문에, 상이 없기 때문에 무한한 상을 지을 수가 있는 것입니다. 사실 무한하건 유한하건 양(量)을 이야기한다면 벌써 그것은 모양을 가지고 이야기하는 거죠. 모양이 없다면 양을 이야기할 수 없잖아요. 그러니까 무한하니 유한하니 하는 이 자체가 벌써 모양을 가지고 이야기하는 거지요. 허공 자체는 모양이 없으니까 수(數)를 이야기할 수가 없어요. 허공 속에 있는 먼지는 셀 수가 있지만 허공은 헤아릴 수가 없는 것입니다. 그러니까 무한한 먼지를 허공은 품을 수가 있는 거죠. 그러니까 마음에 왜 무한한 복덕이 있느냐? 스스로 모양을 가지고 있지 않기 때문에 그런 것입니다. 이처럼 까닭을 이야기하고 있잖아요? 이 중생에게는, 이 마음에게는 무한한 복덕이 있다… 왜 그런가? 정해진 모양을 가지고 있지 않기 때문이다… 그 모양 가운데 여기서 대표적으로 이야기하고 있는 게, 나라는 모양(我相), 사람이라는 모양(人相), 중생이라는 모양(衆生相), 목숨이라는 모양(壽者相), 진리라는 모양(法相), 진리 아니라는 모양(非法相)… 말이라는 게 전부 이런 식으로 모양을 가지고 있는 겁니다. 이름이거든요, 모양이라는 게. 모양에는 이름을 반드시 붙입니다, 시면 '시다', 짜면 '짜다', 이런 식으로… 향수 같은 것도 무슨 향, 무슨 향 하다가, 나중에는 번호를 붙이기도 하죠.

그런 식으로 모양들은 무수하게 많을 수가 있는 겁니다. 그 무수하게 많은 모양들을 우리는 얼마든지 쓸 수 있습니다. 왜? 나 스스로가 정해진 것이 없기 때문에… 그렇게 이유를 말해 놓고도 다시 친절을 베풀고 있습니다. 거기에다 또 이유를 더하는 거죠. 왜냐하면 이 중생이 만약에 마음에 모양을 가지게 되면, 그 모양에 자꾸 집착을 해 가지고 무한할 수가 없다… 이렇게 말을 하고 있습니다. 이 모든 중생이 만약 마음에 상을 취하게 되면 그 상에 집착을 해 버리니까 무한할 수가 없다… 이렇게 보면 《금강경》도 너무 노파심이 간절해요. 설명을 너무 중언부언 많이 하고 있다 이겁니다. 한마디만 딱 해 주면 될 텐데. 우리가 깨닫지 못하니까 자꾸자꾸 설명을 하는 것이겠죠. 이 모든 중생이 만약에 마음에 모양을 취하게 되면 유한할 수밖에 없다, 무한한 복덕이 있을 수가 없다고…

또 강조하기를, 우리가 이렇게 되면 '진리'니 '비진리'니 하는 것에 집착을 하게 되니까, 진리라는 모양을 취해도 집착이 되고, 진리 아니라는 모양을 취해도 역시 집착이다… 진리나 진리 아니라는 말도 이제 하지 마라… 진리도 없고, 진리 아닌 것도 없다… 그건 전부 다 말일 뿐이다… 법이 어디 있고, 비법이 어디 있나? 그런 거 없다 이겁니다. 모두가 말일 뿐이죠. 그러니까 '이것'뿐이라. '정법' 하든, '비법' 하든 거기에 뭐가 차이가 납니까? 모양으로 보면, '정법', '비법'이라는 소리를 듣고 마음속에 그리는 모양인 뜻을 따라가면 둘은 전혀 다르지만, 안 따라가면 '정-법-' 하는 거나, '비-법-' 하는 거나 아무런 차이가 없는 거죠. 피아노 건반을 두드리는데, 도, 레, 미, 파, 솔, 라, 시, 도… 이렇게 치잖아요? 이름 따라가면 도, 레, 미, 파, 솔, 라, 시, 도… 다 다르지, 그러나 잘 보면 '도'도 통 쳐야 하고, '레'도 통 쳐야 하고, '미'도 통… 그러니까 꾹꾹 눌러야 돼요. 누르는 건 똑같아, 하나도 다를 게 없는 거죠. 우리 스스로가 그것을

'도레미파솔라시도'라고 이름을 붙이고, 음색이 같니 다르니 분별을 해 가지고 다르게 보는 겁니다. 피아노 건반 몇 십 개가 결국엔 처음부터 끝까지 눌러야 소리가 나지 다른 게 없는 거죠.

마음을 써야, 즉 마음이 작용해야 온갖 소리가 다 나오고 온갖 모양이 다 나오는 거죠… 보는 것도 안 그렇습니까? 우리가 어떤 모양이나 어떤 색깔이라도 다 볼 수 있는데 결국 눈이 작동하니까 그렇게 볼 수 있는 거지… 마음이 여기서 작동하니까. 그래서 견성(見性)을 이야기할 때, 성품(性)이 뭐냐 하면 보는(見) 게 성품이다… 이렇게 말한 것입니다. 보니까 보이는 거라. 전부 다… 귀도 마찬가지라. 온갖 소리가 다 들리는 것은, 귀가 들을 줄 아니까 들리는 거죠. 냄새도 마찬가지예요. 코가 맡을 줄 아니까… 맛도 마찬가지고. 모든게 다 마찬가지죠.

이 까닭에 진리도 마땅히 취하지 말아야 하고, 진리 아닌 것도 취하지 말아야 한다…

이건 아마 우리가 워낙에 진리, 진리 하면서… 진리를 추구한다… 진리를 공부한다… 이런 식으로 깊이 골수에 각인이 되어 가지고, 그렇게 교육을 받아 온 그 독(毒)을 지금 빼내고 있는 겁니다. 경전은, 《금강경》은 해독 작용을 하는 약(藥)이거든요. 우리가 지식과 개념에 찌들어 있는 것을 해독(解毒)하는 겁니다. 해독제지요, 《금강경》은… 이름 따라가고, 말 따라가고, 생각 따라가고 하는 것을 해독시켜 주고 있는 겁니다. 그래서 보살은 보살이 아니다, 진리

는 진리가 아니다… 이렇게 말하고 있는 것입니다. 진리도 취하지
말고, 보살도 취하지 말고. 보살이 보살이 아니면 뭣이며, 진리가 진
리가 아니면 뭐냐? 진리라 하든, 보살이라 하든, 부처라 하든, 중생
이라 하든, 그런 것이 아니면 그럼 뭐냐?

　말을 하는데 '가, 나, 다, 라, 마, 바, 사' 이렇게 말을 하는데, '가'
도 아니고, '나'도 아니고, '다'도 아니고, '마'도 아니고… 모두 아니
다… 그럼 결국 뭐냐? 아니지만, '가, 나, 다, 라, 마, 바, 사'라고 말은
하고 있지요? '가'는 '가'가 아니다, 그럼 뭐야? '가'는 '가'가 아니니
까 지금 "가-"라고 하는 '이것'입니다… 가, 나, 다, 라, 마, 바, 사…
라는 말이 있는데, '가'는 '가'가 아니고, '나'는 '나'가 아니고, '다'
는 '다'가 아니다… 그럼 우리가 알고 있는 '가나다라마바사'는 아
니다… 그런데도 불구하고 여전히 '가나다라마바사'이지요… 그럼
이건 뭐냐? '가나다라마바사'는 아니지만 여전히 '가나다라마바사'
라고 말하고 있잖아요? 이게 바로 이것입니다. '가나다라마바사'라
는 글자를 안 따라가고 다 부정해도, 여전히 '가나다라마바사'라고
말하고 있는 겁니다. 글자가 아닌 채로 있는 거다 이겁니다. 이것입
니다. '가나다라마바사'라는 글자를 다 부정해도, 글자가 아닌 채로
'가나다라마바사'는 그대로 있는 겁니다. 거울에 비친 모양을 저건
다 허깨비다 하고 싹 부정해도 여전히 거울에는 그런 모양들이 나
타나요. 왜? 거울이니까… 거울이니까 당연히 나타나야지… 안 그
러면 거울이 아니에요. 그러니까 '가나다라마바사'라는 말을 다 부
정해도 여전히 가나다라마바사라고 말하고 있는 거죠. 왜? 마음이
니까… 마음은 '가나다라마바사'입니다. 그러니까 마음은 마음이 아

닙니다. 이제 분명히 알겠습니까?

그래서 이 까닭에 여래는 항상 말씀하시기를, '너희 비구들은
내가 법을 말하는 것이 마치 뗏목의 비유와 같음을 알아야 한다.'

그러니까 이것은 하나의 약입니다, 약! 말에 중독되어 있기 때문
에 말을 가지고 자꾸 해독을 시키는 겁니다. 독을 가지고 독을 제거
하는 것이죠. 해독제도 사실 독이거든요. 독을 가지고 독을 중화시
키는 겁니다. 우리가 말에 그만큼 중독되어 있으니까 말을 가지고
말의 중독을 빼 주고 녹여 주는 것, 이것이 바로《금강경》입니다. 계
속 그런 해독약을 쓰고 있는 겁니다.《금강경》의 내용이…

진리라는 말도 버려야 하고,

진리라는 말과 진리 아니라는 말은 사실은 같은 겁니다. '비법(非
法)'이란 말이 전제가 안 되면 '법(法)'이라는 말을 할 수가 없거든요.
그래서 법과 비법이란 것은 항상 동전의 앞뒷면과 같아요. 서로 떨
어질 수 없는 관계입니다. 동전의 앞면을 만들어 놓으면 거기엔 반
드시 뒷면이 있죠. 뒷면을 만들면 반드시 앞면이 있는 것이고… 그
러니까 앞면은 버리고 뒷면은 버리지 않고 하는 그런 일은 있을 수
없는 겁니다. 진리와 비진리, 법과 비법, 어느 하나를 버리면 당연히
저쪽도 버려지는 겁니다. 말이라는 게 그런 식으로 전부 다 상대적
으로 이루어져 있다 그거예요.

사실 좀 허망한 거지… 진리와 비진리는 서로가 서로에게 의존하고 있으니까, 진리가 허위에 의존하고 있다, 우습잖아요. 그러니까 진리는 진리로서 자격이 없는 겁니다. 마치 우등생은 열등생에 의존하고, 선은 악에 의존하고 있고, 악이 있어야 반드시 선이 있고, 열등생이 있어야 우등생이 있는 것처럼… 못된 사람이 있어야 착한 사람이 있고… 우리는 착한 사람을 만들기 위해서 못된 놈을 만들죠. 지금 우리 세계 정세를 봐도 그렇잖아요? 한쪽이 선한 나라가 되려니까, 다른 쪽을 악한 나라로 만들어야 하잖아요? 모두가 분별을 해서 만들어 내는 겁니다. 허깨비입니다, 허깨비!

　착함이라고 하는 것과 악함이라고 하는 것이 실체가 없어요. 실체가 어디 있습니까? 선과 악이란 게 실체가 어디 있습니까? 예컨대 휴지를 버리는 것은 악한 행동이고 휴지를 줍는 것은 선한 행동이라고 정할 수는 있죠. 하지만 그렇게 정해도 고정되어 있는 것은 아니죠. 예를 들어 쓰레기통에 휴지를 버리는 것은, 똑같이 휴지를 버리는 것이지만 악한 행위가 아니거든요. 반대로 쓰레기통에서 휴지를 주워 올리면 이상하게 여깁니다. 이렇게 선과 악은 경우에 따라서, 사회적인 필요에 따라서 정한 것이지 절대적인 규정은 없습니다. 모두 우리가 필요에 따라 만들어 낸 거죠.

　인간이 만든 것 말고, 휴지를 버리든 줍든, 한결같은 거… 그러니까 악한 행동을 하든 선한 행동을 하든 한결같은 것 이놈은 변함이 없는 겁니다. 변함없는 것, 이것! 이것을 확인하게 되고 실감하게 되면 휴지를 버려야 할 곳에서는 버리고, 주워야 할 곳에서는 휴지를 줍고 이렇게 할 수가 있다 이겁니다. 그런데 무조건 휴지는 주워야

185

하지 버리면 안 된다, 이렇게 되면 항상 휴지를 메고 다녀야 하겠죠. 그러면 살아갈 수가 없어요. 우리가 만들어 낸 망상을, 인간이 인위적으로 만들어 낸 것을 따라다니면 삶이 피곤합니다. 피곤할 수밖에 없는 거예요. 그러나 나 자신의 실상인 이것을 깨닫게 되면 경우에 따라서 자유자재하게 쓸 수가 있습니다. 적절하게 쓴다 이거예요, 적절하게. 그러니까 삶이라는 게 아주 부드러워지는 겁니다.

법이라고 하는 것, 마음이라고 하는 것은 어떤 정해진 것은 없지만 깨닫고 나면 모든 경우에 아주 적절하게, 딱 알맞게 작용하는 것을 알 수 있습니다. 거울이란 놈이 어떤 정해진 것도 없지만 눈앞에 다가오는 것은 가장 알맞게 비추어 주거든요, 왜곡하지 않고. 스스로 아무 모양이 없으므로 있는 그대로 모두 다 비춰 줍니다. 마음이란 것도 똑같습니다. 스스로가 정해진 게 없기 때문에…

정해진 게 없는데 만약에 정해져 있다고 착각을 해 버리면, 그때부터 문제가 생기는 겁니다. 아상(我相)이나 법상(法相), 이런 걸 취해 버리면 그때부터 집착이 생겨 가지고 엉망진창이 되어 버리는 겁니다. 나이 드신 분들 가운데 도덕적 관념이 투철하신 분들은 요즘 젊은 아이들의 행동을 보고 자주 화를 내시죠. 그런데 우리가 보기엔 그다지 화가 안 납니다. 왜 그러냐면 젊은 사람의 행동 자체에 분노가 있는 것이 아니라, 보는 사람이 자기의 잣대를 가지고 보는데 자기의 잣대에 안 맞으니까 화가 나는 거예요. 내가 아무런 잣대를 가지고 있지 않으면 화낼 일이 없는 겁니다. 우리가 인위적으로 만든 분별심이라고 하는 것, 선악이니 도덕이니 하는 것은 이처럼 우리를 피곤하게 만드는 겁니다. 그렇다고 도덕이 필요 없다는 것은 아닙니다. 세속의 삶에서는 도덕도 필요하죠. 도덕이 필요하지만 도덕에 우리가 묶여서는 안 된다 이겁니다.

우리가 필요해서 만들어 낸 이 인위적인 대상에 묶여 버려서는 안 되는 것입니다. 내가 만든 자의 입장에서 자유자재하게 그것을 쓸 줄 알아야지, 거기에 묶여 버리면 안 된다는 말입니다. 그런데 우리는 묶이는 것을 좋아해요. 묶이는 거기서 어긋나게 되면 스스로 견디지를 못합니다. 그것에 그렇게 딱 구속이 되어 있으면, 그것 자체가 힘을 가지고 있는 그런 느낌을 받거든요. 내가 거기에 힘을 실어 주면 그게 힘을 가지게 돼요. 왜? 힘은 본래 나에게 있는 것이지만, 내가 나의 힘을 알지 못하고 내 힘을 그 대상 쪽에다 주어서는, 그쪽이 힘을 가지고 있다고 착각을 하는 것입니다. 그 정도로 우리는 심하게 대상에 오염이 되어 있는 겁니다. '말'에, '대상'에, 우리 스스로가 만들어 낸 '이미지', 상(相)에 그만큼 심하게 오염이 되어 있습니다… 그러니까 '상(相)'이란 게 실재(實在)하는 것 같죠… 허상(虛像)이 아니라 진실로 있는 것처럼 여겨진단 말입니다. 허나 사실은 내가 그렇게 집착을 해서 그렇게 만드는 겁니다.

그래서 이 《금강경》은 결국 우리가 '상(相)'과 '말'에 오염되어 있는 것을 해독시켜 주는 해독제입니다. 해독제!

7

얼을 것도 없고 말할 것도 없다 無得無說分

"수보리야, 어떻게 생각하느냐? 여래께서는 위없는 바르고 평등한 깨달음을 얻었느냐? 여래에게 말할 만한 법이 있느냐?"

수보리가 말했다.

"부처님께서 말하신 뜻을 제가 이해한 바에 따르면, 위없는 바르고 평등한 깨달음이라고 이름 붙일 만한 정해진 법은 없습니다. 또한 여래께서 말할 수 있는 정해진 법도 없습니다. 그 까닭이 무엇이냐 하면, 여래께서 말하시는 법은 모두가 취할 수도 없고 말할 수도 없으며, 법도 아니고 법 아닌 것도 아니기 때문입니다. 그 까닭이 무엇인가 하면, 모든 성인들은 무위법으로써 차별이 되기 때문입니다."

"須菩提, 於意云何? 如來得阿耨多羅三藐三菩提耶? 如來有所說法耶?"

須菩提言: "如我解佛所說義, 無有定法名阿耨多羅三藐三菩提, 亦無有定法如來可說. 何以故? 如來所說法皆不可取不可說, 非法非非法. 所以者何? 一切賢聖皆以無爲法而有差別."

자, 그러면 우선 뜻을 따라서 쉽게 말씀드리겠습니다.

수보리야, 어떻게 생각하느냐? 여래께서는 무상정등각(無上正等覺), 위없는 바르고 평등한 깨달음을 얻었느냐? 여래께서 말할 만한 법이라는 것이 있느냐?

이렇게 물었어요. 우리가 이미 익히 알고 있는 바로는 여래는 당연히 위없는 바르고 평등한 깨달음인 무상정등각을 얻으신 분이고, 설법이란 것도 수없이 많이 하셨습니다. 팔만대장경이 다 그 설법의 말이지 않습니까? 법을 말한다고 하면서 다 이야기를 했단 말이죠. 그런데 여기서 세존이 오히려 질문하기를, 수보리야 여래는 위없는 바르고 평등한 깨달음을 얻었느냐? 이렇게 질문을 하고 있어요. 그리고 여래가 말할 만한 법이 있느냐? 더 놀라운 것은, 거기에 대한 수보리의 대답이 "제가 부처님이 말씀하신 바의 뜻을 이해한 바에 따르면, 위없는 바르고 평등한 깨달음이라고 할 만한 그러한 법은 없습니다. 그리고 또한 말할 수 있는 그런 정해진 법도 없습니다"라고 하고 있는 것입니다.

자, 여러분! 지금 제가 드리는 말씀을 알아듣겠습니까?

"제가 드리는 말씀을 지금 알아듣겠습니까?"라고 제가 질문을 드릴 때, 여러분은 이렇게 생각하실 것입니다. 제 질문의 뜻이 그 말귀, 말의 뜻을 알아들었느냐는 것으로 생각하실 거예요. 말할 수 있는 정해진 법이 없다고 하는데도 수없이 많은 설법을 했습니다. 말이 앞뒤가 안 맞아요. 팔만대장경은 다 설법을 한 것이거든요. 말할 만한 법이 없다고 해 놓고는 수없이 많은 법을 말했습니다. 지금도 말할 만한 법이 없다 하면서 설법을 하고 있는 거잖아요?

그렇다면 이것은 부처가 거짓말을 하는 겁니다. 경전이 거짓말을 하는 거예요. 말의 뜻을 그대로 따라가면 부처가 거짓말을 하고 있는 겁니다. 말할 게 없다면서 자꾸 말을 하고 있으니까요. "말할 만한 법은 없다"고 하면서 지금 법에 관해서 계속 이야기를 하고 있는 겁니다. 눈치가 빠른 분은 눈치를 챌 수 있겠죠. '아, 이렇게 법을 분명히 말하고 있으면서도 법은 말할 수 없는 것이라고 하니까, 이것이 거짓말은 아닐 테고 뭔가 내가 모르는 것이 있구나…'라고 말이죠.

그러면 다시, 제 말을 알아듣겠습니까? 제 말을 알아듣겠습니까?

"제 말을 알아듣겠습니까?"라는 제 말씀을 이해로, '그래, 저런 이야기를 하고 있으니까, 사람이 하는 이야기니까, 충분히 알아듣겠다'… 일반적으로 다 이렇게 생각을 하시죠. 그런데 그렇게 알아들어서는 법을 아는 것이 아니다 이거예요. 제가 물었던 것은 그 물음이 아니에요. 제 말소리를 알아듣겠습니까? 제 말을 알아듣겠습니까?… 이렇게 물은 것은 저만의 말, 다른 사람이 할 수 없는 저 자신만의 말, 이 순간에 어떤 누구도 어떻게 할 수가 없는 저만의 말을 가리키는 겁니다. 제 말은 저만의 말이기도 하지만 동시에 우리 모두의 말이기도 합니다. 지금 경전의 이 말씀이 그 뜻만 따라가면 모순되는 말이거든요? 설법을 할 게 없다 해 놓고 자꾸 설법을 하고 있단 말이죠. 모순되는 부분이에요. 이것을 어떻게 우리가 알아들을 것이냐? 경전에서 거짓말을 하는 것은 절대 아닙니다. 경전 안에 무슨 모순된 이야기가 있는 것도 아니에요. 정말 바르게 이야기하고 있는 겁니다. 정말 바르게 이야기하고 있는데 우리가 그 말뜻을 제대로 이해하지 못하니, 앞뒤가 안 맞는 말이 되는 겁니다.

말할 법이 없으므로, 언어도단(言語道斷)이라 하고, 불립문자(不立文字)라 하고, 교외별전(敎外別傳)이라 한단 말이에요. 문자를 세울 수가 없어서 경전의 밖에서 따로 전한다고 해 놓고는 선사 스님들이 하는 말은 경전보다 더 많아요. 말이 아주 많습니다. 선사 스님들의 말씀을 모아 놓은 것을 어록(語錄)이라 하는데, 다 모아 놓으면 팔만대장경만큼이나 될 겁니다. 그러니 이게 말이 안 맞는 거죠. 말로 할 수 없다 해 놓고 실컷 말을 한단 말이죠. 그럼 우리는 이렇게, '아, 말로 할 수 없는데, 말이라는 것을 통해서 방편으로 이야기하는구나…' 보통 이렇게 받아들입니다. 그러니까 달리 말해서 말로 할 수 없는 것을 말로써 한다 할 때는 비유적으로, 시(詩)적으로, 상징적으로 이야기하는 것 아니냐…라고 이해할 수가 있습니다. 그러나 그런 이해는 한 10분의 5 정도의 이해입니다. 십분(十分) 이해를 다 한 게 아니라, 오(五)해쯤 되는 겁니다. 그러니까 오해(誤解)

지… (웃음)

자 이제, 경전을 볼 것 없이, 이 자리에서 바로 봅시다. 저는 지금 말할 수 없는 것을 말하고 있습니다. 제가 말하는 이것은 절대 말로 할 수가 없는 겁니다. 제가 지금 말씀드리고 있는 것은 절대 말로 할 수가 없어요. 말로 할 수 없는 이것을 지금 말씀드리고 있는 거예요. 자, 그러면 어떻게 해요? 여러분이 이것을 잡으셔야 되는 거죠. 말로 할 수 없는 것을 말씀드리고 있는 거예요. 숨김없이… 말로 할 수 없는 것을 숨김없이 지금 제가 말씀드리고 있는 겁니다. 이것을 이해하시면 이 경전의 글들이 이해가 됩니다. 이 말이 이해가 되면 경전이 이해됩니다. 저는 지금 말로 할 수 없는 것을 숨김없이 계속해서 말씀드리고 있는 거예요. 그러니까 제 말을 따라가면, 말할 수 없는 것을 말한다고 하니 전혀 앞뒤가 안 맞는 말이죠. 허무맹랑한 소리예요. 마치 '결혼한 처녀'라고 말하는 것과 같아요. 결혼한 처녀란 것은 앞뒤가 안 맞잖아요? 결혼했으면 처녀가 아닌데, 결혼한 처녀… 이렇게 이야기하니까… 그런 말하고 같은 겁니다. 말할 수 없는 것을 말하고 있다… 앞뒤가 안 맞거든요? 말을 따라가면 그런 겁니다. 그러나 말을 따라가는 거기서 한번 탁 뒤집어 보면, 말할 수 없는 것을 제가 지금 아주 열심히 말씀드리고 있는 것입니다.

우리가 북소리를 글로써 표현할 때는 어떻게 표현합니까? '둥, 둥, 둥' 이렇게 하잖아요? 그런데 실제 북소리가 '둥, 둥, 둥' 이렇게 납니까? 실제 북소리를 우리가 들어 보면 '둥, 둥, 둥' 하고 나지 않습니다. '둥, 둥, 둥' 이렇게 표현은 하죠. 그래서 그 표현은 사실 엄밀하게는 북소리와 맞지가 않아요. 북소리가 아니라 사람 입으로 내는 소리지… 그런데 그것을 '북소리'라고 말하는 겁니다. 그런 측면에서 말이란 것은 허망한 겁니다. 그러나 말을 그런 식으로 이해하지 말고—그렇게 이해한다면 제가 말씀드린 것은 허망한 것에 불과한 겁니다. 말할 수 없는 것을 말한다는 것은 앞뒤가 안 맞는 이야기예요—그렇게 말을 이해하지 말고, 저는 지금 말할 수 없는 것을 말하고 있다… 그럼 결국 이 이야기는 무슨 이야기입니까? 말뜻을 따라가지 마시라 이거예요. 말뜻을 따라가지 않는다면 제가 지금 끊임없이 이야기하고 있잖습니까? 말을 하고 있거든요. 말을 하고 있다 이거예요. 말을 하고 있는 것, 이것을 저는 전달해 드리고자 하는 겁니다. 제가 지금 끊임없이 말을 하면서 무엇을 전달하려고 하느냐? "말할 수 없는 것을 말한다"라는 그 내용을 전달하고자 하는 게 아니에요. 끊임없이 말씀을 드리면서 말할 수 없는 '이것'을 말로써 계속 전달하고 있는 겁니다. 말의 뜻으로써 파악할 수 없는 이것을, 사실 저는 계속 말을 하면서 전달해 드리고 있는 거예요.

'이것'은 말이죠. 제 것이 아닙니다. 저 혼자만의 것이 아닙니다. 저 혼자만이란 것은 사실 없습니다. 왜냐하면 제가 이미 말을 해 버리면 한순간에 우리 모두는 그것을 공유(共有)하고 있는 겁니다. 누구의 것이 없어요. 제 말을 그물로 거두어들여서 주고 싶은 사람에게만 나눠 줄 수는 없거든요. 입 밖으로 나와 버리면 그것으로 우리는 다 공유가 되는 겁니다. 공유할 때… 제 말을 지금 다 듣고 계시고 공유하고 계신데… 우리는 거기에서 '제 말'을 확인하는 게 아니고, 우리 각자는 '우리 각자 자신의 말'을 확인하고 있는 겁니다.

'말'이란 말에 속지 마십시오. '말'이란 말에… 말에 속으니까 이렇게 말귀를 못 알아듣는 겁니다. 말에 안 속으면 제가 말씀드리는 이것을 우리는 각자 자기 말로써 지금 확인하고 계신 겁니다. 지금 제가 무엇을 드리는 것이 아니라, 각자 자기 자신을 확인하도록 제가 직지(直指)를 해드리고 있는 거거든요. 그게 직지인심(直指人心)이란 말이에요. 각자는 자기의 본분사(本分事)를, 각자 자기가 가지고 있는 자기만의 것을 확인할 수 있도록 계속해서 제가 자극을 하고 있는 겁니다. 이런 게 있다… 하고… 예컨대, 여기 북을 놔두고 북을 친다. 그 북소리는 모든 사람들에게 공유가 되는 겁니다.

불경에 보면 북 중에 도독고(塗毒鼓)라는 북이 있어요. 도독고는 북 표면에 독을 발라 놓은 북인데, 그 북소리를 듣는 사람은 모두 죽어요. 독에 중독이 돼 가지고… 제가 지금 드리는 이 말씀이 바로 도독고를 치고 있는 겁니다. 제가 드리는 말을 그대로 듣고서 여러분이 죽어야 해요. 뭐가 죽어야 합니까? 말의 뜻을 따라오는 그 분별심이 죽어야 해요. 분별심이 죽고 나면 살아 있는 것이 하나 있습니다. 북소리는 여전히 울리고 있는 겁니다. 분별심이 죽은 그 시체 위로 북소리는 울려서 그 시체를 진동시키고 있는 겁니다. 분별심은 죽었지만 북소리는 여전히 울리고 있는 거예요.

제 말의 뜻은 못 알아듣지만 제 말은 계속 들리고 있는 거잖아요. 그죠? 그러니까 분별심은 죽었지만 여러분은 살아 있는 겁니다. 말의 뜻을 따라가는 그 분별심은 죽었지만 우리 스스로는 살아 있는 겁니다. 죽은 게 아니에요. 그것이 바로 말할 수 없는 것을 제가 말한다고 한 뜻입니다. 말할 수 없는 것을 말하는데, 말을 듣는 사람이 말할 수 없는 그것을 말로써 알아들으면 안 되는 거죠. 말을 듣는 사람은 말을 버리고, 말할 수 없는 그것을 알아들어야 하는 겁니다. 말할 수 없는 이것을 말씀드리는데, 듣는 분들은 말을 버리고 말할 수 없는 이것을, 이렇게 자극이 오니까 바로바로 알아들을 수 있는 거죠.

그러니까 부처님이 말씀하신 법은 곧 마음이라고 말할 수 있는 겁니다. 마음이든, 법이든, 도든, 이름이야 상관없습니다. 무상정등각? 뭐를 깨달아요? 마음을 깨달은 겁니다. 그러면 마음이라는 무상정등각은 지금 이렇게 우리가 전부 쓰고 있고, 전달해 주고 있는 겁니다. 서로 교환하고 있고, 공유하고 있고, 쓰고 있는 거예요. 그러나 이름 붙여서 '이거다', '저거다'라고 할 수 있는 것은 없습니다. 이름 붙여서 '이거다', '저거다'라고 분별할 수 있는 것은 없어요.

우리는 말을 가지고 이름을 만들어 내서 그 이름에 해당하는 모양과 결부시킵니다. 이것이 말의 뜻이죠. 그리하여 말을 들으면 바로 뜻을 따라가는 것입니다. 그러나 이렇게 이름 붙이는 버릇이 우리를 잘못 이끄는 중요한 요인이 됩니다. 《금강경》에서 어떻게 그 마음을 항복시킬 것이냐 하는 문제는, 어떻게 이름에 속지 않을 것이냐, 어떻게 그 말에 속지 않을 것이냐 하는 문제와 다를 게 없습니다. 이름을 붙이면 우리는 반드시 그 이름에 해당하는 어떤 모양을 마음에 그리게 돼요. '도'라고 하면 '도'라고 하는 뭔가가 있다 이겁니다. '마음'하면 '마음'이란 뭔가가 있다고 자연스럽게 여기는데,

그게 바로 병이에요. 그것만 아니라면 지금 '도', '마음', '위없이 바른 깨달음', '정해진 법이 있니 없니' 하지만, 이런 말들이 아무 차이가 없습니다. 말을 이해하는 게 아니고, 말소리를 통해서 말하는 존재를 만약 알아차린다고 한다면, 제가 "진리는 있다"고 말을 하건 "진리는 없다"고 말을 하건 상관없이 '누가 있구나'라고 알 수 있거든요.

제 이야기를 잘 들어 보세요. 우리가 지금 찾고자 하는 것은 마음이란 것의 존재지, 그 마음이 '진짜 이렇게 있구나!' 하고 확인하는 것이지, 마음이 지금 어떤 모양이구나 하는 것을 그리려는 게 아닙니다. 그걸 여러분이 잘 아셔야 해요. 우리가 지금 알아차리려고 하는 것은 마음이 있다는 것을 확인하려는 것이지, 마음이 어떤 모양을 가지고 있다는 것을 보려고 하는 것이 아닙니다. 《금강경》 앞부분에서부터 계속 말하고 있듯이, 모양으로선 알 수 없다고 했거든요. 모양은 아니다 이겁니다. 그것은 마치 제 말을 듣고서 제 말의 뜻을 알아차리는 게 아니고 저라는 사람의 존재를 알아차리는 것과 같은 겁니다. 그렇다면 제가 "진리가 있다"고 말하든 "진리가 없다"고 말하든 그 내용은 아무런 상관이 없어요. "있다" 하든 "없다" 하든, 제 목소리를 듣는 순간에 '누가 저기 있구나!' 하고 아는 거잖아요. 결국 똑같은 겁니다. 어려울 게 없어요. 있니 없니 하는 그런 말에 속지만 않으면 되는 겁니다.

"있다" 하든 "없다" 하든… 아니면 말이 아니라 옛날 스님들처럼 탁(탁자를 탕! 침) 하고 치거나, 이렇게 손을 들거나 (손을 들어 올림) 이

196

렇게 함으로써, 뭐? 이것이 있구나 하는 사실, 각자에게 있는 이것을 알아차리는 겁니다. '어, 여기에 있구나!' (탁자를 탕! 침) 탁! 소리에 '여기 있구나!' 이렇게 알아차리는 겁니다. 옛날 스님들이 '할(喝)!' 하는 그 할이라는 게 사실 "악!" 하고 고함을 지르는 것인데, 옛날 스님들만 쓰는 게 아닙니다. 요새 학교 선생님들도 수업하다가 아이들이 졸면 고함을 꽥 지르잖아요? 똑같은 거예요. 자고 있고 엉뚱한 망상 피우고 있을 때 고함을 꽥 지르면 정신이 번쩍 들거든요. 똑같은 겁니다.

여기 앉아 있지만 마음은 콩밭에 가 있으니 정신 차려라, 이겁니다. 정신 차려! 자기가 지금 이 자리에 있다는 사실, '이렇게 있구나!'라는 사실을 이런 계기를 통해서 확인하는 겁니다. 그런데 이놈은 그냥 가만히 있는 것이 아니죠. 말도 할 줄 알고, 생각도 할 줄 알고, 움직일 줄도 알고, 가려운 데 긁을 줄도 알고, 느낄 줄도 알고… 다 할 줄 알아요. 이놈은 금방 그런 식으로, 어떤 계기를 통해서 딱 확인할 수는 있지만. '무엇이다' 하고 내보일 수는 없어요. 그건 안 되는 겁니다… '무엇이다.' 이렇게 하면 벌써 안 맞아요.

만약에 우리가 마음을 가지고 "마음은 시계다" 이렇게 말한다 칩시다. 그래서 모두가 "마음은 시계인가 보다"라고 생각하고 있는데, 또 어떤 사람이 "마음은 책이다"라고 말해요. 그러면 우리는 그때부터 헷갈리기 시작합니다. 이때까지 마음이 시계인 줄 알았는데, 이제 책이라고 하거든요! 그 다음에 또 어떤 사람이 "마음은 나무다"라고 해요… 더 헷갈리죠? 그런데 잘 보면, "마음은 시계다", "마음은 책이다", "마음은 나무다"라고 말한 세 사람이 똑같은 걸 말하고

197

있다는 사실을 알 수가 있습니다. 다른 걸 이야기하고 있는 것이 아니라 같은 걸 이야기하고 있다 이겁니다.

"마음은 시계다", "마음은 책이다", "마음은 나무다"… 뜻을 따라서 헤아리면 아무리 헤아려도 그것이 같은 걸 말하는 건 아니에요. 무슨 스무고개 넘듯이 추리해 가지고 되는 일이 아닙니다. 지금 이 순간 우리 각자가 하고 있는 것이 바로 마음이거든요. 지금 이 순간 우리 스스로가 행하고 있는 것이 마음입니다. 이것밖에는 다른 것이 없습니다. 그러면 지금 이 순간에 내가 행하고 있고, 쓰고 있고, 경험하고 있고… "마음은 시계다"란 말을 들을 때도 이놈이 듣고, 자기가 할 역할을 하는 겁니다. "마음은 책이다"란 말을 들을 때도 그 마음이 자기 역할을 하는 겁니다. "마음은 나무다" 하는 것도 마찬가지예요. 마음이란 놈이 자기 역할을 해서 시계라 하든, 책이라 하든, 나무라 하든 상관없이, 자기 역할을 하고 있는 거예요. 항상 변함없이 늘 그대로…

바로 '이것'을 확인하게 되는데, 왜 확인이 쉽게 안 되는 줄 아십니까? 여러 가지 병이 있겠지만 그 중에서 제일 큰 병이 바로 확인하고자 하는 병이에요… 확인하고 싶어서… 그게 무슨 이야기냐 하면, '마음이 뭘까?' '마음이 뭘까?' 자꾸 이렇게 하고 있어요. '마음이 뭘까?' '마음이 뭘까?' 바로 '이것'인데… '이것'을 도리어 찾고 있는 거예요.

'마음이 뭘까?' '마음이 뭘까?' 하는 것은 기대하는 심리입니다. 이 기대라는 것은 지금 '이것'이 아닌 뭔가 다른 것, 뭔가 특별한 것,

뭔가 이상한 것… 이런 것들을 기다리고 있는 겁니다. 다른 뭔가에 대한 기대를 가지고 있으니까, 항상 자기가 쓰고 있고, 확인하고 있는 것에 대해서는 돌아보지 않는 거예요. 항상 목을 늘여서 저 멀리 다른 데만 보고 있다 이겁니다. 자기가 현재 쓰고 있는 여기의 '이 것'에 대해서는 관심이 없고… 그래서 우리가 "쉬어라!" 하는 겁니다. 뭘 쉬어요? 찾는 걸 쉬어라! 방하착(放下着)이란 이 말은 다른 뜻이 아닙니다. 쉬어라! 뭘 쉬어? 찾는 걸 쉬어라!

그래서 찾는 걸 쉬고, 찾는 마음도 쉬고, 공부도 하지 마라고 하는 것입니다. 다행히 이런 말 한마디에 정말 쉬는 곳을 알아서 문득 쉬어 버리면 되겠지만, 그렇게 되기가 쉬운 일은 아니에요. "찾는 걸 쉬어라" 하는 말을 듣는 것도 이 마음을 경험할 수 있는 계기가 될 수는 있습니다만, 부작용도 있습니다. 예컨대 한없이 쉬고 또 쉬고, 버리고 또 버려서 끝없이 쉬어 버리자 하는 이런 마장(魔障)에 빠지게 되는 경우도 있습니다. 찾는 걸 진정으로 쉬려고 한다면 어느 지점에서 비로소 찾는 게 쉬어지는 겁니까? 찾는 것이 찾아져야 참으로 쉬어지는 겁니다. 찾는 걸 쉬어라 하는데, 찾지는 못하고 그냥 쉬기만 할 수가 있을까요?

그런데 사실은 정말로 쉴 줄 안다는 것은 바로 찾던 것을 찾은 거예요. 아직 찾지 못한 경우에는 결국 찾는 걸 쉬어라 하는 그 말을 또 따라가죠. '그래, 쉬고 또 쉬고 버리고 또 버려서 아무것도 하지 말자'라는 식으로 추구를 하게 된다 이 말입니다. 찾는 걸 쉬어라 하니까 반대로 쉬는 걸 추구한다 이 말입니다.

'쉰다'라는 것은 내가 쉬고자 해서 쉬어지는 게 아닙니다. 찾아지면 저절로 쉬어지는 겁니다. 어느 지점에서 찾아지느냐? 제가 계속해서 말씀드리고 있는 것이 바로 그 찾아지는 지점입니다.

그러면 다시, "부처님은 위없는 바른 깨달음이라고 이름 붙일 만한 그런 법을 가지고 있지도 않고, 이게 법이다, 저게 법이다, 라고 말할 만한 그런 법도 없다." 그러니까 깨달음을 얻긴 얻었는데 그 깨달음에 해당하는 '무엇'은 없다 이거예요. 말을 하긴 하는데 말을 하는 거기에 해당하는 '무엇'은 없어요. 제 말을 잘 이해하시길 바랍니다. 깨달음을 얻었으니까 부처죠… 붓다(buddha)란 말 자체가 '깨달은 자'란 말이거든요. 깨달음을 얻긴 얻었는데 '무엇'을 깨달았는가 물어보면, 없어요. '깨달았다!' 해 놓고는, "무얼 깨달았노?" 하니까, "아무것도 없어요!" 법에 관하여 열심히 말하고 있는 사람에게, "그러면 법을 무엇이라고 할 거냐? 말해 봐!" 이렇게 하니까, "말할게 없어요!" 이렇게 말하는 것입니다.

제가 지금 말할 수 없는 걸 말씀드리는 겁니다. 말로써 할 수 없지만 분명히 저는 지금 말씀을 드리고 있어요. 말로써 할 수 없는 걸 말씀드리는 겁니다. 그러니까 여러분은 무엇을 들어야 되겠습니까? 말로 할 수 없는 걸 말씀드리니까 무엇을 듣고 계시냐? '말'을 듣고 있는 게 아니라 제 '목소리'를 듣고 있는 겁니다. 그러면 제 목소리만 듣고 제 말씀은 듣지 말아 보세요. 마치 지금 북소리를 듣듯이, 제 목소리만 듣고 말씀은 듣지 말아 보시라… 끊임없이 제 목소리는 북소리처럼 울리고 있습니다. 이렇게 끊임없이 울리는 이 소리 소리 속에서 여러분 자신을 한번 찾아보세요. 이렇게 끊임없이

200

울리는 이 소리 소리 가운데서 여러분 자신이 지금 어디에 있는지 찾아보십시오. 끊임없이 울리는 이 소리 속에서, 제 목소리 속에서, 제 말이 아니라 여러분 자신이 어디에 있는지 찾아보십시오. 여러분 각자가 자기 자신을 한번 찾아보십시오. 그러면 이 목소리가 여러분 자신과 같습니까, 다릅니까? 제 목소리가 여러분 자신과 같으냐, 다르냐 이겁니다. (대중 침묵) 제 목소리가 여러분 자신입니까, 아닙니까? 이렇게 이야기하는 제 목소리가 여러분 자신입니까, 아닙니까? (대중 모두 한동안 침묵)

'그래, 목소리가 바로 나구나!' 이렇게 판단하셔도 안 되고, '그건 네 목소리고 나는 듣고 있다' 이렇게 판단하셔도 안 돼요. 같으냐 다르냐고 제가 물은 이유는 '같다, 다르다'를 따지지 마시라 이겁니다. 따지는 그 자리에서는 아무런 해답이 안 나와요. 제 목소리를 듣고 있는 가운데 여러분 자신이 어디 있느냐? 목소리가 나인가, 내가 아닌가? 목소리는 여러분한테 들리죠? 들리는 소리가 나냐, 아니냐? 제가 질문을 던졌지만 '나'라고 해도 안 맞고, '내'가 아니라 해도 안 맞습니다. '나다', '내가 아니다'라는 판단을 하지 마시고, 그냥 목소리를 한번 들어 보세요, 아무 판단 없이… '나다'라는 판단도 버리고, '내가 아니다'라는 판단도 버리고… 그냥 목소리를 들어 보십시오. 그 지점에 뭐가 있습니까?

제가 질문한 것을 잘 살펴보십시오. 제 목소리가 들리는데 저 소리 가운데 과연 내가 어디 있느냐? 내가 어디 있을까? 나냐, 내가 아니냐?… 이처럼 어느 쪽으로도 판단을 내리지 않는 순간에 거기서 문득 경험이 올 수가 있는 거예요. 그런데 이 판단도, 저 판단도 하지 말라 하니까, '아무 판단도 하지 말자'라고 하면 또 안 돼요. 그것도 역시 하나의 판단입니다. 어쨌든 중요한 것은 확인이 되어야 하는 겁니다. 이런저런 판단은 안 되지만, 탁! 하고 마치 전기에 감전되듯이 말이죠… 분명히 체험되는 게 있어요. 전기에 감전되듯이 체험되는 게 있어요. 이것이 탁! 체험된단 말이죠. 그렇다고 오도송(悟道頌)을 짓고 뭐 그렇게 하는 것은 아닙니다. 그런 게 아니고 그냥 확 뚫리면 바로 이거죠… 다른 게 없어요. 그리하여 지금껏 막혀 있던 의심과 갑갑함이 시원하게 사라집니다. 어디로 갔는지 없어지죠.

끊임없이 우리는 말의 노예가 되어서 자꾸만 말을 따라다니는데, 말을 안 따라다니면, 자 보세요, 지금… 지금 앉아 계시죠? 말을 안 따라다니면 지금 뭡니까? 이게… 제 말을 지금 계속 듣고 있지만 말을 안 따라다니면 이게 뭐냐 이겁니다. 말을 안 따라다니면 이게 뭐냐? 부족함이 없어요. 여러분이 듣고자 해서 제 목소리를 듣고 있는 것도 아니고… 그냥 가만히 앉아 계신데 들리거든요. 그저 계속 들려요. 그러면 제 목소리를 듣지 마세요. 그렇다고 양손으로 귀를 막으라는 건 아니고. 제 목소리에 귀를 기울이지 마십시오. 듣지 마세요. 제 목소리에 귀를 기울이지 마십시오. 듣지 말고 신경 쓰지 마십시오. 제 목소리… 신경 쓰지 마시고…

우리 저기 있는 (오른쪽 벽의 그림을 가리키며) 포대 화상을 보시라 이겁니다. 그럼에도 불구하고 제 목소리는 듣기 싫어도 들리잖아요. 이게 바로 여러분 마음입니다. 여러분이 가지고 계신 보물이에요. 자동(自動)으로 되는 겁니다. 자동적으로… 자동입니다. 내가 하고

자 해서 되는 것이 아니고 저절로 되는 거예요, 저절로… 자동으로 되는 '이것'을 가지고 여러분은 지금 차를 운전하시거나, 걸어가시 거나, 지하철을 타시거나 해서 여기 오셨죠? 지금 앉아서 듣고 계십 니다. 또 아침에 일어나서 옷 입고, 세수하고, 밥 먹고, 직장 가고… 자동적으로 되는 '이것' 하나가 모든 것을 다 해내는 겁니다.

불교의 방편(方便)을 보면 크게 두 가지 방식이 있습니다. 파사(破 邪)를 위주로 하는 방편이 있고, 현정(顯正)을 위주로 하는 방편이 있습니다. 이게 무슨 이야기냐 하면, 파사를 위주로 한다는 것은, 희 론(戲論)을, 생각을 버리게끔 하는 방편입니다. 아까 제가, "같습니 까, 다릅니까?" 하고 묻고, 어떤 판단도 하지 말라고 했죠? 이런 게 바로 파사를 위주로 한 방편이고… 그러니까 말하자면, 같다고 해 도 부정되고, 다르다고 해도 부정되니까, 이렇게도 저렇게도 할 수 가 없어… 어떻게도 생각할 수 없으니까 아무 생각도 못 하죠… 이 런 게 파사를 위주로 한 방편이에요.

또 하나의 방편이 있는데, 현정을 위주로 한 방편입니다. 현정을 위주로 한 방편이 뭐냐 하면, "모든 것은 이것뿐이다" 하는 겁니다. 그러니까 그냥 지금 바로 이 순간, 보고, 듣고, 생각하고, 움직이고 하는 전부가 이거다! 다른 게 없어요. 그런데 이것은, 이거다! 이거 다! 다른 게 없다! 이렇게 하지만, 여러분은 '이것'이란 말만 이해해 서는 '이것'을 실감하고 확인하진 못하시죠? 그러니까 이것은 말로 써 이해하는 것이 아니에요. 생각도 하고, 말도 하고, 행동도 하고, 느끼기도 하고, 보기도 하고, 듣기도 하고… 이것 가지고 다 하는 거거든, 다른 게 없어요. 오직 이것 하나 가지고 하는 것이지 다른 게 없어요. 이것 하나를 계속해서 지적해 드리고 보여 드리는 겁니다. 이게 현정을 위주로 하는 방편입니다.

방편이란 필요에 따라서 때로는 이것으로 때로는 저것으로 적절한 방편을 적용해야 하는데… 저는 파사보다는 주로 현정의 방편을 씁니다. 왜냐하면 그게 제 체질에 맞아요. (대중 웃음) 파사는 어떤 위험이 있냐 하면, 생각하지 마라, 쉬어라, 이렇게 하면 자꾸 쉬려고 하는 노력을 하기 때문에 오해의 우려가 큽니다. 물론 현정도 오해의 우려는 있습니다. 현정은 분명히 이건데, (손을 들어 올림) 제가 지금 손을 이렇게 들어 올렸습니다. 자, 이렇게 '이것이다!' 이거예요. 이것밖에 없어요. 이게 진리입니다. 이게 마음이에요. 그런데 여러분이 이것을 손이라고 하거나, 아니면 이것이 무엇이라는 어떤 생각에 따라서 머릿속에 그림을 그린다거나, 어떤 견해를 만든다거나… 이런 식으로 이해해서는 절대 안 됩니다. 도리어 여러분은 생각이 꽉 막혀서 목이 말라야 해요.

예컨대, "컵을 들어 차를 마시는데, 컵으로 마시는 것도 아니고, 손으로 마시는 것도 아니고, 입으로 마시는 것도 아니고, 마음으로 마시는 것도 아니다. 그러면 도대체 뭐가 차를 마시냐?" 이렇게 물었다 이겁니다. 그러면서도 분명히 '이게 마신다!' 하면서 보여 드리는 거예요. (컵을 들어 차를 마셔 보임) '이것이 마시는 거다, 이것이! 다른 것이 마시는 게 아니다.' 저는 애써 이걸 보여 드리고 있는 겁니다. 너무 명백해요. 의심날 게 하나도 없어요. 저는 이렇게 명백하게 보여 드리는데, 여기서 보시는 분들은 명백하지도 않고 가슴이 시원하지도 않아서 애를 태우게 되죠.

  예를 들어서, 방금 "없다"라고 그랬잖아요? "법은 없다" 그러거든
요. "마음은 없다", "깨달음도 없다"… 우리 선원 이름도 '무심선원(無
心禪院)'이잖아요? 무심(無心)이라, "마음은 없다"는 거거든요… "마
음은 없다" 그거 이상하죠? "마음은 없다"고 이야기하지만, "마음은
없다"고 말하는 이놈은 뭐냐 이겁니다. "마음은 없다"라고 말하는
이것은 뭐냐? "진리는 없다"라고 하면 "진리는 없다"고 말하는 이것
이 뭐냐? 뭔가 이상하죠?

  그런데 "마음은 없다"라고 말하는 여기에, 뭔가 있어요. 이게 마음
인데, 그렇지만 이런 마음, 저런 마음, 이게 마음이고, 저게 마음이
고, 이런 식으로 이해한다면 그런 마음은 없어요. 오직 이것을 알 수
있는 방법은 하나밖에 없습니다. 내가 마음을 쳐다보고 아는 게 아
닙니다. 견성(見性)이라고 그러는데, 성품(性)은 절대 볼 수가 없습니
다. 성품과 보는 자가 둘이 아니기 때문에 보이지가 않아요. 그러면
왜 견성이라고 말을 하느냐? 우리는 사실 견성해야 돼요. 그럼 도대
체 견성이 뭐길래? 뭐가 견성이냐?

  자, 제 이야기를 잘 들어 보세요. 견성이란 말은 성품을 보아야
한다는 말인데, 성품을 보아야 한다고 해 놓고 또 뭐라 하느냐 하
면, 성품은 공하다… 한 물건도 아니다… 본래무일물(本來無一物)
이다… 이렇게 한단 말이에요. 그러면 아무것도 없고 공한데 무엇
을 본단 말이냐? 그러니까 성품이란 물건을 놓아두고 보는 게 아

닙니다. 성품이라는 게 여기 있어서 이렇게 쳐다보고 있는 게 아니에요. 제가 여기서 (손을 들어 올리며) "이것이 바로 마음입니다. 보십시오"라고 해도, 이게 손이지 마음이 아니죠. 보이는 건 손일 뿐입니다. 성품이란 것은 볼 수도 없고, 들을 수도 없고, 냄새를 맡을 수도 없고, 맛을 볼 수도 없고, 만져 볼 수도 없어요. 생각도 할 수가 없어요. 그러면 성품은 어디에 있는 겁니까? 그런데도 불구하고 보는 곳에 성품이 있고, 듣는 곳에 성품이 있고, 냄새를 맡는 곳에 성품이 있고, 맛을 보는 데 성품이 있고, 만져 보는 데 성품이 있고, 생각하는 데 성품이 있습니다. 그러니까 결국 견성이란 것은 뭐예요? 억지로 말한다면, 견성(見性)이란 성품(性)을 보는(見) 것이 아니고, 보는 자와 보이는 것이 나뉘어 있지 않다고 말할 수가 있습니다. 그렇다고 '보는 것이 바로 성품이다'라고 생각하시면 안 됩니다. 생각에 속으시면 안돼요.

마음이란 것은 망치를 쓰는 것처럼 쓰는 도구는 아니에요. 망치는 내 손에 잡히는 도구잖습니까? 마음은 그런 도구가 아닙니다. '마음을 쓴다'고 할 때에는 내가 망치를 쓰듯이 그렇게 쓰는 건 아니에요. 말하자면, 마음은 스스로가 쓰이는 겁니다. 마음은 자기 스스로가 활동하는 겁니다. 다른 데 의존하지 않습니다. 망치는 우리 손에 의존해서 쓰이잖아요? 마음은 스스로가 활동하는 겁니다. 스스로가 쓰이는 겁니다. 스스로가 활약하는 거예요. 그래서 기독교에서는 이것을 뭐라 하느냐? '부동(不動)의 원동자(原動者)', '제1 원동자'… 기독교에서 하나님의 속성을 이야기할 때 그렇게 이야기합니다. 어디에도 의지하지 않는 가장 근원으로서 움직이는 것… 바

206

로 하나님이다… 모든 움직임은 하나님에서 다 나온다… 최초의 원인… 다 똑같은 말이에요. 마음은 어디에도 의존하지 않고 스스로가 활동하는 겁니다. 그래서 임제 스님은 그걸 뭐라 했냐 하면 '대기대용(大機大用)'이라 했거든요. 큰 엔진이 크게 작용한다… 망치는 나에 의해서 쓰이는 것인데, 마음은 나에 의해서 쓰이는 것은 아닙니다. 바로 지금 이러한 활동, 여기에 마음이 드러나는 거예요.

마음이 활동할 때 어떻게 활동합니까? 대상을 따라서 활동합니다. 대상이 나타나지 않으면 반응하는 일도 없습니다. "마음이 생기면 만법도 생기고, 마음이 사라지면 만법도 사라진다(心生種種法生心滅種種法滅)"는 말이 있잖아요? 마음은 만법과 더불어 생겨나고 사라진다는 말이죠. 그러므로 마음은 오직 만법 위에서만 확인되는 것입니다. 이것을 달리 말하면, 만법이 있으면 마음도 있고 만법이 없으면 마음도 없다는 겁니다. 눈길을 돌려서 하늘을 보면 푸른 하늘이 보이죠, 하늘에 인연을 했기 때문에. 아래를 내려다보면 땅이 보이죠, 땅에 인연했기 때문에… 하늘을 보되 하늘만 보면 마음을 모르는 사람이죠. 마음의 활동을 아시라 이겁니다. 땅을 보되 마음의 활동을 알고… 하나하나 모든 사물에서 전부 마음을 확인하시라… 그러니까 부처님이 새벽에 보리수 밑에 앉아서 샛별을 보고서 이걸 알았던 겁니다. '아, 마음이 여기에 있구나!'… 전부가 이것입니다. 전부가 마음이에요. 다른 게 없어요. 지금 나타나는 것은 100% 다 마음입니다. 하나도 마음에서 빼놓을 게 없습니다.

그러면서도 구체적으로 "이것이 마음이다!"라고 지적할 것은 없습니다. 왜냐하면 "이것이 마음이다!"라고 해 버리면 다른 것을 제외시켜 버리니까 분별을 하게 되는 겁니다. "이것이 마음이다!" 하는 이 행위가 마음이지, '이것'이 마음은 아니거든요. 여기 보세요. "이것이 마음입니다!" 하고 제가 손을 들었습니다. (손을 들며) "이것이 마음입니다!" 할 때 '이것'(손을 흔들며)이 마음이 아니라, (다시 손을 힘차게 흔들면서) "이것이 마음입니다!" 하는 이것이 마음이지… (손을 들며) "이것이 마음이다!" 하는 이것… 그러니까 마음이란 것은 보이는 것이 아닙니다. 억지로 말한다면 작용하는 이 자체로 밝게 확인되는 것이지요, 작용에서 확인되는 것입니다. 경전에 나오는 말이 뭐냐 하면, "장부(丈夫)가 팔을 오므렸다 펴는 사이에 법(法)이 있다"… 오므렸다 펴는 여기에 법이 있다…

그러니까 그냥 고요하게 앉아서 마음에 관한 상(相)을 아무리 잘 만들어도 그것으로 마음이 파악되는 것은 아닙니다. 어떤 상도 맞지 않습니다. 다만 지금, '마음이 뭘까? 마음이 뭘까?'라고 상을 만들고 있는 이것을 잘 살펴보시면, '마음이 뭘까? 마음이 뭘까?' 하고 고민하고 찾고 하는 이 와중에서 문득 확인할 수 있습니다. 생각을 움직이고 있는 거나 팔을 움직이고 있는 거나 똑같아요. 마음이 뭘까? 마음이 뭘까? 이렇게 계속해서 찾고 찾고 하는 이 와중에 문득 이렇게 확인할 수 있습니다.

제가 부처님이 말씀하신 뜻을 이해한 바에 따르면, 위없는 바르고 평등한 깨달음이라고 말할 만한 정해진 법은 없고, 여래께서 말할 수 있는 정해진 법도 없습니다…

말할 수 있는 법은 없다… 라는 말이 무슨 말인지 조금 이해가 되시죠? 말할 수 있는 법은 없다… 라고 하면서 지금 설법을 하고 있는 겁니다. "말할 수 있는 법은 없어요!"… 이렇게 말하는 이게 바로 법을 보여 주고 있는 것이다 이겁니다. "나는 법을 말하고 있는 게 아니야!"… 이게 바로 법을 보여 주고 있는 거다 이겁니다.

대개 공부를 하다가 지견이 조금 생기면 큰스님한테 시험 삼아 한번 가서 자기 공부를 점검해 봅니다. 그럴 때, 큰스님이, "그러면 무슨 물건을 가지고 왔는지 한번 내놓아 봐라!" 이렇게 물었을 때… 나름대로, 배운 바대로 턱 내놓는단 말이지요… 그러면 열이면 열 대개 스님들은 "에이, 그거 아니야!"라고 합니다. 그러면 그 말 한마디에 또 열이면 열 모두 나가떨어져요. 그럼 그 사람은 진짜가 아닌 겁니다.

말을 안 따라다닌다면 앞에 앉은 누가 "마음이란 것 한번 드러내 봐!" 하니까 '이게 마음이요!' 하고 턱 드러냈다… "에이, 그게 아니야!"… '이것인데 왜 아니라 그래!'… "그렇게 하면 안 된다니까! 계속 고집 피우네!"… 그런 식으로 나오거든요. 자기가 정말로 이게 확실해야지, 확실하지 않으면 한두 마디 하다 보면 벌써 나가떨어져 버려요. 말하자면 창피해 가지고, 얼굴이 그냥 홍당무가 돼 가지고 절하고 나와 버리는데… 그건 그 사람이 모르니까 그러는 거죠. 자기가 확실하다면 상대방이 무엇을 어떻게 하든 자기가 분명하고 확실한 것은 확실한 겁니다. 그렇다고 해서 옹고집을 부리란 말은 아닙니다. 자기가 분명하면 속지 않습니다. 결국 뭐냐? 내가 이 법에 분명해야 하는 겁니다. 다른 것 없습니다. 이것이 분명하면 되는 겁니다. 분명하지 못하면 여전히 말을 따라다니는 것입니다.

여기서도 지금 부처님이, "정해진 법은 없어", "여래가 말할 수 있는 정해진 법은 없어"… 말을 따라가면 백발백중 말이 앞뒤가 안 맞아요. 이해를 못 하는 거죠. 그러나 "정해진 법은 없어" 하는 이게 바로 법이에요. "여래가 말할 수 있는 정해진 법이란 건 없다"라고 하는 이게 법입니다… 다른 법이 없어요. 왜? 말 따라가지 않으면, "여래가 말할 수 있는 정해진 법이 있다"라고 하든, "없다"라고 하든 아무 상관이 없기 때문이지요.

왜 그러냐 하면, 여래가 말하는 법은 모두 취할 수도 없고 말할 수도 없다…

망치를 쓰거나 드라이버를 쓸 때는 이렇게 취(取)하여 저렇게 쓴다… 하고 말할 수 있습니다. 잘 보세요. 드라이버를 붙잡고서, (드라이버를 돌리는 시늉을 하며) '드라이버란 건 이렇게 하는 거야!'… 드라이버라는 것을 보여 줄 수가 있습니다. 그런데 마음이란 어떻게 하는 겁니까? (다시 동작을 보이며) '드라이버란 건 이렇게 하는 거야!'… 하는 여기서 드라이버뿐만 아니라 사실은 지금 마음도 보여 주고 있는 것입니다. 그런데 마음은 드라이버를 이렇게 보여 주듯이 이렇게 보여 줄 수는 없는 거예요.

그 다음에, (망치를 두드리는 시늉을 하며) '망치는 이렇게 쓰는 거야!' 라고 또 이렇게 보여 줍니다. 망치는 두드리는 거고, 드라이버는 돌리는 거잖아요? 망치는 두드리는 데만 쓰니까, '이것은 망치다'라고 말할 수 있고 취할 수 있습니다. 드라이버는 돌릴 때만 쓰니까, '이것은 드라이버다'라고 말할 수가 있고 취할 수가 있지만, 두드릴 때 두드리고 돌릴 때 돌리는, 어느 쪽이든 마음에는 다름이 없어요. 그러니까 '이게 마음이다!'라고 보여 줄 것은 없어요. 왜? 마음을 분별할 순 없기 때문이죠. (웃음) '이게 마음이다!' 하면, '어! 그거구나!' 이렇게 할 수 있는 그런 것은 없습니다. 그렇다고 '전부가 다 마음이다'라고 알고 있으면, 이것은 하나의 관념일 뿐입니다. 다 '이것'(탁자를 두드림)인데, 이 마음인데… 관념이 아니라, 정말 이렇게 …

또 마음의 특징을 하나 말씀드리지요. 망치나 드라이버는 내가 썼다가 버리는 거잖아요. 필요할 때 취해서 썼다가 나중에 필요 없으면 버리는 건데, 마음은 그렇지 않습니다. 취하는 것도 마음이고 버리는 것도 마음이기 때문에 마음은 취할 수도 없고 버릴 수도 없어요. 가져오는 것도 마음이고, 갖다 놓는 것도 마음이라. 그러니까 마음은 가져올 수도 없고 갖다 놓을 수도 없어요. 언제 어디서나 이것뿐입니다. 그래서 혼자 있어도 마음 확인하는 재미에 심심하지가 않아요.

우리는 보통 마음을 모르고서, 마음을 써서 대상들을 가지고 놉니다. 장난감을 가지고 놀고, 화투짝을 가지고 놀고, 자동차를 가지고 놀고… 대상을 가지고 놉니다. 가지고 노는 그게 마음인데… 그래서 그런 대상이 없으면 심심합니다. 그런데 마음을 깨달으면 이자체로서 완전합니다. 그러니까 대상이 필요 없어요. 달리 가지고 놀 대상이 필요 없다 이겁니다. 마음 자체로서 완전하고 만족스러

211

우니까 가만히 있어도 심심한 게 없어요. 심심한 게 아니라 편하죠. 활동해도 마찬가지입니다. 앉아 있건 활동하건 결국 똑같은 겁니다. 마음이 작용하는 건 똑같아요. 가만히 앉아 있어도 마음이 작용하는 것이고, 활동해도 마음이 작용하는 것이고, 차를 마셔도 마음이 작용하는 것이고, 차를 끓여도 마음이 작용하는 것이고, 찻잔을 씻어도 마음이 작용하는 겁니다. 오로지 이것이 작용하는 것일 뿐, 다른 것이 없습니다.

또 한 가지 명심해야 할 것은, 뒤에 나옵니다만 "과거심 불가득, 현재심 불가득, 미래심 불가득"이라고 하는 것입니다. 마음에는 과거, 현재, 미래란 게 없습니다. 과거도 이것이고, 미래도 이것이고, 현재도 이것이고… 왜? 과거, 현재, 미래라는 것은 말뿐이죠. 생각일 뿐이에요. 관념일 뿐이란 말이에요. 여러분, 과거로 돌아갈 수 있습니까? 타임머신? 타임머신이 있다고 치고, 타임머신을 타고 공룡시대로 갔다면, 그 사람은 과거에 있는 겁니까? 아니죠? 지금 이 순간입니다. 절대 과거에 갈 수는 없습니다. 과거로 가도 지금이요, 미래로 가도 지금이라… 그러니까 과거, 현재, 미래라는 게 의미가 없습니다. 늘 마음이란 것은 지금 활동하고 있는 겁니다. 지금 이 순간에 움직이고 있는 것이고 활동하고 있는 겁니다. 문제는 결국 이 습(習)이 문제입니다. 습(習)! 생각을 좇아가는 습 말입니다.

문득 이 마음을 깨닫고 나면 말이죠, 지금 이 순간밖에 없고, 이것밖에 없구나, 시간이란 없는 것이구나 하는, 이 사실을 확실하게 확인하고 여기에 익숙해지는 겁니다. 점차 익숙해지는 거지요. 물론 말로는 과거, 현재, 미래를 이야기할 수 있지만, 과거, 현재, 미래에 관한 이야기를 하더라도 옛날과는 달라집니다. 생각을 좇아가던 그 습관이 없어져요. 그렇게 변해요. 겉으로 보면 아무것도 변한 게 없는데, 속으로는 그렇게 변합니다. 생각을 좇아서 이러쿵저러쿵 하던 그 습이 사라져 버려요. 어떻게 하더라도 '이것'만이 확인되는 겁니다 언제나… 만약 이것을 확인하지 못하면, 제 말이 도대체 무슨 말인지… 상상도 할 수가 없습니다.

그래서 제가 오로지 요구하는 것은 이것을 확인하고 체험하시라는 것입니다. 체험을 반드시 해야 합니다. 체험을 하지 않으면 끝내 생각에만 매달려 있게 됩니다. 반드시 확인할 수 있습니다. 어쨌든 끈기 있게, 꾸준하게 귀를 기울이고, 탐구하는 마음을 놓치지 않고, 이렇게 공부를 하시다 보면 반드시 점차점차 변화가 오다가 어느 순간에 갑자기 팍 확인됩니다.

물리적인 변화에도 그런 게 있습니다. 임계점(臨界點)이란 게 있습니다. 물이란 게 점차점차 따뜻해지다가 100°C가 되면 갑자기 수증기로 확 변해 버리잖아요? 그런 식으로, 공부도 좀 그런 면이 있어요. 별 변화가 없는 것 같은데 어느 날 갑자기 큰 변화가 확 일어나요. 그것을 우리가 '몰록(頓)' 체험을 한다고 하는 것인데… 그게 반드시 일어납니다. 그 체험을 거쳐야 비로소 경전이나 어록이나, 제가 드리는 말씀이 공감이 되는 겁니다. '그래, 저 말이 무슨 말이다!' 공감이 가게 되어요. 그렇지 않으면 여전히 남의 소리지 자신의 소리가 아니다 이겁니다. 저는 그것을 원하고 있고, 그래서 자꾸 이렇게 말씀드리는 겁니다. 어쨌든 몰록 체험을 하셔야 해요. 이것

밖에 없는 겁니다. (탁자를 두드리며)

　법(法)은 곧 마음법입니다. 마음은 취할 수도 없고 말할 수도 없습니다. 그래서 법도 아니고 법 아닌 것도 아닙니다. 법이니 법 아니니 하는 이것은 뭡니까? 말일 뿐이에요! 법이라 해도 이 마음이고, 법 아니라 해도 이 마음일 뿐 다른 게 없습니다. 그래서 이것, 이 마음 하나 분명하면 됩니다. 참… 답답하죠? (대중 웃음) 《금강경》이거… 너무 쉬워요, 아무것도 아닙니다. 도리어 좀 서툴러요. 법이니 법 아니니, 법도 아니고 법 아닌 것도 아니라느니… 유치하잖아요? 말하자면 (손을 번갈아 뒤집어 보이며) 이것은 손바닥이요, 이건 손등이다. 이것은 손바닥도 아니요, 손등도 아니다… 아무리 어떻게 말해도 이것(손을 흔들어 보임)밖에 없습니다. 이것(손바닥을 보임)은 손바닥이요, 이것(뒤집어 손등을 보임)은 손등이요… 이렇게만 아는 사람은 모양만 따라다니는 겁니다. 보통 다 그렇지요. 손바닥을 나타내도 이것(손을 들어 보임)이고, 손등을 나타내도 이것(손을 들어 보임)입니다. 다른 게 뭐 있습니까?

　해인사 장경각에 팔만대장경판을 보러 가서서 첫 구절부터 한번 읽어 보십시오. 못 읽겠거든 그냥 눈으로만 쫙 훑어보십시오. 첫 자부터 마지막 자까지 글자의 모양은 다양하게 변하지만 결국은 뭡니까? 이것밖에 없어요. 이렇게(고개를 아래위로 움직이며 보는 시늉을 보임) 하는 겁니다. 아니면 글자를 그냥 써 보십시오. 사경(寫經) 말이죠. 《반야심경》도 좋고, 《금강경》도 좋습니다. 처음부터 끝까지 이것입니다, 이것!(손으로 글자 쓰는 시늉을 보임) 다른 게 없어요. 이것 하나를 사용하고 있는 겁니다! 처음부터 끝까지… 그러니까 일즉일체(一卽一切), 일체즉일(一切卽一)이라고 하는 겁니다. 하나가 전체요, 전체가 하나라… 처음부터 끝까지 이것뿐이라… 이것뿐인 사실이 탁! 하고 체험이 오면 되는 것입니다.

우리는 보통 다 머리에 걸려 있습니다. 머리 쓰는 일에 기운이 다 가 있다 이겁니다. 여기에 있던 힘이 밑으로 쫙 내려와 가지고, 발가락 밑으로 쫙 내려가 버려요. 그러면 내가 뭐 힘쓸 일이 없어요… 저절로 다 되는 겁니다. 저절로… 그렇다고 머리를 안 쓰는 건 아니에요. 머리를 쓰지만 이젠 머리가 주인 노릇을 안 해요. 머리가 주인 노릇 하는 게 아닙니다. 진짜 주인이 주인 노릇 하는 겁니다. 이것뿐인데… 참… 답답해요… (대중 웃음)

사실은 저도 옛날에 공부할 때 참 답답했습니다. 하염없이 혼자서 거리를 쏘다니기도 하고, (대중 웃음) 도대체 이게 뭐냐 이거예요. 어떻게 손을 쓸 방법이 없는 겁니다. 왜냐? 손을 썼다 하면 머리로 돌아가니까. 머리로 하면 안 된다고 했거든요. 갑갑하고 답답하고 미치겠는데 손을 쓸 방법은 없고… 그러다 보니까 어느 날 문득… 체험이 오더라고요. 그러면 되는 거예요. 확인의 체험만 딱 되면 되는 겁니다. 확인이 딱 되고 보니까 고생한 게 정말 아까워… 아무것도 아니라, 이거는… 아무것도 아닙니다. 이것은! 아무것도 아니고 내가 늘 가지고 있던 그거라… 다른 게 없어요. 늘 사용하고 그 황량하고 추운 거리를 쏘다니던 게 바로 이거라… 알고 보니까… (웃음) 다른 게 없어요. 난 외로운 줄 알았는데 알고 보니까 항상 이

215

게 있었던 겁니다. 늘 이것이 팔팔하게 살아 움직이고 있는데, 우리 스스로가 외롭다고 바깥으로만 자꾸 찾아다니는 겁니다.

이렇게 법(法)이 분명해야 하는 겁니다. 체험이 있고 법이 분명해야지, 말로써 현묘한 도리와 경전에 나오는 사구백비(四句百非)를 논하며, 이것이니 저것이니 따지고 하는 그것은 공부가 아닙니다. 그런 식으로 하면 결국엔 '현묘(玄妙)'나 '도리(道理)'라는 도깨비에게 사로잡혀서 헤어날 날이 없어요. 도리 같은 것은 없습니다. 한번 생각해 보세요! 손바닥을 보여 주고 손등을 보이는 데 무슨 도리가 있느냐 이거예요. 눈 한 번 깜빡이는 데 여기 무슨 도리가 있습니까?

마음은 본래 완전히 갖추어져 있고 언제든지 변함이 없다고 했잖아요? 금방 태어난 어린애나 지금 우리나 하나도 다른 게 없습니다. 엄마 뱃속에서 금방 태어나 "으앙" 하는 거기에 무슨 도리가 있습니까? 태어나서, 젖도 빨고, 눈도 뜨고, 숨도 쉬고, 그게 마음이거든요. "으앙" 하고 우는 게 마음이고… 젖을 쪽쪽 빠는 게 마음이에요. 지금 우리도 마찬가지 아니에요? 지금도 그거 그대로 쓰고 있는 겁니다. 그래서 배워서 얻은 것은 전부 엉터리예요. 전혀 배우지 않고 내가 얻은 것도 아니고 태어날 때부터 가지고 있던 이것만 확실하게, 이것만 분명하게 확인하면 이게 바로 마음이에요. 다른 게 없어요.

현묘한 도리라고요? 말뿐입니다. 말이란 건 100% 배워서 얻은 것이기 때문에 말로써는 안 된다는 거예요. 말이란 건 전부 다 배워서 익힌 것 아닙니까? 그러니까 말은 전부 엉터리입니다. 아까부터 "제 말 알아듣겠습니까?" 했던 것은 제 말이 아니라 제 목소리를 가지고 드러낸 이 법을 가리킨 겁니다. 우리말 할 줄 모르는 외국인이

제 말을 들으면 말귀를 못 알아듣잖아요? 그러나 제 목소리는 듣거든요. 세상 60억 인구가 마음은 똑같아요. 그러니까 말은 못 알아듣지만 제 목소리는 듣듯이 마음은 다 통하는 거예요. 마음이란 그런 것입니다. 말뜻이 아닙니다. 절대 말뜻을 따지면 안 돼요. 배운 바는 아니다 이겁니다. 분별이에요, 그것은. 그러니까 갓 태어난 어린애나 팔십 먹은 노인이나 한결같이 똑같은 것… 똑같이 쓰고 있는 겁니다. 어느 나라 사람이나 똑같이 쓰고 있는 거예요.

부처님 법을 평등법(平等法)이라고 하잖아요? 마음은 그렇게 평등한 거예요. 아무런 차이가 없어요. 남녀노소와 인종과 때와 장소를 불문하고 아무런 차별이 없어요. 똑같아요. 그렇다고 정치적 평등처럼 '이것이 더 좋으니까 이렇게 하자'라는 그런 것은 아니에요. 부처님 법, 마음법이란 것은, 마음이란 것은 본래 평등한 겁니다. 마음법이란 것은 본래 아무런 차별이 없어요. 본래 평등하니까 평등하다고 한 것이고 무상정등각이라 한 것이지, 불평등은 좋지 못하니까 차별하지 말자고 해서 평등하다는 말이 아니에요. 정치적인 평등처럼, '차별하는 것은 좋지 못하니까 평등하게 하자'라고 하는 것은 사유(思惟)입니다.

마음이라는 것은 본래 타고난 그대로 평등한 겁니다. 평등하고자 해서 평등한 게 아니고 본래 평등한 겁니다. 집에 돌아가셔서 이것을 화두로 삼으셔도 좋아요. 내가 태어날 때부터 가지고 있었던 게 뭔가? 태어날 때 내가 뭘 가지고 나왔지? 뭘 가지고 나왔는가? 그것이 바로 이것, 마음입니다. 맨몸으로 쏙 빠졌는데 이것 하나만 딱 가지고 나온 겁니다. 태어난 뒤에 이것을 사용하여 온갖 복잡한 생활

217

을 하는 겁니다. 이거 하나를 가지고… 다른 게 없어요.

일체 현성(賢聖)은, 모든 성인들은, 즉 마음을 체험한 사람들
은, 마음을 깨달은 사람들은 전부 다 무위법으로써 차별이 된다…

무위법(無爲法)이 뭐냐 하면, 이것이 마음이고 저것이 마음이고…
하는 분별이 없는 것이 바로 무위법입니다. 무위법이란 아무것도
안 한다는 거거든요? 아무것도 배워서 얻지 않고, 아무런 노력도 하
지 않고, 아무런 수행도 하지 않는 것입니다. 마음공부엔 수행이 필
요 없습니다. 여러분! 조심하셔야 해요. 마음공부라고요? 수행이라
고요? 마음은 닦는 게 아닙니다. 이건 제가 이야기한 것이 아니라,
벌써 육조혜능 스님이 "마음을 닦아서는 안 돼!" 하고 고함을 질렀
습니다. "마음은 닦는 게 아니야!" 마조 스님도 목이 터져라 하고 이
야기했습니다. 《마조어록》을 한번 보세요. 마음은 닦는 게 아닙니
다. 거울은 닦아도 좋아요, 그러나 마음은 닦지 마세요. 이렇게… (웃
음) 거울을 닦아 보세요. 거울은 닦이죠? 더러운 거울은 닦이는데,
닦는 이놈은 (손을 들어 거울 닦는 시늉을 보임) 안 닦여요. 이것은 닦이는
것이 아니거든요. 무위법이란 것이 그런 겁니다. 닦을 것이 없어요,
본래 그대로 완전하지요… 주어진 그대로… 태어난 그대로… 있는
그대로… 이런 뜻입니다, 무위법이란 것은.
　무위법의 반대가 유위법(有爲法)인데, 유위법은 노력하고, 닦고,
배우고, 힘들여서 뭔가 해야 하는 겁니다. 그러나 마음공부란 그런
게 아닙니다. 사회적인, 세간의 공부는 유위법이에요. 유위법은 인

과법(因果法)입니다. 그러니까 6년 공부하면 졸업장을 주고, 3년 공부하면 졸업장을 주고 하지요. 공부해서 통과하면 자격증을 주니 인과법이죠. 책 한 권을 다 읽으면 그 책의 내용을 아는 겁니다. 인과법입니다. 노력이라는 원인이 제공되니까 결과가 주어지는 겁니다. 인과법은 기본적으로 분별입니다. 주는 게 있으니까 받는 게 있다 이겁니다.

마음은 그런 게 아닙니다. 법에는 주고받는 게 없어요. 노력의 대가로 얻어지는 게 아닙니다. 본래 가지고 있는 겁니다. 본래 그대로 완전하게 작용하고 있는 겁니다. 불법(佛法)은 평등법(平等法)이라는 말에도 그런 의미가 있는 겁니다. 주고받고 하는 게 아니란 겁니다. 무위법이란 말도 그런 뜻이죠. 인과법이 아닙니다. 근데 세상의 공부는 다 인과법이에요. 그러니까 학교나 학원에 가려면 돈을 내야 합니다. 돈만 냅니까? 그만큼 노력을 기울여야 하죠. 그래야 얻는 게 있지. 하지만 마음공부는 인과법이 아닙니다. 마음은 누구에게나 본래 완전하게 갖추어져 있는 것이고, 노력을 통하여 주어지는 것이 아니기 때문이죠.

노력이란 것이 필요 없지만, 그렇다고 해서 마음공부에는 관심도 없고 마음공부를 안 하고 지내면 마음이란 게 달라지는 것이 없어요. 공부를 하든 말든 마음 자체가 달라질 수는 없겠지만, 마음공부를 해서 마음을 확인한 것과 확인하지 않은 것은 다르지 않을까요? 겉으로는 차이가 없어요. 마음공부를 한 사람도 배고프면 밥 먹고, 잠 오면 자야 하는 거예요. 똑같아요. 마음이란 기본적으로 다를 게 하나도 없습니다. 공부를 하고 안 하고에 따라 마음이 달라지는 것은 없거든요. 그러나 공부를 해서 마음법을 체험하고 확인하면, 번뇌망상이라는 것에 시달리지 않습니다.

똑같이 60년, 70년 살지만 번뇌망상에 시달리는 삶하고 안 시달리는 삶하고, 우리의 삶에 질적인 차이가 나는 겁니다. 양적인 차이는 별로 이야기할 수 없지만, 분명히 삶의 질이 달라집니다. 이 공부를 해야 하는 이유가 거기에 있는 거죠. 그리고 마음공부를 안 한, 자기 마음을 모르는 입장에서 사는 사람은 불안정해요. 들떠 있고, 불안하고, 헤매고, 허전하고, 뭔가 모르지만 불만족스럽습니다. 중심이 안 잡혀 있기 때문에 귀가 얇아요. 여기서 이런 말 하면 이리 끌려가 버리고, 저기서 저런 말하면 저리 끌려가 버리죠. 중심이 서 있지 않아요. 말만 그렇습니까? 보는 것에 끌려다니고, 듣는 것에 끌려다니고… 전부가 그런 식으로 되는 겁니다. 그야말로 부초(浮草)처럼 떠도는 겁니다. 중생의 삶이란 게 그렇죠.

그러나 마음공부를 해서 마음을 탁 깨달으면, 이것은 마치 뿌리를 깊이 박고 있는 풀과 같아요. 바람이라는 인연에 따라서 이리저리 휘어지지만 뿌리는 한결같이 그 자리에 있는 풀과 같습니다. 다른 곳으로 가는 게 아니고, 항상 자기 자리에 딱 있는 겁니다. 그러니까 한량없이 안정되는 겁니다. 다른 게 없어요. 마음공부를 했다고 100살 살 걸 200살 살거나, 돈이 잘 벌리는 게 아니죠. 세간적으론 아무것도 특별할 게 없습니다. 하지만 내면의 삶은 확실히 달라집니다. 완전히 달라져요. 그것입니다, 그것…

일체 현성은 모두 무위법으로써 차별이 있다…

220

이것을 또 다른 방향에서 말씀드리면, '일체 현성은' 대신에 '일체 중생은', 이렇게 바꿔 봅시다.

일체 중생은 모두 무위법으로써 차별이 있다…

이렇게 해도 말은 됩니다. 어떻게 말이 되느냐? 법을 알고 보면 말이죠, 퍼즐 놀이 하는 거 있잖아요? 이리 돌리고 저리 돌리고 해서 딱딱 끼워 맞추는 거… 그 원리를 모를 때는 이리저리 몇 바퀴 돌려 놓으면 막 헤매는데, 원리를 알면 아무리 이리 돌리고 저리 돌려 놔도 이리 맞춰도 되고, 저리 맞춰도 딱딱 들어맞게 되어 있습니다. 그런 것처럼 법을 알게 되면, 말을 아무리 바꿔도 그게 전부 의미가 있어요. 왜냐하면 법은 어디에도 통하지 않는 데가 없기 때문입니다.

일체 중생은 모두 무위법으로써 차별이 있다…

그렇죠? 일체 중생은 전부 차별만 따라다니거든요. 중생이란 다른 것이 아닙니다. 차별만 따라다녀요. '컵'을 컵인 줄만 알고, '시계'를 시계인 줄만 알고, '나무'를 나무인 줄만 알았지, 이게 한결같이 다만 법뿐인 줄은 모르기 때문에 중생이라고 하거든요. 성인들은 뭐냐? '컵'을 보되 컵인 줄만 아는 게 아니라, 우리가 《금강경》 제5분에서 봤잖아요? 컵을 컵이 아닌 걸로 볼 줄 알면 그게 여래다, 그랬거든요. '컵'을 컵으로만 보는 게 아니라 컵 아닌 줄도 아는 게 여래라. 그런데 중생은 '컵'을 컵인 줄만 아는 게 중생이에요. 그런데 우리는 '컵'을 컵인 줄만 알고, '시계'를 시계인 줄만 알고, '나무'를 나무인 줄만 알고, '나'를 나인 줄만 알고, '남'을 남인 줄만 알지요. 그렇게 아는 것은 결국 어떻게 해서 그렇게 아는 겁니까? 무위법에 의해서 그렇게 아는 거예요. 다른 것에 의해서 그렇게 아는 게 아니거든요. 무위법, 이 마음에 의해서 그렇게 아는 거잖아요? 이 무위법, 차별 없는 이놈이 모든 차별을 그렇게 드러내는 겁니다.

거울을 생각해 보세요. 거울 그 자체는 무위법이라… 본래 주어진 건 아무것도 없어요. 모양 없는 거울 스스로가 모든 모양을 다 비추어 내잖아요. 똑같은 겁니다. 일체 중생은 이 법 하나로써 모든 차별 망상을 만들어 낸다 이겁니다. 그래서 알고 보면 차별 망상 그 자체가 법이고, 다른 것이 없습니다. 망상이 따로 있는 게 아니에요. 알고 보면 그게 다 진리요, 법입니다! 그러니까 망상은 버려야 할 게 아닙니다. 그래서 '번뇌(煩惱) 즉 보리(菩提)'라 하고, '색(色) 즉 공(空)'이라 하거든요. 다른 게 아니에요. 그래서 번뇌를 버릴 게 아니고 번뇌가 바로 보리임을 깨달아야 합니다. 번뇌가 보리임을 깨닫는 건, 번뇌가 번뇌 아님을 깨닫는 겁니다.

《금강경》의 표현에 따르면, 번뇌가 번뇌 아님을 보면 그게 바로 부처입니다. 반면에 번뇌를 번뇌인 줄만 알면 그게 중생입니다. 번뇌를 없애는 게 아닙니다. 번뇌를 번뇌 아닌 걸로 보니까, 번뇌는 번뇌가 아니니까 이미 번뇌가 없어진 겁니다. 달마와 혜가 사이의 대화가 바로 그것 아니에요? 혜가가 달마에게 가서 "마음이 아픕니다"

그랬거든요. 아픈 마음을 치료해 달라는 말 아닙니까? 그러니까 "그럼 내가 치료해 줄 테니까 아픈 마음을 내놓아 봐라." 내놓아 보려 해도 아픈 마음이 어디 있는지 내놓아 볼 수가 없어요. 없는 마음이 어떻게 아파요? 망상이죠. "없으니까 이미 치료가 되었네" 그랬거든요? 번뇌를 없앨 수는 없습니다. 번뇌가 바로 진리임을 깨달으면 번뇌는 본래 없는 거예요.

그러니까 《반야심경》 제일 첫 줄에서도 "조견오온개공(照見五蘊皆空)하니까 도일체고액(度一切苦厄)한다"고 한 것입니다. 오온이라는 번뇌가 전부 공임을 딱 보니까 모든 고통과 문제가 싹 없어져 버린다는 거죠. 번뇌를 다 끊어 없애야 한다는 것이 아니에요. 육체에 있는 병은 수술해서 도려낼 수가 있지만 마음은 그렇게 할 수가 없습니다. 마음의 번뇌는 그렇게 할 수가 없어요. 업장이 아무리 두꺼운 사람이라도 마찬가지입니다. 업장이 두꺼우니까 그걸 전부 다 소멸시켜야 한다고 그러거든요. 업장이 아무리 두꺼워도 한순간에 소멸시킬 수가 있습니다. 어떻게? 업이 업이 아닌 줄 깨달으면! 한순간에 업은 없어져 버리는 거예요. 업은 원래 없습니다. 그러니까 《금강경》 제3분에서도, 모든 중생을 내가 한꺼번에 남김없이 멸도시킨다고 하는 것입니다. 전부 다 법일 뿐이지 다른 게 없어요.

8
법에 의지해서 나타난다 依法出生分

"수보리야, 어떻게 생각하느냐? 만약 사람이 삼천대천세계를 칠보로 가득 채움으로써 보시를 한다면 이 사람이 얻는 복덕이 어찌 많지 않겠느냐?"

수보리가 말하였다.

"매우 많습니다, 세존이시여! 왜 그러냐 하면, 이 복덕(福德)은 곧 복덕성(福德性)이 아니기 때문입니다. 이 까닭에 여래는 복덕이 많다고 말씀하십니다."

"만약에 다시 어떤 사람이 이 경 가운데에서 사구게(四句偈) 등을 받아 지녀서 남에게 말한다면, 그 복덕은 앞의 복덕보다 더 뛰어난 것이다. 왜냐하면, 수보리야, 일체의 모든 부처와 그 부처가 얻은 위없는 바르고 평등한 깨달음의 법은 모두가 이 경에서 나오기 때문이다. 수보리야, 이른바 불법이라고 하는 것은 곧 불법이 아니니라."

"須菩提, 於意云何? 若人滿三千大千世界 七寶以用布施, 是人所得福德寧爲多不?"

須菩提言: "甚多世尊. 何以故? 是福德卽非福德性. 是故如來說福德多."

"若復有人於此經中 受持乃至四句偈等爲他人說, 其福勝彼. 何以故? 須菩提, 一切諸佛及諸佛阿耨多羅三藐三菩提法皆從此經出. 須菩提, 所謂佛法者卽非佛法."

여기에 《금강경》의 장점이 있습니다. 실컷 말을 해 놓고선 뒤에 가서 그 말을 싹 돌려 버리는 겁니다. 세웠다가 다시 부수는 이것이 《금강경》의 큰 특징입니다. 《금강경》이 다른 경전에 비해서 뛰어난 점이 바로 이런 데 있습니다. 실컷 말해 놓고 사람들이 말 따라올 만하면 탁 꺾어서 본래자리로 싹 돌려주는 겁니다. 이게 《금강경》의 장점이에요.

자, 그럼 다시 한번 보죠.

수보리야, 어떻게 생각하느냐? 만약 사람이 삼천대천세계, 삼천대천세계는 이 우주인데, 이 우주를 칠보로써 가득 채운다… 있을 수 없는 일이지만 어쨌든, 보시를 하는데 칠보로 우주를 가득 채워서 보시를 한다면, 이 사람이 얻는 복덕이 어찌 많지 않겠는가? 하는 말이거든요. 그러니까 수보리가, "대단히 많습니다, 세존이시여"

라고 말해요. 그런데 수보리란 사람은 이것을 깨달은 사람이에요. 그러니까 "왜 많다고 하느냐 하면, 이 복덕은 곧 복덕의 자성(福德性)이 아니기 때문이다"라고 답을 하는 것이지요. 원문을 보면 시복덕즉비복덕성(是福德卽非福德性)이라고 되어 있는데, 다른 판본을 보면 좀 다르게 되어 있어요. 한역(漢譯)《금강경》에는 7가지 판본이 있습니다. 시대별로 번역자가 달라요. 지금 우리가 보고 있는 것은 구마라집이 번역한 판본인데, 나름 잘 번역했다고 하는 겁니다. 그러나 시복덕즉비복덕성(是福德卽非福德性)이란 부분은, 다른 판본에선 복덕성(福德性)이란 말이 나오지 않습니다. 그냥 시복덕즉비복덕(是福德卽非福德)이에요. 물론 구마라집은 복덕성(福德性)이라는 말로 일부러 의역을 한 것입니다. 복덕성은 복덕의 자성(自性)이라는 말인데, 복덕은 복덕의 자성이 아니라고 의역을 한 것입니다. 자성이란 고정불변하고 독립적으로 존재하는 실체라는 뜻이니, 결국 복덕이라는 불변의 실체는 없다는 뜻입니다. 구마라집이 의역을 한 것이지요. 그러니까《금강경》의 다른 부분과 마찬가지입니다. 보살은 보살이 아니다… 복은 복이 아니다… 불법은 불법이 아니다… 그러니까 시복덕즉비복덕(是福德卽非福德)이라는 번역이 좋습니다.

이 복덕은 곧 복덕이 아니다. 이 까닭에 여래께서는 복덕이 많다고 말씀하시는 것이다…

기가 막히는 이야기예요. 복덕이 복덕이 아니라고 하면 복덕이 많은 게 아니라 복덕이 하나도 없는 거지요. 복덕이 많다는 이야기인데, 복덕이 복덕이 아니면 복덕이 없는 거지 어째서 많은 것일까요? 이치로는 이해가 안 되잖아요? 이것이 바로《금강경》의 장점입니다. 이치로 이해가 된다면 우리는 전부 다 머리로 이해하고 그걸로 끝날 겁니다. 그렇다면 더 이상 진전이 없어요. 그런데 이치로 이해가 안 되는 겁니다. 복덕이 복덕이 아니면 복덕이 하나도 없는 것이지, 왜 많다 하느냐? 그러니까 이제 '아, 이거 말 따라가서는 안 되겠구나!' 하고 깨닫는 것이지요. 복덕이 복덕이 아니란 말은 도대체 뭐냐? 복덕이 아니면 도대체 뭐냐?

자, 보세요. 칠보를 가지고 우주까지 갈 것도 없어요. 자기 몸을 칠보로 장식해 보세요. 귀걸이(귀걸이 하는 시늉을 보임), 코걸이(동작을 보임), 목걸이(동작을 보임), 팔찌(동작을 보임), 발찌(동작을 보임), 손가락에 가락지(동작을 보임)… 옷에도 주렁주렁… 잘 보세요. 칠보로 장식하고 있습니다. 지금 제가 귀걸이 하고(동작을 보임) (대중 웃음) 목걸이 이렇게 하고(동작을 보임) 가락지 하고, 팔찌 하고, 여기다 브로치를 하고… 그렇게 하고 거울을 보니까 마음에 안 들어. 에이, 다시빼… (다시 동작을 보임) 빼 놓고 또(장신구를 하는 시늉을 보임)… 또 마음에 안 들어 또 빼놓고(장신구 빼는 동작을 보임)… 무수히 할 수 있어요, 무수히… 많잖아요? 한 번 하는 걸로 끝나면 많은 게 아닙니다. 마음에 안 들어… 빼 놓고, 또 하고… 또 마음에 안 들어… 또 빼 놓고 또 하고… 복덕이 어디 있는 겁니까? 무수히 많은 겁니다. 무수히 많아요. 복덕은 복덕이 아니기 때문에 그 복덕은 무수히 많은 거다, 이 말이에요. 기가 막히잖아요. 바로 이것을 말하고 있는 겁니다. 무한히 많은 것… 한정이 없어요. 바로 이것을 말하고 있는 겁니다. 이것! 복덕은 복덕이 아니라 이거다 이겁니다.

앞에 계속해서 나왔잖아요? 반복적으로 나오고 있는 겁니다. 지금 쓰고 있는 이것입니다! 이것은 끝이 없어요. 써도 써도 끝이 안 나는 겁니다. 아무리 많아도 정해져 있는 것은 한정이 있는 겁니다. 삼천대천세계를 꽉 채워도 한정이 있는 겁니다. 그러므로 많은 게 아니지요. 그래서 정해진 법이 없다고 하잖아요? 정해진 법이 있으면 그것은 불법이 아닙니다. 이것은 정해진 것이 없어요. 정해진 것이 없으니까 얼마든지, 끝없이 쓸 수 있어요. 끝없이 쓸 수 있는 이게 바로 법입니다. 바로 이 법을 쓰고 있는 겁니다. 여러분 각자 이것을 쓰고 있는 거 아닙니까? 끝없이 쓰되 바닥나지 않는 것! 왜 바닥나지 않느냐? 한 물건이 아니기 때문에 바닥나지 않는 거예요. 만약에 물건이라면 당장 바닥나죠. 그러나 마음은 물건이 아니기 때문에 바닥이 나지 않고, 끝없이 쓰고 있어요. 그러니까 이 말이 딱 맞는 거예요. 복덕은 복덕이 아니기 때문에 복덕이 많은 겁니다. 이게 바로 《금강경》의 묘미(妙味)입니다. 아주 멋지게 이야기하고 있어요.

만약 다시 어떤 사람이 이 경 가운데에서 사구게 등을 받아 지녔다가 남을 위해 설해 준다면 그 복덕은 저 사람보다 더 낫다…

왜? 그래도 칠보란 것은 역시 한계가 있는 것인데, 사구게(四句偈)는 법을 가리키는 겁니다. 한계가 없는 법!

왜 그러하냐? 수보리야, 일체의 모든 부처와, 모든 부처가 얻은 위없는 바르고 평등한 깨달음이 모두 이 경에서 나오기 때문이다.

이 경(經)에서 다 나와요. 이 경! 무슨 경입니까? 이 경이 무슨 경이에요? 금·강·경이라고 말하면 틀리기도 하고 옳기도 합니다. 왜?《금강경》이《금강경》이 아니란 사실을 알면 맞아요. 그러나《금강경》을《금강경》이라고만 알고 있으면 틀려요. 팔만대장경이 책으로도, 목판으로도, CD로도 나와 있습니다. 팔만대장경을 책으로 만들든, 목판으로 만들든, CD로 만들든, 결국 뭡니까? 경전의 글씨를 쓴 사람은 이렇게(글 쓰는 동작을 보임) 쓴 것이고… 목판에 글자를 판 사람은 이렇게(동작을 보임) 판 것이고… CD에 넣은 사람은 이렇게(동작을 보임) 넣은 것이고… 다만 이것 하나뿐이지요, 이것 하나! 이것 하나가 팔만대장경을 모두 만들어 내는 거예요.

이게 경입니다. 이게 진짜 경입니다! 여기서 다 나오는 겁니다. 여기서 부처도 나오고, 부처가 깨달은 법도 나오고… 여기서 다 나와요.《금강경》이《금강경》이 아닌 줄 알 때 비로소 우리는 진짜《금강경》을 보는 겁니다.《금강경》이 가르치는 내용이 바로 그것이에요.《금강경》을《금강경》인 줄만 알면 우리는《금강경》을 몰라요.《금강경》이《금강경》이 아니라 '이것'인 줄 깨달을 때 비로소《금강경》의 내용을 알고, 거기서 다 나온다는 사실을 알 수가 있는 겁니다. 일체의 현인(賢人)과 성인(聖人)이 여기서 다 나오는 겁니다. 이것 하나에 의해서 모두… 거듭 말하면 입이 아파요… (대중 웃음) 이것 하나에 의해서 다 그렇게 되는 거예요. 다른 게 없어요. 찾아도 찾아도 다른 게 없는 겁니다.

일체의 모든 부처와 모든 부처가 깨달은 위없는 바르고 평등한 진리라는 것이 전부 이 경에서 나온다…

그래 놓고도 마음이 안 놓이니까 또, 수보리야… 해 놓고, 이른바 불법이라 하는 것은 불법이 아니란다! 이렇게… 끝까지…《금강경》은 너무 친절해요… (대중 웃음) 이야기해 놓고 마지막에 또 안심이 안 되니까, 이른바 불법이라 하는 것은 불법이 아니라, 이거야, 이것!… 하고 다시 말하는 겁니다. 너무 친절해요. 너무 친절해…《금강경》은 잘 썼으면서도 노파심이 간절한 경입니다. 간단한 것 같지만 오히려 말이 많아요. 너무 친절하게 이렇게 이야기해 주고 있습니다. 모든 부처와 모든 부처가 깨달은 위없이 바르고 평등한 깨달음이 이 경에서부터 나왔다. 이렇게만 해도 충분할 텐데… 그래도 마음이 안 놓여서, "이른바 불법이라고 하는 것은 불법이 아니다… 제발 말에 속지 마라! 불법이란 뭐냐? 바로 이거야!"

말 따라가서 말에 안 속으면, 불법이 불법이 아닌 줄 깨달으면,《금강경》은《금강경》이 아니요, 불법은 불법이 아니요, 복덕은 복덕이 아니요… 이게 분명하다면 항상 한결같을 뿐이에요. 아무 데도 끄달릴 필요가 없는 것이고, 그저 그냥 이것 하나로서… 한결같이… 이것밖에 없는 거죠. 어디에 뭐 특별한 것이 없어요.

9
하나의 모습뿐 다른 모습은 없다 —相無相分

"수보리야 어떻게 생각하느냐? 수다원이 이렇게 생각할 수 있겠느냐? '내가 수다원과를 얻었다'고."

수보리가 말했다.

"아닙니다, 세존이시여! 왜냐하면 수다원이라는 이름은 '흐름에 들어간다'라는 뜻인데, 그러나 들어가는 바가 없기 때문입니다. 색에도 들어가지 않고, 소리, 냄새, 맛, 촉감, 법에도 들어가지 않습니다. 이것을 이름하여 수다원이라고 합니다."

"수보리야, 어떻게 생각하느냐? 사다함이 이렇게 생각할 수 있겠느냐? '내가 사다함과를 얻었다'고."

수보리가 말했다.

"아닙니다, 세존이시여! 왜냐하면 사다함이란 이름은 '한 번 왕래한다'는 뜻인데, 그러나 진실로 왕래하는 것이 없기 때문입니다. 이것을 이름하여 사다함이라고 합니다."

"수보리야, 어떻게 생각하느냐? 아나함이 이렇게 생각할 수가 있겠느냐? '내가 아나함과를 얻었다'고."

수보리가 말했다.

"아닙니다, 세존이시여! 왜냐하면 아나함이라고 하는 이름은 그 뜻이 '오지 않는다'는 뜻이지만, 진실로 오지 않는 것은 없기 때문입니다. 이 까닭에 이름을 아나함이라고 하는 것입니다."

"수보리야, 어떻게 생각하느냐? 아라한이 이렇게 생각할 수가 있겠느냐? '내가 아라한도를 얻었다'고."

수보리가 말했다.

"아닙니다, 세존이시여! 왜냐하면 진실로 아라한이라고 이름 붙일 그런 법은 없기 때문입니다. 세존이시여! 만약에 아라한이 '내가 아라한도를 얻었다'고 생각을 한다면, 바로 '나', '사람', '중생', '목숨'에 집착을 하는 것입니다. 세존이시여! 부처님께서는 제가 무쟁삼매(無諍三昧)를 얻어서 사람 가운데 가장 뛰어나며, 가장 뛰어나게 욕망을 벗어난 아라한이라고 말씀하셨습니다. 세존이시여! 그러나 저는 이렇게 생각하지 않습니다. '나는 욕망을 벗어난 아라한이다'고. 세존이시여! 제가 만약에 '내가 아라한도를 얻었다'고 생각한다면, 세존께서는 수보리가 아란나행을 즐기는 사람이라고 말씀하시지 않을 것입니다. 수보리는 진실로 행하는 바가 없기 때문에, 아란나행을 즐긴다고 말씀하시는 것입니다."

"須菩提, 於意云何? 須陀洹能作是念: '我得須陀洹果.'不?"

須菩提言: "不也世尊. 何以故? 須陀洹名爲入流而無所入. 不入色聲香味觸法. 是名須陀洹."

"須菩提, 於意云何? 斯陀含能作是念:'我得斯陀含果.'不?"

須菩提言:"不也世尊. 何以故? 斯陀含名一往來而實無往來. 是名斯陀含."

"須菩提, 於意云何? 阿那含能作是念:'我得阿那含果.'不?"

須菩提言:"不也世尊. 何以故? 阿那含名爲不來而實無不來. 是故名阿那含."

"須菩提, 於意云何? 阿羅漢能作是念:'我得阿羅漢道.'不?"

須菩提言:"不也世尊. 何以故? 實無有法名阿羅漢. 世尊, 若阿羅漢作是念:'我得阿羅漢道.' 卽爲著我人衆生壽者. 世尊, 佛說:'我得無諍三昧, 人中最爲第一, 是第一離欲阿羅漢. 我不作是念: 我是離欲阿羅漢.'世尊, 我若作是念:'我得阿羅漢道.'世尊則不說:'須菩提是樂阿蘭那行者.'以須菩提實無所行, 而名須菩提是樂阿蘭那行."

조금 깁니다. 길지만 내용은 같은 내용이 반복되고 있습니다. 여기서 수다원, 사다함, 아나함, 아라한이라고 하는 것은, 소승불교에서 깨달음을 얻은 사람을 4단계로 나눠서 말하는 것입니다. 아라한이 제일 마지막 단계이고, 첫 단계는 수다원(須陀洹)이라고 합니다. 수다원은 뜻이 입류(入流)에요. 흐름에 들어간다는 뜻인데, 생사(生死)의 흐름을 벗어나서 생사가 없는 열반(涅槃)의 흐름 속으로 들어간다는 뜻입니다. 우리가 흔히 그렇게 생각하고 있지 않습니까? 깨달음을 얻으면 생사의 흐름을 벗어나서 열반으로 들어간다고… 여기서 입류(入流)라고 하는 것은 그런 뜻입니다. 그래서 깨달음의 4

단계 중 첫 번째 단계가 생사윤회의 흐름을 벗어나서 열반의 흐름으로 들어간다는 의미로 '입류(入流)'라 하고, 그것을 산스크리트어로 하면 '수다원'이라고 하는 겁니다.

그리고 두 번째는 사다함(斯陀含)이라고 하는데, 일왕래(一往來)란 뜻입니다. 이것은 무슨 뜻이냐 하면, 깨달음을 얻어서 생사의 흐름에서 벗어나 열반의 흐름 속으로 들어갔다 하더라도 한 번은 다시 태어난다… 이런 뜻이에요. 그래서 '일왕래'라는 것은 한 번 더 태어나서, 하늘에 태어나든 인간으로 태어나든, 어쨌든 태어나서 완전한 열반을 얻기 위해 공부를 하는 사람이란 뜻입니다.

그 다음 세 번째 단계는 아나함(阿那含)이라고 하는데, 이것은 뜻이 불래(不來)라… 돌아오지 않는다는 뜻입니다. 불환(不還)이라고도 해요. 어디로 돌아오지 않느냐? 이제는 생사의 흐름으로 돌아오지 않는다. 그러니까 앞에 일왕래(一往來)라고 하는 것은 한 번 생사의 흐름으로 되돌아온다는 겁니다. 생사윤회를 벗어나서 열반의 흐름 속으로 처음 들어간 자는, 한 번은 다시 생사의 흐름 속으로 돌아와서 완전히 공부를 완성해 다시는 돌아오지 않는 세 번째 단계로 간다… 그래서 아나함을 불래(不來)라 하는 겁니다.

그 다음에, 돌아오지 않는 완전한 공부를 해서 완성이 되면, 그것을 아라한(阿羅漢)이라 하는데, 아라한은 그 뜻이, 여기엔 나타나 있지 않습니다만, 무학(無學)이라 그럽니다. 무학(無學)… 배울 게 더 이상 없다… 공부할 게 더 이상 없다… 그래서 아라한이 가장 높은 깨달음의 경지다. 이렇게 소승(小乘)에서는 말하고 있습니다.

이러한 소승에서 말하는 깨달음의 4단계를 가지고, 《금강경》에서 다시 이야기하고 있는 겁니다. 그런 4단계라는 것은 없다 이거예요. 단계는 없습니다. 깨달음에 단계란 것은 없어요. 《금강경》의 원래 이름이 《금강반야바라밀경(金剛般若波羅密經)》이에요. 《금강경》은 말 그대로 '금강석(金剛) 같은 지혜(般若)를 깨달아 피안으로 건너간다(波羅蜜)'는 가르침입니다. 반야(般若)는 지혜죠. 깨달음이란 지혜 거든요. 깨달음을 통해서 우리가 성취하는 것은 반야입니다.

소승에서는 반야를 성취해 가는 과정을 이렇게 단계를 두고서 차근차근 성취해 간다고 이야기하지만, 우리 대승(大乘)에서는… 소승(小乘)이나 대승(大乘)이나 모두 방편입니다만, 어느 쪽이 좋은 방편이냐를 보시면 되는데… 깨달음에 단계를 두고서, 1단계, 2단계, 3단계, 4단계… 이렇게 말한다면, 그것은 차별을 두고 있는 것이요, 분별을 하고 있는 겁니다. 1단, 2단, 3단, 4단이 다르죠. 그런 것은 분별심에서 말하고 있는 겁니다. 달리 말하면, 분별심을 벗어나지 못한 채, 분별심을 벗어난 깨달음을 저 멀리 있는 목표로 두고서, 말하고 있는 겁니다. 중생의 입장에 서서 저 멀리 있는 부처를 말하고 있다 이겁니다.

그러나 이 대승, 이 《반야경》에서 하는 말은 그런 입장에서 말하지 않습니다. 왜냐? 깨달음이라고 하는 것은 마음을 깨닫는 것인데, 마음은 이미 활짝 깨달아 있습니다. 아무런 문제나 모자람 없이 본래 완전하고 본래 깨달아 있는 이대로의 진실을, 이 입장에서 말하고 있는 겁니다. 다시 말하면, 소승에서 단계를 두고 말하는 것은 미혹된 입장에서 말하는 겁니다. 분별심을 가지고 있는 입장에서, 어리석은 입장에 서서 깨달음을 말하는 것이고… 대승에서 단계를 두지 않고 말하는 것은 그 미혹을 벗어난 깨달음의 입장에서, 지혜의 입장에서, 밝음의 입장에서, 반야의 입장에서 말하고 있는 겁니다.

그럼 어느 게 진실이냐? 반야가 진실입니까, 미혹된 것이 진실입니까? 당연히 반야가 진실이지요. 그럼 우리는 진실의 입장에서 진실을 말해야지, 어리석음의 입장에서 진실을 말하면 안 되잖아요. 그래서 소승은 여법(如法)하지 못하다고 하는 겁니다. 진실의 입장에서 진리의 입장에서 진리를 말해야지, 어리석은 입장에서 진리를 억측해서 말해서는 안 되는 거예요. 이 점은 우리가 경전을 볼 때 대단히 중요하게 여겨야 할 부분입니다.

우리가 평소 책을 읽듯이 경전을 읽는다면, 그것은 소승의 입장에서 읽는 겁니다. 말의 뜻을 따라서, 단계를 두고, 이건 이렇고 저건 저렇고… 어리석음이 있고 깨달음이 있고… 이렇게 하면 따로 따로 있는 겁니다. 따로 따로 있는 그 입장에서 읽는 거죠. 분별심의 입장에서 읽는다 이거예요. 어리석은 입장에서 분별심을 가지고 반야를 이해하는 겁니다. 그러나 그것은 있을 수 없는 일입니다. 분별심을 가지고서는 결코 반야를 이해할 수 없어요. 반야는 어디까지나 반야에서 체험해야 하는 겁니다. 무분별의 입장에서 체험해야 하는 것이지, 분별심을 가지고 무분별을 이해할 수는 없는 겁니다. 그래서 경전을 읽고 보는 자세도, 공부를 하는 사람들이 대부분은 바르지 못해요. 다시 말하지만《금강경》은 반야의 입장에서 하는 말입니다. 분별을 사정없이 깨 버리는 반야의 입장에서 말하는 겁니다. 자, 다시 《금강경》을 한번 보죠.

> 수보리야, 어떻게 생각하느냐? 수다원이 '내가 수다원과를 얻었다'고 생각할 수 있겠느냐?

소승 입장에서는 당연히 수다원이라는 이름이 붙어 있기 때문에, '어, 나는 1단계에 들어왔어!' 이렇게 할 게 아니에요? 그러나 그렇게 하는 것은 아니다 이겁니다. 그렇게 하는 것은 벌써 뭐예요? 분별이거든… '나는 이제 어리석음에서 벗어나 깨달음에 들어왔다!' 이러면 이게 바로 분별이죠. 어리석음 따로 있고 깨달음 따로 있고, 들어오는 게 있고 나가는 게 있고, 벌써 둘입니다. 둘로 나누어 분별하고 있는 겁니다. 그래서 수보리가 사정없이 말하는 겁니다. 수보리는 부처의 상수제자(上首弟子)잖아요? 이미 법을 다 알아요. 반야를 다 아는 겁니다.

> 아닙니다, 세존이시여! 왜냐하면, 수다원이라고 하는 것은 그 뜻을 보면 '흐름으로 들어간다'란 뜻인데, 그러나 실제로는 들어가는 것이 없기 때문입니다.

들어가는 게 없습니다. 들어간다고 하면 들어갈 대상이 있어야 합니다. 대상이라고 하면 우리가 육진경계(六塵境界)라고 합니다. 그런데 이 순간 색(色) 안으로 들어갈 것이냐? 소리 안으로 들어갈 것이냐? 냄새 안으로 들어갈 것이냐? 맛 안으로 들어갈 것이냐? 촉감

안으로 들어갈 것이냐? 법 안으로 들어갈 것이냐? 어디로 들어갈 것이냐?

반야에서 본다면, 깨달음에서 본다면… 사실 '깨달음에서 본다면'이란 말도 맞지가 않아요. 왜냐하면 사실 깨달음 아닌 것이 없거든요. 깨달음을 떠나서는 이렇게 말도 한마디 못해요. 다만 우리 스스로가 분별을 일으키고 스스로 일으킨 분별에 구속되어 있는 게 병이에요. 깨달음이 아니라면 말조차 할 수 없습니다. 반야를 말씀드리면서 또 한 번 강조합니다만, 우리는 본래 깨달아 있습니다. 우리자신이 부처입니다. 아무 문제가 없습니다. 이 점에 대한 분명한 믿음을 가지셔야 해요. 우리는 부처예요. 왜? 뭐가 깨달음이냐 하면, 마음이 완전한 게 깨달음이에요. 마음이 문제가 없는 게 깨달음인데, 태어날 때부터 우리 마음에는 아무 문제가 없습니다. 아무런 문제가 없어요. 그리고 그 마음을 완전하게 지금 이 순간에도 쓰고 있고, 지금까지도 써 왔고, 앞으로도 쓸 겁니다. 전혀 문제가 없습니다. 이 사실에 대한 믿음이 있어야 하는 겁니다. '아! 나는 아무 문제가 없다!', '나에게 완전한 깨달음이 갖춰져 있다, 반야가 갖춰져 있고, 지혜가 있고, 마음이란 게 완전히 갖춰져 있다!'라고 믿으셔야 해요.

문제가 있다면, 스스로가 그러한 사실을 명확하게 확인하지 못하고 있는 것이 바로 문제입니다. 명확하게 확인해서 의심할 수 없는 그런 믿음을 확고하게 가지고 있지 못하다는 거예요. 그런 믿음이 없어서 망상에 놀아나고 있는 겁니다. 망상에 놀아난다는, 망상에 끄달려 산다는, 이게 문제일 뿐, 이 마음 자체에는 아무 문제가 없어요. 아무 문제가 없는 겁니다. 이미 경전에서 다 밝히고 있듯이, 본래 완전하고, 본래 구족되어 있고, 지금도 그대로이어서 아무 문제가 없습니다. 금방 태어난 아이도 똑같이 가지고 있고, 지금 우리도 전혀 문제없이 그대로 완전하게 가지고 완전하게 활용하고 있는 겁니다.

그러니까 본래 문제는 없습니다. 그런데 문제없는 여기에서 스스로가 문제를 일으키는 이게 병이에요. 없는 병을 일으켜요. 긁어 부스럼이고, 평지풍파(平地風波)지요. 그래서 중생이 가진 병은 허깨비예요, 실제 있는 병이 아닙니다. 만약에 실제로 병이 있다면 수술을 하든지 도려내든지, 치료할 실제 약이 필요한 것이고, 병과 건강은 전혀 별개의 것이 되는 겁니다. 그런데 실제로 병은 없습니다. 스스로가 병이 들어 있다고 착각을 하는 겁니다. 꾀병입니다, 꾀병… 아이들이 학교 가기 싫으면 배가 아픈 것처럼… 병원에 가 보면 멀쩡한데 자기는 분명 아픕니다. 자기한테는 병이 있는 거죠, 모두 의식이 만들어 낸 허깨비 병입니다. 허망한 망상(妄想)의 병이지, 실제 병은 없습니다. 아무 문제가 없어요.

그래서 이 공부는 사실 전혀 어려운 게 아닙니다. 또 부탁드릴 것은, 절대로 어렵게 생각하지 마시라 이겁니다. 이 참선공부(參禪功夫)는 대단한 무엇으로서, 보통 사람들은 절대 할 수 없는 것이라는 식으로 생각하면 우리는 해낼 수가 없습니다. 왜? 미리 겁을 먹어 버리기 때문에 할 수 있는데도 못 해요. 분명히 할 수 있는 일인데도 미리 겁을 먹어서 스스로의 능력에 한계를 그어 버리면, 못 하는 일이 많잖습니까? 마음공부란 것이 그런 경우가 있어요. 사실은 종교에 종사하는 사람들이 잔뜩 부풀려서 겁을 줘 가지고… 사람들한테, 이것은 뭐 보통 사람은 절대 할 수 없는 대단히 위대한 일이라고 선전을 하곤 해서, 공부를 하려고 해도 겁을 잔뜩 집어먹어요. 그러니 상당히 잘못되어 있습니다.

이 공부는 쉽습니다. 왜? 내가 본래 가지고 있는 그대로의 진실을 밝히는 일이기 때문이죠. 이미 진실은 나에게 다 갖추어져 있는 것이고, 그 진실을 나 스스로가 확인해서 확고부동하게 그 진실에 자리를 잡는 겁니다. 그밖에 내가 특별히 노력해서 얻어 올 것은 없습니다. 정말 무슨 하늘을 날아다니고 물 위를 걸어 다니고… 이런 능력을 배우는 공부가 아니다 이거예요. 아주 평범하고, 단순하고, 소박하고… 전혀 뭐 대단하거나 별다른 게 없습니다. 그러니까 겁을 먹을 필요가 없는 겁니다. 가볍고 편안하게 공부에 접근하셔야지, 겁을 먹고, 잔뜩 긴장하고, 움츠리고 이렇게 하시면 공부의 능력을 발휘할 수 없어요. 큰 노력을 요구하는 것이 아닙니다. 진지한 관심을 가지고 성실하게 설법(說法)에 귀를 잘 기울이면 어렵지 않게 할 수 있는 게 바로 이 공부입니다. 결코 겁먹을 필요가 없어요. 만약에 정말로 극히 희소한 몇 명만 해내고 대다수 사람들이 못 하는 일이라면, 우리는 그런 일에 도전할 필요가 없죠. 그러니까 전혀 겁먹으실 필요가 없어요. 첫째로 겁을 먹어서는 안 됩니다. 겁을 먹으면 할 수 있는 일도 못 해요. 대단하고, 위대하고… 뭐 그렇게 생각하지 마세요. 자신감을 가지고 진지하게 관심을 쏟고 신경을 쓰시면 되는

240

일입니다.

　수다원이라고 하는 이름은 '흐름으로 들어간다' 는 뜻인데, 실제
로는 들어간 바가 없다…

　이 흐름이라고 하는 것은 깨달음, 마음, 진실, 도… 뭐라고 이름
붙여도 좋습니다. 그런데 '마음으로 들어간다', '깨달음으로 들어간
다', '도로 들어간다'라고 하니, 그렇다면 우리가 지금은 도 바깥에
있는 겁니까? 도 바깥에 있을 수 있는 분이 있다면 정말로 그분이야
말로 희귀한 재주를 가진 분이에요. (대중 웃음) 마음 바깥에 있을 수
있다면, 그분이야말로 위대한 분입니다. 왜냐하면 우리는 전부 마음
을 못 벗어나는데, 마음을 벗어날 수 있는 능력이 있다면 그건 정말
대단한 능력이죠? 그러나 그런 분은 없어요. 애초에 마음 밖은 없다
이겁니다. 밖에 있는 것이 아닌데 어떻게 안으로 들어갑니까? 그러
니까 들어간 적이 없어… 그런데 우리가 밖에 있다고 생각하니까,
그게 바로 망상(妄想)이에요. 그런 망상을 안 부리면 이제 들어갈 데
가 없어요. 들어간 적이 없는 겁니다.
　'음, 들어갈 데가 없구나!', '깨달을 이유가 없구나!', '깨달음이란
게 내가 가지고 있지 않은 그 무엇을 가져올 이유가 없구나!', '얻어
야 할 것이 없구나!', '본래 내가 가지고 쓰고 있는 거구나!'라는 사
실을 확인한 사람은 망상을 놓아 버린 사람이죠. 나는 바깥에 있어
서 안으로 들어가야 한다는 그런 망상을 놓아 버린 사람, 그런 사람
이 바로 수다원이라 이겁니다. 그 사람이 바로 깨달은 사람이죠. 그

러니까 들어갈 것이 없습니다. 들어간다는 것은 분별입니다. 안팎이 나뉘어 있어야 해요. 그러니까 들어가고 나오고 할 때에는 반드시 대상이 있어야 하고, 상(相)이 있어야 합니다. 안팎의 구분이 있어서 들어갈 일이 정말 있다면, 그런 사람은 깨달음을 얻었다고 이야기 할 수가 없죠. 왜? 그런 구분 속에 살고 있고 그런 분별 속에 있어서 분별을 못 벗어났기 때문입니다.

자, 여러분, 마음을 자유롭게 한번 써 보세요. 그런데 "그래, 마음을 한번 써 보자" 하는 이 말이 이미 뭡니까? 이게 바로 마음을 쓰고 있는 거거든요. 마음을 쓰지 않고는 이런 말, 이런 분별, 이런 망상을 해낼 수가 없어요. 이미 다 쓰고 있는 겁니다. 망상을 짓더라도 마음 밖에 있는 게 아니잖아요. 마음을 써서 망상을 짓고 있는 겁니다.

달리 말하면, 마음 밖에 있다면 문제가 심각해지는 겁니다. 마음, 지금 쓰고 있는 이 마음 말고, 이것 외에 또 뭔가 깨달아야 할 진리가 또 있는가 보다… 이렇게 되면 사정없이 망상에 끌려가게 되는 겁니다. 이미 마음을 쓰고 있으면서도, 다시 다른 것을 구하기 때문이에요.

도, 깨달음, 마음… 다 같은 말입니다. 오직 '이것' 하나뿐이에요. 오직 이것 하나만 쓰고 있으면서 다양한 망상을 스스로가 짓고 다양한 생각들을 내고 있으니, 스스로 만든 생각에, 스스로 만든 느낌에, 스스로 만든 욕망에, 스스로 만든 의식에 따라가 속고 있다 이겁니다. 바로 이 마음이 지금 만들어 내고 있는 것인데, 스스로 만들고 스스로 속고 하는 것입니다. 생각이란 물거품과 같아요. 고정된 게 없거든요. 순간 스쳐 지나가는 거죠. 그러니까 스스로 만들어 물거품처럼 생겼다 사라지는 것에 관심을 가지고 머물면, 바로 망상을 좇아가는 겁니다. 지금 활동하고 있는 이것! 지금 계속 생각이 생겨나고 사라지고, 인연에 따라서 응하고 하는 여기에서 의심이 없어지면 되는 것입니다.

그런데 마음이라고 하는 이름, 도라고 하는 이름, 깨달음이니 불성이니 반야니 하고 이름을 붙이지만, 사실은 그 이름에 맞는 대상(對象)은 없습니다. 왜냐? 그 이름에 걸맞은 어떤, '이것이 마음이다'라는 게 있으면, 다시 바깥에 그와는 다른 무엇이 있게 됩니다. '이것이 도다'라는 게 있으면 또 이것 아닌 다른 것이 있게 돼요. 그렇게 되면 도라는 것은 별 볼일 없는 것이죠. 왜 우리가 도라는 것을 중요시하느냐 하면, 도 바깥으로 벗어난 게 없기 때문입니다. '일체는 유심조(唯心造)'라고 하듯이 전부가 다 이것 하나인 것이죠. 그래서 세계의 근본이요, 바탕이요 하고 말하는 것 아닙니까?

이 마음이라고 하는 것, 도라고 하는 것, 지금 쓰고 있다고 하는 이것은 무엇을 하든, 어떤 생각을 하든, 어떤 인연에 응하든, 쳐다보든, 소리를 듣든, 냄새를 맡든, 가만히 있든, 언제나 '이것'만이 확인되는 것입니다. 이거다 저거다 이름 붙이고, 나누고, 분별하고, 생각할 수 있는 것은 전부 스쳐 지나가는 물거품과 같은 겁니다. 안 그렇습니까? 고정된 건 아무것도 없어요. 그러니까 항상 여기에 있어서 떠날 수 없는 것, '나'라는 것 자체가 바로 이거예요. 내 존재란 게 바로 이것이에요. 이것을 마음이라 말하고 도(道)라고 부르는데, '마음'이라는 말이 바로 마음이고 '도'라는 말이 바로 도일 뿐, 그밖에 다른 것은 없습니다. 그래서 '이거다', '저거다'라는 생각과 말에 따라가지 않으면, 언제나 이것뿐입니다.

그런데 제가 이렇게 계속 말씀을 드리고 납득을 시켜드리고 하면, 이해가 좀 되고 믿음이 어느 정도까지 생깁니다. '그래, 이것 외에는 다른 것이 없지!' 하고 말이죠. 스스로 납득이 되고 믿음이 생기면, 그 믿음을 놓치지 말고 계속해서 밀고 나가셔야 합니다. 믿음에는 믿기 싫어도 믿을 수밖에 없는 믿음이 있는가 하면, 납득을 해서 믿긴 하지만 아직 확실하게 확신이 가지 않는 믿음이 있습니다. 저의 말을 듣거나, 경전을 읽다 보면, '이치가 분명하구나!', '맞아!' 라는 믿음이 생깁니다. 믿음이 생기고 점차 납득이 돼요. '그래, 이 것밖에 없구나! 다른 게 없어!'라고 말이죠. 그러나 이러한 믿음과 납득이 생기더라도, 정말 의심이 전혀 들지 않을 정도로 시원하게 내려가지 않았다면, 아직은 할 일이 남아 있는 겁니다. 정말 의심할 수 없는 그런 믿음을 가질 때까지 밀고 나가시는 것이 바로 공부입니다. 그러면 되는 겁니다. 그러니까 이게 어려운 게 아닙니다. 심각한 그런 것도 아닙니다. 비밀스러운 문제를 풀어야 하는 퍼즐 놀이도 아닙니다. 바로 지금 의심할 수 없고 부정할 수 없고 벗어날 수 없는 이것을 확인하는 겁니다.

처음에는 이치로 납득이 되고 믿음이 생기는 확인은 주로 두뇌에서 이루어집니다. 우리의 의식 속에서 이루어져요. 그런데 정말 의심 하나 없이, 그러니까 믿고자 하는 생각이 없어도 의심할 수 없는 믿음이 생기는 것은 두뇌에서, 의식에서 이루어지는 것이 아닙니다.

두뇌에서 가슴으로 내려와야 돼요. 가슴에서 확신이 생겨야 되는 겁니다. 그것을 두고 우리가 말하자면 '견성(見性)'이라고 하는 겁니다. 체험이다 이거예요.

그건 어려운 게 아닙니다. 보통 일상생활에서도 그런 경우를 많이 겪습니다. 머리로 이해하고 확인했다가 현장을 목격하면, 의심할수 없는 그런 믿음을 갖게 되잖아요? 그런데 이 공부에서는 그 현장이 어디 있냐 하면 바깥 어디에 있는 게 아니라, 자기 스스로에게 있는 거예요. 현장 확인을 어디서 하느냐 하면 자기 자신에게서 합니다. 내가 그 현장을 가지고 있으면서 내가 그것을 확인하지 못하고 있을 뿐입니다. 현장을 확인하려면 우선 그 현장을 확인하려는 마음이 일어나야 하겠죠? 머리로는 납득되고 믿음도 생기지만 직접보고 확인하고 싶다 하는 이것을 발심(發心)이라고 합니다. 그런 발심이 생겨야 해요. 저의 말씀을 듣고 계시면, '그래 마음은 본래 완전히 갖춰져 있고, 모두 마음이 하는 일이라는 사실을 알겠다' 하고 이해는 했지만, 의심할 수 없을 만큼 시원하게 확인되지 않았다면, '아, 내가 이것을 진실로 확인하고 싶다'라는 갈증이 자연히 생기게 되는 겁니다. 저절로 그러한 갈증이 생겨야 합니다. 그럴 때, 그 갈증이 자꾸자꾸 커지고 커져서 때가 되면 바로 확인이 탁 되는 겁니다. 그러면 누가 뭐라 해도 무슨 말을 들어도 더 이상 흔들림이 없는 겁니다. 이게 공부입니다.

그런데 머리로 이해하고 납득한 것에 그친 공부는, 자기가 비록 이해하고 납득했다 하더라도 누군가 다시 다른 그럴듯한 이치를 보이면, 그냥 흔들려 버려요. 왜냐? 단지 머리로만 이해했기 때문입니다. 그러니 이게 옳은가 저게 옳은가 갈팡질팡… 이렇게 머리로 이해한 건 아무 소용이 없습니다. 자기 스스로 또렷이 확인해야만 비로소 누가 뭐라고 해도 흔들림 없는 확신이 서요. 우리가 공부를 좀 하다 보면 집적거리는 사람들이 있습니다. '공부 얼마나 했는지 보자' 하고 찔러 봅니다. 머리로 이해한 수준에 있으면 그러한 집적거림에 흔들립니다. 흔들리면 화가 나요. 자기는 흔들림 없는 믿음을 얻은 줄 알았는데 흔들리거든요. 이러면 자기 스스로가 막 화를 내고, 잘못하면 공부를 그만둘 수도 있어요. 그러니까 머리로만 이해해서는 공부가 바르게 되는 것이 아닙니다.

하지만 자기 스스로 분명히 납득하고 의심할 수 없이 확인하고 나면, 아무리 옆에서 누가 뭐라고 꼬드겨도 아무런 영향을 받지 않는 겁니다. 자기가 확인한 바가 분명하기 때문에 상관없어요. 그런 겁니다. 공부는 그런 것이지, 내가 누구에게 인가(印可)를 받고 인정을 받고 하는 그런 게 아닙니다. 자기 자신에게 확실하게 확신이 생기고 체험이 되면, 남이 인정해 주든 안 해 주든 그것은 아무 상관이 없어요. 물론 같은 체험을 한 사람끼리는 서로가 서로를 알아봅니다. 그런 측면에서 서로가 서로를 알아보게 되면 즐겁죠. 옛날에 백아(伯牙)와 종자기(鍾子期)의 고사(故事)가 있잖아요? 거문고를 타는데 곡을 들을 줄 아는 사람이 있다는 것은 대단히 기쁜 일이죠. 그와 마찬가지로 확인이 되었을 경우에 같이 이 사실을 확인한 사람끼리는 서로가 서로를 알아봐요. 서로가 서로를 인정해 주고 알아보게 되면 그것은 대단히 기쁜 일이죠. 그런 기쁨 정도는 있을 수 있습니다.

그러나 인가를 받고 안 받고 이런 것은, '나는 인가증을 받았으니까 공부가 되었고, 누구는 인가증을 못 받았으니까 공부가 안 되었고…' 하는 것은 세속에서 돈 주고 하는 공부에나 그런 것이 있지, 마음공부에는 그런 것이 없습니다. 나 자신의 존재를 내가 확인하지, 누구한테 확인을 받겠어요? 이런 것은 아주 기초적인 문제 아닙니까? 이 기초 자세가 제대로 안 되어 있으니까 마음공부란 명목으로 아주 이상한 일들이 일어나고 그러는 겁니다. 이것은 아주 기본적인 거예요. 그런 면에서 기본적인 것을 제대로 갖춘다는 것은 마음공부에 있어 대단히 중요한 일입니다.

수다원이라고 하는 이름은 '흐름으로 들어간다'라는 뜻이지만, 사실은 들어갈 게 없습니다. 들어간다고 한다면 그것은 분별심이 있는 것이죠. 들어갈 게 없다는 사실을 명확하게 납득하고 믿고 확신을 했다면, 그 사람이야말로 수다원이라는 이름을 붙일 만한 사람입니다. 들어갈 게 없기 때문에 일컬어 수다원이라고 하는 것이다… 수다원이란 이름 그 자체는 흐름 속으로 들어간다는 말이지만, 들어갈 게 없기 때문에 사실은 수다원이라고 하는 것이다… 그다음에…

"수보리야, 어떻게 생각하느냐? 사다함이 '내가 사다함이라는 결과를 얻었다'고 생각할 수 있겠느냐?" 수보리가 말했다. "아닙니다, 세존이시여! 왜냐하면 사다함이라는 이름은 '한 번 왔다 간다(一往來)'는 뜻인데, 그러나 실제로는 왔다 가는 바가 없기 때문임니다."

이것도 마찬가지죠. 실제로는 왕래하는 바가 없어요. 왜냐하면 왔다 가는 것 자체가 바로 반야이고 마음이기 때문이죠. 그러나 말을 따라가고 생각을 따라가면, 오는 게 있고 가는 게 있습니다. '온다'라는 말과 '간다'라는 말의 뜻이 다르죠. 모양을 따라가면, 오는 모양과 가는 모양이 분명히 다릅니다. 그래서 분별심을 따르면 오는 게 따로 있고, 가는 게 따로 있습니다. 지금 여러분이 여기에 버스를 타고 오셨다가 나중에 다시 버스를 타고 가실 거죠? 이 둘은 다릅니다. 그런데… '이것'! 버스 타고 오실 때, 우리가 뭘 가지고, 뭘 움직여서, 뭘 이용해서 버스를 타고 왔느냐? 다리로 이렇게 걸어서, 버스에 올라서, 카드를 찍고, 자리에 앉아서 온 것 아닙니까? 걸어서, 카드 찍고, 자리에 앉았다… 뭘 이용한 거냐? 다만 '이것'을 썼을 뿐이거든요. 나중에 갈 때도 마찬가지예요. 또, 방에 들어왔다가 나간다… 문을 당겨서 열고 들어오죠? 나갈 땐 문을 밀고 나간다… 밀든 당기든 결국 무엇을 쓰는 겁니까? 밀든 당기든 그저 '이것'을 쓸 뿐이죠? '이것'을 쓰는 겁니다. 다른 게 없어요. 말의 뜻이나 모양에 따라가면, 왔다 가는 게 있고, 밀고 당기는 게 있고, 안과 밖이 있습니다만, 지금 당장 활동하고 있는 이것은 늘 다름이 없어요. 그러니까 와도 오는 게 아니고, 가도 가는 게 아니라는 겁니다. 이름과 모양을 따라가면 오는 것과 가는 것이 다르죠. 그러나 반야에서는 와도 오는 게 아니고, 가도 가는 게 아니에요. 그래서 불래불거(不來不去), 왔다 갔다 하는 게 아니라는 겁니다. 그래서 왔다 갔다 하지 않는 '이

248

것' 자체에 대한 믿음이 분명해지면 그 사람이 바로 일래과(一來果), 한 번 왔다 가는 사람이다… 이렇게 말하는 겁니다.

그래서 한 번 왔다 가는 사다함이나, 흐름에 들어온 사람인 수다원이나, 이름은 다르지만 사실은 똑같잖아요? 들어온 바도 없고 나간 바도 없는 것이나, 오지도 않고 가지도 않은 것이나, 다를 바 없지요. 이름은 들어온 게 있고 나간 게 있고, 오는 게 있고 가는 게 있지만, 들어오는 것도 없고 나가는 것도 없고, 오는 것도 없고 가는 것도 없고… 그것을 아는 사람이 바로 수다원이요, 그 사람이 바로 사다함입니다. 1단계, 2단계가 전혀 차이가 나지 않는 겁니다. 똑같아요.

단계를 나누어서 1단계, 2단계, 3단계… 하는 자체가 이름과 뜻을 따라가는 겁니다. 이름과 뜻을 따라가는 것은 분별심이죠? 분별심으로 하는 것은 공부가 아닙니다. 공부란 것은 분별심이 아닌 분별되지 않는 한 물건을 분명히 확인하고, 그 자리에 확고부동하게 자리 잡는 것, 그 자리에서 벗어나지 않는 것, 그것이 공부입니다. 분별을 따라가는 것은 공부가 아니에요. '이것'밖에 없어요. 알고 보면 '이것'밖에 없습니다. 여기 있으면, 이 분별하지 않는 반야에, 마음에 딱 있으면 오히려 온갖 분별을 자유자재하게 쓸 수 있습니다.

우리는 현재 깨달아 있습니다! 마음을 마음대로 쓰고 있어요! 마음대로 쓰고 있으면서도 이상하게 그것을 몰라요. 그걸 모르고 분별만 따라다녀요. 그런데 사실은, 분별하고 있는 이것이 바로 마음이 자재하게 활동하고 있는 거잖아요? 우리는 깨달아 있고 마음은 전혀 문제없이 자유자재하게 작용하고 있습니다. 고정되어 있는 장애물은 없어요. 그런데도 생각, 망상이 까닭 없이 자꾸 고정된 방향으로 가고 있어요. 이것은 이것이고, 저것은 저것이고… 이런 식으로… 이름과 모양을 자꾸 따라다닙니다.

우리가 보통 말다툼할 때, 시비(是非)를 가리며 이것은 이것이고, 저것은 저것이다 하며 서로 자기주장만 합니다. '이건 이거고, 저건 저거다'라는 말에 매여 가지고 마구 치고받죠? 그러나 실제로 싸움이 끝나면, 이건 이거고 저건 저거라는 말과 생각에 매여 있는 것도 아닐 뿐더러, 어느 정도 시간이 지나서 상황이 바뀌고 새로운 사실들을 알게 되고 하다 보면 자기도 모르게 그 생각이 다 바뀌어요. 그런 주장을 끝까지, 평생 동안 가지고 있는 사람은 없습니다. 시간이 지나면 저절로 다 바뀌게 되어 있어요. 이처럼 마음은 사실 어떤 고정된 이름과 모양에도 매여 있는 것이 아닙니다. 그러면서도 스스로가 자꾸 매여 있다고 착각하는 겁니다.

만약에 진짜로 자기가 망상에 매여 있다면, 그런 사람은 정말로 무섭습니다. 그런 사람들은 환자예요. 어떤 생각에 완전히 매여 버리면 그런 사람들은 무서워요. 생각에 융통성이 없어요. 그런 사람들은 꼭 무슨 일을 저질러요. 자기 확신에 따라서. 그런 사람들은 환자죠. 정상적이라면 그렇게 될 수가 없습니다. 마음의 실상을 알고 보면, 우리는 어떤 생각이나 주의 주장이나 이념이나 법칙이나… 어떤 것에도 구속받을 수가 없습니다.

모든 것은 결국 분별심이 만들어 낸 물거품에 불과합니다. 그래서 늘 모든 생각을 놓아 버리고 사태를 무심하게 바라볼 수가 있는

250

것이죠. 매인 게 없다는 것은 그만큼 사회생활도 원활하게 할 수가 있는 겁니다. 모난 돌이 정(釘) 맞는다고… 자기주장만 하는 사람은 생각이 모나 있는 거거든요. 그런데 반야를 알면 모난 게 전혀 없습니다. 그래서 원만하다고 하는 겁니다. 왜냐하면 매여 있는 데가 없기 때문입니다. 확 트여 있는 거죠.

그냥 다 '이것'을 쓰는 겁니다. 다른 게 없어요. 쉬운 겁니다. 일상적으로 자기 마음에 관심을 가지고, 내가 무엇을 쓰고 있는가? 인연 따라서 여러 가지 행동도 하고 생각도 하지만, 실제 변함없이 가지고 있는 것은 무엇인가? 여기에 관심을 가지고, 어렵게 생각하지 마시고 진지하게 탐구해 보십시오. 그저 소박한 것입니다. 왜냐하면 누구나 늘 쓰고 있는 것, 모든 사람에게 똑같이 갖춰져 있는 것입니다. 그러니까 뭐 특별한 것이 없습니다. 자기에게 있는 그 소박한 것을 진지하고 진실하게 탐구해 보는, 그런 마음가짐만 가지고 있으면 쉬운 일이지, 어려운 일이 아니에요. 물론 어느 정도 시간이 걸릴 것입니다. 우리가 세상을 살아오면서 익힌 습관이 있기 때문에 쉽게 내면의 변화가 오지는 않지만, 그러나 진지하게 하면 반드시 오게끔 되어 있습니다.

아나함이라고 하는 뜻은 불래(不來), '돌아오지 않는다'란 뜻입니다만, 실제로는 돌아오지 않는 게 없다… 그래서 이름을 아나함이라고 한다…

그러니까 '가고 오고'가 없다 이겁니다. 돌아오지 않는다 하면 가

251

서 오지 않는다는 뜻이 아니고, 감도 없고 옴도 없다는 말이죠. 감도 없고 옴도 없다는 말은, '간다', '온다'라는 말의 뜻을 좇아가지 않는다는 겁니다. 말의 뜻을 따라가지 않으면 '간다'라는 말과 '온다'라는 말, 가는 행위와 오는 행위가 전혀 다르지 않습니다. 다르지 않기 때문에, 가는 것도 없고 오는 것도 없습니다. 자, 잘 살펴보세요. '간다'라는 말과 '온다'라는 말이 말의 뜻은 다르지만, 뜻을 따라가지 않으면 '간다'라는 말과 '온다'라는 말이 똑같아요. 뜻을 따라가지 않으면 '간다'라는 말이나 '온다'라는 말이나 그냥 혀를 움직여서 목소리가 이렇게 저렇게 나오는 것이죠? 가는 행위와 오는 행위를 보세요. 걸어간다… 돌아온다… 모양으로 따라가면, 가는 것이 있죠. 이쪽과 저쪽… 이쪽에서 저쪽으로 가고… 저쪽에서 이쪽으로 오고… 그러나 그러한 모양을 따라서 구분을 짓지 않으면, 가는 것도 똑같이 왼발, 오른발로 걷는 것이고, 오는 것도 똑같이 왼발, 오른발로 걷는 것입니다. 하나도 다를 게 없어요. 다를 게 없다면, 구태여 구분을 하지 않는다면, '간다'라는 말도 할 필요가 없고, '온다'라는 말도 할 필요가 없습니다.

'마음'이란 이름에 걸맞은 무언가를 자꾸 생각하시면 안 돼요! 그런 건 없습니다. 쓰고자 하면 쓰는 것이고, 쓸 일이 없으면 그냥 쉬는 거예요. 쉬어도 '이것'이고, 써도 '이것'입니다. 아무런 차별이 없습니다. 차별 없는 '이것' 하나! '이것' 하나가 한결같이 오롯한 실상(實相)인 것입니다. 실상은 무상(無相)이라 하죠. 이것은 정해진 모양이 없습니다. 쓰고자 하면 쓰고, 쓰지 않으면 쉰다… 쉽잖아요? 문제는 자꾸 복잡한 이치를 생각하니까 어려워져요. 오묘한 이치란 것은 없습니다. 말에 속으면 안 돼요. 지금 이렇게 쓰고 있는데 여기에 무슨 오묘한 이치가 있습니까? 사실 이것을 이치로 설명하려고 한다면 1년 365일 설명해도 다 못 해요. 왜? 정해진 바가 없어서 얼마든지 다양할 수 있기 때문입니다. 이치로 설명하려면 어떻게 설명할 수가 없습니다. '이러한 것이다'라고 설명하는 이것이 바로 마음입니다. 그러므로 다만 쓰고자 하면 쓰는 것이고, 쓰지 않으면 쉬는 것입니다. 그렇다고 달라지는 것은 아무것도 없습니다. 항상 우리 모두가 그대로 가지고 늘 쓰고 있는 겁니다. 한 번도 제대로 관심을 안 가졌던 것이지요. 늘 쓰고 있는 이것인데…

우리가 가진 병이란, 그럴듯한 뭔가를 자꾸 원하는 데서 비롯되는 겁니다. 그럴듯한 뭔가가 있어야 된다는 거죠. 사량분별(思量分別)이 병이지 다른 병은 없어요. 사량분별의 병만 잠재우면 본래 아무 문제가 없습니다. 오염도 없고, 병도 없어요. 있는 그대로 완전한 겁니다. 그런데 우리의 머리란 놈은 마음이니 도니 하면, 뭔가 그럴듯한 이치를 원합니다. 감탄할 만한 뭔가를 원하는 것입니다. 그런데 그런 것은 없어요. 아무리 감탄할 만한 이치를 이야기하더라도 결국 이것이 만들어 내는 물거품일 뿐이에요.

마음은 금방 태어난 어린애나 80살 된 노인이나 전혀 다를 게 없습니다. 똑같은 거거든요. 배워서 얻은 게 아닌 것… 앞에서도 나왔고 다음 제10장에도 나오지만, 부처가 왜 부처가 되었느냐? 얻은 게 없기 때문에 부처가 되었다… 이랬습니다. 얻은 법이 없기 때문에 부처가 되었다…《반야심경》에도 나오잖아요? "얻을 게 없다"라고 분명히 못을 박고 있습니다. 그러니까 얻지 않은 것! 배워서 얻지 않은 것, 노력해서 얻지 않는 게 진리이지, 노력하고 배워서 얻은 것은 진리가 아닙니다. 그런 것은 언젠가는 물거품처럼 사라져요. 노력해서 얻지 않고 본래부터 주어져 있기 때문에 우리가 무시하고 있는 것! 신경도 안 쓰는 것! 이게 진정한 진리입니다. 이거야말로 우리 존재의 변함없는 바탕입니다. 그게 우리 참 존재예요. 실상이고… 노력해서 얻고, 배워서 얻은 것은 성주괴공(成住壞空)의 원리에 따라서 사라지는 겁니다. 그것은 존재의 실상이 아닙니다.

이것은 조금만 진지하게 탐구해 보면, 그렇게 어려운 게 아닙니다. 공부 절대 어렵게 하지 마십시오. 힘들고 어렵게 하실 필요가 없습니다. 쉽게, 편안하게, 가볍게… 왜? '이미 다 갖춰져 있는 것이고, 주어져 있는 것이다'라는 믿음을 가지신다면 쉽고 편안하고 즐겁게… '반드시 내가 확인할 수 있다'라는 그런 확신을 가지셔도 좋습니다. 아주 자연스럽고 가볍게 탁 계합(契合)이 되는 것이지, 우리가 계합되는 것을 아주 어렵고 어렵게… 고생, 고생해서 마치 무슨 히말라야 산 꼭대기를 등정하듯이 죽을 고생을 다해서 무슨 대단한 진리를 얻는 것처럼 그렇게 묘사를 하는 경우가 있는데… 속지 마세요! 그냥 자연스럽게, 관심을 가지고, 편하고 쉽게, 이렇게 해 나가다 보면 어느 순간에 자기도 모르게 자꾸자꾸 이쪽으로 다가오게 되고… 자기는 잘 몰라요. 그러다 어느 순간에… 계합이란 게 그냥 2만 볼트짜리 전기가 확 통하고, 번개 맞듯 그렇게 되는 게 아니고… 1.5볼트짜리 건전지로 조그마한 불 하나 밝히는 정도입니다. 그러나 일단 전기가 통해 놓으면 나중에는 그놈의 불이 2만 볼트 이상으로 밝아지게 되는 거예요. 그런 거지… 처음부터 무슨 하늘에 천 개의 태양이 떠오르고… 절대 그렇게 되는 것이 아닙니다. 그런 말에 속으시면 안 됩니다. 그런 말을 하는 사람들은 어떤 다른 의도가 있다고 보면 됩니다. 남이 할 수 없는 일을 내가 했다는 거기에는 반드시 다른 의도가 개입되어 있는 겁니다. 내 존재를 확인하는 데 태양이 천 개가 뜨고 할 게 어디 있어요? 그저 이렇게 쓰고 있는 이 마음을 확인하는 겁니다.

그러나 진실로 확인해 놓고 보면 절대로 의심할 수 없습니다. 자연스럽고 쉽고 작은 경험이지만 일단 경험을 해 놓으면 절대 의심할 수가 없어요. 분명하고 확실한 겁니다. '아! 그래, 이것!' 이건 의심할 수가 없습니다. 분명히 그런 경험이 있고, 또 그렇게 경험해야 되는 겁니다. 그렇게 해야 의심할 수 없는 믿음이 생기고, 이런 책들을 볼 때나, 경전을 보든 어록을 보든지 간에, 그것을 소화할 수가 있습니다. 어떻게 썼다… 왜 이런 말을 썼다… 심지어 이것은 잘 썼다 못 썼다까지도 볼 수가 있어요. 자기가 확인하고 있으니까 말이죠. 공부란 그렇게 되는 거지, 절대 어려운 게 아닙니다. 대단한 게 아니에요. 그냥 편하고 자연스럽게 믿음만 가지시고 차근차근 하다 보면 어느 순간에 그런 경험들을 할 수 있는 겁니다.

아나함이라고 하는 것은 '오지 않는다(不來)'라는 뜻이지만, 실제로는 오고, 가고 하는 그런 말에 따라가지 않는 것입니다. 그런 말에 따라가지 않기 때문에 오든 오지 않든, 가든 가지 않든 늘 한결같아요. 그렇게 되면 비로소 우리는 그 사람이 '깨달음을 얻었다'라고 이름 붙일 수가 있다 이겁니다.

입류(入流)라든지, 일왕래(一往來)라든지, 불래(不來)라든지, 결국은 똑같은 거예요. 전혀 다른 게 아닙니다. 결국에는 한 번을 오든, 두 번을 오든, 가지 않든, 오지 않든 상관없이 늘 한결같은 반야… 그것 하나가 있을 뿐이지, 반야를 얻는 데 단계가 있을 수 없어요. 보다시 피 결국 똑같은 거잖아요? 그렇게 이름 따라가지 않고 모양 따라가 지 않기 때문에 진정 반야를 얻은 자다… 그것이지, 뭐 이만큼은 따 라가고, 이만큼은 안 따라가고… 그렇게 되는 것은 아닙니다.

"수보리야, 어떻게 생각하느냐? 아라한이 '내가 아라한도를 얻 었다'라고 생각을 할 수가 있겠느냐?" 수보리가 말하기를, "아닙 니다, 세존이시여! 왜냐하면 진실로 아라한이라고 이름 붙일 그런 법은 없기 때문입니다.

아라한이라고 하면, 깨달은 자, 더 이상 배울 게 없는 자, 도를 얻 은 자, 성자(聖者)… 이런 말인데, 그 이름만 있지, 그 이름을 붙일 수 있는 실물은 없다 이겁니다. 그것은 달리 말하면 마음을 가리키는 거죠? 마음이란 것은 이름만 있을 뿐입니다. 구지 스님한테 "마음이 뭐요?" 하고 물으면, 구지 스님은 이렇게(손가락 하나를 들어 올림) 할 텐데, 임제 스님한테 "마음이 뭐요?" 하면, "악!" 할 거예요. 덕산 스 님한테 "마음이 뭐요?" 하고 물으면, 방망이를 찾을 겁니다. '무얼 가 지고 때릴까, 이놈을….' 조주 스님한테 "마음이 뭐요?" 하고 물으면, "차나 한 잔 해라" 이렇게 할 거고. 그러면 왜 마음을 물었는데, 전부 다 다르냐? 어떤 건 진짜 마음이고, 어떤 건 가짜냐? 그런 게 있을 수가 없죠. 1,700공안을 이야기하는데 1,700이 아니라 17,000공안도 만들 수 있고, 얼마든지 만들 수가 있지요… 왜? 다 결국엔 이것을 가리키는 것이기 때문에… 그렇다면 마음이란 것은 사실은 이름일 뿐이지, 실체가 없어요. 실체가 없기 때문에 온갖 것을 다 갖다 붙여도 거기에는 잘못이 없는 겁니다.

결국 뭡니까? 자, 보세요. 손가락을 올리는 것(손가락을 들어 올림), 악! 하고 고함치는 것, 몽둥이로 탁 치는 것, "차 한 잔 해라" 하는 것… 어떤 스님은 "동산(東山)이 물 위로 간다" 하고, 어떤 스님은 "진흙소가 물속으로 들어가서 나오지도 않더라" 하고… 뭐라고 해도 좋아… "돌사람이 눈물을 흘린다", "마 삼 근", "마른 똥막대기", "수미산"… 뭐라도 좋아요. 그런데 무엇을 하든지 간에 결국 지금 무엇을 하고 있는 겁니까? 그 이름과 말을 안 따라간다면 지금 무얼 하고 있는 거예요? 쓰고자 하면 쓰고, 쓰지 않으면 쉰다… 바로 그거잖아요? 뭐를 하든지 간에… 그 이름과 모양을 따라가니까, 전혀 다르죠. 다 따로 있죠. 안 따라가면 결국 뭡니까? '이것'이죠?
　(손을 올려서) 구지 스님은 이렇게 했지만(손가락 하나를 들어 올림), 저는 조금 더 친절하게 이렇게 한다 이겁니다. (손을 들어 손가락을 하나씩 꼽아 셈을 함) 하나, 둘, 셋, 넷, 다섯, 여섯, 일곱, 여덟, 아홉, 열… 이름과 모양을 따라가면 다 다르죠? 하나, 둘, 셋, 넷, 다섯… 따라가지 않으면, 뭡니까… 결국 이게(손가락을 굽혔다 폄)… 같은 거죠! 이겁니다. 이것!(손가락을 굽혔다 폄) 이름과 모양을 안 따라가면, 쓰고자 하면 쓰

257

고, 쓰지 않으면 그냥 쉬는 겁니다. 이것뿐입니다. 다른 게 없어요. '아, 이것! 단순하게 이것밖에 없단 말이냐?'… 이것밖에 없습니다. '그럼 내가 지금까지 그렇게 찾아 헤매던 진리는 물거품이었네?'… 물거품이에요. 이때까지 발이 닳도록 찾아 헤매어 다니던 것…

쉬십시오. 이제는…. 그만 뛰어다니시고, 쉬면서 잘 살펴보시라 이겁니다. 그냥 편안하게, 가볍게, 힘들지 않게… 쉬어도 '이것'이고, 다녀도 '이것'입니다. 다른 게 없어요. 잘 살펴보세요. 보시다 보면, 어느 날 문득 때가 되면… 때가 되어야 해요. 때가 되어야 '탁!' 하고 통하는 날이 오는 겁니다. 통해요. 의심이 사라지고 '확' 뚫려서 통한다니까요… 그것을 통 밑이 빠진다고 하는 겁니다. 통 밑이 빠지는 순간이 와요. 그렇게 되면 누가 옆에서 아무리 흔들려고 해도 흔들리지가 않아요, 이것은…

그런데 견해를 가지고 무엇을 좇아다닐 때는 엄청 흔들리죠. 그럴듯한 것을 보여 주면 사람은 자꾸 그쪽으로 눈길이 가니까… 조금이라도 누가 그럴듯한 이야기를 하면 그쪽으로 눈길이 간다 이겁니다. 그럼 한없이 흔들리는 겁니다. 그것을 우리는 '백화점식 공부'라고 하잖아요. 여기도 가 봤다가, 저기도 가 봤다가… 자꾸 그럴듯한 데가 있으면 다 가 보는 거야… 가고 또 가도, 겉으로 구경만 하는 것이지 자기 것이 없는 겁니다. 자기 것이 없단 말이죠. 그런 식으로 하면 안 돼요. 이리저리 다니지 말고 그냥 자기 것을 편하게 찾아보시면 돼요. 왜냐? 자기가 다 가지고 있는 거니까…. 그러니까 제발 공부를 어렵게 하지 마십시오. 어렵게 하지 마시고, 자신감을 가지십시오. 반드시 할 수 있다는 자신감! 아주 중요한 겁니다. 쉽게 하고, 자신 있게 한다…

　　왜냐하면 진실로 아라한이라고 이름 붙일 만한 것은 없다…

　마음이라고 하는 것은 정해진 이름이 없습니다. 그것을 '아라한'
이라고 붙이든, '수다원'이라고 붙이든, '사다함'이라고 붙이든, '난
초'라고 붙이든, '카메라'라고 붙이든, '시계'라고 붙이든… 아무 상
관이 없어요. 아무런 상관이 없습니다. 정해진 이름이 없어요. 정해
진 이름이 없다는 것은, 그런 정해진 이름을 붙일 만한 정해진 사물
이 없다 이겁니다. 마음이 시계처럼 딱 정해져 있으면, 시계를 보고
난초라고 하면 안 되죠. 시계는 시계지… 그런데 마음에는 그런 것
이 정해져 있지 않습니다. '시계'라고 해도 '이것'을 쓰는 것이고, '난
초'라고 해도 '이것'을 쓰는 것이고… 한결같이 '이것'을 쓰고 있을
뿐이거든요? 그러니까 마음에는 정해진 게 없습니다. 그래서 '시계'
라고 해도 틀린 게 아니고, '난초'라고 해도 틀린 게 아니에요. 그러
나 '마음은 시계야!' 이렇게 알고 있으면 그것은 틀린 것입니다. 마
음은 난초라고 했으니까, '아, 그럼 마음은 난초야!' 이러면 틀린 거
다 이겁니다. 동산 스님에게 "마음이 뭡니까?" 물으니까 "마 삼 근!"
이랬거든… '그래, 마음은 마 삼 근이야!' 이렇게 알고 있으면 그건
틀린 겁니다.

　그런데 '마음은 마 삼 근이야!' 그렇게 알고서 '왜, 마 삼 근일까?
진짜 마 삼 근이 마음이라고 한다면, 정말 이거 이해가 안 되네…'
이렇게 고민을 하다가 나중에 막힘없는 이것을 깨달을 수도 있습니

다. 그것을 가지고 우리가 화두(話頭)라고 하는 것인데… 그렇게 할수도 있습니다. 사람 따라 공부의 방법이 다양하고, 자기에게 맞는방법들이 저절로 터득이 돼요. 꼭 화두만 해야 된다… 이런 식으로하시면 안 됩니다. 그런 것은 없어요. 자기에게 맞는 방법이 터득이되는 겁니다.

그런데 어떤 방법으로 하든지 간에 제가 여기서 말씀드리는 것은, 어떤 방법을 쓰든 간에 기본적으로 이러한 과정이다, 이러한 내용을 가지고 있다 이겁니다. 그래서 저는 어떤 특정한 방법을 요구하지 않습니다. 그냥 바로바로 직접 가리켜 드리고, 직접 보지 못하면 보려고 애를 써야 할 것이고, 애를 쓰다 보면 언젠간 보시게 되는 겁니다. 결국 그거죠. 공부란 건… 저는 가장 보편적인 방법, 그것을 말씀드리는 겁니다. 어떤 특별한 도구(방편)를 사용하지 않습니다. 왜냐하면 도구란 것은 항상 완벽한 것이 없어요. 결점이 다 있습니다. 그래서 도구를 잘 사용하는 사람은 그 도구를 써서 쉽게 목적을 성취할 수 있지만, 그렇지 못한 사람들은 그 도구 때문에 일생을 허비할 수 있습니다. 그래서 저는 특정한 도구를 고집하지 않고가장 보편적이고도 기본적인 공부의 방식을 말씀드리는 겁니다.

진지하게만 하면 사실은 특별한 도구가 필요 없습니다. 세속의공부에서도 "공부에는 왕도(王道)가 없다"라고 하는데, 이 공부도 마찬가지예요. 사실 왕도(王道)가 없습니다. 쉽게 가는 그런 길은 없습니다. 그냥 정도(正道)를 밟아서 차근차근 가는 길밖에는 없어요. 왕도란 건 없습니다. 쉬운 길은 없어요. 정도를 밟아서 차근차근 가다보면 그것이 사실은 제일 빠른 길이에요. 요령을 피워서 좀 더 쉽고 재미있는 방법이 없을까? 그러다 보면 시간만 낭비하는 수가 있습니다. 그냥 진지하게 차근차근… 달려들어서 해내면 되는 겁니다. 그거지 뭐 특별한 방법이란 것은 없어요.

세존이시여! 만약에 아라한이 '내가 아라한도를 얻었다'고 생각한다면…

이것은 벌써 분별심을 따라간 겁니다. 모양과 이름을 따라간 겁니다. '내가 아라한도를 얻었다.' 벌써 아상(我相)을 딱 세우고 있고, '아라한도라는 것'이 있고, '아라한 아닌 것'이 있고, '얻은 것'이 있고, '얻지 못한 것'이 있고… 벌써 말 따라간 것이고, 생각 따라간 겁니다. 이렇게 된다면 이것은 아상, 인상, 중생상, 수자상에 집착을 한 겁니다. 모양과 말을 따라가고 있는 거다 이겁니다. 모양과 말을 따라가는 것, 이것이 우리의 병(病)이거든요? 이 병을 버리지 않고서는 반야를 항상 자기 손에 쥐고 있으면서도 남의 것처럼 여기는 겁니다. 내 것이 아니고… 자기 것에 대한 확신이 없으니까… 그것은 남의 것이라…

그래서 결국, 아라한도 이름과 모양을 따라가지 않는 게 아라한이고, 앞에 수다원, 사다함, 아나함… 다 똑같아요. 이름과 모양을 따라가지 않는 것이거든? 그러면 이 4단계라는 게 아무런 차이가 없어요. 이것만 차이가 없느냐? 중생과 부처도 아무런 차이가 없어요. 사실은…. 아무런 차이가 없는 겁니다. 그냥 한결같이 '이것'뿐이에요! 다른 게 없습니다. 한결같이 '이것'밖에 없고, '이것'만 쓰고 있으면서, 계속 말과 생각을 따라가니까 중생이 있고, 부처가 있고, 깨달음이 있고, 깨닫지 못한 게 있고, 망상이 있고, 실상이 있고… 이렇게 되는 겁니다.

이것을 《유마경》에서는 '불이법문(不二法門)'이라고 하거든요. 이 불이법문, 반야에 들어오면 입을 열 수가 없어… 입을 열어 이야기를 하면 벌써 오해의 여지가 있기 때문에… 잘못하면 오도(誤導)를 하게 되거든요. 그래서 언어도단(言語道斷)… 말길이 끊어지고, 심로절(心路絶)… 생각이 끊어졌다고 하는 겁니다. 그렇다고 그게 말 못하고 생각 안 한다는 뜻이 아니에요. 말을 아무리 하고 생각을 아무리 해도 이름과 모양은 따라가지 않는다… 한결같이 '이것'뿐이다… 다른 게 없다… 그거거든요? 이게 말하자면 내 존재이고, 내가 여기서 흔들리지도 않고, 벗어나지도 않는다… 이게 '확' 통하게 되고, 실감이 되고, 확인이 딱 되고 나면, 삶이 가볍죠. 왜냐하면 열심히 노력하고 만들어 가고 얻어야 삶이 이루어지는 줄 알았는데, 통하고 보니까, 이미 모든 게 자연스럽게 저절로 다 돼… 그래서 가벼운 겁니다. 그것을 무위법(無爲法)이라고 하거든요. 내가 노력해서 하는 게 아니라 저절로 다 돼… 자연스럽게 어렵지 않게 손쉽게 다 쓰고 있는 거니까…

세존이시여! 부처님께서는 제가 무쟁삼매(無諍三昧)를 얻어서 사람들 가운데 가장 뛰어나고, 가장 뛰어난 욕망을 떠난 아라한이라고 말씀하셨습니다…

무쟁삼매(無諍三昧)… 쟁(諍)은 '말다툼하다'란 뜻이거든요. 말다툼이 없어, 나는… 내 삼매는 말다툼이 없어… 그럼 결국 뭡니까? 이름과 모양을 따라가지 않는다 이겁니다. 말다툼이 없는 게 '삼매'이고 '반야'입니다. 이름과 모양을 따라가지 않으니까 이게 바로 '불이법문'입니다. 이게 바로 '마음'이고, '깨달음'이고, '도'고, 바로 '이것'입니다.《금강경》전체에서 이야기하는 게 바로 '무쟁삼매'거든요? 무쟁삼매… 말 따라가지 않고, 모양 따라가지 않는 것… 어떤 사고 판단에도 구속되지 않는 것…

내가 사람들 가운데 제일이요,

사람들 가운데 제일이라고 한다면, 결국 스스로가 가지고 있는 진실을 본다 이겁니다. 제대로…

가장 뛰어난 욕망을 떠난…

욕망을 떠났다… 아주 중요한 말이죠? 우리의 삶을 보면 결국 욕망이 우리를 이끌어 가고 있습니다. 뭘 하고자 하는 욕망… 욕망이 우리를 이끌어 가는 것이 보통 삶이죠. 그래서 욕망이라고 하는 것은 계산을 필요로 합니다. 뭘 하고 싶으면 어떻게 해야지… 헤아리고 계산하죠. 그래서 욕망에는 사량분별이 반드시 따라오게 되어 있습니다. 뭘 하고 싶어… 그러면 어떻게 해야지… 그런데 우리가 이 마음에 계합을 하고 나면, 조금 달라져요. 왜냐하면 내가 어떻게 해야지… 하고 애써 계산을 안 해도 저절로 계산이 되니까…. 그렇다고 해서 욕망이 있는데 모든 욕망을 저절로 성취시켜 준다… 그런 말이 아니에요. 그런 말이 아니라, 선사들이 흔히 하는 말이 있잖습니까? 목 마르면 물 마시고, 배 고프면 밥 먹고, 졸리면 잔다… 그런 식이죠.

그러니까… 꼭 필요한 것들은 힘들이지 않고 부담 없이 저절로 이루어지고, 불필요한 것들에 대해서는 이 마음이 욕망을 일으키지 않아요. 욕망은 우리 머릿속에서 생겨나는 것인데… 물론 하루아침에 모든 게 그렇게 편안해지는 것은 아닙니다. 역시 체험하고 나서도 상당한 기간이 지나야 합니다. 그래야 이제 정말 자유로워지는 것이고… 욕망이란 놈이 그렇게 쉽사리 물러나는 놈이 아니에요. 결코 호락호락하게 물러나는 게 아닙니다. 단박에 끝나는 그런 게 아닙니다. 상당히 공부가 깊어져야 하고, 늘 깨어서 이 공부에, 반야의 입장에서 벗어나지 않도록 항상 깨어 있어야 합니다. 그래야 이 욕망이란 놈이 나를 지배하지 못하지, 안 그러면 순간적으로 욕망에게 넘어가 버립니다. 보통 사람들은 자기가 넘어가는 줄도 모르고 넘어가 버려요. 자기도 모르게 끌려가 버리죠. 그러나 이 공부를 하고 나면 그게 보여요… 그게 보이더라도 힘이 약하면, 보면서도 어쩔 수 없이 끌려가는 거예요. 그러나 충분히 반야의 자리에 익숙해져서 반야의 힘이 강하면 이제 안 끌려가는 겁니다. 끌려가는 것이 아니라 이제 욕망을 자유롭게 조절할 수 있게 되는 겁니다. 그러려면 공부를 지속적으로 오래오래 해야 하는 겁니다. 그래서 마음공부란 것은 평생공부지, 언제 졸업하는 공부가 아닙니다.

부처님께서는 제가 무쟁삼매를 얻어서 사람들 가운데 가장 뛰어나고, 가장 뛰어난 욕망을 떠난 아라한이라고 말씀하셨습니다…

무쟁삼매를 얻게 되면 사실은 욕망이란 게 옛날과는 상당히 달라집니다. 눈에 보이고… 욕망이란 게 결국 뭡니까? 내가 부족하다고 생각되는 것을 충족시키려는 게 기본적인 욕망의 형태거든요? 모든 욕망이 그래요. 배고프니까 밥 찾는 거고, 목마르니까 물 마시는 거고, 이성이 그리운 것도 결국엔 마찬가지예요. 잠자는 것, 마찬가지고… 돈? 없으니까, 부족하니까… 그러니까 나에게 뭔가 부족함이 있어서 그것을 채우려고 하는 게 욕망의 기본적 형태입니다. 그런데 왜 깨닫게 되면 욕망이란 게 확 줄어든다고, 욕망을 떠난 아라한이라고 할 수 있냐 하면, 이걸 체험하고 나서 첫째 느끼는 게 뭔가 하면, 내가 부족한 게 없어요. 뭐가 잘났다는 이야기가 아닙니다. 본래 부족한 게 없어요. 불만족을 못 느낀다니까요… 그러니까 만족스러워요. 지금 현재 이대로 만족스러워요. 이대로가 그냥 만족스러워요. 불만족스럽지가 않아요. 그러니까 뭐 다른 걸 찾고 싶은 생각이 없어져요. 집 안의 의자에 가만히 앉아 있어도 만족스러워요. 그것 자체로… 남이 보면 좀 바보스럽지… 그러니 욕망이 나를 괴롭힐 일이 별로 없는 겁니다. 그렇지만 과거의 습(習)이란 게 있거든요. 그래서 욕망이란 게 하루아침에 딱 끊어지는 게 아닙니다. 습관에 따라서 자기도 모르게 눈길이 가곤 하지만, 그러나 이미 스스로가 만족스럽기 때문에 욕망의 노예는 아닌 겁니다. 욕망을 떠난 아라한이란 그런 말입니다. 실제로 그렇습니다. 특별히 좋은 것도 없고, 싫은 것도 없고…

세존이시여! 저는 '내가 욕망을 떠난 아라한이다'라고 생각하지 않습니다.

만일 생각한다면 역시 또 말과 생각을 따라가니까… 그래서 "공부라는 게 어떤 겁니까?" 하면, "공부란 건 이러이러한 거다"라고 이야기할 수 있는 게 없다 이겁니다. 금방 제가 '만족스럽다'고 했지만 이것도 사실은 하나의 방편으로 말씀드리는 거지, 그런 게 공부라고 주장하는 것은 아닙니다. 오로지 법에 충실하고 이 반야에 확실할 때, 그때는 그런 여러 가지 문제들이 안 일어난다는 것이지, "공부는 이러이러한 상태다"라고 할 수는 없어요. "나는 공부하니까 이렇다" 그런 거 없습니다. 그렇게 이야기한다면 벌써 공부에 대한 상(相)을 딱 가지게 되는 겁니다. 그래서 공부에 관해서는 사실 이렇다 저렇다 이야기할 게 없어요, 사실… 그냥 오직 이 법을 스스로 맛보고, 확인하고, 확신하는 것, 이것 하나가 있을 뿐입니다. 그렇게 되면 여타의 일들은 문제 삼을 필요가 없어요. 자기가 진실에 충실하면 나머지 잡다한 일들은 저절로 정리가 되고 해결이 되기 때문에 별로 신경 쓸 필요가 없습니다.

세존이시여! 저는 '내가 욕망을 떠난 아라한이다'…

이런 식으로 생각을 하지 않는다 이겁니다. 어떤 생각도 있을 수가 없습니다. 생각을 한다면 상을 만드는 것이에요. 생각하면 그건 상입니다. '나는 공부해서 이렇게 되었다.' 그게 상이에요. 그게 아니고 그냥 이 순간에, 이 법! 여기에만 오로지 확실하면 되는 겁니다. 아상을 짓는 순간 쏜살같이 지옥으로 떨어진다고 하잖아요? 그러니까 이거는 뭐 종이 한 장 차이예요. 아무리 공부를 오래 했던 사람도 자기가 상 쪽으로 딱 돌아 가지고 상을 세우는 순간에 거기서 언제 그랬냐는 듯이 중생으로 딱 떨어져 버리는 겁니다. 종이 한 장 차이거든요? 이름과 모양을 따라가느냐, 안 따라가느냐… 종이 한 장 차이라… 항상 이름과 모양을 따라가지 않는 이 법에 확실하냐? 오직 이 법만이 진실하고 다른 것은 진실하게 여기지 않는 자세… 그래서 우리가 초발심(初發心)을 유지하라는 게 그 말입니다. 항상 그 자세만 유지하면서 살아가면 아무 문제가 없는데, '그래, 나는 공부했으니까…' 이렇게 되면 벌써 자기도 모르게 그냥… 아비지옥(阿鼻地獄)으로 탁 떨어지는 겁니다.

세존이시여! 제가 만약 '내가 아라한도를 얻었다'라고 생각을 한다면 세존께서는 '수보리는 아란나행을 즐기는 자'라고 말씀하시지는 않았을 겁니다.

아란나행(阿蘭那行)의 '아란나'라고 하는 것은 원래 숲 속을 이야기하는 것입니다. 인도의 출가 수행자들은 주로 마을을 떠나서 숲 속에 가서 명상도 하고 그랬거든요. 아무래도 숲 속에 가면 혼자 내면에 몰두하기 좋으니까… 그래서 숲 속에서 공부하다가 배고프면 마을로 내려와서 얻어먹고… 다시 올라와서 공부하고… 이런 식입니다. 아란나행을 즐긴다는 것은 그렇게 공부를 즐기는 사람… 세속의 여러 가지 일에 연연하지 않고, 이 반야의 공부, 법의 공부를 즐기는 사람… 그것을 아란나행을 즐기는 사람이라고 하는 겁니다.

만약 '내가 아라한도를 얻었다'라고 생각을 한다면 세존께서는 '수보리는 아란나행—이 공부—을 즐기는 사람이다'라고 말씀하시지는 않았을 겁니다…

당연하죠? 그런 생각을 가지면 벌써 생각 따라가고, 말 따라가니까… 공부한다고 이야기할 순 없는 겁니다.

수보리에게는 진실로 행하는 바—아란나행이든 무슨 행이든—가 없기 때문에…

'공부다'라고 하는 걸 특별히 행하는 게 없다… 행하더라도 행하는 바가 없는 겁니다. 공부를 하지만 공부를 하는 바가 없어요. 이래서 '무위법(無爲法)'이란 게 참 묘한 거예요. 공부를 하긴 하는데 공부하는 게 있으면 안 돼요. 공부를 하는데, '내가 공부한다' 하면 그건 공부를 하는 게 아니고 엉뚱한 망상 짓고 있는 겁니다. 공부만 하면 됩니다. '공부한다'는 생각 없이… '이게 공부다', '저게 공부다'란 생각 없이… 그저 법에만 충실하고, 법에만 몰두해 있으면 되는 겁니다. 여기에만 생각을 두고, 여기에만 관심을 두고, 그렇게 살아가면 되는 거지, 나는 공부하니까 이렇게 해야 해, 저렇게 해야 해…
고기도 안 먹어야 하고, 눕지도 말아야 하고, 사람하고 이야기도 안
해야 하고, 잠도 안 자야 하고… 그런 식으로 하면 안 됩니다. 그건
겉으로 공부하는 겁니다. 겉으로 공부를 하는 것이 아니라 내면으
로 공부를 해야 하는 겁니다.

그러나 초보자들에게 이런 경우는 예상할 수 있습니다. 학생들도
공부가 잘 안 될 때는 방 안의 책상 위를 한 번 정리하잖아요? 시간
표도 한 번 챙겨 보고… 그러다 보면 공부하고자 하는 새로운 힘이
생겨나거든요. 어수선하다가 책상 위를 깨끗이 정돈해 놓고, 불필요
한 것을 치우고, 바른 자세로 딱 앉아 있으면 공부하고자 하는 새로
운 기분이 나거든요. 그런 측면에서 우리가 자기의 삶을 외면적으
로 조금… 공부를 위해서 고요한 장소를 찾는다든지, 생활을 정돈
한다든지… 이럴 필요는 있습니다.

하지만 그렇게 생활을 잘 정돈하는 것 그 자체가 공부는 아니에
요. 그것으로 말미암아 공부를 하고자 하는 의욕이 생겨나는 것이
지, 잘 정리 정돈하는 것은 방 정리를 한 것이지, 공부를 한 것이 아
니에요. 그러나 보통 보면 그런 정리는 잘 하는데 실제 공부는 아예
하지 않는 그런 경우도 많습니다. 공부를 진짜 잘하는 사람은 방이
마구 어지럽혀져 있어도 공부만 하는 사람이 진짜 공부 잘하는 사
람입니다. 그래서 일상생활을 그대로 하더라도 그저 마음은 공부에
만 가 있고, 항상 여기에만, 법에만 늘 관심이 있고… 그런 사람이
야말로 공부를 잘하는 사람이에요. 일상생활 속에서 얼마든지 공부
할 수 있습니다. 공부를 하기 위해서 다 정리하고 산속으로 들어가

야 하는 것은 아닙니다. 얼마만큼 자기가 하고자 하는 의욕이 있느냐, 얼마만큼 발심이 되어 있느냐… 그게 결국은 좌우하는 겁니다. 발심이란 것도 뭐 거창한 것이 아니라, 그저 내가 항상 가지고 있고 쓰고 있는 내 마음을 알고자 하는 그런 소박하고 단순한 마음이에요. 일상적으로 살아가고 있는 나 자신, 그것을 본래면목이라고 하든 뭐라고 하든 상관없습니다. 그저 지금 이렇게 살아 있는 나 자신을 알고자 하는 단순하고, 소박하고, 가벼운 생각이에요. 부담을 가지시면 안 돼요. 아까부터 계속 말씀드리지만 공부하기 위해서 발심하는 데 대단한 무언가를 요구하는 것은 아닙니다. 아주 단순하고, 소박하고, 아주 평범하고, 아주 가벼운 겁니다. 그냥 '내 존재를 알고 싶어.' 그냥 순수하게 그렇게 생각하시면 자꾸자꾸 그게 깊어지고, 깊어지고… 하다 보면 공부가 되는 겁니다. 전혀 부담스럽게 생각하실 필요가 없습니다.

수보리는 진실로 행하는 바가…

그래서 특별히 '내가 공부한다'라고 하는 그런 게 없다 이겁니다. 없지만… 일상생활 자체가 전부 공부라… 왜? 전부 다 법을 이렇게 확인하고 있는 거다 이겁니다. 늘 법을 실감하고, 확인하고, 한결같은 자리에서 벗어나지 않고 있다… 그거거든요?

공부하는 사람들이 또 무슨 특징이 있냐 하면, 어떤 명찰 붙이기를 좋아해요. '나는 공부하는 사람' 이렇게… 명찰만 달고 다니고 실제 공부는 안 해요. 교복만 깔끔하게 입고서는 실제로 학교 와선 공부를 안 한다 이거예요. 그렇게 하면 안 된다니까요… 남이 볼 때는 공부 안 하는 것처럼… 그게 훨씬 좋습니다. 공부하는지 안 하는지도 모르게 그저 속으로만… 말하자면 실속만 차리시라 이겁니다. 겉으로 드러내지 마시고 실속만 차리시라. 공부하는 사람의 가장 기본적인 자세입니다. 남들이 보면 집에서 집안일도 해 주고 직장일도 해 주고 다 해 준다 이겁니다. 전혀 표시 안 내고… 그러나 공부는 자기가 내면적으로 하는 거니까, 자기 혼자서 하는 거니까 그것은 똑 부러지게 치열하게 하면 되는 겁니다. 남들에게는 해야 할 일 해 주니까 방해 안 받고, '나는 공부한다'라는 명찰도 붙일 필요 없는 거고…

'나는 공부하는 사람이다'라는 명찰, 이거 엄청난 방해입니다. 아상이거든요 아상! 공부하는 데는 엄청난 장애가 됩니다. 조그마한 거지만, 이것도 다 떼야 돼요. 떼고 그냥 일반적으로 소박하게… 사실은 공부하든 안 하든 다를 게 하나도 없거든요. 공부하는 사람이나 공부 안 하는 사람이나 근본적인 입장에서는 하나도 다를 게 없습니다. 그러니까 자랑할 것도 없어요. 남이 뭐라 하든 나는 여기에 관심이 있다… 남이 뭐라 하든, 이게 내가 하고 싶은 일이다… 그러면 자기 혼자서 그렇게 몰래 몰래 실속을 차리면 되는 겁니다.

공부하는 사람끼리 우르르 단체를 만들어서 이리저리 몰려다니고… 그런 것도 안 좋습니다. 조금 알았다고 해서 남한테 절대 자랑하지 마시고… 한 개 알면 한 개 자랑하고, 두 개 알면 두 개 자랑하고… 아주 안 좋습니다. 사실은 자랑할 게 없거든요. 그러니까 공부는 밖으로 드러내기 위해서 하는 게 아닙니다. 자기 실속을 차리는 겁니다, 자기 실속… 결국은 자기 문제거든요, 자기 문제… 남 눈치볼 것도 없고, 남한테 자랑할 것도 없습니다. 그냥 자기 실속을 차리시면 됩니다.

  수보리에게는 진실로 행하는 바가 없기 때문에 그러므로 '수보리는 아란나행을 즐긴다'고 말씀하시는 겁니다."

진짜로 즐기는 자는 그렇게 즐기는 거죠? 겉으로가 아니라 실제를 즐기는 겁니다. 실속을 차리는 겁니다. 남한테 자랑을 하고 싶은 마음이 조금이라도 생기면 그건 마장(魔障)이에요, 아상(我相)이에요. 증상만인(增上慢人)이 되는 겁니다. 오직 자기 실속만 차리고… 나중에 자기 공부가 되고 나면 저절로 남한테 해코지는 하지 않습니다. 즉, 남한테 도움이 되었으면 되었지 해를 끼치지는 않는다는 말입니다. 그러니까 그런 것은 신경 쓸 필요가 없어요. 그냥 내 공부만 잘 챙겨서 열심히 하시면 됩니다.

10
깨끗한 땅을 꾸민다 莊嚴淨土分

부처님이 수보리에게 말씀하셨다.

"어떻게 생각하느냐? 여래께서 옛날 연등부처님이 계신 곳에서 법을 얻은 바가 있느냐?"

"아닙니다, 세존이시여! 여래께서는 연등부처님이 계신 곳에서 법을 진실로 얻은 바가 없습니다."

"수보리야, 어떻게 생각하느냐? 보살이 불국토를 장엄할 수 있느냐?"

"아닙니다, 세존이시여! 왜냐하면 불국토를 장엄한다고 하는 것은 곧 장엄이 아니고 이름이 장엄이기 때문입니다."

"그러한 까닭에 수보리야, 모든 보살마하살은 마땅히 이와 같이 깨끗한 마음을 내되, 마땅히 색에 머무르지 않고 마음을 내야 하고, 소리, 냄새, 맛, 촉감, 법에 머무르지 않고 마음을 내야 하느니라. 마땅히 머무는 바 없이 그 마음을 내야 한다. 수보리야, 비유하면 어떤 사람이 그 몸이 수미산만 하다고 한다면 어떻게 생각하느냐? 그 몸이 크지 않느냐?"

수보리가 말하였다.

"대단히 큽니다, 세존이시여! 왜냐하면 부처님께서는 몸은 몸이 아니라 이름이 커다란 몸이라고 말씀하시기 때문입니다."

佛告: "須菩提, 於意云何? 如來昔在然燈佛所, 於法有所得不?"

"世尊, 如來在然燈佛所, 於法實無所得."

"須菩提, 於意云何? 菩薩莊嚴佛土不?"

"不也, 世尊. 何以故? 莊嚴佛土者則非莊嚴, 是名莊嚴."

"是故, 須菩提, 諸菩薩摩訶薩, 應如是生淸淨心. 不應住色生心, 不應住聲香味觸法生心. 應無所住而生其心. 須菩提, 譬如有人身如須彌山王, 於意云何, 是身爲大不?"

須菩提言: "甚大, 世尊. 何以故? 佛說, 非身, 是名大身."

우선 뜻을 따라서 한번 보겠습니다.

부처님께서 수보리에게 말씀하셨다. "네가 생각하기에 어떠하냐? 여래가 옛날에 연등부처님이 계신 곳에서…

연등불(然燈佛)은 불교 경전에 보면 석가모니가 나오기 전의 부처 중에 한 분인데, 석가모니가 이 부처님 밑에서 공부를 하다가 "미래에 정각(正覺)을 이루어서 부처가 될 것이다"라는─수기(授記)라고

274

하는데—예언을 받죠. 바로 그 이야기를 하는 겁니다.

여래가 옛날에 연등부처님이 계신 곳에서 깨달음을 얻을 것이라는 예언을 받았는데, 도대체 이 법에 있어서, 진리에 있어서 얻은 바가 있느냐 이겁니다. "깨달아서 뭔가를 얻었기에 부처가 될 것이라는 예언을 받은 거냐?" 이렇게 묻는 겁니다. 그런데 그 대답이,

아닙니다, 세존이시여! 여래가 연등부처님이 계신 곳에서 진실로 법을 얻은 바가 없습니다.

이 구절은 《반야심경》에도 나오죠? 《반야심경》에 보면, "이 까닭에 공(空) 가운데에는 색(色)이 없고 수·상·행·식도 없다(是故空中無色無受想行識)"… "지혜도 없고 얻음도 없으니 얻을 것이 없기 때문이다(無智亦無得 以無所得故)." 이렇게 나옵니다. 여러 가지가 나오다가 그 이유를 "얻을 것이 없기 때문이다" 이렇게 이야기하고 있어요.

법에는 얻을 게 없다…

'법(法)'이라는 글자는 원래 산스크리트어로 다르마(dharma)죠. 다르마를 옮긴 말인데, 크게 두 가지 뜻이 있습니다. 하나는 삼라만상 하나하나의 사물을 법이라고 일컫는데, 이때는 특히 제법(諸法)이라고 합니다. 또한 이 진리, 말로도 할 수 없고 눈으로도 볼 수 없고 생각으로도 붙잡을 수 없는 이 진리를 법이라고도 합니다. 그런데 이 두 가지 뜻은 하나의 단어가 전혀 다른 두 개의 뜻을 가지고 있는 것이 아닙니다. 이 두 가지 뜻은 동일해요. 《반야심경》에서 이야기하고 있듯이, 색이 곧 공(色卽是空)이라… 색(色)을 이야기해도 법이

요, 공(空)을 이야기해도 법이다 이겁니다. 색을 이야기하면 삼라만상 온갖 사물들이 다 있습니다. 그러나 공을 이야기하면 하나도 없어요. 결국 그 두 개는 다른 것이 아니고, 하나입니다. 이 법이라는 말은 불교에서 많이 쓰이죠. 이게 그렇게 참 묘한 말입니다.

그래서 법을 알면 우리가 깨달았다, 진리를 안다… 이렇게 합니다. 법이 곧 진리이기 때문에… 그래서 무상정등각(無上正等覺)을 얻게 되면 그것은 곧 법을 얻은 것이다… 일반적으로 우리는 그렇게 생각합니다. 그런데 석가모니가 연등불에게 수기를 받을 때는, 그런 어떤 진리를 얻어서 받은 게 아니다 이겁니다. 법을 얻어서 받은 게 아니다… 분명히 수기를 받긴 받았습니다. "네가 미래에 깨달을 자다." 수기를 받았는데, 얻은 것은 아무것도 없어요. '뭔가를 성취해야 인가를 받는다'라고 보통 우리는 생각하죠? 그런데 석가모니는 아무것도 성취한 게 없는데 인가를 받은 겁니다. 이 점을 우리가 아주 주의 깊게 잘 이해하고 살펴볼 부분입니다.

우리는 보통 공부를 하면, 무언가 지금 내가 가지고 있지 않고, 나와는 다른 특별한 무언가를, 이상한, 현묘한 무언가를 얻을 것이라는 그런 기대를 가지고 있죠. 분명히 그렇게 될 것이라고 생각을 하고 있고, 일반적으로 '도인(道人)' 하면 뭔지 모르지만 그런 특별한 것을 가지고 있는 것처럼 이해를 합니다. 그러나 그것이야말로 분별심입니다. 중생과 부처를 나누어서 보고, 진리와 비진리를 나누어서 보고, 평범한 것과 특별한 것을 나누어서 보는 겁니다.

실제 진리는 말이죠, 우리가 얻을 수 있는 것은 진리가 아닙니다.

왜냐하면 얻을 수 있는 것은 반드시 잃어버릴 수가 있기 때문입니다. 영원하지가 않아요. 노력해서 얻은 것은 언젠가는 반드시 잃어버리게 됩니다. 그러나 진리는 잃어버릴 수 있는 게 아니에요. 잃어버릴 수 없기 때문에 애초에 얻은 게 아닌 거죠. 그래서 본래구족(本來具足)이라고 합니다. 본래부터 갖추어져 있는 겁니다. 노력해서 얻은 게 결코 아닌 겁니다. 배워서 알아낸 게 아니에요.

그러므로 "모든 사람은 부처다"라고 말하죠. 이 말은 정말 진실한 말입니다. 거짓말이 아니에요. 부처라고 해서 뭐 특별하게 우리와 달리 얻은 것도 없고, 우리가 중생이라고 해서 특별히 빠진 게 있는 것도 아닙니다. 얻게 되고 잃게 되는 그런 물건들은 진리와는 상관이 없어요. 그런 물건들이 있는 것은 아닙니다. 그런 물건들이 있는 게 아니고, 얻는다거나 잃는다 하는 것은 우리의 사량분별일 뿐이에요.

진리는 생멸법이 아니거든요. 《반야심경》에도 불생불멸(不生不滅)이라고 나와 있죠? 불구부정(不垢不淨), 더럽지도 않고 깨끗하지도 않고, 부증불감(不增不減), 늘어나지도 않고 줄어들지도 않고… 불래불거(不來不去), 왔다 갔다 하는 것도 아니고… 그러니까 온다 간다, 더럽다 깨끗하다, 생겨난다 사라진다, 많다 적다… 이런 것은 전부 우리 분별심 위에서 일어나는 망상입니다, 망상! 우리가 여기서 마음공부란 이름으로 확인해야 할 것은 그런 게 아닙니다. 그런 어떤 왔다 갔다 하는, 모양과 이름과 크기와 색깔 등을 갖춘 사물의 이치를 탐구하는 게 아니거든요.

어떤 사물이 오든, 어떤 느낌, 어떤 생각, 어떤 욕망이 왔다 가든,

왔다 가는 것에 대해서는 관심을 둘 필요가 없습니다. 진실은 왔다 가는 게 아니라는 것은《반야심경》만 봐도 다 아는 거 아닙니까? 법을 공부하는 입장에서 법 아닌 사물들에 관심을 가질 필요는 없는 겁니다. 오로지 법에만 관심을 기울여야 합니다. 오로지 마음에만, 오로지 진리에만 관심을 기울이시고 그것만 깨달으면 되는 겁니다. 다른 여러 가지가 없어요.

그런데 또 흔히 공부하는 사람들의 오해 중 하나가 그 망상들, 아까 그 '오니 가니, 생겨나니 죽니, 더럽니 깨끗하니 하는 이런 분별 망상을 다 제거해 버리고 나면 진리가 남는다.' 이렇게 생각을 할 수가 있습니다만, 그것 역시 망상입니다. 그것 자체가 하나의 분별심이에요. 그렇게 되는 게 아닙니다. 오로지 이 법 하나, 이 진실 하나에만 관심을 기울여서 문득 진실을 보게 되면, 본래가 왔다 갔다 하는 게 없어요. 왔다 갔다 하는 것을 눈앞에 보고 있어도 본래 왔다 갔다 하는 게 없는 겁니다. 왔다 갔다 하지 않는 그 자리에 무수한 생멸법이 왔다 갔다 하는 겁니다. 적멸한 그 자리에서 무한한 생멸이 이루어진다 이겁니다.

본래 생멸법이 곧 적멸법이에요. 그런 거지, 생멸법을 없애야 적멸법이 나타나는 게 아닙니다.《반야심경》식으로 이야기를 한다면, 색을 없애야 공이 이루어지는 게 아니고, 색이 본래 공이요, 공이 본래 색인 겁니다. 망상을 없애야지 공부가 되는 것이 아닙니다. 없애려고 한번 해 보세요. 그런 게 아니라, 오로지 이 진실 하나 여기에만 관심을 갖고 탐구하시면 돼요. 사실은 이 진실 하나밖에 없어요.

이 진실 하나밖에 없지, 다른 뭐가 복잡하게 있는 것이 아닙니다.

아주 단순하고, 간단하고, 당연하고, 한 번도 사이가 벌어진 적이 없는, 너무 당연해서 신경조차 쓰지 않았던 이것이 진실입니다. 제가 지금 이야기를 하면서 목을 이렇게 끄덕끄덕 하면서 이야기하죠? 눈을 깜박깜박하고, 숨도 쉬고, 눈길을 이리저리 돌리고 하는데… 여기에 대해서 우리가 의심해 본 적이 없죠? 눈 깜박이는 이게 무언가? 목을 끄덕끄덕하는 이게 무언가? 숨 쉬고 있는 이게 무언가? 왜? 의심을 안 해도 태어날 때부터 너무나 당연하게 그렇게 해왔기 때문에… 내가 애쓰고 노력해서 얻은 게 아니기 때문에 관심이 없어요.

우리는 애쓰고 노력하고 힘들여 얻은 것에 대해서는 대단한 관심을 가지고 있습니다. 다양한 관심을 가지고 애지중지하는데, 원래부터 나에게 완전하게 갖추어져 있어서 조금도 힘을 들일 필요가 없고, 신경을 안 써도 도망가지 않는 것에는 말 그대로 신경을 안 써요. 그러나 법이란 놈은 신경을 안 써도 도망가지는 않지만, 신경을 안 써 주면 섭섭해합니다. 섭섭해하면 우리가 조금 괴롭습니다. 그것을 번뇌가 생긴다고 하는데… 그래서 번뇌라는 것은 사실 실체가 있는 것이 아닙니다. 나 스스로가 깨달아야 할 것을 깨닫지 못했기 때문에 그로 말미암아서 생기는 불만족입니다. 만족스럽지가 못한 거죠.

《법화경》에 보면, 장자(長子)의 아들 이야기가 나오죠? 자기가 거지인 줄 알았는데 알고 보니까 큰 부잣집의 아들이었다 이겁니다.

자기가 거지일 때는 항상 불만족스러운 거예요. '나도 저런 부잣집의 아들이었으면 얼마나 좋을까?' 실제로는 자기가 그 부잣집의 아들이거든요? 모르니까 불만족스러운 겁니다. 그게 그대로 우리 이야기를 하고 있는 겁니다. 우리가 본래 부처예요, 원래 부처고, 아무 문제가 없습니다. 모든 보물을 다 가지고 있습니다. 말하자면 법을 지금, 지금뿐만 아니라 언제든지, 태어나면서부터 완전하게 가지고서 쓰고 있는 겁니다. 그러나 내가 무엇을 쓰고 있는지 모르니까 불만족스럽고 허전한 거예요. 그러니까 만족을 찾아서 바깥으로 헤매게 됩니다.

부잣집 아들이 자기가 거지인 줄 착각하니까 뼈 빠지게 돈 벌러 다닐 것 아니에요? 자기 집은 놓아두고… 다른 데 가서 돈을 번다 이겁니다. 바로 그런 식입니다. 그래서 돈을 추구하고, 욕망을 추구하고, 명예를 추구하고… 그러다가 조금 생각이 있는 사람들은 도 닦는다고 마음공부를 추구하죠. 모두들 바깥에 있는 것을 추구하는 겁니다. 스스로가 다 갖고 있는 것을 확인하지 못하고 다른 데서 찾으려고 하는 거죠. 그게 우리 보통 사람들의 상황이에요.

그래서 전도중생(顛倒衆生)이라고 하는 겁니다. 뒤집어져 있다 이겁니다. 바로 보면 아무 문제가 없는데, 뒤집어서 거꾸로 보니까 모든 게 문제가 있는 것처럼 보이고 불만족스러운 겁니다. 바로 보면 되는 겁니다. 바로! 똑바로 보면 되는 거예요. 그런데 똑바로 본다는 게 그렇게 쉽지는 않아요. 왜냐하면 워낙 오랫동안 거꾸로 보아 왔기 때문에… 버릇이 들었거든요. 아까 장자의 아들 비유에서처럼, 거지 노릇 하던 버릇이 들어서 부잣집 아들이란 것이 믿겨지지가 않는 거예요. 내가 태어날 때부터 거지였는데 무슨 얘기냐 이거예요. 믿어지지가 않죠.

그리고 부잣집 아들이란 것이 인정이 되어서 그 집 아들로 들어간다 하더라도 하루아침에 제대로 아들 노릇을 할 수 있느냐? 못 합니다. 다시 배워야 해요. 오랜 시간이 지난 뒤에야 비로소 제대로 부잣집 아들 노릇을 하는 겁니다. 이 공부도 마찬가지입니다. 색신, 이 육체, 그리고 돈, 명예, 욕망, 생각, 쾌락… 이런 것들을 좇아다니던 그 버릇 때문에 한 번 맛을 본다고 바로 완전해지는 것은 아닙니다. 이렇게 뒤집어져 있어요.

돈을 한번 봅시다. 자, 돈의 가치가 어디에 있습니까? 우리는 보통 돈의 가치는 돈에 있다고 생각하거나, 돈으로 살 수 있는 물건에 있다고 생각하죠? 그러나 진짜 돈의 가치는 어디에 있는 겁니까? 우리가 돈을 통화(通貨)라고 하듯이, 두루 쓰임으로써 돈의 가치가 생겨나는 것입니다. 그러니까 돈의 가치는 돈에 있거나 돈으로 살 수 있는 물건에 있는 것이 아니라 그것을 유통시켜 쓰는 사람에게 있는 것입니다. 그렇다면 사람은 또 무엇입니까? 흔히 "사람이면 다 사람이냐, 사람 노릇을 해야 사람이지"라고 합니다. 즉 노릇 하는 게 사람입니다. 여기서 사람 노릇은 도덕적으로 인간답게 사는 것을 뜻하는 게 아닙니다. 노릇이란 행동입니다. 행동을 할 줄 알아야 사람입니다. 행동하지 못하면 죽은 시체에 불과합니다. 그런데 행동이란 것은 정해진 이름도 없고, 정해진 모양도 없고, 크기도 없고, 주어진 장소도 없습니다. 그렇게 정해진 모양도 없고, 주어진 장소도 없고, 크기도 없는 행동에 의해서 사람이 사람 노릇을 하고, 돈이 돈 노릇을 하게 되는 겁니다. 그런데 사람들은 내가 노릇 하는 여기에 대해서는 관심이 없고 눈에 보이는 돈에만 관심이 있는 겁니다. 그러니까 당연히 거꾸로 되어 있죠. 진짜 가치가 무엇인지 모르니까…

또 하나 말씀드리고 싶은 것은 도를 닦는다거나 마음공부 한다는 것을, 어떤 목표를 세우고 그것을 성취하는 사회적 행위와 동일시해서는 안 된다는 겁니다. 우리가 사회적으로 어떤 목표를 세워서 추구를 하고 노력해서 성취를 하면, 남에게 뭔가를 보여 줄 수 있습니다. 그리고 자기 나름대로 스스로도 얻은 바가 있습니다.

인간의 숙명과 같은 비극은 끝없이 추구를 해서 무언가를 얻으려고 하는 데 있어요. 그것은 사실 자기 스스로에 대한 불만족 때문에 그러는 겁니다. 현재의 자기 존재에 대한 불만족 때문에 그러는 거예요. 현재의 자기 존재를 왜 불만족스럽게 생각하느냐… 현재의 자기 존재를 모르기 때문에, 현재 자기 존재의 실상을 모르기 때문에 그러는 거죠.《법화경》장자의 아들 비유와 같이, 현재 내 존재의 실상은 거지가 아니에요. 큰 부잣집 아들이에요. 그게 실상인데 그것을 모르기 때문에 거지 노릇을 하고 있는 겁니다. 끝없이 추구를 해서 얻으려고 하는 겁니다.

마음공부는 하면 할수록, 얻으려고 하는, 대단한 것을 성취하려고 하는, 위대한 포부, 커다란 뜻이 점차 없어집니다. 욕망이 점차 사그라들어요. 그에 반비례해서 현재 그대로의 자기 존재에 대한 만족감이 점차점차 커져 갑니다. 불안감은 점차 사라지고 만족감이 점차 커져 갑니다. 그래서 완전히 자기 존재의 실상을 꿰뚫게 되면 아무런 불만이 없어요. 더 이상 불만 같은 것은 없습니다. 그러니까 추구할 것이 없어요. 얻을 것이 없고 의심이 사라져요.

세속적인 입장에서 본다면, "그럼 지금 있는 그대로, 이 비참한 현실을 인정하고 그대로 눌러 살란 말이냐?" 하는 불만이 있을 수가 있거든요? 그렇게 불만을 가진 사람이 중생이에요. 자기가 자기 실상을 모르니까 그러는 겁니다. 자기가 부잣집 아들이란 것을 모르니까… "지금 거지인 이대로 만족하고 살란 말이냐?" 이 말이거든요. 알고 보면 우리가 원래 거지 아들이 아닙니다. 불만족스러운 게 아니고, 번뇌가 있는 게 아니고, 중생이 아닙니다.

우리는 마음공부라는 위대한 포부를 가지고 시작을 하지만, 사실 마음은 전혀 위대하지가 않습니다. 그렇다고 비천한 것도 아니에요. 우수한 것도 아니고 열등한 것도 아닙니다. 어떤 차별도 없어요. 그냥 이것은 지금 있는 이대로일 뿐입니다. 지금 우리가 어떤 위치에 있든, 어떤 상황에 있든 그것과는 상관이 없어요. 예를 들어서, 세금을 100원 내는 위치에 있든 100만원 내는 위치에 있든 그것과는 상관이 없다 이거예요. 그런 것은 전부 겉으로 드러난 모양들입니다. 그런 모양들은 항상 가변적이죠. 바뀔 수가 있습니다. 변화하는 것, 왔다 갔다 하는 것이다 이겁니다. 그러나 우리의 실상은, 마음법의 실상은 불변입니다. 왔다 갔다 하는 게 아니에요. 우선 그 점을 잘 아셔야 하는 겁니다.

도 닦는다고 하는 것은, 대단한 무언가를, 위대한 무언가를, 보통 사람들이 전혀 가지고 있지 않은 무언가를 성취하는 게 절대로 아닙니다. 모든 사람이 똑같이 가지고 있는 것이 진실입니다. 그래서 법은 평등법입니다. 차등법이 아니에요. 부처든 중생이든, 깨달았든 못 깨달았든 똑같은 겁니다. 그래서 깨달았다고 해서 자랑할 것도 없고, 못 깨달았다고 해서 슬퍼할 것도 없는 겁니다. 똑같아요, 사실은… 다만 스스로의 입장에서, 자기의 실상을 아는 것이 남하고 관계없이 만족스러운 것이죠. 마음공부란 그런 것이지, 대단한 뭔가를 성취하는 게 아닙니다. 대통령이 되고 국회의원이 되는 것과 같은 인간의 욕망 추구와는 상관이 없는 겁니다. 그저 있는 이대로의 나 자신을 아는 것입니다.

그런데 이 있는 그대로의 나 자신을 아는 것이 어떤 면에서는 대통령이 되고 국회의원이 되는 것보다 더 어렵습니다. 어렵기도 하지만 더 만족스러운 일입니다. 왜냐하면 영원한 대통령은 없거든요? 영원한 국회의원은 없습니다. 떨어져 나가죠. 그러나 이것은 영원한 것입니다. 왜? 본래부터 불생불멸(不生不滅)이요, 불래불거(不來不去)인 것입니다. 원래 그랬던 겁니다. 그래서 영원한 것이에요. 그래서 이것을 최상의 가치라고 부르는 것이 바로 이 때문입니다. 모든 것은 변하지만, 이 법은, 마음은 변하지 않습니다.

그러니 법에서 무엇을 얻었기 때문에 석가모니가 된 것이 아닙니다. 연등불이 계신 곳에서 무슨 진리를 얻어서 석가모니가 된 것이 아니다 이겁니다. 얻을 것이 없다는 것을 오히려 깨달은 겁니다. 진실한 가치의 원천을 깨달은 겁니다. 뒤집혀 있던 견해가 바로잡힌 거예요. 그것뿐이지 특별한 것은 없습니다.

연등불이 계신 곳에서 얻은 바가 있느냐? 얻은 바가 진실로 없습니다.

얻은 바가 없기 때문에 연등불은 석가모니에게 수기(授記)를 주신 것입니다.

수보리야, 어떻게 생각하느냐? 보살이 불국토를 장엄하느냐?

이 장엄(莊嚴)이란 말은, '세운다', '건립한다', '배열한다' 이런 뜻이 있고, '장식한다'는 뜻도 있습니다. 보살이 불국토를 건립하느냐? 이러니까,

아닙니다, 세존이시여! 왜냐하면 불국토를 장엄한다고 하는 것은 곧 장엄이 아니고 이름이 장엄입니다.

보살은 보디사트바(bodhisattva), '깨달은 중생'이죠? 불국토란 것은 '깨달음의 땅'이고… 사실은 '보살이 불국토를 장엄한다'라고 이야기되어 왔습니다. 왜? 중생에게는 불국토가 없어요. 똑같은 땅에 살면서, 똑같은 곳에 있으면서도 중생에게는 세간(世間)이에요. 세속(世俗)이라. 그런데 똑같은 데 있으면서도 보살에게는 이게 전부 다 불국토예요. 그러니 당연히 보살이 불국토를 장엄하는 거지… 보살이 불국토를 장엄하는 겁니다. 원래 다른 곳에서는 그렇게 이야기가 되어 있습니다. 똑같은 곳에 있는데 중생에게는 다 세간이에요.

다 세간법이에요. 왜? 이게 전부 다 분별의 대상일 뿐입니다. 중생이라는 게 견해가 뒤집어져 있으니까, 전부 차별하고 분별하고 모습을 따라만 다니는 거예요. 근원이 뭔지를 몰라요. 변하는 것에만 관심이 있지, 변하지 않는 게 뭔지를 모른다 이겁니다. 그런데 보살은 변화하는 하나하나가 사실은 변하지 않는다는 사실을 아는 겁니다. 중생이 색만 본다면, 보살은 색이 곧 공인 사실을 아는 거예요. 그러니 보살이 불국토를 장엄하는 겁니다. 이 세속을 불국토로 만드는 겁니다.

그런데 여기서는 "장엄하지 않는다… 왜냐하면 불국토를 장엄한다고 하는 것은 장엄하는 게 아니기 때문이다." 이 이야기는 앞에서 "얻은 바가 없다"는 이야기와 똑같은 이야기입니다.

자, 보살이 어떻게 불국토를 장엄하는지 봅시다. 불국토는 깨달음의 땅이거든요? 깨달음이 뭐냐? 여러분, 깨달음이 뭡니까? 깨달음은 바로 마음이에요, 마음! 그러면 마음이 뭐냐? 사실 깨달음이라고 하든, 마음이라고 하든, 도라고 하든, 법이라 하든 아무 상관이 없어요. 그것들은 이름일 뿐이에요. 요컨대 이 진실, 진리… 말하자면 그렇게 이야기할 수 있는 것, 변하지 않는 것, 원천… 이 세속의 진실을 이야기하는 겁니다. 이 세속의 진실이 바로 깨달음이에요. 반야라고 하죠? 지혜라고도 합니다.

난초를 보고 '난초'라 하고, 시계를 보고 '시계'라 하고, 커튼을 보고 '커튼'이라고 하는 게 세속이거든요? 이게 세간법이에요. 이름과 모양을 갖추고서 하나하나 구별되는 것. 그래서 세속에는 이름이 있고 그 이름에 걸맞은 모양들이 다 있어요. 모양이 있고 이름이 있다고 해도 좋겠죠. '난초'라는 이름에 해당하는 모양(相)이 여기 있습니다. 세간법으로 보면 난초는 난초죠, 그냥… 난초일 뿐이고 키워서 감상하고 그러는 것이죠. 그런데 이게 보살의 입장에서, 불법으로서 보게 되면, 이 난초는 난초이지만 동시에 난초가 아니라 바로 깨달음이에요. 난초는 난초가 아니라 깨달음이에요.

난초라는 게 여기 있는데, 여기 있는 우리 가운데 아무에게도 보이지 않는다면 난초는 없는 겁니다. 우리 눈에 보이니까 난초가 여기 있는 겁니다. 그러니까 난초라는 사물보다도 더 중요한 것은 난초라는 사물을 보는 겁니다. 보고 아는 거죠? 난초를 보고 아는 것은, 난초는 아니에요. 그러면 난초를 보는 순간에, 조금만 지혜롭다면 '아, 여기 난초가 있구나!' 하면서 동시에 '아직 내 눈이 쓸 만하구나!' 라는 사실을 알 수가 있거든요? 그렇다면 난초만 보는 게 아니잖아요? 다른 걸 하나 더 보고 있는 거예요. 그런 식으로, 난초를 보았다가 시계도 보고, 책도 볼 줄 알고… 무엇을 볼 때마다 사물사물에서 그 사물의 인연을 따라서, 난초를 볼 땐 감상을 하고, 시계를 볼 땐 시간을 알고, 책을 볼 땐 읽어 내는 것이죠? 인연 따라서 우리는 이것을 행하는 겁니다. 인연 따라서 알맞게 반응을 하는 것, 이게 아까 제가 말씀드린 사람 노릇 하는 것입니다.

난초를 보고 시계인 줄 알면 사람 노릇 못 하죠? 난초를 보면 난초를 감상할 줄 알고, 책을 보면 책을 읽을 줄 알고, 버스를 보면 탈 줄 알고, 방석을 보면 깔고 앉을 줄 알고… 알맞게 인연 따라서 행하는 게 있는 겁니다. 그게 뭔지는 모르지… 그것은 우리 몸뚱이가 아닙니다. 몸뚱이도 이놈이 적절하게 쓰는 거지… 손을 가지고 발처럼 쓰지는 않잖아요? 손은 손처럼 쓰죠. 발은 발처럼 쓰고, 입은 입처럼 쓰고, 귀는 귀처럼 쓰고, 코는 코처럼 쓰죠. 인연에 따라서 알맞게 쓰는 겁니다. 딱딱 맞아요. 전혀 어긋나는 것이 없습니다. 누가 시킨 것도 아니고 본래 그렇게 행하는 겁니다.

마음법을 깨닫게 되면, 정말 털끝(毫釐)만큼도 어긋나는 게 없어요. 모든 것에서 딱딱 들어맞게 되어 있습니다. 그렇게 들어맞게끔 반응하고, 노릇 하고, 행동하는 이것이 내가 사람 노릇 하게 해 주는 겁니다. 이게 제일 큰 가치가 있는 거예요. 이것은 배워서 얻은 게 아닙니다. 시계를 보고 시간을 읽는 것은 배우지만, 단순히 시계를 바라보는 것을 배우지는 않습니다. 마음이란 것은 인연 따라서 알맞게 행하는 것입니다. 금방 태어난 아이도 알맞게 행하는 겁니다. 자라면서 또 자기에게 알맞게, 인연에 따라서… 기술자는 기술자에 알맞게, 장사꾼은 장사꾼에게 알맞게… 인연에 따라서 항상 알맞게 행하는 겁니다. 언제든지 마음은 완전하게, 부족하거나 넘치지 않게 행하는 겁니다. 전혀 부족함도 남음도 없어요. 항상 알맞게 행하는 겁니다.

이렇게 설명하면, '그래, 이치는 그럴 듯해.' 이 정도까지는 이해할 수 있습니다. 그러나 그렇다고 해서 마음을 안 것은 아닙니다. 왜냐하면 난초를 탁 보는데, '그래 지금 난초를 보고 있는 이놈이야!' 그렇게 하지만 사실은 생각입니다. 실제로는 난초만 보일 뿐이죠. 그래 가지고는 안 되죠. 그게 아니라, 실제로 행하고 있는 것이 명확

288

하게, 아주 또렷하게 확인이 되는 그런 경험이 있습니다. 말하자면 그런 체험까지, 그런 확인까지 해야 하는 것이죠.

아까 장자의 아들 비유를 들면, 누가 우리에게 "너는 부잣집 아들이야!"라고 해 줘도 우린 안 믿거든요? 그러면 이치를 설명해 주거든요? '이렇게 이렇게 해서 네가 원래 장자의 아들이야'라고. 이치를 들어 보니까 분명히 장자의 아들이 맞아요. 그렇지만 그 집에 들어가서 아버지에게 "네가 내 아들이다"란 말을 듣기 전까지는, 아직 아닙니다. 실제로 그 아들임을 확인받아야 하는 거죠. 그것을 체험이라고 하는데, 그러한 체험을 해야 하는 겁니다. 했을 때 비로소…
'아, 그래. 이런 것이구나!' 하고 알죠. 그렇게 되면 그저 만족스러운 거예요. 다만 인연 따라 행할 뿐이에요. 선사들이 이야기하듯이 목마르면 물 마시는 거고, 잠 오면 자는 거고, 배고프면 밥 먹는 거…
그게 전부예요. 그냥 필요에 따라서 적절하게 행할 뿐이지, 거기에 무슨 도가 있고, 마음이 있고, 이치가 있고… 그런 것 없습니다.

그러나 그러면서도 항상 불안하지 않은 이유는, 늘 없어지지 않고 절대로 배신하지 않고, 도망가지 않는 이놈이 완전히 갖추어져 있다는 사실이 분명하기 때문에… 그렇기 때문에 안심하고, 하고 싶은 대로 자유자재하게 살 수 있는 겁니다. 그렇지 않고, 뭔지 모르지만 뭔가를 체험한 것 같긴 한데 아직도 불안해… 그러면 자유자재할 수 없습니다. 불안한 겁니다. 그렇게 자유자재하게 될 때까지는 시간이 많이 걸립니다.

아까 비유에서도, 거지가 부잣집에 들어가서 아버지로부터 "네가 내 아들이다"라고 인정받았다고 해서, 이 거지였던 아들이 완전히 불안감이 가시느냐 하면, 그렇지가 않아요. 이제 아들 노릇을 제대로 하느냐 못 하느냐 그게 문제거든요? 들어가서도 예전의 거지 버릇이 남아 있다면 다시 쫓겨날 수도 있거든요. 그러니까 조심스럽게 아들 노릇을 잘하려고 노력을 해야 하는 겁니다. 그게 보림(保任)이라고 하는 건데, 사실 그것도 어려워요. 까딱 잘못하면 다시 또 쫓겨나는 거라… 그렇지만 그것은 나중의 문제고, 우선 당장은 내가 진짜로 본래 부처다… 본래 아무 문제가 없다는 사실을 확인하는 이게 당장 급선무입니다.

경전에서 이야기하고자 하는 것은 이런저런 이치가 아닙니다. 여러 가지 말이 아니에요. 온갖 말이 있고, 온갖 이치를 이야기한다고 하더라도 무엇을 우리에게 보라고 요구하느냐면, 말이 사라진 곳, 이치가 없는 곳, 한결같이 변함없는 곳을 보라고 하는 겁니다. 둘이 아닌 곳… 그래서 경전을 제대로 읽으려고 한다면 거기에 쓰인 말 구절만 이해를 해서는 안 되는 겁니다.

예를 들어서, 불고수보리(佛告須菩提)… 이렇게 읽는다 말입니다. 부처님이 수보리에게 말씀하셨다… 그러면 우리는 부처님이 여기 있고, 저기 수보리가 있어서 이 양반이 저 사람에게 이야기했다… 그렇게 이해하는 것은 말 따라가는 겁니다.

그게 아니고, 잘 보세요.

부처님이… 수보리에게… 말씀하셨다…

이 말을 잘 보시라 이겁니다.

　　부처님이⋯ 수보리에게⋯ 말씀하셨다⋯

이 소리가 들리죠? 제 말소리가 들립니다. 말을 따라가지 마십시오. 부처가 여기 있고, 수보리가 저기 있어서, 서로 말을 주고받았다⋯ 이렇게 이해하지 마시라 이겁니다.

　　부처님이⋯ 수보리에게⋯ 말씀하셨다⋯

아까 난초 보듯이, "부처님이 수보리에게 말씀하셨다"라고 하는 이 말에서 무엇을 확인해야 하느냐? 지금 '이것'을 깨달아야 하는 거예요. '이것' 하나가 지금까지 말을 듣기도 하고 하기도 했거든요. 지금까지 수없이 말을 해 왔고, 말을 들어 왔지만, 모자람이 어디 있습니까? 도망가는 게 아니거든요? 늘 그대로라, 항상 새롭게 말할 수 있는 겁니다. 목은 쉴지 모르지만 '이것'은 안 쉬어요. '이것'을 확인하셔야 하는 겁니다. '이것'은 변함없이 여러분 자신의 것이지 남의 것이 아닙니다. '이것'은 모든 중생이, 모든 부처가 똑같이 가지고 있는 것이거든요? '이것'만 확인하면 되는 거예요. '이것'만!

　　부처님이 수보리에게 말씀하셨다.

바로 '이것'입니다!

부처님이 수보리에게 말씀하셨다.

여기서 딱 확인이 되는 거거든요. 다른 데서 확인되는 것이 아닙
니다. 바로 지금 여기서 이렇게 확인되는 것입니다. 언제나 있었고,
지금 이 순간에도 변함없이 있는 것입니다. 결코 잃어버릴 수 없는
것! 변하지 않는 겁니다! 말의 뜻을 따라가지 말고, 진짜 부처를 깨
달아야 해요. 진짜 부처! 진짜 부처는 어디 있느냐? 바로 여기에 있
습니다.

우리 보통 사람의 병은 뭐냐 하면, 따라가는 거예요. 엉뚱한 곳으
로 가는 거예요. 그냥 여기에 있으면, 지금 여기에 이렇게 있으면 되
는 거예요. 내가 지금 어디 있느냐? 난초를 쳐다보고 계시면, 난초
위에 계신 것입니다. 손을 쓰면, 손에 있는 겁니다. 말소리를 들으
면, 그 소리 위에 있는 거예요. 그러니까 하나하나가 모두 부처죠?
쳐다보면 보이는 물건마다에 부처가 있어요. 부처는 곧 깨달음이고,
깨달음은 곧 마음이고, 마음은 도고, 그런 이름에 안 속으면 지금 이
소리가 바로 '이것'입니다. '이것'밖에 없어요.

하여튼 말에 속는 병에서 나와야 돼요. 우리의 제일 큰 병이 말과
생각에 속는 겁니다. 말과 생각에서 아주 조금만 돌아보시면, 그것
을 회광반조(迴光反照)라 하는데, 사실 돌아볼 것도 없어요. 돌아보
는 것 자체가 이것인데… 그냥 이 자리에 있는 겁니다. 이 자리! 내
가 지금 말하는 자리, 생각하는 자리, 소리를 듣는 자리, 쳐다보는
자리, 행동하는 자리… 여기에 있는 거지 다른 데 있는 게 아니에요.
부처라는 사물, 말, 모양을 따라가지 마세요. 이것은 아주 기초적인

것입니다.

《금강경》 처음부터 모양을 가지고는 절대로 부처를 볼 수 없다고 계속해서 이야기하고 있습니다. 말 따라가지 마시고, 생각 따라가지 마시고, 모양 따라가지 마십시오. 그럼 어디 있느냐? 어디 있다기보다는, 지금 여러분 스스로가, 여러분 자신이, 어디에 있는지를 보시라 이겁니다. 소리 듣는 거기에 있어요. 쳐다보는 데에 있고, 생각하는 데에 있고, 행동하는 데에 있는 겁니다. 행동하는 데가 도대체 어디냐? 생각으로 따라가시면 안 돼요.

이런 말을 들으시다가 문득 체험이 되면 생각이 싹 죽어 버려요. 왜냐하면 바로 '이것'이 직접 확인되는 거지, 생각으로 확인이 되는 게 아닙니다. 바로 확인되는 겁니다. 이렇게 바로 확인이 되거든요. 눈으로 쳐다보면, 쳐다보는 이것이니, 여기에 생각이 붙을 이유가 없잖아요? 손을 움직여 보면 바로 이렇게 확인되는 거 아니에요? 바로바로 확인되는 거지, 여기에 무슨 말을 붙여서 이것이 확인되었다고 말할 필요가 없는 겁니다. 소리가 들리면 바로 확인하는 거지, 여기 무슨 말을 붙여서 '내가 소리를 들으니까, 소리 듣는 이게 마음이다.' 이런 식으로 망상 피울 이유가 전혀 없는 겁니다.

그냥 즉각즉각 생각을 붙이지 말고… 머리로 알아차리는 게 아니에요, 바로 즉각즉각 그냥 이렇게 분명한 겁니다. 듣는 그 자리에… 내가 있다고 하면 '나'라는 분별에 매이기 때문에, 하여간 말이란 참 문제입니다. 사람의 말이란 게… 그렇다고 입 다물고 말을 안 할 수도 없고… 그러니까 옛날 선사들은 가능하면 말을 아꼈어요. 그래서 그냥 손가락을 올리고, 몽둥이를 가지고 탁 치기도 하고, 억지로 말하라고 하면 할(喝)이라고 해서 고함이나 빽 지르고… 왜? 모든 병이 이 말에서 오는 거거든? 말 따라가 버리니까…

안 따라가면 말하는 이것, 바로 딱 말하는 이것… 말하는 이것이 거든요? 이것! 말을 하고 있잖아요, 지금! 부족함이 전혀 없어요. 그냥 말을 하고 있는 거예요. 말을 하고 있고 들리고 있거든요? 저절로 다 들려요. 내가 뭘 들으려고 애를 쓸 이유가 없는 거예요. 들리거든요? 눈길만 돌리면 다 보여요, 그냥… 말을 하는 이것, 듣는 이것, 눈길 돌리는 이것, 행동하는 이것… 이렇게 직접 바로 탁 확인되고 있는 거예요.

그것을 육조혜능 스님은 직심(直心)이라고 했어요. 직심! 굽은 마음이 아니라 바로 이 마음, 바로 이 마음이다 이거예요. 직심을 행하라, 항상!《육조단경》에 보면 항상 직심을 행하라… 그러거든요? 생각을 개입시키지 마라 그겁니다. 직심을 행하라… 그냥 이럴 뿐이에요. 손을 움직이면, 손을 움직이는 이것이 직심이고, 바로 마음이다, 바로 이게 법이다 이겁니다. 직심이니 하는 것도 이름일 뿐입니다. 사실… 방편이죠. 손을 움직이는 이것, 듣는 이것, 보는 이것, 생각하는 이것… 바로바로…

그런데 우리는 이것을 바로 깨닫지를 못 해요. 먼저 생각으로 알아차리는 버릇이 있어서… 그 버릇이 문제입니다. 고장 난 시계 같은 것은 뜯어고칠 수가 있는데, 버릇이란 것은 실체가 없거든… 뜯어고칠 수가 없어요. 버릇을 뜯어고치려면 버릇을 뜯어고치는 게 아니라, 바른 것을 바로 보게 되면 잘못된 버릇은 저절로 없어지는 겁니다. 바른 것을 바로 보면 되는 거지, 잘못된 것을 뜯어고치는 게 아닙니다. 제가 계속해서 말씀드리지만, 망상을 없애는 것도 아니고, 삿된 것을 부수는 것도 아닙니다. 잘못된 것을 없애는 게 아닙니다. 그저 바로 깨달으면 되는 거예요. 실상을!

우리는 항상 실상에서 떠나지 않고 있습니다. 스스로가 그것을 확인하지 못하고 있을 뿐이에요. 그냥 체험하면 되는 겁니다. 그런데 그게 그렇게 쉽진 않아요. 왜냐하면 익혀 온 버릇이 있기 때문에⋯ 늘 먼저 생각을 앞세워서, 망상을 먼저 앞세우는 버릇이 있어서 그게 쉽지 않습니다. 특별한 방법은 없어요. 오직 그냥 간절하게, 오로지 간절하게, 여기에 뭐가 있을까? 여기에 뭐가 있어요?

내가 있는 겁니다. 내가! 우리 자신이 있는 거예요. 자기 자신이 여기서 확인이 되면 되는 겁니다. 자기 자신! 자기 자신이 뭐냐 이 겁니다. 자기 자신! 몸뚱이도 아니고, 생각도 아니고, 느낌도 아니고, 욕망도 아니고, 의식도 아닙니다. 그건 오온(五蘊)입니다. 오온! 내가 쓰고 있는 재료지, 그게 내가 아니에요. 내가 뭐냐? 내가?

나를 보여 주려고 구지 스님은 '이것이다!'(손가락을 올림) 하고 올렸던 겁니다. 이것만 탁 하고 계합이 되면 제 말이 거짓말이 아니란 것을, 제 말뿐만 아니라 《금강경》이나 어록의 조사 스님 말씀이 다 거짓말이 아니구나 하는 것을 알 수가 있습니다.

이것은 쉽습니다. 절대 어렵지 않아요. 조금의 관심만, 진지하고, 진실하고, 애틋한 관심이 있어야 돼요. 갓난아이에게 쏟는 그런 관심처럼… 갓난아이가 있으면 엄마가 부엌에서 일하든, 다른 곳에서 일하든 늘 온 신경이 아이에게 가 있거든요. 그렇게 해야 하는 겁니다. 그런 애틋한 관심만 가진다면 쉽습니다.

대단한 고행… 불상 중에 보면 고행상(苦行像)이라고, 뱃가죽이 등가죽에 붙어 있는 그런 불상이 있죠? 뼈가 앙상하고 눈이 쑥 들어가서… 그 정도로 노력을 해야만 깨달음이 오는 것으로 착각하는 경우도 많습니다. 그런데 석가모니 부처님은 그렇게 했다가 죽을 뻔했거든요. 그래서 크게 후회하고, 우유죽 먹고 목욕하고 기운 차려서 다시 공부를 했습니다. 그러니까 고행을 해야 되는 게 아닌 겁니다. 그냥 일상생활 하세요. 단지 애틋한 관심만 갖고 계시라 이겁니다. 그러면 어느 순간에 때가 되면 문득 체험합니다. 때가 되어야 해요. 금방 쑥쑥 되는 것이 아닙니다. 습이 그렇게 쉽게 바뀌는 게 아닙니다. 때가 되면 몰록, '아!' 하고 체험할 수가 있는 겁니다. 바로 이 직심(直心)을 체험할 수 있는 거예요. 그러면 되는 겁니다.

그런 것이지, 선행을 하고, 육바라밀을 닦고, 죽을 고생을 다 하고, 장좌불와(長坐不臥)를 하고, 용맹정진(勇猛精進)을 하고, 철야(徹夜)를 하고… 그래 가지고 되는 게 아닙니다. 철야를 해도 이것이고, 안 해도 이것입니다. 불법을 알아도 이것이고, 몰라도 이것인 거예요. 하등의 차이가 없습니다.

본래 갖추어져 있는 것이고, 지금도 그대로 있는 겁니다. 아무런 차별이 없어요. 그러니까 평범한 것이고, 당연한 겁니다. 평범한 생활을 하면서 애틋한 관심만 계속 가지고 있으면, 지성(至誠)이면 감천(感天)이란 말이 딱 맞습니다. 시간이 지나면 그 관심에 감동을 해서 '탁!' 하고 계합(契合)하는 순간이 오는 겁니다. 그러니까 공부가 안 되는 것은 한마디로 정성 부족이에요. 정성 부족이지 기술이 모자라서가 아닙니다. 기술 같은 것은 없어요.

그 정성을 불교에서는 발심(發心)이라고 이야기하죠. 정성이란 것을 의식적으로 의도적으로 갖다 바치라는 이야기가 절대 아닙니다. 정성이 부족하니까 불사(佛事) 좀 해야 된다… 이런 것이 아니에요. 억지로 하는 게 아니고, 그 정성이라는 것은 자기 내면에서 자발적으로 이 공부에 대한 목마름, 갈증… 남을 위해서 하는 게 아니잖아요. 내 것이거든요. 나한테 보물이 다 있는데 왜 이것을 확인 못 하는가? 답답함… 그런 것이죠. 남에게는 공부하는 척도 하지 마세요. 그냥 혼자서 아프고 고민하고 해야 하는 겁니다. 옆 사람 괴롭히지 마세요. "나는 공부하는 사람이니까 건들지 마!" 이렇게 할 게 아니라… 남한테는 공부하는 척도 말고, 본래 자기 문제거든요. 애틋하게 하다 보면 어느 순간에 몰록 깨닫는 겁니다. 이것은 어려울 게 없어요. 왜냐하면, 항상 우리가 가지고 있는 것이기 때문에… 특별한 게 전혀 아닙니다. 우리가 무엇을 하든지 이것을 행하지 않고 할 수 있는 일이 아무것도 없습니다. 이것뿐이에요.

그래서 《오가정종찬(五家正宗讚)》에 보면, "법이 뭡니까?" 그러니까, "법은 작용하는 데 있다" 그러거든요? "그러면 어떻게 작용하느냐?" 그러니까, "눈에서는 본다 하고, 귀에서는 듣는다 하고, 발에서는 걷는다 하고, 손에서는 붙잡는다 하고…" 이런 식으로 이야기를 합니다. 이게 법입니다. 그러니까 선사들이 이 법을 바로 보여 주기 위해서… 직지인심(直指人心)이라고 하잖아요? 직지인심! 이것은 직지법(直指法)이거든요. 바로 딱 보여 주는 겁니다. 그것을 바로 보여 주기 위해서 주장자를 이렇게(주장자를 든다) 들기도 하고, "쿵!"(주장자로 법상을 친다) 하기도 하고, 휘두르기도 하고, 마음에 안 들면 때리기도 하고… 그렇게 여러 가지로 보여 주는 것입니다. 이렇게 행하는 것이다! 이겁니다. 남이 행하는 것을 볼 필요가 없어요. 내가 행하는 겁니다.

그런데 사실은, 말을 하려니까 네 것, 내 것 하는 것이지, 네 것, 내 것이 없어요. 왜냐? 이것은 모양이 없기 때문에 네 것, 내 것 구분할 수 있는 게 아니에요. 그러니까 자타불이(自他不二)라고 하는 겁니다. 여기 손 하나가 있지만(손을 들어 보이며), 여기에서 우리는 하나입니다. 똑같거든요? 뭘? 확인하는 것은 바로 이것을 확인할 뿐입니다. 다른 것을 확인하는 게 아닙니다. 모양을 따라가면 이것은(손을 들어 보이며) 제 손이죠. 그렇지만 이것을 보는 순간에, 이것은 제 손이 아닙니다. 모두가 동일한 것을 확인하는 겁니다. 동일하다, 다르다… 이야기할 수 없어요. 단지 그냥 이것을 확인하는 겁니다.

요새 공부하는 사람들이, 한국의 조사선은 부처님의 무아설과 어긋난다고 따지던데… 무아(無我)라 하는 말이나, 유아(有我)라 하는 말이나 똑같은 겁니다. "내가 있다" 하든, "내가 없다" 하든 똑같은 겁니다. 말의 뜻을 따라가면 '있다', '없다'란 말은 전혀 반대되는 말입니다. 그러나 분명히 《금강경》에서 말했습니다. 뜻을 따라가고 모양 따라가면 본질을 알지 못한다고 했어요. 뜻을 따라가지 않고 모양을 따라가지 않으면… 자, 잘 들어 보세요. '있다' 와 '없다' 가 얼마나 다른지…

'있다!'

…하는 말하고.

'없다!'

…라는 말이 다릅니까? "내가 있다"와 "내가 없다"는 말이 다르냐 이겁니다. 다른 것은 말뜻이죠? 다르지 않은 것은 "내가 있다!" 할 때도 이것이 확인되고, "내가 없다!" 할 때도 이것이 확인되는 거예요. 동일한 것을 써서 우리는 "내가 있다"라고도 하고 "내가 없다"라고도 하는 겁니다. 이것은 한결같을 뿐이고, 말은 이래저래 다른 거예요. 말은 이래저래 다르지만 이것은 똑같아요. '있다' 하든 '없다' 하든 아무 상관이 없어요.

그러니까 "선(禪)에서는 어째서 본래면목이 있다고 하느냐? 부처님은 없다고 했는데…" 그런 사람이야말로 외도(外道)입니다. 외도! 말 따라가지 말라고 했는데 말 따라가면서 계속 그런 짓을 하고 있는 겁니다. 왜 부처님 말을 안 듣는 거예요? 말을 따라가서는 절대 안 됩니다. 말을 따라가시는 게 아니고, 늘 가지고 있고, 항상 한결같이, 어떤 말을 하든지, 어떤 행동을 하든지, 한결같이 변하지 않는 것… 법은 변하지 않는 것입니다. 변하지 않는 것은 모양으로서는 볼 수가 없습니다. 아주 기초적인 이야기지만 절대로 잊어버려서는 안 되는 거예요. 결국 모든 잘못은 이것 하나에서 일어나는 겁니다. 말이란 게 뜻이라는 모양을 따라가는 것인데, 이 모양 따라가고 말 따라가는 이것 하나에서 모든 병이 나오는 겁니다. 아무리 자기가 수행을 20년, 30년 했다 하더라도 모양 따라가고 말 따라가면서, 이 것은 틀리고 저것은 옳고, 이것은 법이고 저것은 법이 아니고… 이 렇게 하면 안 되는 겁니다. 속고 있는 거예요. 《금강경》에서 분명히 말했잖아요. "법은 곧 법이 아니니라." 법이 곧 비법(非法)이라 이겁 니다. 경전에서 다 이야기하고 있는데, 경전을 무시하고 자기 멋대 로… 그렇게 하면 안 되는 겁니다.

　　불국토를 장엄한다 하는 것은 곧 장엄하는 것이 아니라 이름 만…

　이름만 그렇다는 겁니다. 말만 그렇다 이겁니다. 말만… 말만 있 니 없니… 말일 뿐이에요. 그러므로 있는 것은 곧 없는 것이에요. 장 엄은 곧 장엄이 아니다… 했거든요. 《금강경》에서 방편을 아주 잘 쓰고 있는 것이 바로 이것입니다. 장엄은 장엄이 아니고, 부처는 부 처가 아니고, 상은 상이 아니고, 보살은 보살이 아니다… 이름만 그 렇지, 그게 아니다는 거예요. 이게 바로 《금강경》의 위대한 점입니 다. 말을 못 따라가게끔 계속해서 차단을 시키는 겁니다. 말 따라가 지 마라 이겁니다. 말을 안 따라가면, 보살이라 하든 보살이 아니라 하든 아무 상관이 없습니다. 법을 보여 주고 있는 겁니다. 경전은 기본적으로 우리들에게 법을 보여 주는 게 목적입니다. 그러니까 말을 따라갈까 봐 계속해서 말을 끊어 주고 있습니다. 보살에 대한 이야기를 실컷 하다가, 문득 보살이 아니라 하고, 법에 대한 이야기를 실컷 하다가, 갑자기 법은 법이 아니다 이겁니다. 따라갈 만하면 잡아당기고… 그러니까 우리는 말 따라가던 버릇을 쉴 수가 있는 겁니다. 고칠 계기를 붙잡을 수 있는 거죠.

그러면 장엄이 장엄 아니고 뭐냐? 장엄이 장엄 아니면 뭐냐? 말뜻을 따라가면 안 된다고 그랬습니다. 장엄이 장엄 아니면 뭐냐? 난초가 난초 아니면 뭐고… 난초를 볼 때 난초가 확인이 안 되면 도대체 뭐가 확인되느냐? 여기서 확인되는 게 바로 이것을 가리키거든요. 장엄이 장엄 아니면 뭐냐? 지금 "장!엄!" 이것을 가리키는 겁니다. '장엄'이라는 말을 안 따라가면 "장!엄!" 이게 뭐냐 이거예요. 난초를 보는데 난초가 난초 아니면 뭐냐 이겁니다. 뭐가 확인되느냐? 시계를 보는데 시계가 시계 아니라면 여기서 무엇을 확인할 수 있느냐?

비유적으로 내 눈을 확인하려면 어떻게 확인합니까? 눈을 확인하는 방법은 시계를 보거나 난초를 보시면 돼요. 난초가 있는 게 보이면 거기서 내 눈이 확인되는 것 아닙니까, 거기서… 그러니까 내 눈을 확인하는 것은 내 눈 아닌 다른 것을 보시면 돼요. 눈을 직접적으로 봐서 확인할 수는 없는 것 아닙니까? 다른 것을 보는 거기에 바로 눈이 확인되는 겁니다. 색을 통해서 공이 확인되는 겁니다. 색수상행식을 통해서 공이 확인되는 겁니다. 그러니까 난초를 보는데 거기서 난초 말고 그럼 뭐가 확인되느냐? 여기까지 왔으면 그야말로 제가 우물가까지는 모시고 온 겁니다. 물을 먹고 안 먹고는 이제 각자의 문제예요.

물을 먹고 싶다는 말만 하고 실제로 먹지 않으면 안 됩니다. 행동이 따라야 하는 거지 말만으로는 안 되는 겁니다. 육체적으로 행동하는 것이 아니라 마음이 행동을 해야 하는데, 마음은 어떻게 실천하고 행동하는 거냐? 생각을 앞세우면 마음은 잠을 잡니다. 행동을 안 해요. 생각이 앞장서지 않으면 마음이 행동하기 시작합니다. 생각보다는 무언가 이런 것이(주먹을 쥐어 속에서 뭔가 치밀어 오르는 시늉을 하며) 밑에서 올라와야 돼요. 생각이 아니라… 그래서 제가 늘 (손을 들어 보이며) "이게 마음이다! 제가 손을 보여 드리는 것이 아니라 이게 마음입니다. 왜 못 보십니까? 이게 바로 당신의 마음이에요" 이렇게 말씀을 드리는데도 시원하게 보이지가 않고 제 손만 보인다 이겁니다. 그러면 뭐가 이런 게 저 밑에서 올라와야 하는 겁니다. 머리로 이해를 하시면 안 됩니다. 그러면 이게 안 올라와요. 머리로 하면 그렇고 그런 이치일 뿐이잖아요. 그러면 그걸로 끝입니다.

머리가 앞서지 않고 그냥 '이치는 이해를 하겠는데… 말은 충분히 알아듣겠는데 왜 나는 안 될까?' 그러면 막 이런 게… 울분을 터뜨리셔야 되는 겁니다. 울분이 올라와야 돼요. 그러면 정말 밤에 잠이 잘 안 올 정도가 되는 겁니다. 고민이 되거든요. 꼭 무슨 독립투사처럼 울분을 터뜨리라는 말이 아니라, 그런 간절함이 있으면 되는 거예요. 그러면 잠자던 마음이 생각을 제치고 직접적으로 행동을 하는 겁니다. 말하자면 그렇게 말씀드릴 수 있는 거예요.

어쨌든 생각이 앞서서는 안 되는 겁니다. 생각을 앞세워서, 이치로서 그냥 그것으로 만족해서는 안 됩니다. 생각을 앞세워 이치로 만족하는 버릇을 우리는 학교 교육을 통해 기르게 됩니다. 예를 들어 도덕만 해도 그렇지 않습니까? '어질다', '착하다'는 것이 무슨 뜻이냐? 머리로 이해해서 답안지에 적어 내면 그것으로 끝이거든요. 그러나 실제 '어질다', '착하다'는 것은 그런 것이 아니잖아요. 이치를 이해하는 것이 아니다 이거예요. 행동에서 나오는 거죠. 학교 교육이란 게 사실은 중생 양성 교육이죠. 억지로 망상만 가르치는, 실상은 아예 생각조차 못하는… 그런데 사실 실상은 복잡하게 배울 것이 없습니다. 학교 교육처럼 그렇게 단계적으로 교육할 그런 내용은 없어요. 애틋한 마음 하나를 가지고 있다가 문득, '탁!' 하고 계합이 되면, 그 다음부터는 그것을 잘 보호해서 키워 나가면 되는 건데… 거기에 무슨 체계적인 교육과정 같은 것은 없습니다. 왜? 마음이란 것은 항상 가지고 있고, 행하고 있는 것이고, 또 일정하게 정해진 모양이 없어요. 그래서 무슨 나무 키우듯이 체계적인 교육과정이란 게 있을 수 없습니다.

만약에 마음공부를 한다고 하면서 체계적 교육과정을 따라서 하나하나 익혀 나가도록 한다면, 그것은 마음의 실상을 아는 것이 아니라 망상을 주입시키는 겁니다. 망상을 주입하고 세뇌시켜서 망상을 실상으로 착각하도록 만드는 겁니다. 시간이 지나면, 처음에는 모르지… 처음에야 그게 실상인 줄 알고 감동에 빠지지만, 시간이 지나면 어차피 망상은 허망한 것입니다. 그냥 헛되이 어디 갔는지 알 수가 없어요… 그러나 이 실상을 보게 되면, 이것은 없어지는 게 아니거든요? 그냥 항상 이대로예요. 가면 갈수록 더욱더 뚜렷하게, 더욱더 확실하게, 흔들림 없이… 그렇게 되는 겁니다. 이것을 불을 켜는 것에 비유할 수가 있는데, 처음에는 조그마한 불씨가 붙지만, 시간이 지나면서 잘 보호하면 점차점차 불꽃이 커집니다. 나중에는 온 우주를 다 태워 버려요. 그런 게 실상 공부입니다. 그러니까 일단 불씨를 자기 손에 넣는 게 중요하죠.

그렇기 때문에 수보리야, 모든 보살마하살은 마땅히 이와 같이 깨끗한 마음을 내야 한다…

그러면 어떤 것이 깨끗한 마음을 내는 것이냐?

색에 머물지 않고 마음을 내야 하며, 소리에 머물지 않고 마음을 내야 하며, 냄새, 맛, 촉감, 법에 머물지 않고 마음을 내야 한다. 그리하여 어디에도 머무는 바 없이 그 마음을 내야 한다…

자, 난초를 보는데, 난초에 머무르지 않으면 결국 여기에 뭐가 있느냐 이겁니다. 우리는 보통 머물거든요? 난초를 보면 난초에 머물고, 시계를 보면 시계에 머물러 버립니다. 난초를 보되 난초에 머물지 않고, 소리를 듣되 소리에 머물지 않고, 냄새를 맡되 냄새에 머물지 않고, 차를 마시되 맛에 머물지 않고… 그럼 뭐가 있느냐? 머물지 않는다니까 마구 돌아다니느냐? 그런 말이 아니에요. 한결같은 게 있을 뿐입니다. 이것이 확인되는 겁니다. 머물지 말라고 하니까,

304

그럼 계속 돌아다니는 것이냐? 그런 말이 아닙니다. 그러니까 머무름 없는 그 자리에 머물러라… 이렇게도 말하는 겁니다.

　손에 머물지 말고 손을 쓰시라 이겁니다. (손을 들어 쥐었다 펴며) 손을 쓰는데 손에 머물지 않아… 그럼 쓰는 것 이게 뭐냐? 이야기를 듣는데 이 말에 머물지를 않는다… 그럼 뭐가 남느냐 이겁니다. 말을 듣는다… 말에 안 머물면 '듣는다' 이거죠? 듣는 게 결국 이생기심(而生其心)입니다. 마음이 여기에 살아 있어… 지금 이야기를 듣는데 말에 머물지 말라 그랬으니까 말은 일단 제쳐 두고… 그러면 '듣는다.' 듣는 바로 그것! '듣는다'는 바로 그것이 생심(生心)입니다. 마음이 여기에 살아 있는 겁니다. 말을 듣는데 말을 따라가면 죽어 버려… 그것을 우리가 사구(死句)라고 하거든요. 죽은 말이다… 듣는다 이거예요. 응무소주… 머무르지 마라… 어디에? 색성향미촉법에… 소리에 머무르지 말라고 했거든요? 안 머무르면, 소리를 듣는다… 듣는 여기에 생심… 살아 있는 마음이 여기에 있다… 보는 것도 마찬가지고, 듣는 것도 마찬가지고, 만지는 것도 마찬가지고, 생각하는 것도 마찬가지고… 한결같이…

　그럼 보는 것하고 듣는 것하고 다르냐? 보는 것하고 듣는 것하고 다른 것처럼 보이죠? 그렇지만 지금 보는 이것하고, 듣는 이것이 다르다면, 보는 놈은 자기가 알아서 보고, 듣는 놈은 자기가 알아서 듣는다면, 지금 여러분이 저를 보시면서 저의 이야기를 듣는데 그것이 하나로서 조화가 이루어질 수 없어요. 그런데 듣는 것과 보는 것이 전혀 차이가 안 나고 딱딱 들어맞거든요? 하나다 이겁니다. 하나! 하나이기 때문에 여기에 차이가 있을 수 없어요. 마음은 하나예요. 하나가 눈에서는 본다, 귀에서는 듣는다, 코에서는 냄새 맡는다… 하나가 인연 따라서 다양한 일을 해내는 겁니다. 그래서 듣는 데서 깨달아도 되는 것이고, 보다가 깨달아도 되는 것이고, 요리하면서 싱거운지 짠지 맛을 보다가, '아! 이것…' 이렇게 깨달을 수도 있고, 빨래하다가…

옛날 혜월 스님인가 그분은 짚신 다 만들고는 나무망치로 짚신바닥 고르다가 이것을 체험했다고 그럽니다. 톡톡톡 두드리다가 문득 '아! 이것!'… 발우 씻다가 체험하고, 청소하다가 체험하는 사람… 그렇게 체험하는 것이지… 가장 많은 것은 역시 설법 듣다가 입니다. 설법을 듣다가 또는 대화를 하다가 체험하기도 하고… 선방(禪房)에 앉아서 좌선하다가 체험했다는 사람을 전 아직 본 적이 없어요. 책 한번 뒤져 보세요. 그렇게 깨달았다는 사람이 있는가? 아무도 없습니다. 그런 사람… 예컨대 선방에 앉았다가도 종소리 듣고 깨달았다… 이런 식이지, 좌선하다 깨달았다… 그런 것은 없어요.

그것은 왜 그렇느냐? 이 마음이란 놈은 인연 따라서 작용하는 그곳에서 생심(生心)을 한다 이겁니다. 생심! 인연을 따라서 생심하는 그 자리에서 마음을 확인할 수 있는 거지, 생심이 안 되면 마음이란 것은 없는 거예요. 인연 따라서 생심이 안 되면 마음은 없는 겁니다. 어떻게 확인할 수 있겠어요? 확인할 수 없어요.

응무소주 이생기심(應無所住 而生其心)… 육조 스님이 나무 팔러 가다가 한 구절 듣고 알았다는 게 이 구절이거든요. 나뭇짐을 지고 걸어가는데 "머물지 않고 그 마음을 내라." 그 말을 딱 듣고 깨달았다 이겁니다. 머물지 않고 그 마음을 내라… 정말 육조 스님 같은 사람은 참 드물죠. 나무 팔러 와 가지고… 그런데 실제로 그런 사람들이 종종 있어요. 물론 자기도 모르게 지 가슴 어디엔가 의식도 못하는 사이에 이것에 대한 그리움 같은 것이 있었겠죠.

옛날에 어떤 스님은 대학 시험에 떨어져서 학원에서 재수하다가 점심시간에 밥 먹고 벤치에 앉아서 쉬다가 이것을 깨달았답니다. 그래서 대학교 가자마자 절에 다니다가 나중에 스님이 됐어요. 암으로 일찍 돌아가셨지만… 아무튼 그럴 수도 있습니다.

보통은 그렇게 되기가 힘드니까 주로 이것을 체험한 사람과의 대화, 그리고 깨달은 선지식의 법문을 듣는 게 아주 중요합니다. 말하자면, 여러분이 달걀이라고 한다면, 저는 달걀 위를 치는 겁니다. 그 가운데서 깨질 때가 된 달걀은 깨지는 거예요. 물론 위에서만 쳐서는 안 되고 안에서도 쳐야 되는 겁니다. 그것을 줄탁동시(啐啄同時)라고 하죠. 안에서도 치고 위에서도 치는 그것이 순간적으로 딱 들어맞을 때 껍질이 탁 깨지는 겁니다.

응무소주 이생기심(應無所住 而生其心)이라는 것은, 머물지 않고 반응하고, 작용하고, 행하는… 머물지 않습니다. 우리가 사실 난초를 본다고 해서 난초에 머무는 게 아니거든요. 내 눈길이 난초에 있다고 해서 본드 붙인 것처럼 고정되어 있습니까? 머물지 않아요. 사실은… 머물 수가 없습니다. 눈길은 항상 움직이지 머물러 있는 게 아니죠. 듣는 것도 마찬가지죠. 우리가 어떤 소리를 들으면 그 소리가 내 귀를 딱 틀어막아서 아무 소리도 안 들리게 하지는 않잖아요?

계속해서 새롭게 들리는 겁니다. 머물지 않습니다. 보고, 듣고, 냄새 맡고, 맛보고, 감촉하고, 생각하고, 행동하는 여기에서 본래부터 머물지 않는 게 이 법입니다. 머물지 않고 끊임없이 행하는 여기에 바로 살아 있는 마음이… 여기서 탁 하고 체험하면 되는 거예요. 복잡한 게 없다니까요. 어려울 게 없어요. 아주 간단한 겁니다.

수보리야, 비유하면, 어떤 사람이 마치 그 몸뚱이가 수미산왕만 하다면 어떻게 생각하느냐? 이 몸이 크다 할 수 있겠느냐?…

…하니까 수보리가,

대단히 큽니다. 세존이시여!

크다는 말까지는 이해가 되는데 왜 크냐? 그 뒤에 이야기합니다.

왜냐하면 부처님께서 말씀하시기를, 몸은 곧 몸이 아니다. 그러므로 이름을 큰 몸이라고 하는 것이다…

큰 몸은 곧 큰 몸이 아니라 말이 큰 몸이라 이겁니다. 대단히 크죠. 대단히 작기도 합니다. 가장 큰 것은 가장 작습니다. 크기가 없어요. 정해진 크기가… 이게 뭘 이야기하는 겁니까? 수미산을 이야기하는 게 아니고, 어떤 사람의 몸뚱이를 이야기하는 게 아닙니다. 법을 이야기하는 겁니다. 법이란 것은 가장 작아요. 크기가 없습니다.

308

그래서 아무리 작은 것을, 전자 현미경으로 수백만 분의 1밀리미터 되는 것을 봐도 거기에 이게 있고, 커다란 우주를 봐도 거기에 이게 있는 겁니다. 가장 큰 것은 사실은 가장 작은 것이예요. 그러니까 큰 것은 큰 게 아니죠? 큰 것이나 작은 것이나 똑같으니까. 그저 이것 하나가 있을 뿐입니다. 큰 것은 큰 게 아니기 때문에 말만 큰 것이다… 작은 것도 마찬가지예요. 작은 것은 작은 것이 아니기 때문에 말만 작은 것이에요. 크고 작고가 없습니다. 크고 작고가 없다고 하는 이것도, 말만 크고 작고가 없다고 하는 것이지, 그렇기 때문에 크고 작고가 없다는 것이고, 실제로는 오직 이것 하나가 있을 뿐입니다. 다른 것이 없어요. 크기가 없습니다. 크기를 말할 수 없어요.

　부처님이 수보리에게 말씀하셨다… 부처님은 부처님이 아니고, 수보리는 수보리가 아니고, 말씀하셨다는 말씀하셨다가 아니라… 그럼 뭐냐? 부처님도 이것이요, 수보리도 이것이요, 말씀하셨다도 이것이요… 비유하자면, 우리가 육근을 가지고, 감각을 가지고 바라보는 세계는 이것처럼(등 뒤에 걸린 연꽃 그림 족자를 가리키며) 한 폭의 거대한 그림과 같아요. 연꽃을 볼 때나, 연 줄기를 볼 때나, 연잎을 볼 때나 보이는 모양은 다 다르지만 '본다'라는 사실엔 아무런 변화가 없습니다. 소리도 그렇지 않습니까? 음악을 듣든, 말을 듣든, 소음을 듣든, 듣는 내용은 다르지만 '듣는다'라는 사실은 변함이 없어요. 그러면 어느 게 근본이고 어느 게 말단이냐? 어느 것이 실재이고 어느 것이 허상이냐? (그림을 가리키며) 연꽃을 연꽃으로 보지 못한다면 이것은 연꽃이 아니거든요? 결국 실상은 응무소주 이생기심(應無所住 而生其心)한다… 생심(生心)… 살아 있는 마음이 실상이에요. 살아 있는 마음은 늘 인연 따라서 작용하고 있습니다. 인연 따라서 반응하고 있고, 한결같이 지금 이 자리에서 꺼지지 않는 불꽃처럼 타고 있습니다. 바로 여기에… 내가 그 불길이에요.

지금 저 형광등 불빛을 보세요. 지금 저 형광등을 끄고 밖에서 들어오는 빛도 차단해 버리면, 난초의 모양이 어디 있고, 연꽃의 모양이 어디 있습니까? 빛이 없으면 아무것도 없잖아요? 그러니까 결국은 난초를 봐도 난초가 확인된다기보다는 빛이 확인되고, 연꽃을 봐도 연꽃이 아니라 빛이 확인되는 거잖아요? 빛이 아니면 어떤 모양도, 어떤 색깔도 드러날 수가 없으니까… 똑같습니다. 마음이 아니면 드러날 수 있는 게 아무것도 없다… 무엇을 하든, 무엇을 보든지 간에 전부 마음으로 말미암아 드러나는 거예요. 마음이 근본이고 드러나 있는 모양은 말단이라… 기독교식으로 하면 마음은 창조주요, 드러나 있는 모양은 피조물입니다. 빛으로 말미암아 모든 색깔이 드러나요. 저 빛은 창조주요, 난초나 연꽃들은 빛에 의해서 드러나는 피조물이죠. 이것은 먼 데 있는 게 아니라, 나 자신이 바로 그것입니다. 그래서 인도 사람 가운데는 "내가 바로 그것이다!" (I am THAT!)라고 하기도 합니다. 내가 바로 하나님이요, 내가 바로 부처님이요, 내가 바로 창조주요, 내가 바로 마음이요…

'나'라는 것이 따로 있는 것이 아니라 '마음'이 '나'이다… 우리는 항상 이것을 행하고 있고, 이것 하나만을 확인하고 있지 다른 게 없어요. 그러니까 보이는 것마다 마음이고, 들리는 것마다 마음이고, 잡히는 것마다 마음이고… 다른 것을 보려 해도, 아무리 보고 싶어도 보이지가 않아요… 진리를 벗어난 것을 보려 해도 보이지가 않습니다. 아무리 봐도, 봐도, 봐도… 항상 이것인데… 그래서 이것을 '새지 않는 법(無漏法)'이라고 합니다. 예외가 없어요. 여기에만 몰록 계합이 되면 아무 일이 없습니다. 안심이 되죠.

여러 가지가 없습니다. 오직 지금 이것 하나밖에 없다 이겁니다.

11
무위의 복덕은 뛰어나다 _{無爲福勝分}

"수보리야, 갠지스 강에 있는 모래의 수효와 같은 수의 갠지스 강이 있다면, 네 생각에 어떠하냐? 이 모든 갠지스 강에 있는 모래가 어찌 많지 않겠느냐?"

수보리가 말하였다.

"대단히 많습니다. 세존이시여! 단지 모든 갠지스 강도 오히려 무수히 많은데, 하물며 그 모래는 말할 것도 없습니다."

"수보리야, 내가 이제 네게 진실로 말하노니, 만약 선남자 선여인이 칠보를 가지고서 이 갠지스 강에 있는 모래 수효만큼 많은 삼천대천세계를 가득 채워서 보시한다면 그 얻는 복이 많지 않겠느냐?"

수보리가 말하였다.

"대단히 많습니다. 세존이시여!"

부처님께서 수보리에게 말씀하셨다.

"만약 선남자 선여인이 이 경 가운데 사구게 등을 받아 지녀서 다른 사람들을 위해 말해 준다면 이 복덕은 앞의 복덕보다 뛰어나느니라."

"須菩提, 如恒河中所有沙數, 如是沙等恒河, 於意云何? 是諸恒河
沙寧爲多不?"

須菩提言: "甚多, 世尊. 但諸恒河尙多無數, 何況其沙?"

"須菩提, 我今實言告汝. 若有善男子善女人, 以七寶滿爾所恒河
沙數三千大千世界, 以用布施得福多不?"

須菩提言: "甚多, 世尊."

佛告須菩提: "若善男子善女人, 於此經中乃至受持四句偈等, 爲
他人說, 而此福德勝前福德."

《금강경》제11분 무위복승분(無爲福勝分)입니다. 하는 일 없는 복
이 더 뛰어나다… 각 분의 제목은 원래 구마라집 《금강경》 번역에
는 없습니다만, 후대에 붙였는데 비교적 내용에 잘 맞게, 적당하게
붙였습니다. 무위의 복이 더 뛰어나다… 이것은 우리가 조금만 살
펴보면 쉽게 알 수 있는 겁니다. 무위(無爲)의 반대말은 유위(有爲)
인데, 유위라고 하는 것은, 우리가 하고자 해서, 노력하고 애를 써서
하는 게 유위입니다. 그리고 무위라는 것은, 하고자 해서 하는 게 아
니고, 애 쓰고 노력해서 하는 게 아닌데 이루어지는 게 무위법이죠.
우리의 삶을 보면 하고자 해서 애 쓰고 노력하는 것보다는, 저절로
이루어지는 일들이 훨씬 많죠. 예를 들어서, 지구가 돌고, 태양이 떴
다 지고, 바람이 불고, 물이 흐르고… 사람이 하는 일에도 내가 의도

하고 결심해서, 하고자 해서가 아니라, 저절로 이루어지는 일들이 많습니다.

왜 이런 이야기를 가지고 제목을 삼느냐 하면, 마음공부는 마음의 실상을 깨닫고자 하는 것이기 때문에, 마음의 실상, 본래 있는 그대로의 마음은 우리가 만들고자 해서 만든 것이 아니죠? 내가 내 마음을 만들어 가는 것이 아닙니다. 마음은 그저 본래 우리에게 주어져 있는 것이죠? 그래서 "본래부터 완전히 갖추어져 있다." 이런 말들을 쓰지 않습니까? 태어날 때부터 잘 갖추어져 있다 이겁니다. 그래서 이 마음의 실상이라고 하는 것은 '무위법'입니다. 우리가 어떤 계획을 하고 애를 써서 만들어 내는 것이 아니고, 원래 갖추어져 있는 그대로… 원래 갖추어져 있는 그대로는 힘이 들지 않죠? 우리가 계획하고 애를 써서 노력하는 것은 힘이 드는 일이죠. 힘이 드는 것은 고통을 수반하게 되고, 그리고 계획한 대로 100% 성취가 되지 않기 때문에 역시 또 불만족스러워지고, 그래서 이 유위법은 허망한 것이죠. 여러 가지 문제를 안고 있는 것이다 이겁니다.

그런데 우리 삶을 보면, 아주 어렸을 때에는 생각을 가지고 무엇을 계획하고, 의도하고, 노력해서 무엇을 하고자 하는 것이 없죠. 그래서 갓난아이들은 오히려 무위법을 쓰고 있다고 할 수 있습니다. 그저 배고프면 울어서 배를 채우고자 하고, 소변이 마려우면 자연스럽게 해결해 버리고… 어떤 생각을 하지는 않거든요? 자라면서 여러 가지 환경에 적응하고 교육을 받고 하면서, 생각하는 방법이라든지, 그 생각을 위해서 여러 가지 모양에 따른 이름들을 익히고,

314

그 이름들과 모양들의 관계를 이해하고 있어야 되고, 그러면서 점점 생각 속에서 많은 일들이 이루어집니다. 그리고 그 생각들을 문자로, 글로, 책으로 적어 놓고, 도서관에 앉아서 책만 읽고도 세상을 다 이해한 듯이 생각하고 있습니다. 그러한 것들이 이미 무위법에서 벗어난 것입니다. 생각으로써 계획하고, 계획한 대로 노력하고… 그런 것들은 앞서 이야기했듯이 여러 가지 어려움을 수반하고 있고, 만족스럽지 못하다는 문제가 있습니다.

그러나 이 무위법은 스스로 의도하고 노력해서 하는 일이 아니고, 주어져 있는 능력 그대로를 활용하는 것이기 때문에 무리가 없습니다. 그리고 성취하고 말고가 없어요. 왜냐하면 이것은 하나의 자연법칙과 같아서, 항상 인연에 따라서 아주 적절하게 반응하도록 되어 있습니다. 그래서 전혀 힘 드는 것이 없고, 실망이나 절망이란 것이 없습니다. 그래서 무위법이야말로 마음의 실상을 우리에게 가장 잘 보여 준다고 할 수 있는 것입니다. 마음의 실상을 알고자 하는 분들은 이 무위법을 잘 깨달아야 한다 이겁니다.

무위법이란, 말 그대로 의도하고 노력하고 생각하고 하는 것이 아니기 때문에, 우리가 마치 학교에서 공부하듯이 노력하고 연습해서 익히는 것과는 성격이 다릅니다. 그리고 마음공부에 관한 한 지식과는 별 관계가 없습니다. 우리나라나 중국의 선사 스님들은 대개 지식도 갖추고 있는 경우가 많습니다만, 인도 같은 경우를 보면 역대 마음공부에 있어서 큰 영향을 끼친 분들은 대개 학교를 다니지 않은 사람들이 많습니다. 다녔다 해도 학교 공부에는 별 취미가 없었던 분들이 많아요. 물론 중국 선사들 가운데도 육조혜능 같은 사람은 애초에 문자조차 몰랐다고 하잖습니까? 그래서 지식과는 다르다는 점, 책을 가지고 마음공부를 터득해 낼 수는 없다는 점을 이해하셔야 합니다.

《금강경》이라 하더라도, 우리가 《금강경》을 읽고서 그 내용을 진지하게 파고들면 거기서 얻는 바가 있겠지만, 그러나 결국 궁극적으로 마지막 관문까지 가고자 한다면, 《금강경》의 내용에서 무엇을 얻기보다는 자기 스스로의 간절한 소망, 간절한 목마름이, 자기 자신이 본래 가지고 있는 마음의 실상을 알려 주는 것이지, '《금강경》이 어떤 이야기를 하고 있다'라고 그 내용을 이해해서는 마지막 궁극적인 지점까지는 갈 수가 없는 겁니다.

그래서 이 공부에서 제일 중요한 것은, 실상을 알고자 하는 간절한 발심(發心)입니다. '발심'이라면 뭔가 의도적으로 하고자 하는 마음을 내는 것처럼 들릴 수도 있는데, 무엇을 하고자 한다기보다는 단순히 목마름이죠. 진리에 대해서, 마음의 실상에 대한 목마름을 가지는 것입니다. 그 목마름의 간절함에 의해서—감로수는 자기 자신이 항상 가지고 있는 것이거든요—자기 자신이 가지고 있는 감로수로 해갈이 되는 것입니다. 결코 지식으로 아는 것이 아닙니다. 이 문제는 공부하는 분들이 확실히 명심하고 있어야 합니다. '지식으로, 어떤 이치로서 이해하는 것이 아니다. 간절함 하나가 자기 스스로에게 갖추어져 있는 실상을 드러낸다.' 그런 사실을 잘 아시고 이 공부에 임하셔야 하는 겁니다.

이 공부는 첫 단추, 기본자세가 가장 중요합니다. 기본자세가 잘못되어 있으면 엉뚱한 곳으로 가요. 예를 들어 공부란 어떤 이치를 문득 파악하는 것이다… 그래서 이치가 파악되면 이치에 관해서 멋지게 한마디도 할 수 있고, 게송도 지을 수 있고… 그런 식으로 공부를 이해한다면, 애초에 방향이 잘못되었기 때문에 결국은 삿된 곳으로 가게 되는 겁니다. 그런 것이 아닙니다. 마음이란 것은 금방 태어난 어린애에게도 갖추어져 있는데, 금방 태어난 어린애가 무슨 이치를 이해하는 것도 아니고, 게송을 지을 수 있는 것도 아닙니다. 이치니 게송이니 하는 것은 자라면서 여러 가지 책이나 배운 바 지식을 활용해서 이리저리 망상을 부리는 것입니다. 그래서 이치로서 이해하거나, 게송 같은 것을 가지고 깨달음을 나타내거나 이해한다고 생각하신다면, 결국은 그런 방향으로, 즉 망상으로 갈 수밖에 없습니다. 이것은 정말 갓 태어난 어린애에게도 있는 것인데, 우리 자신이 이것에 관심을 가지고 있지 않습니다. 그래서 모르고 있을 뿐입니다.

우리 모두에게 완전하게 갖추어져 있습니다. 이것을 늘 활용하고 있습니다. 그러면서도 이 실상에 눈이 가 있지 않고, 눈은 엉뚱한 곳을 보고 있습니다. 그것이 바로 보통 사람들이 가지고 있는 문제고 병입니다. 그래서 전도중생(轉倒衆生)이라 그러는데, 전도라는 것은 거꾸로 되어 있다 이겁니다. 봐야 할 데를 안 보고 엉뚱한 곳을 보고 있으니까… 뒤집어져 있다고 말하는 것입니다.

봐야 할 곳은 사실 눈으로 보는 것이 아닙니다. 관심을 가지고서 마음의 눈길을 끊임없이 주어야 되는 것인데… 눈으로 보는 것이 아니고 마음으로 보는 것입니다. 그래서 심안(心眼)이라고 합니다. 마음으로 끊임없이 관심을 기울이지만, 그러나 아직 보이지는 않죠? 그래서 어디에다 눈길을 주어야 하는지, 무엇을 봐야 하는지는 모릅니다. 그러나 그렇게 모르는 그것이 잘 보는 것입니다. 마음의 눈길을 보낼 곳을 알 수 없다 이겁니다. 도무지 반야란 것이 뭔지, 실상이란 것이 뭔지 알 수가 없기 때문에… 그러면서도 눈길을 주고자 하는 것이 바로 발심이죠. 그러니까 마음을 알 수 없는 쪽으로 돌려서 간절한 목마름이 있는 겁니다. 그것이 올바른 발심입니다. 그것을 간화선에서는 의단(疑團)이라 이름 붙이고 있습니다만, 의단이니 그런 이름에 속을 필요는 없습니다. 우리는 항상 말에 속고 이름에 속는데, 잘못된 버릇입니다.

본래 마음을 보는 것은 이 육체의 눈이 아니다… 그럼 마음의 눈인데, 마음으로 마음을 보아야 하는데, 마음으로 마음을 본다는 것은, 보는 것도 마음이고, 보이는 것도 마음이기 때문에 사실 하나의 마음입니다. 결국 마음이 스스로를 체험하고 확인하는 겁니다. 그럼에도 불구하고 내가 확인코자 하는 마음은 알겠는데 무엇을 확인해야 될지는 모르겠다 이겁니다. 모르면 모르는 그 막연함, 모르는 그 막연한 상태에서 그저 확인하고자 하는 그 마음 하나만 간절하게 가지고 있다 보면, 거기서 몰록 계합(契合)이란 것이 이루어집니다. 그런 때가 와요. 몰록 지혜의 눈, 정말 마음의 눈이 열리는 경험을 할 수가 있습니다.

그것은 뭐 대단한 경험은 아닙니다. 아주 미미하고 사소할 수도 있습니다. 마치 오늘처럼 흐린 날 아주 먼 곳에서 번개가 치면 눈앞에서 번쩍하고 순간적으로 지나가 버리죠? 그런 정도로 미미한…
대개 그렇게 옵니다. 그렇지만 일단 한 번 번쩍하고 나면, 점차 달라
져요. 우리 내면이, 마음이, 시간이 지날수록 더욱더 달라집니다. 마
음이 겉으로 보이는 게 아니기 때문에, 겉으로 봐서는 뭐가 달라졌
는지 모르지만 스스로는 잘 압니다. 그런 식으로 마음의 실상은 확
인되고, 시간이 지날수록 더욱 또렷하게 확인되는 겁니다. 그리고
그 확인한 효과는 《반야심경》에 나와 있듯이, 두려움도 없고, 장애
도 없고 자유롭습니다. 편안해요.

《금강경》과 같은 경전이나 어록의 말씀들은 그런 경험을 한 입장
에서 그런 경험으로 이끌어 주기 위한 방편의 말씀입니다. 그래서
그 방편의 말씀을 잘 보면서, '내가 《금강경》의 말씀을 100% 이해
를 하고 알아야 되겠다!' 그렇게 간절함이 생겨나면, 거기서 발심이
이루어지고, 시간이 지날수록 그 간절함이 익어서, 인연이 충분히
익어서 결실을 볼 때가 있는 것입니다. 금방 되지는 않습니다. 마치
곡식 키우는 심정으로 공부를 해야 합니다. 계속해서 돌보고, 거름
을 주고, 물을 대고…

곡식이 빨리 안 자란다고 뽑아 올려서는 안 되는 것이거든요? 끊
임없이 그냥 돌보고, 거름 주고, 물 대고… 간절하게 애정을 쏟으면
때가 되어 열매가 열리는 것이죠. 공부도 마찬가지입니다. 왜 공부
가 빨리 진행되어서 끝나지 않는가? 대박을 터뜨리듯이 단번에 끝
나는 그런 요행… 공부에는 그런 요행이 없습니다. 그저 매 순간 매
순간을 공부에 애정을 쏟고 관심을 기울이면 언젠가는 인연이 충
분히 익어서 결실을 얻는 그런 때가 오는 겁니다. 그래서 조금 여유

있게 하셔야 됩니다. 여유 있게… 조급하게 하지 마시고, 그러면서
도 신념을 가지고, 한순간 한순간을 헛되이 보내지 마시고, 진지하
게 공부해 나가시다 보면… 중간에 여러 가지 장애들이 많이 일어
납니다. 답답하고 갑갑해서 죽을 것 같기도 하고, 마치 제자리걸음
만 계속하고 있는 듯한 절망감도 있고, 내가 잘못하면서 시간만 낭
비하고 있는 것이 아닌가 하는 의심이 들 때도 있고, 캄캄한 밤중에
길을 잃은 것과 같은 느낌이 들 때도 있고… 10년을 했는데도 실오
라기 하나 잡은 게 없는 절망감이 들 때도 있습니다. 그럴수록 무엇
보다도 자기 스스로를 돌아보셔야 합니다. 내가 과연 정말로 이 공
부에 목이 말라 있는가?

　이 공부에는 요행이 없습니다. 기적 같은 것을 바라시면 안 돼요.
그런 것을 바라시면 이 공부와는 방향이 다른 겁니다. 아까 말했지
만 첫 단추를 잘못 끼우는 거예요. 이 공부를 통해서 뭔가 대단한
능력을 얻겠다든지, 무슨 남다른 특별한 뭔가가 내게 주어지리란
기대를 하고 있다든지… 그러시다면 이 공부를 잘못 이해하고 계신
겁니다. 제가 계속해서 말씀드리지만, 이 공부는 금방 태어난 어린
애에게도 있는 그런 당연한 진실을 확인하는 것이지, 보통 사람들
이 가지고 있지 않은 대단한 능력을 얻는 게 절대 아닙니다. 갓 태
어난 어린애에게도 있는 진실을 우리는 모르고 있다는 그 사실이,
오히려 억울하면 그게 억울한 것이지, 남들이 못 하는 대단한 능력
이 없는 그게 억울한 것이 아니거든요. 너무 당연하게 주어져 있는
진리를 깨닫는 것이지, 그것을 확인해 내는 것이지, 어떤 특별하고

320

초인간적인 능력을 얻는 것이 아닙니다. 그래서 이것은 어떤 불합리함 같은 것은 전혀 없어요.

불합리하고 이상하고… 특히 느낌을 좇아가시면 안 됩니다. 느낌이나 이상한 기운 같은 것… 그런 데 매달리시면 안 됩니다. 전혀 그런 것이 아닙니다. 아주 평범한 것입니다. 어떤 이상하고 황홀한 느낌? 또는 이상한 기운 같은 것? 그런 게 아니에요. 만약에 기운이나 어떤 느낌을 느낀다 하더라도 그런 이상한 것이 아니고, 아주 당연하고 자연스럽고 편안한 그런 것들입니다. 공부하다 까딱 잘못하면 그런 이상한 곳으로 빠질 수도 있습니다. 공부하는 사람들이 대개 보면 자기가 자신이 없기 때문에 바깥으로 갈구를 하거든요? 바깥에 있는 대상에게… 기도도 열심히 하고 그러죠? 밖에 있는 대상에 갈구를 하더라도 결론은 결국 자기 자신을 확인하는 것인데, 지금 갈구하는 이것 자체를 깨달아야 결론이 나는 겁니다. 그렇지 않고 갈구를 하다하다 보면, 자기도 모르게 의식이란 놈이 장난을 쳐서 이상한 경계를 만들어 내요. 의식이 그런 경계를 만들어 내면 자기가 만든 줄도 모르고 거기에 속아서 끌려가 버립니다. 그렇게 되면 소위 정신병이 돼요. 뭔가 특별하고 이상한 것을 바라지 마시라이겁니다. 그런 게 아니에요. 그런 게 아니고 나 자신의 진실한 존재… 그렇다고 해서 지금 우리가 알고 있는 자기 자신을 이야기하고 있는 것은 아닙니다. 그거라면 공부할 필요도 없는 거죠. 그렇지만 지금 있는 그대로의 나 자신과 전혀 별개도 아니에요. 지금 있는 나 자신이기도 하지만 동시에 지금 있는 나 자신의 숨겨져 있는 실상이랄까 하는 것을 깨닫는 겁니다. 지금 알고 있는 것이 나의 전부

321

는 아니에요. 지금 우리가 알고 있는 나 자신이라고 하는 것은, 수박으로 이야기하면 껍데기와 같은 것이에요.

기도를 하시더라도 방편상 관세음보살이나 여러 불보살의 이름을 부르면서 기도를 하실 수도 있습니다. 그러나 그 기도의 내용은 관세음보살과 내가 만나서 내가 횡재하는 것이 아니고, 기도의 내용은 지금 나의 참된 모습이 무어냐? 나 자신의 실상이 무어냐? 내 존재가 무어냐? 거기에 관심을 가져야 합니다. 관세음보살이나 여러 부처, 신중(神衆)을 만들어 놓은 이유는, 우리 보통 사람들이 자기 자신이 자기 자신을 알려고 하면 계속해서 현재 알고 있는 자기 자신 속에서 마치 다람쥐가 쳇바퀴 돌듯이 거기서 벗어나지 못하기 때문입니다. 그래서 거기서 벗어날 수 있는 하나의 방편으로서 각종 불보살을 만들어 놓은 겁니다. 거기에 의지를 하라 이겁니다. 그것들은 방편으로 우리가 만들어 놓은 것들입니다. 관세음보살이 실제로 어디 있는 것이 아닙니다. 나중에 결국 찾고 보면 자기 자신이에요.

선(禪)을 통하여 공부 길에 접어든다면 그런 불보살에게 의지할 필요가 없습니다. 자기 자신의 실상을 바로, 단도직입(單刀直入)이라고 하죠? 바로 볼 수 있는 자세를 가지고… '어디에 의지하지 않고 바로 보겠다.' '어디에, 무엇에 의지하지 않고 나의 실상을 바로 보겠다!' 그런 자세로 공부하시면 돼요. 어쨌든 모르는 입장에서 간절히 알고자 목말라하는… 그런 목마름을 자꾸자꾸 더해 가는 그런 자세로 공부를 쭉 하시다 보면, 마음의 눈으로써 마음을 보고자 하는 그 목마름이 자꾸 더해 가는 겁니다. 그러다 보면 문득 결실의 때가 오는 겁니다.

　이치 따지기 좋아하고 말하기 좋아하는 사람들은, 본래 마음이 하나라고 그랬는데, '마음이 뭐냐?'라고 탐구하고 발심할 필요가 어디 있느냐? 그냥 이대로 찾지 않으면 곧 그대로 부처다!⋯ 이렇게 이야기를 합니다. 이치상으론 그렇습니다. 그러나 찾지 않고 그대로 있으면 그대로일 뿐이에요. 영원히 모르는 겁니다. 말로 이해하는 이치로서 이 마음공부를 전부 설명할 수는 없습니다. 이치라는 것은 극복해야 할 의식의 그림일 뿐입니다. 의식에서 이러쿵저러쿵 그림을 그리는 것이지, 그런 사고를, 그런 생각을 벗어나지 못한다면 역시 이 공부와는 다른 길입니다.
　그러니까 이렇게 생각하시면 돼요. 지금 우리가 꿈을 꾸고 있다⋯ 인생은 꿈이라고 이야기하지 않습니까? 꿈속에서 지금 보고, 듣고, 말하고, 생각하고, 행동하고 있습니다. 그러니까 지금 우리가 무엇을 알고 있든 다 꿈입니다. 그런데 나는 이것들이 꿈이란 사실을 듣고, 이 꿈에서 깨어나고 싶어⋯ 이 꿈을 깨고 싶다⋯ 그러나 꿈을 깨고 싶다 하는 것도 꿈이거든요? 그러니까 꿈을 깨고 싶다고 단순히 생각한다고 깨어나는 것은 아닙니다. 그러면 잠을 깨야지 하고 잠을 깨기 위해서 자기 살을 꼬집었다⋯ 그것도 꿈이에요. 꿈 속에서 자기 살을 꼬집었다고 깨어납니까? 자기가 꿈을 꾸면서 그 속에서 어떤 방법을 고안하고 실천을 해도 꿈에서 깨어나지는 않습니다. 자기의 노력으로 꿈속에서 꿈을 깨어나는 방법은 없습니다. 이 점이 아주 중요한 것입니다.

지금 내가 꿈을 꾸고 있는데, 꿈에 대해서 어떤 이론을 이해하고 어떤 꿈의 내용을 잘 알고 있다 하더라도 그것 자체가 다 꿈인 겁니다. 뭐를 알고 있다 하더라도 다 꿈이에요. 우리는 한 번도 꿈에서 깬 적이 없어요. 그래서 꿈속에서, 꿈은 이렇게 저렇게 해서 꾸어지는 것이니까 나는 꿈을 깨야 되겠다… 아무리 해도 그것은 다 꿈인 거라… 꿈속에서 꿈 이야기를 하고 있는 것일 뿐이죠. 방법이 없는 겁니다. 온갖 방법을 다 써 봐도, 다만 꿈일 뿐 꿈에서 깰 방법은 없구나… 허탈하죠? 그렇지만 그렇게 하면서 그 꿈에서 깨고 싶다는 갈증은 더욱 커지는 겁니다. 깨어나야지, 깨어나야지 하는 그 한 생각만 간절하다면 말이죠.

어떤 방법이 우리를 깨어나게 해 주는 것은 아닙니다. 꿈속의 어떤 방법도 꿈일 뿐이에요. 꼬집든, 뺨을 때리든, 절벽에서 뛰어내리든… 전부 꿈일 뿐입니다. 안 깨어나는 겁니다. 그러니까 이 공부에는 방법이 없어요. 깨닫는다는 것은 깨어난다, 깨친다는 말인데, 이 미몽(迷夢)에서, 이 꿈속에서 깨어날 수 있는 어떤 방법도 없습니다. 유일한 길은 간절하고도 간절하게… 꿈에서 깨고자 하는 간절함이 있으면 꿈을 꾸고 있는 자기 자신이 그 간절함에 문득 응답을 합니다. 왜냐하면 꿈꾸는 것도 나 자신이고, 꿈을 깨어나고자 하는 것도 나 자신이거든요? 깨고자 하는 그 간절함이 꿈을 꾸고 있는 나 자신을 자극해서 깨어나게 하는 겁니다. 어떤 방법이 우리를 깨어나게 하는 것이 아닙니다. 결국 꿈이란 것은 문득 눈만 떠 버리면 그것으로 끝나는 것이잖아요?

스스로가 꿈에서 깨어나는 경우를 잘 보세요. 특히 악몽 같은 경우… 강도가 저 멀리서 나를 찌르려고 달려든다… 그런데 칼이 바로 코앞에 오기 전까지는 안 깨어납니다. 그만큼 간절함이, 절박함이 없기 때문에… 저 앞에 있을 때는 두려움에 벌벌 떨기만 할 뿐인데, 칼이 코앞에 오게 되면 깜짝 놀라게 되고 그때 자기도 모르게 눈을 뜨게 되는 거예요. 그 절박함이, 간절함이 꿈을 깨게 만드는 겁니다. 그런데 꿈을 깨고 나서도 그 꿈의 두려움이랄까, 그 꿈의 내용이 나를 몸서리치게 하죠. 그러나 어쨌든 꿈을 깼기 때문에, 아무리 두려운 내용이 있다 하더라도 깼기 때문에, 그 다음부터는 편안하기 짝이 없죠. 깨어났기 때문에… 그와 같은 겁니다.

마음공부라 하는 것은 그렇습니다. 우리는 육근(六根), 육경(六境), 오온(五蘊) 십팔계(十八界)라는 의식의 꿈속에 있는 겁니다. 아무리 꿈꾸더라도 꿈꾸는 자와 꿈의 내용이 다르지는 않습니다. 우리가 꿈에서 깨어났을 때도 꿈의 내용을 기억하거든요? 깨어났을 때도 그 사람이고 꿈꿀 때도 그 사람입니다. 사람이 다르지 않습니다. 그럼에도 불구하고 꿈꿀 동안에는 자기 마음대로 깨어나지를 못해요. 희한한 일이죠. 우리의 상황이란 게 그렇습니다. 그래서 꿈에서 깨고자 하는 간절함이 있으면 충분히 시간이 지나면서… 마치 강도가 10미터 앞에서, 5미터 앞에서, 3미터, 2미터, 1미터… 다가오다가 바로 코앞에 다가오면 '이제 죽었구나!' 하는데, 눈을 탁 뜨면서 잠을 깨는 그런 상황입니다.

오히려 더 답답하고, 더 갑갑하고, 더 아무것도 모르겠고, 공부란 게 더 오리무중이고, 이렇게 되는 것이 오히려 공부에는 더 진전이 있다고 할 수 있습니다. 그렇게 되면서 한편으로는 자기도 모르게 더 안심이 되기도 해요. 의식적으로는 굉장히 답답하고, 갑갑하고, 아무것도 모르겠는데, 가슴속에서는 뭔가 결과 쪽으로 가까이 가고 있다는 예감이 옵니다. 그것을 스스로는 잘 몰라요. 하여튼 그렇게 공부가 진행이 되어서 문득 섬광처럼 탁 깨어나는 경험이라는 것이 반드시 있습니다. 그게 없으면, 꿈속에서 도를 이야기하고, 법을 이야기하고, 진리를 이야기하는 겁니다. 아무리 이치에 딱딱 들어맞게 이야기하더라도 꿈일 뿐이에요. 그래서 말을 잘 하는 것은 전혀 도움이 되지 않습니다. 아무리 이치에 알맞게 생각하더라도 그게 공부는 아닙니다. 이치를 아무리 궁구해도 안 풀리게 되면 스스로 손을 놓게 됩니다. 스스로가 손을 놓게 되는 그 지점부터는 이제 이치로써가 아니라 가슴으로써, 목마름 하나로 공부를 해 나갈 수 있는 거죠. 하여튼 공부는 스스로 어떤 결말을 보아야 하는 겁니다.

여기에 앉아 계시다 보면, 제 이야기를 들을 동안에는 공부가 잘되다가도 혼자 있을 때는 아니고… 그렇게 될 수가 있습니다. 어떻게 보면 그런 기간도 또 필요합니다. 그러면서 자기도 모르게 가지고 있던 삿된 견해들이 정리가 됩니다. 그러면서 바른 길로 끌려오게 되는데… 그래서 오랫동안 저와 접하게 되면, 제가 말씀드리는 것을 충분히 다 이해해서 다 알겠다는 때가 오기도 합니다. 그러나 저의 이야기를 다 알겠다는 수준에 그쳐서는 안 됩니다. 그것이 자기의 이야기가 되어야 해요. 자기 자신에게 분명히 결론이 났구나 하는 그런 게 옵니다. 어떤 시기가 되면 반드시 그런 게 와요. 그런 시기가 오면 저의 이야기는 하나의 평가 대상이 되는 겁니다. '저 사람 저렇게 이야기하는 것은 조금 더 고쳤으면 좋겠다'는 식으로. 자기가 자기 내면에서 자기 결론이 나는 때가 옵니다. 그때까지는 어쨌든 공부를 놓치지 말고 밀고 나가야 합니다. 이것을 진정 맛보지 못하면 왜 마음공부가 중요하고, 왜 부처가 고마운지 알 수가 없어요. 자기가 진짜 맛을 봐야 알 수가 있는 겁니다. 하여튼 자기 자신이 분명하게 확인하셔야 합니다.

경문을 보겠습니다.

"수보리야, 갠지스 강에 있는 모래의 수효와 같은 수의 갠지스 강이 있다면, 네 생각에 어떠하냐? 이 모든 갠지스 강에 있는 모래가 어찌 많지 않겠느냐?"

수보리가 말하였다.

"대단히 많습니다. 세존이시여! 단지 모든 갠지스 강도 오히려 무수히 많은데, 하물며 그 모래는 말할 것도 없습니다."

"수보리야, 내가 이제 네게 진실로 말하노니, 만약 선남자 선여인이 칠보를 가지고서 이 갠지스 강에 있는 모래 수효만큼 많은 삼천대천세계를 가득 채워서 보시한다면 그 얻는 복이 많지 않겠느냐?"

수보리가 말하였다.

"대단히 많습니다. 세존이시여!"

부처님께서 수보리에게 말씀하셨다.

"만약 선남자 선여인이 이 경 가운데 사구게 등을 받아 지녀서 다른 사람들을 위해 말해 준다면 이 복덕은 앞의 복덕보다 뛰어나느니라."

　인도 사람들은 아주 상상력이 풍부해요. 중국 사람들이 허풍과 과장이 심하다고 하는데 인도 사람들에 비하면 비교가 안 됩니다. 갠지스 강의 모래 수효를 사실 헤아릴 수가 없죠. 그런데 그 모래 수효만큼 많은 갠지스 강이 있고, 거기에 있는 모래 수효는 상상을 할 수 없는… 그래서 무수한 수효인데, 그만 한 수효의 삼천대천세계가 있다고 하고, 그 삼천대천세계를 보석을 가지고 가득 채운다… 아주 풍부한 상상력입니다. 그 공덕이란 게 정말 대단한 공덕이다 이겁니다. 그런데 이 경 속에 있는 사구게(四句偈)만이라도 외우고 있다가 사람들에게 말해 주기만 하더라도 그 복덕이라고 하는 것은 무수한 세계를 보석으로 가득 채운 것보다도 더 뛰어나다…

　왜 그러하냐? 이 경이 무엇을 가르치고 있고, 사구게가 도대체 무엇을 가르치고 있느냐? 이 경은 《금강경》인데, 《금강경》이란 게 도대체 우리에게 무엇을 가르치기 위해서 있는 것이냐? '범소유상 개시허망 약견제상비상 즉견여래(凡所有相 皆是虛妄 若見諸相非相 卽見如來)'라는 사구게는 또 우리에게 무엇을 가르치기 위해서 있는 것이냐? 결국 이 마음이거든요! 맨 처음에 수보리가 물었잖아요? 마음을 어떻게 해야 하느냐고… 마음을 어떻게 깨달을 것이냐? 금강경은, 사구게는 마음을 알려 주는 것입니다. 마음을 깨닫게 해 주는 것입니다. 그래서 사구게를 말해서 다른 사람의 마음을 깨닫게 해 주면 그 복덕은 무수한 우주를 칠보로 가득 채운 것보다 낫다…

세속적인 가치판단으로 보면, 이 마음공부는 겉으로 드러나는 어떠한 보상도 없습니다. 옷이 나오는 것도, 밥이 나오는 것도, 집이 나오는 것도 아니에요. 돈이 나오는 것도 아니고… 보통의 세속적인 삶에 있어서 도움이 되는 것은 나오지 않아요. 세속적인 가치판단을 기준으로 본다면 마음공부라고 하는 것은 할 일 없는 사람들의 사치에 불과합니다. 그러나 나의 가치 기준이 세속에 있지 않고 이 진리에, 반야에, 실상에 있다고 한다면, 이 우주를 보석으로 아무리 가득 채워 준다고 하더라도 마음 하나의 실상을 깨닫는 게 훨씬 중요합니다. 그래서 공부하는 사람들은 모름지기 자기의 가치관이, 자기 삶의 가치 기준이 어디에 있느냐를 점검해 봐야 하는 겁니다.

예를 들어, '나는 공부를 통해서 건강도 찾고, 돈도 벌고, 명예도 얻겠다' 하는 생각이 있다면 이 공부에는 맞지가 않아요. 왜냐하면 여기서는 그런 게 안 나오거든요. 차라리 그런 게 나올 수 있는 데를 찾아가야죠. 그래서 세속적인 입장에서 보면, 이 공부를 하는 사람들은 전부 바보예요. 저도 그런 말을 많이 들었습니다만, 거기에서 무슨 쌀이 나오나 이거예요. 이 공부하는 사람은 세속적인 가치 기준에서 보면 바보라, 바보가 아니면 그야말로 쓸모없는 인간이죠. 그러나 가치 기준을 '이 진리, 공부… 나는 정말 내 존재의 실상을 알고 싶다.' 여기에 두고 있다면, 이 공부가 제일 소중한 것이죠. 공부가 제일 큰 거예요. 우리가 세속적으로는 의식주와 관련된 물질적인 가치에 매여 살지만, 정말 내가 내 존재의 실상, 이 마음을 몰록 깨닫고 난 뒤에는 그런 세속적 가치들이 전혀 매력적이지 않습니다. 실제로 그렇게 돼요. 세속에는 매력을 못 느껴요. 이 공부란 놈이 그만큼 매력을 가지고 있어요.

행복이 인생의 목적이라고 한다면, 모든 물질이 주는 행복보다도 내 마음의 실상을 깨닫고 나서, 내 마음의 실상이 주는 행복감! 그 행복감이 훨씬 낫다! 그러니까 칠보를 가지고 우주를 가득 채우는 것보다도 마음 하나 깨닫는 게 훨씬 뛰어나다… 이 공부 하는 사람은 모름지기 그런 가치관을 가지고 있어야 합니다. '이 마음 하나 깨닫는 것이 최고의 가치다'라는 가치관을 확고하게 지니고 있어야 합니다. 그렇지 않으면 마음공부를 하다가, 마음공부가 좀 되면 그것을 상업적으로 활용하려 한다든지 하는 식으로 변질되어 버립니다. 그렇게 되면 스스로 마음을 조금 안다 할지라도, 사실은 그것을 아는 게 중요한 게 아니라 삿된 쪽으로 떨어지지 않는 것이 중요한데, 알았다 하더라도 옆길로 가 버립니다. 그래서 세속적인 용도로 써먹어서 마음공부 자체를 더럽히는 길로 갈 수도 있습니다. 그렇기 때문에 먼저 가치관을 바르게 갖는 일이 중요합니다.

12
바른 가르침을 존중해야 한다 尊重正教分

"또한 수보리야, 이 경전 혹은 사구게 등을 때에 따라 여러 곳에서 말한다면, 마땅히 알아라. 이 말하는 곳이 모든 세간과 천, 인, 아수라가 공양하는 것이 마치 부처님의 사리를 모신 탑에 공양하는 것과 같으니, 하물며 어떤 사람이 모두 능히 받아 지니고 독송하면 어떠하겠느냐? 수보리야, 마땅히 이 사람은 가장 뛰어나고 첫째가는 희유한 법을 성취한 사람임을 알아야 한다. 이와 같은 경전이 있는 곳은 곧 부처님 계신 곳이며, 존중할 만한 제자들이 계신 곳과 같느니라."

"復次, 須菩提. 隨說是經乃至四句偈等, 當知此處一切世間天人阿修羅, 皆應供養如佛塔廟, 何況有人盡能受持讀誦? 須菩提, 當知是人成就最上第一希有之法. 若是經典所在之處, 則爲有佛若尊重弟子."

그런데 이 구절을 잘 읽어 보면, 이《금강경》을 줄줄 외우고, 또는 읽고 하다 보면 최상제일희유지법(最上第一希有之法), 가장 뛰어나고 첫째가는 드문 법을 성취하지 않을까⋯ 언뜻 보면 그런 내용 같아요. 그러나 이것은 그렇게 단순히 글의 내용만 따라서 이해를 해서는 경전을 제대로 이해하는 것이 아닙니다. 문제는 경전을 읽고 외우고 하는 게 아니고⋯ 여기서 가장 핵심적인 구절이 뭡니까? 최상제일희유지법(最上第一希有之法)이거든요? 문제는 법! 이 실상, 진리! 이 법이 성취되지 않고, 법이 분명하지 않고, 법이 확인되지 않으면, 제 아무리 입으로《금강경》을 거꾸로 읽고 바로 읽고, 거꾸로 외우고 바로 외우고 할 수 있다 하더라도 아무 소용이 없는 겁니다. 이 가장 뛰어나고 첫째가는 그런 희유한 법, 이것을 성취하는 것이 목적이죠? 그 목적을 위해서 우리는 공부를 하는 것인데, 그러나 이 구절을 언뜻 읽어 보면, 이 경전을 열심히 읽고 외우고 하다 보면 법이 성취되지 않을까 하는 잘못된 생각을 할 수가 있습니다. 그런데 단도직입적으로 보면, 경전을 읽고 외우고 하는 거기에 사실은 가장 뛰어나고 첫째가는 희유한 법이 성취되어 있습니다. 그 경전을 읽고 외우는 거기에 있는 거지, 경전의 말뜻에 있는 게 아닙니다.

자, 지금 이《금강경》의 구절을 첫 구절만 다시 읽겠습니다.

부차(復次) 수보리(須菩提) 수설시경(隨說是經) 내지사구게등 (乃至四句偈等)⋯

여기까지만⋯

부차 수보리 수설시경 내지사구게등…

짤막하게 여기까지만 놓고 보죠.

'부차 수보리 수설시경 내지사구게등…' 가장 뛰어나고 첫째가
는 법이 여기에 성취되어 있습니다. 그것도 기니까, 그냥 '부차 수보
리'… 만 보죠. '부차 수보리'… 하는 여기에 최상의 첫째가는 희유
한 법이 성취되어 있습니다.

'부차 수보리'… 하는 이 한 구절에… '다시 수보리야'란 말뜻을
따라가지 마시고, 《금강경》에서 이름과 모양으로는 여래를 볼 수 없
다고 했으니까, 이름과 모양을 제거하자 이 말입니다.

그러면 '부차(復次) 수보리(須菩提)'… 라는 글자를 따라가지 않고,
'또다시 수보리야'란 말뜻을 따라가지 않으면… 그러면 '부차 수보
리'… 이게 뭐냐 이겁니다.

이름을 따라가지 않고, 말뜻을 따라가지 않고, '부차 수보리'… 이
게 뭐냐 이겁니다.

'부차 수보리'… 이 한마디를 할 수 있는 이것이 《금강경》 전체를
다 이야기할 수 있고, 나아가서 팔만대장경 전체를 다 말할 수도 있
고, 그뿐만 아니라 못 하는 일이 없습니다.

'부차 수보리'… 하는 이 하나가 분명하면 모든 것은 이 하나에서
다 나오는 겁니다. 그러니 최고로 첫째가는 희유한 법이에요.

'부차 수보리'… 하는 이 하나가, 글자를 따라가지 않고, 말뜻을 따라가지 않고 '부차 수보리'… 우리가 할 수 있거든요! 지금 이 '부차 수보리'… 하는 이 말이 무엇입니까? '부차 수보리'… 하는 이 말이 도대체 뭐냐 이겁니다.

이게 분명하면 바로 이것이 무위법이고, 마음이고, 도라고 이름 붙이는 것이고, 가장 뛰어난 첫째가는 법입니다. 이것 하나를 할 수 있으니까 나머지 《금강경》 모든 구절을 읽고, 이해하고 말할 수 있는 겁니다. 팔만대장경도 다… 그러니까 이 조그마한 것! 이것 하나! 가장 간단한 겁니다. 가장 간단한 이것 하나가 가장 희유한 법이에요.

'부차 수보리'… 하는 이 말이 무엇입니까? 이 말이 무엇인 줄을 참으로 확실하게 확인한다면, 섬광과 같이 뭔가가 열리는 것이 있을 겁니다. 도대체 '부차 수보리'… 이 말이 무엇이냐? 섬광 어쩌고 하는 말은 신경 쓰지 마세요. '부차 수보리'… 하는 이 한마디 말이 무엇이냐 이겁니다. 여러 가지 생각을 하시면 안 됩니다. 무엇이냐고 묻는 순간에 착 하고 와 닿아야지, '무엇일까?' 이렇게 생각을 하면 이미 버스는 지나간 겁니다.

항상 우리는 모든 삶의 맨 앞에 있습니다. 말하자면 삶의 첨단에서 살아가는 것입니다. 항상 우리는 새로운 순간에 있습니다. 늘 새로운 순간에 새 삶을 살고 있습니다. 자기가 삶의 첨단에 서 있으면서, 유감스럽게도 우리는 눈을 어디다 돌리고 있냐 하면, 뒤를 보고 있습니다. 과거를 보고 있어요. 스스로는 현재에 있으면서 과거를 보고 있다 이 말입니다. 그러니까 그게 뭔가 안 맞아요.

자, '부차 수보리'… 하는 이 말이 무엇이냐? 지금 그것이 여러분 자신입니다. 무엇이냐고 물으니까, 이미 무엇이냐는 말을 따라가서, 생각을 쏙 따라가서… 무엇이냐는 말은 이미 지나가고 없는데, 지나간 뒤를 돌아보고 있다 이겁니다. 지금 이 말을 듣는 이 자리에 있지를 못하고 자꾸 지나간 뒤를 돌아보고 있는 겁니다. '부차 수보리'… 하는 이 말을 듣는 이 자리에 지금 계시거든요. 듣는 이 자리에 있으면서 다른 데를 보고 있다 이겁니다. 생각을 좇아서, 이미 지나간 말이 남긴 여운, 기억, 영상… 그리로 가 버린다고… 그런데 사실은 지금 딱 듣고 있는 거거든요.

'부차 수보리'라고 하는 이 말이 무엇이냐? 지금 '부차 수보리' 이 것! '부차 수보리'가 분명하면, (법상을 두드리며) 톡! 톡! 이것도 분명하고, (손가락을 세우며) 이것도 분명하고, '뜰 앞의 잣나무'도 분명하고, '삼 서 근'도 분명합니다. '부차 수보리'가 분명하면, 삼라만상의 진실이 모두 분명합니다.

그래서 경전이든 뭐든, 이것이 분명하면 《금강경》뿐만 아니라 팔만대장경, 모든 경전이 다 여기에 있는 겁니다. 여기(손가락을 세우며)에 있는 거죠. 이렇게 활용하고 살아 있는 겁니다. 이것이 주인이고, 이것이 중심이고, 이것이 창조주고, 이것이 신(神)이에요.

'부차 수보리'라는 말을 듣는 이 순간에, 여기 무엇이 있습니까? 소리가 들리든 들리지 않든, 지금 여기에 무엇이 있습니까? 옛날의 어떤 스님은 찾아가기만 하면, "한 손바닥으로 치는 손뼉소리를 들을 수 있어야 해!"라고 했다고 합니다. 한 손바닥으로 치는 손뼉소리… '부차 수보리'… 여기에 무엇이 있습니까? '부차 수보리'… 다시 '부차 수보리'…(잠시 침묵함) 이것을 화두에서는 '말후구(末後句)'라고 합니다. 말은 끝났지만 아직도 한 구절이 들리고 있어… 말후구는 '최초구(最初句)'하고 같아요. 아직 말을 시작도 안 했지만 입을 열기도 전에 이미 한 구절 듣고 있어… 변함없이 여기에 있는 겁니다.

말을 하든 안 하든, 입을 열든 닫든… 말후구라 하든 최초구라 하든 그 말에 속으시면 안 돼요. 어쨌든 '이것' 하나만 명확해지면, 그저 '이것'뿐입니다. 다른 게 없어요. '부차 수보리'… 하든, '부채 수보리'… 하든 상관이 없어요. 어떤 경우에도 상관이 없습니다. 이것 하나만 분명하면, 딱 안정이 돼요. 우리가 선정(禪定)이라고 하는데, 선정이란 확고부동하게 최상제일희유지법에 딱 자리를 잡고 있는 겁니다. 어긋나는 게 없습니다. 무엇이든 여기에서 비롯되는 것이고, 여기에서 벗어나는 것이 없습니다.

그래서 이 《금강경》을 수지 독송한다… 읽고 외우고 하는 여기에 가장 뛰어나고 첫째가는 희유한 법이 있습니다. 그래서 인도 사람들이 게으른 사람들을 위해 개발해 놓은 게 있잖아요? 단 한 글자, '옴(Om/AUM)'… '옴' 한 글자를 가지고 설법을 다 한다 이거예요. '옴'이란 한 글자나 《금강경》이나 팔만대장경이나 다를 게 하나도 없습니다. 하나를 깨달으면 다 깨닫는 겁니다. 그러니까 일즉일체(一卽一切)요, 일체즉일(一切卽一)이라… 그러니까 이 하나입니다. 이 하나! 어려울 게 없습니다. 이상한 것도 없습니다. 복잡한 것도 없어요. 간단한 겁니다. 이것 하나예요. '부차 수보리'(復次 須菩提)… 라는 말! 이 말이 끝나도 역시 이것! 소리가 날 동안은 소리가 들리고, 소리가 안 날 동안에는 소리가 안 들리지만, 이것은 변함이 없습니다. 어떤 무엇이 있는 게 아닙니다. 어떤 사람이 있는 게 아니에요. 마음이 있는 것도 아니에요. 느낌이나 욕망이나 관념이 있는 게 아닙니다.

사구(死句), 활구(活句)란 말 들어 보셨죠? 죽은 말, 살아 있는 말이란 뜻이죠. 《금강경》을 수지 독송해서 가장 뛰어나고 첫째가는 희유한 법을 성취하려면 활구가 되어야 해요. 죽어 있는 말을 가지고는 안 됩니다. 살아 있다는 것은 언제 살아 있습니까? 지금 살아 있는 거죠, 지금! 항상 이 순간! 아까 최첨단에 있다고 그랬잖아요? 항상 이 순간에 살아 있습니다. 과거에 살아 있는 것도 아니고, 미래에 사는 것도 아닙니다. 항상 이 순간에 살아 있습니다. '부차 수보리'… 여기에 생명이 있는 거예요. 여기에 모든 삶이 다 있는 겁니다. '부차 수보리'라는 이 말 한마디에 생명이 있는 거예요.

'부차 수보리' 이 말이 들리면 살아 있는 것 아니에요? '부차 수보리'… 했는데 못 들으면 죽은 거지… 생각을 좇아가면 죽는 겁니다. 살아 있는 것은 '부차 수보리'… 뜻도 아니고 소리도 아닌… 지금, "부·차·수·보·리" 여기 살아 있는 거잖아요. 살아 있는 겁니다.

337

활구! 살아 있는 말이 곧 도입니다. 이게 바로 진리죠. 그런데 우리가 말의 뜻을 따라가고, 소리를 따라가고, 글자를 따라가면 살아 있을 수가 없습니다.

물론 따라가다가 문득 깨어나면 바로 그 자리에서 살아날 수가 있습니다. 실제로 망상과 실상이 따로 있는 게 아닙니다. 늘 하나입니다. 우리 자신이 어떤 입장에 있느냐에 따라서 망상이 되기도 하고 실상이 되기도 하는 거예요. 공부라는 것은 늘 이 자리에 깨어 있는 겁니다. 지금 이 순간 살아 있는 자리에… 이 자리에 살아 있다는 사실을 관념이 아니고, 생각이 아니고, 실제로 살아 움직임으로써… 몸을 움직이는 게 아니에요. 몸은 가만히 있어도, 마음은 살아 움직이는 겁니다. 몸은 식물인간이 되어 있어도 마음은 살아 움직이는 겁니다. 살아 움직이는 이 순간에, 살아 움직임에서 자기의 존재를 확인하는 겁니다. 말은 이렇게밖에 할 수가 없는데, 어쨌든 자기 스스로 체험하는 겁니다. 그것을 확인시켜 드리려고 여러 가지 말씀을 드리는 겁니다. 제 이야기를 확인하는 게 아니고, 자기 스스로의 존재를 확인하시라 이겁니다.

'부차 수보리'라는 말을 들을 때, 듣는 사람이 어디 있느냐? '부차 수보리'… 라는 이 말에 있습니다. 듣는 나 따로 있고, '부차 수보리'라는 말 따로 있으면 안 맞아요. 항상 우리는 무언가 벗어나 있어요. 자기 자리에 제대로 있지 못하고 벗어나 있는 게 우리의 병입니다. 지금 '부차 수보리'… 라는 말을 듣는 순간에 듣는 사람이 어디 있느냐고 물으면, 생각이 움직여서, 생각하는 사람 따로 있고, '부차 수보리'라는 말 따로 있고, 말을 듣는 사람이 따로 있고… 자꾸 분리가 됩니다. 분리! 그게 병이에요. 분리가 되면 안 됩니다. 그냥 하나입니다. 하나! '부차 수보리'라는 말 듣는 것하고, 그 말을 듣는 사람이 누굴까 하고 생각하는 것하고, 내가 지금 그것을 생각한다는 생각하고, 이것들이 하나라… 분리되어 있는 게 아니에요. 하나가 딱 되어야 합니다. 하나가 되는 순간에 섬광이 딱 치는 겁니다. 섬광이 딱 치면서 망상이 저절로 사라지는 겁니다.

어쨌든 특별한 방법은 없어요. 간절하게, 간절하게… 간절하게 한다는 것이 억지로 막 자기를 괴롭히는 것이 아닙니다. 자기를 괴롭히지 마세요. 편안하게 하세요. 공부를 하고자 하는 갈증과 편안하게 친구가 되어서… 공부는 편하게 해야 합니다. 편하게 하되 어쨌든 관심을 가지고…

지금 '부차 수보리'… 하는 소리를 들을 줄 아는 이것이, 보기도 하고, 생각도 할 수 있고, 몸도 움직일 수 있어요. 이것 하나가 그렇게 하는 겁니다. 전부 다 이것이 하는 겁니다. 어떤 경전의 어떤 말을 하더라도 이것이 다 하는 겁니다. 그러니까 그 말의 내용을 좇아갈 것이 아니라, 모든 것을, 어떤 것을 하든지 간에 하고 있는 이놈! 뭐를 보거나 듣거나 뭐든지 간에 이놈은 딱 하나거든요? 다른 게 없습니다. 이것 하나만 알면 되는 겁니다.

이치는 이해가 되는데 왜 확인이 안 되느냐? 확인해야 하겠다… 그렇게 결심이 생겨야 하는 것 아닙니까? 구지 스님은 이렇게(손가락을 세우며) 손가락만 까딱까딱 했다 이겁니다. 사람들이 와서 "법이 뭐요?" 하면, 이렇게 (손가락을 세우며)… "도가 뭐요?" 하면, 이렇게 (손가락을 세우며)… 손가락 하나 까딱거릴 수 있는 이것이, 눈으로 무엇인가 보는 것이고, 발도 움직이는 것이고, 귀로 듣는 것이고, 밥도 먹고, 소화도 시키고, 심장도 뛰게 해 주고, 숨도 쉬게 해 주고… 이것 하나가 다 하는 것이거든요! 이것 하나가 바로 나 자신이고 마음이고 부처입니다. '나'라는 뭐가 있는 게 아니고 이름을 그렇게 붙일 수 있는 겁니다. (손가락을 세우며) 이것이 바로 나 자신이죠? 이것이 없으면, 세상에 무엇이 있겠어요?

학교에서 "홍길동!" 하면 "예!" 하고 대답하거든요? "예!" 하니까 거기 있는 줄 알지… 대답 못 하면 거기 '홍길동'이란 존재는 없는 겁니다. 이것 하나입니다. 이것이 최상제일희유지법(最上第一希有之法)이거든요? 가장 뛰어나고 세상에 하나밖에 없는 희유한 법이거든요? 이것 하나만 깨우치면 되는 거예요. 이것은 항상 살아 있는 것입니다. 이것이 없으면 할 수 있는 일이 아무것도 없어요. 밥을 먹다가도, 밥 먹는 것이 바로 이것인데… 이것이 바로 선(禪)이고, 이것이 바로 도(道)고, 이것이 바로 마음이에요. 밥 먹는 이것! 차 마시는 이것! 운전하는 이것!… 이것이라는 것이 확인이 되어야 해요. 확인이! 이것 하나가 다 한다는 것은 믿어져요? 그럼 이것 하나를 체험하고 확인해야지… 계속 공부하다가 이 간절함이 익어서, 때가 되면 문득 이것이 탁 하고 와 닿는 겁니다. '하, 이게 바로 이것 하나구나!' 하고 통할 수가 있어요.

머리에선 이해가 되는데 가슴에서 딱 막혀 버려… 이게 뭔가? 이해는 할 수 있을 것 같은데, 이것 하나가 다 한다고 하는데… 그러다가 턱 하고 와 닿으면 막혔던 것이 쑥 하고 내려가 버립니다. 흡사 체했던 것이 시원하게 내려가는 것 같아요. 한번 쑥 내려가고 나면 그 다음부터는 다 소화되는 겁니다. 선사들은 그것을 '통 밑이 빠진다'라고 그래요. 그런 체험을 할 수가 있습니다. 그러고 나면 이런 경전이나 선사들의 어록이나 제가 드리는 말씀이 거짓말이 아니라는 것을 알 수가 있어요. 그런 체험이 없으면 머리로는 이해하지만 완전한 믿음은 생기지 않는 겁니다. 맛본 사람들만이 서로의 말을 들으면 공감할 수가 있어요. 그것을 맛보는 것이 공부지 다른 특별한 게 없습니다. 그 맛은 뭐라고 이름을 붙일 수가 없어요. 그렇게 되고 나면 그동안 무수히 나를 괴롭혀 왔던 여러 가지 문제들로부터 완전히 풀려납니다. 자유롭게 돼요. 시원하죠. 편안합니다. 얼굴 표정이 달라져요. 이것 하나를 딱 하고 체험하고 확인해서 통 밑이 쑥 빠져 버리면 나를 괴롭히던 모든 문제들은 저절로 해결됩니다.

경전이 있는 곳은 모든 사람들이 공양하는 곳이고…

불탑처럼 공양한다고 그랬는데, 불탑은 부처님의 사리(舍利)를 모신 곳입니다. 부처 사리란 게 우리가 알고 있기로는 부처가 열반하고 나서 시체를 태우고 남은 뼈라고 알고 있잖아요? 사리란 게 원래 인도 말로 뼈란 뜻이에요. 죽은 사람을 화장하여 나온 뼈다귀는 개 뼈나 부처 뼈나 다를 게 하나도 없어요. 뼈다귀를 이야기하는 게 아니고, 여기 이 말은 법을 이야기하는 겁니다. 법! 탑에 왜 우리가 절을 하느냐? 법이거든요? 부처가 상징하는 것은 법입니다. 그게 뼈든 사리든 간에 법을 상징하는 것이거든요? 법에 절하는 겁니다. 그러나 알고 보면 절하는 이것 자체가 법인데…

그러니까 이 경은 곧 법을 나타내는 거라 이겁니다. 부처 수보리… 라는 단 한 구절을 가지고 제가 법을 충분히 보여 드렸잖습니까? 《금강경》 전체를 다 볼 필요도 없어요. 사실… 단 한 구절만 가지고 조금도 남김없이 법을 모두 보여 드릴 수가 있는 겁니다. 그러니까 이 경전이나 사구게 등을 설하는 이 자리가 바로 모든 중생들이 공양을 바쳐야 할 불탑과 같은 곳이고, 이것을 수지 독송하는 자리가 바로 최상제일희유지법을 성취하는 자리다… 라고 이야기하지 않습니까? 이게 무어냐? 지금 우리가 이 경전을 말하고 있고, 지금 이 자리에, 지금 이 순간에 최상제일희유지법을 우리 각자가 다 실현하고 있는 겁니다.

'그러면 《금강경》만 수지 독송해야 하겠네?' 《금강경》만 하십시오. 그런데 그 《금강경》은 이(탁자 위의 《금강경》 교재를 가리키며) 《금강경》은 아닙니다. 이것(손을 들어 쥐었다 펴며)이 진짜 《금강경》입니다. 최상제일희유지법이 《금강경》이거든요? 이것(다시 손을 움직여 보이며)도 《금강경》이고, 말하는 것도 《금강경》이고, 듣는 것도 《금강경》이고, 우린 《금강경》을 항상 가지고 다닙니다. 최상제일희유지법이 금강경이다… 밥 먹는 것도 《금강경》이고, 똥 누는 것도 《금강경》이고, 일 하는 것도 《금강경》이고… 경전의 말구절에 끄달리면 안 됩니다. 어떤 사람은 《금강경》을 조그마한 수첩으로 만들어 가지고 다니고, 병풍을 만들어 세워 놓고는 쳐다보고… 그게 아니고, 주머니에 넣는 이것(주머니에 넣는 동작을 보이며)이 《금강경》이고, 쳐다보는 이것이《금강경》입니다. 공부는 무슨 장소나 어떤 수단 같은 게 필요 없는 겁니다. 정해진 것이 없어요. 어떤 장소든, 무엇을 가지고 있든 말든, 깨어 있는 동안에는 다 공부입니다. 공부를 할 수가 있습니다.

　우리는 이미 한두 달《금강경》강의를 해 왔기 때문에《금강경》이란 말, 책, 그 안에 있는 말구절, 이런 데 끄달리지 않을 정도는 되셨을 겁니다. 바로 이게(손을 들어 쥐었다 폄)《금강경》입니다. 호흡 수련 하는 사람들도, 호흡을 쭈욱 들이마셨다가 쭈욱 내쉬는 이게《금강경》이거든요. 이게 뭔가를 명확하게 깨달으면, 이것이 바로 법이거든요! 제대로만 공부한다면… 호흡을 어떻게 해서 기운을 모으고… 이런 게 아니에요. 지금 호흡을 들이쉬고 내쉬는 이놈이 뭐냐 이겁니다. 이게 바로《금강경》이거든? 틱낫한 스님이 요즘 한국에 오셨는데, 그분은 항상 걷는 것을 가지고 말씀하시거든요. 한 걸음, 한 걸음 걷는 이게 바로 최상제일희유지법이다 이거예요. 한 걸음 걷고, 한 걸음 걷고, 이게 뭐냐? 이게 바로 최상제일희유지법이라… 모든 수행들을 보면 결국 이것 하나를 가리키고 있는 겁니다.
　호흡을 수련하든, 걸음걸이를 수행하든, 무얼 하든지 간에… 이것 하나에 계합하지 못하면, 이것 하나를 확인하지 못하면, 그냥 경계(境界)에 떨어져 버립니다. 상(相)에 떨어져 버립니다. 그 상이 아무리 아름답고 멋지다 하더라도 그 경계에 자기 자신을 구속시켜서 본래의 자신을 잃어버리고 경계를 좇아가는 어리석음을 범하는 겁니다. 예를 들어 좌선을 할 때는 최상제일희유지법이 있는데, 일어나서 평소처럼 생활할 때는 그것을 잃어버린다면… 그런 식으로 하면 그것은 공부가 아니에요. 그게 아니고, 앉았든, 걷든, 눕든… 어떻게 하든 상관없어요. 최상제일희유지법은 항상 변함없이 이렇게 실현되고 있는 겁니다. 언제 어디서, 무엇을 하든, 우리는 최상제일희유지법에서 벗어날 수가 없습니다. 항상 이 자리에 있는 겁니다.

이것 하나만 분명하면 힘쓸 게 없습니다. 왜? 항상 저절로 이 자리에 있으니까. 벗어날 두려움이나 걱정이 없어요. 왜 《반야심경》에서 모든 두려움이 사라지고 장애가 사라져서 할일이 없어진다고 하느냐? 본래 그대로 갖추어져 있는 겁니다. 벗어날 수가 없어요. 원래부터 항상 진리 그 자체로 있었기 때문에 따로 더 할 일이 없어요. '내가 이 진리의 자리를 어떻게든 사수해야지' 한다면 그것은 공부가 아닙니다. 공부란 것은 무위법이죠, 무위법! 자연스럽고 전혀 힘이 들지 않습니다. 이것만 확인하면 됩니다. 원래 진리의 자리에 있습니다. 지금 이것! 이것 하나! 이것은 내가 어디서 받아 와서 쓰는 게 아닙니다. 내가 억지로 노력해서 얻어 와서 쓰는 게 아니에요. 본래 태어날 때부터 주어져 있는 거예요. 버리고 싶어도 버릴 수가 없는 거예요. 눈으로 보고, 귀로 듣고, 생각하고, 팔 다리 움직이고 하는 것은 누구한테 받아 오는 게 아니거든요? 버릴 수가 없어, 이것은… 항상 가지고 있는 겁니다.

이 사실을 분명하게 체험적으로 확인하면 항상 우리는 본래 진리의 자리에서 떠나지 않는 것입니다. 그래서 입처개진(立處皆眞)이라… 어디든 발길 닿는 그 자리가 진리의 자리입니다. 힘들 것이 전혀 없습니다. 그래서 무위법이고, 법은 곧 자연(自然)이라고 그럽니다. 자연! 원래 그런 거다 이겁니다. 힘들여서 붙잡고 있는 것은 공부가 아닙니다. 무언가를 애를 써서 붙잡고 있으면 힘이 들죠? 힘든 만큼 괴로운 겁니다. 특정한 행위를 마구 연습해서 하는 것이 아닙니다. 그저 지금 있는 그대로… 지금 다 가지고 있어요. 아무런 모자람 없이 있는 그대로 확인만 분명히 하면, 의식적으로가 아니고, 가슴으로 확인이 되고, 통 밑이 쑥 빠져 버리면 되는 겁니다. 그게 물론 금방 쉽사리는 안 돼요. 하여튼 간절한 마음으로 하다 보면, 인연이 무르익어서 체험하는 순간이 오는 겁니다. 이것 하나만 체험하면 되는 거예요. 최상제일희유지법은 우리가 늘 성취를 한 상태입니다. 애써서 성취를 해야 되는 것이 아닙니다. 본래 성취해 있는데 우리 스스로가 그것을 돌아보지 않고 다른 데를 보고 있는 겁니다. 안 그렇습니까? 지금 보고, 듣고, 말하고, 생각하고, 움직이고, 살아 있다는 이것 자체가 최상제일희유지법이 아니면 이런 일이 있을 수가 없어요. 그러니까 지금 보고, 듣고, 말하고, 생각하고, 움직이고 하는 이것 하나!

지금 이것 하나거든요? (컵을 들어 차를 마심) 차 마시는 이것 하나! 어디든지 간에 항상 똑같은 거니까, 어떤 계기가 되든지 간에 한 번만 딱 통하면 됩니다. 한 번만! 언제든지 동일하기 때문에… 항상 이것뿐이기 때문에… 한 번만 통하면 확인이 되는 겁니다. 어렵게 생각하실 게 없습니다. 여러 가지 복잡한 이치가 없어요.《무문관(無門關)》이나 《벽암록(碧巖錄)》,《선문염송(禪門拈頌)》 같은 책을 보면 공안이, 1,700여 가지가 나와요. 그 1,700여 가지 화두에 또 수많은 사람들이 설명을 붙여 놓았어요. 양이 엄청나게 많아요. 그것을 보면 온갖 이치가 다 있는 것 같아… 그런데 사실은 온갖 이치와 말들이 이것 하나를 나타내는 겁니다. 이것 하나만 깨달으면 어떤 희한한 말이 나와도 거기에 속을 이유가 없어요.

여기 있는 난초를 보고 제가, "그 호박꽃 참 이쁘구나!" 하면, 우리는 '어째서 저것이 호박꽃인가? 난초지…' 하고 머리를 막 굴립니다. 그러나 이것 하나가 분명하면 그런 말에 끌려가지 않습니다. 우리가 그만큼 말에 속아 있기 때문에 화두라는 것은 말을 가지고 우리를 훈련시키는 겁니다. 우리는 한 구절의 말이 나오면 한없이 생각을 일으킵니다. 옳다느니, 그르다느니 하고… 옳고 그르고 하는 것은 분별하여 따지는 것이고, 옳다 하든 그르다 하든, 난초라 하든 호박꽃이라 하든, 이것 하나를 확인하시면 아무 문제가 되지 않습니다. 화두 중에 이런 게 있죠? '동쪽 산이 물 위로 간다', '진흙소가 바다 속으로 들어간다', '낙동강의 물을 한입에 다 마신다'… 어떻게 동쪽 산이 물 위로 가고, 진흙소가 바다 속으로 들어가고, 어떻게 한입에 낙동강 물을 다 마시냐… 이치로는 도저히 알 수가 없습니다. 그런 게 아닙니다. 이것 하나만 분명하게 아시면, 무슨 말을 어떻게 하든지 간에… 말이 말이 아닙니다. 말이 아니고, 지금 이것, 말할 때도 이놈이고, 말 들을 때도 이놈… 그냥 이것뿐이라… 이것 하나가 있을 뿐이지 다른 것이 있습니까? 이것 하나만 있을 뿐입니다.

아주 간단한 겁니다. 간단한 거지만, 이치는 이해가 되지만, 통 밑이 안 빠져… 꽉 막혀 있다 이겁니다. 그러면 빠지도록 간절함을 가져야 해요. 이치로 아는 것 가지고는 안 됩니다. 정말로 가슴에서 펑하고 통해야 하는 겁니다. 가슴에 콱 와 닿는 이것 하나에 목말라 하는 게 공부입니다. 그렇게 목말라 하다 보면 어느 순간에 쑥 하고 목마름이 해소되는 때가 오는 겁니다. 공부는 그것밖에 없어요. 이것 하나를 깨달으면 다 통하는 것이요, 이것 하나를 모르면 자기가 10년, 20년, 30년을 아무리 공부해도 도로아미타불입니다. 아무튼 이것 하나에 목말라 하십시오.

13
법에 알맞게 받아서 지닌다 如法受持分

그때 수보리가 세존께 아뢰었다.

"세존이시여! 이 경은 이름을 무엇이라 하고, 어떻게 받들어 지녀야 합니까?"

부처님께서 수보리에게 말씀하셨다.

"이 경은 금강반야바라밀이라 이름하고, 이러한 이름으로 너희들은 받들어 지녀야 하느니라. 왜냐하면 수보리야, 부처가 말하기를 '반야바라밀은 곧 반야바라밀이 아니라, 이름이 반야바라밀이다' 라고 하기 때문이다. 수보리야! 네 생각에 어떠하냐? 여래가 말한 법이 있느냐?"

수보리가 부처님께 아뢰었다.

"세존이시여! 여래께서는 말씀하신 것이 없습니다."

"수보리야! 어떻게 생각하느냐? 삼천대천세계에 있는 티끌먼지가 많으냐?"

수보리가 말하였다.

"대단히 많습니다. 세존이시여!"

"수보리야! 모든 티끌먼지를 여래는 티끌먼지가 아니라 이름이 티끌먼지라 말하고, 세계는 세계가 아니라 이름이 세계라고 말하느니라. 수보리야! 어떻게 생각하느냐? 삼십이상을 가지고 여래를 볼 수 있겠느냐?"

"아닙니다. 세존이시여! 삼십이상을 가지고는 여래를 볼 수가 없습니다. 왜냐하면 여래께서 삼십이상은 삼십이상이 아니라, 이름이 삼십이상이라고 말씀하셨기 때문입니다."

"수보리야! 만약 선남자 선여인이 갠지스 강의 모래알만큼 많은 몸과 목숨으로 보시를 하고, 또 다시 만약 어떤 사람이 이 경 가운데 사구게 등을 받아 지녀서 남을 위해 말한다면 그 복이 몸과 목숨을 바쳐 보시한 것보다 훨씬 많으니라."

爾時須菩提白佛言:"世尊, 當何名此經? 我等云何奉持?"

佛告須菩提:"是經名爲金剛般若波羅蜜. 以是名字汝當奉持. 所以者何? 須菩提, 佛說般若波羅蜜, 則非般若波羅蜜. 須菩提, 於意云何? 如來有所說法不?"

須菩提白佛言:"世尊, 如來無所說."

"須菩提, 於意云何? 三千大千世界所有微塵是爲多不?"

須菩提言:"甚多, 世尊."

"須菩提, 諸微塵, 如來說, 非微塵, 是名微塵. 如來說世界, 非世界, 是名世界. 須菩提, 於意云何? 可以三十二相見如來不?"

"不也, 世尊. 不可以三十二相得見如來. 何以故? 如來說, 三十二相, 卽是非相, 是名三十二相."

"須菩提, 若有善男子善女人, 以恒河沙等身命布施, 若復有人於
此經中乃至受持四句偈等, 爲他人說, 其福甚多."

다시 보겠습니다.

그때 수보리가 부처님께 아뢰었다…

그때!

'그때'가 언제입니까?

'그때'가 언제냐 하면, 바로 지금입니다. 생각을 따라가면, 그때…
하면 몇 년도 몇 월 며칠… 이런 식으로 생각을 따라갑니다만, 지금
까지 《금강경》을 봐 오면서 계속 언급했습니다만, 그런 식으로 이름
과 생각을 따라가는 것은 여법(如法)하지 못한 것입니다. 여법함은
이름과 생각을 따라가지 않을 때입니다.

그러면 '그때'라고 하는 말을 보고 들었는데, 이름과 생각을 따라
가지 않는 입장이라면 '그때'라고 하는 이 말이 무엇이냐 이겁니다.
'그때'라는 것은 도대체 언제냐? 어디 있느냐? '그때'라는 말을 듣고
그 이름과 뜻을 따라가지 않으면 '그때'는 지금 이렇게 '그때'잖아

요? '그때'라는 것은 지금 말하는 여기에 있잖아요. 여법하려고 한다면 사구게를 상기해 보시면 되겠죠? 상(相)을 상이 아닌 것으로 보면… 상이 아니면 뭐냐? '그때'라는 것이 '그때'가 아니다 이겁니다. '그때'가 '그때'가 아니면 뭐냐? '그때'가 '그때'라는 뜻이 아니면, 바로 지금 "그~때~" 하는 이것이거든요! 어려울 게 없습니다. 《금강경》의 가르침을 그대로 따르면 돼요. 여래를 보고 싶으면, 상을 상이 아닌 것으로 보라고 했으니까, '그때'는 '그때'가 아닌 것으로 봐라… 이것이 핵심이거든요! '그때'라는 뜻을 따라가지 않으면 "그~때~" 하는 이것뿐이다 이겁니다. 이게 바로 여법한 겁니다. 이것이 바로 여래를 보는 겁니다.

그때! 지금 여기에서, "그·때" 하는 여기에서, '그때'라는 말을, '그때'라는 뜻을 따라가지 않는다면, 그냥 "그·때" 이것이거든요? 우리는 이것을 떠날 수 없습니다. 항상 여기에 있을 수밖에 없지요. 언제 어디에서든 결코 여기서 벗어날 수 없습니다. 이 한결같은 이곳에 항상 있는 겁니다. 여기서 어긋난다는 것은 말뜻을 따라가고 생각을 따라가는 겁니다. 여기서 어긋나지 않으면 항상 이것일 뿐이에요.

지금 여기서 "작년 이맘때에 내가 어쩌고…" 해도 '작년 이맘때'가 따로 있는 게 아니라 지금 바로 여기서 말하고 있는 건데, 우리 스스로가 여기에 있고, 여기를 떠나지 못하면서 망상을 짓고 있는 겁니다. 마치 침대에 편히 누워 자고 있으면서 꿈속에서는 이리저리 헤매 다니는 것과 같습니다. 안 벗어나면 됩니다. 우리는 바로 여기에 있거든요? 약견제상비상즉견여래(若見諸相非相卽見如來)라는 이 구절만 정확하게 아시면 되는 겁니다. 모든 상을, 명상(名相)을, 이름과 뜻을, 이름과 뜻 아닌 것으로 보면 그게 여래를 보는 거거든요? 그러면 이름과 뜻이 이름과 뜻이 아니면 도대체 뭐냐?

여기 '시계'가 있습니다. 우리가 "시·계"라고 하면, '시간을 가리키는 기계'라고 알고 있거든요. 그런 뜻 말고, "시·계"란 말이 그런 '시간을 가리키는 기계'라는 뜻이 아니라면 뭐냐 이겁니다. '시계'라는 말에서 뜻을 빼 보세요. '시계'라는 말에서 뜻을 빼면 남는 게 뭐예요? '시계'라는 말에서 뜻을 빼고 나면 아무것도 없다고 착각하시면 안 돼요. "시·계" 하고 있잖아요, 지금… '시계'라는 말에서 뜻을 빼고 나니까 "시·계" 하는 이것밖에 없잖습니까? 그렇죠? "시·계" 하는 이것밖에 없어요. '시계'라는 말에서 뜻을 빼고 나니까 지금 "시·계" 하는 이것밖에 없다 이겁니다. 우리는 "시·계"의 자리에 있는 겁니다. "시·계"의 자리가 본래면목의 자리고, 도의 자리고, 마음자리다 이겁니다.

그러니까 "도가 뭡니까?"라고 물었는데 "마·삼·근!"이라고 한 겁니다. '마가 세 근이다'라는 뜻을 안 따라가면 "마·삼·근!" 하는 게 바로 도다 이겁니다. "도가 뭡니까?", "마른 똥막대기!"… '마른 똥막대기'란 뜻을 안 따라가면 "마른 똥막대기!" 이게 도예요. 다른 게 없어요. 뜻을 가지고 자꾸 이야기를 하기 때문에 안 맞습니다. 병은 그것밖에 없어요. 대단한 병이 있는 게 아닙니다. 아주 간단합니다.

병이 간단하기 때문에 치료도 간단한 거예요. 하지만 아무리 간단한 병도 내버려두면 치료가 안 되죠. 치료하려는 간절함이 있어야 하는 거죠. 낫고자 하는 간절함만 있으면, 바로 지금, 즉각 나을 수도 있습니다. 물론 병의 원인은 단박에 치료할 수가 있는 것입니다만, 병의 흔적까지 없어지려면 시간이 많이 걸리죠.

어려운 게 아닙니다. 이《금강경》말씀이 틀린 게 아니거든요. 사구게 그대로… 지금 여기 계속 나오잖아요?

> 세계는 세계가 아니다. 이름만 세계일 뿐이다… 반야바라밀은
> 반야바라밀이 아니다. 이름만 반야바라밀이다…

전부 다 이름이에요. 전부 다! '반야'도 이름이고, '해탈'도 이름이고, '부처'도 이름이고, '도'도 이름이고… 속으시면 안 돼요. 그런 이름에! '부처'라는 이름에 속아 버리면 '부처'는 '마구니'입니다. '반야'라는 이름에 속으면 그것 역시 마구니고 장애지 지혜가 아닙니다. 어떤 말이든지 그 말은, 가르침 그대로, 그 말은 그 말(뜻)이 아니다 이겁니다. 말일 뿐이에요. 이름일 뿐이고… 그 말은 그 말(뜻)이 아니다… 그럼 뭐냐? 그렇다고 그 말이 그 말(뜻)이 아니니까 입을 다물고 있어야 하는 것도 아닙니다. '시계'가 '시계(라는 뜻, 대상)'가 아니면 뭐냐? "시·계"이겁니다. '시계'가 '시계'라는 뜻이 아니면 지금 "시·계"이겁니다. 무슨 말인지 알겠습니까? 이거거든요. '시계'라는 말이 '시계'라는 말의 뜻을 따라가지 않으면 지금 "시·계"이것이라고…

"시 · 계"

간단하잖아요? 그러니까 하나하나… 예컨대 '카메라', '카메라'라
는 말의 뜻을 안 따라가면, 여법해지고 싶으면, 여래를 보고 싶으면,
"카 · 메 · 라"… "카 · 메 · 라"가 부처입니다. 여래를 보는 거죠? 말의
뜻을 안 따라가면 "카 · 메 · 라", 이게 부처예요. 그러니 무슨 말을
갖다 붙이든, 무슨 이름을 갖다 붙이든, 무슨 생각을 갖다 붙이든 다
가져오라 이거예요. 여기만 오면 전부 부처가 되어 버려요. 전부 다
법입니다. 그러니 앞에서,《금강경》제3분에서 뭐라고 그랬습니까?

> 무수한 중생을 하나도 남김없이 무여열반으로 멸도시키겠다…

나타나기만 하면 전부 다 법으로 돌려 버린다… 멸도시킨다… 그
러니까 하나하나가 부처 아닌 게 없어요… 그 이름 그대로… 산은
산 그대로 부처요, 물은 물 그대로 부처라. 산은 산이 아니라, 산이
라는 뜻을 떼고 나면 산 그 자체가 바로 부처예요. 부처라는 뜻에
또 우리가 속으면 안 되죠. 그러니까 지금 '이것'뿐이에요.
《금강경》은 참 잘 만들어진 경전입니다. 무수한 중생을 한꺼번에
모두 싹 멸도시키니까 이것보다 훌륭한 게 없죠? 그래서 대승(大乘)
이라고 합니다. 큰 수레다 이겁니다. 모든 것을 한꺼번에 실어다가
한 번에 그냥… 전 우주의 중생을 단번에 싣고 가 버리는 겁니다.
어떻게 그렇게 하느냐?

중생은 중생이 아니라 이름만 중생이다…

중생을 중생이 아니라고 보면, 부처를 보는 거다… 중생, 중생… 뜻을 따라가지 않으면 '중생'이 뭐냐? "중·생" 이대로입니다. "중·생" 이대로… "중·생" 이게 뭐냐? 뜻을 따라가지 않으면, "중·생"이 "시계"고, "시계"가 "카메라"고, "카메라"가 "난초"고, "난초"가 "전등"이고… 아무 상관이 없어요. 뜻만 안 따라가면… 전부 다 똑같은 겁니다. 하나라, 하나! 한결같아요. 그러니 남김없이 싹 제도한다는 게 거짓말이 아닌 겁니다. 간단한 거예요. 모든 모습을 모습 아니게 보면 곧 여래를 보는 것이다(若見諸相非相卽見如來)라… 이것만 깨달으면, 남김없이 싹 그대로 제도가 되는 겁니다.

그때에…

'그때'가 '그때'가 아니라면 뭐냐? "그·때" 이대로입니다. '그때'가 '그때'라는 뜻이 아니라면 뭐냐? 바로 "그·때" 이것이에요, 이것! 이것이 바로 부처입니다.

수보리가 부처님께 아뢰었다…

마찬가지예요. "수보리가 부처님께 아뢰었다"는 '수보리가 부처님께 아뢰었다'가 아니라, 이것이다… "수보리가 부처님께 아뢰었다"는 이것이다… '수보리가 부처님께 아뢰었다'라는 뜻을 따라가지 않으면, "수보리가 부처님께 아뢰었다" 해도 좋고, "부처님이 수보리께 말씀하셨다" 해도 좋고, 똑같아요. 말의 뜻을 따라가지 않으면 결국 뭡니까?

원오(圓悟) 스님이 깨우친 기연을 보면 유명한 소염시(小艷詩) 이야기가 나오잖아요? 《벽암록》을 지은 원오 스님도 '뜰 앞의 잣나무' 화두를 가지고 상당히 오랜 시간 고생을 했습니다. 어느 날 여름, 밖에 외출했다가 돌아오니 마침 스승 오조법연 스님이 어떤 거사를 앉혀 놓고 선을 이야기하고 있는 겁니다. 그러면서 언뜻 들리는 이야기가, "선이라고 하는 것은 어려운 것이 아니다…" 하면서 유명한 양귀비 이야기를 해 줍니다.

양귀비는 당나라 현종의 애첩이었는데, 원래 양귀비는 도교 사원에 있는 무당이었습니다. 무당 때부터 데리고 있던 몸종이 있었는데 그 이름이 '소옥'이었어요. 양귀비는 빼어난 용모와 재주로 황제에게 발탁되어 애첩이 되었는데, 바람기가 있었던지 현종 황제 하나로 만족을 못하고 그 당시 대장군이었던 안녹산과 눈이 맞아서 바람을 피웠어요. 황제 몰래 바람을 피워야 하니까 조심스러웠던 거죠. 발각되었다간 목숨이 날아갈 판이니까… 그래서 서로 약속을 한 게 몸종 '소옥이'를 일없이 부르면 그것을 신호로 둘이 만나기로 했던 모양이에요. 그 이야기와 관련된 시가 소염시입니다.

'소옥아, 소옥아 하고 부르는 뜻은 소옥이를 부르는 데 있는 것이 아니라, 낭군이 자기 목소리를 들어 주기를 바라는 것이다…'

356

그런 내용의 시가 있어요. 오조법연 스님이 거사한테 그 이야기를 했던 거죠. "화두란 것은 소염시하고 비슷해요… 소옥아, 소옥아 하고 부르지만, 소옥이한테 뜻이 있는 것이 아니라, 낭군이 내 목소리 알아 주기를 바라는 것이지요." 이 이야기를 원오 스님이 외출했다가 들어오면서 우연히 들었는데 뭔가 반짝 하고 암시를 받은 거예요. 그래서 거사가 간 뒤에 원오 스님이 법연 스님에게 "소옥이를 불렀지만, 낭군인 안녹산이 양귀비의 목소리를 알아들었으면 되는 것 아닙니까?" 하고 물었어요. 그러자 스승인 법연 스님이, 평소 원오 스님이 의심하던 '뜰 앞의 잣나무' 화두를 끄집어냅니다. "뜰 앞의 잣나무도 같은 것이다!"라고… 그 순간에 원오 스님이 깨달았어요.

뜰 앞의 잣나무, 뜰 앞의 잣나무… 뜰 앞에 있는 잣나무를 구경하라는 말이 아니거든요. 《금강경》 말 그대로예요. '뜰 앞의 잣나무'라는 뜻을 따라가지 않으면 이게 뭐냐 이거예요. "소옥아! 소옥아!" 하고 양귀비가 자기 몸종을 불렀는데. 몸종이 눈치 없이 대답을 하면 안 되는 거죠. "소옥아! 소옥아!" 하고 부르는 순간에 애인이 그 목소리를 알아들어야죠. 그와 마찬가지로 '뜰 앞의 잣나무' 하는 것도 그것이 뜰 앞에 있는 잣나무를 가리키는 게 아니다 이거예요. 그러면 '뜰 앞의 잣나무'가 뜰 앞에 있는 잣나무를 가리키는 게 아니라면 그게 뭐냐? "뜰 · 앞 · 의 · 잣 · 나 · 무" 이것이에요, 지금 이겁니다. "뜰 · 앞 · 의 · 잣 · 나 · 무" 이것이지요? 이것? 지금 이것이죠? 말뜻이 아니라 "뜰 · 앞 · 의 · 잣 · 나 · 무" 바로 이것! "뜰 · 앞 · 의 · 잣 · 나 · 무"

원오는 스승인 법연의 말을 듣고 뭔가 반짝 하고 느낀 바가 있었어요. 그리고 방문을 나서는데, 때마침 절 마당에 있던 닭이 홰에 날아올라서 날개를 퍼덕퍼덕 하니까, 그때 원오가 "아! 이것도!" "닭이 퍼덕퍼덕 날아 올라가는 것. 바로 이거구나!" 닭이 올라가더니 '꼬끼오' 하고 우는 거예요. 그러니까 "그래, 또 이거구나!" '뜰 앞의 잣나무'가 바로 닭이 날개를 치면서 날아올라 가는 것이고, '꼬끼오' 하고 울었던 것과 똑같은 거예요. "카메라"가 "시계"고, "시계"가 "난초"고… 똑같은 겁니다. 이름의 뜻을 안 따라가면… 항상 이것뿐이에요. 그래서 여법(如法)하다고 하는 거예요. 여법! 늘 법뿐이다 이거예요. 어떤 말을 듣든 무엇을 보든 늘 법뿐이라… 다른 게 없어요. 원오 스님이 그래서 인가를 받았어요. 그리고 그 밑에 대혜 스님 같은 출중한 제자를 배출하게 되었죠.

이것뿐입니다. 이것! 무슨 말을 듣든, 무엇을 쳐다보든, 무엇을 하든 상관없어요. "뜰 앞의 잣나무", "소옥아! 소옥아!", '닭이 홰를 치면서 날아가는 것', "꼬끼오", "카메라", "시계", "난초", 손을 이렇게(손을 들어 흔들어 보이며) 흔들거나…

어떤 스님은 개울가에 살았는데, 어느 여름날 볼일을 보러 개울가로 갔어요. 그런데 개울가 건너편에 공부를 배우러 온 사람이 "스님, 스님" 하면서 불러요. 그래서 턱 보니까 저 건너편에서 한 사람이 "제가 스님을 찾아왔습니다" 하고 인사를 해요. 그런데 그 스님은 아무 대답을 안 하고, 여름이어서 들고 다니던 부채를 들어서 슬슬 부쳤어요. 그거 보고 건너편 스님이 깨달았어요. 간절함이 있으면 그렇게 되는 겁니다. 물으러 온 것은 뻔하잖아요. "도가 뭡니까?" 하고 물으러 온 것이거든요. 묻기도 전에 그냥 부채를 들어서 부쳤어요. 아직 때가 되지 않은 사람은 모르겠지만, 목이 꽉 말라서 쓰러지기 직전에 있는 사람은 부채 한 번 부치는 것만으로도 도를 깨닫는 겁니다.

수보리가 부처님께 아뢰었다…

이것도, '수보리가 부처님께 아뢰었다.' 우리는 벌써 말뜻을 다 따라가요… 이미 익혀 왔기 때문에… 그런데 여기서 하는 공부는, "수보리가 부처님께 아뢰었다"는 '수보리가 부처님께 아뢰었다'가 아니라, 그것은 말일 뿐이고… 그 말을 안 따라가는 것. "수보리가 부처님께 아뢰었다"를 '수보리가 부처님께 아뢰었다'가 아니라고 볼 수 있으면 그게 바로 법을 보는 거다 이겁니다.

《금강경》을 제대로 공부하시면 나중에는 첫 제목부터 시작해서 마지막 글자까지 한 글자도 달라지는 게 없어요. 똑같은 글자가 쭉 계속되고 있는 겁니다. 단 한 글자뿐이다 이겁니다. 수없이 많은 이야기가 나오지만 한 글자뿐이에요. 그래서 제가 앞부분의 사구게 이야기를 하면서 그 한 글자를 찾으시라고 했던 겁니다.

세존이시여! 마땅히 어떤 이름으로 이 경전을 불러야 하고, 저희들은 어떻게 받들어 지녀야 합니까?

이런 것도 '세존'은 '세존'이 아니라 '이것'!··· 어떤 말을 하든지 간에 말뜻을 안 따라가면 되는 겁니다. 한로축괴(韓獹逐塊)요, 사자교인(獅子咬人)이란 말이 있습니다. 한나라 강아지는 흙덩이를 쫓고··· 한나라 강아지한테 흙덩이를 던져 주면 그것이 고깃덩인 줄 알고 쫓아가고, 사자에게 그렇게 하면 흙덩이를 쫓아가지 않고 되돌아서 사람을 물어 버린다··· 던지면 던지는 바로 그 자리에서 속지 않는다 이겁니다. 흙덩이란 바로 말을 뜻하는 겁니다. 무슨 말을 할 때 말뜻을 따라가 버리면 그것은 흙덩이를 쫓아가는 겁니다.

한나라의 강아지는 흙덩이를 쫓고, 사자는 사람을 문다··· 어떤 경계나 말이 앞에 닥쳤을 때, 우리는 백이면 백 그 말의 뜻을 따라가 버리는데, 그래서는 여법할 수가 없습니다. 스스로 속는 것이고 망상을 부리는 겁니다. 아까 "뜰 앞의 잣나무!"라고 했다 이겁니다. 그럼 '뜰 앞의 잣나무'라는 말의 뜻을 따라가지 않으면 결국 뭐냐? "뜰·앞·의·잣·나·무"라는 '이것'이다 이겁니다. '뜰 앞의 잣나무'라는 말의 뜻을 안 따라가면 지금 "뜰 앞의 잣나무"라는 '이것'이다 이겁니다. '이것'밖에 더 뭐가 있습니까? '이것'밖에 없어요. 이것이 바로 우리가 영원히 떠날 수 없는 나의 본래자리입니다. 우린 절대 여기서 떠날 수가 없습니다. 여기에 소위 말하는 '참사람'이 있고, '진아(眞我)', 즉 나의 참된 자아가 있는 것입니다.

그런데 여러분이 가지고 계신 강박관념이 뭐냐 하면··· 우리 조사선의 수행 방법 중에 약간 문제가 있는 것인데, 이 자리를 문득 깨달았으면 한마디 바른 말을 할 줄 알아야 한다고 그러거든요. 그 말

에 다 속아 버려요. 한마디 바른 말을 할 줄 알아야 한다는 그 말을
또 따라가 버리는 겁니다. 그것 역시 흙덩이인 줄 모르고… '그래,
"뜰 앞의 잣나무"란 말 안 따라가면 바로 이것이네…' 어떻게도 떠
날 수 없는 이 본래자리에서 문득 쉬어 버리면 되는데, 여기서 한마
디 할 줄 알아야 한다고 하면, '한마디 어떻게 하지?' 하고 또 생각
을 일으켜요. 말에 또 속는 겁니다. "뜰 앞의 잣나무"란 말을 깨달았
으면 바른 말을 해 보라고 하니까 또 속아 버리는 거죠. 말에서 벗
어난다는 것이 그렇게 쉬운 일이 아닙니다. "한마디 알맞은 말을 할
줄 알아야 한다…" 하니까 "무슨 말을 한마디 해야 바른 말일까?" 이
렇게 또 따라가는 겁니다. 어떻게 바른 말을 할까라는 그런 걱정은
전혀 하실 필요가 없어요. 한마디 안 해도 좋습니다. 나중에 정말 자
기 자리가 확고부동해지면 한마디가 아니라 수천만 마디라도 할 수
가 있으니까, 그런 것은 전혀 걱정할 필요가 없습니다.

공부가 되었으면 한마디쯤 할 줄 알아야지… 그런 걱정 전혀 하
실 필요가 없어요. 그냥 어쨌든 이 자리에 계합이 안 된 그것을 항
상 한스러워 하면서… 설법에만 귀를 기울이세요. 때가 되면 저절
로 싹 풀리는 겁니다. 그냥 자기도 모르게 '턱' 하고 놓이는 겁니다.
'턱' 하고 놓여서 '쑥' 내려가는 겁니다. 1,700공안이 있다고 하는
데 어떤 화두든 걸림이 없습니다. 화두뿐만 아니라 무슨 말이든 아
무 장애가 없어요. 전부 '이것'뿐이에요. 그저 이 자리에서 이것뿐입
니다. 그래서 이것을 가지고 경전에서 뭐라고 그러냐 하면, "적멸(寂
滅)한 자리에서 무수한 생멸법(生滅法)이 오락가락한다"라고 해요.
다만 적멸한 자리뿐이에요.

부처님께서 수보리에게 말씀하시기를 "이 경전은 그 이름이 금
강반야바라밀이다…

금강은 '다이아몬드', 반야는 '지혜', 바라밀은 '피안으로 건너간
다'라는 말인데, 피안으로 건너가는, 해탈, 구원으로 건너가는, 다이
아몬드처럼 단단한 지혜… 이런 뜻입니다. 다이아몬드란 말을 왜
쓰냐 하면, 제일 단단하기 때문입니다. 다이아몬드로 부술 수 없는
것은 아무것도 없죠?

이러한 이름을 가지고서 너희들은 받들어 지녀야 한다…

금강반야바라밀이라는 이름을 가지고서 이 경전을 받들어 지녀
야 한다… 이렇게 해 놓고는 이유를 이야기해요. 왜 금강반야바라
밀이라는 이름을 가지고 이 경전을 받들어 지녀야 하는가?

수보리야! 부처님이 말씀하시기를, '반야바라밀은 반야바라밀
이 아니라 이름만 반야바라밀일 뿐이다.'…

그러면 이 경전은 '금강반야바라밀'이라 하지 말고… '유리탁자'
라고 해도 돼요. 이 경전은 '유리탁자'라고 불러라… 왜? '유리탁자'
는 '유리탁자'가 아니라 이름만 '유리탁자'이기 때문에… 진짜 이 경
전이 뭔지를 알려 주는 겁니다. '금강반야바라밀'이란 것은 말일 뿐
입니다. 그 말을 따라가면, 한나라 강아지가 흙덩이를 쫓아가는 겁

362

니다. '금강반야바라밀'은 '금강반야바라밀'이 아니다 이거예요. '금 강반야바라밀'이 '금강반야바라밀'이 아니면 뭐냐? "금·강·반· 야·바·라·밀" 이것이다⋯ 이름을 안 따라가면 "금·강·반· 야·바·라·밀"이라고 하든, "유·리·탁·자"라 하든 무슨 상관 이 있습니까? 이름을 안 따라가는데⋯ 그죠? "유·리·탁·자" 하 든, "금·강·반·야·바·라·밀" 하든⋯ 아무런 차이가 없어요. 이름만 안 따라가면 아무 차이가 없어요.

　부처님께서 왜 '금강반야바라밀경'이라고 불러야 하는지 그 이유 를 참 멋지게 이야기하고 있죠? 너희들은 금강반야바라밀이라고 불 러라⋯ 그리고 이 이름을 가지고서 경전을 받들어 모셔라⋯ 이유가 뭐냐 하면? 반야바라밀은 반야바라밀이 아니라 그냥 이름일 뿐이 다⋯ 그러니까 잘 받들어 모셔야 한다⋯ 만약에 '금강반야바라밀' 이 말이 아니라 진짜 무엇이 있다면, 문제가 심각해지는 겁니다. 왜 냐하면 다이아몬드는 흔한 게 아니잖아요? 다이아몬드를 가질 수 있는 사람은 극소수에 불과하지 보통 사람들은 꿈도 못 꾸는 일이 지⋯ 그렇게 되면 법은 평등법이 아니라 차등법이 되어서, 부처님 법은 우리하고는 아무 관계없는 것이 돼 버려요. '금강반야바라밀' 은 다행히도 이름일 뿐이고, 실제 '금강반야바라밀'은 어디 있느냐? 바로 지금 "금강반야바라밀" 여기에 있다 이겁니다.

　이런 것 보면 《금강경》이 너무나 친절해요. 말 따라갈까 봐 적당 한 지점에서 탁 꺾어 줍니다. '금강반야바라밀'이라고 불러라 해 놓 고는, '금강반야바라밀'은 '금강반야바라밀'이 아니다, 이름일 뿐이 니까 속지 마라⋯ '금강반야바라밀'이라는 이름에 안 속으면 진짜

'금강반야바라밀'은 바로 지금 여기 우리 각자가 "금강반야바라밀"
이라고 하는 이것이다 이겁니다. 이게 진짜죠? 어디 서점에서 파는
《금강반야바라밀경》… 그건 가짜죠. 진짜는 우리가 가지고 있는 '이
것'입니다. 우리가 절대로 벗어날 수 없는 거예요.

　　수보리야! 어떻게 생각하느냐? 여래께서 말한 법이 있느냐?

　그래 놓고도 안심이 안 되어서 또 이야기를 합니다. 또 말 따라
갈까 봐… 수보리야, 어떻게 생각하느냐? 여래께서 말씀하신 법이
란 게 있느냐?… 말할 만한 법이라는 게 따로 있으면 문제가 달라집
니다. 그러면 '금강반야바라밀'은 따로 있게 되잖아요. 지금 여래가
'금강반야바라밀경'이라고 말을 했는데, 그 '금강반야바라밀경'이라
는 것에 해당하는 무슨 법이 있느냐 이렇게 묻는 겁니다.

　　수보리가 부처님께 아뢰기를, "세존이시여! 여래께서 말씀하신
　　법은 없습니다."

　'금강반야바라밀'이라는 것은 없어요. 그럼 뭐냐? 여래가 지금
"금강반야바라밀"이라고 말을 하고 있습니다. '금강반야바라밀'이란
것은 따로 없다고 했잖아요? 그러면 결국 지금 "금 · 강 · 반 · 야 ·
바 · 라 · 밀" '이것'이 바로 여래예요… 이치가 간단하잖아요. '금강
반야바라밀'이라는 말을 여래가 했는데, '금강반야바라밀'이라는 게
없다… 그러면 '금강반야바라밀'은 뭐냐? 바로 지금 "금 · 강 · 반 ·

야 · 바 · 라 · 밀" 이것이 바로 '금강반야바라밀'이다 이겁니다.

　너무 쉽잖아요… 너무 쉽지만, 쉽사리 실감이 되지 않는 이유는 우리가 그만큼 말에 오염되어 있기 때문에 그렇습니다. 말에 오염되었다는 것은, 말에 그만큼 쉽사리 끌려다닌다는 겁니다. 말에 끌려다니는 그 버릇 때문에… 말에 끌려가지 말아야지 하는 그 자체가 말이거든… 그래서는 안 되는 겁니다. 말에 끌려다니지 않으려면, 그냥 간절해야 해요. 내가 이렇게 말에 끌려다니는구나 하고 자기 병을 아셔야 합니다.

　정말 싫다 이겁니다. 생각이 아니라 저 가슴 밑바닥으로부터 아파야 해요. 말에 끌려다니고 싶지 않다는 간절한 바람이 있어야 합니다. 그러다 보면 내가 말에 끌려다니지 않는 힘을 그 가슴속에 있는 바람이 점차점차 만들어 주는 겁니다. 그래서 어느 순간에 보면 문득 말에 끌려가지 않게 되는 겁니다.

　《금강경》이 우리가 가지고 있는 병과 치료법을 아주 간단하게 가르치고 있잖습니까? 《금강경》을 선종(禪宗)의 소의경전(所依經典)이라고 받들어 모시는 이유가 거기 있는 겁니다. 너무나 간략하게 핵심을 찔러서 병과 그 치료법을 제시하고 있어요. 그러나 병과 치유책이 제시된다고 하더라도 환자가 낫고자 하는 간절한 희망이 없으면 안 되는 겁니다. 꼭 낫고 말겠다는 간절함이 병을 낫게 해 주는 겁니다.

　수보리야! 어떻게 생각하느냐? 삼천대천세계에 있는 아주 작은

티끌들이 많지 않으냐?

온 세계의 먼지가 수없이 많죠? 그러니까,

수보리가 말하기를 "대단히 많습니다. 세존이시여!"

하니까, 다시 세존이 말씀하시기를,

수보리야! 모든 먼지를 여래는 말하기를 먼지가 아니라 이름만
먼지일 뿐이라고 한다…

온 세계에 있는 '먼지'들은 '먼지'가 아니야… 이름만 '먼지'라…
그러니까 뭐든지… '시계'는 '시계'가 아니라 이름만 '시계'요, '컵'은
'컵'이 아니라 이름만 '컵'이요, '난초'는 '난초'가 아니라 이름만 '난
초'요… 이름만 그것이니까 결국은 뭐냐? '먼지'가 '먼지'가 아니고
이름만 '먼지'니까 결국 '먼지'가 뭡니까? "먼 · 지" 하는 이것이거든
요. 이름만 안 따라가면 '먼지'가 "먼 · 지"죠. '먼지'가 "먼 · 지"일 뿐
만 아니고, "먼 · 지"가 "금 · 강"이고, "먼 · 지"가 "반 · 야"고, "먼 ·
지"가 "보 · 리"고, "먼 · 지"가 "해 · 탈"이고, "먼 · 지"가 "번 · 뇌"고,
"먼 · 지"가 "부 · 처"고… 뭐든지 통할 수 있습니다. 이름만 안 따라
가면 결국 똑같은 겁니다.

여래는 또 말하기를 세계는 세계가 아니라 이름만 세계이다…

이 '세계'는 '세계'가 아니고 이름이 '세계'일 뿐이다… 온 세계가 전부 법으로 싹 돌아와 버리는 겁니다. 그래도 마음이 안 놓여서,

수보리야! 어떻게 생각하느냐? 삼십이상을 가지고 여래를 볼 수 있느냐?

똑같은 이야기를 계속해서 반복적으로 하고 있는 겁니다. 왜 이렇게 자꾸 이야기를 반복하느냐… 그만큼 우리의 병이 깊다는 사실을 알고 자비를 베풀고 있는 겁니다. 같은 이야기를 반복해도 못 알아들으니까… 삼십이상을 가지고, 모양을 가지고 여래를 볼 수 있느냐? 하니까,

아닙니다. 세존이시여! 삼십이상을 가지고 여래를 볼 수 없습니다.

이 본래면목을, 우리의 마음을, 이 참된 자리를, 우리의 성품을 볼 수가 없다 이겁니다.

무슨 까닭이냐? 여래께서 말씀하시기를 삼십이상은 삼십이상이 아니라 이름만 삼십이상일 뿐이다…

'삼십이상'이라는 이름만 따라가면 여래를 볼 수 없어… 말은 허망한 거죠? '삼십이상'은 '삼십이상'이 아니라 뭐냐? 이름을 안 따라

가면, 뜻을 안 따라가면, "삼·십·이·상"이 바로 여래예요. '삼십이상'을 버리는 게 아닙니다. "삼·십·이·상"이게 바로 여래라… 삼십이상이란 말을 안 따라가니까, 뜻을 안 따라가니까, "삼·십·이·상"이 바로 여래라… 그러니까 병은 깊을지 모르지만, 치유는 아주 간단한 거예요. 언제든지 바로바로 치유할 수 있는 겁니다. 아무리 망상이 생기고 생각이 일어나더라도 '이것'만 분명하면, '이렇게'(손가락을 세우며) 확실하면, 즉각 망상이 바로 실상이요, 생각이 바로 법이다… 언제든지…

그러니까 비법(非法)도 없고, 법(法)도 없어요. 언제든 이것뿐인데, 우리 스스로가 이것은 법이요, 저것은 비법이요 하고 나누어서 망상을 만들 이유가 없는 겁니다.

삼십이상은 삼십이상이 아니라 이름만 삼십이상일 뿐이다…

그래도 또 안심이 안 돼… 그래서 한마디 더 하는 겁니다.

수보리야! 선남자 선여인이 갠지스 강의 모래알만큼 많은 생명과 몸을 바쳐서 보시를 하더라도, 만약 어떤 사람이 이 경 가운데에서 사구게만이라도 바로 알고서 바로 말할 수 있으면 그 공덕보다 나은 것은 아무것도 없다…

온 삼천대천세계를 칠보로 가득 채우는 것보다도… 왜? 칠보로 가득 채우는 것은 칠보로 가득 채우는 것이 아니라 뭡니까? 바로

368

'이것'이거든? 여기서 벗어날 수 있는 것은 아무것도 없어요. 그러니까 '이것' 하나만 깨달으면 돼요. '보석'은 '보석'이 아니라 이름만 '보석'일 뿐이다… '보석'이 '보석'이 아니면 뭐냐? "보·석" 하는 '이것'입니다. 바로 지금 이 순간 "보·석" 하는 이것! "보·석"이란 말을 안 해도 좋습니다. 나는 '보석'이 싫다, 그럼 "난·초" 하세요. 난 '난초'도 싫어… 그럼 입 다물고 가만히 계세요. 입을 다물고 가만히 있어도 다른 것이 없습니다. 그러니 이것보다 더 뛰어난 법은 없어요. 무엇을 갖다 놓아도 전부 법으로 돌아와 버리니까… 그러니까 《금강경》의 사구게만 말해도 그것보다 더 뛰어난 법이 없다는 겁니다. 무엇을 갖다 붙여도 전부… '보석'이 '보석'이 아니고, '목숨'이 '목숨'이 아니고, '법'이 '법'이 아니고, '부처'가 '부처'가 아니고… 다 이 자리로 돌아와 버립니다. 바로 이 자리! 바로 지금 이 자리! 우리는 이 자리에서 모든 일을 행하고 있는 겁니다. 이 자리에서 떠날 수가 없어요. 단지 분별하는 버릇 때문에 이 자리에 있으면서 이 자리에 있는 줄 모르는 거죠.

14

모양을 떠나면 고요하게 사라진다 離相寂滅分

그때에 수보리가 이 경 말씀하시는 것을 듣자, 그 뜻을 잘 알고는 눈물을 흘리면서 부처님께 사뢰었다.

"희유하십니다. 세존이시여, 부처님께서 이렇게 뜻 깊은 경전을 말씀하시는 것은 제가 지혜의 눈을 뜬 이후로 아직까지 일찍이 듣지 못하던 바입니다. 세존이시여, 만일 어떤 사람이 이 경을 듣고 믿음이 깨끗해지면 실상(實相)을 깨달으리니, 이 사람은 제일 희유한 공덕을 성취한 사람입니다. 세존이시여, 이 실상은 상(相)이 아니므로 여래께서 이름이 실상이라 말씀하십니다. 세존이시여, 제가 지금 이 경을 듣고 그대로 믿어 받아 지니기는 어렵지 않으나 만일 다음 세상 마지막 오백세에 어떤 중생이 이 경을 듣고 그대로 믿어 받아 지닌다면, 이 사람이야말로 제일 희유하리니 무슨 까닭인가 하면 이 사람은 아상·인상·중생상·수자상이 전혀 없기 때문입니다. 어째서 그런가 하면 아상은 곧 상(相)이 아니요, 인상··중생상·수자상도 곧 상이 아니기 때문입니다. 그 까닭을 말하면 온갖 상을 떠난 이를 부처라 하기 때문입니다."

부처님께서 수보리에게 말씀하셨다.

"그러하니라. 그러하니라. 만일 어떤 사람이 이 경을 듣고 놀라지 않고 겁내지 않고 두려워하지 않으면, 이 사람은 참으로 희유한 사람인 줄을 알지니라. 어째서 그러냐 하면 수보리야, 여래가 말하는 제1바라밀은 곧 제1바라밀이 아니라 이름이 제1바라밀이기 때문이니라. 수보리야, 인욕바라밀(忍辱波羅蜜)을 여래는 인욕바라밀이 아니라 하니, 무슨 까닭인가? 수보리야, 내가 옛날에 가리왕에게 몸을 갈기갈기 찢길 적에 아상도 없고 인상도 없고 중생상도 없고 수자상도 없었느니라. 그 까닭이 무엇인가 하면, 내가 옛날에 몸을 찢길 적에 아상·인상·중생상·수자상이 있었더라면 성을 내어 원망을 하였을 것이기 때문이니라. 수보리야, 또 저 옛날 오백 세 동안 인욕선인(忍辱仙人)이었던 일을 생각하면 그때에도 아상·인상·중생상·수자상이 없었느니라. 그러므로 수보리야, 보살은 마땅히 온갖 모양을 여의고서 위없는 바르고 평등한 깨달음의 마음을 낼지니, 빛에 머물러서 마음을 내지도 말며 소리와 냄새와 맛과 촉감과 법에 머물러서 마음을 내지도 말아야 하니 마땅히 머무름 없는 마음을 내어야 한다. 만일 마음에 머묾이 있다면 곧 머묾이 아니게 된다. 그러므로 여래는 말하기를 '보살은 마음을 색에 머물고 보시하지 말아야 한다'라고 하였느니라. 수보리야, 보살들은 마땅히 온갖 중생을 이롭게 하기 위하여 보시하여야 하니, 여래는 온갖 모양이 곧 모양이 아니라 하며 또 온갖 중생이 곧 중생이 아니라 하느니라. 수보리야, 여래는 참된 말만 하는 분이며, 진실한 말만 하는 분이며, 여실한 말만 하는 분이며, 속이지 않는 말만 하는 분이며, 다르지 않은 말만 하는 분이니라. 수보리야, 여래가 얻은 법은 진실도 아니요, 거짓도 아니니라. 수보리야, 어떤 보살이 마음을 법에 머물러 보시하는 것은 마치 어두운 곳에 있는 사람이 아무 것도 보지 못하는 것 같고, 어떤 보살이 마음을 법에 머물지 않고 보시하면 눈 밝은 사람이 햇빛 아래서 여러 가지 물건을 보는 것 같으니라. 수보리야, 오는 세상에 선남자나 선여인들이 이 경을 받아 지니고 읽고 외우면, 여래는 부처의 지혜로써 이 사람을 다 알고 다 보니 모두가 한량없고 끝없는 공덕을 이루느니라."

爾時須菩提聞說是經深解義趣, 涕淚悲泣而白佛言: "希有, 世尊. 佛說如是甚深經典. 我從昔來所得慧眼, 未曾得聞如是之經. 世尊, 若復有人得聞是經, 信心淸淨則生實相, 當知是人成就第一希有功德. 世尊, 是實相者則是非相. 是故如來說名實相. 世尊, 我今得聞如是經典, 信解受持不足爲難, 若當來世後五百歲, 其有衆生得聞是經信解受持, 是人則爲第一希有. 何以故? 此人無我相人相衆生相壽者相. 所以者何? 我相卽是非相, 人相衆生相壽者相卽是非相. 何以故? 離一切諸相, 則名諸佛."

佛告須菩提: "如是, 如是. 若復有人得聞是經, 不驚不怖不畏, 當知是人甚爲希有. 何以故? 須菩提, 如來說, 第一波羅蜜, 非第一波羅蜜, 是名第一波羅蜜. 須菩提, 忍辱波羅蜜如來說非忍辱波羅蜜. 何以故? 須菩提, 如我昔爲歌利王割截身體, 我於爾時無我相無人相無衆生相無壽者相. 何以故? 我於往昔節節支解時, 若有我相人相衆

372

生相壽者相, 應生瞋恨. 須菩提, 又念過去於五百世作忍辱仙人, 於爾所世無我相無人相無衆生相無壽者相. 是故, 須菩提, 菩薩應離一切相發阿耨多羅三藐三菩提心. 不應住色生心, 不應住聲香味觸法生心. 應生無所住心. 若心有住則爲非住. 是故佛說菩薩心不應住色布施. 須菩提, 菩薩爲利益一切衆生, 應如是布施. 如來說一切諸相卽是非相, 又說一切衆生則非衆生. 須菩提, 如來是眞語者, 實語者, 如語者, 不誑語者, 不異語者. 須菩提, 如來所得法, 此法無實無虛. 須菩提, 若菩薩心住於法而行布施, 如人入闇則無所見. 若菩薩心不住法而行布施, 如人有目日光明照見種種色. 須菩提, 當來之世, 若有善男子善女人, 能於此經受持讀誦, 則爲如來以佛智慧, 悉知是人, 悉見是人, 皆得成就無量無邊功德."

처음부터 보겠습니다.

그때 수보리가 이 경을 말씀하시는 것을 듣고, 그 뜻을 깊이 이해하고는 눈물을 흘리며 슬피 울면서 부처님께 아뢰었다.

자, 여기서 '그때'란 게 뭐냐? 여법(如法)하게 보신다면, '그때'가 바로 "그·때" 이것입니다. 말뜻을 안 따라가고, 소리에 속지 않으면, 그냥 "그·때" 이것입니다. 지금 "그·때" 이것이에요.

"수보리가 이 경을 말씀하시는 것을 듣고"도 마찬가지입니다. '수보리가 이 경 말씀하시는 것을 들었다'라는 생각을 안 좇아가면,

지금 "수보리가 이 경을 말씀하시는 것을 듣고…" 이것입니다. 이것! 항상 지금 이 순간 이것입니다! 지금 이 순간 자기 눈앞을 벗어나지 마십시오! 지금 이 순간 자기의 손끝을 벗어나지 마시고, 지금 이 순간 자기가 있는 곳을 벗어나지 마시라 이겁니다. 지금 이 순간 자기 자신이 있는 자리! 여러분이 깔고 앉아 있는 방석을 말하는 것이 아닙니다! 자기 자신이 어디 있느냐? 자기가 있는 자리는 지금 "자기가 있는 자리가 어디냐?" 하는 이것이 자기가 있는 자리거든요!

오온(五蘊), 색·수·상·행·식이 모두 '무아(無我)'라는 것은 조금만 불교를 배운 분이라면 다 아시는 것 아닙니까? 육체도 아니고, 느낌도 아니고, 생각도 아니고, 욕망도 아니고, 의식도 아니다 이겁니다. '색·수·상·행·식'을 좇아가는 게 모양을 좇아가는 것이거든요. 그렇게 모양을 좇아가지 않으면 진짜 자기가 무엇이냐? "색·수·상·행·식" 이것이 바로 진짜 자기거든! '색·수·상·행·식…' 안 좇아가면, 지금 "색·수·상·행·식" 이것이 바로 진짜 자기다… 진짜 자기를 깨달으시면 되는 거예요. 여기서 안 벗어나면 되는 거예요. 그런데 우리는 "색(色)" 하면, '어, 그것은 육체지.' "수(受)" 하면, '그것은 느낌.' 이렇게 따라가 버린단 말입니다. 망상을 따라가 버린단 말이죠. 망상을 따라가지 말고 망상을 부리고 있는 이놈을 보십시오.

예를 들어서, '느낌'이란 것은 차가운 데 가면 차가운 느낌, 따뜻

374

한 햇볕을 받으면 따뜻한 느낌, 그게 느낌이라고 말을 하면서도 그런 말과 생각을 따라가면 망상이지만, 똑같은 그런 이야기를 하면서도 지금 이 순간 이야기하는 이것 자체…

"소옥아! 소옥아!" 하고 불렀는데 소옥이가 눈치 없이 "예" 하면 안 된단 말이죠. 진짜 들을 사람이 따로 있잖아요. "뜰 앞의 잣나무!" 했는데, 뜰 앞의 잣나무를 쳐다보면 안 된다 이거예요. 지금 "뜰 앞의 잣나무!" 이것이다 말입니다. 지금 "뜰 앞의 잣나무!" 이것! 여기서 안 벗어나면 "뜰 앞의 잣나무!" 하든, "뜰 뒤의 잣나무!" 하든 , "뜰 앞의 소나무!" 하든 아무 상관이 없어요. 이것은! 항상 여기에 있는 겁니다. 여기에 있는 게 여법(如法)한 것이고, 여여(如如)한 겁니다. 변함이 없거든요 이것은 변함이 없습니다. "잣나무" 하든, "소나무" 하든, "참나무" 하든, "동백나무" 하든, 이름은 변하지만 이것은 안 변하거든요.

예를 들어서, 지금 이것(탁자 앞의 찻잔)이 녹차인데, 녹차를 마시든, 둥글레차를 마시든, 사이다를 마시든, 단술을 마시든, 맹물을 마시든, 마시는 것 이것은 똑같잖아요? 무얼 마시든 상관없어요. '내가 무엇을 마신다' 하고 따라가 버리니까 달라지는 거죠. 팔을 폈다가 오므릴 때, 경전에 나오는 이야기입니다, "법은 장부가 팔을 폈다가 오므리는 거기에 있다"라고 합니다. 폈다… 오므린다… (팔을 들어 폈다가 오므리며) 이렇게 한 것은 편 것이고, 또 이렇게 한 것은 오므린 거다… 모양을 따라가니까 여기 법이 이렇게 분명해도 모르는 겁니다. 모양도 말도 따라가시면 안 돼요. 펼 때와 오므릴 때

375

가 한결같아요. 펴는 것이 오므리는 것이고, 오므리는 것이 펴는 것입니다. 펴면서 "오므린다" 해도 되고, 오므리면서 "편다" 해도 돼요. 상관이 없어요. 말을 안 따라가면…

말을 안 따라가면, "내가 팔 한번 오므려 볼게" 하고는 이렇게 해도(팔을 들어 펴 보임) 되는 겁니다. 말 따라가는 사람들은 "아니, 팔을 오므린다고 해 놓고는 왜 펍니까?" 이럽니다. 그럼 "에잇! 이 중생아!" 해도 되는 겁니다. 무얼 보라고 그러느냐? '펴는 것'은 펴는 것이 아니라 말만 '펴는 것'이고, '오므리는 것'은 오므리는 것이 아니라 말만 '오므리는 것'입니다. 그럼 펴고 오므리는 것에 아무런 차이가 없습니다. 똑같은 겁니다.

수보리가 이 경을 말씀하시는 것을 듣고, 그 뜻을 깊이 이해하고서는 눈물을 흘리고 슬피 울며…

이 경 말씀하시는 것을 듣고 깊이 이해를 하고 보니까, 정말 울만한 이야기지… 왜냐하면 우리가 그동안 너무나 말에 속아 왔기때문에… 그리고 이것은 그야말로 예외가 하나도 없잖습니까? 싹다 이 자리에, 전부 이 반야로, 이 법으로 다 돌아오니까… 이것은 완벽한 겁니다. 그러니 눈물을 흘릴 만하지… 눈물을 얼마든지 흘려도 아깝지 않은 거죠. 엉엉 울면서 이제 부처님께 말씀을 드리는 겁니다.

희유하십니다. 세존이시여!

정말 이런 일이 어떻게 있을 수 있냐 이겁니다. 그런데 정말 실제로 자기가 탁 체험하고서 보면, '야, 정말 어찌 이런 일이 있는가!' 그런 생각이 들어요. (웃음) 분명히 이런 일이 있습니다. 어찌 이런 일이 있을까… 희한한 일이… 한 번도 경험해 본 적이 없는 일이 벌어진다 이겁니다. '정말 이런 게 있긴 있구나! 경전이나 조사 스님들이 말씀하신 게 허무맹랑한 것—사실 경험을 못하면 허무맹랑한 이야기거든요?—이 아니구나!' 그런 생각이 들어요.

희유하십니다. 세존이시여! 부처님께서 이와 같이 깊고 깊은 경전을 말씀하시는데, 제가 예전에 지혜의 눈을 얻은 이후로…

지혜의 눈을 얻었다는 것은 여기에 계합한 것이죠. 여기에 계합했다고 해서, 금방 여기에 대해 깔끔하게 방편을 말할 수 있느냐 하면 그렇게는 안 됩니다. 이것을 체험한 뒤에 여기에 익숙해지는 것이 도리어 어려운 일이거든요. 그래서 수보리가 비록 이것을 경험했지만, 부처님이 그렇게 말씀하시는 것은 처음 들었다… 그러니 참 희유한 일이다 했지.

아직까지 이와 같은 경을 들은 적이 없습니다…

여기에 계합하고 나서 책을 보면 책의 내용이 조금씩 소화가 되는데, 처음에는 분명하게는 몰라요. 소화하기 바빠 가지고… 나중에 시간이 쭉 지나고 소화력이 왕성해지면… 마치 음식을 먹을 때도,

우리가 배가 고프면 먹기 바쁘지 맛을 평가하면서 먹기 힘들잖아요? 그런데 먹을 만큼 먹고 배가 좀 부르면 음식에 대한 평가를 하게 됩니다. 이건 왜 이렇게 만들었을까? 요리를 어떻게 이렇게 기막히게 했을까? 마찬가지로, 책 같은 것을 읽다 보면 좋은 책에 대한 감탄이 절로 나와요. 이 자리에 대해서 어떻게 이렇게 말할 수 있을까? 얼마나 오래 보림(保任)했길래…《서장(書狀)》같은 책을 보면 그런 구절들이 많이 발견됩니다.

세존이시여! 만약 다시 어떤 사람이 이 경전을 듣고서 믿는 마음이 깨끗해지면 곧 실상을 알게 될 것입니다…

믿는 마음이 깨끗해진다(信心淸淨)… 이것은 발심(發心)을 이야기하는 건데, 이 공부에 대한 발심을 어떻게 해야 하느냐? 하면, '나는 이렇게 이렇게 공부해서 이렇게 이렇게 깨닫겠다!'라고 생각한다면, 이것은 발심이 아닙니다. 계산이에요, 계산! 이 발심이란 것은 아주 깨끗한, 아무런 계산이 들어가 있지 않은 겁니다. 어린아이가 아무런 계산 없이 단순하게 무언가를 원하는 마음과 같은 거예요. 예컨대 마음에 드는 장난감을 가지고 싶어 하는 아이들의 단순하고 깨끗한 마음, 아무런 계산 없이 무조건 갖고만 싶은 그런 마음… 그렇게 단순하면서도 깨끗한 발심! 그것이 실제로 이 자리로 끌어 주는 원동력입니다. 그것이 바로 믿음이 깨끗해진다는 거예요.

'믿음이 깨끗하다(信心淸淨)'라고 하는 것은 믿자, 믿자 해서 억지로 되는 게 아닙니다. '믿음이 깨끗하다'라고 하는 것은 의식이 개입되지 않는다 이겁니다. 의식이 개입되면 절대 실상을 깨달을 수가 없습니다. 의식이란 놈이 앞을 딱 가로막아 버리기 때문에… '믿음이 깨끗하다'라고 하는 것은 어린애가 무엇을 하고 싶어 할 때의 그런 순수한 심정… 그겁니다. 자기가 정말로 그것에 대한 애틋한 바람을 가지고 있느냐? 정말 법을 깨닫고 싶으냐? 애틋함! 그것이죠. 어찌 보면 이것은 맹목적인 것입니다. 맹목적으로 공부에 매달려야 하는 겁니다. 그러면 시간이 많이 안 걸립니다. 긴 시간이 필요 없어요. 맹목적으로 매달려야 합니다. 아주 단순하고 어린애처럼 순수하게, 나는 정말 이것을 체험하고 싶다는 맹목적인 갈증을 가지고 있으면, 자기도 모르게 자기 내면에서 힘이 생겨요. 저돌적인 힘이 생깁니다. 그 힘으로 콱 밀고 나가는 겁니다. 그런데 거기에 어떤 계산이 개입되면 그 힘이 싹 빠져나가 버려요. 그러면 진전이 없어요. 진전이… 그런 힘이 실리면 금방 끝납니다. 이것은 어렵지 않습니다. 맹목적인 힘만 실리면 금방 끝나 버려요. 어려운 게 아닙니다.

우리 현대인들은, 더구나 고등교육까지 받은 사람들은, 이 머리 (의식)가 자동적으로 돌아가거든요. 그런데 이 머리 쪽이 돌아가면, 공부를 앞으로 나아가게 하는 실제 이쪽(가슴을 가리켜 보임)의 힘은 빠져 버려요. 맹목적이고, 저돌적이고, 단순하고… 다른 데는 몰라도 공부에 관해서는 그렇게 순수해야 하는 겁니다. 거기에 어떤 계산이나 망설임이나… 계산이 결국 우리에게 망설임을 일으키게 합니다. 그냥 해 나가면 되는데, 앞뒤를 재기 시작하면 망설이게 되는 거죠. 그러면 공부를 할 수가 없어요. 임제 스님이나 옛 선사들이 제일 심하게 두들겨 팼던 게 뭐냐 하면, 물었을 때 즉각적인 대답이 안 나오고 멈칫멈칫 망설이면 바로 두들겨 팼습니다. 왜? 뜸 들여서 나오는 답은 모두 어긋나기 때문이죠. 뜸을 들인다는 게 바로 생각이 개입되니까 그런 거잖아요.

순수한 믿음, 맹목적이고, 저돌적이고, 정말 단순하고… 공부는 그렇게 해야 합니다. 그래야 내면에 힘이 생겨서 끌고 나가고, 단번에 뚫어 내는 겁니다. 그런데 거기에 계산이 들어가게 되면 설사 뚫어 냈다 하더라도 그 계산하는 버릇 때문에 그 뒤의 공부에도 굉장한 장애가 생겨요. 헤아리는 것이 들어가게 되면 운 좋게 뚫어 냈다 하더라도 계속해서 그 헤아리는 버릇이 남아서 계속 공부에 방해가 되는 겁니다. 이 신심청정(信心淸淨), 믿는 마음이 깨끗해야 한다… 아주 중요한 거예요.

믿는 마음이 깨끗해야 한다… 어려운 게 아니에요. 잘못 들으면, 어떻게 한 덩이 불덩이처럼 되어서 아무것도 없이 그것만 오롯할 수 있느냐 하겠지만, 말을 어렵게 들으니까 어려운 겁니다. 간단해요. 어린애처럼 아주 단순하고, 순수하고, 맹목적이고, 저돌적으로… 앞뒤 눈치 안 보면 돼요. 이리저리 재고 눈치 보고 하면 공부에는 결코 도움이 안 됩니다.

믿는 마음이 깨끗해지면 곧 실상을 알게 될 것입니다…

생각이라는, 계산이라는, 헤아림이라는 그런 안개가 걷히면 바로 실상이 드러나는 겁니다. 어렵지 않습니다.

380

가장 희유한 공덕이죠? 왜냐하면 모든 것이 여기에서는 하나로 돌아오니까, 희유하죠. 좋은 게 있고 나쁜 게 있고, 법이 있고 비법이 있고, 옳은 게 있고 그른 게 있고, 진실이 있고 엉터리가 있고… 전부 이런 식으로 차별되어 있는데, 이 자리에 오니까 그런 게 하나도 없어… 한결같아, 그냥… 진실도 없고 허위도 없고, 법도 없고 비법도 없고, 좋은 것도 없고 나쁜 것도 없고… 그냥 한결같은 거라… 그러니까 희유한 일이죠. 그러니까 마음이란 것이 흔들림이 없어요. 좋은 게 있고 나쁜 게 있으면 좋은 쪽으로 갔다, 나쁜 데로 갔다, 왔다 갔다 하는 겁니다. 흔들리거든요. 옳고 그르고… 흔들리게 되는데, 여기에선 한결같기 때문에 흔들림이 없어요. 딱 안정이 되는 겁니다.

달마한테 혜가가 찾아갔을 때, 혜가가 뭐라고 했습니까? "제 마음이 불안합니다." 불안(不安)! 안정이 안 되어 있다는 거죠? 그래서 "안심시켜 주십시오" 하고 말합니다. 안심(安心)! 마음을 안정시킨다… 그게 공부거든요. 그래서 그것을 '안심법문(安心法門)'이라고 그러는데… 우리가 흔히 일상적으로 "안심해라" 이런 말을 쓰는데, 진짜 안심이 뭔지는 모르죠. 모든 일에서 안심이 되려면 이것을 체험해야 합니다. 혜가가 "제 마음을 안심시켜 주십시오" 하니까, 달마가 "그래, 불안한 그 마음을 가지고 오너라." 그래서 불안한 마음이 어디 있는지 아무리 찾아도, 불안하기는 한데 불안한 마음은 없어요. 불안하기는 한데 불안한 마음은 없다… 혜가는 여기에서 문득 모든 것이 사라지고 일이 없게 된 겁니다. 그러자 달마가 "내가 네 마음을 안심시켜 주었느니라"라고 한 거죠.

> 세존이시여! (왜 이 사람이 가장 희유한 공덕을 성취했다고 하느냐 하면) 이 실상이라고 하는 것은 곧 상이 아니기에 여래께서 이름을 실상이라고 한 것입니다…

실상(實相)이라고 하는 것은 이름뿐이에요. 그래서 실상은 무상(無相)이라고 하잖아요? 실상은 실상이 아니라 이름만 실상일 뿐이에요. 그러니까 사구게에서 "약견제상비상(若見諸相非相)이면 즉견여래(卽見如來)라"고 합니다. 여래가 실상이잖습니까? 따라서 약견제상비상(若見諸相非相)이면 즉견실상(卽見實相)이라… 상이 상이 아니라고 보면, 상이 상이 아님을 깨달으면, 곧 실상을 보는 거죠. 실상은 실상이 아니에요. 이름만 실상이지… 그럼, 실상은 뭐냐? 지금 "실!상!" 이것이 실상이거든요. "실!상!" 이것이 실상이지, '실상'이라는 이름, 뜻을 따라가면 안 되는 겁니다.

자, 그러면, 실상은 실상이 아니라 이름만 실상이라고 한다면, 실상을 허상(虛相)이라고 해도 관계가 없어요. 왜? 허상은 허상이 아니라 이름만 허상일 뿐이라…. 지금 "허!상!" 하든 "실!상!" 하든, 하나도 다를 게 없는 겁니다. 똑같은 거죠. 그러니까 '번뇌 즉 보리'요, '중생이 곧 부처'라고 말하는 겁니다. 달라지는 게 아니거든요. 우리가 말을 따라가니까 '번뇌'가 있고 '보리'가 있고, '중생'이 있고 '부처'가 있는 것이지, 말을 안 따라가면 하나도 다를 게 없는 겁니다.

세존이시여! 제가 지금 이와 같은 경전을 듣고 믿고 이해하고 받아 지니는 것은 어렵지 않습니다…

왜냐하면 이 수보리는 이미 예전에 혜안(慧眼)이 열렸다고 했잖아요. 이분은 법을 잘 아는 사람이라… 더구나 부처님 말씀을 다 듣고서 충분히 납득했죠. 그러니까 자기는 믿는다 이겁니다.

그런데 미래 5백 년이 지난 뒤에 어떤 중생이 이 경을 듣고서 믿고 이해하고 받아 지닌다면 이 사람은 가장 희유한 사람입니다.

석가모니가 살아 계실 당시에는 직접 이야기를 자꾸자꾸 듣다 보면 어렵지 않게 깨달을 수 있는데, 나중에는 책만 보고 공부하는 경우에는 깨닫기가 어렵지 않겠느냐… 하는 것이 이 말의 뜻이겠죠. 그러나 5백 년이 지나든, 5천 년이 지나든 그것은 상관없어요. 그리고 석가모니가 앞에서 설법을 하든 책을 보든 그것도 상관이 없는 것이고… 지금 문제는 무엇이냐? 5백 년이 문제가 아니고, 5천 년이 문제가 아니고, 석가모니가 살아 있는 게 문제가 아니고, 죽은 게 문제가 아니에요. 지금 이 말을 이렇게 읽고 있는 여기에서 이 말을 따라가지 않으면, 이 말에 구속되지 않으면, 도대체 이것이 무엇이냐? 이것만 체험하면, 5백 년이라 하든, 5천 년이라 하든, 부처가 살았다 하든, 죽었다 하든 아무 상관이 없어요. 그저 이것뿐이라… 이것뿐이에요. 2천5백 년 전 부처님이 살아 계실 때와 지금 우리가 앉아 있는 이 자리가 다르지 않은 것입니다. 이것뿐임을 깨달으면…

그런데 그렇지 않고 말 따라가 버리면 타임머신 타고 2천5백 년 전으로 돌아갈 수도 없는 노릇이고… 문제가 심각해지는 겁니다. 말을 안 따라가면 2천5백 년 전 부처님의 말씀이나, 지금 우리가 말하는 것이나 전혀 다를 게 없는 겁니다.

부처가 따로 있고, 내가 따로 있는 것이 아닙니다. '부처'는 부처가 아니라 지금 "부!처!"라고 말하는 이것이거든요! 그러니까 상은 상이 아니라 이름만 상일 뿐이다! 이것만 깨달으면 모든 것이 전부 이렇게 통합니다. 하나도 어긋나는 게 없어요. '5백 년'은 5백 년이 아니라 이것일 뿐이다… '제일 희유한 법'은 제일 희유한 법이 아니라, "제!일!희!유!한!법!" 이것이다… '믿고 이해하고 받아 지닌다'도 믿고 이해하고 받아 지닌다가 아니라, 지금 "믿고!이해하고!받아!지닌다!" 이것입니다. 앞에서 분명히 법이 없다고 했잖아요! 없는데 뭘 믿고, 뭘 이해하고, 뭘 받아 지닐 게 있어요? 말할 만한 법이 없다 그랬는데… 없으니까 지금 "믿고 · 이해하고 · 받아 · 지닌다" 이것이 법이에요. 정해진 것은 아무것도 없는 겁니다. 없다고 했잖아요, 분명히… 얻을 게 없고, 말할 게 없다… 없는 것을 자꾸, 무엇을 믿고 이해하고 받아 지닌다고 이런 식으로 좇아가면 말에 또 속는 겁니다.

항상 우리는 말에 속고 말에 매여 있습니다. 말에 속지 말아야 합니다. 말에 속지 않으면, 무슨 말을 하든 아무 상관이 없는 겁니다. 그냥 이 자리입니다. 지금 이것뿐이에요. 아무것도 없습니다. 법도 없고, 비법도 없고, 받아 지닐 것도 없고, 내버릴 것도 없어요. 아무것도 없습니다. 아무것도 없지만 지금 "아무것도 없다!"라고 말하고 있잖아요. "아무것도 없다! 아무것도 없다!" 말할 것 다 하고 있는 거예요. 말 따라 안 가면 "아무것도 없다!" 이것이 바로 전부 다 하는 겁니다.

그래서 노자는 《도덕경》에서 무위이무불위(無爲而無不爲)라… 아무 하는 일이 없으면서 못 하는 일이 없다, 아무 하는 일이 없는데 또 못 하는 일도 없다… 노자의 이 말이 딱 맞아요. 그렇다고 또 말을 따라가면 안 됩니다. "아무 하는 일도 없고 못 하는 일도 없다"라는 이 말은 이 말이 아니라, "아무 하는 일도 없고 못 하는 일도 없다!" 이것이라, 이것! 어떤 말이든지 '그래, 그럴듯해' 하고 말을 따라가면 망치는 겁니다. 아무리 그럴듯한 이치를 말한다 하더라도 항상, 그 이치는 이치가 아니라 말일 뿐이다 이겁니다. 그럼 뭐? 그냥 이것뿐이에요! 아무것도 없어요. 우리가 책을 읽고서 '햐! 참 멋지게 이야기해 놓았네! 참으로 그런 것 같아'라고 하면 벌써 한나라 강아지가 되어 졸졸 따라다니고 있는 겁니다.

'이게 법이다, 이게 진리다'라는 견해를 가지고 있으면 안 되는 겁니다. 아직까지 공부가 생각에 머물러 있는 거예요. 어떤 견해도 없습니다. 여기에는… 하지만 없는 것은 곧 없는 게 아니라 말만 없는 것일 뿐이에요. '없다'라고 하는 것은 없는 것이 아니고 말만 없는 거예요.

'무아(無我)'란 말 한번 생각해 보세요. "나는 없다" 그러거든요. "나는 없다"라는 것은 말만 '나는 없다'란 거지. 왜? "나는 없다"라고 하는 이것은 또 뭔데? 말만 '나는 없다'라… 불교는 '무아설'이

385

니까 '나'는 없는데, 왜 자꾸 '나'가 있다고 하느냐 하고 논쟁을 하곤 하는데… 그럼 "나는 없다"라고 외쳐 보시라 이거야… "나는 없다!", "나는 없다!"… "나는 없다!"라고 외치는 그것은 뭐꼬?

없다, 없다 하지만 '없다'라는 것은 말일 뿐이에요. 그렇다고 "나는 없다", "나는 없다"라고 말하는 그것이 또 '있다'고 하면 그것도 또 말일 뿐이에요. '없다/있다' 하는 말을 가지고, 즉 견해를 가지고 분별을 하면 어쨌든 안 맞는 겁니다. '없다' 하든 '있다' 하든 말일 뿐이거든요! '없다' 해도 좋고, '있다' 해도 좋은 겁니다. 아무런 차이가 없어요. 아무 관계가 없는 겁니다. 정해진 것은 없어요. 견해를 가지고 말을 따라가면 안 맞는 겁니다.

말 따라가지 말라는 것이 《금강경》인데… 덕산 스님 이야기가 있죠? 그 당시 중국에서 덕산 스님이 《금강경》에 관해서는 제1인자였어요. 《금강경》 주석서를 여러 권 쓰고, 《금강경》에 관해서는 나를 따라올 자가 없다 할 정도로 자부심이 대단했던 사람인데, 그 당시 남쪽에서 선(禪)을 하는 사람들이 경전을 우습게 본다는 소리를 듣고, 《금강경》이 얼마나 대단한 경전인데 우습게 보느냐면서 자신이 쓴 주석서를 짊어지고 용담숭신 선사를 찾아갑니다.

그래서 용담숭신 스님이 계시는 절 앞에 왔는데, 마침 점심때가 되어서 보니까, 길가에 떡을 파는 할머니가 한 분 있어요. 그래서 떡을 사 먹으려 하니까, 할머니가 스님은 어디 가시는 누구냐고 물어요. 그래서 나는 덕산이라고 하는데 이곳의 용담숭신 스님을 만나러 간다고 이야기를 해요. 그런데 이 할머니도 꽤 공부를 한 사람이었어요.《금강경》으로 유명한 덕산 스님이냐고 할머니가 묻자, 덕산이 맞다고 하면서 이게 바로 자기가 쓴《금강경》주석서라 하며 자기 등짐을 추스르고는 자신만만해하는 거예요. 그러니까 할머니가, 그렇다면 스님이 그렇게《금강경》을 잘 아신다니까, 자기가《금강경》에 관해 질문을 해서 스님이 대답을 하면 공짜로 떡을 드리겠다고 그래요. 덕산은《금강경》에 관해서라면 뭐든지 다 물어보라고 그랬죠.

그러자 할머니가《금강경》에 "과거의 마음도 얻을 수 없고, 현재의 마음도 없을 수 없고, 미래의 마음도 얻을 수 없다(過去心不可得 現在心不可得 未來心不可得)"라고 했는데 스님께서는 어느 마음에 점을 찍으시겠느냐고 물어요. 점심(點心)이란 말이 글자 그대로의 뜻은 '마음에 점을 찍다'거든요. 덕산이 이 질문을 들으니 아직까지 한 번도 이런 식의 질문은 들어 본 적이 없는 거라. 그래서 얼굴이 벌개 가지고 대답을 못 하고 있으니까 할머니가 떡바구니를 탁 덮고서는, 스님 같은 사람에게는 떡을 줄 수 없다고 가 버리는 거예요. 그래서 덕산 스님은 배를 쫄쫄 굶고 용담 스님에게 갑니다.

그래도 설마《금강경》에 대해서 나만큼 아는 사람이 있겠느냐 하고 가서는 이야기를 나누죠. 경전에 대한 지식이란 것이 다 머리에서 나오는 것이니까 용담 스님은 그런 것들을 지적하면서 인정을 안 해 줬겠죠. 그래서 이야기를 하다가 하다가 갑갑해서 나오는데 밤중이 되어서 캄캄하니까 신발을 찾지 못하겠다고 하니 용담 스님이 촛불을 비춰 주었단 말이죠. 그래서 신발을 찾아 신으려고 하는데, 용담 스님이 갑자기 촛불을 훅 불어 꺼 버리는 겁니다. 덕산은 그 순간에 문득 깨달았어요. 그 뒤 덕산은 자기가 지은 책들을 모두 불태워 버리죠.

그러니까 《금강경》을 이치로 풀이하는 것은 꿈속에서 꿈 이야기를 하는 거예요. 《금강경》 자체가 이미 허망한 이야기인데, 거기다가 허망한 이야기를 더 덧붙여서 이러쿵저러쿵 하는 겁니다. 이 《금강경》을 정말 제대로 신해수지(信解受持), 믿고 이해하고 받아 지닌다고 한다면 《금강경》의 모든 글자가 한 글자로 통해야 해요. 처음부터 끝까지… 여법(如法)하고 여여(如如)해야 해요. 여여란 말은 똑같다는 말입니다.

왜냐하면 이 사람은 아상도, 인상도, 중생상도, 수자상도 없기 때문입니다…

그러니까 뭐가 없어요? 말이 없어, 생각이 없어, 그런 데에 안 매여… 그러니까 "이 사람에게는 아상(我相)이 없다"라는 말에 속아서는 안 됩니다. "이 사람에게는 아상이 없다"라고 하는 것은 '이 사람에게는 아상이 없다'가 아니라 그냥 이것! "이 사람에게는 아상이 없다"라는 그 말을 안 따라가셔야 하는 거예요. 그럴 때에야 비로소 《금강경》의 가르침을 제대로 실천하고 있는 겁니다. "이 사람에게는 아상이 없다" 하니까 '아상이란 것은 이러이러한 것인데, 이 사람은 이러이러한 게 없다는 말이지…' 이렇게 생각하면 안 된다 이겁니다.

388

그게 아니라 "이 사람에게는 아상이 없다"란 것은 그런 말뜻이 아니고, "이 사람에게는 아상이 없다" 이것뿐이에요. 그냥… 그러면 "이 사람에게는 아상이 있다" 하든, "이 사람에게는 아상이 없다" 하든, "아이고, 배고파!" 하든 아무 상관이 없어요. 아니면 입 다물고 가만히 있는 것도 괜찮아… 달라질 것은 아무것도 없습니다.

촛불이 켜져 있을 때와 켜져 있지 않을 때… 아까 덕산 스님이 견성한 이야기… 촛불이 켜져서 눈에 들어올 때는 댓돌이 있고, 신발이 있고, 문이 있고… 그래서 내 신발을 내가 신는다… 의식을 하고 있죠. 불이 확 꺼지고 없다… 신발도 안 보이고, 댓돌도 안 보이고, 문도 안 보이고… 내 신발을 찾을 수가 없어. 신발을 찾아서 '어, 내 신발!' 하고 신는 것하고, '어, 내 신발이 어디 갔는고? 안 보이네!' 이 두 가지가 그림을 따라가면 다르지요. 그러나 똑같이 덕산 한 사람이잖아요? 달라진 게 아무것도 없어. 자기는… 똑같은 거예요. 보이거나 안 보이거나… 하나도 달라진 게 없는 거예요. 용담 스님이란 분이 기막히게 방편을 쓴 거예요. '네가 자꾸 무엇을 안다고 그러는데, 아는 것하고 모르는 것하고는 똑같은 거야, 이놈아! 한결같이 이것뿐인데, 자꾸 아는 것만 따라가며 말하니까 어긋나 있는 거다.' 그러고 보면 뛰어난 선지식은 순간적으로 자기도 모르게 방편이 나오는 거예요. 기지(機智)가…

왜 그런가 하면 아상은 곧 상이 아니고, 인상·중생상·수자상도 상이 아니기 때문입니다…

아상(我相)은 아상이 아니라 이것! 인상(人相)은 인상이 아니라 이것! 아상은 아상이고, 인상은 인상이라 해도 역시 상관없습니다.

그래서 이와 같이 모든 이름과 모양에서 해방된 사람을 부처라고 합니다…

다른 게 부처가 아니라 모든 이름과 모양의 구속에서 해방되어서 늘 이 하나! 촛불이 켜져 있건 꺼져 있건, "난초"라 하든, "시계"라 하든, "카메라"라 하든 말과 뜻을 따라가지 않는 사람, 말과 뜻에 매달려 있지 않은 사람, 완전히 해방되어서 한결같이 자유로운 사람, 이것이 부처다!

부처님께서 수보리에게 말씀하셨다. "그러하고 그러하다. 만약 다시 어떤 사람이 있어 이 경전을 듣고서 놀라지 아니하고, 두려워하지 아니하고, 겁내지 아니한다면, 이 사람은 대단히 희유한 사람임을 알아야 하느니라. 왜냐하면, 수보리야! 여래가 말하는 제1 바라밀은 곧 제1 바라밀이 아니라 이름이 제1 바라밀이기 때문이니라."

지금까지 계속 《금강경》을 봐 왔습니다만, 결국 우리의 병이라고 하는 것은 보이고, 들리고, 경험되는 모든 것을 따라다니는 겁니다. 《금강경》에서는 이것이 바로 우리의 병임을 밝혀 내고 있는 것입니다. 지금 당장 말을 따라가지 않고, 생각을 따라가지 않고, 보이고 들리고 경험되는 것에 속지만 않는다면, 본래 아무 일이 없는 겁니다. '도'니 '법'이니 '진리'니 '부처'니 하는 이름에 걸맞은 것은 아무것도 없습니다. 무언가를 해야 한다면 그것이 바로 따라다니는 겁니다. 물론 '아무것도 없다. 그러니 할 일도 없다'라는 것도 하나의 생각입니다. 그러니 거기에도 따라가선 안 되는 겁니다. 진실로 따라가지 않고 할 일이 없게 되면, 원래 우린 그렇습니다만, 사실 '부처'도 없고, '도'도 없고, '공부'도 없고, 무엇을 해야 하고, 하지 말아야 하고 할 것도 없습니다.

《금강경》에서 지속적으로 말하고 있는 것이 바로 그것입니다. 제1바라밀은 제1바라밀이 아니라 이름이 제1바라밀일 뿐이다. 부처는 부처가 아니고 이름이 부처일 뿐이다. 도는 도가 아니고 이름이 도일 뿐이다. 보살은 보살이 아니고 이름이 보살일 뿐이다. 선(禪)은 선이 아니고 이름이 선일 뿐이다. 악(惡)은 악이 아니고 이름이 악일 뿐이다. 말만 그렇다는 겁니다. 말만!

'말만 그러니까 그럼 말 따라가지 말아야지.' 이렇게 생각할 수 있지만 사실은 그게 그렇게 쉽지는 않습니다. 말 따라가지 않는다는 게 말처럼 그렇게 쉽지는 않아요. 말하는 것은 대단히 쉽습니다. 사실 법에 대해서 말하는 것은 대단히 쉬워요. 말은 책을 좀 보다 보면 아주 그럴듯하게 누구나 다 말할 수가 있습니다. 그러나 그게 말이 아니라 실제로 그렇게 되기는 쉽지가 않습니다. 보통 아주 쉬운 것처럼 말하죠? '바로 지금 이것인데 왜 그렇게 모르는가?' 이것에 통한 사람 입장에선 아주 쉽게 말할 수 있고, 말로만 하는 사람 입장에서도 쉽게 이것을 말할 수 있습니다. 그러나 실제로는 그렇게 쉽게 되지가 않습니다. 왜 그러냐 하면, 아마도 우리가 너무 오랫동안 말과 생각과 여러 가지 보이고 들리고 하는 경계에 끌려다니던 습관 때문에, 늘 그게 전부 다인 줄 알고 살아왔기 때문에 거기서 벗어나기가 사실 그렇게 쉽지가 않은 것입니다.

공부를 조금만 해 보면, '전부 다 허망한 말일 뿐이다'라는 것은 쉽게 이해가 됩니다. 그러나 '전부 다 허망한 말일 뿐이다'라고 이해하는 그것조차도 허망하다는 사실을 실감 있게 경험하기는 어려워요. '다 말이고, 생각이고, 다 지나가는 허망한 것 아니냐? 그럼 뭐 공부할 게 따로 없고, 그저 잠 오면 잠 자고, 배고프면 밥 먹는 게 다 도지…' 이렇게 생각할 수가 있습니다. 생각으론 그렇게 쉽게 할 수가 있습니다. 말도 그렇게 쉽게 할 수가 있고… 그러나 그렇게 생각하고 그렇게 말하는 그것 자체가 바로 허망한 것임을 실감 있게 알고서 정말 허망하지 않은 것을 확인하는 것은 그렇게 쉬운 일이 아닙니다.

사실은 허망하지 않습니다. 말도 허망한 것이 아니고, 생각도 허망한 게 아닙니다. 워낙에 우리가 속고 끌려다니기 때문에 허망한 것에 속지 말고 끌려다니지 말라고 하는 것이지, 실제 말이나 생각이 허망하고 쓸데없는 것은 아닙니다. 왜냐하면 생각하고 말하는 것 역시 모두 이것이기 때문입니다. 그러니 이 실재(實在)를 어떻게 하면 말로서가 아니고, 생각으로서가 아니고, 체험할 것이냐? 실재를 어떻게 하면 확인할 것이냐? 그것이 이 공부의 요점입니다.

현대인들은 대체로 고등교육을 다 받습니다. 그래서 이해력이 대단히 빠릅니다. 말을 몇 마디 들으면 쉽게 이해가 되고, 앞뒤가 정연하게 정리가 되고, 그래서 모순 없이 짜임새 있는 견해가 생깁니다. 그런 짜임새 있고 모순 없는 견해가 생겨서 거기에 만족하는 경우가 흔히 일어나고 있습니다. 짜임새 있고 모순 없고 그럴듯한 견해를 붙잡고서 그것으로 만족을 하고 더 이상 공부를 하지 않는 그런 폐단이 있어요. 그래서 무슨 말을 들으면 꼭 그 말에 대해서 평가를 하고 말이죠… 왜냐하면 자기가 가지고 있는 잣대, 견해가 있기 때문에, 말을 들으면 거기에 대해서 어떤 견해를 이야기하고… 그런 것으로 공부를 삼는 경우가 많습니다. 그래서 남에게 주장하는 공부는 했을지 모르지만, 자기 스스로가 만족스러운 공부는 못 한 겁니다. 이 공부는 남에게 어떤 주장을 하느냐 못 하느냐 하는 것이 아닙니다.

제가 흔히 듣는 이야기가 "이런저런 경험을 했는데 이것이 공부가 되는 겁니까?" 이런 질문이에요. '어떤 경험을 했는데 생소하고, 아주 희한하고, 이해하기 곤란한 그런 경험들을 했다 이겁니다. 공부를 하다가… 이게 공부가 되는 거냐?' 이런 질문을 해 오시는 경우가 대단히 많습니다.

그럴 때마다 제 대답은 딱 하나입니다. 스스로가 '신기하고 불명확하고 뭔가 특별하고 희한하다' 하는 느낌이 들면 그것은 내 것이 아닙니다. 나 자신이 아니에요. 우리 의식이란 놈은 여러 가지 장난을 대단히 잘 칩니다. 전혀 예상 밖의 장난도 아주 많이 치고 있습니다. 그래서 정말 온갖 경험을 다 할 수 있습니다. 이것에 대한 참된 경험은 그 경험이 이루어지는 순간에 전혀 신기하지가 않습니다. 전혀 특별하게 느껴지지가 않습니다. 너무 당연하고, 그래서 전혀 의심스럽지 않습니다. 그럴 수밖에 없는 것이, 자기 존재를, 자기 자신을 스스로 확인하는 것이기 때문에 거기에 무슨 특별한 게 있을 수가 없습니다. 특별하고 이상한 그런 경계들은 공부 도중에 많이 있을 수도 있겠죠. 그러나 그런 것들은 내 것이 아닙니다. 참된 공부와는 별 관계가 없는 겁니다.

진실로 우리가 소위 본래면목이니 본래 자리라고 하는 이것에 대한 경험이 이루어지면 전혀 이상한 게 없습니다. 너무나 당연한 것이고… 당연하다는 생각조차도 일어나지 않아요. 너무 당연하기 때문에… 그냥 안심이 된다고 그럴까? 그저 푸욱 안심이 되는 거예요. 너무나 당연한 일을 확인하니까 그런지 모르겠는데, 푹 안심이 되는 것이고, 푹 안정이 되는 것이고, 순간순간 생생하게 살아 있는 것이고, 그래서 누가 뭐라고 하더라도 흔들리지 않는 것이고, 달리 의심이 없는 겁니다. 항상 분명해서 '분명하다'라고 하는 의식을 작동시킬 필요가 전혀 없어요. 항상 분명할 뿐이지, 이게 분명한지 아닌지를 확인할 필요가 없다 이겁니다. 그게 본래자리에 대한 경험입니다. 바로 그 이야기가 여기 나오는 겁니다.

부처님께서 수보리에게 말씀하셨다. "그러하고 그러하다. 만약 다시 어떤 사람이 있어 이 경전을 듣고서…

'이 경전'이란 것이 《금강경》을 가리킨다고 보통 생각합니다만, 이 《금강경》이 결국 뭐냐 이겁니다. 바로 이 자리, 본래의 자기, '이

394

것'을 가리키고 있는 거예요. 말에 속지 않고, 생각에 속지 않고, 보이고 들리는 모양에 속지 않는, 이 본래의 것을 말하고 있는 겁니다. 말하자면 본래의 자기라고 할 수 있는데, 이것에 대한 이야기를 듣고, 그것을 이상하게 생각하지도 않고, 놀랍게 생각하지도 않고, 두렵게 생각하지도 않고, 당연하게 생각한다면, 이 사람이야말로 희유한 사람이다 이겁니다.

부처가 부처가 아니고… 보살이 보살이 아니고… 도가 도가 아니라는 이야기를 들었을 때 보통 우리는 놀라기보다는 머리가 아주 빠르게 회전을 하죠? 거기에 대한 이해를 하기 위해서… 그래서 이해가 안 되면 답답해하고, 나름대로 여러 가지를 짜 맞추게 되는데, 그러나 그렇다고 해서 만족스럽게 이해되는 것은 아닙니다. 만족스럽지 않으니까 갑갑하고 답답하고… 그렇다고 그게 뭐 두렵거나 놀라거나 겁나는 문제는 아니죠. 이해 못 하면 그걸로 그만이니까. 그러나 공부를 하다가 실제 이것에 가까이 다가갈수록 어떤 면에서는 두려움을 느낄 수도 있습니다. 왜 그러냐 하면, 지금까지 말과 생각과 모양에 의지했던 버릇에서 떠나야 하니까 두려운 거죠. 그것을 '공에 떨어질까 두려워한다'라고 하는데…

모르는 것에 대한 두려움은 인간의 심리입니다. 그러니까 나름대로 도에 관한 이야기, 도에 관한 지식을 가지고서, 그 지식에 의지를 해서 그것을 열쇠로 삼아 문을 열려고 한다 이겁니다. 그러나 이 도의 전당으로 들어가는 문은 남에게 들은 이야기를 근거로 해서 열려고 하면 결코 열리지 않습니다. 이 문은 이치적으로 이해를 해서 열려고 해서는 결코 열리지 않는 문이에요. 절 문에 이런 글귀가 있죠? "이 문 안에 들어오려는 자는 알음알이를 가지고 있지 마라(入此門來者 莫存知解)." 진리의 전당으로 들어가는 문은 그런 식으로 알음알이나 견해를 가지고서는 결코 열리지 않아요. 진리의 전당으로 들어가는 문을 열 수 있는 열쇠는 딱 한 가지입니다. 의지하는 견해, 알음알이나 지식이 아니고, 정말 솔직하고 진실하고 깨끗한 진리에 대한 믿음, 흔히 정신(淨信)이라고 합니다. 아무런 의심이 없는 깨끗한 믿음 하나! 그 믿음만 가지고 전혀 알 수 없는 미지의 세계 속으로 무작정 들어가는 겁니다. 그것밖에 없습니다. 지난 시간에도 했잖아요? 믿는 마음이 깨끗해야 실상이 나타난다(信心清淨 卽生實相)…

그 어떤 견해도 장애물입니다. 견해로써는 결코 이 관문을 통과할 수 없습니다. 그야말로 진리에 대한 깨끗한 믿음! 모르지만 믿음을 가지면 이 문 안에 들어갈 수 있습니다. 그런데 믿음이 아닌, 책에서 보거나 주워들은 지식, 견해… 이런 것을 가지고는 결코 그 문을 열 수가 없고, 그 문 앞에 당도하면 두려움에 떨게 되는 겁니다. 왜냐하면 준비해 온 도구인 견해와 지식이 아무 소용이 없기 때문에 두려울 수밖에 없는 겁니다. 오로지 진리에 대해 열린 가슴으로, 진리를 갈구하는 그 갈증 하나만 가지고 공부를 하셔야 합니다. 공부하다 보면 어떤 지식이나 견해가 자꾸 생겨나죠? 아무리 생겨나도 거기에 의존하시면 안 돼요. 그럴듯한 견해가 생겨나더라도 '그러나 이게 다가 아니다…' 그것을 버리고 깨끗한 믿음을 계속 유지하시는 게 공부를 끝까지 밀고 나갈 수 있는 원동력이 되는 겁니다. 그러지 않으면 견해에 머물게 되는 겁니다. 견해에 머물러 버리면 공부라고 이야기할 수 없는 겁니다.

부처님께서 수보리에게 말씀하시기를, "그러하고 그러하다. 만약 다시 어떤 사람이 이 경전을 듣고 놀라지 않고, 두려워하지 않고, 겁내지 않는다면 이 사람은 대단히 희유한 사람인 줄 알아야 한다…

왜 이 사람이 희유한 사람이냐 하면, 왜 두려움이 없고, 놀람이 없고, 공포가 없냐 하면, 여래께서 말씀하신 바를 잘 알고 잘 터득하고 있기 때문입니다.

여래께서 말씀하시기를 제1바라밀은 제1바라밀이 아니다…

말만 제1바라밀일 뿐이지, 실제로 제1바라밀은 제1바라밀이 아니다… 이것만 확실하게 내 것으로 만들 수 있다면, 우리는 어떤 경우에도 두려움, 놀람, 공포가 없는 겁니다. 제1바라밀은 제1바라밀이 아니다. 말일 뿐이다 이겁니다. 제1바라밀은 제1바라밀이 아니라 바로 이것입니다. "제1바라밀은 제1바라밀이 아니다." 바로 이것입니다.

'제1바라밀'만 그런 게 아니고, 난초는 난초가 아니다. 뭘까? 시계는 시계가 아니다. 뭘까? 녹차는 녹차가 아니다. 뭘까? 책은 책이 아니다. 뭘까? 얼굴은 얼굴이 아니고, 말은 말이 아니고, 코는 코가 아니고, 귀는 귀가 아니다. 그럼 뭘까?

난초는 난초가 아니고, 얼굴은 얼굴이 아니고, 볼펜은 볼펜이 아니고, 책은 책이 아니고, 전등은 전등이 아니고, 시계는 시계가 아니고… 계속해서 지금 '제1바라밀'을 보여 드리고 있는 겁니다. 그런데 제1바라밀은 제1바라밀이라는 말이 아니에요. 제1바라밀을 보여 드리는데, 난초를 말하고, 전등을 말하고, 시계를 말하고, 녹차를 말하고… 녹차는 녹차가 아니고, 난초는 난초가 아니고, 시계는 시계가 아니다 하고…

요컨대 말을 들으면서 말을 따라오시면 지금 《금강경》의 가르침을 알 수가 없어요. 제가 끊임없이 하고 있는 이 말은 여러분의 의식 위에 드러나고 있습니다. 시계라 하든, 난초라 하든, 녹차라 하든… 제 말이 아니라, 제가 끊임없이 온갖 말을 하고 있는 중에, 여러분에게 변함없고 한결같은 게 있는 겁니다. 제 말을 확인하라는 게 아닙니다. 제가 말을 하든 안 하든 여러분은 달라지지 않습니다. 소리가 들릴 때도 그대로요, 소리가 들리지 않아도 그대로입니다. 한결같은 게 있을 거예요. 소리가 들릴 때도 그대로고, 소리가 안 들려도 그대로고… 제1바라밀이라 하든, 난초라 하든, 시계라 하든 상관이 없어요, 이것은! 상관이 없이 한결같은 게 있을 겁니다. 바로 이것이 남에게 속지 않는 것입니다.

가, 나, 다, 라… A, B, C, D… 뭐를 말하든 그 말의 내용은 상관없어요. 뭐를 말하든 그 말을 듣고 있는 와중에 도대체 그 듣는 지점에 뭐가 있습니까? 끊임없이 새로운 말이 들리고 있는데, 지금 들리고 있는 그 자리에 뭐가 있느냐 말입니다. '뭐가 있다'라고 분별하시면 안 돼요. '듣고 있는 그 자리에 뭐가 있느냐?' 여기서 몰록 통해야 하는 겁니다. 확 통하면 이것뿐이에요. 그런데 의식이란 놈이 거기서 앞을 싹 가로막아 버리면 눈앞에 놓고도 못 보는 겁니다. 생각이란 놈이 먼저 앞에서 가로막아 버리면 눈앞에 놓고도 못 보는 겁니다. 이 말소리가 들리고 있는 곳에 뭐가 있느냐? 소리가 들리고 있는 곳에 뭐가 있느냐? 생각이 일어나고 있는 곳에 뭐가 있느냐? '소리가 들리는 곳에 뭐가 있을까?' 하는 생각이 일어나는 거기에 뭐가 있느냐?

자, 지금 소리가 들리고 있고, '소리가 들리고 있는 곳에 뭐가 있을까?' 하고 생각을 일으키고 있어요. 소리가 들리는 곳이나, 생각을 일으키고 있는 곳이나 같은 곳입니다. '같다', '다르다'라고 생각할 필요는 없어요. 그냥 여기에 통하시면 되는데, 의식적으로 확인하려고 들면 안 됩니다. 확인하고 싶은 그 간절함은 있지만 의식은 발동시키지 마십시오. 생각을 발동시키지 말라 이거예요. 확인하고 싶은 마음은 간절해… 그런데 생각으로서 '뭐가 있나?' 이렇게 해서 '뭐가 있네.' 이런 식으로 되는 게 아닙니다. 소리가 지금 들리고 있는 여기에 뭐가 있을까?

가장 확고부동해서 전혀 부정할 수 없는, 떠나지도 않고 얻을 수도 없는 것, 생겨나는 것도 아니고 없어지는 것도 아닌 것이 바로 여기에 있습니다. 이것을 일러서 '도'니 '마음'이니 '공'이니 '본성'이니 하는데 그런 말에 속을 필요는 없어요. 왜? '도'라 하든, '돈'이라 하든, '독'이라 하든, '돌'이라 하든 상관이 없어요. 뭐라 하든 이것은 아무런 상관이 없습니다. 생각을 앞세우지 않으면 무슨 말을 듣든, 또는 무슨 말을 듣지 않아도 마찬가지예요. 아무런 차이가 없습니다.

　이번에 방한한 틱낫한 스님이란 분은 "바로 지금 이 자리에 있으면 선(禪)도 이것이요, 정토(淨土)도 이것이다." 이런 식으로 이야기했더라고요. 적절한 말씀입니다. 그러나 그 말에 또 속으시면 안 되는 겁니다. 바로 지금 이 자리라 하든, 그때 그 자리라 하든, 사실 말에 속을 필요는 없는 겁니다. 언제든지 나 자신이 있는 자리입니다. 여러분은 도대체 언제 어디에 있습니까? 도대체 우리는 항상 어디에 있습니까? 우리 스스로가 항상 어디에 있느냐 이겁니다. 자기 자신이 항상 있는 자리가 이 자리예요. 내가 도대체 항상 어디 있을까? 내가 늘 있는 자리가 바로 이 자리이지, 딴 자리에 갈 수가 없어요. 항상 내가 있는 자리가 이 자리거든요.

　그런데 '나'라는 생각이 있는 자리는 아닙니다. 따지고 보면 생각도 여기서 떠나지 않는 거지만, 생각을 따라가 버리면 또 어긋나 버려요. 우리 스스로 항상 여기에 있습니다. 여기에서 떠날 수 없습니다. 왜? 자기를 떠나서 어디로 갈 겁니까? 그럴 수 없어요. 늘 여기에 있으면서도 스스로가 그것을 모르고 있는 것인데… 바로 여기가 이 《금강경》의 자리입니다. 제1바라밀의 자리고, 도의 자리고, 선의 자리입니다.

　결국 생각으로 해서는 안 되는 겁니다. 어쨌든 내가 항상 어디에 있는가? 그런 의문을 가지고서 늘 탐구하는 자세, 항상 찾고자 하는 열망을 가지고서, 그 찾고자 하는 열망이 정말 순수해져서, 다른 어떤 견해나 생각이 개입되지 않고 오로지 찾고자 하는 열망 하나만 남을 때, 그때 비로소 이것이 실감되는 겁니다. 그렇지 않으면 기존에 익숙해 있는 견해, 생각 때문에 이것은 쉽게 실감되지 않습니다. 의식적으로가 아니라 꼭 이것을 경험해 보고자 하는 강한 열망을 가져야 하는 겁니다.

제1 바라밀은 제1 바라밀이 아니라 이름이 제1 바라밀이다…

수보리는 수보리가 아니라 이름이 수보리이다. 부처는 부처가 아니라 이름이 부처이다. 경전은 경전이 아니라 이름이 경전이다. 두려움은 두려움이 아니라 이름이 두려움이다. 뭐든지 거기에다 갖다 놓으면 바로 전부 다 이 자리로 돌아올 수가 있는 겁니다. 그래서 《금강경》에서 자랑할 만한 방편이라고 한다면 바로 이겁니다. 사구게에도 이런 이야기가 나오죠? 모든 상은 상이 아님을 알면(若見諸相非相), 바로 여래를 보는 거거든요.

수보리야, 인욕바라밀(忍辱波羅蜜)을 여래는 인욕바라밀이 아니라 하노니, 무슨 까닭이겠는가? 수보리야, 내가 옛날에 가리왕에게 몸을 갈기갈기 찢길 적에 아상도 없고 인상도 없고 중생상도 없고 수자상도 없었느니라. 그 까닭이 무엇인가 하면, 내가 옛날에 몸을 찢길 적에 아상·인상·중생상·수자상이 있었더라면 성을 내어 원망을 하였을 것이기 때문이니라…

이것은 부처님의 전생담에 나오죠? 《본생담(本生譚)》이라고 해서 석가모니의 전생에 관한 이야기가 많이 있습니다. 그것은 물론 우리의 공부를 돕기 위해서, 제가 누차 말씀드리지만 경전의 목적은 역사적 사실을 전달하려는 게 아닙니다. 우리에게 역사적 사실이 진리는 아닙니다. 역사적 사실이 진리라면 우리는 지금 컵을 보고 컵이라 하고, 시계를 보고 시계라고 하는 이것으로 전부지, 더 이상 알 게 없는 겁니다. 그런데 컵을 보고 컵인 줄만 알고, 시계를 보고 시계인 줄만 알면 전도(轉倒) 중생이란 말이죠. 이렇게 전도된 우리를 바로잡고자 경전이 생겨나고 전해져 온 겁니다. 그래서 경전은 역사적 사실을 전달하려는 게 목적이 아닙니다. 경전을 읽어 보시면 대단히 신비로운 이야기가 많습니다. 전혀 인간 세상에 일어날 수 없는 일들이 많이 있습니다. 왜 그러느냐? 사실을 전달하는 게 목적이 아니다 이겁니다. 진리를, 법을 전달해서 뒤집혀 있는, 잘못되어 있는 우리의 병을 치유하는 것이 경전의 목적이기 때문에 역사적 사실과는 아무 관련이 없습니다.

인욕선인 이야기도 마찬가지예요. 부처님이 전생에 인욕선인이었을 때 가리왕이라는 왕을 만나서, 가리왕이라는 말의 뜻 자체가 '폭력'이란 뜻이에요. '폭력'이라는 이름의 왕에게 사지(四肢)가 잘렸다는 이야기가 있습니다. 그런데 그때에도 전혀 분노하거나 원망하는 마음이 생기지 않았다… 왜? 아상·인상·중생상·수자상이 없었기 때문에. 결국 무엇을 말하고 있는 겁니까? 이름과 모양은 반드시 변화하게 되어 있습니다. 없어지거나 바뀌게 되어 있어요. 이름과 모양에 머물고 집착했을 경우에 그것이 변화하거나 바뀌게 되면 우리 스스로가 타격을 받게 되는 겁니다. 타격을 받아서 슬픔과 분노와 두려움, 여러 가지가 일어날 수 있는 거예요. 그 이야기를 하는 겁니다.

사지가 다 찢겼는데 아무런 두려움도 없고, 원망하는 마음도 없고, 분노하는 마음도 없었다… 그런 식으로 극단적인 이야기를 빌려서 인욕바라밀은 인욕바라밀이 아닌 이유를 말하고 있는 겁니다. 인욕바라밀은 인욕바라밀이 아니다… 사지는 사지가 아니다 이겁니다. 나는 나가 아니다 이거예요. 그러니까 어떤 이름도, 어떤 모양도 의지하고 머무를 수 있는 그런 게 아니다 이겁니다. 의지하고 머물 수 있는게 아니니까 끊어지든 부서지든 아무 상관이 없는 거죠. 실제로 그렇다고 생각하시면 안 돼요. 실제로 사지를 끊으라는 말이 아니라 이겁니다. 법을 가르쳐 주는 겁니다. 법을! 법에 투철하라고 법을 가르쳐 주고 있는 겁니다.

가리왕에게 사지가 다 잘렸는데 도대체 분노도, 원망도 일어나지 않더라… 왜? 아상 · 인상 · 중생상 · 수자상이 없었기 때문이다…. 아상 · 인상 · 중생상 · 수자상이 없다는 건 결국 뭡니까? 아상은 아상이 아니라 이름일 뿐이고, 인상은 인상이 아니고 이름일 뿐이고, 중생상은 중생상이 아니라 이름일 뿐이고, 수자상은 수자상이 아니라 이름일 뿐이다 이겁니다.

'인욕'이란 것은 참을 인(忍)자에 욕될 욕(辱)자죠. '욕됨을 참는다.' 우리는 욕됨을 참을 수가 있죠. 옛날에 한신 이야기가 있잖습니까? 한신이 아직 대장군이 되기 이전에 이름이 없을 때 동네 불량배들이 한신을 괴롭혔죠. 가랑이 밑으로 기어가게 할 정도로 욕을 보였는데, 자신은 큰 뜻을 품었으니까 그 욕됨을 참고 나중에 대장군이 된 일화가 있습니다. 여기서 이야기하는 인욕은 그런 인욕은 아닙니다. '내가 욕됨을 참는다.' 이런 뜻이 아니에요. 그렇게 되면 '나'가 있고, '욕됨'이 있고, '참는 것', 세 가지가 있어서 우리는 세 가지에 동시에 머물러 있어야 하는 겁니다. 그렇게 되면 분노와 원망과 갈등, 온갖 것이 다 일어나게 됩니다. 그래 가지고는 인욕을 제대로 할 수가 없는 거죠.

진정한 인욕은 '나'도 없고, '욕됨'도 없고, '참는 것'도 없는 겁니다. '나'는 나가 아니라 이름일 뿐이요, '욕됨'은 욕됨이 아니라 이름일 뿐이요, '참는 것'은 참는 것이 아니라 이름일 뿐이다 이겁니다. 우리가 보통 가지고 있는 의식으로는 도저히 이해할 수 없는 겁니다. 분명히 '욕됨'을 당했는데 거기서 분노가 일어나지 않고, 욕됨이 욕됨이 아니다? 전혀 이해가 안 되는 겁니다. 한 번 더 말씀드리지만, 우리가 현재 가지고 있는 이해력, 분별력, 의식을 가지고 도를 이해하려 해서는 정말 당나귀해가 되어도 이해가 안 되는 겁니다. 그러니까 이 공부를 하려면 우리가 현재 가지고 있는 이해력, 분별력은 포기해야 하는 겁니다.

아까 제가 진리의 전당 앞에선 모든 것을 포기하고 그냥 순수한 믿음 하나, 오직 도에 대한 사랑 하나, 그것 하나만 간직하고, 그 외에 현재 우리 자신이 의지하고 있는 모든 것들은 다 포기해야 한다고 했죠. 이런 것이 공부의 기본적인 자세입니다. 이런 자세가 사실은 대단히 중요합니다. 아주 작은 문제가 이 공부를 결정하기 때문에 조금이라도 어긋나게 되면 공부가 안 돼요. 아주 조그마한 의지할 곳이라도 있거나, 조그마한 생각이나, 자기 나름대로 공부해서 얻은 바… 선방이나 명상 센터에서 공부하다가 뭔가를 조금이나마 얻은 것 같아… 그러면 그것을 못 버리고 계속 거기에 의지를 하게 돼요. 또는 책을 보다가 뭔가 하나를 알았다? 그러면 그것을 못 버리고 거기에 의지를 하죠? 이렇게 되면 이 공부는 진전이 없는 겁니다. 그 자리를 계속 맴돌 뿐이에요.

어디에도 의지를 하시면 안 됩니다. 정말로 확실하게 얻게 되면 의지할 게 없는 거예요. 그래서 임제 스님은 '무의도인(無依道人)'이라고 했습니다. 의지할 게 없는 사람이다… 전혀 의지할 데가 없습니다. 의지하지 않습니다. 뭔가를 가지고 있을 게 없어요. 진정으로 아무것도 안 가지고 있어야 하는 것인데 우리는 공부를 좀 했다 하면 뭔가를 가지고 있어요. 거기에 또 의지를 해 버리거든? 그러면 계속 그 주위를 맴돌고 있고, 거기에 묶여서 앞으로 나가질 못해요. 그러니까 공부하는 사람의 기본자세라고 하는 것은, 자기의 판단력, 분별력, 또는 공부를 통해서 뭔가를 얻었다고 하는 바, 이런 것들을 의지하고 믿어서는 안 됩니다. 그냥 완전히 열어 놓고 순수하게 공부에 대한 사랑 하나만, 공부에 대한 갈증 하나만 가지고, 정말 완전히 쉬어서 남이 뭐라고 하든 자기 스스로가 확고부동해질 때까지, 확실한 자리에 이를 때까지 공부를 해 나가야 합니다. 그렇지 않으면 어중간하게 하다 말게 되는 겁니다. 완성까지 갈 수가 없어요.

수보리야! 또 과거 오백세에 인욕선인이었을 때를 생각해 보면 그때에도 아상·인상·중생상·수자상이 없었느니라. 이러한 까닭에 수보리야, 보살은 마땅히 모든 모양을 떠나서 위없는 올바르고 평등한 깨달음을 얻겠다는 마음을 내어야 한다. 색에 머무르지 않고 마음을 내어야 하고, 소리·냄새·맛·촉감·법에 머무르지 않고 마음을 내어야 한다. 마땅히 머무르는 바 없는 마음을 내어야 하나니, 만약 마음에 머무름이 있더라도 곧 머무름이 아니니라. 이 까닭에 부처님께서 말씀하시기를 '보살의 마음은 색에 머무르지 않고 보시를 하는 것이다' 라고 말씀하셨다.

말뜻을 따라가면서 해석을 했기 때문에《금강경》의 가르침을 살려서 다시 보겠습니다.

수보리야!

수보리는 수보리가 아니죠? 말만 수보리인데, 그럼 수보리가 수보리가 아니면 "수보리야!"가 뭐냐? 이것이 바로《금강경》이거든요! 수보리는 '수보리'라는 말이 아니라 "수보리야!"가 바로《금강경》이다 이겁니다.

자, 한번 보세요. "수보리야!" 이것입니다. 이것! 말 따라가지 마시고 "수보리야!" 이것이에요. 이게 바로《금강경》입니다. 달리《금강경》이 없습니다. "수보리야!" 하는 이것이에요.

여기에 무슨 이치란 것은 없어요. "수·보·리"란 소리를 듣는 여기에 무슨 이치가 있습니까? 전혀 이치는 없습니다. 여기에는 아무런 이치, 이론이 없어요. 그냥 "수보리"입니다.

　공부는 어떤 이치로 하는 게 아닙니다. 소리가 들리는 데에 무슨 이치가 있습니까? 그냥 들리는 거죠. 어떤 소리가 들리고, 어떤 생각이 일어나는데, 일어나고 들리는 거기에 뭔가가 있어, 거기에. 묘(妙)하다는 표현이 그겁니다. 뭔가가 있지만 그게 뭔지는 아무도 말할 수가 없는 겁니다. 소리가 들리거나 생각이 일어나는 것을 잘 보면 소리라는 게 계속해서 울리고 있고, 울리는 거기에 소리만 있는 것이 아니라 뭔가가 있거든요, 뭔가가… 소리만 있는 건 아니에요. 소리뿐 아니고 생각도 마찬가지라… 뭔가가 있어서, 뭐라고 이야기할 수는 없습니다. 뭔가가 있어서 소리, 생각, 육체적인 동작이 나오는 겁니다.

　예를 들어 팔을 펼치고 오므리고… (팔을 들어 오므리고 폄) 모양으로 보면 나무토막으로 만든 팔도 이렇게 움직일 수 있습니다만, 우리가 팔을 움직일 때에는 단순히 나무 막대기가 기계적으로 왔다 갔다 하는 것만은 아니에요. 뭔가가 있는 거예요. 모양을 갖춘 팔이 전부가 아니라, 뭔가가 있거든요. 이렇게(팔을 폄) 이렇게(팔을 오므림) 하는 뭔가 있거든…

　이것을 가리켜 드리려고 하는 겁니다. 그러니 제 말에 속아서는 안 됩니다. 제 말을 생각하시면 안 되는 거예요. 이렇게 (팔을 굽혔다 펴면서) 하는 와중에 정말 그 무언가를 자기 스스로가, 마치 낚싯바늘을 던져서 물고기를 탁 채 올리듯이 말이죠, 자기가 탁 하고 거기에 걸려들어야 되는 거예요. 그러면 이 무언가에 대해서 자기 스스로가 확인이 되는 겁니다. 분명히 뭔가가 있는 겁니다.

'무엇'이라고 하면 또 특별한 무엇인가가, 분별할 수 있는 뭔가가 있지 않을까 오해를 할 수 있습니다. 그 '무엇'이라고 하는 것은 한 물건이 아니에요. 육조 스님이 말했듯이 본래무일물(本來無一物)이라… 어떤 사물은 아닙니다. 하여튼 이것은 도대체 표현할 방법이 없으니까, 아는 입장에서는 눈에 보이는 족족, 귀에 들리는 족족 이것이 아닌 게 없는데, 모르는 입장에서는 무엇을 보여 주든, 무엇을 말해 주든 도무지 방법이 없으니까…

그래서 '수보리'라는 말만 안 따라가면 "수·보·리" 이것 자체가 《금강경》에서 보여 주고자 하는 법입니다. 드러내고 있는 법이고, 바로 우리 자신이고, 부처고, 선(禪)입니다, 이것이! "수보리" 이것 자체가 우리 마음이에요. 마음, 선, 도… 이런 말에 또 속으시면 안 됩니다. 마음이든, 선이든, 부처든, 도든 결국 하나를 가리키고 있을 뿐입니다. 마음이라 하든, 선이라 하든, 도라 하든, 부처라 하든, 그냥 '이것' 하나를 가리키고 있을 뿐이에요. 다른 게 없습니다. 결국 이것 하나입니다. 하나!

그런데 하나라고 하는 무엇이 따로 있느냐? 없습니다. 나머지와 구별되는 무엇은 없어요. 없는데도 이게 분명히 확인이 된다 말입니다. 자, "수"라는 말과, "보"라는 말과, "리"라는 말이 있습니다. 세 가지 음이 있는데, "수" 할 때나, "보" 할 때나, "리" 할 때나 음 색깔은 달라지는데, "수" 할 때나, "보" 할 때나, "리" 할 때나 안 달라지는 게 있죠? "수" 하는 것이 "보"도 하고, "리"도 하거든요. 달라지지 않습니다. "부" 하고 "처", "제일바라밀" 역시 이것이 다 하고 있는 거예요. 안 달라지는 게 있단 말이죠. 항상 그대로 있는 게 있단 말이에요. 한결같은 게 있단 말입니다.

이 한결같음을 아주 철저하게 맛을 보게 되면 바로 이것이에요. 다른 게 없습니다. 그러니까 제상(諸相)은 곧 비상(非相)이라… 모든 모양은 전부 모양 아닌 것으로 다 돌아가 버려요. '모양 아니다'란 것은 '차별이 없다'란 겁니다. "수" 하든, "보" 하든, "리" 하든, 이 세 가지는 아무런 차별이 없는 겁니다. 그러나 소리의 색깔을 따라가 버리면 "수", "보", "리", 다 다르거든요? 그런데 소리의 색깔을 안 따라가면 "수" 하든, "보" 하든, "리" 하든 결국은 하등의 차이가 없습니다. 그래서 불법을 차별이 없는 법, 분별이 없는 법, 둘이 아닌 법… 이렇게 말하는 겁니다.

멀리 있는 게 아니고 바로 지금 여기에 있습니다. "바로 지금 여기에 있습니다" 하는 이것 자체입니다. 이것 자체! 달리 뭐가 있는 게 아니에요. 법은, 진리는 결코 딴 곳에, 멀리 어디에 있는 게 아닙니다. 우리가 항상 발 딛고 있는 여기에 있습니다. 절대 우리는 여기를 떠날 수 없습니다. 이렇게 확인할 수 있는 이것이 바로 진리의 자리입니다. 마음자리고, 법의 자리예요.

"수보리"란 말을 들을 때는 "수보리"란 말을 통해서 자기 자신을 확인하게 되고, 몸을 움직이면 내 몸의 움직임을 통해서 나 자신을 확인하게 되고, 생각을 하면 생각하는 것을 통해서 나 자신을 확인하게 되고… 내 존재를 확인하는 여기에 내 존재가 있는 것이지 다른 데 있는 게 아니에요. 내 존재를 내가 어디서 확인하느냐? "수보리"란 말을 들을 때에 있는 것이고, 생각을 할 때에 있는 것이고, 밥을 먹을 때에 있는 것이고, 쳐다볼 때에 있는 것이고… 내 존재가 어디 있습니까? 다른 데 있을 수가 없는 거잖아요? 보고, 듣고, 생각하고, 말하고 하는 여기에 있을 뿐이지…

그런데 왜 우리는 늘 자기 존재의 자리에 있으면서 자기 존재를 못 보느냐 하면, 볼 때는 보이는 모양을 따라가고, 들을 때는 들리는 소리를 따라가고, 생각할 때는 생각을 따라가고… 이렇게 따라만 다니니까 못 보는 거죠. 남만 자꾸 따라다니니까 자기를 못 보는 겁니다. 그런데 사실은 소리를 들을 때 소리를 따라가도 내가 따라가는 것이지, 남이 따라가는 것은 아닙니다. 색깔에 따라가도 내가 따라가는 것이고, 생각을 따라가도 내가 따라가는 것이지, 달리 뭐가 없어요. 따라가도 결국 나 자신이라… 내가 계속 경계를 따라다니는 줄 알았는데, 알고 보니까 그 경계가 나 자신이라…

그래서 입처개진(立處皆眞)이요, 수처작주(隨處作主)라 하는 겁니다. 달리 다른 게 없습니다. 언제든지 우리는 자기 자리에 있을 수밖에 없고, 자기가 발 딛고 있는 그 자리가 바로 자기 존재의 자리고, 진리의 자리입니다. 여기서 벗어날 방법이 없잖아요? 내가 내 자리를 떠나서 어디로 가겠습니까? 설사 내가 자리를 옮겼다 해도 그 자리가 내 자리라… 어디를 가든 거기가 내 자리죠. 자기 자리를 확실하게 확인을 해 버리는 게 이 공부입니다.

따라가지 않는 겁니다. 어쨌든 우리의 병은 따라다니는 게 병입니다. 따라다니면 지옥이 있고, 천당이 있습니다. 염라대왕이 있고, 심판이 있습니다. 하나님이 있고, 악마가 있습니다. 안 따라가면 악마는 악마란 이름일 뿐이요 악마가 아니에요. 하나님은 하나님이란 이름일 뿐이요 하나님이 아니에요. 지옥은 이름일 뿐이고 지옥이 아닙니다. 염라대왕은 이름일 뿐이고 염라대왕이 아닙니다. 그러니 두려워할 것은 아무것도 없습니다. 여기 《금강경》에도 나오지만 《반야심경》에도 나오죠? 법을 알면 두려움이 없습니다. 두려워할 대상이 없어요. 전부 여기에 있기 때문에… 일체유심조(一切唯心造)라고 이야기를 합니다만, 뭐가 나타나든 결국 그 근거는 어디 있냐 하면 이것에 있습니다. 내 자리! 내가 있는 이 자리입니다.

악마를 상대하여 보면 두려운 존재죠. 내가 따로 있고 악마가 따로 있으니까… 과거 원시 시대에 종교가 생겨난 것도 마찬가지입니다. 왜 종교가 생겨났느냐? 두려운 대상이 있을 때 그것을 대상으로만 쳐다보고 있으면 두려워… 그러나 그 대상과 사귀어서 나와 친하게 되면 더 이상 두렵지 않아요. 그런 것처럼 제법, 모든 삼라만상이라는 것이 대상으로 있을 때에는 두려운 존재입니다. 나와 항상 대립하고 있으니까… 그런데 법의 입장에서 보아 모든 삼라만상이 나 자신에게 있다는 사실이 분명해지면, 나와 둘이 아니거든요! 나와 둘이 아니면 악마도 곧 나요, 하나님도 곧 나이고, 염라대왕도, 지옥도… 그러니까 두려울 게 아무것도 없는 겁니다. 다 나 자신이 되는 겁니다.

그래서 두려움이 없다는 말은 사실입니다. 거짓말이 아니에요. 두려움이 없어집니다. 그런데 막무가내로 밀어붙이는 그런 식이 아니에요. 그런 뜻이 아니라 자기 존재가 분명해지니까 마음이 그만큼 안정되고 평화로워져서 흔들림이 없다는 겁니다. 예를 들어서 강도가 칼을 들이대면 왜 두려움이 없겠습니까? 두렵죠. 왜? 우리는 육체를 가지고 있는 존재거든요. 육체는 스스로가 현재의 형태를 유지하고 보존하려는 본능이 있는 겁니다. 그래서 육체는 위해를 당하려 하면 두려움을 느끼죠. 우리는 육체를 가지고 있는 존재인데 육체가 부서지려 하는데 왜 두려움이 없겠습니까?

그런데 법의 자리가 투철하면 비록 두려움을 느끼더라도 법을 몰랐을 때의 두려움과는 성격이 좀 다르죠. 정신을 잃어버릴 정도로 육체에 완전히 매달려 있는 상황하곤 다릅니다. 그리고 정신적인 문제에 있어서는 정말 두려움이 없어요. 마음공부이니까 육체적으로는 두려움이 있지만 정신적으로는 실제로 두려움이 없습니다. 어떤 경우에도 위협을 받을 만한 게 없어요. 누가 정신적으로 나를 해코지 하려고 해도 해코지 받을 뭐가 있어야 해코지를 받지… 그래서 정신적으로는 대단히 자유로운 겁니다. 육체는 어차피 부서지게 되어 있으니까 부서지는 것을 두려워하는 게 있는 거죠.

가리왕 이야기를 하는 것은 아까도 말씀드렸지만 마음공부를 염두에 두고 이야기하는 것이지, 정말로 석가모니가 자기 몸을 그렇게 했다는 그런 뜻은 아닙니다.

수보리야 과거 오백세를 생각해 보니 인욕선인이었을 때 아상이

없었고, 인상이 없었고, 중생상이 없었고, 수자상이 없었다…

그래서 가리왕이 몸을 절단시켰을 때에도 두려움이 없었다는 말인데… 또다시 혹시나 해서 말씀드리는 건데, 종교는 마음공부입니다. 종교의 주제는 마음입니다. 육체가 아니에요. 달리 말해서 마음을 건강하게 만드는 게 종교입니다. 부처도 자기 스스로를 의사라고 그랬습니다. 마음의 병을 치료해 주는 의사다. 종교의 주제는 마음입니다. 그래서 비록 육체적인 이야기가 나오더라도 전부 마음을 가지고 육체에다 빗대어서 하는 이야기지, 정말로 육체를 가지고 이야기하는 게 아닙니다. 정말 석가모니가 자기 육체를 이렇게 잘리게 할 정도로 함부로 대한 게 아닙니다. 우리가 잘 알다시피 석가모니도 고행하다가 죽을 지경에 이르자 우유죽도 먹고 목욕도 하고 해서 정신을 차리잖아요. 그 뒤에 자기 몸을 잘 유지하고 보호해서 80살까지 건강하게 살았잖아요. 결코 몸을 마음대로 한다는 뜻이 아니에요. 전부 마음에 관한 이야기들이에요. 몸을 이야기하더라도 그건 전부 마음공부에 빗대어서 하는 이야기들입니다. 비유적으로 하는 말씀이에요. 그래서 《금강경》에서 말했잖아요? "이 말씀은 뗏목과도 같은 것이다. 그러니 말에 속지 마라." 분명하게 앞에서 이야기했습니다.

이런 문제는 아주 초보적인 것인데, 이런 문제가 바로잡혀 있지 않으면 공부가 엇나가기 시작합니다. 마음공부를 하라고 했는데, 말로만 해서는 안 되고 실천하라고 했는데, 대개 마음공부 한다고 하면서는 육체적인 실천을 하고 앉아 있단 말입니다. 호흡을 한다는 둥, 앉아서 좌선을 한다는 둥, 등등 마음공부는 마음을 가지고 실천해야지 육체를 가지고 실천을 하는 게 아니에요. 육체를 가지고 실천하는 것은 체육이에요, 체육! 그런 것은 헬스클럽이나 병원의 물리치료실 같은 데 가서 에어로빅 강사나 의사가 시키는 대로 하면 건강하게 할 수 있는 것들이에요.

여기서 가리왕에게 사지를 찢겼다는 이야기도 마음을 가지고 하는 이야기지 육체를 가지고 하는 이야기가 아니에요. 주제는 항상 마음이에요. 불교의 주제는 심(心), 마음이에요. 그럼 마음의 실천은 어떻게 하느냐? 육체적인 운동을 가지고 비유적으로 말씀을 드릴게요. 몸에 살이 쪄서 병원에 갔더니 의사가 너무 비만해서 운동을 해야지 안 그러면 오래 못 산다고 했다 합시다. 그럼 운동해야지… 해 놓고는 한 일주일 있다가 운동화 하나 사고, 또 일주일 후에 운동복 하나 사고, 또 일주일 후에 운동에 관한 책 한 권을 사고… 우리의 게으름과 타성 때문에 육체적인 운동도 금방 시작한다는 것이 어렵습니다. 마음의 실천도 마찬가지예요. 그러한 타성을 부수고 뭔가 새로운 변화를 일으켜서 나아가려는 의지나 간절한 마음이 없으면 힘든 거죠.
어떤 면에서 마음의 실천은 육체적 실천보다 더 어려워요. 생각으로만 이리저리 헤아리고 따지고 있지, 과감하게 의식을 변화시키는 것에 뛰어들지는 않습니다. 과감하게 뛰어든다는 것은 생각으로 움직이는 게 아니라 가슴으로, 가슴 저 깊이에서 애정 어린 아픔이 있고, 목마름이 있고, 어떤 면에서는 분노도 있고, 오기도 있고… 생

414

각으로 따지는 게 아니라 가슴 저 깊이에서 아직 뭔지도 모르는 진리를 갈망하고 뛰어드는 겁니다. 달리 말하면 관심이에요, 관심! 그래서 자기가 마음의 실천을 시작했다는 것은 언제든지 관심이 이 공부에 있다는 겁니다. 늘 여기에 갈증을 가지고 있는 거죠. 생각을 하는 것이 아니라… 그게 마음의 실천이에요.

그래서 이런 공부 이야기만 나오면 귀가 솔깃해지고, 이런 이야기만 하게 되고, 그런 곳만 찾아다니게 되고… 이러다 보면 마치 안개 속을 걸어가듯 조금씩 조금씩 젖어 들어가는 겁니다. 세간의 여러 가지 잡다한 일들에 관심을 가지는 게 아니라 늘 마음공부에 관심을 가지게 되면 자기도 모르게 조금씩 변화되어 가는 겁니다. 이게 마음공부의 실천이에요. 이렇게 관심과 애정을 가지고 하다 보면 변화가 오고, 그 관심과 애정이 아주 간절해지게 되면 어느 순간에 문득 이 자리를 확인하게 되고, 푹 쉴 수가 있는 건데, 이게 마음공부의 실천입니다. 마음공부 한다고 하면서 육체적으로 자기를 얽어매거나, 육체적인 행위에 의해서 마음공부가 이루어진다는 착각을 해서는 안 되는 겁니다. 마음은 마음을 통해서 열리는 것이지, 육체를 통해서 열리는 게 아니에요. 어디까지나 마음은 마음을 통해서 마음 스스로가 열리는 것이고 확인이 되는 것이지, 육체를 통해서 확인되는 게 아닙니다.

그렇기 때문에 수보리야, 보살은 마땅히 일체의 모양을 떠난다…

모양을 떠난다는 것은 따라가지 않는다는 겁니다. 말이나 보이는

415

것을 안 따라가면 여기가 바로 모양을 떠난 곳이고, 바로 마음 자리이고, 내가 있는 곳이고, 적멸한 곳입니다.

그래서 "수보리"란 말을 듣고, 수보리가 '이것은 내 이름이구나' 하고 따라가 버리면 수보리는 부처님에게 한 대 맞아야 됩니다. "수보리"란 말을 듣고서 "수보리"란 말이 곧 자기 자신임을 깨닫는다면, 바로 일체의 모양을 떠난 자리입니다.

위없이 바르고 평등한 깨달음을 얻고자 하는 마음을 낸다면 마땅히 색에 머무르지 않고 마음을 내어야 하며, 소리에, 냄새에, 맛에, 촉감에, 법에 머무르지 않고 마음을 내어야 한다…

머물지 않고 마음을 낸다… 마땅히 머무름이 없는 마음을 내어야 한다. 머무르지 않고 마음을 내어야 한다고 그랬는데, 조심해야 할 것이, '머무르지 말자'라는 그 생각에 머물러 있으라는 것은 아닙니다. 사실 우리의 마음은 항상 활동하고 있는데, 이 마음은 사실 어디에 머물러 있는 것이 아닙니다. 마음이 어디에 머물러 있다고 하더라도 사실은 거기에 머물러 있는 게 아니에요.

눈으로 보는 게 마음이고, 귀로 듣는 게 마음이고, 입으로 말하는 게 마음이고, 코로 냄새 맡는 게 마음이고, 붙잡거나 걸어 다니는 게 마음이거든요. 그러니까 마음 아닌 게 없어요. 머물러 있는 게 없습니다. 그런데 우리 스스로가 머무름을 찾고, 어딘가에 자꾸 머물려고 하고 있습니다. 자꾸 어떤 모양에 머물려고 하고 있어요. 머무른 다는 게 다른 게 아니라 생각을 하고 있다는 겁니다, 생각을… 생각

416

을 해서 자꾸 그 생각에 의지하려고 하는 겁니다.

예컨대 '수보리'라는 이름이 있다고 합시다. 우리는 '수보리'라는 이름을 생각해서 머물러 있는데, 그런데 과연 '수보리'라는 이 말이 어디에 있는 것이냐? '수보리'라는 이름, 이 말이 어디에 있는 것이냐 이겁니다. "수·보·리" 이렇게 하거든요? "수·보·리"… 여기 어디에 머무는 데가 있습니까? 그냥 "수·보·리"라고 하고 있을 뿐이죠? 이것은 마치 연필을 가지고 '수, 보, 리'라고 쓰는 것과 같습니다. 수, 보, 리… 글자를 다 쓰고 보면 '수보리'라는 글자가 보이겠지만, 우리는 지금 어느 지점에 있습니까? 연필로 '수보리'라는 이름을 쓰는 매 순간 매 순간의 써 나가는 지점에 있거든요. 그러니까 '수' 자를 쓰든, '보' 자를 쓰든, '리' 자를 쓰든, 연필로 써 나가는 그 지점에는 '수보리'가 없어요. 머무르지 않고 계속해서 글을 쓰고 있을 뿐이에요. 우리는 이 순간에, 항상 이 순간에 있거든요. 그런데 망상이란 게 뭐냐 하면 생각으로써 '수보리'를 쓰기 전부터 '수보리'란 이름을 다 써 놓고 있는 겁니다. 쓰는 이 순간에 있지를 못한다 이겁니다.

사실은 머무름이 없는 거예요. '수보리'란 이름을 말하는데, 여기 어느 순간에 머무름이 있습니까? 어느 순간에도 머무름이 없어요. 사실은… 어떤 생각을 하든, 어떤 행위를 하든, 무엇을 하든지 간에 늘 움직이고 있을 뿐이지, 머물러 있는 순간이 없어요. 그런데 스스로가 생각으로 '수보리'라는 이름에 딱 머물러 있는 거예요. 그래서 그것을 망상이라고 하는 겁니다.

머무름 없이 마음을 내라고 하지만, 사실 머무름 없이 마음이 나오고 있을 뿐이지 머물러 있는 마음은 없는 겁니다. 없는데 우리 스스로가 망상을 일으켜서 머물러 있는 거죠. 알고 보면 사실은 망상조차도 머물러 있는 것이 아닙니다. 이게 참 희한해요. 어떻게 이렇게 뒤집어져 있는지… 이해할 수가 없는 겁니다.

…마땅히 머무름이 없는 마음을 내어야 하느니라. 만약 마음에 머무름이 있다고 하더라도 곧 그것은 머무름이 아니니라…

머물러 있지 않습니다. '내가 머물러 있다'라는 이 생각 자체가 이미 머물러 있지 않은 것입니다. 육체는 머무를 수가 있지만, 마음은 머무를 수가 없어요. '머물러 있다' 이 자체가 머물러 있지 않은 겁니다.

그런 까닭에 부처님께서는 '보살의 마음은 색에 머무르지 않고 보시를 해야 하느니라' 라고 하셨느니라…

머무름이 없죠. 예컨대 "나는 머물러 있다"라는 말이나 생각조차도 머물러 있습니까? 나·는·머·물·러·있·다··· 여기 어디에 머물러 있습니까? 전혀 머물러 있는 데가 없어요. 머물러 있지 않으면서 이상하게도 자꾸 머물러 있으려고 하고, 머물러 있다는 착각에 빠져 있는 겁니다. 언제든 머물러 있을 수 있는 순간은 없습니다.

수보리야! 보살은 일체 중생을 이익 되게 하는 까닭에 마땅히 이와 같이 보시를 하느니라.

머무름이 없기 때문에 모든 곳에 이익이 미칠 수 있다… 그렇죠? 머물러 있다면 이 세상은 마치 꽁꽁 얼어 버린 얼음처럼 시간과 공간이 멈춰 버리고 아무런 일도 있을 수가 없겠죠? 그런데 보다시피 봄이 되면 벚꽃도 피고, 새가 지저귀고, 날씨가 변하고, 시일이 흐르고, 생각도 변하고, 육체도 변하고… 모든 것이 변해 갑니다. 머물러 있는 게 아무것도 없어요. 그러니까 삼라만상의 온갖 법이 다양하게 나타날 수가 있는 겁니다. 머무르지 않기 때문이죠. 머무름이 있으면 그런 일이 있을 수가 없습니다. 머무름이 없기 때문에 일체 중생을 다 이익 되게 하는 거죠.

그러므로 여래께서 말씀하시기를, 모든 모양은 곧 모양이 아니니라…

끊임없이 이 방편을 쓰고 있습니다. 머무르지 않는다는 그 말에 머물러 있을까 봐 머무르지 않는다는 그 말도 말일 뿐이다. '머무르지 않는다'는 '머무르지 않는다'가 아니라 말일 뿐이다… 어떤 견해, 어떤 생각에도 머물러 있어선 안 되는 겁니다. '아, 모든 것은 무상하게 흘러가 버리는구나, 아무것도 머물지 않는구나!'라는 견해를 갖게 되면 또 그 견해에 머물러 있게 되는 거예요. 그러니까 어떤 견해도 세울 수가 없는 겁니다. 견해로써 이해할 수는 없는 겁니다.

이것이《금강경》의 아주 좋은 방편이에요. 실컷 말해 놓고는 그것을 탁 부정해 버려요. 왜? 견해를 가질까 봐… 그런데 사실은 이런 방편을 쓸 수밖에 없어요. 왜냐하면 말을 안 하면 설법을 할 수가 없고, 말을 통해 설법을 하다 보면 말에 끄달려 버리니까… 설법을 끝내기 전에 반드시 자기가 한 말을 부정해 버려야 해요. 내버려야 해요. 그러니까 실컷 말을 들어 놓고는 그 말을 싹 다 잊어버려야 해요. 잊어야지 또 말에 끌려가 버리면 견해를 세우는 데 불과하니까 역시 안 되는 겁니다.

그러니까 말에 있지 않습니다. 간절하게, 간절하게 하다 보면 스스로가 통달해 버리는 것이지, 말에 있는 게 아니에요.

또 말씀하시기를, 일체 중생은 중생이 아니니라…

'중생을 이익 되게 한다' 해 놓고 '중생은 중생이 아니다' 이겁니다. 중생이란 말에 또 속으면 안 된다 이겁니다.

수보리야! 여래는 이처럼 참되게 말하는 사람이요, 실제 그대로를 말하는 사람이요, 있는 그대로(如如) 말하는 사람이요, 속이지 않고 말하는 사람이요, 바꾸지 않고 말하는 사람이니라…

여래의 말은 언뜻 보면, '중생을 이익 되게 하라' 해 놓고는 '중생은 중생이 아니니라' 이러거든요? 종잡을 수 없는 말이잖아요? 그렇게 생각할까 봐 다짐을 하는 겁니다. 여래의 말씀은 진실한 말씀이다⋯ 듣는 사람이 이해를 못 한다면 스스로의 어리석음을 탓해야지, 여래가 거짓말을 하고 있다고 하면 안 된다 이겁니다. 자기가 모르면 모르는 사실을 분명하게 인식을 해야 하는 거예요.

사실은 모르는 게 공부를 잘하는 거예요. '나는 좀 알겠다.' 이래 가지고 견해를 딱 세우면 공부가 되는 게 아닙니다. 어떤 것도 몰라야 됩니다. 아무것도 모르면서 편안해져야 하는 겁니다. 그럴 때 비로소 공부가 조금씩 진전이 있는 겁니다. 스스로의 견해로는 알 수가 없는 거니까, 모른다는 사실을 인정해야 합니다. 견해로는 도대체 알 수가 없다 이겁니다. 견해로, 내 생각으로, 지식으로 알 수가 없다면, 직접 체험하고, 맛보고 하는 것밖에는 길이 없는 거예요. 그런 체험과 맛봄이 안 되면 모르는 겁니다. 그러면 모르는 상태로 손을 놓아 버려야지, 견해를 가지고 주장하면 안 되는 겁니다.

> 수보리야! 여래께서 얻은 이 법은 진실한 것도 아니고, 헛된 것
> 도 아니니라⋯

또 '여래의 말은 모두 진실한 말이니까 그대로 믿어야지' 할까 봐, 여래의 말은 진실한 것도 아니고 헛된 것도 아니다⋯ 우리가 견해를 어떤 식으로든지 만들까 봐 계속 쳐 내는 겁니다. 여래의 말은 진실한 말이고, 너 스스로가 어리석어서 이해 못 하니까 여래의 말을 부정하면 안 돼! 이래 놓고는 또 뭐라고 하냐면, 여래가 말하는 이것은 진실한 것도 아니고, 헛된 것도 아니다⋯ 진실하다고 생각해서도 안 되고, 헛되다고 생각해서도 안 된다 이겁니다.

수보리야! 보살의 마음이 법에 머물러서 보시를 한다면 이 사람은 마치 어둠 속에 들어가서 아무것도 보이지 않는 것과 같느니라. 그런데 만약 보살의 마음이 법에 머무름이 없이 보시를 행한다면 이 사람은 마치 눈을 뜨고 밝은 햇빛 아래서 여러 가지 색깔을 보는 것과 같느니라…

견해라는 장애물이 눈앞에 없으면, 모든 것이 있는 그대로 드러납니다. 그런데 진실하다, 헛되다, 이것이다, 저것이다, 옳다, 그르다… 이런 식으로 온갖 말과 생각이라는 견해가 눈앞에서 장애물이 되어 있는 동안에는 실재를 못 보는 겁니다. 그러니까 옳다 해도 안 맞고, 그르다 해도 안 맞고…《금강경》다 읽고 나면 아무 생각이 없어야지, '《금강경》의 진리는 이것이다' 하면 안 됩니다. 아무 생각이 없지만 또렷또렷한 것이 있어야 돼요. 법은 또렷또렷하고 명명백백한 겁니다. 생각으로 가려지면 오히려 깜깜해요. 또렷또렷하게 되어야 하는 겁니다. 법에 머무른다는 것은 생각을 가지고 있다는 것이거든요. 생각을 가지게 되면 캄캄하고, 생각을 싹 없애 버리면 또렷또렷하고 밝은 겁니다.

수보리야! 미래세의 선남자 선여인이 이 경전을 받아 지니고 독송한다면 곧 여래가 부처의 지혜로써 이 사람을 다 아시고 다 보시나니 모두가 한량없고 끝없는 공덕을 이루느니라…

이 경전이란 게 뭐냐? 바로 이것을 이야기하는 겁니다. 마음! 이

마음을 알면, 법을 알면 여기에는 무량 무수한 공덕이 갖춰져 있습
니다. 여기에 다 있는 겁니다. 여기!

15
경을 지니면 공덕이 있다 持經功德分

"수보리야, 만약 선남자나 선여인이 아침나절에 갠지스 강의 모래알과 같은 수효의 몸으로 보시하고, 점심나절에도 갠지스 강의 모래알과 같은 수효의 몸으로 보시하고, 저녁나절에도 갠지스 강의 모래알과 같은 수효의 몸으로 보시하여 이렇게 한량없는 세월 동안 보시하더라도, 다른 사람이 이 경전을 듣고 믿는 마음으로 거스르지만 아니하여도 그 복이 저 보시한 복보다 더 많거늘, 하물며 이 경을 쓰고 받아 지니고 읽고 외우고 남에게 일러 주기까지 함이겠느냐? 수보리야, 간단히 말하면 이 경에는 말할 수 없고 생각할 수 없고 측량할 수도 없는 많은 공덕이 있나니, 여래는 대승의 마음을 낸 이를 위하여 이 경을 말하며, 가장 높은 마음을 낸 이를 위하여 이 경을 말하느니라. 만일 어떤 사람이 이 경전을 받아 지니고 읽고 외우고 여러 사람들에게 일러 준다면, 여래는 이 사람을 다 알고 보나니, 모두가 한량없고 말할 수 없고 끝없고 생각할 수 없는 공덕을 이룰 것이며, 이런 사람은 여래의 위없는 평등하고 바

424

른 깨달음을 감당할 것이니라. 왜 그러한가? 수보리야, 소승법(小乘法)을 좋아하는 이는 아상·인상·중생상·수자상의 소견에 집착되므로 이 경을 듣지도 못하고 읽고 외우지도 못하고 남에게 일러 주지도 못하기 때문이니라. 수보리야, 이 경이 있는 곳이면 어디나 온갖 세간의 중생·하늘사람·아수라들이 공양을 올리리니, 이곳은 곧 부처님의 탑과 같으므로 모두가 공경히 예배하고 돌면서 꽃과 향을 그곳에 흩으리라."

"須菩提, 若有善男子善女人, 初日分以恒河沙等身布施, 中日分復以恒河沙等身布施, 後日分亦以恒河沙等身布施, 如是無量百千萬億劫以身布施. 若復有人聞此經典, 信心不逆, 其福勝彼. 何況書寫受持讀誦爲人解說? 須菩提, 以要言之, 是經有不可思議不可稱量無邊功德. 如來爲發大乘者說, 爲發最上乘者說. 若有人能受持讀誦廣爲人說, 如來悉知是人悉見是人, 皆得成就不可量不可稱無有邊不可思議功德. 如是人等則爲荷擔如來阿耨多羅三藐三菩提. 何以故? 須菩提, 若樂小法者, 著我見人見衆生見壽者見, 則於此經不能聽受讀誦爲人解說. 須菩提, 在在處處若有此經, 一切世間天人阿修羅所應供養. 當知此處則爲是塔, 皆應恭敬作禮圍繞, 以諸華香而散其處."

제목을 보면, 지경공덕분(持經功德分)이라⋯ 경전을 가지고 있는 것의 공덕에 관한 이야기다⋯ 경전을 가지고 있는 공덕. 우리가 보통 상식적으로 이해하자면, 경전이란 책을 말하는 거잖아요? 요즘은 물론 CD로도 나옵니다만, 책이나 CD를 가지고 있는 공덕, 이상하죠? 책이나 CD를 가지고 있는 것이 무슨 공덕이 있을까? 갖는다고 공덕이 있다는 얘기는 아니겠죠? 그렇다면 도대체 뭐가 경전이냐? 경전이 뭔지부터 알아야 경전을 지닌 공덕이 이해가 되는 겁니다.

경전이란 것은 뭐냐? 경(經)이라고 하는 것은 원래 부처님의 말씀을 모아 놓은 것을 말하죠. 그럼 부처님의 말씀은 그 내용이 무어냐? 부처님은 도대체 무엇을 말씀하시고 있느냐? 말씀이라고 하는 것은 글자를 가리키는 것은 아니죠. 글자가 아니라 그 말 속에, 즉 말하고자 하는 바가 뭐냐? 무엇을 말하고 있느냐 하는 그것이겠죠. 여기서 경전을 가지고 있다는 것은 부처님이 말씀하시고자 하는 그 무엇! 그것을 지니고 있는 공덕을 가리키고 있는 겁니다. 그러면 부처님이 무엇을 우리에게 이야기하고자 하느냐?

우리는 보통 '진리'라는 말을 들으면 평범한 사람들과는 별 관계 없는 이야기처럼 듣습니다. 성인이니 부처니 하면서 떠받들어 모시는 특별한 사람들이나 알 수 있는, 그런 미묘하고 현묘한 것이라고 알고 있습니다. 그런데 경전에서 부처님이 우리에게 말하는 내용은 그런 특별한 일이 전혀 아닙니다. 가장 평범하고 가장 당연한 일을 말하고 있습니다. 오히려 너무나 당연하기 때문에 우리 보통 사람들이 무관심하고, 흘려 버리고, 지나쳐 버리는 그것을 사실은 말하고 있는 겁니다.

그것을 우리가 '진리'다, '도'다, '법'이다… 이렇게 일컫기도 하고, 흔히 선(禪)에서는 그것을 '마음'이라고 하죠. 마음! 마음이란 말이 우리에게 가장 친근한 말인데, 진리라 하든, 도라 하든, 법이라 하든, 마음이라 하든 이름이야 다르지만 그 내용이야 다른 게 아니죠. 그런데 왠지 진리라 하거나, 도, 법이라고 하면 뭔지 모르지만 우리와는 멀리 떨어져 있는 것 같고, 마음이라고 하면 그래도 친밀감을 느끼죠. 그 까닭은 우리가 언어를 통해서 훈련받은 결과입니다. 그래서 '마음'이란 말이 가장 쓰기에 좋습니다. 왜냐하면 멀리 있는 느낌을 주지 않기 때문이죠.

그러니까 경전에서는 마음을 말하고 있는 것입니다. 그런데 마음이란 것을 놓고 보면 상식적으로 알고 있기로, 마음이란 것은 사람이라면 누구나 가지고 있는 것이 아닌가? 맞습니다. 사람이면 누구나 다 마음을 가지고 있습니다. 그런데 우리가 보통 알고 있는 마음이란 것은, 경전에서 우리에게 알려 주고자 하는 그런 의미에서의 마음과는 조금 다릅니다.

우리는 자기 마음을 다 알고 있다고 생각하고 있습니다. 심지어는 다른 사람의 마음까지 안다는 사람들까지 있어요. 그런 의미에서 마음이란, 사람마다 다 다르고, 내 마음 따로 있고, 네 마음 따로 있겠죠? 마음이란 말을 같이 쓰지만, 경전에서 말하는 마음이란 그런 뜻은 아닙니다. 결국 우리가 밝히고자 하는 것은, '네 마음 따로 있고, 내 마음 따로 있고'가 아닌, 모두에게 동일하게 갖추어져 있는 하나의 마음! 이것을 경전에서 말하고 있고, 이것을 우리가 밝히려고 하는 것입니다. 그럼 도대체 그것이 무엇이냐?

우리는 무엇을 밝혀서 알아낸다고 할 때는 대체적으로 지능을 사용합니다. 의식을 사용하죠? 지능을 사용해서 이것은 이것이고, 저것은 저것이고… 구분을 짓고, 이것과 저것을 차별시킴과 동시에 이것은 이것 나름대로의 동일성을 이야기하고, 저것은 저것 나름대로의 동일성을 이야기합니다. 이런 것을 우리는 판단, 사유라고 합니다. 그런 방식으로 알고 있는 마음은, 우리가 일반적으로 잘못 알고 있는 '내 마음', '네 마음' 하는 그런 마음입니다. 그것은 아니에요. 그런 식의 판단력을 사용해서는 실제 경전에서 우리에게 알려주고자 하는 그 마음을 알아낼 수 없습니다. 이 점이 사실 어려운 점입니다. 일반적으로 우리가 무엇을 안다고 하는 그런 방식이 아니다 이겁니다.

이것은 색다른 경험입니다. 일반적으로 우리가 경험을 통해서 무엇을 경험하고 안다는 것과는 다른 색다른 경험이에요. 이것은 책을 통해서 개념을 정립하는 것도 아니기에, 철학이라든지 일반 학문하고는 다릅니다. 그렇다고 우리가 물을 마시든지 무엇을 먹든지 해서 아는 그런 감각적 경험이냐 하면 그것도 아니에요. 사유를 통해서도 아니고 감각적인 경험을 통해서도 아닙니다. 그러면 막연하죠? 그러면 어떻게 할까요?

요컨대 어떤 식으로든지, 어떤 노력, 어떤 경로, 어떤 방식으로, 이렇게 하면 알 수 있다는 그런 방법은 없습니다. 그런 의미에서 이것은 상당히 막연한 것입니다. 사실 마음공부에서 돌파구란 스스로가 막연해져야 마련됩니다. '알겠다!' 하면 안 됩니다. 아는 게 아니라 막연해져야 하는 겁니다. 막연해지면 어떤 효과가 나타나느냐 하면, 의식적으로 하는 것은 어떻게도 할 방법이 없으니까 막연하고 답답해지죠? 막연하고 답답하지만 그것을 알고자 하는 욕망은 있거든요? 알고자 하는 욕망, 그것이 막연하고 답답한 상황에서 스스로 돌파구를 찾아내게 되어 있습니다. 의식이 하는 것이 아니에요.

그래서 내 의식으로 조작하는 것이 아니기 때문에 막연하고 답답한 상황에서 진리를 알아야겠다는 욕망에 가득 차 있다 보면 어느 순간에 스스로 돌파구가 열리는데, 그렇게 돌파구가 열리면 의식적인 노력은 필요 없이 모든 일에 저절로 밝게 되는 겁니다. 의심이 없어지고, 이 근원이 뭔가, 소위 마음이 뭔지를 체험할 수가 있습니다. 돌파구가 열린 것인데, 마음이란 것이 뭔가에 대한 스스로의 자각이 이루어지는 겁니다.

이것을 경험하면 남이 그 경험을 검증해 주는 것이 아니란 것을 압니다. 검증해 줄 어떤 틀이 있는 것도 아니에요. 스스로가 명확하게 경험하는 것입니다. 세속의 경험과 이 경험의 차이점이 뭐냐 하면, 보통의 세속적 경험은 항상 생기고 사라집니다. 생기고 사라지는 것이란 내 것이 아니에요. 어떤 인연을 통해서 상대적으로 주어지는 거예요. 본래 나에게 주어져 있는 게 아니라, 어떤 인연을 통해서, 어떤 계기를 통해서 일시적으로 나타나고 사라지는 게 보통의 경험입니다. 새로운 계기나 인연을 통해서 나타나고, 시간이 지나면 사라져 버려서 남아 있지 않고 잃어버리게 되죠.

그런데 이 깨달음의 경험은 그런 게 아니고, 본래 당연한 것입니다. 경험하는 순간 어떤 새로운 것이라는 생각이 드는 게 아니고, 너무나 당연하고 당연해서 현재 경험하는 이 사실에 대해서 조금도 '야! 이게 이런 것이구나!'란 생각이 들지 않아요. 그냥 당연할 뿐이지… 그렇게 당연하니까 마음이 들뜨는 게 아니라 가라앉아 버려요. 안정이 되는 겁니다. 어떤 새로운 것이 오면 마음이 들떠서 그것을 따라가고 살피게 되는데, 이 경험은 탁! 하는 순간에 이제까지 들떠서 무엇을 찾아다니던 마음이 싹 가라앉아 버려요. 안정이죠. 육체적으로도 의식이 가라앉아 버리니까 호흡이 아주 안정이 됩니다. 자기 존재에 대한 확인이니까 전혀 의심이 없어요. 전혀 새롭지도 않고, 그래서 누구에게 확인해 볼 이유가 없는 겁니다.

그러나 보통 우리의 의식이라고 하는 것은 들떠 있습니다. 들떠서 바깥으로 무언가를 자꾸 찾으려고 해요. 우리의 감각 기관만 밖으로 향해 있는 것이 아니라, 우리의 의식 자체가 항상 밖으로 향해 있습니다. 그래서 항상 들떠 있어요. 자기 존재를 발에 딛고 있으면서도 무시하고 자꾸 밖으로 헤맵니다. 그래서 항상 불안정한 상태죠. 그런데 이 마음을 경험하게 되면 지금까지 밖으로만 향하던 관심사가 이제 자기 존재로 향하죠. 우리가 보통 알고 있는 자기 자신은 진짜 자기 자신이 아니라 바깥에 있는 겁니다. 자기가 밖으로 형성한 자기에 대한 아상(我相)이에요. 보통 자기에 대한 관심이란 것은, 우리가 의식이란 스크린 위에 형성해 놓은 상(相)입니다. 진짜 자기 존재를 확인한 그런 경험을 하게 되면 이제는 밖의 일에는 관심이 없어져요. 안으로 안정이 됩니다.

그런 안정의 경험을 삼매(三昧)라고 합니다. 진정한 의미에서의 선정(禪定)이 그런 거죠. 정신을 어디 집중해서 모으고 있는 게 삼매가 아닙니다. 그런 것도 밖을 향해서, 바깥의 어느 지점에 관심을 집중시키는 것이죠. 이 체험은 자기 존재 그 자체로서 안정이 되는 겁니다. 그때부터 진짜로 '아하, 이게 바로 법이라고 하는 것이구나! 이게 마음이구나!' 이런 확인이 되고, 그때부터 비로소 공부라는 것이 시작되고 진행될 수 있습니다. 그전에는 공부라기보다는 암중모색(暗中摸索)이죠. 도무지 어디에 발을 붙일지 알 수 없어 헤매는 것일 뿐입니다. 자기 자리에 발을 붙이고 난 다음, 그 자리에서 확고부동하게 본래 자기가 되는 것! 이게 공부죠.

마음공부에 여러 가지 안내서들이 많이 있지만, 일단 자기를 확인하는 경험이 첫째 관문입니다. 그 경험을 통해서 자기 존재에 대한 확인을 하고… 그러나 확인했다고 해서 거기서 끝나는 것은 아닙니다. 계속 밖으로 찾아 헤매던 버릇이 남아서 항상 안정이 돼 있는 것은 아닙니다. 언제든지 다시 들뜨려 하기 때문에, 그것에 익숙해져서 안정되어 가는 과정이 상당 기간 필요합니다.

그렇다면 왜 그런 안정이 우리에게 필요한가? 왜 우리는 마음공부를 해야 하느냐? 여기에 대해서는 제가 말씀드릴 게 없어요. 굳이 이야기를 한다면 그것이 진짜 자기 존재에 대한 확인이기 때문이지 다른 이유는 없는 겁니다. 돈이 나오는 것도 아니고, 명예를 얻는 것도 아닙니다. 어떤 특별한 기쁨이 있다고 하는 사람들도 있는데, 그것은 거짓말입니다. 기쁨과 슬픔이란 것은 인연 따라 생기는 겁니다. 본래의 내 존재 그 자체는 기쁨도 없고 슬픔도 없습니다. 실제 이 자리에서는 우리가 보통 세속적인 가치라고 할 만한 것이 없어요. 세속적인 가치란 것은 인연에 따라서 주어지는 것이기 때문에… 그래서 특별하게 이것을 왜 공부해야 하느냐? 그런 이유는 없고, 꼭 이야기하자면 사람이니까 자기 존재가 무엇인지는 알아야 하지 않느냐? 이 정도의 대답이 있을지 모르겠습니다.

자, 그러면 이 경험을 통해서 우리가 확인해야 할 마음이란 것은 어떤 것이냐? 설법이란 이것에 관해 말씀드리는 것이지요. 우선 설법을 듣다 보시면 견해가 바로잡히고, 견해가 바로잡히면 공부의 길을 바르게 갈 수가 있어요. 마음이란 게 우리가 보통 알고 있는 마음과 왜 다른가 하면, 인간은 인간의 형태를 가지고 태어나는 순간부터 죽을 때까지 삶의 기간 동안 많은 변화를 겪습니다. 육체의 성장뿐만 아니라 의식도 여러 가지 교육과 경험을 통해서 변화를 겪게 됩니다. 그래서 금방 태어난 아이와 열 살, 스무 살, 서른 살, 예순, 팔십 … 전혀 같지가 않아요. 같은 구석이 없습니다. 개인만이 아니라 사람과 사람을 비교해 봐도 다르죠?

그런데 보통 우리는 경험과 교육을 통해서 새롭게 바뀌는 의식을 자기 마음이라고 알고 있습니다. 의식이라고 하는 것은 경험의 뭉치입니다. 그것을 우리는 스스로의 '나'라고 알고 있습니다. 그러나 따지고 보면 그것은 우리가 태어난 이후에 새롭게 얻은 것들이에요. 우리 의식이라고 하는 것은 태어난 이후에 다양한 자극과 경험을 통해서 새롭게 얻은 것이지, 날 때부터 가지고 있었던 것은 아니에요. 얻은 것은 본래 내 것이 아닙니다. 교육을 통해서 얻건, 노력을 해서 얻건, 얻은 것은 본래 내 것이 아니죠.

그런데 성인들이 말하고자 하는 마음이란 것은 본래 날 때부터 갖추어져 있던 것으로서 얻은 게 아닌 것, 본래 내 것! 이것이 순수한 내 존재죠. 태어난 이후에 어떤 채색이 된 것이 아니라 본바탕 그대로… 그러니까 배우거나 경험을 통해서 얻은 것이 아니고 본래부터 가지고 태어난 것입니다. 그것은 한 살 때나, 열 살 때나, 스무 살 때나, 팔십 살 때나 전혀 다르지 않습니다. 내가 인간으로서 노릇을 할 동안에는 동일한 거죠. 그래서 《반야심경》에 나오듯이 불생불멸(不生不滅), 생겨나는 것도 아니고 없어지는 것도 아니에요. 부증불감(不增不減), 늘어나는 것도 아니고 줄어드는 것도 아니에요. 불구부정(不垢不淨), 깨끗해지는 것도 아니고 더러워지는 것도 아니에요. 이것이 성인들이 우리에게 말해 주고자 하는 마음이다 이겁니다.

우리의 의식이라고 하는 것은 처음에 가지고 태어난 바탕 위에다가 그림을 그리듯이 채색을 하는 것입니다. 지금 우리가 '나'라고 하는 의식을 가지고 있는데, 이 '나'라고 하는 의식은 내가 가지고 태어난 기본 바탕 위에 채색된 것이지 기본 바탕 그 자체를 가지고 '나'라고 하고 있는 것은 아니에요. 기본 바탕 거기에는 차별적인 아상(我相) 같은 것이 없는 겁니다.

백지 상태 위에 채색을 해 온 것이 현재 우리의 의식입니다. 채색이 된 것들만 우리에게 보이는 겁니다. 그런데 부처님이 우리에게 보라고 요구하는 것은 채색이 안 된 밑바탕을 보라고 하는 것입니다. 색깔로서 구분하던 버릇만 들어 있는데, 그 밑바탕인 백지를 보라고 하면 이제까지 색깔만 보아 오던 방식으로서는 볼 수가 없는 거예요. 즉 의식으로서는 아무리 해도 할 수 없다는 말씀을 드리는 겁니다.

그렇다고 아무런 방법이 없느냐? 그건 아닙니다. 앞의 이야기들은 어디까지나 비유고, 우리는 죽어 있는 종잇조각인 도화지와는 다른 살아 있는 사람입니다. 단적으로 이야기하자면, 지금 이렇게 의식이 어쩌고, 도화지가 어쩌고, 그림이 어쩌고 하면서 설명하는 자체가 결국 뭡니까? 살아 있는 도화지로서의 내가, 살아 있는 의식으로서의 내가 지금 끊임없이 새로운 그림을 그리고 있는 겁니다. 결국 우리는 자기 스스로를 직접 경험할 수 있는 겁니다.

그림을 통해서가 아니고 현재 그림을 이렇게 그리고 있는 나 자신을 바로 직접 경험할 수 있습니다. 이것이 바로 내 존재거든요! 이것이 바로 성인들이 말씀하시는 마음입니다. 그려져 있는 그림을 보는 게 아니고, 지금 이렇게 끊임없이 그림을 그리고 있는 자신을 직접 본다… 그것을 우리 선종(禪宗)에서는 '직지인심(直指人心)'이라고 하는 것입니다. 사람의 마음을 바로 가리켜서 바로 체험한다 이겁니다. 어려운 것은 없습니다. 그런데 왜 어려운가? 결국 우리가 지금까지 그림을 그리고 있는 자기 자신은 보지 않고, 끊임없이 그려져 있는 그림만 봐 왔던 버릇 때문에 보려고 해도 볼 방법이 없었던 겁니다.

그림이란 것은, 이건 이거고 저건 저거고… 분별을 하는 거죠. 그게 다인 줄 알지, '이건 이거고, 저건 저거고' 하고 있는 이것 자체를 바로 탁 경험하는 것은 한 번도 겪어 본 적이 없기 때문에 이 경험이 아주 생소한 거죠. 스스로가 지금 이렇게 의식이라는 도화지 위에 그림을 그리고 있는데, 계속 새로운 그림들이 그려지는데 결국 그림을 그리고 있는 손은 항상 동일한 손이에요. 이 손은 항상 여기서 이렇게 계속 붓질을 하고 있는데, 우리의 눈은 손을 보는 게 아니라 그 붓끝에서 나타나는 그림만 보고 있다 이겁니다. 붓끝에 나타나는 그림을 보지 말고, 지금 이렇게 붓질하고 있는 손을 체험하는 것이 바로 이 공부입니다. 아까 제가 경험하는 것이 첫 관문이라는 것이 바로 이것입니다.

좇아가면 그 대상의 노예가 되어서 자기를 상실해 버려요. 그것이 바로 보통 사람들의 정신 상태입니다. 그래서 늘 들떠 있으면서 바깥으로만 좇아가는 겁니다. 그런데 좇아가지 않으려고 한다면, 이 보이지 않는 바탕인 자기가 나타나야 되는 거죠. 그것이 여기에서 말하는 마음이라고 하는 겁니다.

"마음이 뭡니까?" 하고 물어보면 그냥 턱 보여 주는 겁니다. (손을 올리며) 이것은 제 마음을 보여 주는 것이 아닙니다. (손을 올리며) 여러분 보이죠? 모든 사람의 마음이 바로 여기(손을 흔들며)에 있는 겁니다. (손을 흔들며) 여기에 있는 거예요. 다른 데 있는 게 아닙니다. "마음이 뭡니까?" "이것입니다!" (손을 올리며) 여기에 우리 모든 사람들의 마음이 살아 있는 거예요. 여기서 확인이 되는 거 아닙니까? 어디서 확인되겠습니까? 다른 데서 확인되는 게 아니거든요.

색즉시공(色卽是空)⋯ 마음이란 것은 보이지 않기 때문에 공(空)이라는 말로 표현하는 겁니다. 하지만 색과 공이 다를 게 없습니다. 색을 통해서 항상 확인되는 거예요. 색은 곧 공이다… 색을 통해서 바로 확인되는 것이다…

이렇게 듣다 보면 자기도 모르게 탁 하고 체험할 수가 있습니다. 그런데 그러려고 한다면 정말 이것을 깨닫고자 하는 아주 간절한 소망이 있어야 하는 겁니다. 그 소망의 강도에 따라서 이것을 체험하는 시기가 빨리 올 수 있고 늦게 올 수 있고, 체험의 강도(强度)도 소망의 강도에 따라서 달라지는 겁니다. 한 번 만에 크게 깨달을 수도 있고, 조그맣게 체험한 다음 확장될 수도 있습니다. 깨닫고자 하는 가슴속의 갈증이 어느 정도냐에 따라서 달라집니다. 그렇게 해서 체험하면 그때부터 공부가 재미있어집니다. 그전에는 답답하고, 갑갑하고, 뭐가 뭔지 재미가 없죠. 우선 말씀드릴 것은 의식적으로는 절대 알 수 있는 것이 아니라는 겁니다. 그래서 '탁' 하는 순간에, 의식이 아닌 체험이 있습니다. 그런 체험이 와야 돼요. 의식적으로가 아니고 체험이 옵니다.

경(經)이라고 하는 것은 바로 이것! 금방 태어난 어린애나 팔십 먹은 노인이나 모두 '이것'으로 살아가는 것이고, 사람이 하는 모든 활동은 모두 '이것'이 하는 겁니다. 금방 태어난 어린애가 아직 눈도 뜨기 전에 입을 벌리고 울고, 버둥거리고, 조금 있으면 눈도 뜨고, 젖을 물리면 빨고 그러죠. 그게 전부 '이것'이 하는 거예요. 그것이 육체가 변화하게 되면서 점차 그 육체의 변화에 따라서 다양한 방식으로, 말하자면 인연에 응해서 다양하게 활동하는 겁니다.

그러니까 모든 공덕은 이것 하나에 있는 겁니다. 다른 데 있는 게 아니에요. 이것 하나가 모든 공덕을 책임지고 있는 거예요. 그러니까 이것 하나가 근원이라고 하는 겁니다. 이것 하나만 통달해 버리면 됩니다. 그런데 통달되기 전에는 어떤 상태냐 하면, 스스로 행하면서도 분별을 따라가는 겁니다. 예컨대, 시계를 본다 이겁니다. 지금 몇 시냐 하면서. 시계가 몇 시냐 하는 게 중요한 게 아니라, 시계를 보고, 시간을 확인하고, 이렇게 다 드러나 있는데도, 우리는 몇 시냐 하는 분별에만 관심이 있거든요. 사실은 모든 것이 그런 식이죠.

사실 우리는 불교에서 말하는 오온(五蘊), 즉 육체(色), 느낌(受), 관념(想), 욕망(行), 의식(識)… 이것들의 노예 아닙니까? 육체를 언제 우리가 이겨 본 적이 있습니까? 육체가 요구하는 대로 다 해야지… 그게 노예죠. 느낌? 느낌이 요구하는 대로 해야지 상쾌하게 살지 안 그러면 불쾌해서 못 살죠? 관념도 마찬가지 아닙니까? 욕망, 의식도 마찬가지고… 우리는 전부 이것들의 노예인데, 사실은 육체를 쓰는 것도 이것이고, 느끼는 것도 이것이고, 관념도 마찬가지고, 욕망, 의식도 마찬가지예요.

오온이 말(馬)이라고 한다면, 육체, 느낌, 관념, 욕망, 의식이라는 다섯 마리 말을 손아귀에 쥐고 있으면서 그 말을 부리지 못하고, 도리어 말에 끌려다니는 형국이거든요. 이것을 체험하면 이것을 부릴 수 있는 능력을 가지게 됩니다. 그러니까 훨씬 자유로운 거죠. 관자재보살에서, 자재(自在), 자유라고 하는 것은 어디에도 구속받지 않고 해방되어 있는 것을 말합니다. 그것을 불교에서 해탈(解脫)이라고 하는데, 해방(解放)이죠. 해방감! 이 공부가 주는 기쁨이 있다면 해방감! 육체의 요구에서도 상당 부분 해방될 수 있습니다. 나는 실제로 하기 싫은데 육체가 요구하는 것 있잖아요? 그런 것에서 상당한 수준까지 해방됩니다. 의식도 마찬가지고, 욕망도 마찬가지예요. 말하자면 이 공부를 통한 효과를 말한다면 그런 것을 말할 수 있습니다.

수보리야, 만약 선남자 선여인이 아침에 갠지스 강의 모래알과 같은 수효의 몸을 가지고 보시하고, 점심때에도 갠지스 강의 모래알과 같은 수효의 몸을 가지고 보시하고, 저녁때에도 갠지스 강의 모래알과 같은 수효의 몸을 가지고 보시해서 이와 같이 무한한 세월 동안 보시하더라도 만약 어떤 사람이 이 경전을 읽고 믿는 마음으로 거역하지 않는다면 그 복덕이 앞의 복덕보다 뛰어나거늘 하물며 이 경전을 베껴 적고, 받아 지니고, 외우고, 남을 위해서 해설해 준다면 그 복덕이야 말할 것도 없느니라…

경전의 문장 그대로의 뜻은, 이 몸을 가지고, 노력봉사를 하든, 몸 그 자체를 던져 버리든… 갠지스 강의 모래알과 같은 몸을 가지고 헤아릴 수 없는 무량한 세월 동안 한다고 했는데… 이런 것들은 아까도 말씀드렸듯이 어떤 사실적으로 가능한 이야기를 하는 것은 아닙니다. 경전의 말이라고 하는 것은 어디까지나 이 법을, 진리를 가르치기 위한 하나의 방편입니다.

수없이 많은 몸을 가지고 수없이 많은 세월 동안 보시를 한다 하더라도, 그것보다는 이 경전을 듣고서 믿는 마음이 깨끗해서 거역하지 않기만 한다면 그것이 더 뛰어나다 이겁니다. 그러나 세간적인 입장에서 보자면 이것은 전혀 안 맞죠? 경전을 듣고서 믿는 마음으로 거역하지 않는다는 것은 단순히 내면적이고 개인적인 문제고, 몸을 던져서 보시를 한다는 것은 봉사하는 것 아닙니까? 베푼다⋯ 남을 위해 베푼다⋯ 세속적으로 볼 때는 그게 훨씬 낫다 이겁니다. 그런데 경전에서는 가치 판단이 다르잖아요? 수많은 사람들이 수많은 세월 동안 남을 위해 봉사하는 것보다 경전 한 번 듣고, 그것을 딱 믿어 버리고, 거역하지 않고⋯ 그게 훨씬 낫다 이겁니다. 그럼 도대체 왜 이런 말을 하느냐?

'이 경전을 듣고서 믿는 마음으로 거역하지 않는다'라고 하는 것은, 말하자면 이 법을, 도를, 진리를 자기가 실감하고 그것을 믿고서 그것의 가치를 확실하게 아는 겁니다. 《금강경》 앞부분에서도 이런 이야기가 많이 나왔습니다만, 수없이 많은 몸을 가지고 수없이 많은 세월 동안 봉사한다⋯ 물론 봉사 활동이란 것도 사회적으로, 세속적인 가치에선 대단히 중요한 거죠. 그러나 아무리 자기를 희생해서 오랜 세월 동안 봉사를 한다 하더라도 법을 아는 것과 뭐가 차이가 있느냐 하면, 나를 희생해서 수없이 많은 몸을 가지고 수없이 많은 세월 동안 봉사를 한다고 하는 것은 어디까지나 차별심 위에서의 일이자, 분별심 위에서의 일이고 의식 위에서 하는 일입니다. 아까 말했듯이 그림 위에서 하는 일이라 이거죠. 그러니까 본질에는 들어가지 못한 거예요. 거기에 비하면 이 경전을 듣고서 이 경전에서 가르쳐 주는 진리를 믿고서 의심하지 않는다면, 아까 말했던 그림을 그리는 손을 아는 겁니다. 본질을 아는 거예요. 그러니까 훨씬 나은 거잖아요.

사실은 그런 가치 판단을 내릴 수도 없습니다. 왜냐하면 가치 기준 자체가, 남을 위해 보시한다는 것은 세속적인 일이고, 이 진리를 안다고 하는 것은 세속적인 일이 아니기 때문이지요. 가치 기준이 전혀 달라요. 그래서 서로 비교할 수가 없어요. 여기서 낫다고 하는 말은 그런 의미에서의 비교라기보다는, 자기 스스로를 구원하지 못한 자는 아무리 남을 위해 봉사한다 하더라도 스스로가 불행한 거예요. 세속적인 가치 판단으로 본다면 자기야 불행해지더라도 남을 행복하게 해 주면 훌륭한 일이죠.

그러나 법의 입장에서 보면 그것은 업(業) 짓는 일입니다. 좋은 일을 많이 해서 다음 세상에 하늘나라에 태어날 수 있을지는 몰라도 해탈은 못합니다. 그렇다고 한다면 이 마음공부라고 하는 것은 대단히 이기적이고 자기의 만족만을 위하는 것이라는 판단을 할 수가 있는데, 그런 식의 판단들은 전부 세속적인 가치관을 기준으로 해서 하는 판단입니다. 그래서 이 마음공부에 대해서, 이런 진리에 대해서 세속적인 가치 기준으로 판단을 해서는 결코 안 됩니다.

제가 말씀드리고 싶은 것은 어떤 것을 좋다 나쁘다 판단해서 행동하라는 것이 아니고, 그것보다도 이 공부를 권하는 이유가 유일하게 하나 있다면, 인간으로 태어나서 자기 존재의 실상을 한 번 아는 겁니다. 그것이지, 그 공부를 해서 뭐가 좋으냐? 뭐가 좋아지냐? 하면 대답하기 곤란해요. 그렇게 질문하는 사람은 세속적인 가치 기준을 가지고 질문하는 것이거든요. 세속적인 가치 기준으로 공부에 대해 좋다 나쁘다 이야기할 수는 없는 겁니다. 다만 인간으로 태어나서, 저는 그렇게 생각했어요. 옛날에 공부할 때 말이죠. '사람으로 한 번 태어났으면 인간이 갈 수 있는 어떤 근원적인 지점에는 가 봐야 되지 않겠나…'

예컨대 세속적으로 돈을 벌면 끝까지 벌고, 출세를 해도 끝까지 하는 그런 것처럼, 저는 그런 것보다는 인간이 할 수 있는 정신적인 문제에서 근원까지 가 봐야 하지 않겠나… 그래야 사람으로 태어나서 한평생 산 보람이 있지 않을까… 그렇게 생각했어요. 그랬지 다른 뭐, 이것을 해서 행복해진다… 그런 생각은 한 적이 없습니다. 사실 공부하는 동안에는 힘든 점도 많이 있습니다. 그리고 공부한 뒤에도 세속적인 삶에 충실하지 못하기 때문에 세속적으로는 여러 가지 힘든 점이 있습니다. 그러나 근원적인 것을 해결해 놓고 난 뒤의 스스로를 본다면, 더 이상 바랄 게 없구나 하는 생각이 들 겁니다.

'갠지스 강의 모래알만큼 많은 몸을 가지고서 수없는 세월 동안 보시한다'라고 하는 것은 세속적인 가치를 말하는 겁니다. 세속적인 가치는 아무리 많이 추구한다 하더라도 분별심의 한계 속에 갇혀 있는 겁니다. 그렇게 해 봐야 불교에서는 기껏해야 하늘나라에 태어날 수 있을 뿐이지 '해탈한다', '열반한다'고 이야기하진 않거든요. 그것은 왜냐? 업 짓는 일이기 때문이죠. 업! 좋은 업을 짓는 거지… 선업을 지을 뿐이다 이겁니다.

사실 따지고 보면, 갠지스 강의 모래알만큼 많은 몸을 가지고 수없는 세월 동안 봉사한다고 하는 것은 정말 있을 수 없는 일이잖아요. 마음공부는 그렇게 어려운 일을 요구하는 게 아니에요. 이 경전을 잘 듣고, 이 경전의 가르침을 정말 가슴 깊이 공감을 하고… '믿는 마음에서 거역하지 않는다.' 이것은, 스스로가 공감을 하고, 정말 그렇구나 공감을 하고서, '이게 맞구나!' 하고 확신이 있는 거죠. 그리고 이 믿음이 정말로 확고해서 흔들림이 없으려면 이 체험을 해야 되는 거예요. 체험을 하기 전에는 의심이 남아 있습니다. 자기 스스로가 확인을 못 해 봤기 때문에, '견성이니 깨달음이니 하는데 진짜 그런 일이 있을까?' 당연히 그 의심이 풀리지 않습니다.

자기가 체험을 하고 그 다음에 그런 체험을 한 사람들이 쓴 수많은 경전이나 책을 보면 자기와 동일한 체험을 이야기하고 있다는 것이 확인이 돼요. 그러면 '아, 나도 이 사람들하고 같은 경험을 했구나!' 그런 식으로 알 수가 있는 겁니다. 공부라면 끝없이 목표를 저쪽에 놓아두고 추구해 나가는 그런 게 아니고, 첫째 목표는 '이게 마음이다!' 하는 것을 경험하는 겁니다. 심우도에 나와 있잖습니까? 이렇게 소를 찾고, 찾은 다음에는 그 소를 잘 길들이는 겁니다. 그런 것이지, 끝없이 소를 찾아다니기만 하는 것은 아니에요.

믿는 마음이 투철해서 거역하지 않는다는 것은 자기가 직접 소를 찾아봐야 가능한 겁니다. 찾기 전에는 '소라는 게 진짜 있는가?' 의심이 되죠. 그러니까 직접 찾아봐야 정말 최고의 복이 되는 겁니다.

자, 그러면 이제 이것을 그렇게만 이야기할 게 아니라, 조금 다르게 말씀드려 볼게요. 왜 이 복이 최고라고 하느냐? 이 '소'라는 게 뭐기에 그러느냐?

사실 우리는 소 등 위에 타고 있습니다. 지금 소 등 위에 타고서 코뚜레를 붙잡고 있어요. 그래서 중국 선사들은 '콧구멍을 붙잡는 다(把鼻孔)' 그러는데, 소는 아무리 덩치 큰 놈이라도 코뚜레가 잡히 면 조그만 어린애가 잡아당겨도 꼼짝없이 따라와야 해요. 우리는 사실 그렇게 소 등 위에서 코뚜레를 잡고 있으면서 그 사실을 모르 고 있는 거예요. 모르니까 소가 가는 대로 내맡겨 두고 있는 겁니다. 이 '소'라는 것은 곧 마음인데, 지금 우리가 보고, 듣고, 생각하고, 말 하고, 행동하고… 전부가 마음이 아니면 할 수 있는 일이 없습니다. 마음이라는 건 내 의식을 이야기하는 게 아니에요. (손가락을 까딱이 며) 손가락을 꼼지락하는 이게 마음이에요. 다른 게 아니고… 마음 이라고 하는 것은 '지금 손가락을 꼼지락한다'라는 그림이 아니고 지금 바로 이 순간에 (손가락을 까딱이며) 꼼지락하는 이게 마음이다 이거예요. 꼼지락하는 이놈이 쳐다볼 때도 힘을 발휘하고, 들을 때 도 힘을 발휘하고, 생각할 때도 힘을 발휘하고, 온몸을 다 움직이고, 심장을 뛰게 하고, 호흡을 하게 해 주고… 전부 다 이놈이 하는 겁 니다. 이게 마음입니다. 금방 태어난 어린애나 80살 먹은 노인이나 다 갖추고 있는 겁니다.

이거거든요. 결국에는 살아간다는 것, 여러 가지 경험을 하고 있 다는 것 자체가 바로 이것이다, 이것뿐이다 이겁니다. 이것이 아니 면 볼 수도 없고, 들을 수도 없고, 말할 수도 없고, 생각할 수도 없고, 행동할 수도 없어요. 내가 살아간다는 바로 이것이다! 마음이다! 법 이다! 이겁니다. 그러니 다른 무엇보다도, 이것이 내 존재이니까, 이 것보다 귀중한 것은 없는 겁니다. 이렇게 말할 수 있는 거예요.

이 경을 듣고서 믿는 마음으로 거역하지 않는 그 복이 더 뛰어나
느니라. 하물며 글로 베끼고 받아 지니고 외우고 남을 위해서 해설
해 주는 경우에 있어서랴!

이것도 말 그대로 이해하면, 사경(寫經)이라고 해서 열심히 경전
의 글자를 베끼는 것과 같은 행위를 가리킵니다. 그러나 베끼는 행
위 자체는 의미가 없습니다. 문제는 경전을 베끼다가, 베껴 적는 이
놈이 뭔가를 깨달아야 의미가 있는 거지, 아무 생각 없이 베껴 적는
것은 종이 낭비 아닙니까?《금강경》을 쓰는데, 금, 강, 경, 하고 쓰는
이게 뭐냐 이겁니다. 이것을 깨달아야 하는 거죠. 금, 강, 경, 하고 써
놓은 글자가 중요한 게 아니고, 지금 금, 강, 경, 하고 쓰고 있는 이
것! 이것을 깨달아야 된다…

이것이 '한결같다'라는 말은, 자, '금강반야바라밀경'이라고 쓴다
고 합시다. (손으로 허공에 글을 써 보이며) 금, 강, 반, 야, 바, 라, 밀, 경…
이것입니다. 이것! 써 놓은 글자는 색칠해 놓은 그림이고, 지금 금 ·
강 · 반 · 야 · 바 · 라 · 밀 · 경이라고 쓰는 이것! 이것은 금강반야바
라밀경이 아니거든요? 금강반야바라밀경이라고 쓰고 있는 이것은
금강반야바라밀경이 아닙니다. 이것은 아무것도 아닙니다. 정해진
게 아무것도 없어요. 금강반야바라밀경 대신에 다른 것을 쓸 수도
있잖아요? 쓰기 싫으면 그냥 던져 버릴 수도 있고… 자유자재한 거
예요. 정해진 게 아무것도 없어, 하고 싶은 대로 하는 거죠. 이게 제
일 중요한 거죠. 그러니까 이것을 아셔야 하는 거죠, 이것을! 금강반

야바라밀경이라는 글자를 아무리 파고들어 봐야 하얀 것은 종이요, 까만 것은 잉크요, 그 이상은 없습니다. 그것 아니고 이것을 알아야 하는 겁니다. 이것! 이게 법입니다. 마음이라고 해도 되고… 이것을 실제로 체험하고 나면 그냥 분명한 겁니다. 그러면 항상 이것뿐이에요. 어떤 경우에도 항상 이것밖에 없습니다. 다른 게 없습니다.

법이란 것은 이것입니다. 이것! 말로써 이해한다기보다도, "금강반야바라밀경!" 여기서 바로 보여 드리는 건데, 이렇게 바로 보여 드릴 때, 때가 되었다면 문득 계합이란 체험이 탁 일어나요. 자기도 모르게 와 닿는다고요. 탁 와 닿으면 일단은 합격, 입학한 겁니다. 그러면 그 다음의 공부를 할 수 있는 겁니다.

《법화경》을 빌리자면, 본래 큰 부잣집 아들이 어릴 때 나가서 거지가 되었다가, 자기가 부잣집 아들인 줄 모르고 자기 집 앞에 와서 밥을 빌었는데 부잣집 주인이 거지를 보고 아들임을 아는 그 순간이에요. '아! 우리 아들이구나!' 탁 통하는 겁니다. 하지만 아들이 부잣집 아들 행세를 바로 할 수는 없어요. 거지 버릇이 남아 있으니 됩니까? 그때부터 부잣집의 생활에 익숙해질 필요가 있는 거지…

수보리야, 간단히 말하자면 이 경전에는 생각으로 헤아릴 수도 없고, 측량할 수도 없고, 끝도 없는 공덕이 있느니라.

왜냐하면 '이것'을 벗어난 게 세상에는 없기 때문입니다. 그래서 이것을 무루법(無漏法)이라고 합니다. 무루법! 루(漏)라고 하는 것은 새는 거거든요. 물그릇이 새면 안 되죠? 이 법은 새지 않아요. 새지 않는다는 것은 예외가 없다 이겁니다. 모든 게 다 이거예요. 예외가 없습니다. 전부가 다 이겁니다. 전부가 이것에 의해서 일어나는 겁니다. 그래서 무루법이라고 그럽니다. 다 이것이니까, 여기서 벗어날 수 없으니까, 만약에 여기서 벗어난다고 한다면 '어, 이것은 여기서 벗어났네!' 하는 그것 자체가 바로 이거거든요! 이것은 지금 당장 이 순간에 이렇게 분명하게 드러나 있으니까, 이렇게 항상 경험할 수 있는 것입니다. 이 무한한 작용이 바로 지금 벌어지고 있는 거거든! TV를 보고 있든, 일을 하고 있든, 누워서 잠을 자든, 뭘 하든 간에 내 앞에서 벌어지고 있는 일에 전부 이놈이 드러나 있습니다. 그러니 이것은 헤아릴 수가 없는 겁니다. 분별할 수 없죠.

이 경전, 이 경전이란 것은 바로 이 마음을 가리키는 겁니다. 이 마음에는 헤아릴 수 없고, 잴 수 없고, 끝이 없는 공덕이 갖추어져 있다…

여래께서는 대승을 깨닫고자 발심을 한 사람을 위해 말씀을 하시고…

대승(大乘)은 곧 큰 수레잖아요? 큰 수레는 바로 이것을 가리키는 겁니다. 갠지스 강의 모래알보다 더 많다고 했고, 무루법이라고 말씀드렸잖아요? 여기서 예외가 없다… 모든 것이 다 여기에 들어오니까 대승입니다. 큰 수레… 이것보다 더 큰 수레는 없는 거죠. 그래서 대승은 곧 마음을 가리키는 겁니다. 마음을 깨닫고자 발심한 자

446

를 위해서 말씀하는 것입니다. 최상승, 최고, 더 이상 위가 없다 이 거죠. 모든 것은 이것으로 말미암아 이루어지니까 이게 최고죠. 가장 큰 수레고 최고의 수레다 이겁니다. 바로 이 마음을 가리키는 겁니다.

그럼 여래는 뭐냐? 여래, 부처, 세존… 뭐 이렇게 이야기하잖아요? 부처가 뭐고, 여래가 뭐고, 세존이 뭐냐? 부처가 뭔지 한번 보세요. 절에 가면 부처님 계신다 그러는데, 절에 안 가도 부처님이 계십니다. 부처가 뭔지 한번 보세요… 부처가 뭐냐 하면, 지금 "부·처" 라고 하잖아요? 지금 이 "부·처"란 이 말을 잘 보세요. "부처"라는 말의 뜻을 따라가면 부처는 절에 앉아 있는 돌로, 쇠로, 플라스틱으로 만든 그것이 되고, 아니면 2천5백 년 전에 살았던 사람이고… 말을 따라가면 그렇게 되는 겁니다. 그런데 돌을 쪼고 쇠를 깎아서 부처를 만들거나, 부처에 관한 글을 쓰거나, 부처라는 말을 하거나, 생각을 하거나… 그 모든 일을 해내는 이것이 참된 부처거든요.

나를 한번 찾아보세요. 나 자신! 나 자신이 뭐냐? 나 자신이 어디 있느냐? 육체, 이것이 나죠. 이게 (자신의 몸을 가리키며) 나입니다. 이게 나죠. 그런데 여기서 속으시면 안 되는 게, 이것이 나라고 했을 경우에, 이 몸뚱이를 가리키는 게 아닙니다. "이것이 나다." 바로 이것…

정말로 본질적인 '나'라고 하는 것은 버리고 취하고 할 수 없는 것입니다… 부증불감, 불생불멸이라고 했잖아요? 그런데 우리 육체는 부증불감이 아니잖아요? 좀 많이 먹으면 증가하고, 적게 먹으면 줄어들고… 그러니 이 육체는 '나'가 아니죠. 만약에 체중이 60킬로였다가 70킬로가 되면 '나'가 불어난 거잖아요. 그러니 이 육체는 아니고, 생각? 생각도 자꾸 바뀌는 것이거든요! '나'라는 것은 기본적으로 바뀌면 안 되잖아요. 항상 나는 나이니까… 바뀌어 가는 것은 내가 아니다… 그럼 육체도 아니고, 생각도 아니고, 느낌? 느낌도 바뀌어 가니까 아니고. 그런 식으로 쭉 따져 보면 '나'라고 할 만한 게 없어요. 없지만, 분명히 우리는 '나'로서 있거든요. '나'가 없는 것은 아니거든요.

그러니까 육체도 바뀌고, 생각도 바뀌고, 느낌도 바뀌고, 욕망도 바뀐다 이거예요. 그런데 그 바뀌는 가운데에 바뀌지 않는 게 있습니다. 여기 점토가 있어서 점토를 가지고 사람도 만들고, 강아지도 만들고, 코끼리도 만들면서 장난을 하고 있다고 합시다. 점토의 모양은 계속 바뀌죠? 그러니까 어떤 일정한 모양이 점토의 본질은 아니죠? 그러면 안 바뀌는 게 뭡니까? 점토를 가지고 계속해서 여러 가지 모양을 만들어 내고 있는데 안 바뀌고 있는 게 뭐예요? 그 안 바뀌는 놈 때문에 지금 계속해서 바뀌는 모양이 나오고 있거든? 안 바뀌는 게 뭐냐? 점토라는 물질적인 재료… 그걸 말하는 게 아닙니다. 모양은 계속해서 바뀌는데 변함없이 그냥 그대로 있는 것…《노자도덕경》에서는 이것을 '상도(常道)'라고 합니다. 항상 그러하다 이거예요. 모양은 끊임없이 바뀌는데 도는 항상 그렇다 이겁니다. 계속해서 새로운 모양으로 바뀌지만 안 바뀌는 게 있잖아요. '이것'이다 이겁니다. 이것! 이것이 실감이 딱 되어야 합니다. 안 바뀌는 게 확인되어야 해요.

그러면 대강 눈치는 채셨을 겁니다, 실감은 안 되지만. 지금 점토

448

를 주물러서 이렇게 저렇게 여러 가지 모양을 만들고 있는데, 계속해서 모양은 바뀌지만 안 바뀌는 게 있어요. 안 바뀌는 이놈이 아니라면 이 점토도 점토로서의 능력을 잃어버리는 거예요. 딱 굳어 버리죠. 그러면 더 이상 쓸모가 없어요. 죽어 버린다 이겁니다. 살아 있는 점토는 계속해서 모양이 바뀌거든요. 점토의 본질이 뭐냐, 진짜 점토가 뭐냐 이겁니다. 진짜 점토는 이 흙이라는 재료가 아니죠. 재료가 딱 굳어 가지고 더 이상 모양을 바꿀 수 없다면 그것은 점토로서의 자격이 없는 거죠. 그러면 진짜 점토는 뭐냐? 어떠한 재료는 아니죠? 정해진 모양도 아니고… 끊임없이 모양을 만들어 내고 있는 그게 진짜 점토예요. 우리 마음이라는 게 진짜 본질이다 그겁니다. 끊임없이 새롭게 성형(成形)해 내고, 끊임없이 새롭게 만들어 냅니다. 그래서 이 마음을 창조주라고 합니다. 끊임없이 새롭게 만들어 내고 있는 것. 모든 게 다 여기에서 나오는 겁니다.

  이것이 모든 것을 끊임없이 새롭게 만들고 있으니까, 이것 자체는 아무것도 아니에요. 여기서 모든 게 만들어져 나오지만 이것 자체는 아무것도 아니에요. 아무것도 아니죠. 아무것도 아닌 여기에서 우리는 문득 쉴 수가 있는 겁니다. 모양을 따라가면, 이번엔 이런 모양을 만들고, 다음엔 저런 모양을 만들고… 할 일이 굉장히 많아요. 그런데 '아무것도 아니구나'라는 사실이 딱 체험되면 그냥 거기서 몰록 쉬어 버리는 겁니다. 딱 안정이 되는 겁니다. 이것뿐이에요. 이렇게 해서 '아, 이것이구나!' 하게 되는 겁니다. 아무것도 아니지만 너무나 당연한 거거든요. 뭘 하든지 간에 이것 아니고는 될 일이 아무것도 없습니다.

아무것도 아니지만 너무도 당연해서 우리가 무시하고 있는 겁니다. 우리는 무엇에 관심이 있느냐 하면, 애를 써서 배워야 할 새로운 것에는 엄청난 관심을 가지고 노력을 하는데, 전혀 배울 필요가 없고, 항상 그렇게 있어 왔고, 늘 변함없는 이것에 관해서는 관심이 없어요. 그러나 사실은 이것을 알아야 하고, 여기에 발을 딛고 있어야 하는 겁니다. 내가 애를 쓰고 노력해서 배운 것을 내 발판으로 삼으면 위태로워요. 그것은 언제든지 부서질 수 있으니까… 그러나 이것에 발을 딛고 있으면 전혀 위태롭지 않습니다. 이것은 영원불변한 거니까… 그러니 이것은 가장 큰 수레요, 최고의 수레다 이겁니다.

여래가 뭐냐? 나 자신이다. 나 자신은 뭐냐? '이것'이 나 자신이에요. 나 자신은 나 자신이 아닙니다. "나 자신은 뭐냐?" 하는 '이것'이 나 자신이라고요. 면접 시험 볼 때 자기소개를 해 보라고 하면 언제 어디서 태어났고 출신 학교가 어디고… 쓸데없는 이야기를 실컷 하죠. 자기소개 해 봐라 했을 때, 탁!(손가락 세움, 대중 웃음) 하는 이런 사람을 뽑아 줘야 해요. 자기소개 한다고 자기소개서에 쓰는 것은 전부 자라면서 밖에서 가져온 것이니 참된 내가 아니에요. 죽기 전에 다 나가는 겁니다. 그래서 자기소개서가 10살 때 쓴 것하고 20살 때 쓴 것하고 다 다르잖아요? 진짜 자기는 그렇게 변하는 게 아니거든요. 변하지 않는 진짜 자기를 한번 소개해 봐라 이겁니다. 자기소개 할 때 쓸데없는 소리 많이 하면, 그거 말고 우리가 본래 평생 입지도 않고 벗지도 않는 그것 한번 소개해 봐요. 우리는 늘 그걸 가지고 사는 겁니다. 그것 아니면 달리 살아갈 궁리를 낼 수가 없습니다.

450

이것 하나 가지고 사는 겁니다. 이걸 가지고 법이라고 하거든요. 너무 당연하고 너무나 평범하니까 우리가 이것을 무시하는 거라… 신경을 안 쓰는 겁니다. 관심이 없는 겁니다. 이걸 깨닫는 데 특별한 방법 같은 것은 없습니다. 이것은 지혜거든요. 반야입니다, 반야… 지혜란 것은 자기가 이런저런 탐구를 하고 이야기를 듣거나 이렇게 하다가 문득 아는 거지, 오랫동안 연습해서 아는 게 아니에요. 무슨 방법이 없습니다. 실제로 이 지혜는 자기가 다 갖추고 있으니까 밖에서 노력해서 얻어 오는 게 아닙니다. 연습해서 아는 게 아니라, 본래 갖추어져 있는 것을 모르고 있다가 몰록 깨닫는 거예요.

그래서 여래라고 하는 것은, 지금 이것! "여래" 이것이 여래입니다. 그렇게 따지면 "부처" 하든, "여래" 하든, "난초" 하든, "찻잔" 하든 다 똑같은 거예요. 그러니까 중국 선사들이 "부처가 뭡니까?" 하고 물으니까 "마삼근이니라", "마른 똥막대기니라" 이랬거든… 그 말 맞습니다. 틀린 게 아니에요. "마른 똥막대기" 하는 거나 "부처" 하는 거나 다를 게 뭐가 있냐 이거예요. 말 따라가니까 다르지… 말 안 따라가면 "부처" 하는 거나 "마른 똥막대기" 하는 거나 하나도 다를 게 없는 겁니다. 똑같이 이것이거든요. "부처가 뭡니까?" 하니까 "뜰 앞의 잣나무니라" 이랬거든! "뜰 앞의 잣나무"나 "부처"나 하나도 다를 게 없는 겁니다. 이것, 다르지 않은 이것 하나를 체험하는 거지 다른 게 없습니다.

여래께서는 이 사람을 다 알고 이 사람을 다 보느니, 모두 헤아릴 수 없고, 잴 수 없고, 끝없고, 불가사의한 공덕을 이루느니라…

451

'여래'나 '이 사람'이나 '불가사의한 공덕'이나 다 똑같은 거예요. 말 따라가니까 다르지, 말 안 따라가면 결국은 똑같은 겁니다. 보세요. 지금 "여래" 하는 거나, "이 사람" 하는 거나, "불가사의 공덕" 하는 거나… 말 따라가면 다 다르죠? 말 안 따라가면 다를 게 뭐가 있습니까? 만두 빚는 것에 비유해 봅시다. 지금 "여래"라는 만두를 빚고, "이 사람"이라는 만두를 빚고, "불가사의 공덕"이란 만두를 빚고… 빚어낸 만두를 보니까 이것은 이렇고 저것은 저렇고 하지만, 진짜는 이것(만두 빚는 동작을 보이며)이거든요. 이게 변함없이 만두를 빚고 있잖아요. 이건 똑같은 거예요. 만두는 빚어서 나중에 먹을 수 있지만, "여래"라는 말, "이 사람"이라는 말, "불가사의 공덕"이란 말은 실제로는 아무것도 없잖아요? 지금 이 순간에 싹 지나가지 여기에 뭐가 남아 있습니까? 아무것도 없는데도 불구하고 우리가 그것에 집착을 해서 여래는 이렇고 저렇고… 거기에 따라다니면 망상에 속는 어리석음을 범하는 겁니다. 그것이 소위 말하는 업(業)이라고 하는 겁니다. 망상에 속는 겁니다. 아무것도 없어요. 아무것도 없는 겁니다. 여래도 없고, 부처도 없고, 불가사의 공덕도 없습니다. 그냥 한결같이 이럴 뿐이에요. '여래'라 하든, '이 사람'이라 하든, '불가사의 공덕'이라 하든 아무런 차이가 없는 겁니다. 모양을 안 따라가면…

《금강경》의 주제가 바로 이것이죠. 모양 따라가지 마라… 말은 모양이 뜻과 소리거든요. 뜻과 소리를 따라가지 마라… 그러면 모든 말은 동일한 겁니다. 그래서 이것을 진짜로 알고 《금강경》을 본다

452

면,《금강경》의 모든 글자는 똑같은 겁니다. 무슨 말을 하든지 똑같은 겁니다. 그래서 불이(不二)다… 둘이 아니다…라고 합니다. 둘이 아니라는 것은 다르지 않다는 것이거든요! 그리고 일즉일체(一卽一體)다… 하나가 곧 전체다… 똑같아요. 모양은 다 다르지만, 이 하나가 곧 전체를 다 만들어 내니까 똑같은 겁니다. 하나가 전체요, 전체가 하나고… 이렇게 하면 탁 트여 버리잖아요. 막힘이 없는 겁니다. 견해의 장애가 없습니다. 견해뿐만 아니라 모든 것에서 장애가 없어요. 그렇다고 육체가 벽을 뚫고 나가는 그런 것은 아닙니다. 그런 식으로 하면 그것 자체가 벌써 견해의 장애를 일으키고 있는 거예요. 모양을 따라서 가니까. 모양을 안 따라가는 것이 견해의 장애가 없는 것이고, 모양을 따라가면 곳곳에 장애가 있습니다.

이와 같은 사람들은 여래의 위없는 바르고 평등한 깨달음을 떠 맡을 만하나니, 왜 그런가 하면 만약에 조그마한 법을 좋아하는 자라면 곧 아견·인견·중생견·수자견에 집착을 하게 되므로…

견해라는 것도 모양이잖아요? 결국 대상에 집착을 해 버린다 이 겁니다. 그렇게 되면 그런 사람은,

이 경을 들을 수도 없고 외울 수도 없고 남을 위해 해설할 수도 없느니라…

모양에 집착하는 사람, 말뜻에 집착하는 사람은 이 경을 들을 수

도 없고, 외울 수도 없고, 남을 위해 해설할 수도 없다…

　　수보리야, 어느 곳이든지 만약 이 경전이 있으면 일체 세간·천
인·아수라가 마땅히 공양을 할 것이니, 마땅히 알라. 그곳은 부
처님의 탑과 같으므로 모든 사람이 공경하고 그 주위를 예배하며
돌면서 꽃과 향을 뿌릴 것이니라…

　부처의 탑이라고 하는 것은 부처의 사리를 모신 것인데, 그것은
곧 이것, 이 도를 상징하는 겁니다. 모양 따라가지 마시라 이겁니다.
모양 따라가는 그런 입장에서는 《금강경》을 백날 천날 듣고 외우고
써 봐야 아무 소용이 없습니다. 글자 모양을 안 따라가면서 《금강
경》을 한번 써 보세요. 글자 모양을 안 따라가면서 《금강경》을 외워
보세요. 말 따라가지 말고, 소리 따라가지 말고 《금강경》을 외워 보
십시오. 그러면 남는 게 뭐냐? 이것이다! 이게 바로 진짜 《금강경》
이다 이겁니다. 다른 게 없습니다. 이게 바로 진짜 《금강경》이다 이
거예요. 이것은 불변하는 거예요. 이것이 곧 부처입니다. 부처가 곧
이것이거든! 이것은 곧 나이고… 이것 하나만 체험하시면 돼요. 쓰
든, 듣든, 말하든 이것 하나뿐! 모양 따라가지 않고 이것 하나만 깨
달으면 되는 겁니다.

16
업장을 잘 소멸시킨다 能淨業障分

"또 수보리야, 만일 선남자나 선여인이 이 경을 받아 지니고 읽고 외우면서도 남에게 천대를 받으면, 이 사람은 지난 세상에 지은 죄업으로 악도(惡道)에 떨어질 것이거늘 금생에 남의 천대를 받는 탓으로 전생의 죄업이 모두 소멸하고 반드시 위없는 바르고 평등한 깨달음을 얻으리라.

수보리야, 나는 지나간 세상 한량없는 아승지겁(阿僧祗劫) 동안 연등불을 만나기 전에 팔백사천만억 나유타(那由他) 부처님을 만나서 모두 공양하고 받들어 섬기며 그냥 지나쳐 보낸 적이 없음을 기억하거니와, 만일 어떤 사람이 이 다음 말법(末法) 세상에 이 경을 받아 지니고 읽고 외워서 얻는 공덕은 내가 부처님께 공양한 공덕으로는 백분의 일에도 미치지 못하며 천분의 일, 만분의 일, 억분의 일에도 미치지 못하며 산수(算數)나 비유(譬喩)로도 미칠 수 없느니라.

수보리야, 어떤 선남자 선여인이 이 다음 말법 세상에서 이 경을 받아 지니고 읽고 외우는 공덕을 내가 모두 말하면, 이 말을 듣는 이는 마음이 미치고 어지러워서 믿지 아니하리라. 수보리야, 이 경의 뜻은 말이나 생각으로는 미칠 수 없고, 이 경의 과보(果報)도 말이나 생각으로는 미칠 수 없느니라."

"復次, 須菩提, 善男子善女人, 受持讀誦此經, 若爲人輕賤, 是人 先世罪業應墮惡道, 以今世人輕賤故, 先世罪業則爲消滅, 當得阿耨 多羅三藐三菩提. 須菩提, 我念, 過去無量阿僧祇劫, 於然燈佛前, 得 値八百四千萬億那由他諸佛, 悉皆供養承事無空過者. 若復有人於 後末世, 能受持讀誦此經所得功德, 於我所供養諸佛功德, 百分不及 一, 千萬億分, 乃至算數譬喻所不能及. 須菩提, 若善男子善女人, 於 後末世, 有受持讀誦此經, 所得功德, 我若具說者, 或有人聞, 心則狂 亂狐疑不信. 須菩提, 當知是經義不可思議, 果報亦不可思議."

제목이 능정업장분, 업장을 능정… 잘 맑게 한다, 잘 깨끗하게 한다… 이런 말입니다. 업장을 잘 청소한다, 깨끗하게 청소해 버린다…

그런데 업장이 정말 있다면 그것을 깨끗하게 청소할 수가 없습니다. 업장을 청소하는 방법은, 지금까지 《금강경》을 보시면서 이미 수없이 듣고 있는 바와 같이, 업장은 업장이 아닙니다. 업장은 업장이 아니라 이름만 업장이에요. 그러면 '깨끗하게 청소한다'라고 하는 것도 깨끗하게 청소하는 게 아니라 이름만 '깨끗하게 청소한다'

456

라고 하는 것입니다. 그러면 결국엔 말을 따라가고 생각을 따라가면, 업장이라는 게 있고 청소한다는 게 있고, 그래서 업장이 청소된 상태라는 게 있고, 청소가 안 된 상태가 있고… 모든 것이 달라지게 돼요. 달라지는 그것을 이법(二法)이라고 합니다. 이법이라 하고, 분별심이라고 하죠. 그렇게 분별된 상태, 두 개로 나누어진 상태를 중생심이라 하고 어리석음이라고 하는 것입니다.

그러면 업장 소멸은 어떻게 하는 것이냐? 업장이라는 게 있어서 그것을 대상으로 어떤 조작을 가해서 소멸시키는 게 아닙니다. 대개 우리는 공부를 그런 식으로 알고 있습니다. 번뇌라는 게 있으니 어떠한 방법을 통해서 번뇌를 소멸시켜야 한다. 업장이 있으니 어떤 방법을 가지고 업장을 소멸시켜야 한다. 그렇게 생각을 해요. 그런 생각에 익숙해 있기 때문에 너무나 당연하게 여깁니다. 세상사라는 게 다 그런 식 아닙니까? 뭔가가 있고, 거기에 대해서 적절한 대응을 하고, 그래서 그것을 어떻게 조정을 하고… 세간살이라는 게 다 그렇습니다. 그래서 세간살이는 바로 인과법이에요. 어떠한 원인을 제공하면 어떤 결과가 온다는 식입니다.

그런데 불법은 그렇지 않아요. 불법은 인과법이 아닙니다. 어떤 원인이 주어져서 잘못되어 있는 상태가 바른 상태로 교정이 되는 그런 식이 아닙니다. 그런 식이 아니고, 본래가 다 바른 상태로 되어 있는 겁니다. 잘못된 게 없어요. 그러니까 어떤 조작을 가해서 바로잡을 것은 없습니다. 이것은 묘한 이야기처럼 들리지만, 우리 스스로에게 문제가 있을 뿐입니다. 바른 것을 바르게 보지 못하고 엉뚱하게 생각한다 이겁니다. 망상이라고 그러죠? 전도망상(顚倒妄想)이라고 그럽니다. 바른 것을 바르게 보지 못하고 뒤집어져 있는 상태로, 엉뚱하게 거꾸로 보고 있다 이겁니다. 그래서 중생의 분별심을 전도망상이라 하는 겁니다.

세상이 뒤집어져 있는 게 아니고, 내가 뒤집어져 있는 겁니다. 내가 뒤집어져 있다고 하지만, 사실은 잘 아시다시피 우리 불교에서는 무아(無我), 나라는 게 없다고 하잖습니까? 결론적으로 뒤집어져 있는 것이 없어요. 뒤집어져 있는 게 나에게도 없고 밖에도 없습니다. 그것이 참 묘한 거죠. 그래서 말로는 설명이 안 됩니다.

이치가 아주 반듯하게, 이러이러한 게 중생이고, 이러이러한 원인으로 이렇게 뒤집어져 있다, 그래서 이러이러한 조작을 가해서 이러이러한 방식으로 이렇게 바로 놓으면 된다… 이런 게 딱 나와 있으면 그대로 하면 되거든요! 그런데 유감스럽게도 이것은 그렇지가 않습니다. 왜냐하면 '뒤집어져 있다'란 표현을 쓰지만, 실제 뒤집어져 있는 것은 없기 때문입니다.

그러나 우리가 실상을 보고 있지는 못해요. 그것은 사실이거든요. 그러니까 어떤 이론에 의존하려고 하지 말고, 우선 실상을 바로 보고 있지 못하다는 그 사실을 자기 스스로가 현실로 인정해야 하는 겁니다. 이러이러하기 때문에 나는 실상을 보지 못한다… 이런 게 아닙니다. 만약에 여러분들이 실상을 보고 계신다면, 《반야심경》이나 《금강경》이나 이런 경전을 보았을 때 전혀 이해 안 되는 구석이 없어야 해요. 그대로 다 소화가 되어야 하는 겁니다. 그리고 평소 생활에서 이른바 불만족이 없어야 하는 겁니다. 막힘이 없어야 해요. 그런데 그렇지가 않거든요! 뭔가 막혀 있고, 불만스럽고, 경전을 봐도 무슨 말인지 알 수 없고… 그러면 실상을 모르고 있는 겁니다. 실상을 모르고 있는 그 사실이 인정이 되면 실상을 알고자 하는 소망이, 욕망이, 알고자 하는 마음이 생기는 거죠. 거기에 무슨 이유가 있을 수 없습니다.

독화살의 비유란 게 있잖습니까? 독화살을 맞았다는 사실을 그냥 자기가 감지하고 인정하면 되는 거지, 거기에 무슨 이유가 있을 수 없어요. 독화살에 맞은 것은 사실이거든요. 거기에 이런저런 이유를 댈 필요는 없다 이겁니다. 그것을 빨리 빼고자 하는 간절한 욕망 하나만 있으면 되는 겁니다. 그러면 그것을 입으로 물어서 빼건, 손으로 잡아서 빼건, 칼로 찔러서 빼건, 남에게 부탁해서 빼건, 그것은 그 다음 문제입니다. 빼는 방법은 인연 따라서 어쨌든 나타나게 되어 있습니다. 문제는 내가 나의 현실을 직시하고, 이것을 꼭 빼야 하겠다는 간절함이 있어야 하는 겁니다.

또 빼고자 할 때, 독화살이 이런 식으로 박혔으니까 이러이러한 방식으로 빼야 한다는 고정된 견해를 가지고 있다면 잘못입니다. 그런데 우린 그런 걸 원해요. 중생은 이러이러한 상태라 이렇기 때문에 이렇게 고쳐라… 이렇게 착각을 합니다. 그렇지 않습니다. 독화살을 뽑는 데 어떤 주어진 방법만 고집한다면 그 사람은 아마 빼기가 힘들 겁니다. 아주 급할 때 방법이 생각납니까? 그저 뽑는 거죠. 그냥… 그겁니다.

항상 이 공부를 꿈에서 깨어나는 것에 비유했는데, 꿈속에서 꿈에서 깨어나고자 하는 어떤 요령을 부려도 그건 꿈일 뿐이에요. 그래 가지고는 안 깹니다. 급해 보세요. 자기도 모르게 문득 눈을 뜨게 되는 겁니다. 그렇게 깨어나는 거예요. 깨어남이란 것은… 급해야 하는 겁니다. 그래서 이 공부를 머리에 붙은 불을 끄듯이 하라 하는 겁니다. 번뇌라고 하는 것이 불붙일 번(煩)에다가, 머리 뇌(腦)를 쓰죠. 번뇌는 다른 게 아니라 머리에 불 붙은 거예요. 머리에 불이 붙었으면 이래저래 생각할 여유가 어디 있습니까? 꾀부릴 그런 시간이 어디 있어요. 그냥 혼신의 힘을 다해서… 마치 꿈속에서 강도를 만나서 칼을 눈앞에 들이댈 때 혼신의 힘을 다해 발버둥 치다 보면 눈이 탁 떠지듯이, 그런 식으로 깨어나는 것입니다.

늘 강조하듯이, 정말로 지금 이 불만족스러운 상태에서 반드시 실상을 알아야겠다… 의식적으로 따져서 '이러이러하니까 실상을 알아야겠다'가 아니라, 그냥 알고 싶은 거죠. 그냥… 이유가 없습니다. 어린아이들이 무엇을 원하는 것처럼 이유가 없는 거죠. 그 정도의 간절함이 있으면 되는 겁니다. 그런 상황에서 설법을 듣습니다. 다만 해답은 머리에서 나오는 것이 아닙니다. 그것만 유의하시고, 답답한 가슴을 트여 주는 해답을 찾다 보면 거기서 해답이 나오는 거죠.

실제 그 해답의 실마리를 우리는 항상 쥐고 있습니다. 그리고 그 실마리를 쥐고서 살아가는 것이 우리 자신이에요. 그 해답이 뭐냐 하면 이른바 우리의 본래면목, 마음의 실상을 깨닫는 거죠. 마음의 실상에 미혹하지 않는 겁니다. 마음의 실상을 가지고 망상 부리지 않는 겁니다. 달리 말하면, 자기 존재를 확인하는 건데, 자기의 진정한 존재가 뭐고, 자기 마음의 실상이 뭐냐? 그것은 우리 스스로가 지금 바로 실현하고 있는 겁니다.

그런데 아까, 업장을 깨끗하게 할 수 있다고 한 여기서, 업장이라는 것이 있고, 그 업장을 어떻게 깨끗하게 닦아 낸다… 보통은 이런 식으로 이해한단 말이죠. 그런 게 바로 전도망상이에요. 그런 게 아니라, 마음의 실상을 바로 보게 되면, "업장을…" 하고 말하는 가운데 실상이 그대로 드러나 있습니다. "업장을…" 이렇게 하는 자체가 실상이에요. "업장을…"이라고 말하는 이것! 이것이 '닦아 낸다'라고 말할 수 있고, '업장'의 반대가 '불성'이라고 한다면, 그리고 '닦아 낸다'의 반대가 '닦아 내지 않는다'라고 한다면, '불성을 닦아 내지 않는다', '업장을 닦아 낸다'… 말을 따라가지 않으면 다른 것은 아무것도 없는 겁니다. 똑같은 거예요.

말을 따라가니까 '업장'이라는 게 있고, '불성'이라는 게 있고, 닦아 내는 게 있고, 닦아 내지 않는 게 있는 겁니다. 말 따라가면 그것이 뒤집어져 있는 중생이고, 안 따라가면 항상 자기 자리에 있는 겁니다. 한결같이 원래 자기 자리에 있을 뿐입니다. 언제든지… 그러니까 이 자리에는 업장이라는 것도 없습니다. 없으면서 업장을 만들어 낼 수 있습니다. 업장을 세우죠. '업장'이라는 말을 하고, '이러이러한 뜻이다'라고 그림을 그려 낼 수 있습니다. 항상 이 자리에서, 아무것도 없는 이 자리에서 온갖 생멸법들이 만들어지고 사라지고, 만들어지고 사라지고 하는 겁니다.

업장을 닦아 낸다… 이 자리에 있는 사람은 "업장을 닦아 낸다"는 그 말을 들어도 업장도 없고 닦아 냄도 없이 한결같이 이 자리에 있을 것이고, 이 자리에 있을 줄 모르는 사람은 "업장을 닦아 낸다" 하면 업장이라는 말을 따라가고 닦아 낸다는 말을 따라가서 마구 헤매고 다닌다 이겁니다. 말, 느낌, 관념, 생각, 욕망 등등 우리가 경험하는 여러 가지 경계를 따라가느냐, 따라가지 않느냐… 이 공부의 갈림길은 이 두 가지입니다. 내가 따라가는 사람이냐, 안 따라가는 사람이냐… 따라가는 사람은 이른바 중생이고, 안 따라가면 항상 이 자리에 있는 부처예요.

그러면 '안 따라가면 될 것 아니냐?' 할 수도 있죠? 그런데 '안 따라가면 될 것 아니냐?' 하는 그 생각 자체가 이미 따라간 겁니다. 그러면 어떻게 안 따라갈 거냐? 어떻게 우리가 말을 안 따라가고 생각을 안 따라가고, 항상 변하지 않는 이 자리에 있을 수 있는가? 실제 이 자리에 있을 수 있는 것은 의식적으로 조작을 해서는 결코 안 됩니다. 그런 경우를 두고 마음을 가지고 마음을 찾는다고 하는 것인데, 그런 의식적인 조작을 가지고선 이 자리에 있을 수가 없습니다. 의식적인 조작이 아니고, 말하자면 머리로 아는 게 아니라 가슴으로 안다고 할 수 있는데… 의식적인 조작이 아니고 하나의 체험이죠, 체험! 한 번도 체험해 보지 못한 아주 새로운 체험인데, 자기 존재에 대한 체험이죠. 그런 체험을 거쳐야 비로소 그때부터 끌려가지 않고, 따라가지 않는 그런 입장이 될 수가 있습니다. 한 번만 체험하면 그것을 붙잡아서 그 다음부턴 그것을 놓치지 않습니다.

비유를 들면, 보통 사람의 마음 상태라고 하는 것은 바깥의 모양을 따라다니는 게 아주 습관이 되어 있습니다. 감각, 생각, 관념, 욕망, 이런 것을 마구 좇아다니는 데에 습관이 들어 있는 거죠. 정해져 있는 자기 자리가 어디인 줄 몰라요. 이쪽으로 좇아가서 여기가 자기 자리인 줄 알았다가, 좀 지나니까 이게 아냐, 또 저쪽으로 갔다가… 맨날 이쪽 저쪽으로 헤매고 다닌다 이겁니다. 헤매 다니는 거죠, 끝없이. 어디에 안주할 줄을 모릅니다. 그러니까 공부란 끝없이 헤매 다니는 상황에 있는 사람이 원래 자기 자리를 확인하는 겁니다. 《법화경》에 나오듯이, 집을 떠난 부잣집 아들이 여기저기 거지 노릇 하고 다니다가 원래 자기 집으로 돌아오는 것과 마찬가지예요. 그런 식으로 자기 자리를 확인하게 되면 그 다음부턴 본래의 자기 자리에 익숙해져 가는 과정입니다. 그게 공부거든요.

우선 계속 헤매 다니는 상태에서 자기 자리를 확인하는 게 공부의 첫째 관문입니다. 그러면 그 첫째 관문을 어떻게 통과할 수 있느냐? 제가 드릴 수 있는 것은 힌트들입니다. 각자 자기 스스로가 자기 자리를 확인해야 하는 거지, 제가 여러분의 자리를 대신 확인해 드릴 수는 없어요. 그러나 저는 자기 자리에 대한 힌트는 드릴 수가 있습니다. 그 힌트는 어떤 것이냐?

자, 우리가 등산을 간다고 합시다. 등산을 가고 소풍을 가려면 이제 걸어야 하는데, 그러면 항상 새로운 땅을 밟죠? 항상 새로운 땅을 밟고, 새로운 장소에 가게 됩니다. 우리의 관심사는 어디가 더 그럴듯한 데인가, 그런 장소에 대해서만 관심을 가지고 있죠? 하루 종일 돌아다니다가 결국은 마음에 드는 곳을 찾지 못하고 돌아오기도 하는데… 잘 보십시오. 내가 하루 종일 여러 군데를 다녀왔다 이겁니다. 그래서 수없이 많은 장소들이 바뀌었습니다. 그런데 하루 종일 많은 곳을 다녔지만 결코 바뀌지 않은 게 한 가지 있습니다. 어느 곳을 가든지 그 자리에는 반드시 있는 게 있죠. 뭐냐 하면, 항상 새로운 땅을 밟았지만 밟고 있는 그 발바닥은, 발은 항상 그 발인 거라… 땅은 내 것이 아니에요. 경계라는 것은 내 것이 아닙니다. 경계를 밟고 있는 이게 진짜 내 것입니다. 아무리 밟고 돌아다녀도 이것은 내 것인 거예요. 항상 그 발이거든요? 집에 와도 그 발이고, 밖에 나가도 그 발이에요.

조고각하(照顧脚下)라는 말이 있죠? 자기 발밑을 돌아보라 이겁니다. 언제든 내가 밟고 있는 자리… 내가 지금 발을 딛고 있는 자리… 어떤 생각을 하든, 어떤 느낌을 가지든, 어디를 가든, 무슨 경험을 하든, 지금 내가 변함없이 밟고 있는 그것이 있습니다. 육체적인 발을 말하는 것은 아닙니다. 비유적으로 힌트를 드리고 있습니다. 항상 그것을 밟고 다녀요. 어디를 가든 밟고 다니는 겁니다. 변함없는 게 있습니다. 이것이 진정한 내 것입니다. 이것이 진정한 나의 본래면목이고, 변함없는, 여여한 내 자리입니다. 이것만 체험하면 되는 겁니다. 그러면 우리가 밟고 다니는 땅이야 어차피 인생이란 게 여행에 비유되듯이, 일생 동안 새로운 땅을 계속 여행하는 겁니다. 지금 이 순간에도 우리는 새로운 경험의 땅을 걸어가고 있는 것과 마찬가지예요. 새로운 경험들이 계속 다가오지만 걸어가고 있는 놈은 항상 그놈이에요. 그러니까 변함이 없는, 한결같이 그대로 있는 이것!

　이것은 말이죠, 이런 설명이란 것은 어디까지나 힌트라고 그랬습니다. 이 설명대로 되는 것은 아니에요. 밟고 다니는 것! 이 힌트를 통해서 문득 자기가 진짜 밟고 있는 자리를 체험할 수도 있는 거죠.

　공부에 있어서 제일 중요한 것은 공부하는 사람 스스로가 공부하는 자세가 되어 있어야 한다는 것이에요. 이게 무슨 이야기냐 하면, 목마른 자가 물을 마시는 겁니다. 내가 지금 물을 마시고 싶지 않은데, 누가 물을 마시는 게 좋다고 그럽니다. 좋은 물을 마시는 게 건강에 좋다는 것을 우리는 이미 충분히 알고 있고, 그래서 마셔야 한다는 사실까지도 알고 있습니다. 그런데 현재 내가 목이 안 마르면 앞에 두고도 안 마시는 겁니다. 아무리 이게 좋다는 말을 듣고, 그렇게 알고 있어도 실제 목이 마르지 않으면 안 마셔요. 그런 것과 같아요. 제일 중요한 것은 스스로가 목이 말라야 해요. 머리로 아무리 이게 좋고, 중요하고, 가치가 있다고 해 봐야 그것은 전부 광고를 듣고 그런가 보다 하고 생각하고 있는 것에 불과한 겁니다. 목이 말라야 하는 겁니다. 목마름이 공부에 있어서 첫째 관문을 통과하는, 물을 마실 수 있는 제일 중요한 조건입니다.

　그런데 우리가 흔히 범하는 잘못 중의 하나가, 이 물을 마시기 전에 사람들은 의심이 많아요. 특히 나이 든 사람. 우리는 성장할수록 많은 것을 보고 듣고 하면서 함부로 행동하지 않고 반드시 거기에 대해서 의심해 보고, 검토해 보고, 헤아려 보고, 이런 버릇을 자라면서 갖게 되거든요. 그런 게 장애가 되는 겁니다. 실제 이 공부에 있어서 커다란 장애는, 이 물이 좋다는 이야기를 충분히 듣고서도 선뜻 손이 가지 않고 좀 더 알아보자, 좀 더 알아보자… 이런 식으로 망설이면서 계속 미루는 거예요.

그런 분들이 요구하는 게 뭐냐 하면, '좀 더 공부에 대해서 명확하게 이야기해 달라' '진리에 대해서 좀 더 확실하게 보여 달라' 이런 요구를 하시는데, 사실 아직 자기는 물 마실 생각이 없다는 겁니다. 아무리 확실하게 이야기를 해 준다 해도 물을 마시지 않습니다. 물론 그 사람이 물을 마시게 할 수 있게끔 방편을 쓰는 훌륭한 선지식이 있을 수 있겠죠. 그러나 어쨌든 그런 선지식보다도 자기 스스로가, 평소에 목이 말라 있는 사람의 입장에서는 "이것이 생수야!"란 한마디만 듣고서도 마신다 이거예요. 말하자면 그런 겁니다. 여러 가지 사유하고, 판단하고, 계산하고, 헤아리고 하면서 미적거리는 것은, '목이 마른 것은 참을 수 있다, 좀 더 잘 알아보겠다' 하면서 안 마시는 겁니다. 사실 계속해서 미루고 있는 거죠. 그런 사람들은 멀리 있습니다. 언제 마실지 알 수가 없어요.

이 공부를 하려면 순수해야 한다는 게 그 때문입니다. 이리저리 헤아리지 말고, 그래 한번 해 보자! 아주 어린애처럼 그런 입장에서 그냥 단순하고 순수하게 제 말에 귀를 기울일 수도 있고, 책을 볼 수도 있습니다. '내 안에서 감로수를 맛볼 수 있는 게 여기 있다는데, 한번 보자!' 하고 곧장 달려들어야지, 이리저리 헤아리면서 '이 책이 진짜로 그런 건가?' 이런 식으로 하는 게 아니에요. 이 안에 분명히 보물이 있다 이겁니다. '한번 파 보자!' 그런 것하고, '진짜 이게 그런 건가?' 하는 것하고는 기본자세부터가 다른 겁니다. 일단은 그런 믿음이 필요한 겁니다.

그런 믿음을 갖고 '그래 한번 해 보자. 분명히 무언가 있다.' '부처님 말씀이 거짓말이 아니고, 조사 스님 말씀이 거짓말이 아니라면, 분명히 무언가 있다.' 이렇게 의심을 놓아 버리고 과감하게 들어올 필요가 있습니다. 과감하게 의심을 놓아 버리고 들어오는 순진한 자세, 그것이 공부를 팍팍 앞으로 밀어 줍니다. 그런데 이리저리 재고 있으면 진전이 없어요. 달리 말하면 현재의 자기 자리를 벗어나지 않겠다는 고집입니다. '내가 지금 지키고 있는 것을 안 벗어나겠다.' 그런 사람은 끝까지 아집(我執)만 붙들고 있는 겁니다. 그래 가지고는 안 되는 거죠. 현재의 내가 불만족스럽다는 게 분명하다면, 더 이상 현재의 나를 믿지 마시라 이겁니다. 현재의 내가 가지고 있는 것을 고집스럽게 붙잡고 있지 말라 이겁니다. 가르침 속에 진리가 있다 하니까, 그 가르침 속으로 아무 조건 없이 그냥 들어가십시오.

가르침 속으로 아무 조건 없이 쑥 들어가면 귀에 들리는 게 달라요. 우리가 의심을 가지고 들으면 10개 중에서 5개도 안 들려요. 그런데 내가 가지고 있는 것을 놓고 그야말로 배가 고픈 입장에서 들으면 10개 중에 8, 9개가 들린다 이거예요. 그러다가 문득 10개를 다 듣게 되는 날이 오는 겁니다. 10개를 다 들으면 말하는 사람과 듣는 사람이 같은 입장이 되는 겁니다. 경전과 내가 하나가 되는 거예요. 그런 게 공부죠. 이 공부에서 제일 중요한 것은 자세입니다. 스스로가 공부를 대하는 자세… 헤아리고, 따지고, 그리고 지금까지 헤아리고 따지면서 갖고 있는 뭔가가 있겠지요? 그걸 가지고 자꾸 대조해 보고… 그런 식으로는 언제 끝날지 모릅니다. 과감하게 버려야 돼요. 무조건 가르침을 믿고 들어가야 하는 겁니다.

가르침을 믿고 들어가다 보면 어떤 상황이 되느냐 하면, 가르치는 사람은 아주 명확하게 법을 말하고 있고, "이게 바로 법이다!" 하고 항상 말하는데, 자기는 모르죠. 그러면 캄캄한 어둠속에 갇혀 꼼짝도 할 수 없고, 어떻게도 할 수 없는 것 같은 상황에 처합니다. 자기로서는 도무지 어떻게 할 방법이 없는 그런 상황에 처했을 때에는, 오히려 빛이 멀지 않은 겁니다. 그게 아주 좋은 상태거든요.

그런데 여전히 그 어둠속에서 조그마한 촛불이라도 자기가 가지고 있는 게 있다면, 거기에 의존해 버리기 때문에 밝은 태양을 볼 날이 없는 거예요. 자기가 가지고 있는 조그만 촛불에 의존해 버리면, 이 어둠의 문을 열어젖히고 태양 속으로 갈 수 있는 기회를 놓치는 겁니다. 그런 것은 버려야 돼요. 독화살을 맞은 사실만 분명하면 되는 겁니다.

도대체 뭐가 법이냐? 지금 말하고 있는 이게 법이에요. 지금 보고 듣는 이게 법이에요. 이대로가 명명백백한 겁니다. 전혀 어긋남이 없어요. 여기에는 지금 문제가 없는 겁니다. 저는 이렇게 말씀을 드리면서 어떤 부분은 내가 알고 있고, 어떤 부분은 내가 모르고 있다… 이런 생각이 없어요. 그렇지가 않다 이겁니다. 그냥 밝은 태양 빛 아래서 이리저리 걸어 다니는 것 같아요. 이리 걸어도 저리 걸어도 그냥 밝은 빛 아래입니다. 어두운 부분이 없어요. 이게 법이에요. 법 아닌 게 없습니다. 어떻게 말하든… 그림자와 어둠이 뭐냐 하면, 그 말의 뜻을 따라가고, 모양을 따라가고, 생각을 따라가고 기분을 따라가면 그게 그림자입니다.

거울 속에 그림자가 있죠? 재미있는 표현인데, 우리는 거울 속에 나타나는 그림을 영상(影像)이라고 하는데, 한글 대장경 번역본에 그것을 '그림자'라고 번역했더라고요. 아주 번역을 잘한 겁니다. 거울 속에 나타나는 그림은 그림자입니다. 왜 그림자냐? 이것은 실상이, 실물이 아니거든요. 실물은 거울이죠. 그런데 거울 속에 나타나는 그림을 보게 되면 거울 그 자체를 보지는 못해요. 그림자만 보지 실물은 못 보는 겁니다. 그러니까 그림자죠. 실물의 그림자죠. 그런데 그림자를 보다가 문득 실물을 볼 수 있는 안목을 얻으면 어떤 그림자를 보더라도 전부 실물을 보는 겁니다. 거울을 보다가 거울 속에 있는 그림자가 아니라 문득 거울을 볼 수 있는 안목이 탁 생기면, 언제든 거울을 볼 때마다 거울을 보는 거지, 그림자는 이제 더 이상 보지 않아요. 공부란 건 그런 겁니다. 전적으로 그림자만 보든가, 아니면 실물을 보든가 둘 중의 하나예요. 하나의 거울이 있을 뿐입니다. 하나의 세상이 있을 뿐이고… 그러니까 실물을 볼 줄 알면 모두 다 실물이고, 모르면 모두 다 그림자예요.

저는 지금 말이죠, 쳐다보고, 생각하고, 이야기를 하고, 손짓을 하면서 전혀 그림자의 장애를 받지 않습니다. 이게 (손을 들며) 법이에요. 그림자가 없습니다. 그대로가 법이고, 반야입니다. 그런데 이 (손을 들며) 그림자, 말하자면 이게 그림자잖아요. 반야의 안목이 없으면 이게 그림자죠. 그렇다면 답답할 겁니다. 여기엔 무슨 이치가 없습니다. 여기(손을 흔들며)에 무슨 이치가 있습니까? 거울을 보는 데는 이치가 없어요. 안목이 없으면 그림자가 보이고, 안목이 있으면 거울이 보이는 겁니다. 둘 중의 하나입니다. 이치가 없어요. 답답한 거죠. 왜 나는 똑같이 거울을 보면서 그림자밖에 못 보느냐? 여기에는 이치가 없습니다. 이치로 생각하면 그건 전부 그림자입니다. 그림자를 가지고 실상을 보려고 하는 것과 마찬가지예요. 그렇게 갑갑하고 답답해서 울분이 터져 나올 정도로 가슴앓이를 하는 거지요. 캄캄하고 막다른 골목 속에 갇혀 있는 것과 같은 그런 가슴앓이를 하다 보면, 의식이 아니라 이 가슴에서 이놈 스스로가 출구를 찾아서 탁 나오게 돼요. 그러면 그 다음부터는 제 이야기를 다르게 들을 겁니다. 아, 저게 거짓말이 아니었구나!

복잡한 게 없잖습니까? 단순한 겁니다. 복잡하고 대단한 것으로 생각하면 안 돼요. 나 자신을 확인하는 것이고, 내가 평소에 가지고 있는 내 마음을 확인하는 거니까, 쉽고 편하게 생각을 하시되 그러나 진지하고 진실한 간절함이 있어야 되는 겁니다. 발심하라 하면 대단한 결심을 하는 것처럼 생각하는데 그런 게 아니고, 진짜로 내가 이것을 원하는가, 아닌가 그겁니다. 어린애가 순수하게 무언가를 바라는 그런 마음, 그런 입장에서 헤아리거나 재지 않고 그냥 탁 들어가는 겁니다. 그렇게 하시면 어렵지 않게 이것을 체험하실 수 있습니다.

예컨대, '이게(손을 들어 흔들며) 마음이다'라고 손을 흔들어 보인다 이겁니다. 그러면 우리는 쉽게 어떻게 하나 하면, '그래, 손을 흔드는 저게 마음이다.' '왜냐하면 내 육체도 바뀌고, 생각도 바뀌고, 여러

470

가지 경험도 바뀌지만 지금 이렇게 생생하게 살아 움직이는 이놈은 안 바뀌어. 언제든지 밟고 다니는 이놈이 있어…' 이렇게까지 생각하는데… 그런데 그것 자체가 그림자라니까요! 그렇게 하는 것은… '그래 그런 게 있구나!' 하는 것은 그림자라니까요! 그러니까 생수에 대해서 충분히 설명을 들어서 이해는 하는데 아직 마시기는 싫은 거라, 마실 생각이 없는 거예요. 제가 부탁드리는 것은 제발 좀 마셔라… 그런 쓸데없는 생각 하고 있지 말고 그냥 마셔라 이겁니다.

소를 물가에까지 끌고 가는 것은 가능한데 억지로 물을 마시게 할 수는 없다고 하듯이, 결국 자기 자신이 물을 마시고 싶은 그런 목마름이 있어야 되는 거예요. 그게 말하자면 관건입니다. 그것을 발심이라고 하는데, 발심을 분명하게 하셔야 하는 겁니다.

자, 경문을 보십시오.

또 수보리야, 선남자 선여인이 이 경전을 받아 지니고 읽고 외우는데, 만약 사람들에게 천대를 받는다면, 이 사람은 앞 세상에서의 죄업으로 마땅히 악도에 떨어질 것인데, 지금 세상 사람들이 그를 천대하는 까닭에 전세의 죄업이 소멸하고 이제 무상정등정각을 얻을 것이니라…

이 구절을 글 그대로 이해하면, 지금 내가 《금강경》을 가지고 있으면서 독송을 하는데도 사람들이 나를 우습게 안다 이거야, 그러면 내가 전생에 죄업이 있어서 그 죄업으로 지옥에 떨어져야 마땅한데, 다행히 다시 인간으로 태어나서 사람들이 경멸하는 그것으로 그 죄업이 소멸되어서 드디어 위없이 바르고 평등한 깨달음을 얻을 때가 되었구나… 여기 글의 뜻은 이런 거죠?

그 뜻을 살려서 다시 제가 말씀드리겠습니다. 선남자 선여인이… 우리가 지금 이 경전을 수지 독송한다… 이 경전, 이 책, 책을 받아서 읽고 달달 외우고 있다… 그런 뜻은 아니죠? 경전이 무엇을 가리키느냐? 이 법을 가리키는 거거든요. 마음을 가리키는 거예요. 경전이 뭐냐? 이 반야! 이 반야를, 수지 독송한다는 것은, 반야를 깨달아서, 반야가 어디 있느냐 하면 본래 나에게 있는 거거든요? 반야를 내가 깨달아서 그것을 마음대로 쓴다 이거예요. 그럼에도 불구하고, 남에게 천대를 받는다… 남이라는 것도 사람일 수 있지만, 사람보다도 모든 경계를 가리키는 거죠. 경계에 내가 끄달리고 있다면… 이겁니다. 지금 내가 이 자리를 깨달아서, 이제 이 자리를 쓸 수 있는 입장이 되었는데도 여전히 경계가 나를 유혹한다면… 그것은 무엇 때문에 그런 것인가? 지금까지 내가 익숙해 왔던 습(習) 때문에 그런 거예요. 습! 습을 죄업이라고 한 겁니다.

비유를 들자면, 담배를 끊는다 이거예요. 담배를 끊었는데, 그러나 예전에 담배를 피우던 습이 남아 있기 때문에 누가 옆에서 담배만 피우면 자기도 모르게 피우고 싶은 거죠. 습이란 게 그런 겁니다. 그러니까 공부가 되었다 하더라도 하루아침에 모든 것이, 마치 천지개벽하듯이 그렇게 바뀌는 게 아닙니다. 습이란 게 있어요. 그런데 공부가 되고 나면 습이란 것도 결국 다른 것은 아닙니다. 역시 반야입니다. 번뇌 즉 보리라고 하듯이, 습 그 자체도 반야예요. 반야

472

지만 어쨌든 아직까지는 여러 가지로 장애를 줘요. 장애를 준다는 것은 아직까지 끄달림이 있다 이겁니다.

그러나 이것을 놓치지 않고, 계속해서 지금 붙잡은 반야, 이 경전을 놓치지 않고 수지 독송을 한다면, 즉 반야 자리에서 떠나지 않고 이제는 반야에 훈습을 한다면, 과거의 잘못된 습들은 점차 자취를 감추고, 무상정등각, 완전한 상태가 된다는 겁니다. 실제 경험해 보면 그렇습니다. 담배 끊는 것도 마찬가지 아닙니까? 처음 한 1년간은 담배에 끄달리지만, 한 2, 3년 지나면 오히려 담배 피우는 게 싫어요.

똑같은 겁니다. 무슨 특별한 원리가 있는 것이 아닙니다. 우리가 오온 십팔계라는 경계에 따라다니던 그 버릇이 있기 때문에, 그 버릇을 극복하는 길은, '내가 따라다니지 말아야지' 한다고 되는 게 아닙니다. 오로지 이 자리를 체험해야 됩니다. 이 자리에 대한 체험이 있어야 되는 겁니다. 몰록 반야를 체험하면, 마치 담배를 피우다가 문득 담배를 버리는 것과 같은 거예요. 담배를 끊는 것은 순간이잖아요. 담배는 단계적으로 끊는 게 아닙니다. 단계적으로 끊는다고 오늘은 10개비, 내일은 9개비 하며 열흘 만에 끊겠다 하는 것은 마지막 한 개비까지 계속 피우고 있는 거지 끊은 게 아니잖아요. 마지막 한 개비까지 놓았을 때 그때 이제 끊는 거죠. 문득 탁 놓아 버린다 이겁니다. 이제 더 이상 담배는 안 피워… 그러나 버릇이 남아 있는 거예요. 버릇! 이 버릇은 의도적으로 어떻게 할 수 있는 게 아니에요. 시간이 지나면서 담배를 안 피우는 것의 편안함에 익숙해지는 거죠. 지금까지는 담배 피우는 재미에 끄달려 살았지만 이제는 담배 안 피우는 것의 편안함을 알았다 이거예요. 그러면 담배 안 피우는 것의 편안함에 자꾸 훈습이 되어 가야 하고… 처음에는 힘이 약하니까 흔들림이 있지만, 담배 피우는 힘이 강하고 담배 안 피우는 힘이 약하니까 흔들리게 되지만, 시간이 지날수록 안 피우는 편안함에 충분히 익숙해지는 겁니다. 그런 식의 변화가 있는 겁니다. 그건 아주 자연스러운 거죠.

수보리야. 내가 헤아릴 수 없는 과거를 생각하면 연등불 앞에 수많은 부처님을 만나서 전부 공양을 하고 그 부처님의 일을 이어받아서 헛되이 보낸 분이 없느니라…

헤아릴 수 없는 세월 전에, 수없이 많은 부처님을 만나서, 그분들에게 다 공양을 올리고, 그 부처님의 일을 이어받아서 헛되이 보낸 적이 없다… 라고 하는 것은 결국 뭐냐 하면, 이 공부를 말하는 거죠. 부처가 뭐냐? 수없이 많습니다. 어디에 부처가 있습니까? 이렇게 하는(죽비를 내리침) 여기도 부처가 있죠? 이러는 여기(컵을 들어 올림)에도 부처가 있지요. 이러는 여기(난초 잎을 손으로 튕김)에도 부처가 있죠? 말하는 여기에도 부처가 있죠? 쳐다보는 여기에도 부처가 있죠? 온통 부처입니다. 수없이 많은 부처님에게 공양을 하고 그 부처님 일을 이어받았다고 하는 것은, 삿된 생각을 일으키지 않고 그저 부처만 보았다 이겁니다. 뭘 하든지, 경계를 따라가더라도, 반야만 보았다 이것입니다. (난초를 보고) '어, 이거 난초네?', 난초만 아는

474

게 아니라, (손을 들며) 손만 아는 게 아니라, 손을 보자 바로 부처를 보았던 겁니다. 부처가 결국 뭐예요? 바로 이것(손을 흔들며)이죠!

그러니까 뭐를 보든, 오온 십팔계의 온갖 경계를 접하면서 살아가는데, 그 경계 하나하나에서 전부 부처를 다 보는 겁니다. 부처만 보고 삿된 망상 분별은 끼워 넣지 않는 게 바로 수많은 부처님을 공양하고 그 일을 그대로 이어받는다 하는 겁니다. 공부하는 사람은 저절로 그렇게 되어야 해요. 그래야 제대로 된 공부입니다. 그런데 문제는, 부처가 뭔지 일단은 체험해야 하는 거예요. 그 첫 관문, 부처가 뭐고, 법이 무엇인지 확인해야 그 다음부터 부처의 일만 이어받고, 마구니의 일은 안 할 것 아니에요? 부처가 뭐고 마구니가 뭔지도 모르는 상황에 있는 사람은 어떻게 할 수가 없는 겁니다.

첫 관문을 통과해야 돼요. 그 관문이 공부의 첫 단추이기 때문에 그것을 통과해야 합니다. 그 관문을 통과하려면 이때까지 말씀드렸듯이, 헤아리고 의심할 것이 아니라, 올바른 자세와 믿음을 갖고 과감하게 행동하라 이겁니다. 헤아리고 멈칫거리지 말고, 목이 마르면 그 목마름에 대해서 이러쿵저러쿵 생각하지 말고, 목마르면 그냥 물을 마시면 되는 거예요. 그런 어린애 같은 순수하고 단순한 마음으로 그냥 공부를 해 나가면 되는 겁니다.

자기가 지금 가지고 있는 어떠한 견해에도 의지하지 말고, 그것을 버리려고 해도 안 되고, 취하려고 해서도 안 됩니다. 신경을 쓰지 마십시오. 그냥 제 말에 귀만 기울이시고, 경전이나 책을 보시더라도 자기의 견해로 정리하는 것은 피해서야 합니다. 견해로 정리

되는 것이 아닙니다. 억지로 견해를 가지고 정리를 하면 그게 마장(魔障)이 되는 겁니다. 마장! 여기에 안 나오시면 몰라도 나오실 의향이시라면, 제 이야기에 그냥 전적으로 귀를 기울이시는 게 첫째 조건입니다. 재어 보고 자기가 가지고 있는 것과 맞춰 보고 그러면 제 이야기 열 개 중에서 아홉 개는 놓치게 됩니다. 그렇게 하시면 안 됩니다. 전적으로 귀를 기울이고 앉아 계시면 됩니다. 그러다 보면 자기도 모르게 저절로 다 정리가 돼요. 그렇게 해서 몰록 한 번의 체험으로 반야와 망상을 구별할 수 있게 되는 겁니다. 그것은 머리로 구별하는 게 아닙니다. 이치가 없습니다. 스스로 경험으로 알 수 있습니다. 그 다음부터는 자기 체험에 근거해서 반야 쪽으로 가면 되는 거예요. 그렇지 않고 아무리 그럴듯한 이치, 그럴듯한 능력이 있어 봐야 불법과는 아무런 상관이 없습니다. 있는 그대로의 자기 자신을 아는 게 공부입니다.

다시 만약 어떤 사람이 뒷날 말세에 이 경전을 받아 지녀서 독송을 한다면, 그가 얻는 공덕은, 내가 모든 부처를 공양한 공덕으로는 백분의 일도 미치지 못하며 천분의 일, 만분의 일, 억분의 일도 미치지 못하며 산수(算數)나 비유(譬喩)로도 미칠 수 없느니라···

왜 그럴까요? 지금 석가모니는 자기가 연등불 앞에서 공부할 때 수없이 많은 부처에게 공양하고, 그 부처의 일을 계승하고 헛되이 지나친 것이 없다고 했는데, 어떤 사람이 뒷날 이 경전을 받아 지니고 독송한다면 그 공덕이 석가모니가 연등불 앞에서 얻은 공덕에 비

476

해서 헤아릴 수 없을 정도로 뛰어나다… 왜 이런 이야기를 하겠습니까? 언뜻 이해가 안 되죠? 석가모니 부처님이 연등불 앞에서 얻은 공덕보다 헤아릴 수 없을 정도로 뛰어난 공덕을 뒷사람이 얻는다? 우리의 상식적인 생각과는 뭔가 안 맞죠? 이런 게 말하자면, 이 경전이 우리가 상식적으로 이해해서는 안 되는 내용이 이겁니다.

말세에 이 경전을 수지 독송하는 사람들은 바로 지금 우리들입니다. 이 경전이라고 하는 것은 이 법을 이야기하는 겁니다. 이 자리… 지금 우리 각자가 이 자리에 투철해서 안목이 분명하다면, 석가모니가 연등부처 앞에서 모든 부처에게 공양하고, 그 부처의 일을 계승한 공덕은 도대체 무엇입니까? 왜 그게 지금 내가 가지고 있는 공덕에 비교가 안 되느냐 이겁니다. 석가모니가 연등부처 앞에서 수많은 부처에게 공양하고, 그 부처의 일을 계승했다고 하는 것은 지금 내 눈앞에서 내가 만들어 내고 있는 것입니다. 법은 항상 어디에 있는 겁니까? 법은 지금 이 순간에 여기에 있는 거예요. 여기에 있는 겁니다. 법이라고 이름을 붙이지만, 사실은 법이란 건 억지로 붙인 이름입니다. 그냥 이것이 이렇게 있을 뿐이에요. 여기 있으면서 여기서 석가모니를 말하고, 연등부처를 말하고, 수없이 많은 공덕을 말하고, 공양을 말하고, 과거, 말세를 말하고… 온갖 이야기를 다 하는 겁니다. 그러니까, 석가모니, 연등불, 모든 부처, 공양이란 것은 이름일 뿐이고, 개념일 뿐이에요. 이름과 개념이 지금 그 이름과 개념을 만들어 내기도 하고 없애기도 하는 이것과 비교가 되는 겁니까? 안 되는 거죠. 법이라는 것은 지금 이 순간에 여기에서 이렇게 쓰고 있는 겁니다. 이렇게 부처도 있고, 연등불도 있고, 공양도 있고, 모든 부처도 있고, 《금강경》도 있고, 다 있는 거예요.

모두가 전부 말이죠, 말! 그 말을 지금 이 자리에서 이렇게 하고 있는 겁니다. 보세요. 헤아릴 수 없는 과거에 연등부처님이 어쩌고 저쩌고… 그 연등부처의 근원이 어딥니까? 부처님의 근원이 어디고, 《금강경》의 근원이 어디고, 공양의 근원이 어디냐 이겁니다. 지금 당장 찾아보시라 이거예요. 생각을 따라가면, 연등부처를 낳은 뭔가가 있을 것이고… 그리하여 생각이 꼬리에 꼬리를 물듯이 나오죠. 그냥 생각을 짜 맞추는 데 불과한 겁니다. 지금 그 생각을 계속 짜 맞추는 이놈이 모든 것의 근거라… 이게 모든 것의 근거지… 안 그렇습니까? 생각이 꼬리에 꼬리를 물고 이런 식으로 나타나는데, 우리는 그런 식으로 모든 관념을 짜 맞춰 가고 있잖아요. 그 모든 것의 근거는 어디냐? 지금 이렇게 하고 있는 이것이 근거예요. 다른 게 근거가 아니란 말입니다.

그러니까 생각이란 처음도 끝도 없어요. 망상은 처음도 끝도 없어요. 망상은 저 홀로 일어나지 않는 것입니다. 그래서 연기설(緣起說)이라고 해요. 연기설! 연기(緣起)라는 것은 이것과 저것이 서로 원인이 되고 동시에 서로 결과도 되어서 서로서로 의지하여 발생한다는 말입니다. 그러므로 이것이나 저것이나 홀로 설 수는 없어요. 이것이 있으므로 저것이 있고, 이것이 일어나므로 저것도 일어나고, 이것이 없으면 저것도 없고, 이것이 사라지면 저것도 사라집니다. 즉 하나의 대상을 세우면 모든 삼라만상이 세워지고, 하나의 대상을 버리면 삼라만상도 다 사라지는 것입니다. 물결을 한번 보세요.

물결이 일어나면 높은 마루가 생기고 동시에 깊은 골이 생기죠. 마루와 골은 서로 상대적으로 생기는 것입니다. 마루가 있으면 골이 있고, 마루가 없으면 골이 없죠. 마루든 골이든 홀로 있을 수는 없어요. 홀로 있을 수 없고 상대방에 의지하여 있기만 한 것은 허망한 것입니다. 그러므로 물결은 허망하고, 진실은 물의 흐름이라고 하는 것입니다. 물이 흐르고 있을 뿐이죠. 물이 움직일 뿐이지… 이런 식으로 비유를 들어 설명을 할 수 있습니다.

그저 이 법 하나가 있어서, 마음 하나가 있어서, 원인도 이놈이 만들어 내고, 결과도 이놈이 만들어 내는 겁니다. 온갖 망상을 여기서 다 만들어 내는 겁니다. 그러니까, '연등부처'라 하든, '공양'이라 하든, '수많은 부처'라 하든, '무상정등각'이라 하든, '석가모니'라 하든, 뭐라 하든 그 근원이 어디냐? 바로 이것입니다. 여기! 근원이 어디냐? 여기죠? 여러분 각자가 근원인 겁니다. 말을 듣고 생각하고 하는 이것이 근원이죠. 근원은 언제든지 발 딛고 있는 자리에 있습니다. 모든 부처가 나타나는 여기가 바로 내가 나타나는 자리예요. 이 '나'라는 것도 하나의 환상에 불과한 겁니다.

요컨대, 지금 "연·등·부·처", "석·가·모·니", "공·덕", "모·든·부·처"… 이것들의 근원이 어디냐 이겁니다. 지금 당장 이것들의 근원이 어디냐? 바로 "연·등·부·처" 여기죠. 예를 들어서 우리가 연등부처에 관해서 아무리 많은 지식을 갖고 있다 하더라도, 이것의 근거나 어디냐? 근거가? 어디에 지식이 기초를 두고 있느냐? 지금 이렇게 "연·등·부·처" 하는 이것밖에 없어요. 다른 게 없습니다. 그러면 '왜 그것밖에 없어! 연등부처라고 하면 과거 7불이 어쩌고…' 하면서 생각할 수도 있는데, 지금 이렇게 생각하고 있는 그 근거를 찾아보시라 이겁니다. 그렇게 이야기하고 그렇게 생각하는 그 근거를, 가장 밑바닥 근거, 가장 밑에 있는 근거를 찾아보시라고요.

그것은 이름 붙일 수도 없고, 말할 수도 없지만 늘 경험하고 있고, 나타나 있고, 거기서 떠날 수 없는, 태어날 때부터 가지고 있어서 얻을 수도 없고, 버릴 수도 없는 것이거든요. 법이란 것은 배워서 아는 게 아닙니다. 태어나서 배워 아는 게 아니고, 날 때부터 가지고 있던 것이에요. 이것을 가지고 아기 때는 젖도 빨고, '엄마, 아빠' 말도 하고, 학교 가서 공부도 하고, 싸움도 하고, 나이가 들어서는 하는 일이 달라질 뿐이지, 항상 똑같은 것을 행하고 있는 겁니다. 똑같은 이것 하나를 나이가 들어 감에 따라서, 자기가 처한 위치에 따라서 다양하게 행하고 있는 거예요. 이것 하나입니다. 이것 하나! 언제든지 이것 하나를 행하는 삶을 살고 있는 겁니다. 이것 하나밖에 없습니다. 다른 게 없어요.

문제는 뭐냐 하면, 이것 자체는 너무나 당연하니까, 아예 어릴 때부터 이것을 무시해 왔어요. 그게 우리의 잘못된 버릇입니다. 너무 당연하고 자연스러운 거예요. 너무 당연하기 때문에 이것 자체에 대해서는 관심이 없었어요. 그런데 이것이 법이거든요. 이것만이 순수하게 변하지 않는 거거든요. 몸도 변하고, 생각도 변하고, 욕망도 변하고, 모든 게 다 변합니다. 그러나 이것은 안 변합니다. 이것이 바로 순수하게 변하지 않는 우리 자신의 존재라는 겁니다. 마음이라고 하는 겁니다. 법이라고 하고, 반야라고 하는 거예요. 절대 안 변하는 겁니다. 본래 있는 그것이, 지금도 있는 것이고, 영원히 있는 겁니다. 법은 얻을 수 있는 것이 아니라고 분명히 이야기했잖아요.

연등부처 밑에서 석가모니가 수기를 받은 이유는 딱 한 가지입니다. 얻을 게 없다는 그것 하나… 애초부터 가지고 있는 이것… 육체는 항상 새롭게 얻고 있습니다. 육체가 자라고 바뀌고 있다는 것을 잘 알고 있잖아요? 의식도 그렇죠? 바뀐다는 것은 새롭게 얻고 있다는 것입니다. 욕망, 느낌, 관념… 다 바뀌어요. 그러나 이놈! 어릴 때부터 있었던 이것은 아무리 바뀐 환경, 오온 십팔계가 다 바뀐다 하더라도 이놈은 안 바뀌는 거라. 이것 하나를 가지고 항상 우리는 살고 있는 겁니다. 이것이 바로 내 존재다, 불변의 진실이다 이겁니다. 여기에 딱 통하는 게 체험을 하는 겁니다. 아까 어떤 곳을 돌아다녀도 자기 발을 가지고 돌아다닌다는 게 바로 이 뜻입니다. 이 발을 말하는 게 아닙니다. 그것이 아니라 이렇게 딛고 다니는 것! 걸음을 걸어 모든 곳을 돌아다녔던 것입니다.

이것 하나가 분명하면, 언제든지 무엇을 하든지 이것 하나밖에 없습니다. 무엇을 쳐다보고 있든, 듣고 있든, 생각을 하든, 말을 하든… 뭘 하든지 간에 이것 하나를 행하고 있는 겁니다. 그런데 우리는 무엇을 쳐다보면 보이는 것을 따라가 버리죠. 밖에 있는 것을 따라가 버려요. 소리가 들리면 그 소리를 따라가 버리고, 생각이 나면 생각을 따라가 버리고, 느낌이 있으면 느낌을 따라가 버리고, 이 하나 위에 느낌도 나타나고, 생각도 나타나고, 보이는 것도 나타나고,

이것 하나가 활동하여, 이 하나가 움직여서 모든 일이 일어나는데도 불구하고, 이 하나는 모르고 그냥 밖으로만 간단 말이죠. 그게 우리의 병입니다. 병! 그래서 공부라고 해서 특별한 뭔가가 있는 게 아니라 간단한 겁니다. 바깥으로 따라가느냐, 아니면 자기 자리에 늘 있느냐… 자기 자리에 있으면 아무리 바깥으로 돌아다녀도 그 자리가 늘 자기 자리입니다. 수처작주(隨處作主) 입처개진(立處皆眞)이라. 가는 곳마다 주인이 되고, 서 있는 그 자리가 진리다 이겁니다. 언제든지 이것 하나밖에 없는 겁니다. 이것을 임제 스님 같은 경우는, '눈앞에 밝고 분명한 것, 그거잖아!' 이렇게 말합니다. 다른 것 없다 그거예요. '이것'이 온갖 옷을 입는다고 그러지요. 옷! 옷이란 게 뭐냐 하면, 우리가 경험하는 경계들이죠. '이것' 하나가 온갖 옷을 입었다 벗었다 한다 이겁니다.

그런데 이런 이야기를 듣고서 단지 이해하는 데 그쳐서는 안 됩니다. 어쨌든 이것 하나를 실제로 체험해야 하는 겁니다. 자기도 모르게 몰록 쉬어 버려야 하는 겁니다. '쉰다'라는 것을 실제로 체험하게 되면, 이치라는 건 빛을 잃어버리고 실재 자리에서 쉬게 되는 겁니다. 어쨌든 체험이 있어야 하는 거지, 그렇지 않으면 제가 드리는 말씀을 아무리 들어도 소용없는 겁니다. 물론 설법을 듣다 보면, '아, 이게 이해로는 안 되는구나!'라고 알게 되죠. '만법이 귀일한다. 그래 이것 하나로 다 귀결되는구나'라고 이해할 수도 있어요.

그런데 그 하나는 어디로 돌아가느냐 하면 막막한 거라… 이것을 확인해야 하는 거거든요. 체험을 해야 하는 겁니다. 만법귀일(萬法歸

一)까지는 이해가 돼요. 그러나 일귀하처(一歸何處)에 대한 답이 나와야 하는 겁니다. 그것은 머리에서 나오는 것이 아니고, 체험이 되어야 하는 겁니다. 반드시 그런 체험이 있습니다. 그 체험이 없으면 온갖 부처와 조사가 거짓말쟁이에 불과한 겁니다.

체험을 하려면, 이치가 어느 정도 이해되었으면, 견해로서 '아, 이것이구나!' 했으면, 이것이 뭔지를 실제 체험하는 데 전력을 기울여야 하는 겁니다. 만법귀일, 거기서 견해는 끝이 난 겁니다. 사유는 거기서 끝이 나는 거예요. '그래, 하나라는 것은 태어나면서 가지고 있는 이것이다.' 거기까지 되었단 말이죠. 그런데 확실하게 믿음이 생기지 않죠? 반신반의하고, 뭔가 시원하지가 못하고… 캄캄하죠. 꽉 막히는 겁니다. 그 꽉 막히고 캄캄한 상태, 거기서 물러나지 말고 끝까지 밀어붙여야 되는 겁니다. 밀어붙이다 보면 그야말로 뜻밖의 체험이 옵니다. 그렇다고 대단한 것은 아니고, 문득 그냥 뚫리게 되는 겁니다. 뚫린 뒤에 내면에서 일어나는 여러 가지 변화나 효과라고 하는 것은 설명드릴 필요가 없습니다. 실제로 체험해 보면 어떤 일이 있는지 다 알아요. 그 이전까지 나를 괴롭히던 문제들은 사라집니다. 문제가 사라지니까 편안한 거죠. 그렇게 되는 겁니다.

말세에 이 경을 수지 독송한 사람의 공덕이, 석가모니불이 연등 부처 밑에서 수많은 부처에게 공양한 공덕보다 비교가 안 될 정도로 뛰어나다… 왜 그러냐? 바로 지금 우리 자신이 처해 있는 이 자리, 이것 이외에 《금강경》이든,《유마경》이든,《화엄경》이든, 그건 전부 말일 뿐입니다. 그 수많은 말을 이 자리에서 다 만들어 내기도 하고, 거두어들이기도 하는 겁니다. 그러니 어떻게 비교가 되겠습니까? 기독교식으로 이야기하면, 창조주와 피조물 사이다 이겁니다. 비교가 안 되는 거죠.

> 수보리야, 선남자 선여인이 이 다음 말법 세상에서 이 경을 받아 지니고 읽고 외우는 공덕을 내가 모두 말한다면…

말을 할 수가 없어요. 이런 공덕에 대한 이야기들이 경전에 많이 나와 있죠?《유마경》,《화엄경》에도 수없이 나와 있습니다. 법의 공덕에 대한 이야기들이에요. 경을 빌려서 이야기하면 이런 식이고, 사실은 우리가 행하고 있는 하나하나의 행동이 전부 이것이거든요. 이것들이 전부 다 법의 공덕이라… 이 경의 공덕이다 이겁니다. 경이 뭐냐? 마음이거든! 모든 사람의 하나하나의 행동, 지구뿐만이 아니라 우주 전체의 움직임이 전부 다 경의 공덕이다 이겁니다. 그러니 다 갖추어서 이야기할 수 없지요.

> 이 말을 듣는 이는 마음이 미치고 어지러워서 믿지 아니하리라…

왜 이렇게 될까요? 이게 참 의미심장한 말입니다. 정법을 말해 주면 마음이 어지러워져서, 여우같은 의심이 일어나서 믿음이 안 생긴단 말입니다. 왜 그럴까? 우리가 가지고 있는 기존의 사고방식으로는 이해가 안 되기 때문에 그런 겁니다. 이해 안 되는 이야기를 들으면 우리는 못 믿죠? 못 믿을 뿐 아니라 헷갈립니다. 바로 그 뒤에 나오잖아요?

수보리야, 마땅히 알아야 할 것은 이 경전의 뜻은 말이나 생각으로 미칠 수 없고, 과보(果報)도 말이나 생각으로 미칠 수 없느니라…

말로써, 생각으로써 이해 안 되는 이야기를 하고 있으니까, 생각으로 이해하는 것이 전부인 사람의 입장에서는 혼란스럽고, 의심스럽고, 믿음이 안 가는 것이 당연한 겁니다. 역사적으로 봐도, 석가모니 부처님 당시에도 정법을 이야기했지만 사람들이 안 믿었어요. 지금도 마찬가지입니다. 사람들이 언뜻 듣고서 그럴듯해 하면서 고개를 끄덕끄덕 하는 것은 전부 사유에서 나온 이야기들이에요. 우리가 거기에 익숙해져 있기 때문이죠. 자기에게 익숙한 것은 금방 이해하는 겁니다.

그런데 정법을 말하면 아무리 해도 그것이 이해가 안 돼요. 제대로 이해한다는 것은 자기가 체험했을 때 가능한 겁니다. 그러니까 처음엔 이해하려 들지 말고 믿음을 가지고 공부하시라는 겁니다. 물론 사람마다 걸려 있는 견해의 병이 있습니다. 사람마다 걸려 있는 관점의 병이 있습니다. 거기에 대해서는 그 사람이 자기의 병을 드러내면 그 병을 없애 주죠. 병에 대한 약을 쓰는 겁니다. 견해를 바로잡는다기보다는 견해를 풀어헤쳐서 버리도록 하죠. 견해란 것이 뭐냐 하면 마치 돌멩이를 자기 몸에다 매달고 있는 것과 같은 것인데, 그것을 자랑삼아 주렁주렁 매달고 다니는데, 그것을 풀어헤쳐서 놓아 버리도록 합니다.

이 법은 견해로 이해되는 것이 아닙니다. 말로 설명되는 것이 아니다 이겁니다. 정법을 말하면 마음이 혼란스럽고 믿어지지 않습니다. 그래서 학자들은 이 공부를 신비주의라고 하거든요. 선은 신비 체험이다… 이런 식으로… 그러나 신비한 게 아닙니다. 오히려 이 체험을 한 사람 입장에서는 보통 사람의 분별 망상이 신비해요. 어떻게 저렇게 망상이 몽글몽글 잘 일어날까? 오히려 그게 신기합니다. 실제 이 법은 신기한 게 아닙니다. 너무나 당연한 거예요. 이 경험은 어떤 신비한 경험이고 아주 이상하고 그런 게 아니에요. 이 경험을 하면 옛날 그대로이다 이러거든요. 옛날부터 너무 당연하게 있던 걸 새롭게 확인하는 것에 불과한 거예요. 그래서 속았다는 생각이 들 정도예요. '이것을! 이것을 그렇게 이야기했나? 아무것도 아니잖아!'

아무것도 아니지만 가장 중요한 겁니다. 모든 것의 바탕이 되는 겁니다. 특별한 게 아무것도 없어요. 그리고 법은 숨겨져 있는 게 아닙니다. 결코 이 진리는 숨겨져 있지 않습니다. 언제나 다 드러나 있습니다. 우리 스스로가 못 보는 거죠. 망상 부린다고 안 보는 겁니다. 생각과 말로 모든 것을 이해하는 데에 길들여져 있는 우리 입장에서는 생각과 말로 할 수 없는 이것을 이해한다는 것은 불가능하죠. 이해 안 되는 것은 머리로 헤아림을 포기하고 자기의 직접 경험을 통해서만이 알 수 있습니다. 그럴 때 비로소 이것이 밝아지고 소화가 돼요. 길은 체험밖에 없습니다.

불이법문(不二法門)에서 이 경전을 읽는다면, 이렇게 되겠죠. "또다시 수보리야, 선남자 선여인이…" 이렇게 읽어 갈 때 처음부터 끝까지 똑같아요. 여여(如如) 그대로라. 아무것도 변하는 게 없어요. 그런데 우리는 말 따라서 왔다 갔다 하잖아요. 마구 변하거든요. 말의 뜻을 따라가면 안 돼요. "또 다시 수보리야, 선남자 선여인이…" 이렇게 말을 하고, 행동을 하고, 소리를 듣고 할 때 한결같이 그대로 있는 것, 소리가 중간에 뚝 뚝 끊어질 때도 그대로, 소리가 들릴 때만 한결같은 게 아닙니다. 소리가 끊어져서 안 들릴 때도 그대로… 한결같이 그대로인 것, 이것만 분명하면 되는 겁니다. 이것을 한 번만 딱 체험하면 되는데, 《장자》에 보면 이것을 북쪽바다의 큰 고기라고 하는데, 이것 한 마리만 낚시에 딱 걸려서, 딱 잡으면 되는 겁니다. 한 번만 딱 잡으면 항상 그것이 눈앞에서 떠나지 않아요. 항상 눈앞에서 떠나지 않는데, 이것을 잡아 본 적이 없는 사람은 다른 데를 보고 있는 겁니다. 한 번만 잡으면 항상 눈앞에 있는 거예요. 늘 눈앞에 또렷또렷한 겁니다. 항상 분명해요. 무엇을 하든 이것뿐이지요. 비유를 들자면, 입을 가지고 온갖 말을 다 하지만 그 입이 달라지는 것은 아니죠. 입은 항상 그대로예요. 마찬가지예요.

석가모니가 깨달았던 그 샛별을 생각해 보세요. 샛별이라는 게 하늘에 있다고 우리는 알고 있는데, 과연 샛별이 하늘에 있는가? 샛별이 반짝하는 순간에 샛별을 보았다 이겁니다. 맨날 우리는 저기서 반짝이지 그렇게 생각했는데, 석가모니가 이것을 확인한 그날 아침에는 샛별이 저기서 반짝이지 않았습니다. 반짝하는 것이 눈앞의 여기에, 이놈이 반짝하는 것입니다. 석가모니가 그 순간에 깨달았던 거예요. 그 이전까지 석가모니가 배워서 공부했던 방법들, 고

행이라든지, 수식관(數息觀), 수정주의(修定主義) 식의 좌선(坐禪)으로 공부하고 있는 사람은 석가모니가 샛별 반짝이는 순간에 깨달은 것을 말해 봐야 못 알아듣는 겁니다. 아까 마음이 혼란스러워서 믿지 않는다고 했잖아요. 아주 당연한 겁니다.

　이것은 자연 그대로고, 전혀 조작할 게 없습니다. 그냥 있는 그대로의 진실이죠. 조작으로 만들어 내는 게 아닙니다. 있는 그대로의 진실은 이렇다, 저렇다는 식으로 분별할 수 있는 게 아니에요. 마치 사진 찍듯이 '이 꽃의 색깔은 연분홍이다… 이것이 있는 그대로의 진실이다.' 이렇게 말하는 게 아니에요. 이 법의 있는 그대로의 진실은 정해진 모양이 없습니다. 정해진 모양은 없되 항상 이렇게(손을 흔들며) 또렷하고 분명한 겁니다. 어떤 사람은 있는 그대로의 진실이라고 하면, '바깥에 있는 경계를 있는 그대로 인정하자!' 이런 식으로 받아들이는데, 그게 아닙니다. 바깥에 있는 경계를 있는 그대로 인정하면 그게 바로 중생이에요. 법을 있는 그대로 인정해라, 법을! 그러려면 법을 깨달아야 되는 거죠.

　도, 법, 부처, 무생법인, 연기법, 중도, 공… 왜 이런 말들을 쓰는 가? 이 자리에 대해서 왜 그런 말들을 쓰는가 한번 살펴보죠.

　우선 중도(中道)라는 말, 많이 쓰는 말입니다. 중도! 중도라는 말은 '가운데 길'이라는 뜻이지만, 실제로 좌우도 아닌 중앙을 가리키는 그런 뜻은 아닙니다. 그런 뜻이 아니고, 좌에도 발 딛지 않고, 우에도 발 딛지 않는 겁니다. 이쪽도 선택하지 않고, 저쪽도 선택하지 않는 겁니다. 이쪽과 저쪽, 양쪽 다 선택하지 않는 것이고, 그렇다고 양쪽 다 떠나는 것도 아닙니다. 이쪽이니 저쪽이니 하는 그런 판단을 하지 않는 겁니다. 그런 판단을 하지 않으면 이쪽에 가든 저쪽에 가든 항상 똑같은 겁니다. 중도란 것은 그런 거예요. 중도란 것은, 중도란 말 그대로 늘 도(道)에 적중(的中)해 있는 것이지, 양쪽의 어중간, 그런 게 아닙니다. 늘 도에 들어맞는다는 것은 왼쪽으로 가도 도에 맞고, 오른쪽으로 가도 도에 맞고, 가운데로 와도 맞고, 언제든지 맞는 겁니다. 그게 중도예요.

그리고 중도를 공(空)이라고 하는 이유는, 어디에도 머물지 않고, 어떻게도 분별할 수 없으니까, 어떻게도 알 수 없기 때문이에요. 이것이다, 저것이다 말할 수가 없는 겁니다. 그래서 중도를 공, 내지는 무주법(無住法)이라고 그러거든요. 어디에도 머물지 않는다… 어디에도 머물지 않으니까 주소가 없잖아요. 그러니까 주소란 비워 놓아야지, 그러니까 공이에요.

공이란 분별할 수 없다, 알 수 없다는 뜻이지, 텅텅 비어서 아무것도 없다는 뜻이 아닙니다. 이것(손을 흔들며)이 공입니다. 색이 곧 공이라고 했는데, 어떻게 텅텅 비어 없다는 뜻이겠습니까? 있다 · 없다는 분별을 떠난 불이법이 공입니다.

그러나 이게 이해는 안 돼요. 실제 공을 체험해야 하는 겁니다. 불이법은 체험으로 계합하는 것이지, 이해할 수는 없어요.

그리고 연기(緣起)… 연기란 만법(萬法)이 서로 인연이 되어서 서로 의지하여 일어나고 사라진다는 말이죠. 예를 들어, 노란 꽃 한 송이는 다른 만물의 색깔이 그 배경이 되어서 나타나는 것이고, 종달새 소리는 다른 온갖 소리나 침묵이 배경이 되어서 나타나는 것이고, 장미꽃 향기는 다른 모든 냄새가 배경이 되어서 나타나는 것이고, 신맛은 다른 모든 맛이 배경이 되어서 나타나는 것이고, 이 하나의 생각은 다른 모든 생각이나 생각 없음이 배경이 되어서 나타나는 것입니다. 나타나는 대상과 배경이 아무 차별이 없다면 그 대상은 나타날 수가 없습니다. 여기 꽃밭을 찍은 한 장의 사진이 있습니다. 어떤 꽃을 보든지 그 꽃은 다른 꽃을 배경으로 하여 나타납니다. 그러므로 모든 꽃은 서로 인연(因緣)이 되어서 나타나는 것이지요. 색깔 · 소리 · 냄새 · 맛 · 촉감 · 생각 그리고 육체 · 감각 · 생각 · 욕망 · 의식의 경험 세계가 전부 이와 같이 인연 따라 생겨나고 사라집니다. 그래서 연기법(緣起法)이라고 하죠.

그런데 이러한 연기법은 대상 그 자체의 법칙인 것처럼 보이지만, 사실은 우리 마음이 무엇을 분별하여 아는 법칙입니다. 노란색과 그 배경이 되는 다른 모든 색깔이 서로 원인이 되어서 나타난다는 것은, 실제 노란색과 다른 모든 색깔이 따로 따로 독립적으로 있어서 서로 원인이 된다는 것은 아닙니다. 만약 모든 색깔이 제각각 독립적으로 있다면 서로 원인이 되고 서로 의지하여 발생할 까닭이 없겠지요. 그러면 색깔이든 소리든 생각이든 모든 차별되는 것들은 왜 서로 원인이 되어 서로 의지하여 나타날까요? 그것은 바로 마음이 삼라만상을 분별하고 인식하는 법칙이 그렇기 때문입니다. 마음은 의식 속에서 하나하나의 대상을 구별할 때, 반드시 그 대상 아닌 다른 것들과의 분별을 통하여 그 대상을 인식하는 것입니다. 연기법이란 바로 마음이 대상을 구별하여 알아차리는 법칙입니다. 그러므로 연기법은 감각적 대상인 사물들뿐만 아니라, 느낌이나 감정이나 생각이나 욕망에도 다 해당하는 법칙입니다. 마음에 드러나는 모든 대상들은, 이 대상들을 《금강경》에서는 상(相)이라고 합니다만, 모두 서로가 서로의 배경이 되면서 서로서로 의지하여 나타납니다. 연기법이죠.

그러나 불교에서 연기법을 말하는 이유는 분별을 잘하라는 것이 아닙니다. 우리는 분별을 통하여 '이것'과 '이것 아닌 것'이 둘이어서 제각각 따로 있는 것처럼 알지만, 사실 이렇게 아는 것은 착각이고 망상이라는 것을 깨닫게 하려는 것이 연기법입니다. '이것'과 '이것 아닌 것'은 서로 기대어 연기하여 분별되므로 도리어 '이것'은 '이것 아닌 것'에 의지하여 '이것'이 되고, '이것 아닌 것'은 '이것'에 의지하여 '이것 아닌 것'이 됩니다. 그러므로 '이것'과 '이것 아닌 것'은 동전의 앞면과 뒷면처럼 서로 뗄 수 없는 하나입니다. '이것'과 '이것 아닌 것'은 서로 떨어질 수 없는 하나, 즉 불이(不二)라는 거죠. 결국 삼라만상은 서로 연기하여 나타나기 때문에 삼라만상은 서로 뗄 수 없는 불이법임을 깨달으라고 하는 것이 연기법이라는 방편의 가르침입니다. 그러므로 연기 즉 불이라고 합니다. 분별은 분별이 아니라 불이이고, 불이이기 때문에 분별할 수 없는 공(空)입니다. 즉, 모든 분별망상은 분별할 수 없는 공입니다. 공이면서도 또한 자유롭게 분별하지요. 그러므로 연기(緣起)가 바로 공(空)이고, 공이 바로 연기이지요.

불이법(不二法)이란 것은 중도(中道)와 같은 겁니다. 불이라는 것은 둘이 아니라는, 두 개가 없다는 거거든요. 왼쪽도 없고, 오른쪽도 없어요. 이것도 없고, 저것도 없다는 겁니다. 이것도 아니고, 저것도 아니다… 이것저것이 따로 없다… 어느 쪽도 취하지 않고, 버리지 않는다 이겁니다. 대상도 취하지 않고 마음도 취하지 않으면, 다만 하나의 공(空)일 뿐이죠. 모든 대상에서 공을 확인하면, 대상이니 공이니 할 것도 없이 다만 한결같아서 아무 걸림이 없습니다. 그게 바로 무생법인(無生法忍)이에요. 취하지도 않고, 버리지도 않으니까 생함도 없고, 멸함도 없는 겁니다. 그러므로 불이법(不二法)은 생멸(손을 흔들며)이 곧 열반이요, 연기법이 바로 공임을 밝힌 것입니다.

이것 하나를 경험하고 보면, 사실은 이런 대승불교 교리의 말들이 이것 하나를 나타내기 위해서 다양하게 말하고 있는 것이지, 교리 그 자체에 무슨 진실이 있는 건 아니에요. 말이란 것은 항상 불완전한 겁니다. 요컨대 이것 하나만 깨달으면, 눈앞에 또렷또렷하고, 내가 뭘 하든 항상 이것이고, 이 자리인 겁니다. 분수가 솟아나오는 근원에는 분수의 모양이 없고, 화가의 붓끝에도 그림이 없습니다. 마찬가지로 바로 지금 이 순간 여기에는 모양이 없어요. 정해진 모양도 이치도 없습니다. 이렇게 말씀을 드리면서도 말 따라올까 봐 계속 걱정이에요. 그래서 계속해서 부정을 하는 겁니다. 다만 스스로 이 자리를 체험하는 그 길밖에 없습니다.

17
끝내 내가 없다 究竟無我分

그때에 수보리가 부처님께 사뢰었다.

"세존이시여, 선남자 선여인이 위없이 바르고 평등한 깨달음을 얻겠다는 마음을 내고는 어떻게 머물러야 하며 어떻게 그 마음을 항복시켜야 합니까?"

부처님께서 수보리에게 말씀하셨다.

"선남자 선여인이 위없이 바르고 평등한 깨달음을 얻겠다는 마음을 내었다면, 마땅히 이러한 마음을 내어야 한다 : 내가 온갖 중생을 열반에 이르도록 제도하리라. 그런데 온갖 중생을 모두 제도했지만 실제로는 한 중생도 제도된 이가 없다. 무슨 까닭인가? 만일 보살에게 아상·인상·중생상·수자상이 있으면 참 보살이 아니기 때문이니라. 그 까닭이 무엇인가? 수보리야, 진실로 위없이 바르고 평등한 깨달음을 얻겠다는 마음을 낼 만한 법이 없기 때문이니라. 수보리야, 어떻게 생각하느냐? 여래가 연등불(燃燈佛)이 계신 곳에서 위없이 바르고 평등한 깨달음이라는 법을 얻었느냐?"

"아닙니다. 세존이시여, 제가 부처님이 말씀하시는 뜻을 이해한 바로는, 부처님이 연등불이 계신 곳에서 위없이 바르고 평등한 깨달음이라는 법을 얻은 바가 없습니다."

부처님께서 말씀하셨다.

"그러하니라. 그러하니라. 수보리야, 진실로 여래가 얻은 위없이 바르고 평등한 깨달음이라는 법은 없다. 수보리야, 만일 여래가 위없이 바르고 평등한 깨달음이라는 법을 얻었다면, 연등불께서 나에게 수기(授記)하시기를 '네가 오는 세상에 부처가 되어 이름을 석가모니라 하리라'고 하시지 않았을 것이다. 진실로 위없이 바르고 평등한 깨달음이라고 얻을 법은 없으므로 연등불께서 나에게 수기하시기를 '네가 오는 세상에 부처가 되어 이름을 석가모니라 하리라' 하셨느니라. 어찌하여 그러한가? 여래란 곧 모든 법이 여여(如如)하다는 뜻이니라. 어떤 사람은 말하기를 '여래가 위없이 바르고 평등한 깨달음을 얻었다'고 하지만, 진실로 부처가 위없이 바르고 평등한 깨달음이라는 법을 얻은 바는 없느니라. 수보리야, 여래가 얻은 위없이 바르고 평등한 깨달음에서는 참된 것도 없고 허망한 것도 없느니라. 그러므로 여래는 말하기를 '온갖 법이 모두 불법이다' 하노라. 수보리야, 이른바 온갖 법이란 곧 온갖 법이 아니다. 그러므로 이름이 온갖 법이니라. 수보리야, 비유하건대 어떤 사람의 몸이 매우 크다는 것과 같으니라."

수보리가 여쭈었다.

"세존이시여, 여래께서 말씀하신 '어떤 사람의 몸이 매우 크다'는 것은 큰 몸이 아니라, 그 이름이 큰 몸입니다."

"수보리야, 보살들도 역시 그러하다. 만일 말하기를 '내가 한량 없는 중생을 제도하리라' 하면 보살이라고 이름 부르지 못할 것이 다. 무슨 까닭이냐? 수보리야, 진실로 보살이라고 이름 부를 법 이 없기 때문이니라. 그러므로 여래는 말하시기를 '온갖 법에는 아 상 · 인상 · 중생상 · 수자상이 없다'고 하느니라. 수보리야, 만일 보살이 말하기를 '내가 불국토를 장엄하리라' 하면, 보살이라 이 름하지 못할 것이다. 무슨 까닭인가? 여래가 말하는 불국토의 장 엄은 장엄이 아니라, 그 이름이 장엄이니라. 수보리야, 만일 보살 이 '나'와 '법'이 없음을 통달하면, 여래는 그 이름을 참된 보살이 라 하느니라."

爾時須菩提白佛言:"世尊, 善男子善女人, 發阿耨多羅三藐三菩提 心, 云何應住? 云何降伏其心?"

佛告須菩提:"善男子善女人, 發阿耨多羅三藐三菩提者, 當生如是 心. 我應滅度一切衆生, 滅度一切衆生已, 而無有一衆生實滅度者. 何以故? 須菩提, 若菩薩有我相人相衆生相壽者相, 則非菩薩. 所以 者何? 須菩提, 實無有法發阿耨多羅三藐三菩提者. 須菩提, 於意云 何? 如來於然燈佛所, 有法得阿耨多羅三藐三菩提不?"

"不也, 世尊. 如我解佛所說義, 佛於然燈佛所, 無有法得阿耨多羅 三藐三菩提."

佛言:"如是, 如是. 須菩提, 實無有法, 如來得阿耨多羅三藐三菩 提. 須菩提, 若有法如來得阿耨多羅三藐三菩提者, 然燈佛則不與我 受記, '汝於來世當得作佛號釋迦牟尼.' 以實無有法得阿耨多羅三藐三菩提, 是故然燈佛與我受記作是言, '汝於來世當得作佛號釋迦牟尼.' 何以故? 如來者卽諸法如義. 若有人言如來得阿耨多羅三藐三菩提, 須菩提, 實無有法佛得阿耨多羅三藐三菩提. 須菩提, 如來所得阿耨多羅三藐三菩提, 於是中無實無虛. 是故如來說一切法皆是佛法. 須菩提, 所言一切法者, 卽非一切法, 是故名一切法. 須菩提, 譬如人身長大."

須菩提言: "世尊, 如來說, 人身長大, 則爲非大身, 是名大身."

"須菩提, 菩薩亦如是, 若作是言, 我當滅度無量衆生, 則不名菩薩. 何以故? 須菩提, 實無有法名爲菩薩. 是故佛說一切法無我無人無衆生無壽者. 須菩提, 若菩薩作是言, 我當莊嚴佛土, 是不名菩薩. 何以故? 如來說, 莊嚴佛土者, 卽非莊嚴, 是名莊嚴. 須菩提, 若菩薩通達無我法者, 如來說名眞是菩薩."

이렇게 경전의 글을 읽었습니다. 글을 읽었는데, 요컨대 이 법이라고 하는 것은 말이죠, 지금 글을 읽고서 그 이치를 헤아려 알 수 있는 것은 아니라는 사실은 이제 잘 알고 계실 겁니다. 법은 그 글의 내용과는 상관이 없어요. 글의 내용과는 상관없이 글을 읽으면서 여러분에게 끊임없이 확인시켜 드렸습니다. 한 5분간 읽었는데, 5분간 읽으면서 끊임없이 확인을 시켜 드렸습니다. 글의 내용과는 아무 상관없습니다. 바로 지금 이 순간에 이렇게 확인하고 계신 것인데, 다만 확인코자 하는 마음이 있어서, '이것이 법인가?' '저것이 법인가?' 이렇게 해서는 결코 확인할 수가 없습니다. 법을 확인치 못하게 가로막는 유일한 장애물이 바로 그것입니다. 확인하려고 하고, 보려고 하고, 붙잡으려고 하는 그 마음이, 법을 보지 못하게 가로막는 유일한 장애물입니다. 그것만 없으면 우리는 법에서 떠난 적이 없습니다. 항상 법 속에서 법을 행하고 있는 것이고, 법 위에서 모든 일을 하고 있는 겁니다.

그러나 이것이 진리인가, 저것이 허위인가? 이런 식으로 마음을 내면 전혀 엉뚱한 방향으로 가게 됩니다. 손에 쥐고도, 발밑에 밟고 있으면서도 눈길은 다른 곳을 보고 있기 때문에 확인하지 못하는 것입니다. 법이라고 하는 것은 손아귀에 쥐고 있는 것이고, 발밑에 밟고 있는 것이고, 눈앞에 드러나 있는 것이고, 귓전에 나타나 있습니다. 몸으로도 느끼고 있어요. 보고 있고, 듣고 있고, 느끼고 있고, 생각하고 있는 것이 법 아닌 게 하나도 없습니다. 그런데 이것이 법인가, 저것이 법인가… 하고 헤아리면 바로 어긋나 버립니다. 법에서 어긋난다기보다는, 자기 스스로 붙잡고 있으면서도 그것을 확인하지 못하는 우를 범하는 겁니다. 어리석은 거죠.

본래 이 세계는 단 하나입니다. 법도 하나밖에 없고, 마음도 하나밖에 없고, 부처도 하나밖에 없고, 세상도 하나밖에 없습니다. 둘이 없습니다. 여러 가지가 없습니다. 그런데 묘하게도 우리는 다양하게 여러 가지를 알게 되죠. 그러나 사실은 아무리 여러 가지로 알게 되어도, 그것이 진실로 무언가라고 하는 것은 우리 스스로 알 수 없어요. 앞에서 우리가 글을 읽으면서, 부처, 중생, 여래, 진여, 아누다라 삼약삼보리… 이런 말들이 여러 번 나왔는데, 지금 그 말에 해당되는 게 어디 있습니까? 부처가 어디 있고, 중생이 어디 있고, 진여, 아누다라삼약삼보리라는 게 어디 있냐 이겁니다. 말일 뿐이죠? 말은 헛된 겁니다. 뿌리도 없고, 줄기도 없고, 잎도 없어요. 헛된 거예요. 말은… 헛된 것이지만 우리는 끊임없이 말을 하고 있고, 계속 말을 할 수 있습니다. 그러니까 이것이 법이죠. 말은 말이 아니기 때문에 끝없이 말이 나올 수 있다 이거예요. 이치로 따질 것은 못됩니다.

자, 지금 한번 보세요. 지금 우리가 이렇게 법당에 앉아 있는데, 지금 이 순간에 제가 이렇게 말씀을 드리고 있죠? 제 말을 들으면서 앉아 계신데, 여기에서 한번 찾아보십시오. 중생이 어디 있고, 부처가 어디 있고, 깨달음이 어디 있고, 어리석음이 어디 있고, 법이 어디 있고, 법 아닌 게 어디 있고… 그런 게 어디 있는가? 온갖 생각들이 다 일어나지만 변하는 것은 아무것도 없죠? 생각들이 그냥 일어날 뿐이죠?

요컨대 스스로가 일으킨 생각에 따라가지 마라 이겁니다. 스스로가 만들어 내고 있는 생각이라든지, 여러 가지 욕망, 느낌, 이런 것에 따라가지 마시라 이거예요. 안 따라가면 결국 항상 있는 그 자리에 있습니다. 생각이 이렇게 계속해서 끊임없이 일어나고 있고, 욕망이 끊임없이, 말이 끝없이 들리고 있고… 지금 생각이 일어나고 있고, 말이 들리고 있고, 욕망이 일어나고 있고, 어떤 느낌이 들고 있고, 눈앞에서 모양과 색깔이 어른거리고… 항상 있는 곳에 있는 겁니다. 그냥 있는 곳에 있는 건데, 우리 병이란 게 뭐냐 하면, 생각을 스스로 일으켜 놓고는 그것을 따라가 버려요. 욕망을 스스로 일으켜 놓고 따라가 버리는 겁니다. 늘 있는 곳에 가만히 있지 못하고 말을 따라가 버리는 겁니다. 그게 문제예요. 문제!

　어디에도 머물지 마라. 이미 15분에서 "머물지 말고 그 마음을 내어라(應無所住而生其心)"하였죠. 머무는 곳에 머물러 계셔야 하는 겁니다. 머물지 않는 곳이 어디냐 하면, 사실 우리는 그곳에 있는 겁니다. 사실 우리는 그곳에 있을 수밖에 없습니다. 지금 이렇게 제가 말씀을 드리면서 저 자신이 이렇게 말씀을 드리고, 느끼고, 생각하고 있는 여기, 제가 억지로 설명을 드립니다만, 저는 어디에도 머물러 있지는 않죠. 항상 그냥 한결같이 여기에 머물러 있을 뿐이지만, 어디에도 머물러 있지 않죠. 어디에도 머물러 있지 않고, 무엇이라고도 말할 수 없는… 그래서 본래 한 물건도 없다고 하는데, 없지만 또 여기에 온갖 것이 지금 다 나타나고 있습니다.

　우리가 의도적으로 무엇을 보려고 어디에다 눈길을 고정시켜서 뚫어지게 쳐다보면 피곤해서 눈길을 다른 데로 돌려야 해요. 그러나 의도적이지 않은 경우에는 눈만 단순히 뜨고 있어도 보이잖아요? 한 시간을 뜨고 있어도 피곤하지 않습니다. 보이는 그 자체는… 무위법이란 게 그런 겁니다. 본래가 우리는 무위법을 쓰고 있는 겁니다. 그래서 하루 종일뿐만 아니라, 일평생을 써도 피곤하지 않은 자리가 이 무위법의 자리예요. 그런데 우리가 무엇을 들으려고 신경을 쓰면 너무 피곤합니다. 금방 피로해서 오랫동안 그럴 수가 없어요. 그냥 가만히 있어도 저절로 들리는 이것은 듣기 싫어도 끝없이 들리는 겁니다. 깨어 있을 때는 물론 잘 때도 들리지만 의식을 못할 뿐이죠. 이게 무위법이거든요. 이게 법입니다. 우리에게는 항상 이것이 있는 겁니다.

의도적으로 하지 마시고, 보이는 것, 들리는 것, 생각나는 것, 느껴지는 것… 마치 우리 몸에서 피가 돌고 신경이 작용하는 것과 같습니다. 피가 돌고 신경이 작용할 때, 의식이 법에서 아주 자연스럽게 풀려 있으면 피가 돌고 하는 이것 자체가 아주 부드럽게 돌아가는데, 의식이 치우쳐 있고 스트레스를 받고 있을 때, 스트레스 받는다는 게 뭔가 하면, 뭔가를 억지로, 의도적으로 하려고 할 때 오는 것이거든요? 그러면 몸도 불편하죠. 본래 피가 돌고, 호흡을 하고, 신경이 작용하는 이게 다 무위법입니다. 저절로 되는 거예요. 아주 조화롭게 되는 것인데, 내 의식이 어떤 욕망이라든지 분별심을 따라서 억지로 하려고 하면 몸까지도 그 영향을 받아서 안 좋아지는… 스트레스라는 게 정신적으로만 오는 게 아니라, 동시에 육체적으로도 오는 것이죠.

법은 무위법인데, 무위법이라는 것을 확인할 수 있는 방법도 유위적으로 무엇을 어떻게 하겠다… 유위법이란 이렇다 저렇다 분별하고 따지는 거거든요. 아까 법을 찾을 때 제일 장애가 되는 것이 찾으려고 하는 그 마음이라고 그랬잖아요. 이것이다, 저것이다 하고 헤아려서는 안 되는 겁니다. 말 그대로 무위법이라고 하는 것은, 무엇을 하고자 하는 마음을 완전히 놓아 버리고, 그러나 의식적으로 무엇을 하고자 하는 그 마음은 놓았지만 법에 대한 목마름은 가지고 있는… 그런 상황에서 무위법이라는 것을 경험할 수 있는 겁니다. 무엇을 하고자 하는 그 마음은 놓아 버리고, 그러나 진리에 대한 목마름은 가지고 있어야 하는 겁니다. 그런 상황에서 무위법인이 법을 경험할 수 있는 겁니다. 그러니까 그런 자세, 그런 마음가짐이어야 효과가 있습니다. 자세가 잘못되면 스트레스만 받고 공부는 안 되는, 낭비적인 상황이 되는 겁니다.

그때 수보리가 부처님께 말씀드렸다.

자, 이것을 보세요. "그때 수보리가 부처님께 말씀을 드렸다." 마치 한 장면의 연극을 보는 것 같은 그런 느낌이 드실 겁니다. "그때 수보리가 부처님께 말씀을 드렸다." 몇 마디 말이 지금 또박또박 이어지고 있는데, 마치 무대 위의 장면 장면이 이어지듯이… 끊어짐이 없이 지금 말이 이어지고 있거든요. "그때 수보리가 부처님께 말씀을 드렸다." 끊어지지 않고 이어지고 있는 게 무엇인가 잘 보세요. "그때 수보리가 부처님께 말씀을 드렸다." 무대에서 지금 연극이 공연되고 있는데, 장면이 자꾸자꾸 바뀌잖아요. 바뀌는 그 장면이 끊어지지 않고 끊어지지 않고 계속해서 이어지고 있어요. "그때 수보리가 부처님께 말씀을 드렸다." 끊어짐이 없이 계속해서 이어져 나가고 있죠? 말은 다 달라진 겁니다. '그때', '수보리', '부처님', '말씀드렸다…' 말은 다 달라졌는데 뭔가가 끊임없이 이어져 나가는 게 있죠. "그때 수보리가 부처님께 말씀을 드렸다." 끊어지지 않고 있는 게 있습니다. 어느 순간이든지, 지금 이 순간에도 끊어지지 않고 있습니다. 끊어지지 않고 있는 이것을 잘 보시라고요. 법은 여여(如如)하다고 그럽니다. 여여하다는 게 무슨 뜻입니까? 끊어지지 않는다 이거예요. 항상 그렇다 이겁니다. 끊어짐이 없어요.

그런데 어디서 끊어지느냐 하면, 누가 그것을 끊느냐 하면, 법은 저절로 이어지는데 우리 스스로가 그것을 끊어 버려요. 왜? '그때' 따라가고, '수보리'를 따라가고, '부처님'을 따라가고… 우리가 이렇게 그것을 끊어 버리는 겁니다. 그렇지 않으면 끊어짐이 없어요. 계속 늘 그대로 이어진다고… 우리가 그 말의 내용을 따라가 버리면 우리 스스로가 끊어 놓는 거예요. 계속 이어지고 있잖아요? 뭐가 끊어집니까? 이어지고 있거든요. 이어지고 있는 이것이 분명해지는 건데… 어려운 게 하나도 없습니다. 전혀 어려운 게 없습니다.

세존이시여, 선남자 선여인이 위없이 바르고 평등한 깨달음을 얻고자 하는 마음을 낸다면, 어떻게 그 마음을 머물러야 하고, 어떻게 그 마음을 항복시켜야 합니까?

법이라고 하는 어떤 무엇이 있는 것은 아닙니다만, 끊어짐 없이 이어지고 있는 게 있거든요. 뭐가 이렇게 이어지고 있는가 잘 보시라고요. 말의 내용을 따라가시는 것이 아닙니다. 말의 내용 따라가 봐야 전부 다 이미 알고 있는 내용입니다. 그게 아니고, 지금 이런 말들이 이 순간 이렇게 진행되고 있는데 여기서 끊어지지 않고 계속 드러나고 있는 게 있습니다. 변함없이 드러나고 있는 게 있다 이 겁니다. 다 변하고 바뀌는데 변함없이. 이것은 어떤 모양은 아닙니다. 이것을 머리로 이해하려고 하면 안 돼요. 제가 드리는 말씀을 별 생각 없이 듣다 보면 문득 탁! 계합을 할 수가 있습니다.

언제든지 제가 말씀을 드리든 안 드리든, 제 목소리가 들리든 안 들리든, 눈앞에 뭐가 보이든 말든, 끊어짐이 없는 게 하나 있습니다. 없어지지 않는 놈이 있다 그거예요. 없어지지 않는 그놈이 바로 나의 본래면목이라… 없어졌다가 생겨났다가 하는 것은 허망합니다. 언제나 없어지지 않는 한 놈이 있어요. 이게 바로 나의 본래면목이다 이겁니다. 모든 게 왔다 갔다 하지만, 왔다 갔다 하지 않는 게 있는 겁니다. 왔다 갔다 하는 거기에 왔다 갔다 하지 않는 게 있어요.

동쪽에서 걸어서 서쪽으로 갔다가, 다시 서쪽에서 걸어서 동쪽으로 간다 이겁니다. 왔다 갔다 한다 이거예요. 왔다 갔다 하는 여기에 왔다 갔다 하지 않고 끊어지지 않는 게 있어요. 이리 올 때도 그대로고, 저리 갈 때도 그대로고… 언제든지 갈 때든 올 때든 똑같은 게 있어요. 똑같다는 게 말이 좀 이상하지만… 여기에서 문득 마치 낚싯바늘에 월척이 한 마리 걸리듯이 탁 하고 걸려야 하는 겁니다. 탁 걸리는 순간에 문제가 풀려요.

어떻게 그 마음을 머물러야 하고, 어떻게 그 마음을 항복시켜야 합니까?

앞에 제2분에서도 같은 질문이 나왔습니다. 마음을 가지고 문제 삼는 겁니다. 마음! 사실 마음은 머물 수도 없고, 항복시킬 수도 없습니다. 그러나 제대로 보면 마음은 항상 그대로 있습니다. 항복시킬 필요가 없어요. 왜냐하면 마음은 한 번도 나에게 반발한 적이 없어요. 나를 버린 적이 없어요. 제대로만 보면 마음은 항상 그대로 있습니다. 어디에? 지금 이렇게 있습니다. 발에 있고, 손에 있고, 입에 있고, 귓속에도 있죠. 늘 이렇게 있습니다. 마음은 우리 자신을 벗어난 적이 없습니다. 그러니 사실 마음을 항복시킬 것이 없어요.

그런데 머물러야 하고, 항복시킨다고 하는 것은 스스로의 어리석음을 이야기하는 것입니다. 수보리가 공부하는 우리들을 위해서 문제점을 제시해 본 겁니다.

부처님께서 수보리에게 말씀하시기를, 선남자 선여인이 위없이
바르고 평등한 깨달음을 얻고자 하는 마음을 낸다면…

위없이 바르고 평등한 깨달음(無上正等正覺=아누다라삼약삼보리), '위없다'는 말은 이것 이외에는 더 이상 다른 게 없다 이겁니다. 이것뿐이다… '바르고 평등하다'는 것도 그 말입니다. 평등하다는 건 아래 위가 없다는 말이잖아요. 바로 이 마음을, 법을, 우리의 본래면목을 가리키는 말입니다. 우리 본래 마음이라고 하는 것, 법이라고 하는 것은 아래 위가 없습니다. 세간법에서는, 분별심에서는 아래 위가 있죠? 이 법은 아래로 내려가도 그대로고, 위로 올라가도 그대로예요. 아무것도 달라지는 게 없습니다. 그래서 아래도 없고, 위도 없습니다. 아래를 나누고, 위를 나누는 것은 우리의 분별심이에요. 분별심! 아래 위가 없으니까 평등하다고 하는 것이고, 바르다고 하는 것도, 이 바름이라는 것은 비뚤어짐이 없는 것입니다. 비뚤어지면 이것과 저것이 차별되지만, 바르기 때문에 이것과 저것이 차별되지 않고 평등한 것이죠.

그것이 무슨 이야기냐 하면, 비뚤어진 것조차도 바로 이것이다

504

이거예요. 자동차를 타고 가는데, 직선 도로를 가건, 곡선 도로를 가건, 항상 엔진이 돌고 바퀴가 굴러서 가는 거죠? 다른 게 없다 이겁니다. 여여하다 이겁니다. 그래서 바르고 평등하다는 겁니다. 위 아래도 없고, 비뚤어지고 바름도 없는, 그래서 한결같은 이것이 법이고, 이 법을 일컬어 깨달음이라고 하는 겁니다.

이런 법을 제대로 체득해 봐야 되겠다, 계합을 해서 정말 알아봐야 되겠다… 그런 마음을 낸 사람이라면 마땅히 이와 같은 마음을 내어야 한다고 다음에 이야기하고 있습니다.

　　나는 마땅히 모든 중생을 멸도시키리라…

멸도(滅度)란 것은 소멸시켜서 제도한다… 번뇌를 다 소멸시켜서, 제도(濟度)해서 열반의 땅으로 모신다… 모든 중생을 다 없애서 부처만 남게 해야 된다 이겁니다. 그 다음에 보세요.

　　모든 중생을 다 멸도시켜 놓고 보니, 진실로 멸도시킨 중생은 단
　　하나도 없으니…

중생을 다 멸도시킨다 해 놓고, 다 멸도시켜 놓고 보니까 진실로 멸도시킨 중생은 한 명도 없더라… 이게 진실한 말이에요. 이렇게 되어야 아까 말했던 무상정등각, 하나도 빠짐없이 평등한 법이 되는 겁니다. 이렇게 생각해 보면 됩니다. 꿈속에서 우리 집에 떼강도가 들었어요. 그래서 모두 몰아내고는 꿈이 탁 깼다 합시다. 강도가

505

우리 집에 들어와서 다 몰아냈지만, 실제로는 들어온 적도 없고 몰아낸 적도 없는 거예요. 그러니까 우리가 중생이니 부처니 하고 있는 것은 마치 꿈을 꾸고 있는 것과 같은 겁니다. 법을 모르면 우리는 멀쩡하게 눈을 뜨고 있으면서 꿈을 꾸고 있는 거예요. 말 따라다니는 거예요. 말 따라… 생각 따라가고, 모양 따라가고, 욕망 따라가고… 온갖 것을 다 따라다니는 겁니다. 본래가 중생도 없고, 부처도 없습니다. 몰아낼 것도 없고, 잡아넣을 것도 없어요.

지금 한번 보세요. 지금 여러분들에게 업장이 어디 있습니까? 번뇌가 어디 있습니까? 중생이 어디 있습니까? 부처가 어디 있습니까? 한번 찾아보십시오. 찾아서 이 앞에 한번 전시를 해 보세요. 없는 것을 있다고 하는 걸 꿈이라고 그래요. 꿈이란 게 그렇잖아요? 없는 것을 있다고 착각하죠? 그래서 아주 실감을 합니다. 지금 우리는 꿈을 꾸고 있는 것과 마찬가지 상황에 대부분 처해 있기 때문에, 지금 나는 고민된다 이거야, 세상 일이 잘 안 풀리니까 이것은 뭔가 나의 업장인가 보다… 다들 부처님이라고 모시고 있잖아요? 실제로 '내가 지금 아프잖아, 번뇌가 있잖아' 이런다면 역시 꿈속에 있는 겁니다.

만약에 영원히 꿈속에 있으면서 꿈속에서 모든 중생을 다 멸도시킨다고 한다면 유감스럽지만 그것은 불가능합니다. 중생이 뭐가 중생이냐? 중생을 중생으로 보고, 부처를 부처로 보는 게 중생입니다. 중생이란 게 달리 중생이 아니에요. 그러니까 중생이 있으니까 멸도시키자… 바로 그게 중생이에요. 아상·인상·중생상·수자상이

506

있는 게 중생이거든. 중생이 중생을 멸도시키려고 하는 것과 같은 거예요. 그래 가지고는 중생을 멸도시킬 수가 없는 거죠.

내가 모든 중생을 멸도시켜야 하는데 실제로는 멸도시킬 중생이 없다는 이 이치를 정확하게 이해하신다면 공부의 방향을 잡을 수가 있습니다. 그렇다고 이 이치를 안다고 해서 공부가 되었다고는 말할 수 없습니다. 공부의 방향을 잡을 수 있는 겁니다. 나 스스로가 중생을 중생으로 보는 것이 잘못이다 이거예요. 그 잘못을 바로잡아야 되는 겁니다. 아상·인상·중생상·수자상을 가지고 있는 게 잘못이다… 그 잘못을 바로잡으려면 어떻게 해야 하느냐? 아상·인상·중생상·수자상이라는 모양에 따라가지 않고, 아상일 때나, 인상일 때나, 중생상일 때나, 수자상일 때나 한결같이 변함없음을 깨달으면 되는 겁니다. 갈 때나 올 때나 항상 그대로이다… 이야기를 들을 때나 볼 때나 항상 그대로… 여여함을 깨달으면, 변함없음을 알면, 변하는 모양에는 안 속는 겁니다.

내가 마땅히 모든 중생을 멸도시켜야 되지만, 다 멸도시키고 보니까 실제로는 멸도된 중생이 하나도 없더라… 다 멸도를 시켜 놓았다는 것은 무슨 이야기입니까? 이름과 모양을 따라가지 않고 보니까… 중생이라는 이름에 속지 않고, 부처라는 이름에 속지 않고, 멸도시킨다는 말에 속지 않고 보니까, 한결같은 이것만 남아 있는 거죠. 이름과 모양에 속지 않고 보니까…

예를 들어, 여기 칠판이 있으면 칠판에다가 온갖 글을 다 쓸 수 있고, 온갖 그림을 다 그릴 수 있습니다. 지우고 또 쓰고, 지우고 또 쓰고… 달라지는 것은 아무것도 없어요. 우리는 써 놓은 글자를 따라다니고 그림을 따라다니니까 그게 문제가 되는 거지, 안 그러면 문제될 것은 없습니다. 늘 그냥 이대로죠? 항상 칠판은 비어 있습니다. 언제든지 지우고 다시 쓸 수 있습니다. 그래서 '마음은 허공이다' 하는 이유가 거기 있습니다. 언제든지 비어 있습니다. 마치 뭐가 나타난 것 같지만 항상 비어 있어요. 비어 있는 이대로 여기서 온갖 생멸법을 드러내는 겁니다. 적멸한 이 자리에서 온갖 생멸법이 나온다… 이게 무생법인입니다. 《유마경》에 나오는 무생법인… 이게 본래 마음이에요. 비어 있는 이놈이 한결같은 놈입니다. 이것은 무엇을 하든 말든 항상 여기에 나타나 있는 겁니다.

　일체 중생을 다 멸도시키고 보니… 이름과 모양을 더 이상 따라다니지 않고, 한결같은 자리에서 한결같음에 분명하고 보니, 애초에 중생을 멸도시키겠다고 생각했던 것이 아주 웃겨요. 보니까 아무것도 없는 거라… 그러니까 문제는 어디 있느냐 하면 스스로 말과 모양에 따라다니는 그것이 문제지, 다른 것은 문제될 것이 없습니다. 우리는 그것을 따라다니면서 조작을 하고, 원하는 바대로 만들어 내려고 합니다. 원하는 바대로 만들어지지 않으면 스트레스를 받아요. 그러니 삶이 괴롭죠. 자기만 괴로운 것이 아니라 남도 괴롭혀요. 모든 것을 자기 원하는 대로 하려고 하니까… 자기의 허물을 없애고 나서 보면 허물 있는 사람은 아무도 없습니다. 모든 게 다 아무 문제가 없어요. 멸도시킬 중생이 없다는 말이 그 말입니다. 결자해지(結者解之)라고, 자기 문제니까 자기 자신이 해결할 수밖에 없습니다.

왜 그러한가? 수보리야, 만약 보살이 아상·인상·중생상·수
자상이 있다면 보살이 아니니라…

그러니까 말 따라가고 모양 따라가면 그것은 보살이 아니다… 그
건 중생이죠? 중생에게는 온통 중생밖에 없습니다. 무학 대사와 이
성계의 이야기도 있듯이, 부처 눈에는 부처밖에 안 보이고, 돼지 눈
에는 돼지밖에 안 보인다고 하잖아요? 그런 식이죠… 중생의 눈으
로, 스스로가 분별심을 가지고 보면 전부 문제투성이입니다. 온 세
상이 부조리하고, 불만투성이고, 마음에 드는 것이 하나도 없어요.
자기 자신에게 있는 문제를 가지고 세상을 그렇게 보기 때문에 세
상이 전부 문제인 것처럼 보여요. 그런데 스스로가 그런 문제를 극
복하면, 어디에도 문제는 없습니다. 인간이 창조주를 원망하는 경우
가 있죠? '어째서 세상을 이 모양으로 만들어 놓았는가?' 자기 눈으
로 보니까 그런 거예요. 창조주가 볼 때에는 얼마나 우습겠어요?
　자기가 실상을 보면, 즉 자기의 문제가 해결이 되면, 본래 중생이
없는 것이고, 중생이 없으니 번뇌도 없는 것이고, 번뇌가 없으니 해
탈할 이유도 없는 것이고, 깨달을 이유도 없는 겁니다. 그냥 늘 이대
로 한결같을 뿐이에요. 목마르면 물마시고, 배고프면 밥 먹고, 졸리
면 잔다는 선사들의 말씀이 거짓이 아닙니다. 그렇게 인연 닿는 대
로 이루어질 뿐이죠.
　아상·인상·중생상·수자상을 가지고 있는 사람은 보살이 아니
기 때문에 그런 사람 눈에는 중생밖에 없고, 그런 사람은 중생을 제
도시킬 수가 없습니다. 다시 말하면, 아상·인상·중생상·수자상

이 없으니까 본래 제도시킬 중생이 없다 이겁니다. 나 스스로가 모양과 말에 따라가니까 그것이 문제였다 이거예요.

까닭이 무엇인가? 수보리야, 진실로 위없이 바르고 평등한 깨달음을 얻고자 하는 마음을 낼 만한 법이란 것이 없느니라…

우리는 보통 깨달음이라 하면, 깨달아야 할 뭔가가 있다고 생각을 하죠? 나는 지금 깨닫지 못한 상태고, 따라서 공부하여 깨달음을 얻겠다는, 분별심을 가지고 공부에 임하는 게 보통입니다. 그런 자세는 고쳐져야 할 자세입니다. 왜냐하면 분명히 "얻을 수 있는 법이 없다"라고 경전에서 말하고 있잖습니까? 깨달음이라는 것을 통해서 얻을 수 있는 무엇은 없습니다. 다만 스스로 꿈을 꾸지 않으면 돼요. 망상만 안 부리면 됩니다. 그러면 아무 일이 없는 겁니다. 그러나 꿈속에서는 꿈과 깨어남이 따로 있기 때문에 꿈속에서 깨어난다는 꿈을 또 꾸는 겁니다. 깨달음을 통해서 진리를 얻는다고 한다면, 나는 중생이고 그래서 깨달음을 통해서 부처가 되어야 한다, 부처는 내가 가지고 있지 못한 진리를 가지고 있다… 이런 식으로 생각한다면, 그것은 바로 꿈속에서 꿈을 깨는 꿈을 또 꾸는 겁니다.

이것은 모두 비유적인 설명이고, 지금 우리 스스로를 돌이켜 보시면 됩니다. 지금 우리 스스로를 돌이켜 보면 여러 가지 변화들이 있죠? 육체적인 변화, 생각의 변화, 욕망의 변화, 느낌의 변화, 시간의 변화, 공간의 변화… 온갖 것들이 흘러가고 있고, 우리는 그 변화 속에서 벗어날 방법이 없습니다. 시간을 벗어나서 탈출할 수도

510

없고, 내가 발 딛고 있는 이 공간을 벗어날 수도 없고, 생각을 안 할 수도 없고, 욕망을 없앨 수도 없고, 숨을 안 쉬고 살 수도 없고, 심장 박동을 안 하고 살 수도 없고, 밥을 안 먹고 살 수도 없고… 기본적으로 지금 우리가 하고 있는 것들은 다 그대로 안 할 수가 없는 것들이에요.

다 하되 우리의 관심이, 예컨대 밥을 먹는데, 우리는 밥이나 반찬이나 숟가락이나 밥그릇이나 식탁에 관심이 있잖아요? 또는 밥 먹는 자세에 관심이 있죠. 특히 애들한테… 왜 그렇게 밥 먹어, 똑바로 앉아서 밥 먹지 않고… 우리는 그런 정도의 관심이 있죠? 그러니까 문제가 되는 겁니다. 그러니까 좀 더 좋은 밥, 좀 더 좋은 밥그릇, 좀 더 좋은 식탁, 좀 더 바른 자세… 이런 게 나오는 겁니다. 그러니까 좋지 못한 게 있고, 좋은 게 있는 거예요.

그런데 밥을 먹을 때, 좋은 것도 아니고, 나쁜 것도 아니지만, 밥 먹을 때 절대 빠질 수 없는 게 있습니다. 밥그릇이 없어도 밥 먹을 수 있습니다. 반찬 없어도 밥 먹을 수 있습니다. 식탁 없어도 되잖아요. 자세? 아무렇게나 먹을 수 있습니다. 그런 것들은 없어도 되고, 있어도 되는 것들이잖아요. 그것 말고, 절대 없으면 안 되는 게 하나 있어요. 그게 없으면 밥을 먹을 수 없는 게 있어… (밥을 떠먹는 동작을 보이며) 절대로 없으면 안 되는 게 하나가 있는 거라… 여기에다 관심을 한번 가져 보자 이겁니다.

우리가 세상을 살아가는 데 있어도 그만, 없어도 그만, 아니면 다른 것으로 대체할 수 있는 게 있거든요. 그러나 다른 것으로 교체

할 수 있는 것 말고, 절대 바꿀 수 없는 게 하나 있습니다. 없어서는 안 되는 게 하나 있죠? 그것은 다행스럽게도 선택 가능성이 없습니다. 유일하게 그것 하나밖에 없어요. 더 좋은 것도 없고, 더 나쁜 것도 없고, 옳은 것도 없고, 그른 것도 없고, 이쪽도 없고, 저쪽도 없습니다. 그냥 유일하게 이것 하나밖에 없는 겁니다. 이것 하나에 관심을 가지자 이겁니다. 이것이 말하자면 가장 중요한 거죠. 언제나 우리는 이것을 행하고 있는 겁니다.

이 바뀔 수 없고 둘로 나누어질 수 없는 이것을 일컬어서 불이법(不二法)이니 진여(眞如)니 여여(如如)니 하고 말하는 겁니다. 그러니까 멀리 있는 것이 아니라 바로 지금 이렇게 가장 필요한 거죠. 이것이 아니, 다른 여타의 일들은 있어도 그만, 없어도 그만이니까⋯ 그것을 생멸법(生滅法)이라고 합니다. 바꿀 수 있는 것, 있을 수도 있고, 없을 수도 있는 겁니다. 이것 하나는 절대로 없을 수 없으니까 불생불멸법이라⋯ 이게 바로 진여거든요. 이것은 정해진 모양이 없어⋯ 만약에 정해진 모양이 있으면 다른 것으로 바꿀 수가 있거든요. 어떤 사물이 아니란 말이죠. 이것 하나만 명확하면 전부 다가 이것이거든요. 이것 하나 가지고 인연을 따라서 가져다 쓰기도 하고 버리기도 하고 그러는 겁니다.

그러니까 가져다 쓸 수 있는 것도 이놈이 가져다 쓰는 것이고, 버릴 수 있는 것도 이놈이 버릴 수 있는 겁니다. 이놈은 항상 어디 있느냐 하면 늘 내 눈앞에, 내 발밑에, 내 손아귀 속에 있습니다. 그래서 입처개진(立處皆眞)이라 하거든⋯ 서 있는 이 자리가 바로, 지금 내가 있는 이 자리가 바로 진리의 자립니다. 이 자리가 바로 부처

512

자리고, 하느님 자리고, 여래의 자리입니다. 실법의 자리입니다. 내가 있는 자리가 어디냐? 내가 있는 자리, 이 자리에서 밥도 먹고, 말도 하고, 쳐다보기도 하고, 생각도 하고, 다 하는 겁니다. 쓸 것 다 써가면서, 필요한 것은 가져다 쓰고, 다 쓰고 나면 내버리고… 그러나 이것은 가져다 쓸 수도 없고, 내버릴 수도 없어요. 가져다 쓰는 놈이 이것이고, 내버리는 놈이 바로 이거거든요. 이것을 써서 가져오고, 이것을 써서 사용하다, 이것을 써서 내버리기도 하니까, 이것은 버리고 취할 수 있는 게 아니란 말이죠.

어쨌든 말로는 설명하기가 어렵습니다. 어떤 말을 하든지 간에… 하여튼 제가 이런저런 말씀을 드리는 와중에 여러분이 힌트를 얻을 수가 있는 겁니다. 자기도 모르게 점차점차 삿된 견해로부터 이쪽으로 유도되어 오는 그런 과정을 거칠 수가 있는 겁니다. 그 과정을 거쳐서 어느 순간에 몰록 이것을 체험할 수가 있는 겁니다.

수보리야, 어떻게 생각하느냐? 여래가 연등부처님이 계신 곳에서 위없이 바르고 평등한 깨달음의 법을 얻은 것이 있었느냐?…

한 번 더 다짐해서 묻고 있는 겁니다. 위에서 다 이야기해 놓고는… 연등불이라고 하는 것은, 석가모니 전생담에 나오는 부처입니다. 원래 인도는 예부터 윤회라는 생각들을 해 왔기 때문에, 석가모니에 대해서도 전생 이야기라고 해서 여러 가지 이야기를 만들어 놓은 게 있습니다. 그것이 불교 경전 속에 들어 있는데, 그것은 석가모니의 전생을 누가 기록해 놓았다가 남겨 둔 게 아니고, 경전입니다. 경전! 경전이란 게 뭡니까? 법을 드러내는 책입니다. 법을 드러내기 위해서 하는 이야기다 이겁니다. 왜 연등부처 이야기를 여기서 하고 있느냐? 연등부처 이야기를 통해서 법을 드러내기 위해서입니다. 이《금강경》도 당시에 실제로 기수급고독원에서 석가모니가 대중들을 모아 놓고 이런 이야기를 했다고는 누구도 보장 못합니다. 경전이란 것은 법을 드러내는 겁니다. 법이라는 것은 항상 현재 지금 이 순간 나 자신에게 있는 겁니다. 그것을 못 보니까 그것을 보도록 다양한 이야기를 하고 있는 거예요. 팔만대장경이 다 그런 겁니다. 팔만대장경은 신문 기자가 취재하듯이 적어 놓은 것이 아닙니다.

경전의 유일한 목적은 법을 전해 주기 위한 겁니다. 그 법이 어디 있느냐? 경전 속에 있는 게 아닙니다. 여기에 무슨 법이 있어요? 문자 속에? 말 속에? 말이란 허망한 거예요. 예를 들어서《금강경》을 외운다고 합시다. 법이 어디 있습니까? 지금《금강경》을, '금강반야바라밀경, 여시아문 일시…' 이렇게 여기에서 법을 쓰고 있는 거예요. 법이라고 하는 것은《금강경》안에 나오는 말 구절에 있는 것이 아닙니다. 그것은《금강경》안에서 끊임없이 말하고 있잖아요? 상을 상 아닌 것으로 보아야 법을 본다…《금강경》을《금강경》아닌 것으로 보아야 그게 법을 보는 거예요. 팔만대장경을 팔만대장경이 아닌 것으로 볼 줄 알아야 그게 법을 보는 거라…《금강경》이《금강경》이 아니면 뭐고, 팔만대장경이 팔만대장경이 아니면 뭐냐? 뭐긴 뭡니까, 지금 행하고 있는 이거죠! 이것을 가지고 팔만대장경도 전

514

부 썼고,《금강경》도 다 외우고 하는 것 아닙니까? 여기서 다 나오는 거예요. 이것을 이름 붙여서 마음이라고 그러고, 모든 것은 마음에서 나온다고 해서 일체(一切)는 유심조(唯心造)라 하는 겁니다.

경전에서 마음이 나오는 게 아니고, 마음에서 경전이 나온 겁니다. 그럼 그 마음은 어디 있습니까? 지금 이 순간에 이렇게 여기에 있거든요. 여러분, 경전에서 진리가 만들어져 나오는 게 아닙니다. 진리가 경전을 만드는 거죠. 전후(前後)를 바꾸지 마라 이겁니다. 본말(本末)을 뒤집지 마라 이거예요. 그런데 뒤집어서 보는 게 대부분이잖아요. 경전을 신주 모시듯 받들어 모시고, 어디 신문에 보니까 대장경판을 머리에 이고 왔다 갔다 하더라고요. 머리에 이었다가, 내렸다가, 걸어 다니기도 하는 것, 이놈이 만들어 내는 것 아닙니까? 상을 만들지 마시라 이겁니다. 경이라는 상을 만들지 마시고, 부처라는 상을 만들지 마시고, 보살이라는 상도 만들지 말고, 중생이란 상도 만들지 마시라 이겁니다. 부처라는 상을 만들어서 부처를 찾고, 진리라는 상을 만들어서 진리를 찾고, 경전이라는 상을 만들어서 경전을 받들어 모시면, 그것은 부처님의 가르침과는 완전히 거꾸로 가는 겁니다. 그렇게 하지 말라고 여기서 (법상 위의《금강경》 책을 두드리며) 이야기하고 있잖아요?

석가모니의 전생 이야기에 보면, 연등부처님이 계실 당시에 석가모니는 아직 깨달음을 얻지 못하고 공부하는 선인(仙人)이었어요. 그러나 그때 이미 그는 공부가 완성되어 있었던 겁니다. 왜냐하면 연등부처님이, 자네는 다음 생에 위없는 바른 깨달음을 얻어서 석

515

가모니란 이름을 가진 부처가 될 것이라고 예언을 했다고 하는데…
왜 그런 예언을 받았느냐? 어째서 위없는 바른 깨달음을 얻어서 석
가모니란 이름의 부처가 되리란 예언을 받았느냐? 무엇을 어떻게
했기에? 하나를 깨달은 겁니다. 내가 깨달아서 될 부처가 없다는 그
것 하나를 깨달은 거예요. 그 얼마나 역설적입니까? 깨달아서 될 부
처가 없다는 사실을 아니까, 연등부처가 너는 이제 깨달아서 부처
가 될 거라고 이야기했거든요.

그러니까 전부 이것이 분별심의 장난이라… 전생이니, 후생이니,
예언을 하니 마니… 속으시면 안 돼요. 여기서 하고자 하는 이야기
는 뭡니까? 위없는 바르고 평등한 깨달음을 통해서 얻을 법은 없다
이거예요. 그 말이거든요. 없는 것을 가지고 자꾸 얻니 마니, 이러쿵
저러쿵 해서는 안 된다 이겁니다. 그러면 도대체 없으면 뭘 어떻게
하란 말이냐? 없는 것을 있다고 망상 부리지 않으면, 잃을 수도 없
고 얻을 수도 없는, 한결같이 그대로… 그것만 남을 겁니다.

언제든지 실상은 나 자신이 떠난 적이 없는 여기에 있는 겁니다.
팔만대장경 속에 온갖 현묘하고, 신기하고, 이상한 이야기가 나온다
하더라도, 실제로 뭐가 있는 것은 아닙니다. 언제든지 이것(주먹을 세
우며)으로 말미암아서, 이것(주먹을 흔들며)이 만들어 내는 거예요. 그
러니까 언제든지 실상은 어디 있느냐 하면 우리 눈앞에… 임제 스
님이 항상 이야기하듯이, 무위진인(無位眞人)이 항상 눈앞에서 왔다
갔다 한다… 언제든지 여기 있는 거예요. 다른 데 있는 게 아닙니다.
또 무위진인이라는 말에 속으면 안 돼요. 지금 바로 "무·위·진·
인"하는 이것이 무위진인이거든요. 말에 안 속으면… 그런데 대부

분이 다 말에 속습니다. 그게 문제죠. 워낙에 잘 속아 왔기 때문에
속는지 안 속는지도 몰라요. 속는 줄 알고 속으면 그나마 다행인데
우리는 모른단 말이죠…

연등부처에게서 위없이 바르고 평등한 깨달음이란 법을 얻은 것
이 있었느냐? 이러니까… 얻은 법이 없었다… 그러죠?

아닙니다. 세존이시여, 제가 부처님의 말씀을 이해한 바에 따르
면, 부처님께서는 연등불이 계신 곳에서 위없이 바르고 평등한 깨
달음이란 법을 얻은 것이 없었습니다…

그러니까 깨달음이란 것도 없고, 법도 없다 이겁니다. 그런 건 없
다 이겁니다. 그러니까 부처님이,

그러하고 그러하다. 진실로 여래가 위없이 바르고 평등한 깨달
음의 법을 얻은 것이 없느니라…

얻을 것은 없습니다. 잃을 것도 없고, 얻을 것도 없습니다. 왜냐하
면 우리의 생각으로 본다면 '잃는다'와 '얻는다'가 서로 다른데, '잃
는다' 하는 것도 이것이고, '얻는다' 하는 것도 이것이거든요? 다른
게 없습니다. 말만 안 따라가면 돼요. 말만! 말에만 안 속으면 되는
거예요.

수보리야, 만약에 여래가 위없이 바르고 평등한 깨달음이란 법

을 얻은 것이 있다고 한다면, 연등부처님께서 나에게 '네가 내세에 부처가 되어서 이름을 석가모니라 하리라'고 예언을 하지 않았을 것인데, 진실로 위없이 바르고 평등한 깨달음이란 법을 얻은 것이 없었기 때문에, 연등부처님께서는 '너는 내세에 마땅히 부처가 되어 이름을 석가모니라 할 것이다'라고 예언하셨느니라…

내세 이야기를 하고 있는 게 아닙니다. 법이라는 게 있느냐, 없느냐 그 이야기를 하고 있는 거예요. 정말 우리가 깨달음을 통해서 얻을 법이 있느냐? 얻을 것도 없고, 잃을 것도 없습니다. 그러니까 얻을 수도 없고, 잃을 수도 없는 이것을 체험하면 되는 거라… 얻을 수 있고, 잃을 수 있는 것은 법이 아닙니다. 잃을 수 있는 것은 말할 것도 없고, 얻을 수 있는 것도 법이 아니다… 불생불멸하고, 부증불감하고, 불래불거한 것, 이것이 법이거든요. 이것 하나만 체험하시면 되는 거예요.

예컨대 본다, 안 본다 하는 것도 그런 것 아닙니까? 우리가 눈을 뜨고 있으면 보기 싫어도 뭔가를 봐야죠? 저절로 보이거든요. 그러면 '아, 나는 뭔가를 보고 있구나…' 이런다고요. 눈을 감아 보세요. 아무것도 안 보이니까 '아, 나는 아무것도 안 보는구나…' 이러지만, 사실 보이는 사물은 없지만 눈을 떠서 볼 때와 똑같은 게 하나가 있습니다. 그게 진짜 눈입니다. 눈을 떴을 때는 보이고 눈을 감았을 때는 안 보이는 것은 보이는 모양을 따라가는 것이고… 인연을 따라가는 겁니다. 그러나 진짜로 내가 가지고 있는 마음의 눈, 없어질 수

518

가 없는 눈, 이것은 눈을 떠도 그대로고, 눈을 감아도 그대로입니다. 눈을 감으면, 아무것도 안 보이니까 내 눈이 어디 빠져서 달아난 것입니까? 그렇지 않잖아요? 캄캄한 그 가운데 눈 하나만 아주 밝죠?

귀도 마찬가지입니다. 언제든지 그대로 한결같이 열려 있는 겁니다. 왔다 갔다 할 수 없는 게 있다고… 그게 바로 우리 마음이에요. 잠잘 때나 깨어 있을 때나 똑같아요. 그래서 오매일여(寤寐一如)라고 합니다. 오매일여란 것은 그런 것을 오매일여라고 하는 겁니다. 오매일여라고 하니까, '잘 때하고 깨어 있을 때하고 어떻게 같을 수 있지?' 이렇게 망상을 부리고 있으니까 안 되는 겁니다. '잠'이라는 그림을 그리고, '깸'이란 그림을 그려서 그 두 개를 맞춰서 왜 이 두 그림이 같아야 되지 하고 고민하고 있으니까 안 되는 거라…. 상으로 보면 안 된다고 그랬는데 계속 상으로 보고 있는 거예요. 상으로 보면 절대로 오매일여가 될 수 없습니다. 진리가 드러날 수 없는 겁니다.

이 왔다 갔다 하거나 변화되지 않는 것, 이것 하나만 명확하게 체험하시면… 모양도 없고 크기도 없고, 그래서 공(空)이란 이름을 붙이기도 하고, 그냥 텅 비어서 아무것도 없다고 오해할까 봐 대기대용(大機大用)이라고도 하고 진공묘유(眞空妙有)란 말을 쓰기도 합니다. 공이지만 공이 아닙니다. 이것 하나를 가리키는 거거든요.

어째서 그러한가? 여래라고 하는 것은 곧 제법이 여의(如義)한 것이니…

여(如)란 것은 '있는 그대로'란 뜻입니다. 여래란 것은 '그대로 왔다' 이겁니다. '오는 그대로' 이 말이거든요. 여의(如義)란 것은 '뜻 그대로', '있는 그대로' 이런 뜻이에요. 그러니까 제법이 있는 그대로다… 이것도 아니고, 저것도 아닙니다. 있는 이대로인데, 이 있는 이대로란 것은 모양으로 고정되어 있는 게 아닙니다. 모양을 있는 이대로라고 하는 게 아니에요. 자는 모양, 깨어 있는 모양, 이런 모양, 저런 모양이 있는 이대로란 말이 아니에요. '있는 이대로'라고 말하는 이것이 있는 이대로거든요. 모양이 아니고… 모양 있는 것은 다 바뀌어요. 있는 이대로일 수 없죠. 예컨대 오온(五蘊)만 하더라도 색(色), 몸뚱이… 몸뚱이가 변함없이 그대로 있습니까? 태어나서 지금까지 얼마나 많이 변해 왔습니까? 매일매일 변하지. 수(受), 느낌… 느낌이야 매 순간 매 순간 변하지 있는 그대로가 아닙니다. 상(想), 생각… 생각도 변하죠? 행(行), 욕망, 의지, 의욕… 뭐 항상 변하죠. 식(識), 의식이 항상 있는 그대로 고정되어 있습니까? 그렇게 될 수가 없죠. 항상 변하니까… 모양을 따라가면 있는 그대로는 없습니다. 그런데 이렇게 모양들이 변화해 가는 여기에 '있는 이대로' 가 있는 겁니다. 모양들이 변화하는 여기에 항상 이렇게 변화하고 있는 이것…

이 법이라고, 마음이라고 하는 것은 금방 태어난 어린애나 팔십 먹은 노인이나 전혀 다르지 않은 겁니다. 그래서 법에서는 남녀노소가 없어요. 항상 똑같거든요. 그러기에 남녀노소 없이 법을 깨달을 수 있는 겁니다. 본래 법 자체에 남녀노소가 없으니까…

우리는 항상 배운 생각을 따라서, 생각에 따라서 이러쿵저러쿵,

진리니, 법이니, 마음이니, 공부니, 수행이니… 온갖 이름을 갖다 붙여서 그것을 만들어 내려고 합니다. 그런 식으로 이름 붙여서 만들어 낸 것은 단 하나도 진실한 것이 없습니다. 꿈속의 일이라고요, 전부. 믿을 게 없어요. 부처가 있고, 중생이 있고, 수행의 단계가 52가지가 있고, 《화엄경》 보면 52선지식을 찾아다니고… 말하자면 온갖 꿈을 다 꾸고 있는 겁니다. 그런데 그 꿈의 내용을 따라가면 우리는 항상 속고 사는 겁니다. 아무리 부처님 말씀이고 경전의 말씀이더라도 우리는 항상 속고 사는 거예요. 그러나 그 꿈의 내용을 안 따라가면 52선지식 하나하나가 한결같이 지금의 이것입니다. 그래서 초발심시변정등각(初發心時便正等覺)이라고 하는 거예요. 첫 선지식이 52번째 선지식과 똑같은 거예요. 모양을 따라가니까 차등이 있는 것처럼 속는 겁니다.

모양이 아니라, 지금 우리가 아무 모양 없이 계속해서 자유자재하게 쓰고 있는, 모양이 없으니까 허공이라고 이름을 붙이지만, 또 자유자재하게 쓰니까 대기대용이라고 하기도 합니다. 이것을 우리는 언제든지 쓰고 있으면서도 엉뚱한 데를 보고 있으니 그게 답답한 거죠.

만약 어떤 사람이 '여래가 위없는 바르고 평등한 깨달음을 얻었다'라고 한다면, 수보리야 진실로 부처가 얻은 위없는 바르고 평등한 깨달음이라는 법은 없느니라. 수보리야, 여래가 얻은 위없는 바르고 평등한 깨달음은 그 가운데 진실됨도 없고, 헛됨도 없느니라…

진실됨도 없고, 헛됨도 없어요. 깨달음도 없고, 깨닫지 못함도 없어… 부처도 없고, 중생도 없습니다. 그런 게 없어요. 이 얼마나 가슴 통쾌한 이야기입니까? 이때까지 우리가 부처한테 속아서 얼마나 고생을 했습니까? 없다고 그러잖아요. 없어요. 사실은… 진실도 없고, 헛됨도 없습니다. 진실도 없고 헛됨도 없지만, 무엇은 할 수 있습니까? 이것은 진실이고 저것은 헛됨이라고 우리는 말할 수 있습니다. 그러나 진실도 없고, 헛됨도 없습니다. 그러면서도 우리는 얼마든지 진실을 말할 수 있고, 헛됨을 말할 수도 있습니다. 그러나 진실도 없고, 헛됨도 없습니다… 법이란 바로 이런 겁니다.

이 까닭에 여래는 '일체법이 모두 불법이다' 라고 하느니라…

모든 것이 이렇지 않음이 없다 이겁니다. 다 이렇다… 모든 것이 전부 다 이것일 뿐이다. 한결같이 이것일 뿐이다. 진실도 없고 헛됨도 없지만, 우리는 진실을 따지고, 헛됨을 따지고, 진실을 말하고, 헛됨을 말할 수 있습니다. 불법도 없고 중생법도 없지만, 불법을 이야기할 수 있고, 중생법을 이야기할 수 있습니다. 무슨 말인지 아시겠습니까? 이것뿐이에요. 없는데 우리는 할 수가 있다고… 무엇이라는 것이 없지만 우리는 그렇게 할 수가 있는 거예요. 없지만 온갖 환상을 꿈꿀 수가 있습니다. 깨달음의 경지, 정토… 땅은 황금으로 만들어지고, 집은 옥과 다이아몬드로 되어 있고… 그런 것은 없습니다. 없지만 우리는 그렇게 이야기할 수 있고, 상상할 수 있고, 그릴 수가 있습니다. 절에 한번 가 보십시오. 온갖 지옥 그림, 극락 그림, 부처의 세계와 중생의 세계를 그려 놓고 있습니다. 없지만 우리는 그렇게 할 수가 있는 거예요. 이게 바로 불법이라고 하는 거예요. 아무것도 없지만 모든 게 다 가능한 겁니다. 아무것도 없으면서 다 가능하다 이겁니다. 이것이 불법이에요.

그러니까 정해진 것은 없는 겁니다. 아무것도 없는 이 자리에서 쉴 수가 있으면 되는 겁니다. 아무것도 없지만 다 가능한 거예요. 그러나 이 말의 이치를 이해하는 게 아닙니다. 아무것도 없지만 다 가능한 이놈을 탁 실감을 하고 나면, '이것뿐이네!' 다른 게 없어요. 다른 게 없습니다. 이것뿐이에요. 이것이 온갖 희한한 일을 다 하는 거예요. 전생도 이것이 만들어 내고, 내세도 이것이 만들어 내고, 육신통, 팔신통, 이것이 다 하는 겁니다. 아무것도 없어요. 사실은… 없는데 이놈이 다 하고 있는 거예요. 아무것도 없지만 다 만들어 낼 수 있는 겁니다. 그러니까 적멸한 자리에서 온갖 생멸법이 치성하게 나온다고 하는 겁니다. 그것을 두고 무생법인(無生法忍)이라고 하는 겁니다.

이 까닭에 여래는 '일체법이 모두 불법이다' …

일체법은 모두 한결같이 이것 아닌 게 없습니다. 그래서 버릴 것도 없고, 취할 것도 없습니다. 부정할 것도 없고, 긍정할 것도 없어요. 버리고 취하고 부정하고 긍정하는 그게 병입니다. 병은 신경 쓰지 마시고, 건강하게만 되면 되는 겁니다.

수보리야, 이른바 일체법이라고 하는 것은 곧 일체법이 아니니,
이런 까닭으로 일체법이라 이름하느니라…

일체법이라고 하는 것은 곧 일체법이 아니다… 이 까닭에 일체법
이라고 이름하는 것이다…《금강경》앞부분에서부터 지금까지 계
속해서 나온 말입니다. 일체법은 일체법이 아니라 이름이 일체법일
뿐이다… 종교다, 철학이다, 사상이다, 학문이다… 이런 입장에서
는 진리라는 말, 도라는 말, 마음이라는 말, 불성, 부처, 창조주, 절대
자… 다양한 말들을 가지고서 공부의 재료로 삼는다고 할까, 공부
의 자극으로 삼고 있습니다. 그런데 우리 삶이라는 게 대개 말에 걸
려 있습니다. 말이 가지고 있는 뜻에… 그래서 중생이라고 하면, 중
생이라는 말이 가지고 있는 뜻에 걸리고, 부처라고 하면 부처라는
말이 가지고 있는 뜻에 걸리고, 번뇌라는 말에 걸리고, 해탈이라는
말에 걸리고… 이런 말들을 좇아서 번뇌를 버리고 해탈을 찾는 게
공부다… 중생을 극복하고 부처가 되는 게 공부다… 일반적으로 그
렇게 다 생각하고 있습니다. 그러나 실제 이 공부에서 진실로 중생
을 극복하려 하면 부처라는 말도 극복이 되어야 합니다. 그리고 번
뇌라는 말을 극복하려면 해탈이라는 말도 극복되어야 해요. 번뇌라
는 말에 매이지 않으면 해탈이란 말에도 매이지 않고, 부처라는 말
에 매이지 않으면 중생이란 말에도 매이지 않는 겁니다.

공부를 하는 입장에서 보면, 불교 입문, 교리, 경전, 선… 이런 식
으로 나누어서, 수행을 통해서 여러 가지 장애를 극복하고 해탈로

간다… 우리는 이런 식으로 대개 생각합니다. 그런데 제가 말씀드리고 싶은 것은, 그런 식의 생각, 우리가 배운 바 말의 뜻을 따라서 번뇌를 버리고 해탈을 구하고, 중생을 극복하고 부처를 구하는, 그런 식의 말이라고 하는 것을 너무나 당연하게 여기지만, 실제 공부에서는 그렇게 되지를 않는다는 겁니다. 그런 식으로 우리가 예상했던 바대로 번뇌를 극복하고 해탈을 얻고, 중생을 극복하고 부처가 되고… 그런 게 아니에요. 이런 게 상당히 우리 공부하는 사람에게 어려운 겁니다.

사성제(四聖諦)라는 게 있죠? 고집멸도(苦集滅道). 불교를 처음 배우면 다 사성제를 배우거든요. 삶이란 게 다 고통이다… 왜 고통스러우냐? 욕망에 따라서 집착하기 때문이다… 그래서 공부라고 하는 것은 그 집착을 소멸시키고 열반으로 가는 것이다… 그러면 어떻게 열반으로 가야 하느냐? 부처의 가르침에 따라서 공부해야 한다. 이런 식의, 누구나 이해할 수 있고 쉽게 납득이 되는… 공부라는 게 고통스런 삶을 극복해서 해탈을 얻는 것이다… 이렇게 생각을 다 하죠. 그런데 실제 소위 중생이라는 이름의 삶에서 가지고 있는 문제들의 극복은 그런 식으로 되는 게 아닙니다. 무엇을 취하고 무엇을 버리고… 그렇게 되는 게 아니다 이겁니다. 이것은 나쁘니까 버리고, 저것은 좋으니까 취하고, 이것은 문제가 있으니까 버리고, 저것은 문제가 없으니까 취하고… 그렇게 해서는 공부가 아니라 분별망상일 뿐입니다.

실제 공부는 어떻게 되는 거냐 하면, 버릴 것도 없고 취할 것도 없게 되어야 하는 거예요. 버릴 것도 없고, 취할 것도 없는… 그 점이 또렷해야 하는 겁니다. 그래서 부처라고 하더라도, 중생이라고 하더라도, 번뇌라고 하더라도, 해탈이라고 하더라도, 어디에도 걸림이 없어야 하는 겁니다. 어느 것도 취하거나 버림이 없어야 된다 이겁니다. 부처를 취하지도 말고, 중생을 버리지도 말고, 번뇌를 버리지도 말고, 열반을 취하지도 말아야 하는 겁니다. 묘한 거지만, 그런 식으로 이것을 싫어하고 저것을 좋아하고, 이것을 버리고 저것을 취하고 하는 그 버릇이 사실은 우리가 가지고 있는 문제의 근원입니다. 우리가 가지고 있는 모든 문제의 출발은 그런 식으로 이것과 저것을 나누어서 버리고 취하고 하는 거기서 비롯되는 겁니다. 그것을 분별심이라고 하는 겁니다. 이것과 저것을 나누어서 달리 보고, 하나를 버리고 하나를 취하는… 그것을 우리가 분별심이라고 그러죠.

우리의 일상적인 삶은, 소위 세속이란 이름으로 부릅니다만, 일상적인 삶은 사실 이 분별심에 의지해서 이루어집니다. 그래서 분명히 나눌 것은 나누고, 취할 것은 취하고, 버릴 것은 버려야 하는 겁니다. 그런 생활을 아주 오랫동안 해 왔기 때문에 그것은 너무나 당연한 일이죠. 1 더하기 1은 2라 하면 취하고, 1더하기 1은 3이라 하면 버리고… 그래야 일상적인 삶이 가능하니까… 너무나 당연하게 취할 것은 취하고 버릴 것은 버리는 식의 생활을 오래 해 왔기 때문에, 이 마음공부도 그런 식으로 열반을 취하고 번뇌를 버리고, 부처를 취하고 중생을 버리고 하는 그런 식으로 하는 거라고 보통 생각을 해요.

그래서 '어떻게 해야 번뇌를 버리고 열반을 취할 것이며, 어떻게 해야 중생을 버리고 부처를 취할 것인가?' 하면 '수행해라.' '수행은 어떻게 해야 하는가?' 이러면 참선을 하라는 둥, 화두를 하라는 둥, 관법을 하라는 둥, 염불을 하라는 둥, 기도를 하라는 둥… 여러 가지 방법을 이야기합니다. 그러나 실제로 우리가 안고 있는 문제점을 극복해 놓고 보면, 그 문제의 가장 중요한 특징은 그런 식으로 중생과 부처를 나누고, 번뇌와 해탈을 나누어 놓고서, 한쪽을 버리고 한쪽을 취하는 그 사고방식이 도리어 모든 문제의 출발점이에요. 그런데 거기에 근거한 수행을 해서 번뇌를 닦아 내고 열반을 취한다, 중생의 어리석음을 걷어 내고 부처의 밝음을 드러낸다… 이런 식으로 생각을 하니까 아무리 오랜 세월 공부를 해도 끝이 안 나요. 처음부터 잘못된 견해를 가지고 시작을 했기 때문에 끝이 안 나는 거예요.

앞에서도 나왔지만, 법이란 것은 무주법이라고 했죠? 머무를 곳이 없는 것이고, 얻을 것도 없고 버릴 것도 없다… 취할 것도 없고 버릴 것도 없다… 머무를 데가 없고, 얻을 수도 없고, 얻을 수가 없으니까 버릴 수도 없는 겁니다. 마음법이라 하든 도라 하든 상관없는데, 소위 법이라고 하는 것, 진리라고 하는 것은 취할 수도 없고, 버릴 수도 없는 겁니다. 우리 스스로가 그것을 늘 가지고 살고 있습니다. 항상 이것을 행하고 있어요. 이것을 가지고서 일거수일투족의 생활을 하고 있습니다. 말을 하고, 눈길을 돌려서 쳐다보고, 소리를 듣고, 생각을 하고, 움직이고… 취할 수도 없고 버릴 수도 없는 이것 하나를 가지고, 온갖 것을 취하기도 하고 버리기도 한다 이겁니다. 매 순간 그런 식으로 삶이란 게 이루어지죠. 그러니까 이것 하나만 체험하시면 되는 거예요. 무엇을 취하고 버리고 하는 것이 아니고…

언제든지, 예컨대 부처라고 하든, 중생이라고 하든, 열반이라고 하든, 번뇌라고 하든, 아프다고 하든, 건강하다고 하든… 무슨 이야기가 나오든 간에, 어떤 경우에 있어서도, 무엇을 보든, 어떤 소리를 듣든, 어떤 느낌을 가지든, 한결같이 취할 수도 없고 버릴 수도 없는 이놈이 또렷하게 드러나고, 나머지는 거기서 헛되이 생기고 사라지고 하는 겁니다. 그러니까 생기고 사라지고 하는 것에 대해서는 신경 쓰지 마십시오. 어차피 나타났다 사라지는 것에 대해서는 전혀 미련을 가질 필요가 없어요. 취할 수도 없고 버릴 수도 없다 했는데, 나타났다 사라지는 것은 취했다 버렸다 하는 것과 마찬가지 아닙니까? 공부를 함에 있어서 나타났다가 사라지는 그런 여러 경계들, 거기에는 전혀 신경을 쓸 필요가 없습니다. 전혀 거기에는 관심을 가질 필요가 없어요. 그것 말고 언제든지 나타나지도 않고, 사라지지도 않는 것! 이것 하나예요. 이것 하나입니다. 여러분이 불교 공부를 시작하기 전부터 이것은 늘 그대로 있었고, 불교 공부를 할 때도 있고, 나중에 불교 공부를 안 한다 하더라도 사라지는 게 아니거든요. 항상 그대로 있는 것, 항상 한결같이 그대로 있는 이것 하나입니다. 이것은 억지로 말을 붙여서 이거다 저거다 하는 거지, 실제로 이것, 저것 구별할 수 있는 게 아닙니다. 이것, 저것 구별하면 취하고 버리는 대상이 되기 때문에 그렇게 할 수는 없는 겁니다. 그래서 언제든, 항상 지금 이 순간에 우리 스스로가 바로 그것입니다. 다른 것이 아닙니다.

어떤 생각이 문득 일어나거나, 어떤 느낌이 문득 일어나거나, 어떤 욕망이 문득 일어나거나, 그럴 때 그것에 휩쓸려 가지 말고 그냥 자기 자리에 있어라 이겁니다. 자기 자리에 딱 있으면 생각도 일어났다 사라지고, 느낌도 일어났다 사라지는 것이고… 느낌이 일어나든 사라지든, 생각이 일어나든 사라지든, 감정이 일어나든 사라지든 아무런 상관이 없어요. 말소리도 지금 일어났다 사라졌다 하죠? 순간순간 들리기도 하고 동시에 사라지기도 하잖아요? 여깁니다. 여기! 말소리가 나타남과 동시에 사라지는 여기! 여기에만 계시고 말의 내용이라든지, 생각의 내용이나, 느낌의 내용이나, 욕망의 내용에 휩쓸려 가지만 않을 수 있다면, 여기가 바로 법의 자리예요. 다른 게 없습니다. 여기서 비로소 분별심이라는 놈이 극복이 되는 겁니다. 분별심이란 것은 이것은 옳고, 저것은 그르다… 하는 것인데, '이것은 옳다' 하는 생각이 일어날 때, '저것은 그르다' 하는 생각이 일어날 때, 그 생각의 실상을 깨달으면 '이것은 옳다' 하는 것이나 '저것은 그르다' 하는 것이 다 똑같은 것입니다. 여러 가지가 없어요. 전부 이것 하나라… 그런데 우리는 '옳다·그르다'는 말에 휩쓸려 따라가니까 천리만리로 달라지는 겁니다. 안 그러면 달라질 게 하나도 없습니다.

그러니까 《금강경》에서 지속적으로 이야기하고 있는 것은, 일체법은 일체법이 아니다… 보살은 보살이 아니다… 중생은 중생이 아니다… 아니면 뭐냐? 중생이라는 말이 일어나도 여기고, 보살이라는 말이 일어나도 여기고, 일체법이란 말이 있어도 여기고… 한결같이 이 자리, 이것일 뿐이에요. 마치 여름 바닷가에서 파도타기 하는 사람들이 파도를 따라서 미끄러져 가죠? 파도는 밀려가지만 사람은 항상 파도 위의 그 위치에 있어서 파도를 타고 가잖아요. 그렇듯이 우리 앞에 다양한 경계들이 왔다 갔다, 다양한 인연들이 출몰을 하죠. 이런 다양한 인연들이 출몰하는 바로 거기에 나타나지도 않고 사라지지도 않는 지점이 있는 겁니다. 그것을 우리가 '이 자리'라 하는 거예요. 다양한 인연들이 나타나기도 하고 사라지기도 하는 거기에, 새롭게 나타나는 것도 아니고, 그렇다고 사라져 없어지는 것도 아닌 이것이 있는 겁니다. 그래서 여기 《금강경》에 나오듯이, 모든 법은 무엇이든지 간에 법이 아니에요. 만약 그것이 법이라고 여겨서 따라가 버리면, 더 이상 이야기할 게 없습니다. 왜냐하면 보통 우리는 일체법은 일체법이죠?… 보살은 보살이죠?… 부처는 부처이고, 중생은 중생입니다. 보통은 다 그렇잖아요? 그런데 일체법은 일체법이 아니다… 아니면 뭐냐? '일체법'이라는 말과 '일체법이 아니다'라는 말이 다르지 않은 이것을 지금 말하는 겁니다. 지금 보세요, '일체법'이란 말과 '일체법이 아니다'라는 말이 다르지 않거든요. 하나거든요. 하나란 말도 못 붙이지, 그냥 이것뿐이에요. '일체법', '일체법이 아니다', 여기에 다를 게 뭐가 있어요? 이것 하나를 가리키는 거예요. 말이 아니에요. 말이 아니라, "일·체·법", "일·체·법·이·아·니·다" 이것 하나뿐입니다. 이 하나라는 것이 가슴에 화살 꽂히듯 탁! 하나라는 말에서 깨어나야 되는 겁니다. 하나라는 생각은 없어요. 탁 깨어나면 통하는 것이지, 여기에 하나니 둘이니 하는 생각이 있는 게 아닙니다. 그러면 비로소 거기에서 분별심이라는 것이 극복되는 지점이 나타나는 거예요.

그러나 분별심을 가지고 분별심을 극복할 수는 절대 없습니다. 이리저리 따져서 이것을 취하고, 저것을 버리고 하는 그런 식으로는 결코 분별심은 극복되지 않습니다. 아무리 닦아 보세요. '이것을 다 닦아 내야 내가 청정무구해져서 분별심이 극복된다.' 그런 식의 조작을 통해서는 안 됩니다. 조작함이 없으면 본래 둘로 나누어져 있는 것이 아닙니다. 본래 불이법이에요. 우리 마음 자체가 본래 불이법입니다. 본래 둘 아님을 몰록 체험하는 거지, 둘로 나누어져 있는 것을 붙이는 게 아닙니다. 둘이 아님을 몰록 체험하려면 둘로 나누어서 보는 그 눈을 가지고는 안 되는 거예요. 그러니까 첫째, 이 공부는 생각으로 따져서는 절대 안 된다. 둘째, 생각으로 따지지는 않는다 하더라도 기본적으로 둘로 보는 관점에 근거해서 하나를 취하고 하나를 버리는 방식으로는 안 되는 겁니다. 둘로 나누어 놓고 보면, 취하고 버리는 방식으로, 대개 '어떤 수행이라는 행위를 반복적으로 하다 보면 어떻게 되겠지'라는 막연한 생각을 가지고 공부를 하게 되는데, 그것도 역시 안 맞습니다.

그래서 늘 말씀드리지만, 스스로 잘못 들인 버릇을 극복해야 하는데, 다시 말해 분별심이라는, 둘로 나누어서 보는 잘못된 버릇을 극복해야 하는 건데, 분별심을 바탕으로 해서 분별심을 극복할 수는 없다 이겁니다. 우리가 수행을 하든 뭘 하든 간에 의식적인 노력을 통해서 하는 것은 전부 분별심이 바탕이 되어서 하는 거예요. 그렇게 해서는 해결이 안 되는 겁니다. 그러니까 그런 분별심에 바탕을 두지 말고 '이것은 내가 의식적으로는 어떻게 하든 손을 쓸 수 없는 문제다'라는 사실을 인정해야 합니다. 나로서는 이 불이법문이라는 것을 어떻게 할 도리가 없다는 것을 인정하고 손을 놓아야 해요. 어떻게 하겠다는 그 마음가짐을 놓아야 하는 거예요. '내가 어떻게 무엇을 해야지…' 공부란 것을 대개 그렇게 하는데, 그렇게 해서는 안 되는 겁니다. 그런 것을 일컬어 '마음을 가지고 마음을 찾는다'라고 하는 겁니다. 그러니까 우리 스스로가 길들여져 있는 이 분별적 사고방식, 분별심이라는 것을 가지고 '내가 이렇게 하고 저렇게 해서 공부하겠다…' 그런 식으로는 안 된다는 것은 이치가 분명하거든요. 왜냐하면 분별심을 가지고는 분별심이 극복이 안 된다 이겁니다. 아무리 해도… 끝없이 분별심 쪽으로 가게 되어 있어요. 분별심을 도구로 쓴다는 것은 끝내 분별심을 놓지 않겠다는 말이거든요… 그것은 안 되는 거죠. 그러니 분별이라는 도구를 아예 처음부터 놓아 버리는 겁니다. 분별심이라는 도구를 가지고 요리를 해가다 보면 끝에 가서 분별하지 않는 상태에 도달을 하리라는 그런 희망은 안 맞다 이겁니다. 그러니까 처음부터 분별이라는 도구를 버리는 게 제일 빠른 길이죠.

우리가 가진 도구는 분별심이라는 것밖에 없는데, 유일하게 가지고 있는 그 분별심이라는 도구를 버렸다… 그러면 나는 맨손이에요. 맨손… 아니 손발이 묶인 것과 마찬가지예요. 손을 쓸 수가 없다 이겁니다. 어떻게 할 방법이 없다 이거예요. 손발이 묶이고 입에는 재갈까지 물린 겁니다. 그러면 죽자 살자 용만 쓸 수밖에 없습니다.

혼신의 힘을 쓸 수밖에 없는 거예요. 말하자면 그런 것이 어느 스님이 말한 '오직 모를 뿐'이라는 상태예요. 또는 의단(疑團), 온몸이 의심 덩어리로 똘똘 뭉쳐서, 의단이 독로(獨露)한다는 게 바로 그 얘기예요. 손발 다 쓸 수 없고 입조차 뗄 수 없다 이겁니다. 쓸 수 없는 것을 쓰려고 해서는 안 되는 거예요. 처음부터 안 쓰는 겁니다. 쓸 수가 없으니 답답한 가슴을 안고, 그저 어떻게도 할 수 없는 겁니다. 어쨌든 이것을 체험해야 한다… 그 일념(一念) 하나만 있는 거지… 다른 것은 있어 봐야 아무 소용이 안 됩니다. 그런 상황에서 법문도 듣고, 고민도 하고… 자기도 모르게 그렇게 발버둥을 치게 되죠. 그 갑갑한 가슴, 거기에서 바늘 구멍만 한 빛이라도 탁 뚫리는 날이 오는 겁니다. 거기서 비로소… 탁 뚫리는 순간, 그 다음부터는 변화된 자기 스스로를 경험할 수가 있습니다.

누구든지 간에 이 공부에 정말로 입문하고 싶다면, 단순히 견해만 바로잡아서는 안 됩니다. 이 답답한 가슴이 반드시 있어야 하는 겁니다. 거기에서 뚫리는 거지… 그래서 견해를 바로잡는 것이 필요합니다. 잘못된 견해를 바로잡는 것. 법문을 통해서, 책을 통해서 바로잡을 수 있습니다. 그렇지만 그것만 해서는 안 됩니다. 왜냐하면 그것은 어디까지나 분별심에 의지해서 바로잡아 가는 것이기 때문에 그것만 가지고서는 안 돼요. 분별심이라는 도구를 놓아 버리고 그야말로 맨손이 되었을 때, 분별이 없는 경험을 할 수가 있는 겁니다. 일생 동안 분별심이라는 도구를 가지고 살아왔지만 이제는 그 도구를 놓아 버리는 경험을 요구하는 거거든요.

일단 삿된 견해들을 바로잡아 주는 데는 분별심이라는 도구가 필요하죠. 그러나 진정 마지막 관문을 완전히 뛰어넘어서 분별심을 완전히 극복하고자 한다면, 분별심이라는 도구 자체를 놓아 버려야 해요. 거기에 의지를 하면 안 되는 겁니다. 그것을 놓아 버리는 유일한 방법은 손발을 쓰지 않는 거예요. 그냥 답답한 가슴을 안고서 밀고 나가는 수밖에 없어요. 그것만이 우리의 내면을 변화시켜 줍니다. 내면에 변화가 와야 해요. 그래야 공부라는 게 단순한 관념적인 이야기가 아니라는 것을 실제로 실감할 수 있는 겁니다. 이런 이야기를 사실은 《금강경》에서도, 이른바 일체법은 일체법이 아니라 이름이 일체법일 뿐이다… 이런 표현들을 통해서 하고 있는 겁니다.

수보리야, 비유하자면 사람의 몸이 길고 큰 것과 같느니라…

왜 사람의 몸이 길고 크다는 이런 비유를 들었느냐? 뒤에 또 나옵니다.

수보리가 말하기를, 세존이시여, 여래께서 말씀하시는 사람의 몸이 길고 크다는 것은 큰 몸이 아니라 그 이름이 큰 몸입니다.

사람의 몸이 크다, 작다… '크다/작다' 하는 것도 이름뿐이죠? 문제는 '크다/작다'라는 그 말의 내용이 아니에요. '크다'고 말할 수 있고, '작다'고 말할 수 있는 이것이 있기 때문에, '크다'고 할 수도 있고 '작다'고 할 수도 있다 이거예요. '크다'라고 말할 수 있는 이놈이 본래 큰 무엇이 아니기 때문에 '크다'라고 말할 수도 있고, '작다'라고 말할 수도 있습니다. 그러니까 '큰 사람', '작은 사람'이라는 말을 할 수 있다고 하는 것은, '큰 사람'이나 '작은 사람'이 정해져 있는 것이 아니라, '크다'라고 말할 수 있는 이것에 의해서 '작다'라는 말도 이루어지는 겁니다. 그래서 '크다/작다'라는 것은 아무리 바꿔도 상관없어요. 물론 실제 생활에 있어서는 약속에 따라서 '크다'라는 말을 일관되게 쓰고 '작다'라는 말을 일관되게 쓰지만, 법의 입장에서 본다면 '크다'라고 말할 수 있고, '작다'라고 말할 수 있는 이것은 큰 것도 아니고 작은 것도 아니에요. 큰 것을 크다고 할 수 있고, 작은 것을 작다고 할 수 있는 이것은 정해진 게 아니잖아요. 작을 수도 있고 클 수도 있는 이것은 정해져 있는 것이 아니고, 정해져 있지 않은 이것에 의해서 '크다'라는 말도 정해지고, '작다'라는 말도 정해지고, 큰 것을 취하기도 하고, 작은 것을 취하기도 하고, 큰 것을 버리기도 하고, 작은 것을 버리기도 하는 겁니다. 그렇게 취하기도 할 수 있고, 버리기도 할 수 있는 이것은 취할 수도 없고 버릴 수도 없는 거예요. 이것은 작은 것도 아니고 큰 것도 아닙니다. 지금 '몸이 크다'라는 이 말을 빌려서 큰 것도 아니고 작은 것도 아닌 이 법을 드러내고 있는 겁니다.

여래께서 말씀하시기를 '사람의 몸이 크다'라고 하는 것은 커다란 몸이 아니라 이름일 뿐이다.

'크다'라고 하는 것은 말일 뿐이다… 이렇게 말할 수 있는 이것을

535

보아라 이겁니다. 큰 것도 아니고, 작은 것도 아닌… 한결같은 이것! 여기에만 통하면 됩니다. 여기에만 통해 버리면, 큰 것은 큰 것대로 크다고 하고, 작은 것은 작은 것대로 작다고 하고… 큰 것도 더 큰 것을 상대하면 작다고 하는 것이고, 작은 것도 더 작은 것을 상대하면 크다 하는 것이고… 인연 따라서 얼마든지 '크다/작다'라는 말을 쓸 수 있는 거예요. 그런데 '크다/작다'라는 말을 인연 따라서 자유자재하게 쓸 줄 아는 이것은 큰 것도 아니고, 작은 것도 아니에요. 그저 한결같이 인연 따라서 크게도 나타나고, 작게도 나타나고, '크다'고도 말하고, '작다'고도 말하고, 필요에 따라서 얼마든지 다양한 모습으로 드러나는 겁니다. 드러나지만 스스로는 이것도 아니고, 저것도 아닙니다. 이 하나만 체험하면 되는 겁니다. 어려운 게 없어요. 이것 하나에만 통달해 버리면 되는 겁니다.

수보리야, 보살 역시 그와 같으니, 만약에 보살이 '내가 마땅히 무수한 중생들을 멸도시키리라' 한다면 보살이라 이름할 수 없느니라. 까닭이 무엇인가? 수보리야, 진실로 보살이라 할 만한 법은 없기 때문이니라. 이 까닭에 부처가 말하기를 '일체법에는 나도 없고, 남도 없고, 중생도 없고 수자도 없다'라고 하느니라.

앞에서 어떻게 나왔습니까? 제3분에서는 "어떻게 그 마음을 항복시켜야 합니까?" 물으니까, "헤아릴 수 없이 무수한 중생을 멸도시켜야 하는데, 멸도시켜 놓고 보니까 하나도 멸도된 중생이 없더라…" 그 이유를 물으니까. "보살에게는 아상·인상·중생상·수자상이 없기 때문이니라…"라고 답을 했습니다.

자, 한번 보세요. 무수한 중생이라 하지 말고 그냥 10명의 중생을 제도시킨다고 합시다. 나는 10명의 중생을 제도해서 열반에 이르게 하겠다… 그게 보살이 아니라고… 왜? 잘 보시라고요, '열 명의 중생을 제도해서 열 명의 부처로 만들겠다.' 이게 뭡니까? 이게 바로 분별심의 칼로 무 자르듯이 자르고 있는 거죠? 분별심의 칼을 휘두르는 것은 보살이 아니에요. 분별심의 칼을 휘둘러 가지고는 진리를 이야기할 수가 없어요. 그러니까 그런 식으로 하면 안 된다는 이야기입니다. 중생이 갈고닦아서 부처가 되고, 번뇌를 다 닦아 내어서 열반에 들고… 이런 식의 이야기들은 이른바 망상이에요. 그게 바로 망상이지 따로 망상이 있는 게 아닙니다. 그렇게 하는 게 망상이니까, 그렇게 이야기하고 그렇게 생각하는 게 중생이에요. 보살이 아닙니다. 보살은 그런 망상을 짓지 않는다 이겁니다. 보살에게는 중생도 없고, 부처도 없어요. 그러니까 제도할 일도 없고, 제도 당할 사람도 없어요… 없애야 할 번뇌가 있는 것도 아니고, 찾아야 할 열반이 있는 것도 아니에요. 그건 전부 다 말일 뿐이라, 말!

그러면 말 다 빼고 나면 뭐가 있는데? 말을 뺀다고 하는 것은 생각을 빼는 겁니다. 왜냐하면 생각이 있으면 반드시 말이 따라오게 되어 있어요. '이것은 이거고, 저것은 저거다' 하면서 헤아리고 따지는 생각과 말을 전부 다 제쳐 두면, 이런 생각, 저런 생각, 이런 말, 저런 말을 지금 내가 일으켰다가 놓았다가 하는 변함없는 게 있다니까요. 마치 물 위에 거품이 생겨났다 없어지고, 생겨났다 없어지고 하듯이… 거기에는 이름을 붙일 수도 없고, 붙잡을 수도 없고, 놓을 수도 없는 거예요. 이게 바로 법의 바다입니다. 법성의 바다라고 하거든요. 우리는 지금 법의 바다 안에 있는 겁니다. 법의 바다에 잠겨서 이리저리 헤엄치고 있는 것과 마찬가지입니다. 그러니까 법 아닌 게 없어요. 무엇을 하든 다 이것, 법일 뿐입니다. 한결같죠?

우리는 말에 속는 것을 조심해야 합니다. 전부 말에 속고 있는 겁니다. 그래서 차라리 공부할 때는 아무것도 모르는 게 좋아요. 이런 말도 생각하지 말고, 저런 말도 생각하지 말고… 이런 말도 없고, 저런 말도 없다면, 바로 이러한 때! 그렇다고 벙어리처럼 말을 하지 말란 말씀이 아니라 말에 끄달리지 마시라 이겁니다.

수보리야, 실제로 보살이라고 이름할 수 있는 법은 없느니라.

그런 법은 없습니다. 없습니다, 그런 거… 보살도 없고, 중생도 없고, 부처도 없습니다. 그냥 이름 붙일 수 없고, 붙잡을 수도 없고, 놓을 수도 없는 이것 하나가 인연 따라서 보살이란 말도 만들어 내고, 중생이란 말도 만들어 내고, 부처란 말도 만들어 내고… 두루두루 쓰는 겁니다. 이것 하나를 두루두루 써서 살아가는 겁니다. 인연 따라서 필요할 때만… 그래서 여의주(如意珠)라고도 하거든요?. 뜻대로 쓴다고…

그래서 이 법회에 오셔서 여기에서 맛보실 것은 뭐냐 하면, 제 이야기 듣고서, 저 사람 이야기가 아주 기막히게 현묘하구나… 이런 게 아니란 말이에요. 그런 걸 맛보시란 게 아닙니다. 그냥 여기 앉아 계시면서 귀만 열어 놓고 가만히 들으시기만 하면 돼요. 그렇게 들다 보면 어느 순간에 말에 안 끌려가는, 그야말로 말에 끌려가지 않는, 하나 된, 둘이 아닌 이 지점에 대한 경험을 자기도 모르게 조금씩 조금씩 맛보실 수가 있습니다. 제가 끊임없이 그것을 전달해 드리고 있는 것입니다. 제가 경험하는 바를 같이 경험해 보자 이겁니다. 저는 공유를 원하는 거예요.

그냥 귀만 열어 놓고 있으시면 돼요. 그것을 기억해 두었다가 아까 말하고 지금 말하고를 맞춰 보고 그러실 필요가 전혀 없습니다. 그래서 한쪽 귀로 듣고 다른 쪽 귀로 흘러 나가도 가만히 두시고, 그냥 귀만 열고 계시면 돼요. 소 귀에 경 읽기 식으로 앉아 계시면 돼요. (대중 웃음) 듣는 족족 다 기억해 놓으면 전부 나중에 다시 내버려야 돼요. 어차피 다 내버려야 되는 거라… 그냥 말에 귀만 기울이시다 보면, 어느 정도 서로 공유하고 적응하는 기간이 지나다 보면, 예상하지 못했던 둘 아닌 하나에 대한 경험을 하실 수가 있습니다. 물론 그냥 귀만 열고 계시되 이것에 대한 관심을 가지고 있어야 하죠. 이것에 대한 관심으로 가득 차 있어야 하는 겁니다.

수보리야, 만약 보살이 '내가 마땅히 불국토를 장엄하리라' 하면 이 사람은 보살이라 이름할 수 없느니라. 왜냐하면 여래가 말한 불국토를 장엄한다는 것은 곧 장엄이 아니라 그 이름이 장엄이라 하느니라.

불국토라는 것은 바로 이것을 말하는 겁니다. 이것은 꾸밀 수가 있는 게 아니에요. 집은 꾸밀 수가 있고, 방도 꾸밀 수 있고, 옷도 꾸밀 수가 있지만, 옷을 꾸미고, 방을 꾸미고, 집을 꾸밀 줄 아는 이것은 꾸밀 수가 없어… 이것을 체험하시면 되는 거라… 이것을 써서 다 꾸미거든요. 이것이 바로 불국토란 법을 말하는 것이거든요. 법은 꾸밀 수가 없습니다. 법으로 말미암아 다 꾸미는 거지, 법은 꾸밀 수가 없어요. 그러니까 불국토를 장엄한다는 것은 말이 그렇다는 거지 장엄은 장엄이 아니다…

　　수보리야, 만약 보살이 나와 법이 없다는 사실을 통달한다면 여래는 이 사람을 진실한 보살이라고 하느니라…

　　아(我)와 법(法)이 없다… 나도 없고 법도 없다 이겁니다. 다 이름일 뿐이에요. 그러니까 이름 붙일 수 있는 이것은 이름 붙일 수가 없어요. 이름 붙일 수 없는 이것 하나! 그래서 아와 법이라는 그런 이름을 붙일 자리가 없습니다. 우리가 이것을 법이다, 나다, 진리다, 진아다, 마음이다, 본래면목이다, 이렇게 이름 붙이지만 실제로 그 이름에 해당되는 무엇은 없습니다. 지금 현재 이름 붙이는 이것이 있을 뿐이죠. 지금 이렇게 이름 붙일 수 있을 뿐이지, 그 이름에 해당하는 정해진 것은 없습니다. 이름 붙이고 있는 이것! 이것 하나만 확실하시다면 그게 바로 공부입니다.

18
모든 것을 같게 본다 —體同觀分

"수보리야, 네 생각에 어떠하냐? 여래가 육안(肉眼)을 가졌느냐?"

"그러하옵니다. 세존이시여, 여래께선 육안을 가지셨나이다."

"수보리야, 네 생각에 어떠하냐? 여래가 천안(天眼)을 가졌느냐?"

"그러하옵니다. 세존이시여, 여래께선 천안을 가지셨나이다."

"수보리야, 네 생각에 어떠하냐? 여래가 혜안(慧眼)을 가졌느냐?"

"그러하옵니다. 세존이시여, 여래께선 혜안을 가지셨나이다."

"수보리야, 네 생각에 어떠하냐? 여래가 법안(法眼)을 가졌느냐?"

"그러하옵니다. 세존이시여, 여래께선 법안을 가지셨나이다."

"수보리야, 네 생각에 어떠하냐? 여래가 불안(佛眼)을 가졌느냐?"

"그러하옵니다. 세존이시여, 여래께선 불안을 가지셨나이다."

"수보리야, 네 생각에 어떠하냐? 갠지스 강에 모래가 있는데, 그 모래를 부처가 말하였느냐?"

"그러하나이다. 세존이시여, 여래께서 모래를 말씀하셨나이다."

"수보리야, 네 생각에 어떠하냐? 갠지스 강에 있는 모래 수효만큼 그렇게 많은 갠지스 강이 있고, 이 모든 갠지스 강에 있는 모래 수효와 같은 부처의 세계가 있다면, 부처의 세계는 많지 않겠느냐?"

"대단히 많나이다. 세존이시여."

부처님께서 수보리에게 말씀하셨다.

"그렇게 많은 세계에 있는 중생들의 갖가지 마음을 여래는 다 알고 있다. 무슨 까닭이겠는가? 여래께서 말씀하시기를, 모든 마음은 마음이 아니라 그 이름이 마음이라 하셨기 때문이니라. 그 까닭이 무엇이겠는가? 수보리야, 과거의 마음도 얻을 수 없고, 현재의 마음도 얻을 수 없고, 미래의 마음도 얻을 수 없기 때문이니라."

"須菩提, 於意云何? 如來有肉眼不?"

"如是, 世尊. 如來有肉眼."

"須菩提, 於意云何? 如來有天眼不?"

"如是, 世尊. 如來有天眼."

"須菩提, 於意云何? 如來有慧眼不?"

"如是, 世尊. 如來有慧眼."

"須菩提, 於意云何? 如來有法眼不?"

"如是, 世尊. 如來有法眼."

"須菩提, 於意云何? 如來有佛眼不?"

"如是, 世尊. 如來有佛眼."

"須菩提, 於意云何? 恒河中所有沙, 佛說是沙不?"

"如是, 世尊. 如來說是沙."

"須菩提, 於意云何? 如一恒河中所有沙, 有如是等恒河, 是諸恒河所有沙數佛世界, 如是寧爲多不?"

"甚多, 世尊."

佛告須菩提: "爾所國土中, 所有衆生, 若干種心, 如來悉知. 何以故? 如來說, 諸心, 皆爲非心, 是名爲心. 所以者何? 須菩提, 過去心不可得, 現在心不可得, 未來心不可得."

다시 보겠습니다.

"수보리야, 어떻게 생각하느냐? 여래는 육안을 가졌느냐?"

"그러하옵니다. 세존이시여, 여래께서는 육안을 가졌습니다."

육안… 육안은 육체의 눈을 가리키죠. 여기 지금, 육안, 천안, 혜안, 법안, 불안, 이렇게 다섯 가지 눈을 이야기하고 있죠? 육체의 눈으로는 색깔을 보는 것이고, 천안, 하늘의 눈으로는 육안처럼 눈앞의 사물이나 색깔에 막힘이 없이 보는 것이고, 혜안이라고 하는 것은 지혜의 눈이니까, 실제로 무엇을 본다기보다는 지혜로써 이해하고 판단하고 소화하는 것… 그 다음에 법안… 법은 진리를 나타내니까 진리를 보는 눈이란 말이고, 불안… 이것은 깨달음의 눈이다 이렇게 뜻을 말할 수 있는데, 간단하게 다시 한번 봅시다. 육안으로는 육체를 보고, 천안으로는 하늘 끝까지 보고, 혜안으로는 지혜를 보고, 법안으로는 법을 보고, 불안으로는 부처를 본다.

여래는 이 다섯 가지 눈을 다 가지고 있다고 했습니다. 이 뜻을 따라서 보면 '우리는 육안밖에 없는데, 천안, 혜안, 법안, 불안 등등은 많은 수행을 거쳐서 도를 닦은 이후에 비로소 얻어지는 새로운 눈이 아닐까?' 이런 생각을 할 수 있겠죠? 당연히 그렇다고 생각할 겁니다. 제3의 눈이라고 해서 미간, 그러니까 정수리에 눈이 있다고 그런 이야기도 하죠.

그런데 육안, 천안, 혜안, 법안, 불안은 사실 같은 겁니다. 이 제18분의 제목이 일체동관분이라고 되어 있습니다. '일체를 같이 본다' 이거예요. 육안과 천안만 놓고 봅시다. 육안으로는 당장 이 방 안에 있는 것만 보이고 방 안을 벗어난 것은 안 보인다고 생각하죠? 그렇게 생각하면 이 경전에서 우리에게 요구하는 바를 우리는 놓치고 있는 겁니다. 말하자면 거꾸로 보고 있는 거예요. 그것을 뭐라고 하느냐 하면 '상을 본다'고 그러죠. 상에 막히는 겁니다. 보이는 모양에 막히는 겁니다. 상을 보아서는 경전의 말을 이해할 수가 없어요. '눈앞에 보이는 것만 보는 거다. 이 방 안을 벗어나는 것은 볼 수 없다.' 이렇게 하는 것은 상을 말하는 겁니다.

이 경전에서 우리에게 알려 주고자 하는 것은 뭐냐 하면, 말 그대로 마음이란 게 뭐냐, 둘 아닌 법이란 게 뭐냐, 그것을 알려 주고자 하는 거거든요. 경전에서 알려 주고자 하는 것을 우리는 파악을 해야 하는 겁니다. 그렇다면 육안이란 게 도대체 뭐냐? 지금 눈앞의 난초를 볼 때, 시계를 볼 때, 찻잔을 볼 때, 보이는 모양들은 달라졌죠? 눈이 달라진 것은 아니죠? 보이는 모양들은 다양하게 달라집니다. 난초와 시계와 찻잔은 다 다르죠? 하나가 아니죠? 그러니까 보이는 모양을 따라가면 우리는 결코 둘 아닌 법에 도달할 수 없습니다. 그러나 난초를 보든 시계를 보든 찻잔을 보든 보이는 모양 말고, 난초를 볼 때, 시계를 볼 때, 찻잔을 볼 때, 아니면 눈 감고 아무것도 안 볼 때, 그럴 때 동일하게 눈을 뜨고서 밝게 보고 있는 게 있습니다. 난초를 보든, 시계를 보든, 찻잔을 보든, 눈을 감고 아무것도 안 보든 간에 눈을 뜨고 있는 놈이 있어요. 이것은 앞에 어떤 인연이 다가오든지 간에 다가오기만 하면 보고, 없으면 안 보는 거죠. 이것이 진정한 의미에서의 우리 육안의 실체거든요. 한결같이 보고 있는 겁니다. 한결같이 드러나 있는 거예요.

천안을 한번 봅시다. 천안이란 게 어떤 거냐 하면, 요새는 사실 천리안이란 게 있잖습니까? 텔레비전 같은… 지금 이라크에서 전쟁이 나서 어쩌고 있다, 북경에서 사스 때문에 어떻다… 우주 끝의 이야기도 결국 어디 있는 겁니까? 지금 눈앞의 난초를 볼 수 있는 이 자리로 우주 끝의 이야기가 당겨져 와야 보이는 거죠? 예를 들어 전생 이야기, 지금 누가 전생을 보고 다 안다고 합시다. 자, 그게 지금 어디 와 있는 겁니까? 지금 난초를 보는 이 지점에 와 있는 거예요. 난초를 볼 수 있는 이 지점에 오지 않으면 전생도 볼 수 없고, 우주 끝의 일도 이야기할 수 없어요. 모든 것이, 예를 들어 공간적으로 눈앞에 있든, 아니면 저 멀리 떨어져 있든, 시간적으로 옛날이야기든, 미래 이야기든, 아니면 미세해서 눈으로 볼 수 없을 정도로 작든, 너무 커서 도저히 다 볼 수 없을 정도로 크든, 모든 것은 지금 여기로, 눈앞으로, 난초를 바라보고 있는 이 지점으로 오지 않으면… 언제든지 여기에 와 있잖아요? 달리 어떻게 다른 곳에 있을 수 없잖아요? 예컨대 지금 공룡 시대를 이야기한다… 2억 5천만 년 전의 티라노사우루스가 어쩌고저쩌고… 그 공룡이 2억 5천만 년 전에 있는 겁니까? 지금 티라노사우루스가 어쩌고저쩌고 하는 여기에 있다고요.

천안이라 하든, 육안이라 하든, 혜안이라 하든, 법안이라 하든, 불안이라 하든 간에 바로 지금 여기에 나타나지 않으면 그런 게 있을 수가 없어요. 언제든지 내 앞에 있는 겁니다. 내 손아귀 속에 있는 겁니다. 시간적으로 과거, 전생이 어쩌고, 100번을 윤회를 한다 하더라도, 그게 어디 있느냐 하면 지금 여기 있는 거예요. 미래도 마찬가지입니다. 미래도 여기에, 과거도 여기에, 공간적으로 우주 끝도 여기에… 이 지점에 만약에 없다고 한다면, 시간도 없고 공간도 없을 겁니다. 그런 상상조차 할 수 없어요. 모든 것은 여기에 있는 겁니다. 내 눈앞에!

지금 여기에, 내가 발 딛고 있는, 내 존재가 출몰하고 있는 여기, 여기서 떠나지 마시라 이거예요. 항상 여기 있는 거예요. 여기가 내 자리예요. 그러면 각종 망상이라든지 분별심 이런 게 힘을 잃어버려요. 힘을 잃어버리고 저절로 안정이 되는 거예요. 안정이거든요. 안정! 제발 죽은 뒤의 일은 죽고 나서 생각하시고… (대중 웃음) 지금 발 딛고 있는 여기에서의 자신의 모습을 깨닫는 게 공부죠. 현재 나의 존재가 어디에서 활발하게 살아 있느냐 이겁니다. 내 존재가 어디에 있는가? 어디에서 이 생각 저 생각이 일어나고 있고, 이런 행동 저런 행동이 나타나고 있는가? 현재의 이 또랑또랑한 의식이 어디에 뿌리박고 있는가? 이것만 깨달으면 돼요. 이게 전부 다입니다. 여기서 모든 게 다 나오거든요. 현재의 이 또랑또랑한 의식이 어디에 뿌리박고 있느냐? 그건 여기밖에 없어요. 그 의식 속에서 과거도 나오고, 미래도 나오고, 우주도 나오고, 대한민국도 나오고… 다 나오는 겁니다. 현재 이렇게 또렷하고 분명한 이것… 마음이 콩밭에 가 있다고 그러는데, 콩밭에 가 있으면 안 돼요. 우리는 무엇을 하면서 마음이 여기 있지 못하고 항상 다른 데 가 있어요. 그게 우리 병이죠. 병! 현재 자기가 처한 곳에서 가장 또렷하고 분명한 것! 이것은 우리가 결코 의심할 수 없는 것이죠. 망상이 아니다 이거예요. 망상이 아닌 여기에 계시면, 육안이니, 천안이니, 혜안이니, 법안이니, 불안이니 하는 것들이 다 바로 여기에 있는 거예요. 다른 데 있는 게 아닙니다. 그래서 일체동관이라… 모든 것을 같은 곳에서, 하나의 눈이 같이 본다 이거예요.

최초의 공부 경험은 의식이 안정되는 경험인데, 거기서 한 가지 짚고 넘어가야 할 것은, 그 의식이 안정되는 경험을, 육체를 어떻게 조작해서 의식을 안정시키려고 하는 경우가 있거든요. 그게 소위 정신 집중, 호흡 조절… 이런 식으로 하는 건데, 하다 보면 어느 정도까지는 복잡한 생각이 좀 가라앉기도 해요. 그러나 그것은 억지로 하는 거예요. 마치 무성한 풀을 돌로 눌러 놓는 것과 같아요. 그런 공부는 우리를 상당히 잘못된 길로 이끌어 갑니다. 평생 눌러 놓을 수는 없습니다. 아주 부자연스럽죠. 그런 식으로 하는 게 아니에요. 억지로 조작하고 노력해서 육체와 의식을 꽉 내리눌러서 안정시키는 게 아니고. 의식의 활동, 의식이 빚어내는 모양을 따라가니까 우리가 흔들림이 있는데, 안 따라가면 활동하는 의식 그 자체… 여기서 말을 조심해야 하는데, 왜냐하면 지금 이렇게 말씀을 드리는 게 의식에 관한 하나의 그림을 그리는 거란 말이죠.

물거품처럼 일어나서 흔들리는 의식을 안정시키는 방법은, '이렇게 의식이 일어나니까 이것을 안정시켜야 되겠다' 그런 사고방식에서 떠나는 겁니다. 그런 생각을 안 하는 거예요. 그렇게 해서는 안 됩니다. 그런 것은 억지로 눌러 놓는 거예요. 그야말로 둘 아닌 그것을 인도 사람들은 '의식 그 자체가 되어라' 그러는데, 그것도 오해의 여지가 많기 때문에 그보다도 기존에 가지고 있는 '이렇게 저렇게 해야지'라는 생각을 따라가지 않는 겁니다. 아까도 이야기했지만, 손쓸 수 있는 방법은 없습니다. 그저 간절한 소망을 가지고 있는 겁니다. 생각으로 하는 게 아니라, 나는 이것을 체험하고 싶다, 이것을 해결하고 싶다는 그런 간절함을 가지고 있는 거예요. 방법이라면 아마 그것밖에 없을 겁니다.

목마름이랄까? 충분한 관심을 가지고 있다 보면, 훈습이란 게 자꾸 되어 가지고, 어느 순간이 되면 그럴 수 있는 능력을 갖게 되는 겁니다. 그것은 아주 자연스럽기 때문에 전혀 힘들지 않습니다. 그

러면서도 더욱더 깊이 들어갈 수 있는… 어차피 법이란 것은 무위
법입니다. 자연스러운 겁니다. 자연스러워야 최대한 깊이 들어갈 수
있습니다. 최대한 근원에 가까이 갈 수 있는 겁니다. 억지로 노력해
서, 조작해서 하는 것은, 인간의 힘이란 게 한계가 있습니다. 반드시
한계에 부딪혀요. 거기서는 더 이상 나아갈 수 없는 겁니다.

그러면 도대체 이 자연스러운 것은 어떤 거냐? 말 그대로 아주 자
연스러운 건데… 그냥 이렇게 법회에 참석해서 법문을 듣고, 관심
을 지속적으로 가지고, 혼자 있을 때라도 관심을 잃지 않고… 어쨌
든 지속적인 관심, 그 관심의 끈을 놓치지 않는 겁니다. 알고자 하는
소망… 그것에 의지를 해서… 그렇게 하는 방법밖에 없어요. 그러
다 보면 자연스럽게 훈습이 됩니다. 활쏘기에 비유를 하잖습니까?
처음부터 10점 만점 쏘는 사람 없단 말이죠. 자꾸자꾸 하다 보면 어
느 순간에 적중을 하게 되는데, 그와 마찬가지예요. 지속적 관심밖
에 없습니다.

지속적인 관심을 가지고, 계속 탐구를 하고 법문을 듣고 하다 보
면, 세속에 익숙해 있던 사고방식들을 점차점차 덜어 내고, 이 반야
쪽으로 점차 훈습이 되어 들어와서, 어느 순간에 반야를 보는 눈이
열리게 되는 겁니다. 그렇게 되는 겁니다. 그런 경험이 문득 올 수도
있고, 서서히 올 수도 있습니다. 자연스런 변화는 서서히 일어나는
겁니다. 자연스런 변화는 서서히 일어나는 것이지 한꺼번에 일어나
는 게 아니에요. 서서히 달라져서 시간이 지나면 더 또렷하고 분명
하게… 법을 보는 안목을 가지게 되는 겁니다. 그럴수록 더욱더 깊
이 안정이 되고 흔들림이 없게 돼요.

체험이라고 하는 것은, 그런 훈습의 과정을 쭉 지내다가 보면 반드시 고비라는 게 있어요. 고비… 반드시 공부하다 보면 고비를 문득 넘기는 그런 때가 있습니다. 고비를 못 넘겨서 대부분 머뭇거리고 있는데, 그 고비를 탁 넘기도록 유도를 하기 위해서 제가 자꾸 한 번 경험해야 한다고 말씀을 드리는 거예요. 물론 한 번의 경험으로 다 끝나는 게 아닙니다. 고비를 넘기고 나서도 가야 할 길은 아주 멉니다. 왜냐하면 사람이 수십 년을 익혀 온 이 분별의식을 하루 아침에 극복할 수 있느냐 하면, 그게 안 됩니다. 일생 동안 조심하지 않으면 언제 다시 분별의식으로 떨어져서 중생 노릇 하고 있을지도 모릅니다. 저의 얕은 경험으로도 그렇다는 사실은 분명합니다. 까딱하면 분별의식 쪽으로 떨어져 버리죠. 그러므로 아주 조심스럽게, 끈질기게, 그러나 하면 할수록 여기서 얻어지는 보람이랄까? 말로 할 수 없는 그런 게 있다고요… (웃음) 말하자면 이것이 내 인생에 있어서 가장 큰 가치로서 자리를 잡게 되는 겁니다.

언제든지 제자리에, 제정신을 차린 상황에 있다는 것이, 그게 바로 제일 중요한 것이거든요. 언제 어느 때든 아주 안정되어 있다는 것, 흔들림이 없다는 것이 아주 중요합니다. 더 나아가면 육체도 의미를 잃어버리는 것까지 가능하다고 봅니다만, 우선 얻는 것은 의식의 안정이죠. 더 나아가면 정말 모든 것이 의미를 잃어버리고, 그야말로 법 하나, 일미청정(一味淸淨)한 법 하나만 오롯하고, 다른 경계라는 게 빛을 잃어버리는 그런 데까지 가는 것, 그것은 나중의 일이고… 우선 흔들리는 이 의식을 본래 자기 자리에 안정시키는 것이 필요한 것이죠. 그게 공부의 시작이라고 볼 수 있습니다. 그래서 이 공부를 선정(禪定)이라고 해요. 정(定), 삼매(三昧)라고 해요. 선정 삼매라고 하는 것은 안정된다는 말입니다. 흔들림 없는 자리에 안정이 된다는 뜻이에요.

그러니까 육안, 천안, 혜안, 법안, 불안… 이런 말에 속으시면 안 됩니다. 우리는 육안밖에 못 가졌는데, 천안이나 혜안이나 법안, 불안은 깨달으면 가지게 된다… 그런 식의 말이 아닙니다. 그게 아니고, 결국 이것 하나뿐입니다. 왜 흔들림이 없느냐? 다른 게 없기 때문이죠. 여러 가지가 있으면 흔들리게 돼요. 기본적으로 두 가지만 있어도 서로 갈등하게 됩니다. 안정이 안 돼요. 그래서 둘이 아니다 이겁니다. 유일하게 이것뿐입니다. 둘 아닌 자리기 때문에 흔들림이 없는 겁니다. 그래서 불이법이니 불이법문이니 그러잖아요? 육안이니 천안이니 혜안이니… 여러 가지가 있는 게 아닙니다. 오직 이것 하나뿐이에요. 이것 하나는 사실, 육안도 아니고, 천안도 아니고, 혜안, 법안, 불안도 아니면서, 육안 노릇도 하고, 천안 노릇도 하고, 혜안 노릇, 법안 노릇, 불안 노릇도 하는 겁니다.

"수보리야, 네 생각에 어떠하냐. 갠지스 강에 있는 모래를 부처가 모래라 말하느냐?" "그러하나이다. 세존이시여, 여래께서 모래라고 말씀하셨나이다." "수보리야, 네 생각에 어떠하냐? 갠지스 강에 있는 모래 수효가 많은 것 같이 그렇게 많은 갠지스 강이 있고, 이 모든 갠지스 강에 있는 모래 수효와 같은 부처의 세계가 있다면 이런 부처의 세계는 많지 않겠느냐?"

부처의 세계가 이와 같다… 부처의 세계가 뭐냐? 부처의 세계를 알려면 부처가 뭔지 아셔야 하는 거죠? 부처가 뭐냐? 지금까지 계속 말씀드린 이것이 부처거든요. (손가락을 세우며) 이것이 부처입니다. 이게 부처예요. 부처가 사는 세계, 이것입니다. 이것의 세계는… 지금 손가락을 올리는 이것, 제 손가락을 보시는데, 이 손가락 끝에 부처가 앉아 있고, 부처의 세계가 있습니다. 어디에나 다 있어요. 손가락 끝에 있는 것만 아니라 천장에도 있고, 형광등에도 있고, 에어컨에도 있고, 우리의 육체에도 있고… 어디나 다 있어요. (손가락을 세우며) 이게 부처거든요. 그러니까 이것 하나예요. 이것 하나만 깨달으시면 모든 게 다 이것 하나의 세계예요.

우리가 쓰는 것은, 손끝에서 쓰든, 눈을 통해서 쓰든, 귀를 통해서 쓰든, 입을 통해서 쓰든, 몸을 움직여서 쓰든, 생각을 움직여서 쓰든… 내가 써서 경험하는 여기에 전부 부처가 나와 있는 거예요. 부처라는 말은 바로 이것을 가리키는 겁니다. 이거지, 뭐 2천5백 년 전의 석가모니불… 그런 말이 아닙니다. 무수한 부처라고 했습니다. 헤아릴 수 없이 많은 곳에, 헤아릴 수없이 많은 부처라… 전부 다 부처예요. 눈길 닿는 곳마다, 손길 닿는 곳마다, 생각 닿는 곳마다, 모든 게 다 부처 아닌 게 없습니다. 그러니까 다 부처의 세계죠. 부처의 세계!

이제 부처라는 말을 들으면 불상을 생각하거나 2천5백 년 전의 석가모니를 생각하는, 그런 정도는 극복하셨을 겁니다. 그동안 하도 많이, 《금강경》에서 '상을 따라가는 것은 아니다'라고 벌써 수없이 말했잖습니까? 모양 따라가는 것은 아니라고요. 그럼 모양 따라가는 것이 아니라면, 부처는 뭐냐? 모든 모양 위에 나타나지만 모양은 아닙니다. 보고, 듣고, 만지고, 냄새 맡고, 생각하는 모든 모양 위에 부처가 나타나지만, 그 모양을 따라가면 놓치게 돼요. 모양만 안 따라가면 다 부처입니다. 어디에든 부처가 다 나타나 있습니다.

그런데 이 부처니 뭐니 하는 말도 다 방편의 말이고… 자, 우리가 지금 여기에 앉아서 말씀을 드리고 있고, 또 말씀을 들으시고 있거든요. 지금 여기서 한번 보세요. 지금 여기 뭐가 있습니까? 말을 하고, 말을 듣고 하는 여기에 뭐가 있습니까? 제가 말을 하고, 여러분이 말을 듣고 하는 여기에 도대체 뭐가 있느냐 말입니다. '이것이다! 저것이다!' 그러면 안 돼요. 그러면 모양 따라가는 거니까요. 지금 깨어 있잖아요? 어느 지점에 여러분이 깨어 있습니까? 여러분 의식이 이렇게 깨어 있잖아요? 잠자고 있습니까? 보고 있죠? 듣고 있잖아요? 깨어 있는 이 자리에 있다니까요. 깨어서 보고 듣고 하는 여기예요. 여기! 이거지, 다른 게 뭐가 있습니까? 여기에 여러분 스스로가 생생하게 살아 있잖아요? 이게 여러분 자신의 존재예요. 사실 여러 말이 필요 없어요. 지금 보고 듣고 하면서 깨어 있는 이것이지, 다른 게 없거든요. 여기서 깨어서 듣고 보고 하면 되는 겁니다. 너무 분명하거든요. 숨길 게 아무것도 없어요. 여기에 다 나타나는 겁니다.

"매우 많습니다. 세존이시여."

부처님께서 수보리에게 말씀하셨다.

"그렇게 많은 세계에 있는 중생들의 갖가지 마음을 여래가 다 아노니 무슨 까닭이겠는가? 여래가 말한 모든 마음은 마음이 아니라 이름만 마음일 뿐이기 때문이니라. 그 까닭이 무엇이겠는가? 수보리야, 과거의 마음도 찾을 수 없고 현재의 마음도 찾을 수 없고 미래의 마음도 찾을 수 없기 때문이니라."

오늘 아침에 어느 불교복지단체에서 원고 청탁이 와서 몇 시간 동안 원고를 썼습니다. 그 주제가 '자비 보시는 마음공부의 방편이다'인데, 자비와 보시…《금강경》에서도 많이 나왔지만, "그 마음을 어떻게 머무르고, 어떻게 항복시켜야 합니까?" 하니까 답이, "상에 머물지 말고 보시를 해야 한다"고 그랬습니다. 이른바 무주상(無住相)보시죠. 보시라는 것은 베푼다는 말이니까, 상에 머물지 말고 베푸는 행동을 해야 한다… 상이라고 하는 것은,《금강경》에 항상 나오다시피, 아상·인상·중생상·수자상… 보시라는 행위를 할 때는 아상과 인상이 문제겠죠? 내가 남을 위해서 일을 한다… 거기서 아상, 인상, 나와 남이라는 계산이 들어가면 그것은 하나의 손익계산이 되는 겁니다. 주고받는 거래관계가 되는 거죠. 그것은 보시라고 할 수가 없습니다.

불교에서 말하는 보시는 육바라밀 중의 하나인데, 그냥 단순히 결핍된 자에게 무엇을 준다는 그런 정도의 의미가 아니고, 마음공부입니다. 무주상보시는 나와 남, 아상과 인상이 없는 보시란 말이죠. 그러면 나와 남을 빼고 보시를 한다면 남는 것은 뭐냐 이겁니다. 아상과 인상을 제거하고 베푸는 행위를 한다면 남는 것은 뭐냐? 베푸는 행위만 남죠. 즉 행동만이 남습니다. 행동함으로 해서 여러 가지 일들이 일어나잖아요? 행동에만 초점을 맞추어서 행동만을 한다면 행동은 완성이 되겠지만 그 행동으로 인한 여러 가지 문제는 일어나지 않는 겁니다. 문제라고 하는 것은 '내'가 어떤 행동을 하고 그 결과를 계산할 때 일어나는 거지, 그런 것이 없으면, 단순한 행동, 행동 그 자체만 완성하는 데는 어떤 문제가 일어나지 않는 겁니다. 그것을 가지고 우리가 무주상보시라고 하는 거죠. 그런 측면에서 무주상보시 그 자체가 법을 체험하고 법을 실현하는 하나의 길이 되는 겁니다. 왜 이런 이야기를 하냐 하면, 바로 이 말 때문입니다.

여러 가지 마음은 모두 마음이 아니고 이름만 마음일 뿐이다…

명상(名相)이라고 하는 말이 있듯이, 이름(名)이 바로 상(相)입니다. 이름과 상은 반드시 같이 어울립니다. 명상으로는 마음이라는 게 있지만, 이름과 모양으로, 이름과 관념으로는 마음이라는 게 있지만, 머물거나 붙잡을 수 있는 마음이란 것은 없습니다. 그러나 머물거나 붙잡을 수 있는 마음이 없기 때문에 우리는 온갖 일들을 할 수가 있는 겁니다. 행동이죠. 모든 일들이 거기서 가능한 겁니다. 그 일 가운데는 명상(名相)을 만들어 내는 일도 포함됩니다. 그러니까 마음이라는 이름과 마음이라는 관념, 모양을 만들어 내는 것도 우리의 행동, 행위입니다. 지금 행하고 있는 여기에서 이름도 나타나고, 관념, 모양도 나타나는 겁니다. 지금 이 순간에 단순히 행하기만 한다면, 이름에 의한 문제를 피할 수가 있는 겁니다.

여기에 과거심, 현재심, 미래심이란 말이 나오는데, 과거, 현재,

미래라는 것은 우리가 아주 상식적으로 알고 있는 겁니다. 그래서 과거에 어떠했고, 현재에 어떻고, 미래에 어떨 것이다… 그러나 과거, 현재, 미래라고 하는 것이 사실은 이름과 그 이름에 결부되어 있는 모양, 그림이란 말이죠. 이름에는 반드시 뜻이라는, 뜻에 해당되는 그림이 있습니다. 그런데 잘 보세요. 과거에 어떠했고, 현재에 어떻고, 미래에 어떠할 것이다… 과거, 현재, 미래가 지금 단순한 행동에 의해서 이 순간에 실현되는 겁니다. 사실은 과거도 없고, 현재도 없고, 미래도 없고, 전부 이름일 뿐이에요. 없는 겁니다. 단순히 하나의 행동에 의해서 과거를 그려 내고, 현재를 그리고, 미래도 그리는 겁니다. 단순한 행동 하나만이 확실한 것이고, 가장 실제적인 것이고…

단순한 행동이라는 말도 하나의 그림이고 이름인데, 이 단순한 행동을 정말로 이름과 그림에 머물지 않고, 이름과 그림이라는 장막에 가로막히지 않고, 지금 과거도 그려지고 현재도 그려지고 미래도 그려지는… 지금 이 순간의 행동이 바로 이겁니다. 이것이거든요. 여기에서 전부 다 나와요. 아주 순간적으로 모든 그림이 다 그려지는 거예요. 순간적으로 그려지는 그림 속에서, 그림을 따라가는 것이 아니라, 그리는 여기에, 이 순간에 탁 계합이 되는 겁니다. 그렇게 계합되면 과거의 일, 현재의 일, 미래의 일이 더 이상 문제가 되지 않습니다. 그렇지 못하면 늘 과거에 끌려서 살아야 하고, 현재에 매여 살아야 하고, 미래에 구속되어 살아야 하는 겁니다. 그러나 거기서 벗어나는 지점이 딱 하나 있어요.

비유적으로 설명을 드리면, 우리는 분수를 보고 있는 것처럼 우리의 마음을 보고 있습니다. 무슨 말이냐 하면, 분수라는 것은 물줄기가 어떤 모양을 그리고 있는 것이거든요. 분수의 분출구에서 물이 흘러나와서 일정 시간 동안 쭉 이어져서 궤적을 그려 나간 것이 하나의 모양을 그리는 거죠. 그래서 우리는 분수를 보면 항상 물줄기의 형태를 봅니다. 그러나 물줄기 자체는 단지 흐르고 있는 물일 뿐이고 어떤 정해진 모양이 없습니다. 그냥 물이 흐르고 있을 뿐이죠. 그런 것과 같아요. 마음속에 어떤 명상(名相)이라는 것이 형성되는 것은 우리의 기억에 의해서 이루어지는 허깨비 같은 겁니다. 마치 분수의 물줄기가 예쁜 곡선을 그리며 흐르듯이, 매 순간 실제 우리는 의식의 움직임이라고 해야 할까, 그냥 움직임 그 자체일 뿐이에요. 과거, 현재, 미래가 있어서 그림이 그려지기 이전의 단순한 움직임 그 자체죠. 여기에 딱 들어맞으면 모든 일들이 아주 가벼워요. 이름과 형태의 구속에서 자유로워지는 겁니다. 아주 안정되어 있습니다. 다시 분수를 예로 들면, 물줄기가 뿜어져 나가서 공중으로 날아가서 떨어지면 불안한 거죠? 왔다 가 버리는 겁니다. 그런데 분수의 물줄기를 가만히 보고 있으면 거기에는 끊임없는 물의 흐름 하나가 있을 뿐이에요. 왔다 갔다 하는 게 없습니다. 마찬가지로 우리도 의식의 그림을 따라가면 불안합니다. 끊임없이 생멸변화를 하기 때문에… 그런데 생멸변화 하는 의식 그 자체가 되면, 생멸변화가 없어요. 한결같이 그대로일 뿐이에요. 왔다 갔다 하는 게 없어요. 항상 안정된 상태입니다. 그래서 태산처럼 확고부동할 수가 있는 겁니다.

소위 선정(禪定)이라는 것이 좌선(坐禪)을 통해서 이루어지는 것이 아니고, 이러한 경험을 통해서 있는 그대로, 앉아 있건, 누워 있건, 서서 돌아다니건, 물구나무를 서건, 완전한 선정, 완전한 안정 속으로 들어가는 겁니다. 장자(莊子)가 말한 발뒤꿈치로 숨 쉬는 것 같은 상황을 명확하게 경험할 수가 있습니다. 호흡 연습 전혀 하지 않아도 아무 상관없습니다. 이것은 마음의 문제입니다. 전적으로 정신적인 문제지, 육체를 어떻게 조절하고 연습해서 얻어지는 것이 아닙니다. 육체를 조절하다 보면 어느 정도까지 흉내를 낼 수는 있지만, 그것은 흔히 비유하듯이 돌로 풀을 눌러 놓은 것과 같은 거예요. 돌로 풀을 눌러 놓으면 당분간은 죽어 있는 듯하지만, 돌을 치우면 풀은 다시 올라오는 겁니다.

그러나 이것을 체험하고 이것 자체가 되면 언제 어디서든지 그냥 선정 상태입니다. 흔들림이 없어요. 저절로 되는 거예요. 본래 우리 마음이라고 하는 것은 망상을 따라가지만 않으면 깊은 선정 상태에 있는 겁니다. 항상 이름과 모양이라는 망상에 휘둘리니까, 스스로 안정 상태임을 잊어버리고 마치 흔들리고 있는 듯한 착각에 빠져 있는 겁니다. 번뇌 망상은 허망하다고 하잖아요? 허망하다는 것은 착각이란 뜻입니다. 실재가 아니에요.

정말 진실하고 진지한 관심을 가지고 공부에 임해서 한 발 한 발 착실하게 공부를 하다 보면, 과거심 불가득, 현재심 불가득, 미래심 불가득이라는 이 말이 거짓이 아님을 알 수가 있습니다. 어떤 연습을 통해서 이런 것을 획득하는 것이 아닙니다. 본래가 그런 거예요. 본래가 과거, 현재, 미래라는 것은 이름일 뿐이에요. 언제든 우리는 이것(손가락을 세우며)일 뿐이죠.

모든 마음이라고 하는 것은 마음이 아니다… 모든 마음이라고 하는 것은 명상이죠, 이름과 그림일 뿐이죠. 실제로는 이름을 만들어 내고 있고, 그림을 그려 내고 있는 지금 이 순간! 이 순간뿐입니다. 그래서 순간이 곧 영원이라고 하는 겁니다. 영원이란 것은 없죠? 순간일 뿐이에요. 항상… 여기에는 과거, 현재, 미래라는 게 존재할 수가 없는 겁니다. 이름일 뿐이죠.

공부를 하다 보면 이런 의문이 생길 수 있죠? '도대체 망상 부리는 습에 젖어 있을 때에는 어떻게 해야 망상을 벗어나서 실상의 자리를 몰록 경험할 수 있느냐?' 우리의 보통 생각으로는 무언가를 해야 한다고 생각하거든요. '무엇을 해야 이루어질 것이 아니냐?' 그러나 무엇을 해서 이루어지는 것은 만들어 내는 겁니다. 만들어 내는 것은 반드시 없어지게 되어 있어요. 그래서 노력해서 이루어지는 것은 불안한 겁니다. 부서질 가능성이 항상 있기 때문에 그렇습니다. 그러니까 문득 체험하는 것은 노력해서 이루어지는 게 아닙니다. 노력해서 만들어 내는 것이 아니에요. 본래가 그렇다는 사실이 저절로 확인되는 겁니다. 본래 과거, 현재, 미래가 없다는 사실이 확인되는 거죠.

본래 그렇다는 사실이 확인되려면 우선 필요한 것이, 진지하고 진실한 관심입니다. 거기에 또 하나 필요한 것은 올바른 안내를 받는 겁니다. 안내 없이 혼자서 지금까지 익숙해 왔던 의식의 장벽을 극복하고, 전혀 경험해 본 적이 없는 진실을 찾아간다는 것은 대단히 어렵습니다. 물론 아주 진지하고 목마름이 뼈에 사무치도록 깊다면 언젠가는 가능하겠죠. 그러나 제 경험을 비추어 보면, 올바른 지도에 의지하는 게 좋습니다.

이런 말씀을 드리는 것은 조금 곤란한 면이 있는데요. 왜냐하면 "저한테 의지하시오" 이렇게 요구하는 듯한 느낌이 있거든요. 하지만 이렇게 느끼시라고 말씀드리는 게 아닙니다. 제 경험에 비추어서 그렇다는 겁니다. 저는 전적으로 스승님께 의지했거든요. 아무 의심 없이 그 말씀을 듣고 앉아 있었어요. 그러니까 시간이 지나면서 여러 가지 변화가 일어나고 어느 순간 확실하게 체험되더라고요.

노력을 한다고 하는 것은 결국은 자기의 의식을 발판으로 삼는 겁니다. 의식을 극복하고자 하면서 계속해서 의식을 발판으로 삼고 있기 때문에 거기에 어려운 점이 있어요. 그런데 내 의식을 완전히 놓아 버리면 어떻게 할 도리가 없는 거거든요. 어떻게 할 도리가 없는 어정쩡한 상태가 되는데, 그런 어정쩡한 상태에서 지도자가 없이도 운 좋게 이 깨달음의 경험을 할 수도 있습니다. 그런데 지도자가 있으면 보다 쉽게 할 수 있다는 겁니다.

어쨌든 공부하는 올바른 방향은 어떤 노력도 하지 않는 겁니다. 완전히 손을 놓아 버려야 해요. 자기 의식에 의존해서는 결코 의식의 벽을 넘어설 수 없습니다. 완전히 손을 놓아 버리고 어떻게도 할 수 없는… 화두 공부에서는 그것을 쥐가 쥐덫 속에 갇혀서 오도 가도 못하는 상황이라고 하는 겁니다. 그 상황이 되어야 거기서 진척이 나오지, 1층, 2층, 3층 계단 올라가듯이 시간이 지나고 노력에 따라서 뭔가 진전이 된다면 그것은 의식 내부에서의 일입니다. 의식의 틀을 벗어날 수가 없어요. 늘 사로잡혀 있어야 하는 겁니다.

그런데 의식에 사로잡혀 있어서는 안 됩니다.《금강경》에 계속 나오지만, 머물러 있으면 안 되는 겁니다. 본래 마음이라는 게 머무를 수 있는 장소도 대상도 없어요. 자기 스스로가 곧 마음의 움직임이니 머무를 수가 없습니다. 어쨌든 자기 공부가 빨리 진척되기 위해서는 자기가 의지하고 있는 것을 빨리 놓아 버리는 게 우선입니다. 그렇지만 놓는다는 게 억지로 '의지하는 것을 버려야지' 이렇게 하는 게 아닙니다. 그냥 무관심해지는 겁니다. 모든 것에 무관심하고, 단지 설법에만 귀를 기울이는 겁니다. 그리하여 어떻게 할 방법이 없어져야 하는 겁니다. 그 상황에서 하나의 진전이 이루어집니다. 본성이 자기 존재를 드러내는 겁니다. 본성이 끌고 가요. 그럴 때 안내와 지도를 받을 수 있으면 보다 쉽게 될 수 있는 것이고, 안내와 지도를 못 받아도 정말 자기가 간절한 믿음이 있으면 자기 본성의 힘에 의해서 길을 갈 수 있습니다. 그렇게 해서 의식이 아니라 우리의 본성에 의해서 공부는 이루어지는 겁니다. 그래서 무위법(無爲法)이라고 하는 거예요. 유위법(有爲法)은 의식으로 하는 겁니다.

19
모든 곳에 두루 미치다 法界通化分

"수보리야, 어떻게 생각하느냐? 어떤 사람이 삼천대천세계에 칠보를 가득히 쌓아 놓고 보시한다면, 이 사람이 이 인연으로 받는 복이 많겠느냐?"

"그러하나이다. 세존이시여, 이 사람이 이 인연으로 받는 복이 매우 많겠나이다."

"수보리야, 만일 복덕이 진실로 있는 것이라면, 여래는 복덕이 많다고 말하지 아니하셨을 것이다. 복덕이 없는 것이므로 여래는 복덕이 많다고 말하셨느니라."

"須菩提, 於意云何? 若有人滿三千大千世界七寶以用布施, 是人 以是因緣得福多不?"

"如是, 世尊. 此人以是因緣得福甚多."

"須菩提, 若福德有實, 如來不說得福德多. 以福德無故, 如來說得 福德多."

다시 보겠습니다.

　수보리야, 어떻게 생각하느냐? 만약 어떤 사람이 삼천대천세계
를 칠보로 가득 채워서 보시한다면 이 사람은 이 인연으로 얻는 복
이 많지 않겠느냐?

이것은 법을 드러내기 위한 방편상의 가정입니다. 우리가 귀하게
여기는 금은보화로 우주를 가득 채워서 보시를 행한다. 즉 베푼다
이겁니다. 그 인연으로 얻는 복덕이 참 많겠죠?

　그렇습니다. 세존이시여! 이 사람은 이 인연으로 얻는 복이 대
단히 많습니다.

그런데 그 이유, 왜 많으냐? 왜 이렇게 복이 많으냐? 그 이유로 아
주 멋진 말이 나오죠?

　수보리야, 만약에 복덕이란 게 실제로 있다면 여래는 복덕을 얻
는 것이 많다고 말하지 않을 것인데, 복덕이란 것이 없기 때문에
여래는 복덕을 얻는 것이 많다고 말하는 것이니라…

무슨 말인지 아시겠습니까? 복덕이라는 게 있다면 그것은 많은
게 아니다, 없기 때문에 많다… 복덕이 뭡니까? 복덕? 이름이죠. 이
름이잖아요. 복덕이란 것은 말이잖아요. 말! 이름이고, 그 이름에 해

당하는 뜻을 우리가 생각하고 있죠? 복덕, 복 많은 것… 복권 당첨 같은 것… 이름과 이름에 해당하는 뜻을 우리가 생각하고 있습니다. 실제 복이란 것은 없습니다.

복덕이란 것, 예를 들어 봅시다. 예컨대 금정산 밑에 거주하시는 분들은 아침마다 좋은 풍광을 즐기며 등산이나 산책 같은 것을 하실 수 있으니 좋잖아요? 그것도 하나의 복덕이죠? 또는 길을 가다가 우연히 기대하지 않은 횡재를 했다, 그런 것도 복덕이 될 수 있고… 요즘 많이 보고 듣듯이 복권에 당첨되었다, 그것도 복덕이 될 수 있겠죠? 자, 그런데 한번 보세요. 금정산을 등산하는 것, 길을 가다가 돈을 주운 것, 복권이 당첨된 것… 다 복덕인데, 그것들 사이에 무슨 공통점이 있습니까? 고정된 것이 있습니까? 없잖아요? 공통점이 아무것도 없어요. 고정된 게 없습니다. 공통점이 있다면 딱 하나가 있지, 고정된 게 없지만 뭔가가 이루어졌다는 것… 정해진 것이 없기 때문에 모든 것은 이루어지는 겁니다. 이름밖에 없어요. 이름밖에 없고 우리는 매 순간 행동을 하는 겁니다. 움직이는 거죠. 그래서 모든 것을 이루어 내는 겁니다. 이게 바로 법이에요. 이게 바로 마음이에요. 이게 바로 응무소주 이생기심(應無所住 而生其心) 하는 겁니다. 머물러 있을 수 있는 것은 아무것도 없습니다. 끊임없이 생심(生心)하는 거예요. 마음은 생겨나고 있는 겁니다. 이게 바로 헤아릴 수 없는 복덕인 것입니다. 모든 것은 이것에 의해서 이루어지는 겁니다. 이게 (법상을 두드리며) 바로 헤아릴 수 없는 복덕이에요. 바로 이것을 말하고 있는 겁니다.

복덕이라는 게 실제 정해진 것이 없기 때문에, 복덕은 헤아릴 수 없는 겁니다. 이게 바로 마음이에요. 이게 바로 법입니다. 우리가 지금 이렇게 모여서 법을 이야기하고, 듣고, 바로 지금 이렇게 하는 이 순간에 헤아릴 수 없는 복덕의 행위가 일어나고 있는 겁니다. 그러니까 여래께서는 복덕이 실제 있다면 복덕이 많다고 이야기하지 않는다… 없기 때문에 복덕을 얻음이 많다고 한 것이다… 이름일 뿐이기 때문에, 말일 뿐이기 때문에… 그래서 실제 진실한 것은 복덕이라는 이름에 해당하는 것이 진실한 게 아니라, 금정산에 등산 가고, 길을 가다가 돈을 줍고, 복권을 사고… 뭘 하니까 이루어지는 겁니다. 아무것도 하지 않으면 아무것도 이루어지지 않습니다. 그런데 우리가 아무것도 안 하고 살 수가 있습니까? 우리의 삶이라고 하는 것은 매 순간 행하고 있는 겁니다. 그래서 진실한 것은 매 순간 행하는 이것 하나만 진실한 거예요. 정해진 것은 아무것도 없습니다. 뭐든지 우리는 할 수가 있는 거예요. 매 순간 행하는 이것과 하나가 될 수 있다면, 여기에 확실하게 통할 수 있다면, 우리가 바로 조화의 신이 되는 겁니다. 창조주예요. 내가 사실은 창조주인 겁니다. 그래서 모두가 다 화신불(化身佛)이 되는 거예요. 모두가 조화를 이루고 있는 겁니다. 그러니까 법계통화분이라고 하잖아요. 법계는 전부 막힘없이 통하면서 조화를 이루고 있는 겁니다.

법은 이름으로, 형태로 정해져 있지 않습니다. 그런 것은 없어요. 정해져 있지 않기 때문에 이름으로 형태로 정하는 행위를 지금 계속해서 하고 있는 겁니다. 이것을 일러 '없는 것에 의해서 있는 것이 만들어져 나온다'고 하는 겁니다. 정해져 있지 않은 것이 정하는 행위를 한다…《반야심경》식으로 이야기하면, 공에 의해서 색이 나타난다… 이렇게 말할 수 있는 겁니다. 그러나 공이 먼저고 색은 나중이란 뜻은 아니에요. 색·수·상·행·식이 전부 다 공이라는 것이《반야심경》의 요점이잖아요? 뭐든지 다 이것이에요. 그러니까 색·수·상·행·식은 다양하게 나오지만 나오는 원점은 그냥 이것뿐이에요. 공(空) 하나뿐이에요. 공이란 게 뭡니까? 공이란 것은 비어 있다는 말이거든요. 비어 있는 것은 붙잡을 것이 없고 알 수가 없다는 겁니다. 붙잡을 수 없고 알 수 없는 이것(손가락을 세우며)에서 온갖 일들이 나타납니다. 이것에서 온갖 작용과 조화가 언제나 일어나지만, 이것(손가락을 흔들며)은 붙잡을 수도 없고 알 수도 없지요.

마음이란 것은 정해진 것이 아무것도 없지만, 항상 우리는 마음을 씀으로 인해서 그 마음의 혜택을 항상 입고 있고, 실제로 내 존재는 마음을 늘 쓰는 여기에서 확인할 수가 있는 겁니다. 마음을 분별하여 확인하는 게 아니에요. 마음을 붙잡아서 확인하는 게 아닙니다. 마음을 활발하게 쓰면서 확인하는 거예요. 그러니까 천 부처, 만 부처가, 헤아릴 수 없는 화신불이 지금 제가 손을 흔드는 여기서(손을 흔들어 보임) 나오는 겁니다. 여기서… 여기서 이렇게 나오는 거예요. 이렇게 다 나오잖아요? 이것(손을 흔들며)에서 마음의 실상을 문득 경험할 수 있는 겁니다. 그래서 구지 스님은 "도가 뭡니까?"라고 물으면 손가락 하나만 올렸어요. 덕산 스님은 몽둥이로 때렸고, 임제 스님은 고함을 꽥 질렀어요. 그리고 비마 스님이란 분은 집게를 가지고 다니면서 사람들을 꼬집었어요. 조주 스님은 "차 한 잔 해라"… 법을 보여 주는 거예요. 이렇게(손가락을 세우며) 보여 주는 겁니다. 이렇게(손가락을 흔들며) 체험하는 겁니다. 이 순간에 탁!

　정해져 있는 것은 이름과 생각… 이름과 생각이란 것은 헛된 겁니다. 지금 이렇게 이름을 짓고 있고, 생각하고 있다… 이렇게… 이것이(손을 흔들며) 나의 존재입니다. 여기에서 자기 존재를 체험해야 하는 겁니다. 선이니, 도니, 법이니, 부처니 하는 말은 이것 하나를 가리키고 있는 겁니다. 다른 게 아니에요. 여기에 무슨 뜻이 있습니까? 도리가 있습니까? 그런 건 아무것도 없어요. 그러니까 여기엔 아무것도 없는 거예요. 막힘없이 작용해서 온갖 조화를 드러내지만, 정해진 것은 아무것도 없습니다.

　그러니까 어디에도 머물지 않고, 무엇도 붙잡지 않고, 완전히 손을 놓고서 이것(손을 흔들며)에 문득 통하면, 본래 스스로가 항상 막힘없이 행하고 있는 겁니다. 막힘없이 행하고 있고, 막힘없이 조화를 부리고 있는 거예요. 여기서 문득 자기의 실체를 체험하는 겁니다. 원래 이랬구나! 조금도 얻은 것도 없고, 잃을 것도 없어요. 원래 그냥 이럴 뿐이에요. 원래 이랬던 겁니다. 붙잡고 있던 것에서 손을 놓고, 발 딛고 있던 곳에서 발을 떼고, 아무 조건 없이, 아무런 조작 없이 자기 자신을 체험하면 원래가 이랬던 겁니다. 다른 게 없습니다. 그렇게 해서 한 번만 딱 계합이 되면, 한 번만 딱 자기의 실상을 확인하면, 그 다음부터는 편안합니다. 실상을 체험하기 때문에 진실이 드러나는 겁니다. 습관에 따라서 다시 끌려다니고, 모양과 이름에 휘둘리더라도 이제 더 이상 옛날처럼 걱정스럽지는 않습니다. 왜? 돌아갈 집을 이제 알기 때문에. 자기가 진정 무엇인지를 알기 때문에 옛날처럼 그렇게 불안하지는 않습니다. 불안이 가시는 거예요. 이것을 해탈이라고 이름을 붙일 수 있는 겁니다.

여기서 삼천대천세계를 칠보로 가득 채운다고 그랬는데, 만약에 법을 알고 본다면 바로 이 법이야말로 칠보예요. 삼천대천세계를 가득 채우고 있는 게 이 법뿐이에요. 태양이 이글거리고, 별이 반짝이고, 초목이 봄에 피었다 가을에 사라지고, 바람이 불고 비가 오고, 우리 자신이 겪고 있는 변화들… 이것들이 전부 이 법의 움직임에 의해서 나타나는 그림들입니다. 그림에 관심을 가질 필요는 없어요. 문제는 그림을 그리고 있는 사람, 이것을 신이라고 할 수 있고, 법이라고 할 수 있겠죠? 이 순간 그림을 그리고 있는 이것이 나 자신입니다. 이것만 확인하면 마음은 그림 그리는 환(幻)쟁이죠, 화가(畵家)죠. 마술사처럼… 헛것인 줄 뻔히 알면서도 재밌게 하잖아요? 법을 알고 보면 법이란 놈이 그래요. 헛것인 줄 뻔히 알면서도 온갖 희로애락의 감정도 다 만들어 내고…

이 법을 알고 나면 아무 일도 없이 썩은 고목처럼 가만히 있느냐? 그렇지가 않아요. 이 마음이란 놈이 그렇게 딱딱하게 굳어 있는 놈이 아니거든요. 아주 활발하게, 다양하게… 말 그대로 통화(通化)라, 막힘없이 통해서 변화하는 겁니다. 그러나 온갖 변화들이 있다 하더라도 법에 통한 사람은 불안감 없이, 마치 마술을 구경하듯이 볼 수 있는 여유가 생기는 거죠. 차이점이라면 그거지, 법을 알고 모른다고 해서 사람이 달라지는 것은 없어요. 마술사의 트릭을 알면, 마술을 재미있게 볼 수 있고, 모르면 속아서 끌려다니는 거죠.

20
색을 떠나고 상을 떠난다 離色離相分

"수보리야, 네 생각에 어떠하냐? 부처를 갖추어진 색신(色身)으로써 볼 수 있겠느냐?"

"못 합니다. 세존이시여! 여래를 갖추어진 색신으로써 볼 수는 없습니다. 무슨 까닭인가 하면, 여래께서 말씀하시길, 갖추어진 색신은 곧 갖추어진 색신이 아니라 그 이름이 갖추어진 색신이라고 하셨기 때문입니다."

"수보리야, 네 생각에 어떠하냐? 여래를 갖추어진 여러 모습으로써 볼 수 있겠느냐?"

"못 합니다. 세존이시여! 여래를 갖추어진 여러 모습으로써 볼 수는 없습니다. 무슨 까닭인가 하면, 여래께서 말씀하시길, 여러 모습을 갖추는 것은 곧 여러 모습을 갖추는 것이 아니라 그 이름이 여러 모습을 갖추는 것이라고 하셨기 때문입니다."

"須菩提, 於意云何? 佛可以具足色身見不?"

"不也, 世尊. 如來不應以具足色身見. 何以故? 如來說, 具足色身,
卽非具足色身, 是名具足色身."

"須菩提, 於意云何? 如來可以具足諸相見不?"

"不也, 世尊. 如來不應以具足諸相見. 何以故? 如來說, 諸相具足,
卽非具足, 是名諸相具足."

제목부터 한번 보겠습니다.

이색이상분(離色離相分)… 색(色)·상(相)을 벗어난다. 색과 상을
떠난다는 말입니다. 상(相)이라고 하는 것은 색·수·상·행·식
을 다 가리키는 것입니다. 여기서 색·상이라고 하는 것은 상을 대
표해서 하는 말입니다. 불교에서는 우리가 경험하는 만법을 오온
(五蘊)이라는 이름으로 부르고 있습니다. 색·수·상·행·식이 우
리가 경험하는 세계, 즉 법계(法界)입니다. 그런데 그 색·수·상·
행·식은 모양을 갖추고 있죠? 색(色)은 물질적인 육체라든지, 사물
들… 수(受)는 느낌… 상(想)은 관념… 행(行)은 의지, 욕망 같은 것
들… 식(識)은 그 외의 모든 모양을 뭉뚱그려 가지고 식이라고 하고
있습니다.

이렇게 모양을 갖추고 있는 것들이 우리가 일반적으로 경험하는
모든 것들입니다. 그래서 오온을 달리 말하면 18계(十八界)라고도
하거든요. 눈으로 보고, 귀로 듣고, 코로 냄새 맡고, 입으로 맛보고,
몸으로 느끼고, 의식으로 생각하는 이런 것들을 다 합쳐서 18계라
고 그러는데, 그래서 우리가 경험하는 전부, 우리가 경험하는 모든

것을 오온이니 18계니 하지만, 그것들의 특징은 모양으로 분별되는 것들입니다. 모양으로 경험되는 것들입니다. 모양으로 경험된다는 것은 구별된다는 것입니다. 이건 이거고, 저건 저거고… 그래서 구별된다는 것은 취사선택이 가능한 것입니다. 이것을 취하고 저것을 버릴 수도 있고, 둘 다를 취할 수도 있고, 둘 다를 버릴 수도 있습니다. 이것이 바로 우리가 일반적으로 경험하는 세상이죠. 우리는 다 그런 것들을 경험하고 그렇게 취사선택하면서 살아가고 있잖습니까? 이것이 이른바 우리 보통 사람들의 삶입니다.

그래서 중생심(衆生心)은 분별심이고, 취사선택을 하지 않는 것이 도심(道心)이고 불심(佛心)이다… 이렇게 말합니다. 그런데 취사선택을 않는다고 하는 것은 색(色)과 수(受)를 전혀 구별하지 못하고, 상(想)과 행(行)을 전혀 구별하지 못하는, 달리 말해서 시계와 컵을 구별하지 못하는, 쾌감과 불쾌감을 구별하지 못하는 그런 것을 말하는 것은 아닙니다. 분명히 아픈 것은 아픔이고, 즐거운 것은 즐거움입니다. 시계는 시계고 컵은 컵이고, 노란색은 노란색이고 빨간색은 빨간색입니다. 분명히 구별이 되는 겁니다. 구별을 하지만, 그런 모양을 구별하느냐 마느냐 하는 게 사실은 공부가 아니에요. 하지만 또 구별하지 말라, 분별심을 버려라 이러니까, 그냥 아무것도 구별하지 말고 모든 것이 다 똑같다… 이런 말인가 하고 착각을 하는데, 그런 게 아닙니다.

공부를 할 때, 모양을 상대하여 어떻게 해서는 결코 공부에 들어갈 수 없습니다. 그것을 구별하든 구별하지 않든 그런 것은 문제가 되지 않아요. 오히려 구별을 해야죠. 잘 구별해야 살아가는 데 문제가 없습니다. 공부라고 하는 것은 구별하느냐 안 하느냐 그런 문제가 아니에요. 그런 문제가 아니고, 구별을 아무리 하더라도 구별함이 없는, 구별하고 있으면서도 구별함이 없이 한결같은… 취하거나 버리거나 할 때도 모양을 좇아가면 취하는 것과 버리는 것은 180도 다른 것이지만, 취할 때나 버릴 때나 달라지지 않는 게 있습니다. 늘 그대로 있는 게 있습니다. 그것을 체험하는 거예요. 그것을 깨닫는 게 공부입니다. 그것을 체험하면 취하든 버리든 아무 상관이 없어요… 필요에 따라서 취할 땐 취하고 버릴 땐 버리는 겁니다. 그러니까 모양을 가지고서 이렇게 하거나 저렇게 하거나 하는 게 아니에요. 한결같은 것이 있습니다. 취하거나 버리거나 상관없이 한결같은 것이 있어요.

이것을 일컬어 본성이라고 하는 겁니다. 불성(佛性)이라고 하는 겁니다.《대승기신론》식으로 말하면, 오온과 18계, 식으로 취하고 버리고 하는 마음은 수연심(隨緣心)이라. 즉 인연 따라서 왔다 갔다 하는 겁니다. 그것은 보통 다 우리가 알고 있는 겁니다. 인연 따라서 왔다 갔다 하는 그 마음이 동시에 진여심(眞如心)이기도 한 거예요. 수연심은 동시에 진여심이에요. 아무리 왔다 갔다 해도 변하지 않습니다. 이것을 체험하는 겁니다. 그게 공부예요. 인연을 어떻게 조작해서 취하거나 버리거나 해서 알 수 있는 것은 아닙니다. 취하든 버리든 상관없어요.

이것은 어찌 보면 이런 것과 같은 거예요. 수연심이라고 하는 것이 앞뒤로 왔다 갔다 하는 것이라면, 통상적으로 우리가 간다고 하면 앞이나 뒤로 가잖아요? 그런데 진여심이라고 하는 것은 옆을 돌아보는 것입니다. 지금까지 우리가 버릇대로 하던 것과는 전혀 다른 방향으로 보는 겁니다. 우리 의식이 버릇 들어 있는 것과는 전혀 다른 경험을 하는 겁니다. 천 리 길도 한 걸음부터라고 하는데, 우리가 천 보를 걷든 만 보를 걷든, 실제 우리가 하고 있는 일은 한결같이 한 걸음을 떼고 있을 뿐이에요. 달라진 건 아무것도 없습니다. 과거의 기억을 가지고 걸음을 세니까 천 보가 되고 만 보가 되는 겁니다. 그런 것처럼 언제든지 달라지지 않는 게 있어요. 앉아 있든, 서 있든, 누워 있든, 걸어 다니든 상관 없어요. 말을 하든 하지 않든 아무 상관이 없습니다. 우리는 무슨 일이든지 할 수 있습니다. 아주 자연스러운 것이죠. 아주 자연스럽게 무슨 일이든 하면서… 그런데 보통 일을 하게 되면 그 인연에 따라서 항상 달라지는 거죠. 달라지는 것만 보고 있으니까. 그러나 달라지지 않는 게 있습니다. 어떤 일을 하더라도 늘 그대로인 것이 있습니다. 이것이야말로 흔들림 없는 자기 자리입니다. 이것을 체험하는 것이 바로 공부입니다.

이것은 우리가 태어날 때부터 원래 이랬습니다. 원래 항상 이랬었고, 늘 이렇게 살아 있는 겁니다. 이것은 노력을 통해서 얻어지는 것이 아닙니다. 태어날 때부터 있었던, 10살 때, 20살 때, 50, 80, 100살 때도 똑같은 것입니다. 배워서 얻는 것도 아니고 노력을 통해서 얻는 것도 아닙니다. 단지 우리가 이것을 못 보는 이유는, 어릴 때부터 눈을 뜨자마자 바깥만 쳐다보며 살아왔고, 밖으로부터 오는 인연에 대해서만 반응해 왔기 때문에 자기가 본래 이것이라는 사실은 까맣게 잊어버리고 있는 겁니다. 늘 이렇게 행하고 있으면서도, 그저 인연 따라서 다양하게 오는 바깥에만 눈을 두고 있기 때문에… 여기서 밖이라고 하는 것은 육체의 바깥을 이야기하는 것은 아닙니다. 우리가 분별하는 색·수·상·행·식 전체가 다 바깥이에요. 이 자리에서 본다면 다 바깥이에요. 모양이 있는 것은 다 바깥입니다.

모양이 있니 없니 하는 것도 다 방편의 말일 뿐이에요. 실제 이 자리에서는 모양이 있다 해도 안 맞고 모양이 없다 해도 안 맞고, 반대로 모양이 있다 해도 맞고 모양이 없다 해도 맞아요. '모양이 있다'는 말과 '모양이 없다'는 말은 말의 뜻을 따라가면 180도 다르죠? 그러나 지금 '모양이 있다', '모양이 없다' 이 두 마디 말을 했는데, 이것이 뭐가 다릅니까? 하나도 다를 게 없습니다. 명상(名相)을 안 따라가면 '모양이 있다' 하든, '모양이 없다' 하든 아무런 차이가 없어요. 우리가 이름과 모양을 따라다니니까 전혀 다른 길로 보이는 거지, 안 따라가면 모양이 있다 하든 없다 하든 아무런 차이가 없습니다.

그래서 "개에게 불성이 있습니까?"라고 물었는데 "없다"고 했다가 나중에는 "있다"고 했거든요. '없으면 없는 거고, 있으면 있는 거지 왜 헷갈리게, 없다고 했다가 있다고 하느냐'라고 따진다면, 법을 모르는 거죠. 말 따라다니니까… 이 공부에서는 첫째, 말 안 따라가는 그것이 제일 중요합니다. 법, 도, 전부 말일 뿐이에요. 법이 어디 있고, 도가 어디 있습니까? 부처? 그것도 말일 뿐입니다. 아무것도 없습니다. 정해진 것은 아무것도 없어요. 그런데 우리는 법이 있고 법 아님이 있고, 부처가 있고 중생이 있고, 이러면 옳고 저러면 그르고… 이런 식으로 말만 따라다니는 겁니다. 실컷 말만 따라다녀 놓고는 자기는 공부한다고 생각하고 있습니다.

이 공부라는 것이 아주 쉽지만 또 대단히 어려운 점이 바로 이런 데 있습니다. 아무것도 없다, 본래 무일물이라, 말 따라갈 것도 없다… 이렇게 말하지만, 아무것도 없다, 본래 무일물이라, 말 따라갈 것도 없다… 이 말에 또 끌려다닙니다. 법을 체험하지 못하면 말이죠. 그러니 언제 우리가 말에서 자유로워질지… 그래서 선에서 화두란 것을 만든 이유가 우리가 너무나 말 따라다니니까 그걸 없애려고 만들어 낸 것입니다.

"부처가 뭐냐?" "마른 똥막대기다." 부처가 어떻게 마른 똥막대기가 될 수 있느냐 이겁니다. 그냥 깨끗한 막대기라고 해도 알 수 없는데 똥막대기라니… (웃음) 그러니까 말 따라가서는 결코 해결할 수 없는 겁니다. 말 안 따라가면, 말을 안 따라가는 그 순간에 우리는 오랫동안의 미몽(迷夢)에서 깨어날 수가 있는 겁니다. 꿈이죠, 꿈…

말이란 것은 꿈이에요. 꿈에서 깨어나는 것을 생각해 보면 말에서 벗어나기가 얼마나 어려운지 알 수가 있습니다. 꿈을 꾸고 있는데 이게 악몽이란 말입니다. 깨어나고 싶다고 바로 깨어날 수 있느냐 하면 그게 안 되잖아요. 꿈속에서 허벅지를 꼬집고, 물속에 풍덩 들어가도 못 깨어나잖아요. 왜냐하면 그것 자체도 꿈이니까 그렇습니다. 공부라는 것도 그런 식으로 말이 얽히고설킨 복잡한 미로 속에서 끄달려 다니는 것을 공부라고 착각하고 있는 겁니다. 경전을 열심히 공부하지만, 실제 이 자리에서 보면 모든 경전, 사상, 철학,

전부 명상(名相)이에요. 허망한 거예요. 허망한 거지만 그것들은 물론 달을 가리키는 손가락처럼 방편으로서의 역할은 있습니다. 그러나 손가락이 달은 아니듯이, 방편의 말은 허망합니다. 허망한 줄 모르고 그 말만 따라다니니까 그게 문제예요.

이색이상분(離色離相分)… '색을 떠나고 상을 떠난다.' 어떻게 색을 떠나고 상을 떠나느냐? 색이 어디 있고 상이 어디 있길래… 눈에 보이는 게 색이고 상이면 눈을 감고 살아야 합니까? 그런 뜻은 아니거든요. 생각하는 게 색이고 상이면 아무 생각도 안 하고 살아야 하느냐? 그런 뜻도 아니에요.

이색이상분(離色離相分)에서 진실로 '색을 떠나고 상을 떠난다'라는 말을 확인하려면 지금 "색을 떠나고 상을 떠난다"라는 이 말에서 확인해야 되는 겁니다. 이 말에서 말을 따라가지 않으면, 바로 이 자리가 본래 색을 떠나고 상을 떠난 자리입니다. "색을 떠나고 상을 떠난다"라는 이 말을 안 따라다니면, 바로 "색을 떠나고 상을 떠난다." 지금 이렇게 말하는 이것이 바로 색도 상도 없는 것입니다.

《금강경》제6분에서 분명히 세존이 이렇게 이야기하죠? "법도 취하지 말고 법 아님도 취하지 말라. 내 말은 전부 뗏목과 같이 방편에 불과하다."《금강경》에 나오는 이런 말들도 우리가 제대로 법을 알고서 본다면, 예컨대, "수보리야! 어떻게 생각하느냐? 육신을 가지고서 부처를 볼 수 있느냐?" 했을 때, 말을 따라가면, '육신을 가지고 부처를 보는 것은 모양을 따라가는 것이니까 그렇게 보면 안 된다'라고 우리는 이해하죠? 그렇게 이해했다고 해서 그것이《금강경》을 제대로 이해한 것입니까? 그렇지 않습니다.《금강경》에서 요구하는 것은 그런 말을 이해하는 게 전부가 아니에요. 법을 깨달으라고 하는 것입니다.

법을 깨닫는 것은, "수보리야! 어떻게 생각하느냐? 육신을 가지고서 부처를 볼 수 있느냐?" 이렇게 말하는 이 말을 안 따라가면 이렇게 말하는 이것이 바로 법이라… 그러면 온 우주가 전부 법이어서, 이렇게 해도 법이고, 저래도 법이고…《화엄경》에서 이야기하는 것과 똑같아요. 첫마디에서 끝마디까지 전부 다 그냥 법, 법, 법, 법을 다 보여 주고 있는 겁니다. 하나도 빠트릴 게 없습니다. 한순간도 어긋난 게 없어요. 이랬을 때《금강경》을 제대로 보는 겁니다. 이랬을 때 비로소 우리는《금강경》에서 말하는 "보살은 보살이 아니라 이름뿐이니라" 하는 말의 참된 뜻을 알 수가 있는 것입니다. "부처는 부처가 아니라 이름뿐이니라", "법은 법이 아니라 이름뿐이니라", "수보리는 수보리가 아니라 이름뿐이니라." 다 그런 겁니다. 이름뿐이에요, 전부… 이름에 안 따라가면, 이름에 안 속으면 전부 뭐냐? 다 법이에요, 그대로가… 그대로가 다 진실이고 진리입니다. 그대로가 다 법이에요. 하나도 버리고 취할 게 없는 겁니다. 본래 그대로가 그냥 다 법일 뿐이에요. 버리고 취할 수 있는 게 아무것도 없습니다. 그러니까 할 일이 없어요, 할 일이… 원래 알고 보면 할 일이 없는 겁니다.

그러니까 이《금강경》을 제대로 소화한다는 것은 여기에 나타나 있는 말을 이해하는 것이 아닙니다. 저번에 사구게, '범소유상 개시

허망 약견제상비상 즉견여래' 이 중에서 한 글자가 바로 《금강경》의
핵심이니 한 글자를 찍어 보시오… 하니까 모두들 18개 글자 가운
데 한 글자를 따라갔거든요. 제 말에 속았기 때문입니다. 그것은 제
가 요구한 답이 될 수 없죠. 그 한 글자는 어느 글자든 될 수 있습니
다. 안 따라가면, 어느 글자라도 상관이 없어요. 그러나 따라가기 때
문에 어느 글자를 짚어도 안 맞는 겁니다.

소위 우리 범부들의 가장 큰 장애가 바로 말에 의한 장애입니다.
《금강경》에서 계속해서 말하고 있는 게 상(相)에 의한 장애거든요.
상이라든 것은 말이에요. 말에 의한 장애입니다. 말에 그만큼 심하
게 매여 있는 겁니다. 모든 종교, 철학, 과학, 예술이 모두 말 속에서
다 이루어져요. 그러니까 전부 허망할 수밖에…

진실한 것은 그런 이름과 모양을 따라가는 게 아니죠. 한결같습
니다. 한결같음을 제가 지금 쉬지 않고 계속 보여 드리고 있습니다.
여러분 스스로가 계속해서 쉬지 않고 손에 쥐고서 조몰락조몰락거
려서 땟구정물이 졸졸 흐르고(웃음), 눈에 너무 오랫동안 넣고 다녀
서 눈에 들어 있는지 안 들어 있는지도 모르고, 귀에도 맨날 넣고
다니고, 머릿속에도 넣고 다니고, 뱃속에도 넣고 다니고… 항상 가
지고 다니면서 이것을 놀리고 있습니다. 이게 아니면 우리는 살아
갈 수가 없어요. 이것이 아니면 우리의 존재는 없는 것이거든요.

그러니까 공부란 것은 방향을 잘 잡아야 해요. 방향! 말 속에 있
는 것이 아닙니다. 어떤 말을 하든지 간에, 아니면 말을 하지 않아도
상관이 없어요. 말을 하든 하지 않든 한결같은 게 있습니다. 바로 이

것(손가락을 세우며)이에요. 이걸 확인하는 거예요. 이것(손가락을 세우며)! 이것은 생각이나 말로써는 확인할 수가 없어요. 그것이 대단히 유감스러운 것인데… 그래서 항상 말씀드리는 것인데, 생각도 아니고 말도 아닌 것을, 늘 있는 이놈을 체험해야 한다, 생각이나 말로는 알 수가 없다, 행동으로도 안 돼요. 그럼 뭐냐? 이것은 우리 스스로인데, 이게 바로 우리 자신인데, 우리 자신의 존재인데, 바로 이것(법상을 두드리며)이지요.

여기에서(법상을 두드리며) 즉시 통하지 못한다면 간절한 발심으로써, 지성(至誠)이면 감천(感天)이란 식으로, 간절한 관심과 애정으로써 어쨌든 이것을 깨닫고자 하는 목마름… 그것을 믿음이라고 할 수 있는데, 또는 그것을 조사선에서는 의단(疑團)이다, 발심(發心)이다 하는 것인데, 그게 있어야 하는 겁니다.

제가 아는 어떤 분은 사람들에게 "발심해라" 이렇게 말을 하시는데, 발심해라 해도 사람들이 부담스럽게 느끼고 잘 안 하니까, 요샛말로 "올바른 가치관을 가져라" 이렇게 하시기도 합니다. 그것도 그럴듯한 말이에요. 무슨 말이냐 하면, 세속적으로 내가 무엇을 성취하더라도 그것은 이 법의 성취에 비하면 아무것도 아니다 이거죠. 그러니까 내 인생에서 마지막까지 포기하지 않고 꼭 성취해야 할 것은 이 법의 성취다… 이것을 첫째 목표로 두는 겁니다. 나머지 세속적인 일들은 둘째죠. 그런데 공부를 첫째로 둔다 할지라도, 발심을 첫째로 둔다 하더라도, 이 발심이란 것, 공부란 것은 무엇을 어떻게 하는 것이 아니거든요. 그냥 간절한 관심만 가지고 있는 것이니까, 실생활에서 여러 가지 일을 하더라도 별로 방해가 되지 않습니다. 여기에 모든 가치의 초점을 두는 그런 자세, 그런 태도, 그게 발심입니다.

그렇지 않고 시간을 내어 가지고 일주일에 몇 시간, 또는 하루에 한두 시간, 할 때는 하다가 안 할 때는 그냥 세속 생활을 하고, 마치 공부를 체육관에서 매일 정해진 시간에 운동하듯이 그런 식으로 하면 효과가 없죠. 그런 정해진 시간이 없더라도 자기 관심사의 첫째를 여기에다 두고 있으면 언제든 틈날 때마다, 다른 일을 할 수도 있습니다만, 그 일이 끝나고 틈이 나면 다시 여기에 저절로 매달리는 겁니다. 그러니까 지성이면 감천이란 말이 딱 맞는 말이라니까요.

지성껏 하다 보면, 시간이 지나면서 문득 이런 경험을 하게 되는데, 그때 조심해야 할 것은, 요령을 부리시면 안 돼요. 요령이란 뭐냐 하면 속된 말로 잔머리를 굴리는 겁니다. 이렇게 하면 이렇게 되겠지, 저렇게 하면 저렇게 되겠지… 그러면 안 됩니다. 거기에 딱 막혀서 더 이상 진전이 없어요. 그래서 《금강경》에서도 그랬잖아요. "깨끗한 믿음을 가져야 한다"고… 어떤 계산도 들어가면 안 됩니다. 공부는 이런 거야, 저런 거야… 이런 식으로 의식적인 계산이 들어가면 안 됩니다. 그냥 그야말로 손을 완전히 놓아 버리고, 온몸으로 이 비밀에 대한 의문, 알고자 하는 갈망으로 가득 차 있는 겁니다. 의식적으로 조작하면 안 됩니다. 그냥 손을 놓고 목마름만 가지고 있으면 어느 순간에 감로수를 맛보는 그런 때가 오는 겁니다.

그것이 언제 어떻게 올지 모릅니다. 전혀 예상 밖입니다. 문득 그냥 탁- 어느 순간에… 대개는 법문을 듣다가 오는 경우가 가장 흔합니다. 왜냐하면 자꾸 자극을 해 드리기 때문에… 그러나 설법하는 사람이 아무리 자극을 해 드려도 아직까지 자신이 그것을 받을 수 있는 때가 안 되었으면, 그 자극들을 다 지나쳐 버려요. 그런 식으로 하다 보면 어느 순간에 탁 통하는 순간이 와요. 한 번만 딱 통하면 됩니다. 그러면 그때부터 차차 자기 존재의, 내면의 변화가 오는 겁니다. 오면서 점차 법 쪽으로, '법이란 이런 거구나!' 하고 경험하는 수가 있습니다. 그전에는 그냥 전부 상상일 뿐이고, 헤매는 겁니다. 경험을 해 보면 상상했던 것과는 전혀 다릅니다.

어쨌든 간절한 목마름을 가지고, 공부할 수 있는 기회를 최대한 살리고, 항상 잊어버리지 않고 거기에 관심을 가지고, 어떤 요령도 부리지 않는 게 아주 중요합니다. 자기가 할 수 있는 것은 없으니까 완전히 손을 놓아 버리고 그냥 목마름만 가지고 의문, 알고자 하는 욕구, 거기에 젖어서 설법을 듣다 보면 어느 순간에 그런 체험의 순간이 오는 겁니다. 그래서 소위 돈오법(頓悟法)이라고 하는 겁니다. 법은 늘 돈오법이지 점차점차 만들어 가는 게 아닙니다. 그런 것은 다 조작이에요.

　　수보리야! 어떻게 생각하느냐? 부처를 구족한 색신으로써 볼
　수가 있겠느냐?

부처는 32상을 구족해 있다고 그러죠. 앞에서도 같은 구절이 나왔습니다. 32상을 가지고 부처를 볼 수 있겠느냐… 그러니까,

못 합니다. 세존이시여! 여래는 구족한 색신으로써는 볼 수가 없습니다.

구족이란 것은 완전히 갖추어져 있다 이겁니다. 32상이 완전히 갖추어져 있는 거죠. 그런데, 왜 완전히 잘 갖추어진 32상으로써는 부처를 볼 수 없느냐? 완전히 갖추어져 있는 32상은 32상이 아니고 이름일 뿐이기 때문이에요. 허망한 이름과 모양의 그림일 뿐이다. 그러면 뭐냐 32상이란 것이? 법이에요, 법! 구 · 족 · 색 · 신… 이름에 안 따라가면, 구! 족! 색! 신! 하나도 어긋난 게 없습니다. 법… 그대로죠? 구! 족! 색! 신!… 보세요. 구 · 족 · 색 · 신… 할 때, "구 · 족 · 색 · 신" 하고 있는데, 이때 여러분이 어디 있습니까? 여러분 자신이 어디 있냐고요. 구족색신… 나 자신이 어디 있습니까? 구, 족, 색, 신…"구 · 족 · 색 · 신" 하는 이것이잖아요. 여기에… 자기를 잃어버리지 마십시오. 자기를 상실하지 마시라고요. 자기를 잃어버리고 모양을 좇아가는 게 중생이고, 온갖 모양 속에서 자기 자신을 항상 잃어버리지 않는 게 말하자면 부처입니다. 이치는 간단한 겁니다.

온갖 모양 속에서 자기를 잃어버리고 모양만 따라가면 중생이죠. 맨날 끌려다니며 살아야 하고 자유로운 게 아무것도 없어요. 그러나 법을 깨달으면, "구! 족! 색! 신!" 할 때 진정 자기가 어디에 있는 무엇인지 알면 운명이란 게 없습니다. 사주도 없고 팔자도 없습니다. 늘 한결같이 이럴 뿐이에요, 그냥… 업도 없고, 과보도 없고, 윤회도 없고, 아무것도 없습니다. 우리가 말에 속고, 그림에 속고 끌려다니니까 온갖 일이 다 있는 겁니다.

고민이 있으면 이 고민이 안 떨어져 나가… 누가 "고민을 가져와 봐라, 내가 없애 줄게." 이러면 막상 가져와 보여 줄 수는 없지만 안 떨어져 나가는 거예요. 고민은 그대로 고민이지… 그런데도 자기가 그 순간에 이것에 탁 통하게 되면 그때까지 그렇게 안 떨어져 나가고 애를 먹이던 고민이 어디로 가 버렸는지 종적이 없어요. 고민이란 것이 일어난 앞뒤 상황은 분명히 우리가 알지만 더 이상 그놈이물귀신처럼 달라붙어서 나를 괴롭히지는 않아요. 그러니 고민이 고민이 아니죠. 다 인연 따라서 허망하게 일어나고 사라지는 거죠. 그러니 정말 편안하다 이겁니다. 과거도 없고 미래도 없습니다. 후회할 과거, 집착할 과거도 없고 걱정할 미래도 없어요. 매 순간이 늘이것일 뿐이에요.

여래가 설하시기를, 구족색신이란 것은 구족색신이 아니라 이름일 뿐이니라… 그런데 우리는 32상을 구족하고 있다면 32상이 뭔지 찾아본다고요. 혓바닥이 코를 덮고, 귀가 어디까지 내려오고, 손이 정강이까지 내려온다던가? 발바닥에 무늬가 있고… 온갖 이상한 이야기를 다 하죠. 우리는 그런 식으로 다 좇아다니는 겁니다. 그렇게 좇아다니니까 기복신앙이란 게 생기는 겁니다. 거기에는 좋고나쁜 게 있거든요. 좋은 걸 위해서 기도하고, 재를 지내고… 이렇게 따라다니면 온갖 일이 다 있습니다. 귀신이 와서 엄청 괴롭혀요. (웃음) 따라다니니까 괴롭히는 거예요. 안 따라다니면 귀신을 찾으려고 해도 찾을 수가 없어요. 귀신도 도가 아니면 귀신 노릇 못해요. 알고 보면 따라가는 것도 바로 이것이거든…

그러니까 번뇌를 따라가는 것도 이것이고, 안 따라가는 것도 이것인 겁니다. 한결같이 나 자신이 이것 하나인데, 번뇌에 따라가서 괴롭힘을 당한다는 것은 어리석음을 넘어서 억울한 것이잖아요? 법을 가지고, 보리를 가지고, 반야를 가지고 있으면서, 망상을 부려서 따라다니면서 괴롭힘을 당하니까 억울하잖아요? 내가 가지고 있는 보물의 가치를 내가 찾아서 내가 누리고 내가 써야 하는 거죠. 그게 공부입니다.

수보리야! 어떻게 생각하느냐? 여래를 모든 모습을 다 갖추고 있는 것으로써 볼 수 있겠느냐?

하고 물으니까…

못 합니다. 세존이시여! 여래는 모든 모습을 다 갖추고 있는 것으로써 볼 수 없습니다. 왜냐하면 여래께서 말씀하시기를 모든 모습을 다 갖추고 있는 것은 모든 모습을 다 갖추고 있는 것이 아니라 말일 뿐이니라…

말과 그 말이 그리는 그림일 뿐이다… "여래께서 모든 모습을 다 갖추고 있다." 지금 여기 말이 있죠? "여래께서 모든 모습을 다 갖추고 있다." 말이 있는데, 말의 내용을 따라가면 '여래'가 있고, '모든 모습'이 있고, '다 갖추고 있다', 이렇게 되지만, 말의 내용을 안 따라가면 다만 "여래께서 모든 모습을 다 갖추고 있다." 이것뿐이잖아요? 자기 자신이란 말에 또 속으시면 안 됩니다. 무아(無我)예요, 무아… 자기란 건 없어요, 사실은… 다만 "여래께서 모든 모습을 다 갖추고 있다." 이것뿐이지요. "여래께서 모든 모습을 다 갖추고 있다." 말 따라가지 마세요. 이것뿐입니다. "여래께서 모든 모습을 다 갖추고 있다." 바로 이것뿐입니다.

21
말할 만한 것을 말하는 것이 아니다 非說所說分

"수보리야, 여래가 생각하기를 '나에게 말할 만한 법이 있다' 하리라고 너는 생각지 마라. 그런 생각을 말지니, 무슨 까닭인가? 어떤 사람이 말하기를 '여래께서 말씀하신 법이 있다'라고 한다면, 이는 부처님을 비방하는 것이니, 내가 말한 것을 잘 알지 못하기 때문이니라. 수보리야, 법을 말한다는 것은 말할 만한 법이 없고 그 이름이 법을 말한다는 것이다."

그때에 혜명(慧命)수보리가 부처님께 사뢰었다.

"세존이시여, 중생이 미래에 이 법 말하는 것을 듣고 믿음을 내겠습니까?"

부처님께서 대답하셨다.

"수보리야, 저들은 중생도 아니고, 중생 아님도 아니다. 무슨 까닭인가? 수보리야, 중생 중생 하는 것은 여래께서 말하시기를 중생이 아니라 그 이름이 중생이라고 하시느니라."

"須菩提, 汝勿謂如來作是念: '我當有所說法.' 莫作是念. 何以故? 若人言如來有所說法卽爲謗佛, 不能解我所說故. 須菩提, 說法者無法可說, 是名說法."

爾時慧命須菩提白佛言: "世尊, 頗有衆生於未來世, 聞說是法, 生信心不?"

佛言: "須菩提, 彼非衆生非不衆生. 何以故? 須菩提, 衆生衆生者, 如來說, 非衆生, 是名衆生."

처음부터 다시 보겠습니다.

수보리야, 너는 여래가 '나에게 말할 만한 법이 있다'라고 생각한다고 여기지 마라.

법이라는 것은 말일 뿐입니다. 말! 법이니, 진리니, 도니, 부처니, 비법이니, 허위니, 망상이니, 실상이니 하는 것들은 전부 말입니다. 말! 말의 내용이라는 것은 우리 스스로가 만들어 내는 거죠? 이름은 사람이 만든 겁니다. 우리가 만들어서 우리가 뜻을 부여한 것입니다. 우리의 일상적인 삶이라는 것은, 우리가 만든 이름, 우리가 만든 말, 여기에 따라서 사물들을 배열하고 주고받고 하면서 살아가고 있죠? 그것은 인과법에 따른 세속의 삶입니다. 원인과 결과라는게 분명히 분별됩니다. 그런데 이 마음법이라고 하는 것은, 우리가 공부를 통해서 확인을 하려고 하는 이 실상 이 자체는 인과법이 아닙니다. 원인과 결과가 분별되지 않습니다. 원인과 결과라는 게 만약에 분별된다면, 그것은 이법(二法)이 되는 겁니다. 불이법(不二法)이 아니에요. 원인하고 결과라는 게 서로 다른 것이 되는 거죠.

지금 수행이니 공부니 하는 이름을 가지고 수많은 단체에서, 수많은 사람들이 모여서 수행 또는 공부라는 것을 하고 있습니다. 그런데 그런 공부의 길을 바로 가느냐, 바로 가지 못하고 옆길로 새느냐 하는 결정적인 기점이 뭐냐 하면, 둘이냐 하나냐 하는 그 부분입니다. 둘이 되느냐, 둘이 아닌 하나냐 이겁니다. 애초에 출발부터 둘의 입장에서 출발한다면 끝까지 둘이 되는 겁니다. 둘이라고 하는 것은 분별심, 즉 나누어 보는 겁니다. 원인과 결과가 있고, 중생과 부처가 있고, 어리석음과 깨달음이 있고, 번뇌와 해탈… 이런 게 전부 나누어져 있습니다. 그런 입장에서는 둘로 나누어진 현재의 상태에서 어떤 노력을 통해서 둘로 나누어지지 않은 상태로 가는 것을 공부라고 본단 말이죠. 보통 그렇게 생각하잖아요? 그런데 그게 잘못된 생각입니다. 이것은 아주 중요한 겁니다. 우리는 지금 분별심의 경계에 있어서 모든 게 둘인 입장이라고요. 그래서 어떤 공부를 통해서, 둘 아닌 쪽으로 가는 노력을 하고, 그 노력을 통해서 어떤 상태가 되면 둘 아닌 상태로 된다… 그래서 둘인 상태가 있고, 둘 아닌 상태가 있고… 그래서 공부라는 것은 수행이란 것을 통해서, 둘인 상태에서 둘 아닌 상태로 가는 것이다… 우리는 보통 이렇게 생각하는데, 바로 그렇게 생각하는 그게 바로 둘인 상태입니다. 애초에 둘인 상태에서 공부를 생각했기 때문에 처음부터 그것은 잘못된 겁니다.

588

중생이 부처가 되는 게 아닙니다. 처음부터 둘로 나누어 놓고 시작한다는 것은, 말하자면 중생의 어리석음에 근거를 해서 공부를 하는 거거든요. 그건 공부가 아니죠. 부처의 지혜에 근거해서 공부를 해야 그게 불법이지… 애초부터 둘 아닌 입장에서 공부가 되어야 하고, 출발부터 둘 아닌 입장이 되어야 하고, 그래야 끝끝내 둘 아닌 입장으로 귀착이 되는 겁니다. 공부하는 데 있어서 이것은 아주 중요한 겁니다. 대개는 둘인 상태에서 출발해서 결과적으로는 둘 아닌 상태를 목표로 하거든요. 하지만 그것은 두 줄기 기차 레일을 가면서 언젠가 끝에 가서는 하나로 만나겠지 하면서 기대하는 것과 똑같아요. 안 만납니다.

사실 둘이니 둘 아니니 하는 것은 우리 스스로가 만들어 내고 있는, 말하자면 망상 부리고 있는 것에 불과합니다. 애초부터 둘이 아닙니다. 그러니까 공부라는 것은 지금의 상태를 극복하고 뭔가를 갈고닦아서 특별한 상태로 들어가는 그런 게 아닙니다.

우리가 선정(禪定)이란 말을 하는데, 선정에 들어간다, 그래서 입선(入禪)이라고 하고, 그리고 앉아 있다가 선정에서 나오면 방선(放禪), 선정에서 나온다 해서 방선이라고 하거든요. 그 말이 아주 잘못된 겁니다. 입선과 방선이 있으면, 들어감과 나옴이 있으니까 둘이잖아요, 둘! 선정은 들어가고 나오고 하는 게 없는 겁니다. 들어가는 것도 없고, 나오는 것도 없습니다. 입선도 없고, 방선도 없어요. 이 점이 분명하지 않으면 천 날 만 날 공부해도 헛공부하는 겁니다.

언어도단(言語道斷)이라고 하잖아요? 말로써 하기는 어렵다… 왜 그러냐? 바로 이런 점 때문에 그렇습니다. 말과 생각으로 따지자면 반드시 두 개가 있습니다. 말이나 생각의 기본 속성이 둘이 되지 않으면 성립될 수가 없어요. 그래서 말이나 생각 속에서는 지혜가 있고 어리석음이 있고, 수행이 있고 깨달음이 있고, 부처가 있고 중생이 있고, 선정에 들어가는 것과 선정에서 나오는 것이 있고… 이런 게 있는 겁니다. 그 말과 생각에 우리가 속는 거지요. 병은 그것뿐입니다. 다른 병은 없습니다. 병은 말과 생각에서 오는 그것밖에 없어요. 거기에 안 속으면 나가는 것도 없고 들어가는 것도 없는 겁니다. 안팎을 나누어 놓은 입장이라면, 생각을 가지고 이것은 안이고 저것은 밖이다 하고 나누어 놓은 것에 근거를 하기 때문에 '들어간다' 하고 '나온다' 하거든요. 그런데 우리가 그렇게 정해 놓지 않으면 안이다, 밖이다, 나온다, 들어간다, 라고 할 게 없죠? 나가고 들어가는 게 없는 거예요. 우리가 스스로 정해 놓은 것에 매여서… 사람이 정한 것은 전부 가짜입니다. 그러나 도는 사람이 정한 게 아니거든요. 있는 그대로예요. 그래서 도법자연(道法自然)이라고 그러잖아요. 자연을 본받는 것을 도라고 한다 이거예요. 본래 있는 그대로입니다. 본래 있는 그대로를 본받고, 본래 있는 그대로 살아가는 것! 그게 도입니다. 사람이 정한 것은 아니다 이겁니다. 들어가니 나오니, 부처니 중생이니, 지혜니 어리석음이니, 수행이니 깨달음이니… 다 사람이 정한 거예요. 거기에 다 속아서 그것만 좇아다니는 것을 공부라고 하고 있는 겁니다.

제가 이런 말씀을 드려도 당장 이해하기는 어렵습니다. 생각으로 이해해서는 이 두 개를 벗어날 수가 없습니다. 생각이란 것은 이것과 저것, 둘을 엮어 짜 맞추어서 이루어지는 것이고, 둘을 엮어 짜 맞추어서 말을 하는 거거든요. 그래서 생각이나 말로써는 아무리 해도 두 개를 벗어난 것을 이해할 수가 없습니다. 그러니까 생각이나 말을 가지고 이해하려 하지 마십시오. 공부라고 하는 것은 결국 생각이나 말의 굴레에서 벗어나는 겁니다. 우리는 생각이나 말의 굴레에서 노예 노릇을 하고 있는 거거든요. 그게 중생심이에요. 거기서 벗어나는 게 공부입니다. 그러니까 생각과 말에 의지해서 공부를 하려 해서는, 옛 선사들의 말처럼 나귀해가 되어도 이루어질 수 없습니다. 나귀해란 것은 없거든요. 결코 이루어질 수 없는 겁니다.

만약에 여러분이 생각과 말에 의존하지 않고, 생각과 말로부터 관심을 거두어들여 생각과 말에 머물지 않을 수 있다면, 제가 여기서 여러분과 공유하고자 하는 게 바로 그것입니다. 생각과 말에 의지하지 않는 그 순간을 공유하고자 하는 겁니다. 그 순간에 실상을 맛볼 수가 있는데… 그러니까 제가 말씀드리는 것을 머릿속에서 절대 정리를 하지 마시라 이겁니다. 그냥 생각 없이 가만히 앉아서 제 말만 듣고 저에게 주목만 하고 계시면 됩니다. 그러다 보면 제가 진짜로 무엇을 제시해 드리고자 하느냐, 무엇을 끄집어내려 하느냐, 어느 지점을 계속 두드리고 있느냐에 대해 체험하는 순간이 온단 말이죠. 그럴 때 비로소 제가 같이 공유를 하고자 하는 그 부분을 확인할 수가 있습니다. 그게 공부예요.

여기에 무슨 수행이 있고, 깨달음이 있고, 중생이 있고, 부처가 있고, 지혜가 있고, 어리석음이 있고… 그런 건 없어요. 말하자면 법이라고 부르는 이것 하나, 실상이라고 부르는 이것 하나, 도라고 부르는 이것 하나… 그냥 이것뿐이에요. 이것 하나뿐입니다. 실제로 이것은 이름 붙일 수 있는 그런 무엇은 아닙니다. 그저 이것 하나뿐입니다. 이것 하나라는 이놈은 말과 생각으로는 결코 파악이 안 되는 겁니다. 그러나 언제든지 우리는 이놈으로부터 결코 벗어나지 못하고 있습니다. 마치 물고기가 물속에 있듯이 항상 여기에 있어요. 늘 여기에 있을 뿐이에요. 다른 데로 갈 수가 없습니다. 그래서 법의 바다라고 그러거든요. 법성의 바다! 법의 바다 속에서 우리는 헤엄치고 있을 뿐입니다. 그러면서 우리는, 마치 물고기가 물속에 있으면서 물과 물 아닌 것을 생각하고, 물이란 것을 찾아다니는 것과 같습니다. 스스로가 속는 거거든요. 스스로가 물속에 있으면서, 물은 어떤 것이고, 물 아닌 것은 어떤 것이라고 따지면서 자꾸 찾아다니는 겁니다. 우리가 보통 공부한다고 하는 것은 다 그런 식입니다.

이것을 불이법문(不二法門)이라고 합니다. 이것을 불이법문이니 무생법인(無生法忍)이니 그러는데… 이게 명확해야 하는 겁니다. 이것이 소위 정법과 사법을 가르는 기준이 되는 거예요. 뭔가가 있고 추구하고 노력해서 붙잡아야 하고… 이렇게 하는 것은 곤란합니다. 생각과 말로써 조작하는 겁니다. 이렇게 공부하면 법이고, 저렇게 공부하면 법이 아니고… 애초에 물고기는 물속에서 헤엄치고 있을 뿐인데, 이것은 물이고 저것은 물이 아니고… 이런 식으로 망상을 부리는 겁니다. 우리의 병이 바로 그 병이에요. 법이라고 해도 상관없고, 법이 아니라고 상관없어요. 말만 안 따라가면 어느 쪽이든지 상관없습니다. 그러니까 법에도 머물지 말고, 법 아님에도 머물지 마시라 이겁니다. 앞에 나왔지 않습니까? 법에도 머물지 말고, 법 아님에도 머물지 마라… 옳은 것도 취하지 말고, 그른 것도 취하지 마라… 선도 취하지 말고, 악도 취하지 마라… 취하지도 않고 버리지도 않고, 머물지도 않고 떠나지도 않고… 어떤 판단에도 머물지 않고… 그러면 법 아닌 게 아무것도 없습니다. 한결같이 이것뿐이에요.

그러니까 얻을 법은 없는 겁니다. 그렇다고 버릴 법도 없어요. 얻을 것도 없고, 버릴 것도 없어요. 아주 중요한 겁니다. 설사 공부가 확실하게 와 닿지 않았더라도 삿된 길로 안 빠지려면 이러한 기본은 알아야 합니다. 얻을 것도 없고, 버릴 것도 없습니다. 그래서 수행이 원인이 되어서 결과적으로 깨달음이 온다? 그렇지 않습니다. 그렇게 생각하는 게 둘로 나누어서 보는 분별심이에요. 수행이라는 것도, 깨달음이라는 것도 한결같이 똑같아요. 말일 뿐입니다. 그저 이것 하나일 뿐입니다. 《금강경》에 계속 나오듯이, 법은 법이 아니라 이름일 뿐이다… 보살은 보살이 아니라 이름일 뿐이다… 법 아님은 법 아님이 아니라 이름일 뿐이다… 전부 이름일 뿐이에요.

그럼 공부라는 게 어떻게 하는 거냐? 막막하죠? 당연히 그렇게 되어야 하는 겁니다. 왜? 생각과 말로써 분별하고 이해하는 것은 바른 것이 아니거든요. 그래서 생각과 말에 의지해서는 아무리 해도 막막할 수밖에 없습니다. 생각과 말로써는 막막하고 막연해야 하는 겁니다. 그게 맞아요. 생각과 말로써, 즉 이치가 분명하다면 그것은 공부가 아닙니다. 망상이에요. 생각으로써는 막연해야 돼요. 막연하고 막막해야 돼요. 막연하고 막막하여 생각과 말이 앞을 가리지 않으면, 우리가 항상 가지고 있는 이것을 실감할 수가 있습니다. 탁 하고 실감을 하는 거예요. 이것만 실감하면 생각과 말이라는 게 얼마나 우리를 속여 왔는가를 알 수 있습니다.

그런데 우리가 아주 익숙해 있는 것은 생각과 말입니다. 이치에 따라서 생각하고, 말하고… 마음공부라고 하여도 대체적으로, 이치가 분명해야 되고, 수행의 단계가 명확하고 길이 분명해야, 그 이치에 따라서 하나하나 공부를 해서 결과적으로 어떻게 된다… 이런 망상을 한단 말이죠. 그렇게 하기 십상입니다. 머리가 좋고 나쁘고를 떠나서, 오히려 머리 좋은 사람들이 그렇게 하기가 더 쉽습니다. 공부라는 것이 고등학교나 대학교 공부처럼 단계를 따라서 하나하나 해 나가다 보면 결과적으로 어떻게 된다고 여기지요. 그러나 경전에 근거해서 분명히 말씀을 드리지만, 그렇게 해서는 결코 공부 안 됩니다. 어떤 경전을 가져다가 보더라도 그런 식으로 말하는 것은 없어요.

항상 말하는 거지만, 불교는 불이법문(不二法門)이거든요. 불이법문이라면 철두철미하게 불이법문이 되어야 하는 겁니다. 처음부터 끝까지… 예외가 있어서는 안 됩니다. 이법을 근거로 해서 불이법을 말해서는 안 됩니다. 우리의 생각을, 사유를 근거해서 불이법문을 말해서는 안 된다 이겁니다. 법은 불이법문입니다. 불이법문을 달리 말하면 무생법인이라고 합니다. 불생불멸이에요. 불래불거, 부증불감… 그게 불이법문입니다. 그렇지 않으면 다 망상이에요. 그러나 우리는 워낙에 분별심에 젖어 있기 때문에 분별심으로는 불이

594

법문에 접근할 수 없습니다. 쉽게 이해되는 것은 이법이에요. 나누어서 보고, 이것이 있고 저것이 있고, 이것은 취하고 저것은 버리고, 이렇게 하면 이게 원인이 되어서 저런 결과가 오고… 쉽게 그렇게 생각합니다. 거기에 대해서 전혀 의심을 하지 않습니다. 그것을 공부라고 생각하고 그런 식으로 발버둥을 칩니다. 그렇게 하는 것은 전부 조작이에요. 조작! 조작이기 때문에 어느 정도 노력을 하다 보면 여러 가지 일들을 경험할 수는 있지만 그것은 법에 대한 경험은 아닙니다. 그야말로 아무 일이 없는, 취할 것도 없고 버릴 것도 없는, 새지 않는 무루법(無漏法)은 될 수 없는 겁니다.

그래서 실제 이 정법(正法)을 접하고, 정법에 입문하기는 대단히 어렵습니다. 우리가 습관적으로 익숙해 있는 사고를 폐기처분할 것을, 사고에 따르지 말 것을 요구하기 때문에 정법에 접근하기는 어렵습니다. 그러나 사고에 의존하지 않을 수만 있다면 오히려 아주 쉽습니다. 스스로가 기존의 사고방식을 고집하지 않고 과감하게 버릴 수 있으면, 아주 쉽습니다. 결코 어렵지 않습니다. 원래 우리가 그렇거든요. 자기가 가지고 있는 사고의 틀을 버리는 게 어렵습니다. 틀을 포기하는 게 어려워요. 경전에 근거를 하십시오.《금강경》,《유마경》,《반야심경》… 불생불멸이라고 했습니다. 이법이 아니라고 했습니다. 이것도 아니고, 저것도 아니고… 이름을 붙일 수도 없고 생각으로 도달할 수도 없다고 했습니다. 그러면 그 경전의 가르침대로 해야 합니다. 실제로 그렇게 해야 이 법을 확인할 수 있어요. 전혀 어려운 게 아닙니다. 그래서 이 무루법(無漏法), 언제 어디서든지 예외가 없는, 잘못될 수가 없는, 의심이 없는, 한결같은 곳에 바로, 즉각 도달할 수 있습니다. 홀연 통 밑이 빠진다고 하듯이, 바로 탁 도달할 수가 있습니다. 원래 도달해 있기 때문에 그런 거예요. 바깥에 있다가 들어가는 게 아닙니다. 그러면 시간이 걸리죠? 망상만 안 부리면 본래 우리는 이곳에 있는 겁니다.

이것은 아주 쉬우면서도 미묘한 부분이 있기 때문에… 조금이라도 생각 쪽으로, 이치 쪽으로 흘러가 버리면 바로 어긋나 버립니다. 그래서 호리유차(毫釐有差)면 천지현격(天地懸隔)이라고 한 겁니다. 완전히 달라지는 겁니다. 그래서 말로 불이법문, 불이법문… 굉장히 많이 듣는 말이지만, 그것이 쉬운 것은 아닙니다. 정신 바짝 차리지 않는다면 바로 생각 쪽으로 흘러가 버려요. 그게 바로 지혜입니다. 우리 공부는 지혜, 반야거든요. 지혜란 것은 늘 무루법에 머물러서 어긋나지 않는 겁니다. 털끝만큼이라도 어긋나 버리면 그때부터 삿된 망상이 시작되는 거예요. 그래서 둘 아닌 곳에서 항상 어긋나지 않는 것, 이게 공부거든요.

또 공부를 신비체험으로 보는 것 역시 잘못입니다. 신비라는 것은 벌써 특별한 뭐가 있는 겁니다. 평범한 게 있고, 특별한 게 있고, 이법이죠? 불이법이 아니에요. 내 공부가 확철하지 않더라도 정법(正法)인지 사법(邪法)인지 쉽게 판단할 수 있는 것은, 둘로 나누느냐, 둘이 아닌 입장에서 공부하느냐 입니다. 둘로 나누어 놓고 취하고 버린다든지, 뭔가 특별한 게 있고 그렇지 않은 게 있다든지, 들어가는 게 있고 나가는 게 있고 그런다든지 하면 전부 사법입니다. 생각이에요. 생각! 사법이란 게 다른 게 아니라 생각이 사법입니다. 망상이죠. 전부… 이 법에서는 사실 옳은 것도 없고, 그른 것도 없습니다. 옳다, 그르다 하는 것도 역시 우리의 생각일 뿐입니다. 우리가 만들어 낸 겁니다. 우리가 만들어 내지 않고, 우리의 판단이 개입되지 않을 때, 그것이 바로 정법이에요.

공부를 할 때 그런 것을 조심하셔야 합니다. 사실은 그게 첫 단추입니다. 둘로 나누어서 취사간택을 하느냐 하지 않느냐가 첫 단추예요. 그 첫 단추가 잘못 끼워져 있으면 끝까지 어긋나 버려요. 결코 둘로 나누지 말아야 하는 겁니다. 이것은 이렇고, 저것은 저렇고 하는 식으로 자기도 모르게 따라갈 때는 빨리 정신을 차려서 돌아와야 하는 겁니다. 이렇다느니 저렇다느니 하는 그런 게 아니다… 한결같은 곳, 이런 것도 없고 저런 것도 없는 한결같은 곳에 머물 수 있어야 하는 겁니다. 그게 공부의 힘이거든요. 그러다 보면 이것도 아니고 저것도 아닌 중도(中道)가 아직 실감이 안 나지만, 여기에도 매이지 않고 저기에도 매이지 않는 것만으로도 그냥 편안해요. 거기에 지속적으로 머물러 있다 보면, 중도가 언젠가 문득 실감이 됩니다.

옛날에는 이쪽이나 저쪽에, 이런 생각, 저런 생각, 이런 감정, 저런 감정에 머물렀던 게 실감이 와서… 흑이냐 백이냐 이런 것이 뚜렷하다 그렇게 알고 있잖아요? 그러나 실제는 그런 게 아닙니다. 검은 것도 아니고 흰 것도 아니에요. 검은 것도 아니고 흰 것도 아닌 것에 머물기를 자꾸 하다 보면, 정말 검은 것도 아니고 흰 것도 아닌, 그래서 아무것도 아니지만, 아무것도 아닌 것 같은데 그것이야말로 모든것의 근거가 되고 있다는 사실을 체험할 수가 있습니다. 그게 아주 실감이 와요. 그게 중도거든요.

'이것은 검고, 저것은 희다… 이게 분명하고 명확한 것이다' 하는 것을 전도(顚倒)되었다고 하는 것입니다. 뒤집어져 있는 겁니다. 검은 것도 아니고 흰 것도 아니어서 아무것도 아닌 것 같은데, 그렇게 되는 것이 가장 명확한 게 되는 것이고 바로 되는 거예요. 그래서 공부는 우리의 내면을 바꾸어 놓습니다. 완전히 바꾸어 놓습니다. 어느 쪽에도 매달리지 않고, 어느 쪽에도 머물지 않고, 어느 쪽에도 구속되지 않을 때 가장 편안하거든요. 그 편안한 자리에서 쉬십시오. 이것도 아니고 저것도 아닌 그 편안한 자리에서 푹 쉬세요. 그러다 보면 거기에서 실감을 할 수가 있습니다. 소위 중도라는 게 부처님이 거짓말한 게 아니라는 것을 알 수가 있어요. 이것이야말로 진실한 법이구나 하는 것을 알 수가 있습니다.

이것도 아니고 저것도 아니지만, 이것과 저것을 분별하고자 하면 얼마든지 분별할 수 있습니다. 이것도 아니고 저것도 아니지만, 이것저것에 손을 뻗으려 하면 얼마든지 뻗을 수 있습니다. 이 자리입니다. 이게! 중도라는 게 이 자리를 가리키는 겁니다. 여기에 머물러야 하는 겁니다. 이것 저것에 손을 뻗으니까 이쪽을 붙잡고 저쪽을 붙잡는 거지, 손을 뻗지 않으면 이쪽도 아니고 저쪽도 아닙니다. 그러니까 "쉬어라" 하는 것이고, "놓아라" 하는 겁니다. 스스로 손을 뻗어서 이쪽을 붙잡거나 저쪽을 붙잡고 있으니까, 이쪽에 끌려가거나 저쪽에 끌려가서 구속되는 거죠. 내가 손을 놓아 버리면 본래가 나는 어느 쪽도 아니에요. 어느 쪽에도 생각이 머물러 있지 않으면,

완전히 손을 놓아 버리면 본래 지금 여기가 쉬는 자리예요. 우리는 언제나 이 자리에 있는 겁니다. 본래 우리는 중도에 있는 겁니다. 중도에서 벗어난 적이 없습니다. 하여튼 쉬지 못하는 게 병이에요. 자꾸 무엇을 하려고 하니까 그게 병이라니까요. 쉬어 버리면 되는 겁니다.

이것은 눈에 보이지도 않고, 한 물건도 아니고, 어디에 있는 것도 아니지만, 이것에 딱 통하면 그 순간에 쉴 수가 있습니다. 지금까지 잡고 있는 것을 다 놓아 버리고 이것에 한번 통해 보세요. 우리 각자가 지금 가지고 있는 이것! 모양도 없고, 이름도 없고, 정해진 장소도 없습니다. 늘 가지고 있는 겁니다. 이것을 이름 붙여서 법이라고 하는 겁니다. 본래 한 물건도 없는 이 한 물건입니다. 모양도 없고, 이름도 없고, 정해진 장소도 없어서 본래 한 물건도 없어요. 이름도, 모양도 없지만 늘 활발발하게… 없는 듯하지만 언제든지 가지고 있는 이것… 지금 이렇게 "이름도 없고, 모양도 없다"라고 하는 이 물건, 이 한 물건이거든… 제가 지금 이렇게 보여 드리고 있습니다. 여러분도 제 이야기를 들으면서 지금 이것을 드러내고 있어요. 이것입니다.

이게 부처님 법입니다. 불법입니다. 부처님의 '법'이 분명해야 하는 겁니다. 법은 법이라는 이름도 법 아니라는 이름도 붙일 수가 없지만, 어쩔 수 없이 법이라는 이름을 붙이는 것인데, 말에 속지 말고 제가 지금 보여 드리고 있는 이것을 탁 실감하게 되면, 법이란 것은 분명한 겁니다. 결코 이것은 속일 수가 없습니다. 이것 하나만 딱 체험하면 됩니다.

《금강경》에서도 계속 하는 이야기가 그것이에요. 법은 말할 수도 없고, 잡을 수도 없고, 법은 법이 아니라 이름일 뿐이다… 계속 그렇게 말하고 있지 않습니까? 밑에 보면,

저(중생)들은 중생도 아니고, 중생 아닌 것도 아니니라…

그러니까 뭐라고 하면 안 맞아요. 어떤 이름도, 어디에도 머물러선 안 되는 겁니다. 중생도 아니고, 중생 아닌 것도 아니고… 중생이란 것은 중생이 아니고 그냥 이름일 뿐이다… 모든 것은 이름일 뿐이에요. 말일 뿐이에요. 생각일 뿐입니다. 무슨 이름을 붙이든, 무슨 말을 하든, 무슨 생각을 하든, 한결같은 이놈은 그냥 그대로일 뿐이에요. 이름 없고, 모양도 없고, 머무는 데도 없는 이 한 놈! 이것을 항상 우리가 가지고 있는 겁니다. 그러니까 어떤 이름도 붙이지 말고, 어떤 모양도 붙잡지 말고, 어디에도 머물지 않고, 붙잡고 있던 것을 다 놓아 버리면 늘 이 자리에 있는 겁니다.

우리는 보통 무엇을 해야, 내가 뭘 하고 있다고 알고, 가만히 있으면 아무것도 안 하고 있다고 알고 있어요. 의식에 그런 버릇이 들어 있어요. 그래서 어떤 생각을 가지고 있어야 하고, 자기 주장, 주관이 있어야 뭐가 있는 것 같고, 공부라고 하면 '공부란 이런 거야!'라고 뭔가 할 게 있어야 공부하는 것처럼 착각을 하거든요. 진짜 공부는 아무런 할 일이 없어야 하는 겁니다. 아무것도 없는 거예요. 사실 입을 벌릴 수가 없거든요. 세속의 공부는 뭔가 말할 게 있어야 하잖

아요? 자기가 공부를 하면 한 만큼 말할 게 있어야 하죠. 그러나 이 공부는 깊이 할수록 말할 게 없어지는 겁니다. 뭐든지 이것 아닌 게 없는데… 예외가 없다 이겁니다. 말할 게 있다고 하는 것은 이것은 이거고, 저것은 저거고… 서로 두 가지가 부딪칠 때 거기서 말이 나오는 겁니다. 한결같이 하나뿐이라면 말이 나올 수 없어요. 말을 할 수가 없다고요.

그러니까 공부란 이름으로 어떤 것도 붙잡지 마시고 그냥 놓고 계십시오. 놓고 아무것도 하지 않을 때, 아무것도 붙잡지 않고, 어디에도 발을 딛지 않을 때, 정말 아무것도 없는지 보시라고… 쉬는 그 자리가 언제든지 모든 일을 해내는 그 자리다 이겁니다. 늘 가지고 있고 행하고 있는 이 자리예요. 그러나 단순히 쉴 뿐이라면 그것은 공(空)에 빠진 겁니다. 쉬는 이 자리가 항상 살아 있는 이것이란 사실이 확인되어야 하는 겁니다. 이 자리는 일 없이 쉬는 자리이자 동시에 무엇이든 할 수 있는 자리입니다. 이것을 법이라고 하는 겁니다. 막연하게 쉬기만 하는 게 아닙니다. 그런 것을 무기공(無記空)이라고 합니다. 쉬면서 법이 활발해야 하는 겁니다. 항상 살아 있는 이 것을 확인하면… 그러면 쉬는 것도 없고 일하는 것도 없어요. 이것이 체험되어야 하는 겁니다. 항상 죽지 않고 살아 있는 게 있습니다. 눈앞에 또랑또랑한 게 있습니다. 이것을 분명하게 체험해야 하는 겁니다. 그랬을 때 비로소 이 자리가 쉬는 자리이자 무엇이든 할 수 있는 자리입니다. 이것을 체험했을 때 비로소 공부란 것을 제대로 시작할 수 있습니다.

22
얻을 수 있는 법은 없다 無法可得分

수보리가 부처님께 사뢰었다.

"세존이시여, 부처님이 위없는 바르고 평등한 깨달음을 얻으신 것은 얻으신 것이 없기 때문입니까?"

부처님께서 말씀하셨다.

"그러하니라. 그러하니라. 수보리야! 나는 위없는 바르고 평등한 깨달음에서 얻을 수 있는 조그마한 법도 없었다. 그 이름이 위없는 바르고 평등한 깨달음일 뿐이니라."

須菩提白佛言: "世尊, 佛得阿耨多羅三藐三菩提, 爲無所得耶?"

"如是. 如是. 須菩提, 我於阿耨多羅三藐三菩提, 乃至無有少法可得, 是名阿耨多羅三藐三菩提."

제목에 그대로 나와 있죠? 무법가득(無法可得)… 얻을 수 있는 법은 없다… 얻을 수 있는 법이 없다는 말이 도대체 무슨 말이냐? "얻을 수 있는 법이 없다!"라고 지금 제가 하고 있죠? 이 말! "얻을 수 있는 법이 없다!"라는 이것뿐입니다. 바로 이것뿐이거든요. 말의 내용을 따라가는 게 아니고, "얻을 수 있는 법이 없다!"라는 이 순간의 이것! "얻을 수 있는 법이 없다!"라고 한마디 말을 했는데, 실제로 아무것도 얻은 게 없습니다. 지금 얻은 게 뭐가 있습니까? 아무것도 없어요… "아무것도 없어요"도 마찬가지입니다.

"얻을 수 있는 법이 없다"… 여기서 뭘 얻었습니까? "아무것도 없어요." 이것뿐이거든요. 이것입니다. 이것! 이것 하나뿐입니다. 얻을 수 있는 법이 있다, 없다… 아무것도 없다, 뭘 했다… 온갖 이야기를 다 하고, 온갖 생각을 다 하고, 온갖 행동을 다 하지만, 이것 하나뿐이에요. 다른 게 없습니다. 얻을 수 있는 게 있다, 얻을 수 있는 게 없다… 말을 안 따라가면 이 두 마디 말이 아무런 다름이 없어요. 마치 우리가 문고리를 잡고 문을 열었다 닫았다 하는 것과 똑같아요. 문을 연다, 닫는다 하는 것은 우리가 정해 놓은 생각이죠? 그 정해 놓은 그것만 옆으로 제쳐 놓고 보면, 여는 것이나 닫는 것이나 문은 제자리에 있으면서 그냥 왔다 갔다 하는 것뿐입니다. 문이 변한 게 있습니까? 문은 변한 게 없어요. 그냥 한결같이 열렸다 닫혔다 하는 거예요. 얻을 수 있는 게 있다, 얻을 수 있는 게 없다… 지금 똑같은 일이 있는 겁니다. 똑같은 일이 있기 때문에 아무것도 하지 않는 것이에요. 왜냐하면 흔적이 없거든… 이것이니 법이니 하는 것의 흔적이 없거든…

원을 한번 생각해 보세요. 원에는 출발점도 없고, 중간도 없고, 끝도 없는 것이거든요. 우리가 출발점을 정하지만 않으면 말입니다. 지금 여기서 얻을 수 있는 법이 없음을 확연하게 깨달으면 무상정등각이거든요. 아무것도 얻을 게 없다는 사실을 확연하게 깨달은 게 무상정등각이라… 더 이상 깨달을 게 없는 마지막 깨달음이란 말이죠. 바로 지금 이렇게 있는 이거예요. 지금 말씀을 계속 드리고 있는 이거라고요. 얻을 수 있는 게 없다고 하든, 얻을 수 있는 게 있다고 하든, 여기엔 아무런 차별도 없고, 기준도 없고, 처음도 없고, 끝도 없습니다. 아무 상관이 없어요. 그저 이것 하나가 이렇게 있을 뿐입니다. 그러니까 이것에 통하면 아무 일이 없어요. 이것이 쉬는 자리입니다. 이것이 바로 쉬는 자리예요.

《장자(莊子)》에서는 도(道)를 문에다 비교해서 도추(道樞)라고 합니다. 문의 경첩… 문은 경첩에 달려서 열리고 닫히고 하죠? 그러나 경첩의 입장에서는 열고 닫고 하는 게 없어요. 왜냐하면 거기엔 변화가 없기 때문에… 그러나 손잡이 입장에 있으면, 여는 게 있고 닫는 게 있는 거죠. 우리가 평소에 가지고 있는 분별심이라는 것은 손잡이 쪽만 보고 있는 겁니다. 문이라는 것은 경첩이 있어야 문 노릇을 할 수 있는 거지, 손잡이만 있어서는 문 노릇을 할 수 없거든요. 경첩이 없으면 열 수도 없고 닫을 수도 없어요. 움직이지 않는 중심이 있으니까 열 수도 있고 닫을 수도 있는 거예요.

마찬가지예요. 제가 지금 이렇게, 얻을 수 있는 법이 없다 하든, 얻을 수 있는 법이 있다 하든… 얻을 수 있는 법이 없다는 것은 문을 닫는 거고, 얻을 수 있는 법이 있다고 하는 것은 문을 여는 거란 말이죠. 이렇게도 하고, 저렇게도 하잖아요? 흔들림 없이 중심에 있으니까 이렇게도 할 수 있고, 저렇게도 할 수 있는 거라… 아무런 흔들림이 없어요. 항상 이 자리라니까요. 없다 하든 있다 하든 늘 한결같이 이 자리예요. 우리 모든 사람은 얻을 수 없는 이 자리에 있기 때문에, 무슨 말이든 할 수 있고, 어떤 생각이든 할 수 있고, 어떤 느낌이든 가질 수 있고, 어떤 망상이든 부릴 수 있고, 어떤 행동이든 할 수 있는 거예요. 자유자재하게… 그런데 우리의 문제가 뭐냐 하면, 문이 열려 있으면, '나는 열린 문이 좋아!' 하고 열린 문에 집착하고, 닫혀 있으면 닫힌 문에 집착한단 말이죠. 그래서 열린 문에 집착하는 사람은 닫혀 있으면 기분 나쁘고, 닫힌 문에 집착하는 사람은 열려 있으면 고함을 지른단 말이에요. 우리가 그런 상황이라고요.

그런데 이것은 얻을 법이 있다 하든, 얻을 법이 없다 하든 아무 상관이 없어요… 말에만 안 끄달려 다니면, 말만 안 따라다니면 아무 상관이 없어요. 이것은…. 이 법은 어떻게 하든 상관이 없는 겁니다. 여기서는 "얻을 법이 없기 때문에 무상정등각을 얻었다" 하고 있지만, 반대로 "얻을 법이 있기 때문에 무상정등각을 얻었다" 해도 아무 상관이 없어요. 법이 분명하다면… 그래서 조주 스님에게 누가 "개에게도 불성이 있습니까?"라고 물으니까, "없다"라고 했다가, 나중에 또 누가 물으니까, "있다"고 했거든요. 말만 따라가는 사람은 '왜 이랬다 저랬다 하는가?' 하지만, 자기 스스로가 말을 따라가니까 그런 거예요. 조주 입장에서는, 말을 안 따라가는 입장에서는, 아무 차이가 없는 겁니다. 공부는 아주 간단한 거예요. 한로축괴

사자교인(韓盧逐塊 獅子咬人)입니다. 사람이 흙덩이를 던지면, 한나라의 개는 흙덩이를 쫓아가지만, 사자는 돌아서서 사람을 문다… 사람을 물어 버려야 다시는 흙덩이를 던지지 못하죠. 흙덩이란 입에서 내뱉는 헛된 말입니다. 따라다니면 중생이고, 안 따라가면 이 자리에요. 자기 자리… 그런데 따라가더라도 자기 자리를 유지할 수 있습니다. 자기 자리에 있으면서 따라가는 것은 안 따라가는 것과 마찬가지거든요.

선정(禪定)할 때 정(定)은, 정할 정 자 아닙니까? 흔들림이 없다는 말이거든요? 삼매(三昧)를 정이라고 합니다. 어디에서 흔들림이 없느냐? 선방의 방석 위에서 흔들림이 없는 것이 아니고, 방석에 앉아 있든, 걸어 다니든, 뛰어다니든, 누워 있든 흔들림 없는 자리에 있는 겁니다. 그런 자리가 있어요. 시장 바닥에 장사를 하더라도 상관없습니다. 흔들림 없는 자리가 있습니다. 아까 문으로 예를 들면, 문고리 쪽으로 이야기하면 흔들림 없을 수가 없어, 왔다 갔다 하니까… 그러나 문 경첩 쪽을 알고 보면 문을 어떻게 하든지 간에 흔들림이 없어요. 그게 공부거든요. 이 흔들림 없는 이것을 가지고 진공묘유(眞空妙有)니, 대기대용(大機大用)이니, 한 물건(一物)이라는 등, 일대사인연(一大事因緣)이니, 본래면목(本來面目)이니, 도(道)니, 선(禪)이니, 법(法)이니 하고 온갖 이름을 다 붙이는 거예요. 어떤 말을 붙이든 사실은 이것이 모두, 흔들림 없는 이 자리에서, 이것이 다 하고 있는 거예요. 법이란 것은 여러 가지가 없습니다. 이것 하나뿐이에요. 이것 하나 쓰는 거라니까요.

옛날 선사 스님들은 참 인색했어요. 누가 법을 물으면 한 대 툭 때렸을 뿐이에요. 그런 식으로 보여 주는 거지… 저는 아무래도 현대의 풍조에 맞춰야 하니까 말씀을 많이 해 드리는데, 제 말에 속으시면 안 돼요. 저는 한결같이 하나만 계속해서 보여 드리는 거지, 여러 가지가 없어요. 한결같이 이 하나만 보여 드리는 거예요. 무슨 말을 하든지 간에… 제가 쉬라고 해서 제 말에 속으시면 안 돼요. "쉬어라!" 하는 그 말이 무엇이냐? 그 말을 진짜로 이해하게 되면, 바로 이 자리에 있으면, 일을 하면서도 쉬는 자리예요. 이 자리는… 일을 아무리 해도 이것은 쉬는 자리입니다. 경전이니 어록이니 하면서 우리는 100% 말 따라가잖아요? 말에 속습니다. 말에 안 속는 자리, 제가 여기서 최소한도로 해 드리는 것은 말에 안 따라가도록 계속 말을 물리쳐 주는 겁니다.

여기에 무법가득, 얻을 법이 없다… 하는데, 말에 속지 마시라 이겁니다. 얻을 법이 있다 하든, 얻을 법이 없다 하든, 얻을 법이 있다가 없다 하든, 얻을 법이 없다가 있다 하든, 있는 것도 아니고 없는 것도 아니다 하든, 그런 것은 아무 상관이 없어요. 어떻게 하든 똑같은 겁니다. 무슨 말을 하든지 간에 이것은 똑같은 겁니다. 한결같이 이것 하나만 있을 뿐이에요. 똑같은 겁니다.

경전이나 어록을 보면 화려한 말들이 나오는데, 예컨대 연애편지를 보면 화려한 문구들이 나열되어 있잖아요? 아무리 화려해도 본질은 그 사람의 글 솜씨를 알고 싶은 게 아니거든요. 그 사람의 진심을 알고 싶은 거지… 화려한 미사여구를 알고 싶은 게 아니고, 실제 알고 싶은 것은 딱 하나밖에 없잖아요? 그 사람의 진심을 알고 싶은 겁니다. 경전이나 어록도 마찬가지라고요. 무슨 말이 있고 무슨 글이 있든 그것은 아무 상관이 없어요. 딱 하나만 알면 되는 거예요. 마음이 뭔지, 법이 뭔지, 그 하나만 아시면 되는 거예요. 다른 것은 없거든요 1,700개의 공안이 있다고 하지만 그 모든 것이 결국은 이것 하나를 가리키는 겁니다.

인도의 어떤 사람은 이것을 뭐에 비유하냐 하면, 극장의 스크린에 비유해요. 극장에서 영화를 보면 온갖 장면들이 지나가잖아요? 영화의 장면, 장면은 처음부터 끝까지 계속 바뀌어 가는데, 텅 빈 스크린은 처음부터 끝까지 변하지 않고 그대로잖아요. 그 위에 온갖 장면이 지나가죠. 이 하나를 말로써 알려 주려니까 그런 비유를 드는 겁니다. 사실 영화의 어떤 장면도 그 스크린 밖을 벗어나지 못하잖아요? 항상 그 위에서 이루어지거든요. 그와 마찬가지로 우리가 하는 모든 경험들은 여기서 벗어날 수가 없어요. 이 법에서 벗어날 수가 없어요. 마음에서 벗어날 수가 없어요. 오온 십팔계, 육체적인 경험, 정서적인, 감정적인 경험, 의식적인 경험, 욕망… 어떤 경험이든지 간에 여기서 못 벗어나는 겁니다. 예컨대 영화의 어떤 장면이든지 거기에는 반드시 스크린이 있잖아요. 마찬가지로 우리는 어떤 경우에도 여기서 벗어날 수가 없습니다. 늘 우리는 이 자리에 있습니다. 항상 이 자리에 있어요. 한결같이 이 자리에 있기 때문에 얻을 것도 없고, 버릴 것도 없는 겁니다.

위의 경문(經文)에, 위없이 바르고 평등한 깨달음을 어떻게 얻었느냐? 얻을 게 없기 때문에 얻었다… 얻을 게 없다는 사실을 확연하

608

게 깨닫는 게 위없이 바르고 평등한 깨달음이거든요. 얻을 게 없다는 말은 달리 말하면, 잃을 것도 없다는 말이에요. 그냥 이대로예요. 그냥 이대로… 얻을 것도 없고, 잃을 것도 없습니다. 늘 그냥 이대로예요. 영화 장면에만 안 속으면, 영화 장면에는 얻을 것도 있고, 잃을 것도 있잖아요? 영화 장면에만 안 속으면 그냥 스크린은 그대로거든요. 그와 마찬가지로, 마음이니 법이니 하는 이것도 우리가 말에 안 따라다니고, 온갖 모습들에 안 속으면 항상 그냥 이것밖에 없어요. 다른 게 없습니다.

중국의 어떤 스님은 맨날 "주인공아!" 하고 자기를 불러 놓고, "예!" 하고 자기가 대답하고, 그런 식으로 "속지 마라!" 하고, "예!" 했다는데… 저는 그렇게는 안 하지만, 등산을 가거나, 버스를 타거나, 잠자리에 들거나, 책을 보거나, 음악을 듣거나, 밥을 먹거나, 순간순간 늘 이것만 확인되고, 항상 이 자리에 있다는 사실이 확인되니까 별일이 없어요. 그렇다고 뭘 못 하느냐? 못 할 것은 없습니다. 뭐든지 다 하면서도 항상 이 자리에 있는 거예요. 항상 이것만 확인되는 거죠. 한결같은 거예요. 그래서 "주인공아!" 어쩌고 할 필요가 없어요. "주인공아!" 하는 그것도 바로 이건데, 꼭 그렇게까지 할 필요가 없는 겁니다.

"주인공아!"라고 안 하고, "나그네야!" 해도 마찬가지예요. 말 안 따라가면 "나그네야!" 하는 것과 "주인공아!" 하는 것이 뭐가 다릅니까? 언제든지 이것, 여기서 안 벗어나는 겁니다. 안정이 되는 겁니다. 안정! 이것이 바로 선정이라고 하는 것입니다. 선정은 좌복 위에 앉아서 억지로 호흡 조절하고 정신 통일해서 이루어지는 게 아니에요. 이것이 선정이에요. 무슨 일을 하든지 간에 한결같이 그대로인 것! 노자는 이것을 '상도(常道)'라고 했습니다. 변함없는 도다… 상도라고 하는 것은 아무것도 안 하고 한결같이 그것만 한다는 그런 뜻이 아니에요. 다양하게 뭐든지 하면서도 늘 이것밖에 없는 겁니다. 그러니까 흔들릴 이유가 없는 겁니다.

우리는 경계에 묶여 있으니까 거기서 풀려나야 한다는 말을 많이 하는데, 잘못하면 말이죠, 나 자신이 가지고 있는 모든 견해, 가치관 같은 것을 모조리 버리고, 부정하고, 자기 마음대로 살아가는 것이라고 그렇게 오해할 수가 있습니다. 절대 그렇지 않습니다. 그런 게 아니에요. 그런 게 아니라, 오히려 이 공부를 하게 되면 도덕이 왜 필요하고 예절이 왜 필요한지를 잘 알아서 도덕과 예절을 더 잘 지키는 겁니다. 그러면서도 도덕과 예절로부터 자유로운 거예요. 사회생활을 할 때는 도덕과 예절의 용도를 알기에 적절하게 쓰는 겁니다. 그런 거지 공부한다고 해서 그냥 나는 세상으로부터 초월했으니까 남들과 달라서 멋대로 한다… 그런 게 절대 아닙니다. 오히려 더욱더 평범하게… 무슨 일을 하든지 간에 나 스스로는 흔들림이 없으니까, 특별할 것이 없습니다. 자기 스스로가 확고하게 흔들림 없는 자리에 못 가니까, 외부적인 조건들을 자꾸 문제 삼는 거예요. 핑계를 거기에 대는 겁니다. 시끄러워서 공부 못 하겠으니 산에 들어가야겠다… 이러는데 산에 들어갈 이유가 전혀 없는 겁니다.

다시 앞으로 돌아가서, 부처가 위없이 바르고 평등한 깨달음을 얻었다고 하는 것은 왜 그러한가? 얻을 것이 없기 때문에 그렇다,

얻을 게 전혀 없다는 사실을 아주 투철하게 실감하고 깨달았기 때문에, 그게 바로 위없이 바르고 평등한 깨달음이더라… 이겁니다. 그러니까 잃을 것도 없고, 얻을 것도 없어요. 붙잡을 것도 없고, 놓을 것도 없습니다. 더러운 것도 없고, 깨끗한 것도 없습니다. 그냥 이것 하나뿐이에요. 내가 지금 더럽니, 깨끗하니, 붙잡니, 놓으니… 하면서 이렇게 하고 있는 이것 하나밖에 없다니까요. 이것 하나에 딱 통하여, 이것 하나에서 흔들림이 없는 것이 정(定)이에요. 정! 선정(禪定)이라고요, 이것이!

우리는 지금 이 자리에 있습니다. 다른 데 있는 게 아니에요. 늘 이 자리에 있으면서 스스로가 자기 자리를 보지 못하니까 겁을 내고 있는 거예요. 내가 항상 진리의 자리에 있는데, 그것을 확인 못하고 있으니까 두려워하고 있는 겁니다. 내가 법의 자리에 있다는 것이 확인되면 두려움이 없어져요.

공부를 너무 겁내지 마십시오. 아주 단순한 겁니다. 절대 겁낼 필요 없습니다. 그냥 제 이야기에 귀만 기울이고 있으면, 어느 순간에 '저 인간이 하는 이야기를 이제 알겠다!'(대중들 웃음) 그렇게 되는 겁니다. 그냥 아주 단순한 거예요. 여러 가지 복잡한 생각 마시고 단순하게 귀만 기울이고 계시라고요. 자꾸 듣다 보면 '이제 무슨 이야기인지 알겠다'라는 체험이 온다고요. 그것이 탁 오게 되면 이 자리에서 똑같은 것을 보는 겁니다. 그러면 되는 겁니다. 절대 복잡한 이치 같은 것은 없습니다. 공부를 하다 보면, '내가 이해하기 힘든 어떤 미묘하고 복잡한 것이 있겠지…'라고 겁을 내는데 절대로 그런 것 없습니다. 그러니까 겁낼 필요가 전혀 없어요. 여러 가지 복잡한 것이 없습니다. 그러니까 옛날 스님들은 한 대 두들겨 맞고 깨닫기도 하고, 고함 소리 한 번에 그 자리에서 깨닫기도 했던 겁니다.

불교의 가르침이 펼쳐지면서 역사적으로 잘못된 부분은, 너무나 철학적으로 흘러갔다는 점입니다. 제가 볼 때는 학자들이 이 간단한 자리를 모르니까 온갖 망상을 다 한 겁니다. 이 간단한 자리를 밝혀 보려고… 그래서 불교라 하면 엄청 어려운 것으로 알고 있는데, 전혀 그렇지 않습니다. 아주 쉽고 간단합니다. 누구나 다 깨달을 수 있어요. 그래서 육조혜능은 글자 한 자 몰라도 이것을 깨달았던 거예요. 거짓말이 아닙니다. 누구나 다 아무 조건 없이 그냥 열린 자세로 귀만 열면 쉽게 깨달을 수 있는 겁니다. 열리지 못하니까 그게 안 되는 거지… 열리지 못했다는 것은 뭔가를 가지고 있는 거거든요. 그러면 변화가 없어요. 그저 열린 자세로 그냥 편안하게 듣고 계시다 보면 아주 간단한 겁니다. 간단하다고 말도 못하죠. 아무것도 아니라, 이것은… 불법이라면 대단한 것처럼 장식을 해 놓는데, 그 사람들이 불법을 망친 사람들입니다. 아주 어렵고 접근 불가능한 것처럼 포장을 해 놓았어요. 그렇게 포장해 놓는 데에 어떤 이유가 있다고 보입니다. 뭔가 자기 나름대로 계산이 다 있어요. 그렇게 하면 안 되는 겁니다. 세속적 계산이 들어가면 안 돼요. 아주 단순한 거예요, 그냥… 모든 사람이 똑같은 조건이고, 똑같이 이 자리에 있고, 누구나 다 쉽게 깨달을 수 있는 겁니다.

'나는 선방에서 얼마 공부를 했다.' 그런 것 자랑하고 다니지 마십시오. 무슨 훈장처럼 말이죠. 아무 소용없습니다. 육조혜능이 선방에 앉아 있었습니까? 그런 적이 없어요. 방아를 찧었지… '나는 선방에서 몇 철 지냈다.' 이런 게 공부라고 착각하지 마십시오. 20철, 30철 지내도 이것 모르면 땡입니다. 소용없어요. 한 철도 안 지내도 이것만 깨달으면 돼요. 이것만! 지금 이것 하나 알기 위해서 하는 겁니다. 과거에 자기가 공부해 온 것들은 싹 잊어버리세요. 그냥 마음만 열고 귀만 기울여 듣다 보면 항상 이것 하나입니다. 늘 그냥 행하고 있고, 가지고 있고… 제가 볼 땐 지금 여러분 모두 다 가지고 있어서, 어느 한 사람이 더 많은 것도 아니고 더 적은 것도 아닙니다. (대중 웃음) 똑같이 가지고 똑같이 행하고 있는 겁니다. 그런데 자기가 가진 보물을 아는 사람과 모르는 사람… 말하자면 그 차이입니다. 그 차이! 모르면 어디에 보물이 없는가 하고 자꾸 밖을 두리번거리게 되는 것이고, 알면 자기 것 자기가 쓰면서 즐기는 거죠. 남의 것을 둘러볼 필요가 없습니다. 왜냐하면 제가 가진 보물도 평생 써도 다 못 쓰니까… 구지 스님이 그런 말 했잖아요? 평생을 썼는데도 (손가락 하나를 들며) 다 못 쓰고 간다… 죽으면서 그랬습니다. 간단한 겁니다.

부처님께서 말씀하셨다. 그러하고 그러하다. 내가 위없는 바르고 평등한 깨달음에서 조그마한 법도 얻은 것이 없으므로 위없는 바르고 평등한 깨달음이라고 이름하느니라.

위없는 바르고 평등한 깨달음이란 말에 속을 필요가 없습니다. 꼭 말을 풀어야 한다면, 위가 없으니까 아래도 없고 오직 이것 하나뿐이다… 평등하단 말이 그런 말이잖아요? 그것에 대한 깨달음이다… 이렇게 풀 수 있겠지만 그럴 필요가 없어요.

그냥 '위없는' 하는 것도 이것이고, '바르고' 하는 것도 이것이고, '평등한' 하는 것도 이것이고, 말의 내용에 따라다닐 필요는 없습니다. '위없는' 하든, '아래없는' 하든, '평등한' 하든, '불평등한' 하든, '깨달음' 하든, '어리석음' 하든 아무 상관이 없어요. 말에 따라갈 필요가 없습니다. 그냥 이것뿐이에요. 이것 하나입니다. 한결같이 이것 하나인 거예요. 그러니까 사실 구질구질하게 할 말이 없습니다.

그래서 옛 선사 스님들은 "부처가 뭡니까?" 하면, "마·삼·근!" 이것으로 끝이에요. "차 한 잔 해라!" 이걸로 끝입니다. 길게 말할 것도 없거든요. 딱 보여 주고 그걸로 끝이에요. 너도 행하고, 나도 행하고, 이거잖아! 딱 보여 주는 겁니다. 선사 스님들은 그런 면에서 친절하지 못하지… 그에 비하면 저는 너무 친절하게… (대중 웃음) 저야 뭐 정말 혀가 빠지도록 친절하게 말해도 좋은데, 다들 자기가 가진 보물들을 확인해서 정말 부담 없이… 이것은 돈 드는 게 아니거든요, 닳아 없어지는 것도 아니고, 모든 사람들이 부담 없이 이것 하나만 깨달을 수 있다면 저로서는 혀가 빠지든 이가 빠지든 상관이 없어요. 그렇게만 해 주시면 더 이상 바랄 게 없는 거죠. 제가 안타까운 것은 다 가지고 있으면서 왜 모르냐 이거예요. 다 똑같이 가지고 있으면서 왜 모르고, 이것을 알려고 잠도 안 자면서 철야정진을 하고, 장좌불와를 한다고 허리를 다치고, 뭘 외운다고 실성한 사람처럼 중얼중얼… (대중 웃음) 그럴 이유가 없는 거예요. 별짓을 다 하잖아요. 이것 하나 깨달으려고. 그럴 필요가 없습니다. 아주 간단한 거예요.

어쨌든 이것은 열린 자세가 필요합니다. 공부는 어려운 것이 아니다. 그리고 어차피 이 회상에 참여하실 것 같으면, 제 말에 대한 믿음을 가지실 필요가 있습니다. '믿으니까 여기 오지'라고 생각하실지 모르지만, 과연 100% 믿느냐 하면, 저는 그렇게 보지 않습니다. 다 어느 정도죠. 그러나 어차피 여기 나오실 거면, 최대한 믿어 보실 필요가 있습니다. 믿는다는 게 뭐냐 하면, 그만큼 열린 자세로 제 이야기를 듣는다 이겁니다. 그런데 우리는 자기가 가지고 있는 것과 비교를 하면서 듣거든요. 자기가 가지고 있는 것과 비교하면서, 자기가 가지고 있는 것과 안 맞으면 내버리고, 맞으면 받아들이고… 그렇게 하지 마시라 이겁니다. 좀 어려울지라도 자기가 가지고 있는 것은 옆으로 치워 놓고… 버리라는 말이 아니에요. 잠시 옆으로 치우고 여기에 오셨을 때는 마음을 비우고 제 말만 한번 들어 보시라 이겁니다. 그것이 자기 공부에 이로워요.

저는 그냥 있는 그대로를 말할 뿐이에요. 제가 보고 있는 그대로, 제가 경험하고 있는 그대로를 말할 뿐입니다. 제가 대학원에서 남 모르는 공부를 해서 여러분에게 자랑하려고 여기 있는 게 절대 아닙니다. 모든 사람이 똑같이 가지고 있고, 누구나 다 경험하고 있는 것, 그것을 스스로가 확인 못 하니까 안타까워서 그것을 확인하시라고, 제가 계속 자극을 드리는 겁니다. 그것뿐입니다. 특별한 게 아무것도 없습니다. 조금이라도 이것을 눈치를 채고, 맛을 보시고 하신 분들은 제 이야기에 공감을 느끼실 겁니다. 제가 보니까 사람이 살아가면서 같은 경험을 하고 서로 공감한다는 게 정말 즐거운 일이더라고요. 저는 공부하면서 제일 즐거운 부분이 그 부분이에요. 누가 제 이야기를 공감하면서 같이 고개를 끄덕일 때, 그때는 겉모양뿐 아니라 내면적으로도 서로 느낌이 다 오거든요. 공감이 되면… 그것이 참 즐거워요. 세속 생활에서도 말이 통하는 사람과 있으면 즐겁잖아요? 그런데 이것은 말만 통하는 게 아니고, 경험 자체가 하나로서 통하니까… 정말 즐겁죠. 거기에는 한없는 믿음, 신뢰가 있는 것이고… 그래서 법회를 하는 이유 중에 하나도 제 스스로 볼 때는 그런 즐거움을 누리는, 그런 면에서는 저도 제 욕심을 차리는 거죠. (대중 웃음) 여기 나오시는 분들이 한 분도 빠짐없이 똑같이 이것을 누린다면 얼마나 좋겠습니까? 세상 부러울 것이 없죠. 제가 원하는 것은 그것입니다.

23

마음을 깨끗이 하여 착한 행동을 한다 淨心行善分

"또, 수보리야! 이 법은 평등하여 높은 것도 없고 낮은 것도 없으므로 그 이름을 위없는 바르고 평등한 깨달음이라고 한다. 나·사람·중생·목숨 없이 온갖 착한 법을 닦으면 바로 위없는 바르고 평등한 깨달음을 얻는다. 수보리야! 이른바 착한 법이란, 여래께서 말씀하시기를, 착한 법이 아니라 그 이름이 착한 법이라 하시느니라."

"復次, 須菩提. 是法平等無有高下, 是名阿耨多羅三藐三菩提. 以無我無人無衆生無壽者, 修一切善法, 則得阿耨多羅三藐三菩提. 須菩提, 所言善法者, 如來說, 非善法, 是名善法."

다시 읽고 말씀드리겠습니다.

또 수보리야, 이 법은 평등하여 위·아래가 없으니 이것을 일컬어 위없는 평등하고 바른 깨달음이라고 하느니라.

불법은 평등법이라고 그러죠? 평등… 평등이란 말을 《금강경》에 나오는 말로써 바꾸면, 모양을 모양 아닌 것으로 보는 게 바로 평등입니다. 모양으로 봐서는 평등이 될 수가 없죠. 온갖 모양들이 서로 다름이 있는데, 예컨대 길고 짧은 것이 있는데 평등이 될 수가 없어요. 평등이 될 수 있는 길은 유일하게 한 길밖에 없습니다. 모양을 따라가지 않는 겁니다. 모양을 따라가면 길고 짧고, 크고 작고, 둥글고 모나고… 평등할 수가 없습니다. 모양을 따라가지 않을 때 평등한 것입니다.

다시 말하면 분별심을 가지고 판단하지 않는다는 겁니다. 분별심 즉 생각을 가지고 이렇다, 저렇다 하는 식으로 판단하는 것으로는 평등한 법에 들어갈 수가 없습니다. 왜냐하면 벌써 이것이다, 저것이다 하는 분별에서 이것과 저것이 불평등한 것입니다. 달리 말하면 둘로 나누어지면 결코 평등할 수가 없습니다. 이법(二法)은 평등하지 않습니다. 이것과 저것이 있다는 것은, 이것과 저것이란 이름 자체로 벌써 둘로 나누어져 있는 것이고, 다른 거죠. 같지가 않습니다. 평등하다는 것은 '다름이 없다'라는 것이거든요. 그러니까 둘이 아닌, 다르지 않은 법… 그래서 평등법은 달리 말하면 여여법(如如法)이라고 할 수 있어요. 같고도 같다… 본래 법은 같고 같은 겁니다. 그것을 확인하지 못해서 모르는 거지, 원래 법이란 것은 평등한 법이에요. 그러나 우리는 평등하다는 사실을 확인하지 못하고 있

618

죠. 그것을 확인하지 못하고 여러 가지 다양한 것들을 보고, 판단하고… 그래서 평등한 것을 모를 뿐이지, 본래는 평등한 겁니다.

평등한 법을 확인하고 알아차리려면 어떻게 해야 하느냐? 마조(馬祖) 스님과 관련된 이야기가 하나 있습니다.

어떤 스님이 마조에게 와서 긴 선과 짧은 선, 두 개의 선을 그어 놓고, "'하나는 길고 하나는 짧다'라고 말해서는 안 됩니다. 어떻게 하시겠습니까?"라고 물었어요. 그러니까 마조가 길고 짧은 두 선을 발로 싹 지워 버리고, 하나의 선을 딱 그었어요. 그러고는 "길다고도 말할 수 없고, 짧다고도 말할 수 없다" 이랬어요.

언뜻 보면 선이 하나밖에 없기 때문에 비교 대상이 없죠. 그러니 그것은 길다고도 할 수 없고, 짧다고도 할 수 없습니다. 이 하나를 가리키는데, 그럼 이 하나라는 사실을 하나의 선으로 표현했느냐? 그렇지는 않습니다. 만약 그랬다면 마조 역시 관념적인 이야기를 하는 겁니다. 그런 게 아니고, 마조가 보여 준 것은 이 하나를 직접 보여 준 겁니다. 발로써 땅바닥 위의 선을 지우고 그 위에 다시 막대기를 가지고 한 선을 그었어요. "길다 짧다 말할 수 없다." 길다 짧다 할 수 없는 것은 그 하나의 선이 아닙니다. 선을 말하는 게 아닙니다. 그 '선'이라는 생각, '길다'라는 생각, '짧다'라는 생각, '평등하다'는 생각, '평등하지 않다'는 생각… 모든 생각을 따라가지 않을 때, 우리는 어디에도 머물지 않습니다. 무엇도 잡고 있지 않고, 기니 짧으니, 길지도 않고 짧지도 않다는 그런 판단조차도 하지 않습니다. 그럴 때, 우리 스스로가 어디에도 머물지 않을 때, 우리 자신은 길지도 않고 짧지도 않은 겁니다. 그래서 '길다'라는 말도 할 수 있고, '짧다'라는 말도 할 수 있고, 길게도 그릴 수 있고, 짧게도 그릴 수 있습니다. 본래 '길다'라는 말을 하고, '짧다'라는 말을 하고, 길게도 그리고 짧게도 그리는 이것은 '길다', '짧다'라는 게 해당이 안 돼요. '길다'는 말도 이게 할 수 있고, '짧다'는 말도 이게 하고, '길다'는 생각도 이게 하고, '짧다'는 생각도 이게 하고…

그러니 '길다', '짧다'라는 말이 해당이 안 되죠. 이것 하나입니다. 이것 가지고 '길다'라는 말도 하고, '짧다'는 말도 하고, 길게 늘일 수도 있고, 짧게 줄일 수도 있습니다. 이것을 일컬어 '마음'이니 '자성'이니 '불법'이니 '불성'이니 '도'니… 여러 가지 이름을 붙입니다만, 이것 하나, 이것을 가리키는 거거든요. 이것을 마조는 직접 보여 주었던 겁니다. 길지도 않고 짧지도 않은 것을 보여 준 겁니다. 선(禪)은 직지인심(直指人心)이에요. 마음이라는 것을 바로 보여 주고, 바로 체험할 수 있도록, 바로 지적해 주는 겁니다. 어떤 상징적인 이야기, 관념적인 이야기로서 마음을 말하는 게 결코 아닙니다. 마음을 바로 이렇게… 손짓을 하고, 발짓을 하면서 바로 보여 주는 거예요. 이렇게 행하는 거거든요, 마음은… 손짓하고 발짓하면서 행한단 말이죠. 이것은 길지도 않고, 짧지도 않아요. 이 사실, 손짓 발짓을 하면서 행할 수도 있고, 행하지 않을 수도 있습니다. 어쨌든 행할 때는 행하고, 행하지 않을 때는 행하지 않는 거지만… 이 길지도 않고 짧지도 않은… 그래서 어떤 생각도 하지 않고 쉬어 버리는 겁니다. 생각을 했다 하면 관념적인 쪽으로 흘러가니까… 어떤 생각도 하

620

지 않고… 이렇게도 생각하지 않고, 저렇게도 생각하지 않는 겁니다. 그럴 때, 어떤 틈이랄까? 생각과 생각 사이의 틈… 생각과 생각 사이의 어떤 공간 같은… 그런 공간에서 우리는 문득 쉴 수가 있는데… 그 틈, 조그마한 틈 같지만 안으로 들어가면 한없이 넓어요.

하여튼 그렇게 해서 이놈을 확인해야 하는 겁니다. 확인해야 안정이 돼요. 그러니까 모양 있는 것에는 머물지 않지만, 모양 없는 이 틈에서 쉬는 겁니다. '금 · 강 · 경' 이렇게 했는데, '금'하고, '강'하고, '경'은 다 모양 있는 글자니까 거기에 머물면 안 돼요… 그렇지만 '금'하고 '강'하고 사이의 글자가 없는 거기, 그 사이에 머물면, 이것은 틈이거든요, 허공이거든요 허공! 허공에 발을 딛고서 두려움 없이 머무를 수만 있다면 거기가 바로 가장 안정된 자리입니다. 뭔가에 발을 딛고 있으면 불안해요. 왜냐하면 거기에 얽매여서 거기서 떨어져 나갈까 봐 불안하죠. 그런 불안이 없으려면 그 틈, 아무런 생각이 없는 그 공간에 발을 디딜 수 있어야 하는 겁니다.

공간에 발을 딛는다… 이런 이야기들이 경험한 사람들에게는 '그래 맞아!' 하고 충분히 이해가 되는데, 경험이 안 된 입장에서는 '어떻게 공간에 발을 딛는가?'라고 생각하죠. 그건 생각이거든요, 그 생각에 속을 수가 있는데… 하여튼 그 무언가에, 그것이 생각이든, 글자든, 사물이든, 발을 딛는 데가 있으면 그건 안 맞습니다. 어디에도 발을 딛지 않는 거예요. 어디에도 발을 딛지 않으니, 허공에 발을 딛는 것과 마찬가지입니다. 어디 정해진 곳에 발을 딛는 것은 아닙니다.

621

도대체 허공에 발을 딛는 게 뭐냐? 이렇게 물으면, 바로 지금 저의 의식은 그 초점이 허공에 있습니다. 우리 스스로는 허공에 있다고 여기지 않아요. 어떤 생각이나 욕망이나 느낌 같은 데 머물러 있을 때는 허공에 내 의식의 초점이 있다고 여기지 않습니다. 그런데 그런 특정한 곳에 머물러 있지 않고 내 의식을 찾아보면, 내 의식의 초점은 어디에도 초점이 맞춰져 있지 않거든요. 그럼 그게 허공에 있는 겁니다. 초점이… 어쨌든 한 번은 묶인 것에서 풀려나는 경험이 있어야 하는데…

마음이 지금 《금강경》에 나오는 모든 이야기들을 하고 있는 겁니다. 이 마음이란 놈이 높으니, 낮으니 하는 말을 하거든요. 그러니까 높은 것도 없고, 낮은 것도 없어요. 마음이란 놈이 높으니, 낮으니 하고 말하고 있는 것이지… 마음 그 자체는 높지도 않고 낮지도 않아요… 그러니까 이 《금강경》의 "이 법은 평등하여"란 말은 말 그대로 무유고하(無有高下)라, 높지도 않고 낮지도 않다 이겁니다. 높음도 있고 낮음도 있습니다. 높아도 마음이 그렇게 움직여서 높음을 드러내고, 낮아도 마음이 그렇게 움직여서 낮음을 드러내는 겁니다. 마치 물결이 잔잔하다가 확 높아졌다가 푹 내려가죠? 그러나 높으나 낮으나 그냥 물이에요. 그런 식이거든요. 언제든지 우리는 마음을 벗어나지 못합니다. 마치 물 위에 떨어져 있는 낙엽이 결코 물을 벗어나지 않고 항상 물결 따라 움직이듯이, 또는 물결 그 자체가 결코 물을 떠날 수 없듯이, 우리는 언제든지 이 마음을 벗어날 수 없습니다. 우리가 흐름을 감지하고, 움직임을 감지하는 이 모

622

든 것들은 전부가 마음이에요. 마음의 움직임입니다. 마음이 흐르고 마음이 움직이는 겁니다. 우리가 감지하고 있는 것은 전부 마음입니다.

그래서 언제든지 정말 관심이 있으면, 언제 어느 순간에도 마음을 체험할 수 있습니다. 마음이 작용하고 움직이는 그 가운데 체험이 되면, 마음의 존재를 실감하면, 그 다음부턴 쉽습니다. 붙잡았기 때문에, 확인했기 때문에 쉬운 거예요. 그렇게 체험하면… 그걸 가지고 무상정등각(無上正等正覺)이니 하는 온갖 이름을 붙이는 건데… 무상정등각이라는 것도 위에서 나왔다시피 얻을 바가 없기 때문에 무상정등각이라 그랬거든요. 얻을 것도 없고 잃을 것도 없기 때문에 위없이 바르고 평등한 깨달음이라고 했거든요. 그러니까 이 마음은 얻을 것도 없고, 잃을 것도 없어요… 얻고 잃고 하는 것 자체가 마음에 의해서 나타나는 겁니다. '얻는다', '잃는다' 하는 말 자체, 이 생각 자체가 마음으로 말미암아 생겨나는 그림이에요. 마음으로 말미암아 생겨나는 의식이라 이 말입니다. 그러니까 얻을 수 있는 것도 아니고, 잃을 수 있는 것도 아닙니다. 그건 너무나 당연한 말이에요.

마음은 금방 말씀드렸듯이 지금 이렇게 끊임없이 움직이고 작동하는 여기에서 실감이 되어야 해요. 흘러가는 물을 실감하듯이, 마음의 움직임 가운데서 마음이 실감된다니까요. 왜 확실하게 확인을 못하냐 하면, 우리가 의식이라는 색안경을 끼고 보니까 그런 거죠. 우리 의식이란 놈은 사진기와 같아요. 물이 흐르면 그냥 흐르는 대로 흐르는 그 자체를 실감하면 되는데, 의식이란 놈이 흐르는 물을 사진을 찍어 버린다고… 사진 속의 물은 흘러가는 척 하지만 흘러가지 않거든요. 흘러가는 모양만 나타내지 실제로 흐르는 것은 아니잖아요. 그러니까 속아 버리잖아요. 지금 딱 보니까 전부 그런 사진기를 가지고 있는데… (대중 웃음) 저는 지금 막 흘러가는 물이 실감되는데, 자꾸 사진 찍는 소리가 들려와서… (웃음) 사진을 찍으면 흘러가는 게 아니죠, 그것은… 흘러가는 모습을 담아 두는 거지. 이런 게 좀 어려워요. 여기서 어떻게 하면 사진기를 버리고 물속에서 물을 확인하느냐! 그거지 뭐 다른 게 없습니다. 의식이란 놈이 자꾸 속인단 말이죠.

이 사진 찍는 버릇을 버리는 것은 정말 어렵습니다. 그러나 오래도록 간절하게 하다 보면 어느 순간에 그런 버릇에서 풀려날 수 있는데, 어쨌든 간절함이 있어야 해요. 간절함! 간절하다고 하는 게 결국 진지한 자세인데, 진지한 자세를 가지고 이렇게 공부를 하다 보면 저의 말씀을 듣다가 문득 탁 체험할 수가 있습니다. 의식의 손아귀에서 풀려나는 것은 마치 물 끓는 것과 같아요. 온도가 점차점차 올라가지만 온도만 올라가지 물은 끓지 않잖아요? 그러다가 어느 순간이 되면 한꺼번에 끓기 시작한다고요. 그런 것과 마찬가지로, 우리가 목이 말라야 하는 건데, 말하자면 마음을 실감하지 못해서 마음을 실감하고자 목이 콱 말라야 하는데. 마치 물의 온도가 올라가듯이… 자꾸 목이 마르고, 마르고… 그래서 어느 수준에 다다르면 순간적으로 쑥 내려가 버리는 겁니다. 말하자면 체험하게 되는 겁니다. 그 목마름을, 갈증을 식혀 주는 거죠.

실제 체험을 하려고 하면 물의 온도를 높이기 위해 불을 계속 때야 하듯이, 중간에 불을 끄면 안 되죠. 공부를 계속 밀고 나가야 하는 겁니다. 계속 공부를 밀고 나가서, 시절인연이 도래할 때까지 공부를 놓지 않고 자꾸 밀고 가다 보면, 마치 온도가 올라가듯이… 올라가다가 나중에 불쑥 끓어 넘치잖아요? 그런 것과 비슷해요. 이것도… 때가 되어야 한다니까, 때가… 목마름이 밑에 깔려 있다가 상승을 해서 어느 수준까지 도달하면 저절로, 마치 물 끓듯이, 탁 넘어가는 겁니다. 넘어가면서 이것이 실감되는 거예요. 어쨌든 그런 순간이 한 번은 지나야 되는 겁니다. 목이 잔뜩 말라서 고통스럽다가 시원해지면서 탁 뚫리는 그 순간이 반드시 한 번은 있어야 돼요. 그것 한 번 안 거치면 천 날 만 날 공부를 해도, 마치 가스 불을 최대한 줄여 놓고 물을 끓이려는 것과 같아서 계속 50도, 60도에서만 머물고 물은 끓지 않는 것과 같습니다. 그 고비를 한 번 넘어가야 해요. 반드시 그런 고비가 넘어가야 합니다. 그 고비를 안 넘기면 계속해서 시간만 지나가고 있는 겁니다.

등산할 때 처음에는 걸음걸이가 가볍잖아요? 그런데 올라갈수록 힘들거든요. 숨이 목에까지 차오르면 더 힘들잖아요? 이 공부도 그래요. 가면 갈수록 더 힘듭니다. 더 힘들어도 어쨌든 고갯마루까지는 가야 하는 겁니다. 그래야 그 다음에 내리막길입니다. 힘들어도 끝까지 밀고 나갈 수 있는 그런 끈기가 필요해요. 끈기! 그런데 그 끈기란 것이 스트레스 받아 가면서 억지로 하란 말은 절대 아닙니다. 그러면 힘이 들어서 못합니다. 그런 게 아니라, 여기에 대한 간절함만 가지고 포기하지 않으면 됩니다. 간절함이 얼마나 있느냐에 따라서… 간절함만 있으면 자기 자신이 힘을 안 들여도 저절로 그렇게 됩니다. 그거죠.

이 법은 평등해서 아래 위가 없습니다. 아래 위가 없다고 하는 것은 생사도 없고, 길고 짧음도 없고, 더럽고 깨끗한 것도 없는 겁니다. 더러우니 깨끗하니, 기니 짧으니, 생겨나니 사라지니… 이런 것은 전부 이것에 의해서, 이 법에 의해서 나타나는 현상입니다. 온갖 모양의 물결들이 결국 물 하나에 의해서 드러나듯이, 기니 짧으니, 높으니 낮으니, 평등하니 불평등하니… 온갖 종류의 말들, 온갖 종류의 생각들이 이 법 하나에 의해서 나타나는 현상일 뿐입니다. 법은 어떤 언어로도 말할 수가 없습니다. 법은 어떤 말로도 이렇다 저렇다 규정할 수가 없어요.

마치 손을 써서 글을 쓰거나 그림을 그리는데, 글이나 그림이란 것은 우리의 사유를 말하는 것입니다. 손을 써서 글을 쓰거나 그림을 그리는데 글자나 그림이 손을 만들어 낼 수는 없잖아요? 손이 글자나 그림을 만들어 내는 거지… 손이란 게 뭐냐 하면 쓰는 이것이거든요. 살이나 뼈가 아니라… 손 역할 하는 이것! 손이라는 것이 살과 뼈로 된 게 아니라, 살과 뼈를 움직여서 손 노릇을 하는 이것이 손이거든요. 진짜 손, 보이지 않는 손… 보이는 손이 손 노릇을 하게 하는 보이지 않는 손이 있는 거죠. 보이지 않는 이 손을 가지고 여러 가지 글자도 쓰고 그림도 그리고 하는데… 그러나 그림이나 글자가 이 보이지 않는 손을 나타내 줄 방법은 없는 겁니다. 손을 쓰면서 손이 깨달아야지… 손을 쓰면서 손 스스로가 '아!' 하고 깨달아야지, 손을 써서 만들어 낸 물건을 보고서 알 수는 없는 겁니다. 손을 쓰면서 손의 존재를 손 스스로가 깨달아야지, 손을 가지고 그려 놓은 그림이나 사물에서 살아 있는 진실한 손을 확인할 수는 없잖아요.

그러니까 내 마음이 있는지 없는지를 확인하려면, 마음에 관한 어떤 생각이나 말로도 확인할 수 없습니다. 그것은 마음이 만들어 낸 사물이라… 사물이 손의 존재를 확인시켜 주는 것은 아니에요. 손은 손을 쓸 때만 손 스스로 존재를 드러내잖아요. 마찬가지로 마음도 마음을 쓸 때, 쓰고 있을 때 마음의 존재가 드러나는 거지, 마음을 써서 이미 만들어 내 놓은 느낌이나 관념이나 욕망이나 의식 속에서 마음을 알 수는 없어요. 지금 이 순간 우리가 쓰고 있거든… 바로 지금 이 순간에 마음을 쓰고 있단 말이죠. 바로 지금 이 순간 마음을 쓰고 있으니 마음이 존재를 드러내고 있는 겁니다. 마음을 실감하는 방법은 그것밖에 없어요. 늘 지금 이 순간 여기에서 마음의 존재는 나타나는 겁니다.

　　나도 없고, 사람도 없고, 중생도 없고, 목숨도 없음으로써 일체
　의 선법을 닦는다.

나와 남이 없음을 가지고서 일체 선법을 닦는다… '나'라는 것에 머물게 되면, '나'라는 것은 벌써 마음이 그려 놓은 그림입니다. 아상 (我相)이죠, 아상! 나에 대한 그림이죠. 나는 이렇다, 저렇다… 하면 벌써 나에 대한 그림이죠. 나에 대한 그림을 통해서는 알 수가 없어

요. 무아(無我)라는 것은, 나에 대한 그림에 의지하지 않는다 이 말이거든… 즉 아상에 의지하지 않는다… 아상에 머물지 않는다… 그래서 무아라고 하는 것은 아상, 나에 대한 그림, 나라는 그림에 머물지도 않고 의지하지도 않을 때… 그림에 의지하지 않으니까, 지금 현재 살아서 이렇게 쓰고 있는 나 자신의 존재로 돌아오는 거죠. 그럴 때, 나니 사람이니 중생이니 목숨이니 하는 그림에 의지하지 않음으로 해서, 거기에 머물지 않음으로 해서 모든 선법을 닦는 거다…

선법(善法)이란 게 뭐냐 하면 바로 실상을 깨닫는 거죠. 그림에 의지하지 않음으로 해서 실상을 깨달을 수가 있다… 달리 말하면, 지금 그림을 그리고 있는, 그림을 보고 있는, 지금 그림을 그리고 있고 그림을 보고 있는 이것! 지금 소리를 듣고 있는 이것! 이것이에요, 이것! 지금 생각하고 있고, 지금 소리를 듣고 있고, 지금 쳐다보고 있고, 지금 느끼고 있고… 여기서 확인하는 거라니까요… 여기서! 지금 듣고 있고, 보고 있고, 생각하고 있고, 움직이고 있고… 여기서 확인해야 하는데, 확인이 되려면 우리가 의식을 가지고 밀어붙여서는 안 됩니다. 오히려 의식으로 밀어붙이는 그것이 문득 놓여야 합니다. 의식으로 밀어붙이는 것으로는 말하자면, 방문 앞에까지는 갈 수가 있습니다. 방문으로 들어오려면 의식이 탁 놓이면서 이것, 지금 드러나 있는 이 마음이 실감되어야 하는 겁니다.

수보리야, 이른바 선법이라 하는 것은, 여래가 말하기를 선법이 아니라 이름만 선법일 뿐이니라.

628

선법은 선법이 아니라 이름만 선법이다… 이것은 《금강경》에서 안 빼먹고 나오는 이야기죠. 선법이 선법이 아니라면 그게 뭐냐? 좋은 법이라는 게 좋은 법이 아니라면 뭐냐? 우리가 '좋은 법' 이러면, '좋은 법'이란 소리에 따라서 뜻을 만들어 내는데, '좋은 법'이란 뜻이 아니라 이겁니다. 그러면 "좋·은·법"이란 소리죠, 소리… 그러면 이 소리는 뭐냐? "좋·은·법"이라는 소리는 도대체 뭐냐? "좋·은·법", "좋·은·법" 하는 이 소리 자체가 마음이에요. "선·법", "좋·은·법" 하는 이 소리 자체가 마음이라니까요. 마치 허공에 바람이 불어오듯이, 마음이 이렇게… 이게 마음이거든, 이것에 의해서, "좋·은·법" 이렇게 하는 것, 이것 하나에 의해서 《금강경》에 나오는 이야기 다 나오고, 《금강경》뿐입니까? 《법화경》, 《화엄경》, 《유마경》… 팔만대장경에 나오는 이야기가 다 나오는 겁니다. 이것 하나에 의해서… 그래서 선법은 선법이 아니라 이것이다… 선법이라는 것은 선법이라는 글자의 뜻이 아니라, 지금 "선·법" 하고 소리 내는 이것이다.

우리는 말을 들으면 글자 뜻을 따라가거든요. 선법이라는 것은 선법이라는 글자 뜻이 아니라, 지금 "선·법" 하고 있는 이것이다. "선·법"이라고 소리 내는 이것! 이 소리를 내는 이것 자체가 마음의 움직임인데, 여기서 마음이 탁 하고 감지가 되어야 되는 겁니다. '마음이 이렇게 움직이는구나'라고 생각하는 게 아니라, 마음이 덜커덕 하고 감지가 되면 이런저런 생각 같은 것은 일어나지가 않습니다. 바로 딱 통하는 거죠. 마음이란 바로 탁 통하는 거지, 마음에 관해서 이런저런 생각이 일어나는 것은 아닙니다.

선법은 선법이 아니라… 선법이란 것은 말일 뿐이고 이름일 뿐이죠. 그래서 이름일 뿐이다… 그런데 이름의 뜻을 따라가지 않으면, "선·법" 하는 이 이름 자체가 마음을 드러내고 있는 겁니다. 그것은 마치 앞이 보이지 않는 캄캄한 동굴에 내가 있는데, 다른 사람이 나를 찾을 때 나를 알리는 것과 같습니다. 아무것도 보이지 않는데 나를 알리는 방법이 뭐가 있습니까? 말을 하든지, 아니면 팔을 잡든지, 벽을 퉁퉁 치든지 어쨌든 뭔가를 움직여 주어야 하거든… 가만히 있으면 내가 여기 있는지 알 수가 없단 말이죠. 움직이는 가운데서 여기에 사람이 있다는 사실을 감지한단 말이죠. 그와 마찬가지로 이 마음이란 놈도, 움직여서 나타나는 거거든요. 그 움직임이 느낌의 형태로도 나올 수 있고, 욕망의 형태, 생각의 형태, 아니면 육체가 움직이는 형태… 다양한 방식으로 나올 수 있죠. 움직임을 통해서 탁 실감해야 한단 말이죠.

(이때 대중 가운데서 핸드폰 벨소리가 울림)

이렇게 감지가 되잖아요? (대중 웃음) 소리가 나니까 감지를 하잖아요… 저런 식으로 탁 하고… 여러분이 전부 저한테만 귀를 기울였지 휴대폰에 귀를 기울이지 않았거든요. 그런데 이놈이 나 여기 있소! 하고 탁 알리니까 우리가 누구나 다 감지를 한다고… 마음이란 그런 거예요. 언제든지 준비가 되어 있는 겁니다. 모양은 없지만 항상 어디에나 마음은 준비가 되어 있는 거예요. 그래서 체험이 가능합니다. 어디서든지… 정해진 장소와 모양이 없습니다. 그렇지만 언제든지 체험할 수 있는 겁니다. 움직임이 있으면, 인연이 있으면… 실감이 될 수 있단 말이죠. 하여튼 한 번은 실감이 되어야 해요… 그래야 '아, 이런 놈이 있구나!' 이렇게 알 수가 있습니다.

성(性)이란 글자를 한번 보세요. 마음 심(心=忄)에 날 생(生) 자거든요? 마음이 생겨나서 활동하는 것을 성이라고 그러는 겁니다. 마음이 여러 가지로 일어나서 작동하고 활동하는 그것이 체험되어야 하는 겁니다. 그런데 막상 잡으려고 하면 그런 것은 없어… 그래서 허공이라고 하거든요. 실제로 잡으려면 없지만 분명히 항상 드러나 있어요. 마음은 항상 이렇게 드러나 있단 말이죠. 한 번은 반드시 이것을 체험하고, 실감하는 관문을 통과해야 해요. 그랬을 때, 말하자면 소를 찾은 거죠. 그 다음부턴 이제 소를 길들이는 일만 남은 겁니다. 물론 찾아낸 소를 제대로 길들이지 않으면 다시 잃어버릴 수도 있습니다. 그러나 길들이는 것은 어쨌든 두 번째 문제이고, 우선은 소를 찾아내야 하는 겁니다.

소를 찾아내는 데 있어서 방법이란 것은… 소에 관한 상상만 하지 않으면 돼요. 소가 저기 있다는 환상을 보고 좇아가지 않고 소에 관해서는 아무것도 모른 채 그냥 찾다 보면, 언젠가는 소 발자국을 찾게 되고, 발자국을 따라가다 보면 또 소를 찾을 수가 있습니다. 환상을 좇아서, 아니면 자기가 미리 짐작해서 소가 어디쯤 있을 것이다 짐작을 해서 찾아가면 찾을 수가 없는 겁니다. 그냥 아무 생각 없이, 어찌 보면 감각적으로 찾아야 해요. 내면에 있는 미세한 감각을 가지고… 내 내면에 있는 미세한 감각을 잘 사용하려면, 내 의식,

표면에 있는 지식이나 습관적인 것들로부터 자유로워져야 합니다.

그렇게 되려면 어떻게 해야 하느냐? 진지하고 진실하게 이것에 몰두하면 됩니다. 옆을 돌아보지 않고 그냥 진실하게 여기에 몰두를 하면 되는 겁니다. 몰두를 하란 말은 어디에 의식적으로 정신을 집중하란 말이 아니에요. 자기도 모르게 여기에 푹 빠져들어 가는 거죠. 그렇게 되어야 하는 겁니다. 몰두를 해야 돼요, 몰두를… 발심이란 달리 말하면 몰두하는 겁니다. 몰두하는 거예요. 여기에… 그거지, 인위적으로 정신을 집중하는 게 아닙니다. 마음을 깨달아야한다는 그 숙제에 몰두하는 겁니다. 그 숙제를 하는 방법은 모릅니다. 그냥 매달리면 되는 겁니다. 특별한 방법은 없습니다.

24
복덕과 지혜가 헤아릴 수 없다 福智無比分

"수보리야, 어떤 사람이 삼천대천세계 안에 있는 모든 수미산들처럼 그렇게 큰 칠보의 무더기로 보시하더라도, 다른 사람이 이 반야바라밀경에서 사구게만이라도 받아 지니고 읽고 외우며 남에게 일러 준다면, 앞의 공덕으로는 백분의 일에도 미치지 못하며, 천만억분의 일에도 미치지 못하며, 나아가서는 수효나 비유로도 미칠 수 없느니라."

"須菩提, 若三千大千世界中, 所有諸須彌山王, 如是等七寶聚, 有人持用布施. 若人以此般若波羅蜜經乃至四句偈等, 受持讀誦爲他人說, 於前福德百分不及一, 百千萬億分乃至算數譬喩所不能及."

다시 보겠습니다.

수보리야, 만약에 삼천대천세계 가운데 있는 모든 수미산…

인도의 고대 세계관에서는 이 세계의 중심에 수미산이라고 하는 큰 산이 있고, 사방에는 바다가 있다고 보았는데, 이런 게 삼천 개가 있고, 그것이 또 삼천 개 뭉친 게 또 삼천 개 있다고 해서 삼천대천세계라고 합니다. 대단히 많은 수효를 이야기한 것인데, 수미산이라고 하는 것은 아주 큰 산으로 그 수미산 꼭대기에 색계, 무색계가 있고… 이런 식으로 이야기합니다. 어쨌든 이 수미산 대신에 먼지, 티끌을 넣어도 좋습니다.

이 삼천대천세계 속에 있는 티끌과 같은 보물 무더기(七寶聚)를 가지고 보시를 한다 하더라도…

앞에서도 한 번 나왔었죠? '온 세상, 온 우주를 칠보를 가지고 다 치장을 한다 하더라도'라고 말입니다. 보물을 가지고 온 우주를 치장하는 복덕은 크겠죠.
그러나…

어떤 사람이 이 반야바라밀경에서 사구게만이라도 받아 지녀서 읽고 남을 위해서 해설해 준다면 그 복덕이 앞의 복덕보다 비교할 수 없을 만큼 크다…

왜 그런가? 이것은 비교가 안 됩니다. 왜 비교가 안 되느냐 하

634

면… 이 삼천대천세계의 티끌만큼 많은 보석을 가지고 삼천대천세계를 치장한다 하더라도 그것은 모양을 따라서 하는 것입니다. 모양을 따라서 하는 것이기에 허망한 거죠. 분별심이에요, 분별심! 칠보라는 것은 모양이죠, 숫자가 있습니다. 그리고 크기가 있고, 장소가 있고… 의식을 따라가는 겁니다. 모양 따라가는 거죠. 그런데 여기서 반야바라밀경이라고 할 때 이 반야는 모양과 의식하고는 다르거든요. 반야라고 하는 것은 항상 쓰고 있고, 항상 반야의 혜택을 받고 있으면서도 모양도 없고 크기도 없습니다. 헤아릴 수가 없어요. 생각으로 붙잡을 수가 없습니다. 우리는 항상 이 반야라고 하는 이것에서 벗어난 적이 없어요. 벗어날 수도 없습니다.

지구상의 모든 초목, 동식물이 태양의 빛으로 살아가는데, 동식물 어느 것도 태양 그 자체는 아니듯이, 이 반야의 빛으로 우리가 경험하는 이 모든 일들이 일어나는 겁니다. '이것은 장미꽃이다. 저것은 난초다'라고 아는 것도 반야의 힘이지만, 그렇다고 장미꽃이 반야는 아니에요, 난초가 반야는 아닙니다. 우리가 반야의 힘으로 장미꽃, 난초를 경험하지만, 장미꽃, 난초라는 모양을 따라가서는 반야를 알 수가 없어요. 모양을 따라가지 않으면 장미꽃, 난초를 감상하는 그 자체로서 반야를 보는 겁니다. 반야를 경험하는 거죠. 반야라는 건 마음입니다. 우리는 항상 마음을 쓰고 있잖아요? 마음을 쓰는 거죠. 그냥 마음을 쓰는 겁니다.

그런데 우리가 흔히 '마음을 잘 쓴다, 못 쓴다' 이런 식으로 말하는 그 정도를 마음이라고 알아서는 진짜 마음을 아는 것이 아닙니다. '마음을 잘 쓴다, 못 쓴다' 할 때의 마음은 생각을 말하는 거죠.

그러나 말하는 것도 마음이고, 행동하는 것도 마음이고, 생각하는 것도 마음이죠. 그리고 '마음을 잘 쓴다, 못 쓴다'라고 할 때, 우리는 마음을 '잘 쓴다, 못 쓴다' 하는 모양으로 평가하고 있는 겁니다. 잘 써도 이 마음을 쓰는 것이고, 못 써도 이 마음을 쓰는 것입니다. 그러니까 '잘 쓴다, 못 쓴다' 하는 테두리에 매이지 말고, 단순히 '쓴다'라는 것, 잘 쓰든 못 쓰든 쓰는 것이죠.

마음이란 것은 쓴다고 해서 닳는 것도 아니고 달라지는 것도 없습니다. 써도 그 마음이요, 안 써도 그 마음입니다. 사실은 움직임과 멈춤이 다르지 않다 이겁니다. 《신심명(信心銘)》에도 그런 말이 나오잖아요. '움직임과 멈춤이 둘이 아니다.' 다르지 않습니다. 움직여야만 마음을 쓰는 것이고, 멈추고 있으면 마음을 안 쓰는 게 아니에요. 마치 물이란 놈이 물결을 칠 때도 물이고, 물결이 없어도 그냥 물이듯이 말이에요. 언제든지 인연이 다가오면 물결이 생기거든요. 그런 식이에요. 마음이란 것은 언제든지 쓰고 있고, 언제든지 쓸 수 있죠. 안 쓴다고 해서 없어지는 게 아닙니다. 또 써도 써도 없어지는 것도 아니에요. 왜냐하면 마음은 모양이 없으니까요. 하여튼 이것을 감지하셔야 해요. '그래, 맞아!' 이렇게… '맞아!'란 생각이 일어나는 게 아니라, '턱' 하고 이렇게 실감이 온단 말이에요. 확인이 되는 거죠.

마음이란 것은 본래 모양이 없기 때문에 부족한 게 없습니다. 모양이 없는 것은 부족할 수가 없는 거예요. 모양이 있어야 뭐가 제대로 됐느니 찌그러졌느니 말하는 것이지, 모양이 없으니 뭐라고 말할 수가 없는 겁니다. 그러니까 마음에 대해서는 어떻게 말하더라도 맞지 않습니다. 모양이 없지만 그러나 우리가 마음을 가지고 있는 것은 또 부정할 수 없는 사실이거든요.

그런데 자꾸 제가 걱정되는 것은, 경전이라든지, 각종 명상이니 마음공부니 해서 마음에 관해서 말들이 많으니까, 다들 우리는 뭔가 마음이란 것에 관해서 그림이나 선입견을 가지고 있어요. '아마 이런 걸 거야…' 하고 자기도 모르게 그런 것을 가지고 있습니다. 그것 때문에 많은 장애를 받습니다. 그런 선입견 때문에… '아마 이런 걸 거야…'라고 한다면 그것은 마음으로 말미암아 나온 그림이지, 마음과는 상관없어요. 마음은 그림이 아니다 이겁니다. 그러니까 물로 말미암아 파도가 생기지만 파도는 '이런 모양이 물이다' 하고 물의 모양을 그려 낼 수는 없는 거예요. 왜냐하면 물이란 게 본래 정해진 모양이 없거든요. 마음이란 게 그렇다 이겁니다. 정해진 모양이 없으니까, '아마도 마음에 관한 경험은 이런 걸 거야' 하고 가지고 있는 선입견을 무조건 내버려야 하는 겁니다. 그런 게 조금이라도 있으면 그것이 장애가 되어서 공부가 안 됩니다. 《금강경》뿐만 아니라 여러 경전에서 이야기하고 있잖습니까? 마음이라고 얻을 게 없고, 모양이 없고, 도무지 말할 수 없다… 어떤 모양으로도 마음에 관한 견해가 있다면 그것은 공부에 도움이 되는 게 아니고, 조그마한 그 견해에 가려서 끝내 마음을 깨달을 수가 없게 되는 겁니다.

기억이 잘 나지는 않지만, 제가 공부했던 것을 돌이켜 보면, 저도 처음에 '선이 뭔가?' 하고 책을 상당히 봤어요. 어차피 책밖에는 의지할 것이 없으니까… 그런데 보면 볼수록 모르겠어요. 처음에는 보니까 어느 정도 그림이 그려져요. '아, 이런 게 선이구나' 이렇게 했는데, 자꾸자꾸 보니까 대강은 그려지는데, 어떤 그림도 정확하게 거기에 해당이 되는 게 아닌 거예요. 그러니까 대강 '이런 거구나' 하는 견해는 그려지는데, 어떤 견해도 딱 들어맞는 것은 없더라고요. 시원하지 않은 거예요. 결국에는 의식적인 노력으로는 어떻게 해도 할 수 없겠다는 결론이 나오더라고요. 황당하죠. 화두도 좀 하려고 했는데, 체질에 안 맞더라고요. 방석 접어 깔고 앉아서 좌선도 한 6개월 해 봤는데, 역시 그것도 체질에 안 맞았습니다. 그것 자체가 신뢰가 안 생겨요. 여기에서 뭐가 나오겠냐 하는 의문이 여전히 남았죠.

그리고 이미 제가 본 책들에 따르면, 그렇게 해서는 안 된다고 되어 있었으니까요. 《육조단경 (六祖壇經)》에는 공부는 앉는 것과 상관이 없다고 나와 있어요. 이 말은 여러 군데 나옵니다. 《유마경》에도 나오지 않습니까? 그러니 신뢰가 안 생겨요. 그래서 그만두고… 화두는 분명히 하면 된다고 그러는데, 화두를 잡아 보니까 게을러서 안 되더라고요. 자꾸 '이뭐꼬, 이뭐꼬'… 한다는 것 자체가 지겹고 싫은 거예요. 그러니까 뭐 아무 방법이 없죠.

그래서 저는 제 스승님의 법회, 그때 일주일에 두 번 있었는데, 저는 그때 심정이 어땠느냐 하면, 내 힘으로는 안 되고, 저기 가르치는 분이 분명히 뭔가가 있는 것 같으니까 저 분이 가지고 있는 것을 내가 훔쳐야겠다… (대중 웃음) 실제로 그런 생각을 가지고 있었어요. 그것밖에 방법이 없겠더라고요. 훔치는 방법은 무조건 그 법회에 가서 앉아서 귀를 기울이는 거죠. 귀를 기울여서 자꾸자꾸 들어서 그분이 정신적으로, 내면적으로 가지고 있는 모든 것을 내가 알 때까지 여기 앉아 있어야 되겠다… 그것밖에 없었어요. 길이 없잖아요. 그러다 보니까 제가 전혀 기대하지 않았던 여러 가지 일들이 일어났어요. 제가 의식적으로는 도저히 기대할 수 없었던 내면의 여러 체험들이 일어나면서 결국 그분의 말씀을 다 알아듣겠더라고요.

나중에 그렇게 해 놓고 화두나 경전을 보니까 아무것도 아닌 겁니다. 전부 다 똑같은 말을 하고 있더라고요. 달리 다른 말이 없어요. 딱 한 가지를 가지고 이래저래 자꾸 말하고 있더라고요. 저는 힘들이지 않고 공부했습니다. 그냥 가서 귀만 기울이고 앉아 있는 거니까 힘들게 없죠. 그 대신에 믿음은 있었죠. 하여튼 저분이 가진 것이 뭔지는 모르지만 그것을 완전히 밝힐 때까지… 그 생각밖에 없었어요. 일종의 억하심정(抑何心情)이지… (대중 웃음) 내가 모르는 걸 남이 알고 있다는 것은 기분 나쁜 일이잖아요. 사실 저는 그런 감정이었어요. 저도 학교는 다닐 만큼 다니면서 적어도 글로 써 놓은 것은 이해 못하는 게 별로 없었어요. 그런 것은 자꾸 파고들면 되니까… 그런데 이것은 전혀 성격이 다르더라고요. 이것은 머리를 가지고는 도저히 어떻게 할 수 없는 일이라… 머리를 가지고는 도저히 어떻게 할 수 없으니까 결국에는 밀어붙이기 작전밖에 없는 거예요. 무조건 가서 이야기를 듣다 보면 그게 친숙해지고, 친밀해지고, 그러다 보면 말하는 사람의 정확한 말귀를 알아듣는 거죠.

그래서 이 마음공부는 예리한 이해력, 이런 걸로 하는 게 아니라, 얼마나 끈기 있게 밀어붙이느냐… 거기에 달려 있는 겁니다. 이것은 말하자면 훈습(薰習)이에요, 훈습! 계속 끈기 있게 밀어붙이는 성실성, 그것 하나지, 어떤 기발한 아이디어나 그런 게 아닙니다. 결코 좋은 머리와는 관계없어요. 성실성에 좌우되는 겁니다.

여기서 삼천대천세계를 칠보로 장식한다고 하는 것은 우리의 의식입니다. 생각이죠, 관념이고, 또는 오온, 경험들입니다. 느낌이라든지, 욕망이나 관념이나 의식… 이런 것들은 전부 한계가 있죠? 모양이 있기 때문에 무한할 수가 없습니다. 한계가 다 있습니다. 모양을 가지고서 모양이 없는 이 마음을 비교한다는 것 자체가 안 되는 겁니다. 그래서 비교가 안 된다는 겁니다. 무비(無比)라… 이 말은 달리 말하면, 어떻게 해도 머리를 가지고 의식적으로는 접근 불가능하다는 겁니다. 오직 성실하게 밀어붙이는 것, 그것밖에 없습니다. 생각을 놓아 버리고… 마음공부에서 생각은 잔꾀입니다, 잔꾀! 생각을 놓아 버리고 성실하게 밀어붙이다 보면 자기 내면에서 여러 가지 변화가 옵니다.

마음공부는 결국 내면에 변화가 와야 해요. 내면에 변화가 와야지, 아무 변화가 안 오면 효과가 없는 것 아닙니까? 분명하게 변화가 옵니다. 변화가 오고, 확고부동하게 하나가 되고, 그래서 누가 뭐라고 해도 흔들림 없이 됩니다. 그런 실제적인 효과가 있습니다. 그런 게 없으면 마음공부란 것은 단지 그냥 관념적인 이야기에 불과합니다. 아무런 진실함이 없는 거죠. 이것은 진실한 겁니다. 결코 관념적인 이야기가 아니에요. 마음이라는 것은 가장 진실한 의미에서의 경험이지요. 도저히 부정할 수 없는 경험입니다.

다른 것은 다 부정해도, 예를 들어서 마음을 감지하고 있으면서도

640

다양한 감정 상태나 생각을 동시에 경험할 수 있습니다. 그런데 다양한 감정들이나 생각들은 자꾸 변해 가지만 마음은 변화가 없어요. 항상 그대로라. 그러니까 가장 진실한 거죠. 헛되게 이리저리 변화무쌍한 게 아니에요. 마음은 항상 그대로입니다. 그래서 적멸이라고 그래요. 항상 조용하고 고요하지요. 입 다물고 가만히 있는 게 적멸이 아니라, 이렇게 들떠서 중심 없이 흔들리는 게 아니라, 그 본래의 자리에 딱 안정이 되는 겁니다. 그러니까 자신만만한 것이고, 말하자면 걱정이 없다 이겁니다. 그런 식으로 확실한 경험이 있습니다.

마음공부라는 게 그냥 심리적으로 복잡한 문제가 안 일어나고 편안한 것, 그런 게 아닙니다. 소위 법이라는 이름을 가진 이 자리가 확실하게 있습니다. 본래면목이라는 자리가 분명하게 있다니까요. 거짓말하는 게 아닙니다. 불교 학자들 가운데는, 스님들 가운데도 마찬가지고, 마음이란 게 본래 한 물건도 없다고 했는데, 그 마음을 '불성'이니 '진여'니 '본래면목'이니 하고 말하는 것은 힌두교식으로 유신론(有神論)이 아니냐? 이런 식으로 말하는 사람이 있는데… 말 따라다니지 말라고 그랬는데도 꼭 말 따라다녀요.

이름을 붙일 수 없는 이것에 방편으로 이름을 붙였을 뿐인 겁니다. 도니 본래면목이니 하고… 한 물건도 없는 이것에 이름을 붙인 거예요. 깨달음은 깨달음이 아니라 깨달음이라는 이름일 뿐이다… 분명히 말했잖습니까? 실제로 뭐가 있는 건 아니에요. 사물로서 있는 것은 아닙니다. 그러나 이름 붙일 수 있는 경험은 있어요. 사물은 아니죠. 오온 십팔계는 아닙니다. 아니면서도 이것이(탁자를 두드리며) 없다면 어떻게 오온 십팔계가 나오냐 이겁니다.《반야심경》에 나오죠? 색즉시공 공즉시색 수상행식 역부여시… 색·수·상·행·식이 전부 공이다… 색·수·상·행·식이 다 다른 겁니다. 다 다르거든요? 그 다른 전부가 다 한결같이 공이라고… 공이 아니면 색·수·상·행·식이 드러날 수가 없는 겁니다.

한결같이 변하지 않는 게 있고, 변화하는 그런 측면이 있고, 하나의 경험이지만, 하나의 마음인데 우리가 경험하기 따라서 다양하게 변화하듯이 보이기도 하고, 전혀 변화 없는 경험으로 나타나기도 합니다. 변화를 좇아가서도 안 되고, 변화 없음에 치우쳐서도 안 되고… 말하자면 이 하나의 마음, 변화로도 나타나고 변화 없음으로 나타나기도 하는 이 한 개의 마음, 이것이 딱 확인이 되면,《반야심경》의 오온개공(五蘊皆空)이란 말이 분명히 이해가 됩니다. 이해가 아니라 실감(實感)이 되는 거죠. 실감이… '오온이 정말 공이 맞구나!' 하는 게 실감이 되는 겁니다.

그래서 그것이 단순히 관념적인 이야기가 아닙니다. 논리적인 이야기가 절대 아닙니다. 어떤 분은 저에게 어떻게 그렇게 논리정연하게 말하느냐고 그러던데, 저는 논리적으로 말하는 게 아니에요. 그저 이 법의 자리에 발을 딱 딛고 있으면 불합리한 말이 안 나오는 겁니다. 모든 게 다 이 안에 환하게 드러나 있으니까 이러쿵저러쿵 이상하게 말할 이유가 없는 거예요. 명확하게 말하는 거죠. 그러나 논리적으로 추리하는 것은 아닙니다. 그것은 불합리해요. 불투명하지, 모를 때 추리를 하는 거니까… 형사들이 범인을 모를 때 추리하는 거잖아요? 이것은 추리가 아니에요. 눈앞에 있는 사실을 있는 그대로 말하는 겁니다. 그러니 여기에 불합리한 게 있을 수 없죠.

642

오히려 눈앞에 보이는 사실을 그대로 말하기 때문에 논리적으로는 조금 허점이 있을 수도 있습니다. 허점이라기보다는 논리적으로 이해 안 되는 부분, 논리를 뛰어넘는 부분들이 있죠. 예컨대 없는 게 있는 것이고, 있는 게 없는 것이다… 논리적으로 하면 해석이 안 되는 부분인데, 그러나 분명하거든요. 말이 '있다/없다'지, 다른 게 아니거든요. 말만 안 따라가면 '있다'와 '없다'는 전혀 다르지 않죠. '있다'라는 말과 '없다'라는 말의 원천을, 근원을 찾아보십시오. '있다'라는 말은 어디에서 나타나고, '없다'라는 말은 어디에서 나타나느냐? 근원을 찾아보지 못하고, '있다'라는 말과 '없다'라는 말의 모양을 따라가면 전혀 다르잖아요. 그러나 '있다'라는 말과 '없다'라는 말이 나타나는 근원을 찾아보면, '있다' 하는 것이나 '없다' 하는 것이나 하나도 다를 게 없잖아요. 똑같은 거거든 이것은… 도대체 '있다'라는 말이 어디서 나오고, '없다'라는 말이 어디서 나오느냔 말이에요. 똑같잖아요. 동일해요. 같은 지점에서 다양하게 나오는 겁니다. 그래서 이것을 경전에서는 "적멸의 자리에서 모든 생멸법이 나타난다"고 하는 겁니다. 하나의 지점이거든요. 그러니까 말을 안 따라가는 것이 이 공부에서는 가장 중요합니다.

아는 게 병입니다. 제발 지금까지 불교에 대해서 배운 것을 전부 버리세요. 아는 게 병이라니까요. 배운 바대로 육식(六識)이 어쩌고, 칠식(七識), 팔식(八識), 여래장(如來藏)이 뭐고, 업장(業障), 유아(有我)니 무아(無我)니 하고 따지기 시작하면 이것에서 멀리 떨어져 있는 겁니다. 그렇게 하시면 안 돼요. 그냥 이런 말 저런 말이, 말은 모두 다르지만 하나라고 그러는데, 말 한마디 한마디, 생각 하나하나, 글자 한 자 한 자가 바로 이것입니다. 그러니까 여기에는 부처도 없고, 중생도 없고, 마구니도 없고, 지옥도 없고, 천당도 없습니다. 업장, 윤회, 그런 거 없어요. 그냥 이것 하나뿐이에요. 이것 한 놈이 온갖 요술, 마술을 부리고 있어요. 온갖 것이 여기서 다 만들어져 나오는 겁니다.

종교를 배워서 관념적으로 주입된 상(相)들, 각종 이름과 모양들, 《금강경》을 통해서 전부 청소해 내야 합니다. 싹 청소해 내고 가장 단순하고 가장 직접적이고 가장 진실한 이것에 바로 탁 통해야 하는 겁니다. 영가천도! 진짜 영가천도 하고 싶거든 이 법을 깨달아야 돼요. 법을 깨달아야 영가는 영원히 사라지는 겁니다. 법을 모르면 계속 따라오면서 괴롭혀요. 법을 알고 나면 그 다음부턴 영가가 어디 가 버렸는지 없어요. 천도하고 말고 할 것도 없습니다. 이것 하나뿐이에요. 이것 하나뿐! 이것이 모든 것의 가장 밑바닥이고 근원인 겁니다. 선사들은 이것을 가리켜 손잡이를 잡는다고 그랬습니다. 자동차로 치면 운전대를 잡는 거예요. 내가 부리는 대로 가는 거죠. 법에 통하면 그렇게 되는 겁니다. 나머지는 신경 쓸 필요가 전혀 없는 겁니다. 망상은 저절로 가라앉습니다. 가장 확실한 게 있으니까요. 오직 이 법만 분명하게 실감하고 통달해 버리면 나머지는 전혀 걱정할 게 없습니다. 여기서 다 해결되는 문제이기 때문이죠. 망상이라고 하는 것은 우리의 허망한 의식에서 나오는 거예요. 그래서 온갖 것을 이리저리 맞추어 보고 비교하고, 억울하다, 자랑스럽다 하는 겁니다. 그런데 이 법이 분명하면 그런 것 저런 것이 없습니다.

25

교화했으나 교화된 것은 없다 _{化無所化分}

"수보리야, 네 생각에 어떠하냐? 너희들은 여래가 '내가 중생을 제도하리라'라고 생각한다고 여기지 마라. 수보리야, 그렇게 생각하지 마라. 무슨 까닭이겠는가? 진실로 여래가 제도할 어떤 중생도 없느니라. 만일 여래가 제도할 중생이 있다면, 여래에게 아상·인상·중생상·수자상이 있는 것이니라. 수보리야, 여래가 '내가 있다'고 말한 것은 곧 내가 있는 것이 아닌데도, 범부(凡夫)들은 내가 있다고 여기느니라. 수보리야, 여래가 말하기를 '범부라는 것은 곧 범부가 아니다'라고 하느니라."

"須菩提, 於意云何? 汝等勿謂如來作是念: '我當度衆生.' 須菩提, 莫作是念. 何以故? 實無有衆生如來度者. 若有衆生如來度者, 如來則有我人衆生壽者. 須菩提, 如來說有我者, 則非有我, 而凡夫之人以爲有我. 須菩提, 凡夫者, 如來說, 則非凡夫."

너무 분명하잖아요? 너무 확실한 이야기를 해 주고 있죠? 다시 보겠습니다.

수보리야, 네 생각에 어떠하냐? 너희들은 여래가 '내가 마땅히 중생을 제도하리라' 라고 생각한다고 여기지 마라.

'중생을 제도하리라' 한다면 자기가 중생이에요. 중생을 제도한다는 생각 자체가 벌써 분별을 따라간 거거든요. 아상·인상·중생상·수자상을 가지지 않으면 그런 생각을 할 수가 없어요. 그렇잖습니까? 부처 따로 있고, 중생 따로 있고, 나 따로 있고, 너 따로 있고, 제도하는 것 따로 있고, 제도 안 하는 것 따로 있고, 전부 분별심인 이법(二法)입니다. 이법에 근거해서 생각하고 행동하는 사람은 전부 중생이에요. 부처는 결코 그렇게 하지 않습니다. 부처에게는 중생이 없습니다. 중생이 없으니 부처도 없어요. 진짜 부처에게는 중생도 없고 부처도 없습니다. 제도할 게 없어요. 이것이 분명해야 하는 거예요. 이것이! 이것을 명확하게 납득하셔야 해요. 참된 부처에게는 중생이 없다. 물론 부처도 없지, 중생이 없으니까 중생을 제도한다는 일도 없습니다. 왜냐하면 그런 것들은 전부 망상이라, 망상! 이름과 모양을 따라다니는 망상이에요, 전부! 그런 쓸데없는 망상만 안 하면 본래 아무 일이 없어요. 할 일 없어요. 원래 아무 문제가 없어요.

부처, 중생, 잘나고, 못나고, 온전하고, 부족하고, 아름답고, 추하고… 이런 식으로 계속 나누니까 할 일이 산더미처럼 많은 거예요.

온 세계가 성한 데가 하나도 없어요. 전부 다 뜯어고쳐야 되는 거예요. 그게 전부 자기 망상이에요. 그런 식으로 모양을 따라가고 망상을 따라가면, 이 세상에 성한 데가 하나도 없습니다. 전부 다 바꿔야 돼요. '왜 세상이 이 모양이냐?'라고 하는 사람들 많잖아요? '하느님은 왜 세상을 이 모양으로 만들었어?'

세상이 잘못된 것이 아니라 자기 생각이 잘못된 겁니다. 하느님이 실수할 리가 없어요. 실수하면 하느님이 아니죠. 실수는 사람이 하는 겁니다. 법에는 문제가 없습니다. 사람이 어리석으냐 어리석지 않으냐 그 차이지, 법에는 어리석음도 총명함도 없습니다. 그냥 그대로일 뿐이에요. 사람이 어리석으면 온갖 모양으로 나누어 놓고 울고불고 야단법석이죠. 탐·진·치가 다른 데서 일어나는 게 아니에요. 스스로가 그렇게 만들어서 일으키는 겁니다. 탐·진·치를 스스로가 분별해서 만들고 일으킨다는 말이죠. 본래 법에는 그런 게 없습니다. 사람이 스스로 어리석게 망상을 부려 따라가지 않는다면, 법에는 그런 게 없어요.

그러니까 여래는 '내가 중생을 제도해야 한다'는 생각을 절대 하지 않습니다. 그렇게 생각한다면 그것은 여래가 아니에요. 그러니까 다음에 나오잖아요.

수보리야, 그렇게 생각하지 마라. 무슨 까닭이겠는가? 진실로 여래가 제도할 어떤 중생도 없느니라. 만일 여래가 제도할 중생이 있다면, 여래에게 아상·인상·중생상·수자상이 있는 것이니라.

여래가 '제도할 중생이 있다' 한다면 이것은 여래가 아상·인상·중생상·수자상이 있다는 거지요. 그러면 그것은 여래가 아니죠. 상(相)을 가지고 있는데 무슨 여래입니까? 그것은 여래인 척하지만 여래가 아니고 중생이죠. 중생에게는 제도할 중생이 있고 받들어 모셔야 할 부처가 있지만, 여래에게는 제도할 중생도 없고 받들어 모셔야 할 부처도 없어요.

그럼 우리는 어느 쪽을 선택할 것인가? 중생을 선택할 것인가, 여래를 선택할 것인가? 선택하기에 달렸습니다. 중생을 선택하면 영원히 중생을 제도해야 하고 받들어 모셔야 할 부처도 있습니다. 그렇게 하면 힘들죠? 힘들기 싫다면 여래를 선택하시라 이겁니다. 그러면 제도할 중생도 없고 받들어 모실 부처도 없어요.

모양만 안 따라가면 되는 겁니다. 상(相)만 안 지으면 돼요. 스스로가 이렇다 저렇다 분별해 가지고 거기에 따라가지만 않으면 되는 겁니다. 그럼 어떻게 해야 안 따라가느냐? '이것'을 깨달아야 되는 겁니다. 법을 깨달아야 돼요. 법을 모르면 결국 의식에 의존할 수밖에 없고, 의식에 의존하면 어쨌든 분별할 수밖에 없고, 분별하면 이거냐 저거냐를 따라다닐 수밖에 없어요. 의식에 의존해서 이것과 저것을 따라다니기 싫다면, 의식을 붙잡고 싸울 게 아니라, 법을 체험해야 하는 겁니다. 이 자리를 몰록 실감해야 하는 겁니다. 말과 말 사이, 의식과 의식 사이의 틈새를 통해서 허공을 몰록 탁! 깨달아야 되는 겁니다. 이 허공을 탁 깨닫고 나면 모든 게 다 허공이 바탕이 되니까, 각종 상(相)에, 이름과 모양에 속지 않는 겁니다.

수보리야, 여래가 '내가 있다'라고 말한 것은 곧 내가 있는 것이 아닌데도,

진실로 여래가 말하기를 "내가 있다"라고 하는 것은 내가 있는 게 아니라 말일 뿐이죠, 말! "내가 있다"라는 말을 안 따라가면 '내가 있다'라는 말이 도대체 무엇이냐? '내가 있다'라는 말의 진실을, 정체를 보세요. "내가 있다"는 '내가 있다'가 아니고 말일 뿐이다 이겁니다. 그 말에 안 따라가면 돼요. 그러면 "내가 있다"라는 이것이 바로 여래입니다. 이것이 바로 마음이에요. "내가 있다"라는 말에서 '내가 있다'라는 말을 안 따라가면, "내가 있다"라는 이것 곧 마음입니다.

범부(凡夫)들은 내가 있다고 여기느니라.

"내가 있다"라고 하는 것은 단순히 말일 뿐인데, 범부들은 '내가 있다'고 여긴다 이겁니다. 진실로 있다고 착각을 하는 거예요. 우리가 꿈을 꾸는데 꿈속에서 '이것이 꿈이다'라는 사실을 알면, 꿈속에서 일어나는 여러 가지 일들에 대해서 초연합니다. 그런데 꿈을 실제 상황이라고 알고 있다면 심각한 겁니다. 겁도 나고, 좋아하기도 하고 싫어하기도 하고, 온갖 일들이 다 있죠. 사실은 꿈인데도 불구하고…

그와 마찬가지로 '내가 있다'라는 것도 꿈과 같은 겁니다. '내가 있다'라는 것도 말과 생각과 모습일 뿐이지, 실제로는 '내가 있다'가 곧 이것입니다. '내가 있다'가 이것이라면 가벼워집니다. 그런데 '내

가 있다'라고 하는 것을 너무나 당연하게 현실이라고 생각해서 거기에 매달리게 되면, 많은 일들이 벌어지게 되는 겁니다. 무슨 일이든지 '나'를 중심으로 계산이 되기 때문에, 이것이 이익인가 손해인가 따지게 되는 겁니다. 피곤하죠. 요컨대 실상을 보느냐, 망상을 보느냐 하는 겁니다. 실상에는 "내가 있다"라는 그런 '나'는 없어요. 망상에서는 '나'라는 게 분명히 있지만, 실상에서는 "이것이 나다"라는 말이 곧 이것 자체입니다. 말하자면 이것이 공(空)이에요. "이것이 나다", "내가 있다"라는 이것 자체가 공이고 마음이라니까요. 크기도 없고, 이름도 없고, "이것이 나다", "내가 있다", "내가 지금 기분이 어떻다" 하는 이것 자체가 어떤 무엇이 아닌 이 마음이에요.

수보리야, 여래가 말하기를 '범부라는 것은 곧 범부가 아니라 그 이름이 범부이다'라고 하느니라.

범부가 비록 '내가 있다' 하더라도, '범부'조차도 범부라는 게 실제로 있는 게 아니다 이겁니다. 이름만 범부일 뿐이다… 범부도 없고 부처도 없습니다. 전부 다 이름일 뿐이에요. 이름일 뿐입니다. 이름에 안 속는다면, "범 · 부", "부 · 처" 이것! 이름에 안 따라가면 "범 · 부", "부 · 처" 이것인데, 여기서 조심할 것은 "범부", "부처"라는 이 말만 의식하고 있어서는 안 되죠. 끊임없이 "범부"니 "부처"니 하고 작용해서 나오지만, 작용하는 흔적이 없는 것, 그러니까 흔적 없이 작용하는 것! 이것만 실감하면, 여기에만 문득 통하면 되는 거예요. 화두 중에 이런 게 있잖습니까? '송장을 끌고 다니는 그놈이 뭐

650

냐?' 흔적 없이 작용하면서도 송장을 끌고서 온갖 짓을 다 합니다. 온갖 일을 다 하지만 거기 흔적이 없어요. 의식적으로 한 행동에는 흔적이 남습니다. 그래서 신(身)·구(口)·의(意), 세 가지 업(業)이란 게 흔적이에요. 흔적! 생각과 말과 행동은 흔적을 남깁니다.

그러나 생각과 말과 행동의 실상을 보게 되면, 어느 것도 흔적을 남기지 않습니다. 우리가 말을 말로 기억하고, 생각을 생각으로 기억하고, 행동을 행동으로 기억하니까 흔적이 남는 것이지만, 그렇게 기억하지 않고 바로 지금 이렇게 직접 경험할 뿐인 게 실상이거든요. 기억으로 남아 있는 것은 실상이 아니에요. 그건 전부 다 지나간 거잖아요? 실상이란 언제든지 지금 바로 이렇게 경험하고 있는 겁니다. 실상은 바로 지금 이렇게 경험하고 있는 이것뿐입니다. 지금 이렇게 경험하고 있는 이것뿐! 생각이, 의식이 바로 지금 이것이라면 우리는 실상에 가까이 있는 겁니다. 지금 이렇게 경험하고 있는 이것뿐입니다.

예컨대 어제 친구와 함께 술을 마셨다고 생각하고 있는 지금의 이것! 지금 내가 친구하고 어제의 술집에 있는 게 아니에요. 어제 친구하고 술 마셨던 생각 그 자체가 지금 이 순간 여기서 생각하고 있는 겁니다. 그래서 과거도, 현재도, 미래도 이 순간, 이 자리에 있는 겁니다. 이 순간, 이 자리일 뿐이에요. 이 순간 이 자리에 있으면서 망상 피우지 마세요. 과거에 대한 망상, 미래에 대한 망상을 짓지 마시라 이겁니다. 지금 이 순간 여기에 있으면서 제발 콩밭에 가지 마시라 이겁니다. 언제든 우리는 이 순간 여기에 이렇게 있을 수밖에 없습니다. 몸뚱이를 가리키는 게 아니에요. 몸뚱이도 이 순간 여기에서 이렇게 사용하는 겁니다. 언제든지 우리는 이 순간 여기에서 이렇게 분명할 수밖에 없습니다. 이렇게 법이 분명한 거예요. 이렇게 분명하잖아요. 망상 짓지 마시라 이겁니다. 딴 생각 하지 마시라고요.

26
법의 몸은 모양이 아니다 法身非相分

"수보리야, 네 생각에 어떠하냐? 32상으로 여래를 볼 수 있느냐?"

수보리가 사뢰었다.

"그렇습니다. 그렇습니다. 32상으로 여래를 볼 수 있습니다."

부처님께서 말씀하셨다.

"수보리야, 만일 32상으로 여래를 볼 수 있다면, 전륜성왕(轉輪盛王)도 여래일 것이다."

수보리가 부처님께 사뢰었다.

"세존이시여, 제가 부처님이 말씀하시는 뜻을 알기로는, 32상으로 여래를 보아서는 안 됩니다."

그때에 세존께서 게송으로 말씀하셨다.

겉모양에서 부처를 보거나

목소리로써 부처를 찾는다면

이 사람은 삿된 도를 행하는지라

끝끝내 여래를 보지 못하리라.

"須菩提, 於意云何? 可以三十二相觀如來不?"

須菩提言: "如是. 如是. 以三十二相觀如來."

佛言: "須菩提, 若以三十二相觀如來者, 轉輪聖王則是如來."

須菩提白佛言: "世尊, 如我解佛所說義, 不應以三十二相觀如來."

爾時世尊而說偈言:

"若以色見我, 以音聲求我,

是人行邪道, 不能見如來."

유명한 사구게(四句偈)가 나옵니다. 다시 보겠습니다.

"수보리야, 네 생각에 어떠하냐? 32상으로 여래를 볼 수 있느
냐?""그렇습니다. 그렇습니다. 32상으로 여래를 볼 수 있습니다."

제목이 법신비상분(法身非相分)입니다. 불교를 조금 공부하면, 부
처에게는 32상이 갖추어져 있다, 불신(佛身), 부처의 몸에는 서른두
가지의 특징이 갖추어져 있다, 이런 이야기를 듣죠. 그런데 이미 앞
서 수차 이야기했죠? 모양을 가지고는 여래를 보지 못한다. 수보리
와의 대화를 통해서 귀에 못이 박히도록 들었습니다. 그런데 다시
여기서 32상 이야기가 등장하고 있습니다. 그런데 여기서는 수보

리의 답변이 놀랍게도, 32상을 가지고 여래를 볼 수 있다고 대답하고 있어요. 앞에서 모양을 가지고는 여래를 볼 수 없다고 누차 이야기를 했습니다. 그리고 나중에 여기서도 뒷부분에 다시 모양을 가지고는 여래를 볼 수 없다는 이야기를 또 하고 있습니다. 그런데 이 부분에서는 지금 수보리가 32상으로 여래를 볼 수 있다고 이야기를 하고 있습니다.

《금강경》을 글자 풀이 하는 사람들은 이 부분이 문제가 있다고 봅니다. 수보리의 답변이 뭔가 앞뒤가 안 맞는다는 거죠. 그러나 사실은 문제가 있는 게 아니에요. 수보리가 모르고 답변하는 것도 아닙니다. 수보리와 세존의 대화는 애초부터 수보리가 이 법을 모르고 묻는 것이 아닙니다. 무상정등각을 얻고자 하는, 위없이 바르고 평등한 깨달음을 얻고자 발심한 중생이 있다면 그 중생에게는 어떤 가르침을 펴겠느냐는, 중생을 위한 가르침을 세존과 그의 뛰어난 법제자 두 사람이 대화를 통해서 이야기하고 있는 겁니다. 요즘 학교 강의식으로 말하면 팀 티칭(Team-teaching)입니다. 교수 두 사람이 교단에 나와서 이야기를 주고받으면서 법을 드러내고 있는 겁니다. 그 이야기의 내용이라는 것은, 이야기를 듣는 사람이 그 이야기를 듣고 있다 보면 저절로 법을 이해할 수 있게끔, 두 사람의 선생님이 대화를 주고받고 하면서, 이야기를 듣고 있는 학생들이 법을 이해할 수 있도록 도와주는, 말하자면 방편이죠.

앞에서 5장인가, 32상을 가지고는 여래를 볼 수 없다고 했어요. 여기서 다시 32상을 가지고 여래를 볼 수 있느냐 하니까, "볼 수 있다" 그랬단 말이죠. 32상을 가지고 법(여래)을 볼 수 없다는 말도 가르침이요, 32상을 가지고 법을 볼 수 있다는 말도 가르침입니다. 요컨대 법이라고 하는 것은 상(相)에 매여 있는 게 아닙니다. 법은 '상이 아니다'가 아니고, 상에 의해서 좌우되는 게 아니에요. 상이 있어도, 또는 없어도 법을 보는 안목에는 별 문제가 안 된다는 겁니다. 별 문제 될 게 없다 이거예요. 만약에 상으로는 법을 볼 수 없다고 한다면, 우리는 의식을 상이 없는 쪽으로 치우치게 하겠죠? 아무것도 없는 쪽으로 치우치게 될 겁니다. 그렇게 되면 허무 쪽으로 빠져들어 갈 거예요. 또 만약에 상으로 법을 볼 수 있다고 한다면, 어떤 모양에 매달릴 겁니다. 이러이러한 모양이 법이다 하고. 그러니까 상이 없다 해도 맞지 않고, 있다 해도 맞지 않은 겁니다. 상에 매여서, 상을 없애고서 법을 보라 해도 맞지 않고, 상을 두고서 법을 보라 해도 맞지 않고, 상에 매이지 않는다는 겁니다. 어떤 상을 가지고서는 법을 말할 수 없다는 거죠.

《금강경》을 조금 공부해 보면, 법이라는 것은 모양도 없고 머묾도 없는 거니까, '생각으로 할 수 없는 거야' '눈에 보이는 게 법이 아니야' '오온 십팔계는 법이 아니야' 이런 식으로 나간단 말이죠. 이것은 쉽게 말하면 공에 떨어지는 겁니다. 아무것도 없다는 공에 떨어지는 거예요. 공이라는 관념에 떨어지는 겁니다. 공이란 게 실제 있는 게 아니거든요. 공이라는 관념을 세워서 거기에 떨어지는 거예요.

'법은 어떠한 모양을 가지고 있다', '법이란 건 이런 거고 저런 거다' 하는 이야기가 잘못되었다는 것은 쉽게 알 수 있는 겁니다.

요컨대 법이라고 하는 것은 말이죠. 색에도, 공에도 매달려 있지 않아요. 방편으로 색이니 공이니 하는 것이고, 항상이니 무상이니 하는 것이지, 법은 색이란 것으로도 상이란 것으로도 보여 줄 수 없고, 마찬가지로 공이란 것으로도, 상 아닌 것으로도 보여 줄 수가 없어요. 방편으로 '이것도 아니고, 저것도 아니다' '이렇게 해서도 안 되고, 저렇게 해서도 안 된다' 이렇게 말하는 건데, 만약에 법을 정말로 아는 입장이라고 한다면 어느 것도 배제하지 않습니다. 상이든 비상이든, 법이든 비법이든, 색이든 공이든 어느 것도 배제하지도 않고, 취하지도 않습니다. 그러니까 법이란 것은 무엇을 취하거나 버리는 데서 드러나는 것이 아니란 말입니다.

예컨대 법이 뭐냐고 했을 때, (법상 위의 난초를 가리키며) "난초가 법이다" 해도 틀린 말이 아니에요. 그리고 "난초는 법이 아니다" 해도 틀린 말이 아닙니다. 어쨌든 말을 통해서 법을 만들어 낼 수는 없어요. 법은 상이라 하든, 비상이라 하든 어떤 말을 통해서도 규정할 수 없는 겁니다. 그렇다면 상에도 머물지 말고, 비상에도 머물지 말라 이겁니다. 상이 있어도 상관이 없고, 상이 없어도 상관이 없어요. 상에 대한 어떠한 관심도 버리라 이겁니다. 그런 것을 가지지 않는다면 뭐가 법이냐? 지금 그냥 난초를 쳐다보는 이게 법이에요. '난초의 모양이 법이다, 아니다'라는 판단이 여기에 개입되지 않는다면, 그냥 난초를 쳐다본다는 것. 그러나 제 말에 속지 마셔야 합니다. 난초를 쳐다본다는 생각도 하지 마시라 이겁니다. 그냥 단지 이렇게 쳐다보는 것, (손을 들어 보이고) 제 손이 보이시죠? 쳐다본다는 말에 속지 마시고, 그냥 보는 것, 듣는 것. 여기에 법 아닌 게 없습니다.

그래서 만약에 우리가 공을 추구한다면, 모든 공은 모든 색 위에서 드러나는 겁니다. 말하자면 공은 곧 색인 겁니다. 그런데 색이니 공이니 하는 그런 말에 매이지 않는다면, 지금 제 말소리를 듣고, 제 손을 쳐다보는 여기! 제 손이 보이지만, 제 손이 법은 아니죠? 제 손입니다. 손! 제 손이 보이지만 여기에서, '저것이 저 사람의 손이다' 라는 판단이 들어가지 않는다면, 거기에 머물지 않는다면 여러분이 눈길을 주고 있는 여기에 법은 있습니다. 법은 항상 우리 자신의 앞에 또렷하게 있습니다. 다른 데 있지 않습니다. 그러나 정해진 모양은 없습니다. 또렷함이란 것만 있습니다. 부정할 수 없는 것만 있는 거예요.

자, 지금 제 손을 보시는데, 부정할 수 있는 것이란, 제거 가능한 것은 부정할 수 있습니다. 말하자면 이 손을 다른 것으로 대체할 수 있습니다. 손 대신에 난초라든지, 컵이라든지… 부정할 수 없고 제거할 수 없는 것을 여기서 보십시오. 제 손을 보시는데, 어떤 것을 여기 갖다 놓더라도, 손 대신에 무엇을 바꾸어 놓더라도 부정할 수 없고 제거할 수 없는 게 있습니다. 도저히 어떻게 할 수 없는 게 있습니다. 법은 이런 거예요. 불생불멸(不生不滅)이고, 불래불거(不來不去)라. 그래서 '여여하다'고 하는 것이에요.

법은 사실 말로써 탐구되는 것은 아닙니다. 그냥 제 말을 듣고 계시다 보면, 제가 끊임없이 힌트를 드립니다. 법이란 게 이런 거다, 저런 거다 식으로. 물론 그것은 말을 통해서, 또는 행동을 통해서 이루어지는데, 여러분이 그 힌트를 듣는 가운데 문득 탁! 하고 계합되는 바가 있어야 돼요. 전기 스파크가 일어나듯이 탁! 하고 계합되는 바가 있으면 몰록 법이라는 것을 실감하게 됩니다. 실감이 되어야 합니다.

제가 방편을 다시 드리면, 지금 여기를 쳐다보고 있는데, 바꿀 수 없는 것… 뭐를 보든 눈에 보이는 사물은 바꿀 수 있습니다. 그런데 바꿀 수 없는 게 있다니까요. 뭐를 보든, 어떤 소리를 듣든, 또는 무슨 생각을 하든 마찬가지예요. 우리는 뭐든지 생각할 수 있습니다. 생각 못 할 게 없죠? 그런데 뭐를 생각하든 도저히 바꿀 수 없는 게 있어요. 말하자면 항상 변함없이 있는 게 있어요. 이것만 제대로 체험하시면 법을 알 수가 있습니다. 이것을 제대로 파악하셔야 어떤 모양에도 끄달리지 않고 자유로울 수가 있습니다. 만약에 법이 어떤 눈에 보이는 모양이거나, 귀에 들리는 소리거나, 감각에 오는 느낌이거나, 관념적인 생각이거나, 욕망이거나… 이런 식으로 법이 파악된다면, 그것은 엉터리입니다. 내가 거기에 매이는 겁니다. 자유로울 수가 없어요. 그건 법이 아닙니다. 법이란 것은 이름붙일 수 있는 모든 것으로부터의 자유입니다.

법이라는 이름을 억지로 붙이지만 법이라는 이름에 해당되는 무엇은 없습니다. 그런 무엇은 없어요. 없지만 결코 부정할 수 없는 게 있습니다. 이놈은 끊임없이, 한순간도 쉬지 않고 활동하고 있습니다. 끊임없이 활동을 해서 이 순간의 삶을 꾸려가고 있습니다. 우리 삶은 법의 끊임없는 활동에 의해서 이어져 가고 있는 겁니다. 부정할 수 없는 게 있습니다. 그래서 중국에선 이것을 기틀(機)이라고 합니다. 기틀이란 자동차 엔진 같은 거예요.

다시 말하면, 지금 여기 제 손이 움직이고 있습니다. 여기에서 우리가 법을 확인할 수 있는데, 움직이는 손의 모양으로 법을 확인할 수는 없습니다. 그게 아니고, 손이 가만히 있든 움직이든 그것은 문제가 아니에요. 제 손이 가만히 있더라도 여러분이 보고 있는 그것은 가만히 있습니까? 가만히 있지 않죠? 이것은 제 손이지만 여러분이 이것을 볼 때는, 말하자면 여러분의 마음을 확인하고 있는 겁니다. 제 손은 가만히 있지만, 보는 그 마음은 가만히 있지 않을 겁니다. 이 손이 움직이고 있더라도, 보는 그 마음은 움직이지 않을 거예요. 이 손이 움직이든 가만히 있든 그것과는 상관없어요. 여기에 뭐가 있느냐 이겁니다. 또렷한 게 있을 거예요. 절대 부정할 수 없는 것! 여기에 탁! 하고 초점이 맞게 되면, 여러분은 어디에도 발을 딛고 있지 않은 겁니다. 여러분이 제 손을 본다고 해서 여러분이 제 손 위에 머물러 있는 것은 아니에요. 만약 그렇게 생각하신다면 착각하시는 겁니다. 이 손 위에서 여러분 모두의 마음을 확인할 수는 있지만, 여기 머물러 계신 것은 아닙니다. 생각으로 이해하려 하지 마십시오. 자기 자신을 확인하시라 이겁니다. 확인함으로 해서 모든 경전, 모든 부처의 말씀, 모든 신의 말씀, 모든 사상, 철학으로부터 한순간에 해방될 수 있습니다. 한순간에 해방되어서 가장 진실하고, 가장 가깝고, 도저히 내 존재와 떨어질 수 없는, 그래서 내가 부정할 수 없는, 늘 이놈과 더불어서 편안할 수 있는 게 있다니까요. 그것을 확인할 수 있다니까요. 그것을 확인하셔야 됩니다.

그 이야기를 하려고 지금 수보리와 부처님이 어떨 때는 32상을 가지고서 법을 볼 수는 없다고 했다가, 어떨 때는 32상을 가지고서

660

여래를 볼 수 있다고 했다가 이렇게 저렇게 말하는 거죠. 말 따라가지 않으면 두 이야기 다 방편의 말씀으로 할 수 있는 말입니다. 말을 따라서 우리가 머리로 이치를 따지면 이 말은 안 맞죠? 앞말 뒷말이 다르니까요. 그러나 말을 따라가지 않는다면 지금 수보리의 대답은 맞는 겁니다.

제가 공부하는 분들에게 부탁드리고 싶은 것은, 우선 공부하는 분들이 떨어지기 쉬운 잘못이 뭐냐 하면, 어떤 기분, 어떤 감정, 어떤 느낌… 공부를 하면 기분도 좋아지고, 편안하고, 가벼워지는 느낌에 사로잡히는 겁니다. 그런 것을 공부라고 생각하시면 안 됩니다. 그런 것은 공부가 아닙니다. 그렇게 된다, 안 된다의 문제가 아니라, 그런 것을 가지고 공부를 추구하시면 안 된다는 겁니다. 공부는 그런 기분하고는 상관이 없어요.

그 다음에 《금강경》이나 《유마경》이나 《도덕경》이나 《화엄경》이나, 거기에 나오는 현묘한 이치들이 있잖아요? 그런 이치를 이해하는 게 공부라고 착각하셔도 안 됩니다. 그런 것도 아닙니다. 그렇다고 아무 생각 없이 막연하게 눈 감고 앉아만 있는 게 공부냐? 그것도 아닙니다. 우리는 의식이란 놈이 있어서, 공부라는 것에 대한 기대가 있습니다. 뭔가가 올 것이라는, 지금 내가 느끼는 문제점이나 갑갑함이 해결되는 뭔가가 있지 않을까 하는 기대를 하게 돼요. 그러나 이 공부라는 것은 그러한 기대에 부응해 주는 게 아닙니다. 기대라고 하는 것은 의식이 그리는 상상입니다. 유감스럽지만 그렇게 해서는 결코 도달할 수가 없습니다.

여러 가지 공부 방법에 대해서 상세하게 설명되어 있는 책들이 많이 있죠? 그 책만 한 번 읽어 보면, 공부는 이렇게 이렇게 해서, 저렇게 저렇게 도달되는 것이구나 하고 쉽게 착각할 수가 있습니다. 그래서 기대를 하죠? 나는 아직 요 정도 수준에 있으니까 언젠가는 저렇게 되겠지. 유감스럽지만 그렇지 않습니다. 그런 식의 안내서는 전부 헌책방에 팔지 마시고 쓰레기통에 넣으십시오. 헌책방에 팔면 다른 사람이 보고 또 오도(誤導)된다고요. 오도!

그런 게 아니에요. 지금 우리에게 잘못된 것은 하나도 없습니다. 아무 문제가 없습니다. 이러면, '무슨 이야기냐? 나는 지금 아는 것도 하나도 없고, 번뇌도 들끓고, 업장이 두꺼워 죽겠는데…'라고 생각하실 수도 있겠죠. 그런데 지금 '무슨 이야기냐? 나는 지금… 어쩌고저쩌고' 하는 이것뿐이에요. 다른 게 없습니다. 지금 당장 경험하는 이것 이외에 다른 것은 없습니다. 기대를 하지 마시라니까요. 기대가 사람을 죽입니다. 기대는 망상이에요. 지금 경험하는 것이 아니라면 달리 경험할 수 있는 게 없습니다. 그런데 문제는 뭐냐 하면, 지금 경험하는 것, 지금 있는 그대로의 모습을 우리 스스로가 보지 않는다는 데 문제가 있습니다. 그러면서 자꾸 뭔가를 기대하고 딴 생각을 하는 데 문제가 있어요.

지금 제가 이렇게 손을 들면, 여러분은 제 손을 보면서 상상을 하죠? 저 손을 보고 있다 보면 뭔가 소식이 오겠지 하면서 상상을 하는 거예요. 그냥 제 손을 보면 여러분의 의식이 여기에서 또렷또렷하죠? 지금 이 순간에 제일 확실한 것은 제 손이 딱 보이는 거잖아요? 현재 가장 확실한 것을 믿으시라 이겁니다. 다른 것 믿지 마시고, 딴 생각 하지 마라 이겁니다. 현재 가장 확실한 게 뭐냐? 가장 확실해서 거부할 수 없고, 부정할 수 없는 것! 여기에 100% 믿음을 가져 보세요. 그것이 이빨이 아픈 것이든, 등이 간지러운 것이든, 지금 가장 뚜렷해서 거부하고 부정할 수 없는 것. 그것을 딴 생각 하지 마시고 100% 믿어 보세요. 그러면 거기에 뭐가 있습니까? (손을 들어 보이고) 여기에 뭐가 있습니까? 여기에 가장 또렷하고 분명한 게, 도저히 부정할 수 없는 게 있다니까요? 이것뿐이에요. 이것밖에 없습니다.

여기에 이놈이 들어서 천 부처, 만 부처도 이놈이 만들어 내고, 수십만 명의 보살도 이놈이 만들어 내고, 하느님, 예수님, 악마, 전부 다 이놈이 만들어 내는 거예요. 여기서 다 나오는 거예요. 그래서 따라가면 수없이 많은 모양들이 있고, 안 따라가면 그냥 아무것도 없어요. 그냥 지금 또렷또렷한 것 이것밖에 없어요. 여기에 내 마음이 있고, 내 본성이 있고, 내 존재가 있는 거예요. 여기서 딴 생각을 하기 시작하면 서방 극락정토에서 시작해서 지옥까지 쭈욱 펼쳐집니다. 소설을 써도 수십 권을 써요. 정신을 못 차려요. 어디에 발을 디뎌야 할지 몰라요. 제발 정신 좀 차리라 이겁니다. 정신 차리시면 되는 겁니다. 이 공부하는 것은 정신 차리고 사는 겁니다. 그래서 깨어 있으라고 하잖아요. 이것은 아주 간단한 겁니다. 말에 속고, 모양에 속고, 자기 스스로가 만들어 낸 망상에 속는 게 우리 병이기 때문에, 그 병을 고치려고 한다면 지금 눈앞에 가장 또렷하고 분명한 것에 믿음을 가지셔야 하는 겁니다. 그러면 그 병을 고칠 수가 있습니다.

우리는 교회당이나 절이나 산신당에 가면 근엄하게 만들어진 모습을 보고 고개가 푹 숙여지죠? 자기도 모르게 절을 하고… 그렇게 되죠? 모양이 눈앞에 나타나게 되면, 싹 따라가 버립니다. 자기가 정신을 못 차리니까 따라가는 거예요. 그럴 땐 말이죠, 돋보기를 가져다가 자세히 한번 살펴보세요. 이게 무엇인가? 뭐가 있겠어요? 먼지만 덕지덕지 앉아 가지고 있지. 그러나 좀 더 자세히 보시면, 눈앞의 이놈이구나! 이것밖에 없어요! 안 따라가는 겁니다. 안 따라가는 것! 따라가면 맨날 당하고 사는 것이고, 안 따라가면 내가 하고 싶은 대로 할 수가 있습니다. 산신당에 있는 산신령이, 나무로도 만들고 돌멩이로도 만들어진 그것이 우리에게 뭐라고 합니까? 그런데도 이상하게 그것을 보면 뭐라고 할 것 같고, 잘 보여야 할 것 같아요. 다 내가 만들어 내는 겁니다. 모든 게 다 그래요. 내가 만들어 내어서 끌려가지만 않는다면, 지금 언제든지 눈앞에 또렷한 것 이것뿐이에요.

그런데 여러분이 조심할 것은 '눈앞에 또렷하다'라는 의식을 억지로 만들지 마십시오. 처음에는 그렇게 만들겠지만, 거기에 매이면 안 돼요. 그것 자체가 망상입니다. 정말로 눈앞에 또렷한 게 뭔지를 체험해야 하는 거예요. 눈앞에 또렷하다는 그 생각이 또렷한 겁니까? 그러면 망상입니다. 정말로 또렷한 게 무언가? 하여튼 여기에서 법을 분명하게 실감하셔야 되는 겁니다. 그게 안 되면 망상의 노예 노릇이 안 끝나요.

옛날 대혜종고 스님이 항상 하시던 말씀이, 깨달음의 체험이 있다는 것을 부정하지 마라, 그것을 부정하는 사람은 제대로 공부하

664

는 사람이 아니라고 했어요. 명확하게 법에 대한 실감이란 게 있습니다. 그게 와야 해요. 그게 오지 않으면 전부 생각일 뿐이에요. 눈 앞에 있는 것에 또렷하다… 이것도 생각일 뿐이라니까요. 그러니까 발심이 되어야 해요. 법에 대한, 법을 실감하고자 하는 그런 간절함이 있어야 합니다. 법이란 것은 말로 판단되거나, 생각으로 다가오는 게 아닙니다. 내가 의식적으로 법이란 것을 붙잡을 수는 없어요. 법에 대한 간절한 갈망은 가질 수 있지만, '이게 법이다'라고 의식할 수는 없습니다. 도리어 그 실감이 오는 순간에 의식이란 놈은 쉬어 버려요. 의식을 잊게 돼요. 법이 또렷해지면 의식이 잊혀요. 그래서 말이 안 나옵니다. 어쨌든 의심이 사라지고, 이때까지 꽉 막혔던 것이 뚫리고 편안해져요. 그러면서 한줄기 빛이라고 할 만한 건데, 밝음이 있습니다. 말이 그렇지 어디서 빛이 나오는 게 아닙니다. 방광하는 게 아니에요. 그런 게 아니라 의심이 사라지는 거죠. 말하자면 그렇다는 것입니다. 어쨌든 그런 종류의 체험이 와야 합니다.

지금 우리 각자가 사실은 그런 체험을 하는 바로 이 자리에 발을 딛고 있습니다. 우리 스스로가 늘 가지고 살고 있는, 늘 행하며 살고 있는, 늘 살고 있는 마음이 바로 그거예요! 내 마음을 아는 겁니다. 마음이라고 이름 붙인 이놈을 아는 겁니다. 그렇기 때문에 마음이란 놈이 작동을 해서 만들어 낸 말, 느낌, 생각, 경계, 이 법의 체험은 어떤 종류의 경계가 아닙니다. 그러면서도 체험을 하고 보면 맨날 행하는 이것이라니까요. 맨날 경험하고 있는 겁니다.

여기서 낚싯바늘에 걸리듯이 탁 하고 걸려들어 오면 됩니다. 탁!

하고 실감이 오는 순간에 첫 느낌이 뭐냐 하면, 대체적으로, '너무 쉽잖아!', '아무것도 아니잖아!' 하는 겁니다. 이때까지 고생한 게 억울할 정도예요. 정말 이것은 특별한 것이 없어요. 우리 스스로가 맨날 손아귀에 쥐고 있습니다. 그러면서도 실감을 못 해요. 그래서 실감을 하게 해 드리기 위해서 제가 요구하는 것은, 진지하시라 이겁니다. 진지한 관심, 정말 진실하고 진지한 관심이 있으면 몰록 실감을 할 수 있습니다. 그래서 흔들리지 않는 자기 자신의 자리가 확인이 된다 이겁니다. 그러면 누가 뭐라고 하든 신경 쓸 일이 없어져요.

물론 이것을 체험한 뒤에 남아 있는 공부도 있습니다만, 어쨌든 이것을 확인하셔야 합니다. 어디서 확인하느냐, 바로 지금! 바로 지금 이 자리에서… 여기서 바로 확인하는 겁니다. 다른 데서 확인되는 게 아닙니다. 앉아 있는 자리에서 각자 가지고 계신 것이 이것이에요. 이것이라니까요! 늘 경험하면서도 우리는 이것을 무시하고 있죠. 맨날 행하고 있는 이것입니다. 생각으로 파악하려고 하면 안 돼요. 이것은 목이 말라야 돼요. 목이 말라야 가슴에서 손이 쑥 나와서 이것을 탁 잡는다니까요. 머리에서 나오는 손은 쓸모없는 손입니다. 머리에서 나오는 손으로 잡으시면 안 됩니다. 그것은 다시 놓아야 돼요. 가슴에서 나오는 손으로 꽉 잡아야 해요. 그래야 결코 놓치지 않습니다.

법의 실감, 법의 체험이 없으면, 아무리 견해가 뛰어나고 아무리 기묘한 경험을, 느낌을 갖더라도, 아무리 육신통, 팔신통을 하더라도 진리는 아직 모르는 겁니다. 법의 경험을 하지 않으면, 법을 확실하게 확인하지 않으면 헛것이에요. 이것은 진리의 탐구입니다. 몸을

건강하게 하기 위해서 하는 것도 아니고, 기분을 좋게 하기 위해서
하는 것도 아닙니다. 모름지기 불법을 공부한다고 하는 것은 진리
탐구입니다. 실상에 대한 탐구예요. 도대체 진실이 어떤 거냐? 세상
의 진실이 뭐냐? 나 자신의 본래 타고난 진실이 뭐냐? 그걸 탐구하
는 겁니다. 기분 내키면 하고, 기분 안 내키면 안 하는 그런 게 아니
에요. 이것은 나 자신의 실상을 탐구해서 그것에 통하는 것이지, 기
분을 좋게 하거나, 스트레스를 해소하는 그런 게 아닙니다. 실상을
체험하고 나면 스트레스 같은 것은 없습니다. 기분이 좋고 나쁜 데
연연하지 않아요. 진리가 확고하면 흔들림이 없습니다.

다시 경문을 보세요. 수보리가 "32상으로 여래를 볼 수 있습니
다" 그러니까 부처님이 다시 수보리에게 말씀하십니다.

> "수보리야, 만일 32상으로 여래를 볼 수 있다면, 전륜성왕(轉輪
> 盛王)도 여래일 것이다."

이것에 대한 일반적인 해석은, 32상으로 여래를 봐서는 안 된다
는 것입니다. 왜? 전륜성왕은 여래가 아니라고 우리가 알고 있기 때
문에. 그러나 정확하게 말하면 전륜성왕이 바로 여래입니다. 무슨
소리냐? '전륜성왕은 전륜성왕이고, 여래는 여래지'라는 생각은 이
름을 따라가니까 그런 겁니다. 이름을 따라가면 '난초'와 '시계'가
다릅니다. 다르죠? 모양 따라가도 난초와 시계가 다르죠? 그러나 여
기서 말하는 법이라는 것, 법을 알면 시계를 봐도, 난초를 봐도 달라
지지 않습니다. 전륜성왕과 여래는 이름입니다. 경전에서도 "중생

이 바로 부처다"라고 했습니다. 중생과 부처는 이름입니다. 이름 따라가지 않으면 중생이 바로 부처고, 부처가 바로 중생입니다. 천당이 바로 지옥이고, 지옥이 바로 천당이에요. 우리가 이름을 따라가니까 자꾸 문제가 생기는 겁니다.

시계와 난초가 다르지 않다면, '무슨 이유로?' '왜 다른가? 다르지 않은가?' 하고 이치를 따지라는 말이 아닙니다. 진정 시계를 볼 때와 난초를 볼 때, 시계라는 이름을 들을 때와 난초라는 이름을 들을 때, 우리가 모양을 따라가지 않고, 말을 따라가지 않는다면, 모양에 머물지 않고, 말에 머물지 않는다면, 시계 앞에서 또랑또랑하고, 난초 앞에서 또렷또렷한 것이 똑같아요. 시계를 보시든 제 손을 보시든 똑같은 겁니다. 모양 안 따라가면, 상에 머물지 않으면, 똑같은 거예요. 그러니까 전륜성왕이란 말을 하든, 여래라는 말을 하든 다를 게 없습니다. 이름 안 따라가면, 지금 "전·륜·성·왕"이란 말을 들을 때 정말 또렷하고 분명한 진실, 또 "부·처"라는 말을 들을 때 또렷하고 분명한 진실, 어디 있습니까? 어떻게 다릅니까? 달라질 수가 없어요. 그래서 불이법문(不二法門)이라고 하는 겁니다. 언제든지 다른 게 없어요. 그래서 불법은, 진리는 불이법문이에요. 달라지지 않는 겁니다. 이름 따라가고, 모양 따라가고, 생각 따라가고, 그러면 그것은 같다고 말할 수가 없죠.

수보리가 부처님께 사뢰었다.

"세존이시여, 제가 부처님이 말씀하시는 뜻을 알기로는, 32상으로 여래를 보아서는 안 됩니다."

668

32상을 가지고서 여래를 봐서는 안 된다… 32상을 가지고 여래를 볼 수 있다고 했다가, 32상을 가지고 여래를 봐서는 안 된다고 했습니다. 두 말 다 맞는 말입니다. 모양을 따라가서는 여래를 볼 수 없어요. 그러나 모양을 따라가서는 여래를 볼 수 없다는 사실을 알면, 어떤 모양이 앞에 나타나든 여래를 볼 수 있습니다. 분명하고 확실하다면, 어떤 모양이 다가오든 그 모양에서 여래를 보는 거지, 아무것도 안 보는 게 여래를 보는 게 아닙니다. 우리가 장님도 아닌데 아무것도 안 보고 살 수 있습니까? 예컨대 눈이 안 보인다 하더라도, 귀도 안 들립니까? 귀가 안 들린다 하더라도 냄새도 못 맡습니까? 냄새를 못 맡는다고 치자, 그럼 감각도 없어요? 감각도 없으려면 시체가 돼야지. 살아 있다는 것은 경계를 접한다는 겁니다. 항상 모양을 경험하는 거라. 그렇지 않으면 죽은 겁니다. 그러니까 우리는 언제든지 모양을 대하면서 살고 있어요. 모양을 마주하면서 살고 있다고요. 항상 모양을 볼 수밖에 없습니다. 모양을 보되 모양을 따라가지 않으면, 모양에 안 속으면, 어떤 모양이 다가오든 항상 같은 겁니다. 늘 이것을 보고 있는 겁니다.

그래서 거울을 비유로 들잖아요? 거울에 무슨 모양이 다가오든 거울이 그 모양이 됩니까? 거울은 한결같이 무슨 모양이 다가오든 비출 뿐이에요. 거울은 모양에 오염되지 않습니다. 만약에 거울이 카메라 필름처럼 오염이 된다면, 그 거울은 쓸모가 없어요. 거울이 아니지요. 이것은 오염되지 않습니다. 그러면서도 어떤 모양이 다가오든 자기 노릇을 하고 있는 겁니다. 그렇듯이 모양에 속지만 않는다면, 오염되지만 않는다면, 32상을 가지고 여래를 본다 하든, 32상을 떠나서 여래를 본다 하든 아무 상관이 없어요. 말에 속으시면 안 되는 겁니다.

이 마음이라고 하는 것은 어떤 규격도 없고, 틀도 없고, 정해진 것은 아무것도 없습니다. 마음을 이야기하면서 이렇다 저렇다 하면 그것은 무조건 틀린 겁니다. 어떤 것도 정해진 것이 없지만 확실하게 마음을 실감할 수는 있습니다. 그러면 어떤 말이나 모양에도 안 속는 겁니다.

그때에 세존께서 게송으로 말씀하셨다.

겉모양에서 부처를 보거나
목소리로 부처를 찾는다면
이 사람은 삿된 도를 행하는지라
끝끝내 여래를 보지 못하리라.

여기서 여러분들이 조심할 것은, 색깔이나 모양을 가지고선 여래를 볼 수 없다고 하니까, '모양을 가지고 봐서는 안 돼!'라고 그렇게 생각하는 그것이 바로 모양을 따라서 이것을 이해하는 것이란 사실입니다.《금강경》을 그렇게 이해하시면 안 돼요. 여래는 색깔이 없어, 색깔로 보면 안 돼… 여래는 소리가 없어, 소리를 보면 안 돼… 이렇게 하는 바로 이것이 색을 가지고 하는 것이고, 소리를 가지고 하는 것이에요. "분별하지 마라" 하면 우리는, '분별하지 말라 하더라' '분별하지 말아야지' 하고 분별을 합니다. 그러니까 한마디로 이

670

야기하자면, 내가 어떻게 생각을 기묘하게 굴려도, 생각을 가지고는 안 되는 겁니다. 오로지 확고부동한 믿음과 강렬한 발심만이 이 자리를 찾아 주지, 잘 돌아가는 머리, 기묘한 생각을 추구해서는 결코 도달할 수가 없습니다.

경전에서 이렇게 말한다고 경전에 속으면 안 돼요. 색깔로 보지 말라고 하면, 전부 눈 감고 봉사가 되란 말입니까? 소리로 찾지 말라고 하면 귀마개 하고 전부 귀머거리가 되란 말입니까? 경전에 속으시면 안 돼요. 경전을 보실 때 경전의 내용을 머리로써 판단할 수 있는 데까지 판단해 놓고, 그 다음에는 머리로써는 더 이상 안 되는구나 하고 포기를 해야 돼요. 포기하면 남는 게 뭡니까? 믿음과 억하심정(抑何心情)… 아무리 해도 안 되니까 억하심정이 생기죠? '도대체 이놈이 뭐기에 나는 이렇게 해도 안 되느냐?' 뭔가 가슴에서 치솟아 올라와야 돼요. 그러면 발심할 수 있게 되는 겁니다. 그래야 그것이 탁! 뚫어지면서 되는 겁니다.

당연히 제가 지금 하고 있는 말도 모두 방편입니다. 그냥 귀만 열어 놓고, 제 이야기를 진지하게 경청하시다 보면, 어느 순간에 탁 하고 귀가 열리는 순간이 옵니다. 공부는 그렇게 하는 겁니다. 조작 없이, 간절한 관심, 경청, 진지한 자세, 이것으로 하는 겁니다. 그렇게 하는 거지, 무엇을 반복적으로 외우고, 반복적으로 어떤 행동을 하는 게 아닙니다. 그러면 조작하는 거예요. 조작해서 만든 것은 진실이 될 수 없습니다. 가짜입니다. 진짜는 우리의 어떤 손길도 요구하지 않습니다. 이미 아무 문제가 없는 거예요. 이미 아주 완벽한 겁니다. 오히려 우리에게 손을 떼라고 해요. 우리가 자꾸 손을 대고 있는

671

동안에는 문제가 생겨요. 손을 떼면 진리 그대로 아무 문제가 없는 겁니다.

27

끊어짐도 없고 소멸함도 없다 無斷無滅分

"수보리야, 네가 생각하기를, '여래는 상을 온전히 갖추지 않았기 때문에 무상정등각(無上正等覺)을 얻는다'고 한다면, 수보리야, '여래는 상을 온전히 갖추지 않았기 때문에 무상정등각을 얻는다'고 그렇게 생각하지 마라. 수보리야, 네가 생각하기를, '무상정등각을 얻겠다는 마음을 낸 이가 모든 법이 끊어져 없어진다고 말하리라'고 한다면, 그런 생각을 마라. 무슨 까닭인가? 무상정등각을 얻겠다는 마음을 낸 이는 법에 대하여 끊어져 없어진다는 상을 말하지 않느니라."

"須菩提, 汝若作是念: 如來不以具足相故, 得阿耨多羅三藐三菩提, 須菩提, 莫作是念: 如來不以具足相故, 得阿耨多羅三藐三菩提. 須菩提, 若作是念: 發阿耨多羅三藐三菩提者, 說諸法斷滅相, 莫作是念. 何以故? 發阿耨多羅三藐三菩提心者, 於法不說斷滅相."

다시 보겠습니다.

수보리야, 네가 만약 '여래께서는 상을 구족하지 않은 까닭에 위없이 바르고 평등한 깨달음을 얻는 것이다' 라고 생각한다면…

앞 장에서는 32상을 갖춘 것으로 여래를 보아서는 안 된다고 했는데, 이제는 그런 32상을 갖추고 있지 않다고 해서 여래를 볼 수가 있느냐 하면 그것도 아니다 이겁니다.

수보리야, 그런 생각은 하지 마라. '여래가 모습을 다 갖추고 있지 않기 때문에 위없이 바르고 평등한 깨달음을 얻는 것이다' 라고…. 수보리야, 네가 만약 '위없이 바르고 평등한 깨달음을 낸 자는 모든 법이 끊어져서 없어진다고 말한다' 라고 생각한다면, 그런 생각은 하지 마라. 왜냐하면 위없이 바르고 평등한 깨달음을 낸 자는 법에 있어서 끊어져 없어진다는 모양(斷滅相)을 말하지 않느니라.

그러니까, 앞에서는 상을 가지고서는 여래를 볼 수 없다는 말을 계속 해 왔는데, 그렇다면 상을 가지지 않고서 여래를 볼 수 있느냐? 그렇게 해서도 안 된다 이겁니다. 상을 다 없애는 게 여래를 보는 거냐? 그것도 아니다 이겁니다. 상을 가지고 여래를 보아서는 안 된다 하니까, 그러면 상을 다 없애야 여래를 보느냐? 그것도 아니라는 거죠. 여래를 보는 문제는, 상을 가지고 보느냐, 없애고 보느냐 하는 그런 문제와는 다르다는 겁니다.

《금강경》이라는 게 이런 면에서 훌륭한 경전이에요. 우리가 워낙 상에 매여 있으니까, '상을 가지고 하지 마라'고 계속 우상 파괴를 하게 해 놓고는, 이제는 뭐라고 하냐 하면, '우상을 파괴했다고 여래를 볼 수 있느냐?' 아니다 이거예요. 우상을 파괴하는 게 곧 여래를 보는 건 아니다. 결국 뭐냐 하면, 상을 가지고서도 이것은 볼 수가 없고, 상을 부수고서도 이것은 볼 수가 없다. 상을 어떻게 해서 깨닫는 게 아니다 이겁니다.

비유를 들면 이런 겁니다. 우리가 호숫가에 앉아서 물을 보고자 하는데, 보이는 것은 물결이죠? 물결이 자꾸 일어나니까 물을 못 보겠다. 그러니 물결을 잠재워라. 그래서 바람을 막아 버리니까 물결이 잠잠해져서 거울처럼 되겠죠? 그러면 거울처럼 된 수면을 보는 게 물(여래)을 보는 거냐? 그게 아니다. 그것도 역시 물의 표면을 보고 있을 뿐이다. 파도가 일어도 물의 표면이니 물 그 자체를 보는 게 아니고, 파도가 잠잠해져서 거울처럼 된다고 하더라도 역시 물의 표면을 보는 것이지, 물 그 자체를, 물을 보는 것은 아닙니다.

이치나 모양을 세우느냐 부수느냐 하는 그런 문제가 아니라는 것을 말하는 겁니다. 즉, 물 그 자체를 보는 문제는 물결을 일으키느냐, 물결을 잠재우느냐 하는 그런 문제가 아니다 이거예요. 그것을 정확하게 이해하셔야 돼요. 우리가 마음의 시끄러운 번뇌가 있으니까 번뇌와 망상을 잠재우고 억누르는 게 마음이 본래 모습을 찾는 거냐? 그게 아니라는 겁니다. 지금 이것이 그것을 말하고 있는 겁니다.

'나는 마음에 온갖 망상, 잡념이 시끄럽게 일어나서 마음을 못 보 겠다.' 그러면 '망상과 잡념을 다 잠재워라' 하니까, 고요하게 앉아 서 정신 집중을 하고, 무엇을 관조(觀照)하고, 호흡을 헤아리고… 이 러다 보면 잡념이 자꾸자꾸 사라진다고 합시다. 그러나 그렇다고 해서 마음이 보이느냐? 거울 같은 물도 물 표면인 거죠. 물 그 자체 가 아니고…

그러니까 마음공부라고 하는 것은 마음을 어떻게 조작해서 달성 될 수 있는 것이 아닙니다. 물을 일으켜서도 안 되고, 물을 잠재워서 도 안 돼요. 물 그 자체를 아는 것은 그런 방식으로 하는 게 아니다 이겁니다. 이 점을 명확하게 이해하셔야 이 마음공부라는 것에 바 로 들어올 수 있습니다. 그걸 이해 못 하고, 시끄러운 마음을 조용하 게 잠재워서 거울처럼 잔잔한 마음, 평화롭고 잔잔하고 고요한 마 음, 항상 잡생각이 안 나고 그것에 재미를 느끼고 하나로 모아져 있 는 '이것이 공부다!' 이런 식으로 공부를 하신다면, 빠져들 수는 있 습니다만, 제대로 공부하는 것이 아니에요. 그런 사람들이 많습니 다. 그런 사람들은 《금강경》을 보아도 이해 못 해요. 물 그 자체는 물결이 일건 안 일건 그것과는 상관이 없죠. 물결이 일어도 물이요, 거울처럼 잠잠해져도 물일 뿐입니다. 우리 마음이라고 하는 것은, 법이라고 하는 것은, 가고 · 머물고 · 앉고 · 눕고 · 말하고 · 침묵하 고 · 움직이고 · 고요함에서 다를 게 아무것도 없어요.

그러니까 탐구의 방향을 내 의식 위에서, 내가 의식적으로 '이럴 것이다, 저럴 것이다'라고 생각하여 그렇게 기대하고, 상상하고, 그

676

쪽으로 한발 한발 탐구해 들어간다면, 그것은 공부가 아니에요. 그렇게 하는 것은 말하자면 물을 볼 생각은 하지 않고 자꾸 물결만 따지고 있는 거예요. 물은 처음부터 물이었어요. 물결이 어떤 모양이든 상관없이 달라진 적이 없어요. 마음은 처음부터 마음이지, 내가 어리석다고 해서 마음이 달라지고, 깨달았다고 해서 마음이 달라지는 것도 아닙니다. 그냥 그대로예요, 항상. 어리석음과 지혜가 둘이 아닙니다. 늘 그대로인 겁니다.

그런데도 우리는 자기의 판단에 따라서 '이럴 것이다, 저럴 것이다' 하는 기대를 세우고 탐구해 들어가는 것을 공부라고 여기는데, 사실 그런 것은 공부가 아닙니다. 진실로 공부를 하시려면, 물결이 잠자든 일어나든 거기엔 상관하지 마시고, 그냥 물을 보고자 하는 염원 하나로 물만 보고 계셔야 합니다. 마음도 그렇게 확인하는 겁니다. 마음 위에 무엇이 나타나든지 그것과 상관없습니다. 번뇌가 치성하게 일어날 때가 공부가 잘될 때입니다. 거울처럼 잔잔한 물보다는 물결이 일어나는 것이 물을 관찰하는 데는 더 좋은 겁니다.

방향 자체가 완전히 다르다는 것을 알 수가 있지요? 그 점을 잘 이해하셔야 돼요. 그렇게 되면, 의식적으로는 어떻게 해도 내 마음을 찾을 방법이 없음을 알아요. 의식이란 비유하면 물결이에요, 물결! 표면이라고요, 표면! 표면의 모양이 이러쿵저러쿵 드러난 게 의식이거든요. 그러나 이것에는 의식, 느낌, 상상 같은 것으로는 도저히 통하지 않는다는 사실을 알 수가 있습니다. 그런 견해가 바로잡히면 남는 것은 뭐냐 하면, 어쨌든 간에 항상 마음 그 자체에 대해서, 마음이 나타내는 모양이 아니라 마음 자체에 대해서 관심이 있는 거죠. 마음공부는 마음이 어떤 모양으로 움직이느냐에 관심을 두는 게 아니에요. 물 그 자체에 대해서 관심을 가지고 있는 거지, 그 물이 어떤 모양으로 움직이느냐에 관심을 가지면 그것은 마음공부가 아니다 이거예요. 물이 어떻게 움직이든지 그것은 염두에 두지 말고 그냥 물을 보고 싶은 염원 하나로 쳐다보고 있으면, 어느 순간에 물결의 움직임과는 상관없이 물이 탁 보인다니까요. 그런 식으로 탁! 하고 마음의 문이 열리는 순간이 와요.

그러니까 어떤 조작을 하지 않는 겁니다. 말하자면 우리가 경험하는 의식은 다양한 모양들이 있잖아요? 다양한 특징들을 가지고 있다고요. 그것이 어떤 모양을 가지고 있고, 어떤 특징으로 다가오든, 다시 말해 슬퍼도 공부는 할 수 있고, 기뻐도 할 수 있고, 분노가 나도 할 수 있고, 욕망에 가득 차도 할 수 있는 거예요. 이놈이 뭐냐 이거예요. 마음이란 놈이 슬플 때는 슬픈 모양, 기쁠 때는 기쁜 모양, 다양한 모양의 물결을 짓는데, 그 모양에는 관심 없어요. 마음 그 자체를 알고 싶은 거예요. 방향이 그렇게 되어야 하는 겁니다. 그렇게 되어야 모양에 끄달리지 않고 허공 같은 마음에 탁! 하고 통하는 겁니다. 그때 비로소 모든 모양으로부터 자유를 얻을 수 있습니다. 이제는 물결이 어떻게 움직이든지 언제나 물이라. 물결이 안 보이고, 이제는 물이 보이는 겁니다. 그거예요.

《반야심경》에서 조견오온개공(照見五蘊皆空)이라 했지요? 공이란 말은 곧 물을 표현하는 겁니다. 물이란 게 본래 정해진 모양이 없잖

아요? 그러니까 상(相)이라 안 하고 공이라 한 겁니다. 오온은 색 ·
수 · 상 · 행 · 식 모두 모양이 있잖습니까? 그 모든 모양들이 한결
같이 공이다, 모든 물결들이 한결같이 물일 뿐이다 하는 그 사실을
명확하게 깨달으면 이제는 오온의 모양에 끄달려가지 않는 거예요.
어떤 오온이 나타나더라도 공이니까. 똑같아요. 항상… 한결같아요.
일미(一味)라 일미! 한맛이라 그냥… 여러 가지 맛이 없다 이거예요.
모양을 따라가면 다양한 맛이 있지만, 모양을 안 따라가면 늘 그냥
이것뿐이에요. 다른 게 없어요.

　이렇게 되어야 비로소, '아! 해탈이란 게 무언지 알겠다. 귀신도,
용왕도, 하나님도, 악마도 전부 다 물 위에 나타나는 물결 모양이구
나.' '의식 위에 나타나는 모양들이구나.' 무슨 모양이 나타나든 상
관없어요. 그것이 모든 것으로부터의 해탈입니다. 해탈이란 것은 번
뇌로부터만의 해탈이 아니에요. 부처님으로부터도 해탈이 되어야
해요. 무슨 말인지 알겠습니까? 부처님으로부터도 해탈이 되어야
부처님의 부하가 안 되지요. 우리가 부처님 똘마니입니까? 그럴 거
면 종교에 관심 가지지 말고 열심히 돈 벌어서 세속적인 두목 노릇
하는 게 나아요. 종노릇 하지 마시라고요. 하나님 종노릇, 부처님 종
노릇 하지 마십시오. 전부 다 내가 만들어 내고서 내가 속는 겁니다.

　공부의 방향은 무엇을 붙잡고, 무엇을 버리고 하는 게 아닙니다.
취사간택하는 게 아니다 이겁니다. 진리란 어느 한 구역에 지정되
어 있지 않습니다. 진리가 없는 곳이 없어요. 하늘에도 있고, 땅에도
있고, 예배당에도 있고, 절에도 있고, 지하철에도 있고, 부엌에도 있

어요. 심지어 변소, 하수구에도 있어요. 모든 곳에 똑같이 다 있습니다. 어느 곳에 치우친 곳이 없어요. 그래서 입처개진(立處皆眞)이라고 하는 겁니다. 입처개진! 내가 발 딛고 서 있는 그 자리가 바로 진리예요. 어디에 있든 그 자리가 바로 진리의 자리입니다. 다른 데 있는 게 아니에요. 예배당이나 절만 진리의 자리가 되는 것은 아닙니다. 진리라는 것은 그런 이름과 모양에 구속되는 것이 아니에요. 그런 것은 전부 물결입니다. 물결!

공부의 방향이 어떻게 잡혀야 한다는 것이 여기서 일단 바로 서야 하는 겁니다. 어떻게 조작해서 되는 게 아니다 이겁니다. 염불하고, 절하고, 잠 안 자고 앉아 있고 하면서 스스로를 괴롭히지 마세요. 그냥 진지하시면 돼요. 불법을 믿고 애정을 가지고 진지하시면 됩니다. 어느 때든지, 어느 순간이든지 진리가 없는 때가 없어요. 괜히 그러지 못하니까 몸만 피곤하게 한다고요. 제 말이 경전에서 어긋나는 게 있으면 지적을 하세요. 어긋나는 게 아니에요. 물론 저는 제 체험을 근거로 말씀드리지만, 경전하고 다 일치가 되는 겁니다.

입처개진이라는 말을 여러분이 잘 살펴보셔야 하는데, 서 있는 이 자리가 진리입니다. 왜냐하면 진리라는 것은 언제 어느 때든 가장 확실하고, 가장 믿을 수 있고, 절대 부정할 수 없는 게 진리거든요. 지금 여기 앉아서 바그다드에 후세인 동상이 넘어졌다더라, 이게 확실한 겁니까? 아니면 지금 옆구리가 간질간질하다, 이게 더 확실한 겁니까? 입처개진이에요. 입처개진! 지금 내가 발 딛고 있고, 자리 잡고 있는 이 자리가 바로 진리입니다. 가장 확실하고, 절대 부정할 수 없고, 가장 믿을 수 있는 것! 진리란 게 그런 것 아닙니까?

680

그러니까 딴 생각 하지 마라 이겁니다. 여기 눈앞에 뻔히 보면서도, 지금《금강경》무단무멸분을 보고 있는데, 지금 현재 내 눈이 무ㆍ단ㆍ무ㆍ멸이라는 누런 종이 위의 새카만 잉크를 보고 있는데, '뭘 끊지?' '뭐가 끊어짐이 없는 거야?' 하고 눈은 여기 있으면서 생각은 엉뚱한 데 가 있단 말이죠. 그러니 못 깨닫는 거예요.

인도 사람이나 미국 사람들처럼 선을 모르는 사람들은 자기들의 경험에 근거해서 진리를 말할 때 현존(現存)하라고 합니다. 지금 이 자리에 있어라 이겁니다. 그런 책도 있죠?《지금 이 순간을 살아라》이 말이 바로 입처개진이에요. 입처개진! 지금 여기서 가장 확실한 것! 지금 이 순간 가장 또렷하고, 절대 부정할 수 없는 것! 이게 진리입니다. 어려운 게 아니에요. 딴 생각을 하니까 어려운 거지. '맨날 보고 있는 게 무슨 진리야? 뭔가 다른 게 있을 거다' 하고 망상을 하면서 지나친단 말이죠. 발은 여기에 딛고 있으면서 의식은 엉뚱한 데로 가 버리는 거예요.

세속에서는 그런 것을 아주 훌륭하게 생각하죠? 발은 차가운 현실에, 그러나 머리는 이상을 가지고 저 멀리. 이러거든요. 실컷 망상 피워라 이거예요. 왜? 세속 생활이란 게 다 망상에 근거해서 일어나는 것 아닙니까? 그래서 온갖 기묘한 생각들을 하고, 온갖 쓸데없는 것들을 만들어 내어서, 잘 속는 사람들에게 보여서 돈을 버는 모습들… 진실로 마음공부에 깊이 들어가면 그런 것에 관심이 없어요. 진실이 뭔지 체험하면 그런 허상(虛像)에는 관심이 없어지는 겁니다. 그러나 우리는 세속 생활에 아주 오랫동안 익숙해 왔고, 여전히 세속 생활에 젖어 있기 때문에, 진리 속에 완전히 푹 빠져들어서 그렇게 되기는 정말 드문 일입니다. 그러나 이왕에 공부를 하려면 그렇게 해야 하는 거죠. 어쨌든 그건 나중의 일이고, 우선 당장은 무엇이 실상이고 무엇이 허상인지 그것부터 빨리 알아야 되는 겁니다.

허상(虛像), 망상(妄相)은 다 의식 위에서 파악되고 판별됩니다. 그러나 실상(實相)은 여기서(머리를 가리킴) 파악되지는 않습니다. 체험은 되어요. 확실하게 실감이 됩니다. 그러나 머리로 파악되는 것은 아닙니다. 아까 물결과 물을 말씀드렸잖아요? 모든 물결은 허상이거든요. 허상은 물결 모양처럼 우리에게 다 보여요. 그러나 수천 가지 물결 모양을 아무리 잘 분별해도 물을 못 보면 그 사람은 실상이 뭔지 모르는 겁니다. 모양에 끄달려 가는 입장이라면 너무나 어려운 일이지만, 모양에 끄달려 가지 않는 진실함과 진지함만 있다면, 이것은 너무나 쉬운 일이에요. 왜냐하면 어떤 물결의 모양이 있든지 지금 당장 보고 있는 게 물이거든요. 물결을 본다 하지만 우리는 사실 항상 물을 보고 있는 거예요. 물을 보고 있으면서도 물결에만 관심이 있으니까 문제지… 그런데 물결이 아니라 물을 보고자 하는 진지한 관심만 있으면 우리는 언제든지 지금 당장 물을 바로 볼 수가 있습니다.

마음에 대한 기대감을 버리세요. 마음에 관한 어떤 견해도 다 버리세요. 여기서 버린다고 하는 것은 주머니에서 무슨 물건을 꺼내서 버리는 것이 아니에요. 생각이란 망상이거든요. 원래 없는 것입니다. 이런 생각, 저런 생각에 관심을 두지 않으면 됩니다. 마음은 이런 거다, 저런 거다, 이럴 거다, 저럴 거다, 그런 분별에 관심을 두지 말고, 다만 마음의 실상을 알고자 하는 간절함만 가지세요. 그런 태도로 진지하게 탐구하는 겁니다. 그러다 보면 그 간절함이 때가 되어 익으면 마음이 드러나요. 처음부터 의식적으로, '마음을 한번 알아 보자' 해서 되는 것이 아닙니다. 때가 되어야 하는 겁니다. 마치 물이 끓는 것과 같다고 했잖아요? 물을 끓이는데, 가스레인지 위에 올려놓고, 불을 켜자마자 물이 끓는 것은 아니잖아요. 시간이 걸려요. 발심했다고 해서, 나는 발심했는데 왜 안 되느냐고 따지는 사람이 있는데, 시간이 지나야 해요. 서서히 달아오르다가 나중에는 저절로 끓게 되어 있어요. 그렇게 해서 계합이라는 경험이 오는 겁니다. 간절한 발심으로 최대한 거기에 관심을 기울여야 물이 끓어오르는 때가 도래하는 거지, 어중간하게 하면 계속 미지근하게 되어 안 끓어요. 얼마나 간절하냐에 달린 겁니다.

어쨌든 실상이 체험되어야 흔들림 없는 공부의 길에 들어서는 거지, 그저 이치나 알아서는 다만 망상일 뿐이에요. 그것은 공부가 아닙니다. 물론 이치를 추구하다 보면 막다른 골목에까지 다다라서 이치가 막히는 때가 와요. 이치가 벽에 부딪히는 거죠. 그럴 땐 자기 스스로 그 이치를 놓아야 하는 겁니다. 그러고는 앞에 있는 벽을 밀고 나가야 하는 겁니다. 이치를 따지는 게 아니라, 결국에는 맨몸으로 벽에 부딪쳐야 되는 거예요.

처음부터 이치로 안 따지면 고생 안 하니까 그게 제일 좋아요. 그러나 워낙에 우리들은 보고 듣고 배운 것이 많으니까 처음에는 다들 이치로 따지게 돼요. 그러나 제 이야기를 듣다 보면 자기가 알고 있던 이치들이 해체가 될 겁니다. 기존에 자기가 알고 있던 견해나 이치란 놈들이 흐물흐물 녹아서 뚝뚝 떨어져 나갈 겁니다. 나중에는 멍 하니 아무것도 없어요. 그때가 좋은 때입니다. 아무것도 없이 멍할 때 제가 자극을 탁탁 주다 보면 어느 순간에 이것을 체험하는 겁니다. 어떤 이치도 없습니다.

이 부분, 무단무멸분(無斷無滅分)은 끊을 것도 없고 소멸하는 것도 없다는 뜻인데, 이 말은 곧 잡을 것도 없고, 버릴 것도 없다는 겁니다. 지금 이대로예요. 입처개진(立處皆眞)이라! 지금 여기서 가장 확실하고 분명한 것! 지금 이 자리에서 나 스스로에게 가장 분명하고 확실한 것! 생각도 지나가고, 느낌도 지나가고, 눈앞에 보이는 것도 지나가고, 모든 것은 흘러갑니다. 모든 것이 흘러가는 가운데, 그 흘러감 가운데 흘러가지 않는 것이 있습니다. 예를 들어 봅시다. 가로등 하나 없는 시골길을 밤중에 차를 몰고 간다고 합시다. 그러면 헤드라이트 앞에 온갖 광경들이 끊임없이 나타났다 사라지곤 하잖아요? 그렇게 온갖 광경들이 나타났다 사라지지만, 항상 밝은 불이 내 눈앞에 켜져 있잖아요? 그러니까 내가 운전해서 갈 수 있잖아요.

마치 밝은 불빛이 항상 눈앞에 있는 그런 것처럼, 눈에 보이는 모습들도 지나가고, 생각도 지나가고, 느낌도 지나가고, 욕망도 지나가고, 다 지나가요. 지나가는 가운데 지나가지 않고 늘 밝고 또렷하게 있는 게 있습니다. 절대 부정할 수 없는 게 있습니다. 이것에 딱 통하면 이것뿐이에요. 다른 게 없습니다. 여기에 문득 통 밑이 쑥 빠지는 지점이 있는 겁니다. 여기서 푹 쉬게 되는 거예요.

문득 탁! 아주 기가 막힌 경험이 옵니다. 이때까지 그렇게 따라 다녔는데 문득 쉬게 되는 거예요. 전혀 예상하지 못한 경험을 할 수 있습니다. 문득 쉬어지면서 안정이 되는 거예요. 더 이상 흔들림이 없어요. 그렇게 되면 늘 이 자리에 있는 겁니다. 늘 눈앞에 또렷하고, 분명하고, 의심이 없어요. 모르는 게 없는 겁니다. 그게 바로 입처개진이라, 지금 서 있는 이대로가 진실이죠.

이 공부는 남이 못 가지는 것을 가지는 게 아닙니다. 모든 사람이 가지고 있는 것을 나도 가지고 있다는 사실을 확인하는 겁니다. 자랑할 것도 없고, 부끄러워할 것도 없어요. 너무 평범한 거예요.

(그때 대중 가운데 한 사람이 물었다.)
"선생님, 항상 끊임없이 봐야 하는 겁니까?"

늘 끊임없이 봐야 한다는 생각이나 관념에 매달릴 필요는 없습니다. 봐야 되는 게 아니라, 그냥 깨어 있는 겁니다. 깨어 있다는 것은 무엇을 주목하고 있으라는 말은 아니거든요. 예를 들어, 버스를 타고 어디를 가야 하는데, 내려야 하는 정류장을 계속 되뇌고 있을 필요는 없는 거예요. 그냥 깨어 있다가 정류장에 다다르면 내리는 거죠. 그러나 창밖을 보면서 딴 생각을 하고 있다가는 지나쳐 버리겠죠. 깨어 있는 거예요. 그러다 그 순간이 딱 오면 저절로 통하는 거죠.

'주시하라!' 하는 말을 자주 듣는데, 주시(注視)라는 말은 대상을 지정해 놓고 그것을 의도적으로 쳐다보라는 말이거든요. 실상이 뭔지도 모르는데 쳐다보기는 뭘 쳐다봐요. 못 보는 겁니다. 그게 아니라, 실상을 보고자 하는 간절함 하나로 깨어 있는 거예요. 그러면 안 놓치는 거예요. 그러나 순간이라도 딴 생각 하다 보면 눈앞에 두고도 지나쳐 버리는 겁니다. 우리는 항상 그런 식이거든요. 깨어 있다는 것이 곧 발심이에요. 발심! 간절하게 목마른 겁니다. 그런 거지두 눈 부릅뜨고 보고 있는 게 아닙니다. 힘들게 할 필요가 없습니다. 그냥 간절한 갈증 하나로 깨어 있는 겁니다. 마음의 실상을 알고 싶다는 그것! 아는 것은 없습니다. 아직까지 실상이 뭔지를 본 적이 없기 때문에, 어떠한 예상도 불가능합니다. 단지 깨어 있다 보면 자기도 모르는, 전혀 기대 밖의 순간에 탁 하고 계합하게 되는 겁니다. 어떤 식의 기대도 가지고 있으면 안 됩니다. 마음은 이런 식으로 경험될 거야 하는 그런 기대를 가지면 안 돼요. 아무것도 모르고 어떻게도 할 수 없어서 그냥 목만 말라 있는 겁니다. 그게 깨어 있는 겁니다.

(다시 대중 가운데 어느 보살이 물었다.)

"선생님, 그런 깨어 있음 속에서도 화를 막 내고 있는 게 가능합니까? 저는 화를 내는 순간에도, 제가 그러고 있다는 것을 알려고 하는 그것을 나름대로 접목시키고 있는데…"

접목시키려니까 안 맞죠. 접목시키지 않으면 저절로 다 맞게 되어 있습니다. 내가 의식적으로 맞추려고 하니까 안 맞는 거예요. 그러니까 의식을 발동시키면 안 된다니까요. 내 손으로 조작을 하려

686

하면 안 돼요. 그냥 완전히 열어 놓고 깨어 있는 거지, 내가 내 손을 가지고 조작하는 그게 유위법이거든요. 유위법으로 하면 안 되는 겁니다. 손을 놓고 있되 깨어 있는 겁니다. 말하자면 그게 무위법이 거든요. 내가 조작을 하려 해서는 절대 안 됩니다.

이 부분이 그 이야기입니다. 붙잡으려고 해서도 안 되고, 놓아 버리려고 해도 안 된다… 손을 대지 않는 겁니다. 어떻게 해도 의식이 개입해서 조작하려 하면 안 돼요. 그런데 우리는 무엇을 하려는 버릇이 있어서 꼭 어떻게 하려고 합니다. 그건 욕심입니다. 욕심이 앞서면 공부가 안 됩니다. 마음이 가난해져야 돼요. 완전히 놓아 버려야 돼요. 내 의식적인 욕망을 다 놓아 버려야 돼요.

실존철학자 가운데, '신 앞에 벌거벗고 아무것도 숨기지 않고 홀로 선 단독자' 이런 말을 한 사람이 있었는데, '나는 더 이상 할 방법이 없다. 당신이 알아서 하시라' 하는 그런 자세. 내가 어떻게 하겠다 하면 안 돼요. 깨어 있지 않고 딴 생각 하고 있으면 신이 와도 못만나요. 이 공부의 진실은 나는 아무것도 모른다는 것이거든요. 모르면 그냥 아무것도 모르는 상태로, 알고 싶다는 욕망 하나로, 그 갑갑한 상태로 밀고 가는 겁니다. 그것이지, 거기에 어떤 의식적인 조작이 개입되면 안 돼요.

(앞의 보살이 다시 질문했다.)

"그렇지만 선생님, 의식적인 욕망 없이 어떻게 발심할 수 있습니까?"

그 말 자체가 제가 지금까지 말씀드린 게 이해가 안 된 것이거든요. '의식적인 욕망 없이 어떻게 발심할 수 있습니까?'라고 말하면서도 지금 답답하죠? 갑갑하고 답답하면 그것뿐인 거예요. 거기에 의지하세요. 모르니까 생각을 일으켜 어떻게 하려 하지 말고 모르는 그것을 의지하라고요. 모르는 것을 솔직하게 인정하고, 모를 뿐이지 생각으로 상상하지 말라 이겁니다. 모르니까 답답한 것이고, 거기에 매달리는 겁니다. 그런데, 거기에 매달릴 힘이 없으니까, 거기에 매달릴 인내력이 없으니까, 생각을 일으켜서 무엇을 자꾸 해보려고 해요. 그게 문제거든요. 그냥 모르면 모르는 대로, 갑갑하면 갑갑한 대로 거기에 꽉 의지를 해야 되는 겁니다. 그래야 되는 거지, 왜 그래야 하는 걸까? 왜 갑갑할까? 좀 더 갑갑할 순 없을까? 이러면 안 된다고요. 그냥 갑갑하면 갑갑한 것이고, 모르면 모를 뿐이에요. 이게 쉬운 일인데도 그렇게 잘 안 돼요. 자꾸 이놈(머리를 가리킴)이 작동을 하거든요. 그래서 제가 진지함을 요구하는 겁니다. 진지하시면 돼요. 의식이란 놈이 어떻게 장난을 하는지 자기 스스로 잘 살펴보면 보입니다. 남에게 보이기 위해서 공부하는 게 아니니까, 자기 자신의 문제니까요.

제가 이렇게 (손가락을 세우며) 보여 드리고, 실감을 한다고 하고, 아무것도 아니다라고 말하는데도 화가 안 납니까? 약이 팍팍 올라야 되는 거예요. 저는 예전에 공부할 때 너무 쉽게 이야기하니까 약이 팍팍 오르더라고요. 왜 나는 저렇게 안 될까? 저렇게 쉽다고 하는데, 약이 팍팍 올라야 돼요. 하여튼 진지하게 해 보십시오.

28
받지도 않고 탐하지도 않는다 不受不貪分

"수보리야, 만일 어떤 보살이 갠지스 강의 모래 수효 같이 많은 세계에 칠보를 가득히 채워 보시하더라도, 다른 사람이 온갖 법이 무아(無我)인 줄 알아서 확실한 지혜(忍)를 이룬다면 이 보살은 저 보살이 이룬 공덕보다 더 뛰어난 것이다. 수보리야, 모든 보살들은 복덕을 받지 않기 때문이니라."

수보리가 부처님께 사뢰었다.

"세존이시여, 어찌하여 보살은 복덕을 받지 않습니까?"

"수보리야, 보살들은 지은 복덕을 탐내거나 집착하지 않는다. 이 까닭에 복덕을 받지 않는다 하느니라."

"須菩提, 若菩薩以滿恒河沙等世界七寶持用布施. 若復有人 知一切法無我 得成於忍, 此菩薩 勝前菩薩所得功德. 須菩提, 以諸菩薩不受福德故."

須菩提白佛言: "世尊, 云何菩薩不受福德?"

"須菩提, 菩薩 所作福德 不應貪著. 是故說不受福德."

다시 보겠습니다.

제목이 불수불탐분(不受不貪分), '받아들이지도 않고 탐하지도 않는다'입니다. 흔히 불교의 가르침을 불법이라고 하는데, 불법이라고 하는 것은 말일 뿐입니다. 말! 그래서 이때까지 수차 나왔듯이, 불법이라고 하는 것은 없습니다. 불법이란 것은, 불법이 아니고 말만 가지고 불법이라고 하는 것입니다. 이 말이 무슨 뜻이냐? 불법이라고 하는 것은 사실, 지금까지 한순간도 우리가 불법이 아닌 것을 본 적이 없어요. '불법'이 아닌 것을 본 적이 없다고요. 그러니 이것은 불법이고 저것은 불법이 아니다, 이렇게 말할 수 없습니다.

단지 문제는, 우리가 모양을 따라서 이것은 이것이고, 저것은 저것이고, 취하고 버리고, 받고 받지 않고, 쥐고 놓고, 탐하고 탐하지 않고, 이런 분별을 따라다니기 때문에 불법이라는 것을 억지로 이름 붙이는 것입니다. 사실은 불법이란 것은 없습니다. 놓건 쥐건, 탐하건 탐하지 않건, 실제 불법이 아닌 것은 없습니다. 특별한 게 없어요. 병이라고 한다면, 쥐고 놓고, 붙잡고 분별하고, 이것이다 저것이다 하는 그게 병이에요. 그런데 묘하게도 나중에 알고 보면, 불법에 통하고 보면, 쥐고 놓고, 붙잡고 분별하는 그 자체도 사실은 불법이에요. 다른 게 없습니다. 그래서 모름지기 불법에 통해서 본다면, 불법에 통한다는 것도 억지로 하는 말입니다만, 통한 입장에서는 그게 있고, 그거 아닌 게 있고 하지는 않습니다. 쥘 것도 없고, 놓을 것도

690

없고, 올 것도 없고, 갈 것도 없어요. 그래서 늘 눈앞에 나타나는 그대로가 그냥 한결같이 불법뿐입니다. 억지로 말하자면 그런 겁니다.

그런데 우리가 익숙해져 있는 습(習)이라는 것은, 쥐고 놓고, 이것저것 분별하고, 아쉬움을 느끼기도 하고, 또는 만족하기도 하고 하는 이런 다양한 경험들을 하죠. 그게 우리가 습으로 익혀 온 바입니다. 그런 입장에 있다면, 방편으로 치료를 해야 하니까, 불법을 말하고, 발심을 말하고, 공부를 말하고, 수행을 말하고 하는 겁니다. 사실은 수행이라고 해서 달라지는 것은 아무것도 없습니다. 수행을 하면 무언가 대단히 달라져서 보통 사람들이 가지고 있지 못한 특별한 능력을 가지는 것처럼 말한다면, 그것은 진리를 모독하는 겁니다. 부처님 법을 왜곡하는 거죠. 진리는 본래 아무런 문제가 없습니다. 달리 말하면 창조주에게는 아무런 문제가 없는 겁니다. 도에는 아무런 문제가 없어요. 사람 스스로가, 원인이야 알 수 없지만 그것을 기독교에서는 선악과를 먹었느니 어쩌니 하는데, 불교에서는 그 원인을 그냥 무명이라고 합니다. 원인은 알 수가 없어요. 원인을 알 수는 없지만 이상하게도 그런 여러 가지 문제를 가지고 있단 말이죠. 문제 아닌 문제를 가지고 있어요. 본래는 문제가 없는데 문제 아닌 문제를 쥐고 있는 겁니다.

무엇에 홀린다는 말을 하잖아요? 제가 볼 때는 법을 모르는 입장, 보통 평범한 사람의 입장이란 것은 무언가에 홀려 있어요. 그 무엇이란 것은 대체적으로 우리가 경계(境界)라고 부르는 겁니다. 홀려 있으니 제정신을 못 차리고 있는 겁니다. 미혹(迷惑)이란 말 자체가 그런 의미가 있습니다. 중생은 미혹되어 있고 부처는 깨달아 있다는 말의 의미가, 중생은 경계에 홀려 있고 부처는 제정신 차리고 있다, 깨어 있다는 뜻입니다. 홀려 있는데 왜 그렇게 되었는지는 모르지… 홀려 있는데 그 홀려 있음에서 벗어나서 제정신을 차리는 게 공부니까, 홀려 있는 것을 극복하고 제정신 차리고자 하는 간절한 염원이 분명히 있어야 하는 겁니다. 사실 그것이 공부하는 데는 가장 중요한 거죠.

홀려 있으면 뭔가 모르게 불만족스러워요. 살아가는 게 이게 전부는 아니다 하는 그런 걸 적어도 공부에 관심을 가지고 있는 분들은 느끼고 있거든요. 뭔가 다른 게 있을 것이다 하는 느낌. 왜냐하면 너무 중심이 없어요. 왼쪽에서 뭐가 오면 왼쪽으로 따라가고, 오른쪽에서 뭐가 오면 오른쪽으로 따라가고, 너무나 정신이 없어요. 그래서 이게 아니고, 뭔가 흔들림 없는 중심에 대한 무의식적인 그리움을 가지고 있는 겁니다. 공부하는 분들은 기본적으로 그런 것으로 말미암아 발심을 하게 되고, 공부를 하게 되죠. 그런 입장에서 공부를 시작해서, 제정신 차리는 것입니다.

그래서 공부 방법 중에 위파사나라든지, 관법이라든지, 호흡법이라든지, 화두법이라든지 하는 이런 것들은 대개 이리저리 끌려다니지 않도록 하는, 정신을 차리게 만드는 그런 효과들이 일정 부분까지는 있습니다. 그런데 그 정신 차리고 끌려다니지 않으려고 하는 노력을 하는 데 있어서, 우리가 보통 정신 차린다 그러면 뭔가 긴장을 해야 되는 겁니다. 긴장을 해서 뭔가를 지켜본다든지, 뭔가를 헤아린다든지, 붙잡고 있다든지 그러는 거죠. 문제는 긴장해 있는 그 자체가 아주 부자연스런 상태예요. 의식적으로 긴장을 해서, 뭔가를 목적으로 삼아서, 반복적으로 같은 행위를 행한다는 그 자체가 상당히 부자연스럽고, 일상생활을 함에 있어서도 거추장스런 측면이 있습니다. 그렇게 되면 공부라는 것을 특별히 시간을 내서 해야 되어 공부 시간이라는 것이 따로 있게 되고, 그것 역시 부자연스러운 겁니다.

그런 것이 아니라, 이것은 제가 늘 비유적으로 말씀을 드리지만, 꿈을 깨는 것과 같습니다. 우리가 홀려 있는 상태는 꿈꾸는 상태와 비슷하다고 볼 수 있습니다. 우리가 꿈꿀 때는 실제 몸은 방바닥에 있으면서 의식은 어디로 갔는지 알 수가 없죠. 그게 말하자면 홀려 있는 상태죠. 제자리에 있지 못하고 뭔가 분열되어 있는 겁니다. 의식의 분열이에요. 꿈속에서는 자기가 의식이 분열되었는지 모릅니다. 꿈의 내용에 빠져서 좇아다니는 거죠. 그러다가 어느 정도 정신을 차려서 '이것이 꿈이구나, 내가 이 꿈에서 깨어나야 하겠다' 하는 그런 경우가 있습니다. 그런 경우에 우리가 어떻게 꿈에서 깨어나는지 그 과정을 살펴볼 필요가 있습니다.

만약에 꿈속에서 내가 꿈을 깨기 위해서, 예컨대 호흡을 관한다든지, 화두를 잡는다든지, 뭘 계속 지속적으로 관찰한다든지 한다면, 이렇게 해서 꿈이 깰 수 있겠습니까? 그렇게 해서는 어렵겠죠? 왜냐하면 그런 행위 자체가 꿈속의 일이기 때문입니다. 우리가 꿈을 깨는 과정을 보자면, 악몽 같은 경우에 쉽게 알 수 있는데, 그냥 깨고 싶은 거죠. 거기엔 아무 이유가 없습니다. 방법도 없어요. 단순히 깨고 싶은 겁니다. 빨리 깨어나고 싶은 거죠. 그래서 발버둥치고 몸부림치는 겁니다. 깨고 싶은 그 한 마음밖에 없지, 꿈의 내용에는 관심이 없어요. 다만 꿈에서 깨고 싶은 그 한 마음밖엔 없는 거죠. 그렇게 용을 쓰다 보면 눈이 떠져요.

그것은 내가 의식적으로 꿈속에서 이래야 되겠다, 저래야 되겠다는 방법에 따라서 노력을 했다기보다는, 그저 꿈을 깨고 싶은 절박하고 간절한 마음 하나가 있을 뿐이었습니다. 그러니까 꿈속의 어떤 행위가 원인이 되어서 깨어남이란 결과가 오는 게 아니고, 꿈을 깨고 싶은 간절하고 절박한 심정이 꿈을 깨게 만든 거죠. 실제로 그 간절하고 절박한 심정이라는 것은 꿈을 깨고 나서도 달라지는 것은 없습니다. 늘 마찬가지입니다.

이것을 불교 교리적으로 말하면, 깨어남의 체험은 인과적인 게 아닙니다. 인과법이 아니에요. 세속적으로 다양한 심리적인 효과들은 전부 인과법입니다. 어떠한 원인이 가해지면 어떠한 결과가 온다는 것, 예컨대 웃기는 상황을 접하면 웃음이 나온다든지, 행복감을 느낄 만한 조건이 충족되면 행복해한다든지, 괴로움을 느낄 때 그 원인을 제거하면 시원한 느낌을 갖는다든지 하는 것들은 모두 인과법이죠. 그러나 실제 깨어남하고는 다른 겁니다. 시원하든 답답하든, 즐겁든 괴롭든, 그것들은 모두 경계입니다. 경계! 세속상의 한 경계일 뿐이에요. 실제 깨어남에서는 경계의 특징은 없습니다. 상(相)으로 말할 수가 없다 이겁니다.

오온 십팔계라는 어떤 경계도 깨어남의 결과가 아닙니다. 다시 말하면, 깨어난 자에게는 고통이 없고 번뇌가 없느냐? 아닙니다. 있습니다. 육체를 가지고, 의식을 가지고 있는 동안 경험할 수 있는 것은 전부 경험합니다. 그러나 이제는 그 실상이 드러나 있다고 할 수 있습니다. 실상이 드러난다는 것은 만법에 자성이 없다고 표현하듯이, 온갖 일이 있는데도 불구하고 또한 전혀 아무런 일이 없습니다. 그러므로 어디에도 탐착하지 않는 것이고, 끌려다니지 않는 것이고, 그로 말미암아 고통을 겪지 않는 거죠. 그러니까 이 깨어남의 공부라고 하는 것은 실상을 문득 깨닫는 것이지, A라는 상황을 B라는 상황으로 바꾸어 놓는 것이 아닙니다. 달리 말하면 A라는 경계를 B라는 경계로 바꿔치기 하는 게 아니다 이겁니다. 경계는 그냥 그대로일 뿐이에요. 다만 실상에 캄캄했다가 이제는 실상에 밝아졌을 뿐입니다. 실상에 밝아졌으니까 경계로부터의 자유를 느낄 수 있는 거죠. 어떤 경계가 다가오더라도 매이지 않는 겁니다. 왜? 경계는 허망하니까. 온갖 경계가 허망함이 저절로 분명해지니까 이제는 그러한 각종 경계들에 끄달리지 않는다 이겁니다.

《반야심경》식으로 말한다면, 오온(五蘊)이 개공(皆空)인 줄 깨달았으니까 색·수·상·행·식에 끄달리지 않는 거예요. 아까 홀린다고 그랬는데, 우리는 보통 육체에 홀리지, 느낌에 홀리지, 관념에 홀리지, 욕망에 홀리지, 의식 위에 나타나는 모든 경계에 홀리거든요. 홀려서 제정신을 못 차려요. 제 중심을 못 잡는 거지. 그러나 오온이 모두 공임을 확실하게 통해 버리면, (알음알이로 아는 게 아니에요. 공에 통해야 합니다.) 통해 버리면 오온에는 관심이 없어져요. 그러면 무슨 행동을 하든지 언제나 공이에요. 그래서 입처개진(入處皆眞)이라고 하는 겁니다. 그러니 특별히 관찰할 것도 없고, 쳐낼 것도 없고, 붙잡을 것도 없어요. 자연스러운 겁니다. 본래 그대로의 상태를 회복하는 거예요.

'중생은 병들어 있다'라고 하잖아요? 중생은 병든 겁니다. 실제로 바이러스가 있는 게 아니에요. 환상의 병이죠. 망상의 병이란 말이죠. 병든 상태가 정상적인 상태는 아니죠. 불편한 거죠. 우리가 분별하면서 흘려 다닌다는 것은 불편한 겁니다. 편하지가 못해요. 그렇다고 병든 사람이, 예를 들어 몸살을 앓다가 다시 건강해졌다고 해서 특별히 달라지는 것도 없어요. 병들었을 때도 밥 먹고, 물 마시고, 잠자고, 다 했다 이겁니다. 생각할 것도 다 생각해요. 그와 비슷한 겁니다.

이 공부에 대해 첫째로 말씀드리고 싶은 것은, 자기 힘으로는 어떤 의식적 조작을 통해서도 깨달음에 도달하기가 불가능하다는 것입니다. 실제로는 앞서 말했듯이 꿈을 깰 때의 경우와 같아요. 꿈이 달콤하면 꿈을 깨지 않습니다. 연장되기를 원하죠. 만족스러운데 깨어나길 원할 리가 없어요. 세속 생활이 달콤하고 세속 생활이 만족스럽죠. 그러한 세속 생활에는 소위 수행자의 생활이 포함되는 겁니다. 수행한다면서 절에 다니고 명상원에 다니는 생활이 즐겁고 달콤하다면 그냥 그렇게 즐기는 겁니다. 깨어나기 싫은 거죠. 그러나 정말 깨어나고 싶은 그런 상황, 갑갑하고, 답답하고, 뭔가 이게 아니다, 뭔가 부족하다, 불만족스럽다고 한다면, 그렇다면 거기서 깨어나고자 하는 발심이 되어야 합니다. 발심! 그 발심이 반드시 필요한 요소입니다. 현 상태가 불만족스럽고 부자연스럽다면, 편안하고 자연스러우면서도 이런 불만족이 없는 상황, 즉 깨어남에 대한 욕망을 가지는 발심을 하게 되죠. 행동을 개시해야 되는 겁니다. 행동이란 건 마음의 행동이지, 육체의 행동이 아니에요. 마음의 실천이라고 하는 것은 어떤 무엇을 몸으로 행하는 게 아닙니다.

공부에 대해서 흔히 듣는 질문 중에, "도대체 무엇을 어떻게 해야 하느냐?" 하는 것이 많습니다. 어떻게 할 것은 없습니다. 마음이란 게 본래 완전하기 때문에 어떻게 다듬어야 할 것은 없어요. 홀려 있거나 홀려 있지 않거나, 마음 자체가 찌그러져 있다가 바로 되는 게 아니에요. 마음이란 게 어떤 모양의 물건이 아닙니다. 사물이 아니다 이겁니다. 모양 있는 게 아니니까, 아까 꿈을 깨고자 할 때와 같은 겁니다. 우리가 꿈을 꾸다가 깨어났다고 해서 달라지는 것은 없습니다. 깨어나도 역시 꿈을 꾸던 그 사람이에요. 사람이 달라지는 것은 아니에요. 똑같은 겁니다. 그냥 깨어 있지 못하고 꿈꿀 뿐이에요. 홀린다는 것이 그런 상황입니다. 멀쩡한 사람이 홀렸다가 다시 멀쩡해지는 겁니다. 아무런 차이가 없어요. 뭐를 뜯어고쳐야 할 게 없는 겁니다. 이 사실을 제대로 아시는 게 공부에 대단히 중요합니다. 까딱 잘못하면 뭔가가 잘못되어 있으니까 뜯어고쳐야 한다는, 리모델링이나 재건축 같은 세간적인 사고방식을 마음에다 들이댈수가 있어요. 그러나 그것은 모양을 따라서 하는 사고이고, 인과법을 벗어나지 못한 사고일 뿐입니다. 그런 것은 아닙니다.

지금 《금강경》이 장에서는 무생법인(無生法忍)을 말하고 있습니다. 《유마경》의 주제입니다. 본래 아무 문제가 없는 겁니다. 본래 불생불멸이에요. 버리고 취하고 할 게 없다 이거예요. 이 사실을 아는 게 아주 중요합니다.

그렇다면 본래 내가 완전하다고 그러는데, 본래 아무 문제가 없다고 그러는데, 왜 나는 그렇지 못한가? 만약에 자기 스스로가 그렇게 느껴진다면, 왜 나는 실감하지 못하는가? 왜 그것이 나에게는 뚜렷하지 못한가? 그렇다면 거기에 대한 탐구심을 가져야 되는데, 이 탐구의 대상이 사물이나 경계가 아니라 자기 마음이란 말이죠. 모양이 없는 마음이라… 그러니까 이 탐구라는 것은 과학적으로 논리적으로 이루어질 수 있는 것은 아니에요. 하나하나 따져서 알아내고 하는 고고학 발굴하듯이 하는 게 아니란 말이죠. 마음은 그런 대상이 아닌 겁니다. 정해진 모양도 크기도 없지만, 한 번도 거기에서 벗어난 적이 없는, 이놈에게서 벗어날 수 있는 방법이 없습니다. 달리 말해서 한 번도 마음을 내버린 적이 없어요. 마음에서 떠난 적이 없어요. 언제나 완전하게 갖춰져 있어요. 그런데도 지금 불만족스러워요. 이치는 뻔한데, 완전하게 갖추어져 있고, 항상 쓰고 있는 게 이 마음인데, 왜 나는 실감이 안 될까? 그럴 때 아까 꿈에서 깨어나는 경우처럼, 아무 이유 없이 무조건 깨고 싶은 거예요. 갑갑하고, 답답하고, 미칠 것 같은, 그런 식의 발심이 이루어지는 겁니다.

우리가 홀려 있다가 제정신 차리는 것은 아주 간단한 겁니다. 여기 앉아서도 마음이 콩밭에 가 있으면 홀려 있는 거예요. 그런데 콩밭에 가 있지 않고 내 눈앞에 또랑또랑하면 멀쩡한 겁니다. 거기에 뭐 뜯어고칠 게 있습니까, 버릴 게 있습니까, 얻을 게 있습니까? 고쳐야 될 것도 없고, 버릴 것도 없고, 얻을 것도 없어요. 그런데도 불구하고 쉽사리 그렇게 되지는 않아요.

쉽게 그저 '아이고, 맞구나! 눈앞에 이 컵이고 난초고 시계고 다 뚜렷뚜렷하네' 할 수는 있겠지만, 그렇다고 해서 여러분이 홀려 있지 않으냐? 여전히 홀려 있는 겁니다. 컵에 홀려 있고, 난초에 홀려 있고, 시계에 홀려 있는 겁니다. 홀림에서 벗어나는 체험이 있습니다. 그것은 인과적으로 이뤄지는 게 아니기 때문에 예측할 수가 없습니다. 꿈을 깨는데 한 번만 깨면 되지 여러 번 깰 필요는 없잖아요? 마찬가지로 이것도 홀려 있는 데서 깨어나는 것은 단 한 번만 체험하면 그 다음부터는, 꿈속에서 생활하는 거기에 익숙해져 있다가 이제는 깨어서 현실에서 생활하는 여기에 익숙해지는 일만 남아요. 그런데 꿈속에서 하던 버릇이 쉽게 없어지지는 않아요. 그래서 그 다음부터는 버릇 고치는 게 공부예요. 그 버릇을 버리는 데 상당한 시간이 요구됩니다. 소위 보림(保任)이라고 하는 건데… 그거야 깨어난 뒤의 일이니까, 우선 한 번 확실하게 깨어나고 그 다음부턴 깨어서 생활하는 데 익숙해지면 돼요.

이 공부는, 이 반야법이라고 하는 것은 인과법이 아닙니다. 모양 있는 것에 따라서 취하고 버리는 게 아닙니다. 변하는 건 없어요. 본래 그대로입니다. 우리는 완전합니다. 홀려 있다가 깨어나는 겁니다. 마음이 콩밭에 가 있다가 제정신 차리는 겁니다. 어렵지가 않아요. 어렵지 않은데 습관적으로 꿈속의 생활에 너무 젖어 있는 겁니다. 세속적으로 사는 것이 습관이 되어 있기 때문에 그것을 극복하고, 그것을 내버리고 문득 깨어나는 것이 쉽지가 않아요. 그러려면 거기엔 강한 힘이 필요한데, 누구는 로케트가 지구를 벗어나는 것이상의 힘이 필요하다고 했습니다. 그 힘의 원동력은 발심입니다. 꿈에서 깨어나고자 몸부림치고 발버둥치는 그 힘입니다. 그게 바로 발심이라고 하는 겁니다.

그렇지 않고, 이렇게 하면 깨어나겠지, 저렇게 하면 깨어나겠지 하고 여러 가지 다양한 방법들을 시도하는 것은 요령을 피우는 겁니다. 온 힘을 기울여서 확 뚫고 나갈 생각은 하지 않고 방법과 수단을 빌리려고 그래요. 그런 요령을 피우는 것은 꿈속에서 또 다른 꿈을 꾸는 것입니다. 깨어남에 대한 환상이죠. 자기 힘으로 뚫어 내야지 어떤 방법에 의지하는 것은 요령 피우는 것입니다. 그래서 저는 그런 것을 권하지 않아요. 방법이 따로 없습니다. 확실하게 발심이 되어서 갑갑함만 있으면… 갑갑함이 뭐냐 하면 이 결박을 뚫고 나가고자 하는 강력한 욕망이죠. 그렇게 되면 우리 내면 스스로가 알아서 길을 찾아가게 되어 있고, 그래서 언젠가는 뜻하지 않게 문득, 깨어남의 체험을 하게 됩니다. 그게 공부예요.

그리고 또 한 가지 부탁하고 싶은 것은, 우리는 지금 깨어남을 원하고 있습니다. 그러면 깨어난 상태를 실천하고 깨어난 상황에 맞게끔 행동해야 하는데, 그게 무슨 말이냐 하면, 분별심을 극복한 불이법문, 둘로 나누어서 보던 그 버릇을 극복하고 둘이 아닌 것으로 보는 입장, 그렇게 보고자 하는 신념이죠. 항상 거기에 근거해서 모든 것을 보아야 하는 겁니다. 경전을 읽을 때도 마찬가지예요. 경전에 나와 있는 글자의 구절을 따라가면서 뜻을 음미하면 그것은 그야말로 세속적인 삶입니다. 이름을 따라다니는 겁니다. 뜻을 따라다니는 거예요. 경전은 그렇게 보는 게 아니에요. 진짜 공부를 하고 싶다면, 《금강경》에서 분명하게 요구하는 것은 뭡니까? 상(相)을 극복하라, 그랬거든요. 그런데 상을 가지고 《금강경》을 읽어서 극복이 됩니까? 안 돼요. 비록 처음에는 그렇게 못 하더라도, 항상 경전을 읽을 때에는, 예컨대, "수·보·리·야" 하면 '수보리'라는 이름을 이해하는 데 그쳐서는 경전을 모르는 거예요. "수·보·리·야" 하면 '수보리'라는 이름을 부르는 거기서 이해가 그치는 것이 아니라, "수―" 하고, "보―" 하고, "리―" 이렇게… "수·보·리·야"라는 말을 따라가는 게 아니라, "수·보·리·야" 했을 때 벌써 "수·보·리·야" 하는 여기가 바로 본래 자리입니다.

마치 컴퍼스를 가지고 원을 그릴 때, 중심을 딱 찍어서 한 바퀴 빙글 돌리지 않습니까? 그럴 때 우리는 대개 어디를 보냐 하면 중심을 보지 않고 원이 그려지고 있는 연필심을 봐요. 빙 돌리면 1도, 2도, 3도, 4도 해서 90도, 180도, 270도, 360도 돌아갑니다. 그렇게 따라다니는 겁니다. 그런데 사실은 아무리 빙빙 돌리고 따라다녀도 중심은 그 자리거든요. 그 중심 자리가 분명해야 합니다. 말하자면 깨어난다고 하는 게 그 이야기입니다. 중심을 정확하게 딱 찍는 거예요. 중심에 정확하게 탁 통하는 거란 말이죠. 컴퍼스의 중심이 딱 고정되어 있으니까 다른 다리가 90도로 돌든, 180도로 돌든, 이제 걱정할 게 없는 겁니다. 어차피 원은 완성되게 되어 있어요. 중심이 분명하니까 걱정할 게 없는 거예요. 그것을 《장자》에서는 도추(道樞)라고 합니다. 도추는 문의 경첩입니다. 경첩 자리가 분명한 게 도를 아는 거죠. 그러면 문을 열든 닫든 아무 상관이 없어요. 필요에 따라서 열 때는 열고, 닫을 때는 닫는 겁니다.

그러니까, "수 · 보 · 리 · 야" 했을 때, 지금 컴퍼스가 0도에서 90도로 돌아갔다 이겁니다. 그러나 처음의 "수-"에서부터, "수-, 보-, 리-, 야-"까지 다 발동을 해도 중심은 그 자리에 있는 거예요. 항상 그 자리, 변함없이 그 자리에 있는 겁니다. 흔들림이 없어요. 말하자면 색즉시공이 된 거고, 수 · 상 · 행 · 식이 다 공이 된 겁니다. 그 흔들림 없는 자리에 확실하게 중심을 콱 하고 통해 버리는 게 바로 이 공부입니다. 그래서 그것을 '통 밑이 빠진다' 그러거든요. 한 번만 딱 맞으면 돼요. 여러 번 맞을 필요 없어요. 그 중심이 어디 있느냐? 우리가 항상 손에 쥐고 있습니다. 눈에 넣고 다니고, 귀에도 넣고 다니고, 발바닥에 달고 다닙니다. 눈앞에 보이는 게, 모르면 중심이 없지만 알고 보면 중심 아닌 게 없어요.

그래서 입처개진(立處皆眞)이라 하잖아요? 서 있는 그 자리가 바로 진리이다. 진리 아닌 게 없어요. 모든 곳이 다 중심이에요. 모를 때는 전부가 다 중심이 없어요. 다 흘러 다녀요. 그러니까 흘려 있다고 그러지요. 모를 때는 그냥 다 따라다녀요. 자기 집에 앉아 있어도 자기 집이 아니라… 그러나 중심을 정확하게 찍고 나면 남의 집에 가도 그게 자기 집이에요. 자기 집이 따로 없어요. 어디를 가든 다 자기 집이라… 자기중심이라… 내가 서 있는 그대로가 중심이에요.

《반야심경》 2백 몇 자, 《금강경》 몇 천 자… 처음부터 끝까지 다 읽어도 애초의 한 글자를 벗어나지 않아요. 팔만대장경 수천만 자를 읽어도 마찬가지예요. 단 한 글자일 뿐입니다. 모양 없는 글자,

이 한 글자일 뿐이에요. 이게 바로 내 중심입니다. 이것만 분명하면 흔들림이 없어요. 누가 와서 뭐라 해도, 말하자면 축이 딱 고정되어 있으니까 바퀴야 뱅뱅 도는 거지만, 왼쪽으로 돌리든 오른쪽으로 돌리든 상관없어요. 돌릴 테면 돌려라 이거야… 바퀴가 오른쪽으로 도는가, 왼쪽으로 도는가, 그런 데 신경 쓰면 안 돼요. 세간법에 신경 쓰면 공부를 할 수가 없습니다. 의식이 이렇게 바뀌고 저렇게 바뀌고, 기분이 이렇게 바뀌고 저렇게 바뀌고 하는 등, 색·수·상·행·식을 변화시키는 게 공부가 아닙니다. 색·수·상·행·식은 어차피 색·수·상·행·식이에요. 공이라는 중심축에 딱 고정이 되어 있으면, 바퀴는 돌아가게 되어 있어요. 색·수·상·행·식이 거기서 다 나오는 거예요.

《노자도덕경》에도 보면 도를 바퀴통, 바퀴축(軸)에다 비유를 해요. 축만 확실하게 제자리에 딱 있으면… 만약 축이 제자리에 못 있으면 바퀴는 제멋대로 굴러가 버리는 거예요. 중심이 없으니까. 그러나 축이 제자리에 딱 박혀 있으면 어떻게 돌든 상관이 없어요. 안 돌아도 상관없고. 《반야심경》이라면 오온개공(五蘊皆空)이 분명하면 되는 거죠. 확실하게 그 축의 자리, 도추의 자리에 한 번만 딱, 아까 컴퍼스로 중심을 잡듯이, 한 번만 탁 정확하게 일치하면, 그게 바로 우리가 깨어남의 체험이라고 하는 겁니다. 실제 수레바퀴를 끼울 때도 처음엔 미세한 차이 때문에 축에 들어가지 않다가 한 번만 탁 일치하면 바퀴가 축으로 쑥 들어가게 되잖아요. 그러면 이제 바퀴를 마음껏 돌리기만 하면 되는 거죠. 이것도 똑같아요. 한 번만 정확하게 체험이 와서 일치해 버리면 그 다음엔 이것을 마음껏 쓰는 일만 남아요. 그래서 중국 선사들은 이것을 기용(機用)이라고 했어요. 기(機)라는 것은 중심, 그것을 쓴다 이겁니다. 한 번만 딱 중심을 맞춰 놓으면 그 다음엔 마음껏 써요. 그런데 그 중심이 정확하게 일치를 못하면, 바퀴가 정확하게 끼워지지 않은 거지, 그런 상태에서 쓰려고 하면 조금 쓰다 보면 바퀴가 빠져 버립니다. 그러니까 정확하게 한 번은 딱 하고 맞으면… 이것을 통 밑이 빠진다고 하거든요. 그런 체험이 이 공부의 입문(入門)입니다. 학교로 치면 그게 입학하는 겁니다. 입학한 뒤에는 뭐 어떻게 되느냐? 이제 그 바퀴를 쓰는 일만 남았죠.

문을 조립할 때도 마찬가지 아니에요? 문을 들어 올려서 경첩의 축에다 정확하게 딱 끼워 넣는데, 한번만 정확하게 끼워 넣으면 그 다음엔 문을 마음대로 쓰잖아요. 처음부터 문을 마음대로 쓰진 않거든요. 처음에는 조심스럽지, 이게 혹시 빠지지는 않을까? 시간이 지날수록 더 문에 대한 믿음이 가고, 더 분명해지고, 더 확실해지고, 그 다음엔 문을 마음대로 쓰는 거예요. 그래도 전혀 흔들림이 없는 겁니다, 정확하게 맞아 있기 때문에. 그것을 보림(保任)이라고 하는데, 진짜 공부는 그게 공부예요. 자연스럽게, 자연 그대로, 무위법이라고 그러잖아요? 전혀 거기에는 유위적인 사고가 들어갈 틈이 없습니다. 본래 그대로예요. 딱딱 들어맞아요. 어떤 견해도 없습니다. 저절로 들어맞아 있는 거예요. 우리 본성 자체가 그런 거예요. 마음 자체가 그런 거기 때문에, 저절로 딱 들어맞아 있기 때문에, 그것을 맞추려고 머리를 쓸 이유가 전혀 없는 겁니다. 들어맞아 있는 그대로 쓰면 되는 거예요. 그 쓰는 것이 처음엔 잘 안 돼요. 왜냐하면 옛날 습관, 세속적 사고방식이 남아 있기 때문에. 그것을 제대로 뚫어내고 나중에 완전한 바퀴로, 완전한 문으로서 활용하는 데까지 나아가는 것, 어떤 면에서는 바퀴를 축에 맞추는 것보다 그게 더 어렵습니다.

하여튼 적중(的中)이라는 것, 정확하게 중심을 딱 잡는 것, 그 경험이 올 때까지 우리는 혼신의 힘을 다해서 간절한 공부를 해야 하는 겁니다. 그런데 거기서 아까 말씀드렸듯이 요령부리지 마시라 이겁니다. '이렇게 하면 될 거야.' 이렇게 요령을 부리면 안 맞춰져요. 감각적으로 맞추어야지 이것은 요령을 부리면 안 돼요. 감각적이란, 내면에서 우리 마음 스스로가 길을 만들어 가는 거지 내 의식이 앞장서 가는 것이 아닙니다. 그러니까 요령 부리지 마시라 이겁니다. 이렇게 하면 되고, 저렇게 하면 되고, 이런 식으로 공부의 도식을 만들면 안 됩니다. 그러면 공연히 긴장만 되고 욕심이 앞서서 잘못하면 병이 생깁니다. 그냥 내면에서 나아가는 대로 따라가되, 내면을 자꾸 채찍질해야 하는 겁니다. 간절함이죠. 의식적으로 억지로 이렇게 해야 한다 저렇게 해야 한다 하고, 자꾸 의식이란 놈이 개입하면 안 돼요. 의식은 어쨌든 '빨리 좀 해 다오' 하고 뒤에서 채찍질하는 역할만 해야 합니다. 왜냐하면 어차피 의식이 이끌어 나가서 되는 것은 아니기 때문입니다.

의식이 의식을 벗어날 수는 없어요. 생각을 가지고는 생각을 절대 벗어날 수 없습니다. 의식이 이루어 내는 공부가 아니에요. 어차피 우리 마음 스스로가 자기 자신을 깨어나게 해야 되는 거지요. 꿈에서 깨어나는 것과 같은 겁니다. 꿈속에서 내 의식이 꿈을 깨려고 아무리 장난쳐 봐야 안 깨어납니다. 꿈을 깨려면 꿈을 꾸는 그놈이 눈을 떠야 되는 거예요. 의식은 꿈을 꾸고 있는 네가 눈을 뜨라고 채찍질하는 그것밖에 할 일이 없어요. 그렇지 않고 주제넘게 자기가 나서서 이렇게 하면 깰 수 있다, 저렇게 하면 깰 수 있다 하면 안 됩니다. 꿈속에서 자꾸 또 새로운 꿈을 꾸는 겁니다. '이런 게 꿈 깨는 거야.' 이런 식으로 하는 것은 착각입니다. 사실 수많은 사람들이 그런 착각 속에 빠져 있기 때문에 진짜 깨어나지를 못하는 거죠.

그래서 경전을 읽는데도 "수·보·리·야" 할 때, 말 따라다니면 안 돼요. "수·보·리·야"하든, "수-"라 하든, "보-"라 하든, "리-"라 하든, "야-"라 하든 아무 상관이 없잖아요. 이것뿐입니다. 컴퍼스의 중심이 딱 잡혀서 이게 흔들리지 않아요.

> 만약 보살이 갠지스 강의 모래와 같은 수효의 세계를 칠보로 가득 채워서 보시하더라도…

이 이야기는 《금강경》에서 여러 번 나온 이야기죠. 말하자면 온 우주를 보석으로 가득 채운다 이겁니다. 물론 이것은 가정법입니다. 실제로는 그렇게 할 수 없죠. 만약 그렇게 할 수 있다 하더라도,

> 또 어떤 사람이 모든 것들에 내가 없어서…

무아(無我)라… 모든 것들이 전부 무아라. 나도 없고 내 것도 없고. 아(我)라는 것은 경계에 집착하는 겁니다. 내 몸뚱이가 나요, 내 느낌이 나요, 내 관념이 나요, 내 욕망이 나요. 이런 식으로 경계에 집착하는 게 유아(有我)라고 하는 거예요. 그런 것만 없으면 돼요.

일체법에 내가 없어서 인(忍)을 이룬다면…

이 인(忍)이란 게 무생법인(無生法忍)입니다. 무생법인의 약자예요. 무생법인이란 게 뭐냐? 불생불멸(不生不滅)입니다. 불이법문(不二法門)이지요. 《반야심경》에 나오죠? "시제법(是諸法)은 공상(空相)이니 불생불멸(不生不滅)이요, 불구부정(不垢不淨)이요, 부증불감(不增不減)이라." 이게 바로 무생법인이에요. 눈에 보이고 귀에 들리는 모든 경계들은 모두 생멸하고, 증감하고, 더럽고 깨끗한 게 있지요? 실상(實相)은 그렇지가 않습니다. 무생법인이라는 것은 실상을 말하는 겁니다.

일체법에 내가 없고, 그래서 실상을 성취했다, 실상을 알아차렸다 이겁니다. 일체법에 내가 없어서 곧 불생불멸이라는 사실을 깨닫는다면,

이 보살은 저 보살의 공덕보다 훨씬 나으리라…

보석으로 아무리 가득 채워도 그것은 상(相)이라 상! 경계죠. 모양은 한계가 있는 겁니다. 비유적으로 말하면, 아무리 견해가 뛰어나

707

고, 법에 대해 달변가가 되어서 논리적으로 흠 하나 없이 법에 대해서 말할 수 있다 하더라도, 실제 중심 자리에 통하지 못했다면 망상일 뿐이다 이겁니다. 꿈속의 일일 뿐이에요. 실제 깨어나지 못했다면 꿈속에서 아무리 훌륭한 설법을 하고, 훌륭한 그림을 그려 내도 그것은 꿈일 뿐입니다.

왜냐하면 수보리야, 이 모든 보살들은 복덕을 받지 않기 때문이니라…

받지 않아요. 붙잡지 않아요. 받아들이지 않아요. 받아들이면 홀려요. 경계를 붙잡으면 끌려가는 거예요. 그렇다고 내치지도 않아요. 붙잡지도 않고 놓지도 않는 겁니다. 망상이라는 것은 본래 붙잡을 것도 없고 놓을 것도 없어요. 깨달으면 망상은 사라지는 거지, 거기에 붙잡을 게 어디 있고, 놓을 게 어디 있습니까? 붙잡을 것도 없고 놓을 것도 없는 거예요. 불생불멸 부증불감 불구부정…

수보리가 부처님께 말씀드렸다. "세존이시여, 어떻게 보살이 복덕을 받지 않을 수가 있겠습니까?"

그러니까 세존이 말하기를,

수보리야, 보살은 자기가 지은 복덕에 탐착하지 않기에 복덕을 받지 않는다고 하느니라.

708

우리는 항상 복덕을 짓고 있습니다. 복덕이란 게 뭐냐? 눈앞에 다가오는 게 전부 복덕이라. 이놈을 써서, 마음을 써서 전부 만들어 내고 있거든요. 일체유심조(一切唯心造)라고 하듯이, 오온(五蘊)·십팔계(十八界)의 경험세계를 항상 눈앞에 만들고 있어요. 그런데 그놈을 받아들여서 거기에 집착하면 끝장나는 거지요. 그러면 복덕이 없어요. 경계를 따라다니지 않기 때문에 경계가 나를 구속할 수 없는 거죠. 이 자리가 분명하기 때문에, 붙잡지도 않고 놓지도 않는 거예요. 그러니까 복덕을 받지 않는다고 하는 것입니다.

29
움직이면서도 곧 고요하다 威儀寂靜分

"수보리야, 만일 어떤 사람이 말하기를, '여래가 오기도 하고 가기도 하고 앉기도 하고 눕기도 한다' 하면 이 사람은 내가 말하는 뜻을 알지 못하는 것이다. 무슨 까닭이냐? 여래는 어디로부터 오는 일도 없고 가는 일도 없으므로, 그 까닭에 여래라고 이름하느니라."

"須菩提, 若有人言如來若來若去若坐若臥, 是人不解我所說義. 何以故? 如來者, 無所從來亦無所去, 故名如來."

다시 경문을 봅시다.

여래가 오기(來)도 하고, 가기(去)도 하고, 앉기(坐)도 하고, 눕기(臥)도 한다.

여기서 래(來) · 거(去) · 좌(坐) · 와(臥)라는 것이 제목에서 위의(威儀)라고 하는 것입니다. 보통 행주좌와(行住坐臥)라고 그러죠?

이 사람은 내가 말한 바의 뜻을 알지 못한 것이니, 왜냐하면 여래는 어디로부터 오는 일도 없고 가는 일도 없으므로, 그 까닭에 여래라고 이름하느니라.

여래(如來)··· 한결같이 그렇게 온다··· 간다··· 여래(如來), 여거(如去)라 하기도 합니다. 여(如)라는 글자가 '한결같이 그렇게' 이 말인데···

자, 다시 보겠습니다. 이것이 지난 시간에 말씀드렸던 무생법인(無生法忍)을 다시 말하고 있습니다. 행주좌와(行住坐臥) 어묵동정(語默動靜). 우리가 보통 살아가는 일은 그런 일들이죠? 가고, 머물고, 앉고, 눕고, 말하고, 말하지 않고, 움직이고, 고요하고··· 이런 것들인데··· 우리는 행주좌와 어묵동정이 제각각 다른 것으로 경험을 하고, 다르게 행동하고, 다르게 의식도 하죠. 그럴 때마다 여러 가지로 행위와 생각에 따라서 이리저리 따라다니죠. 따라다니면서 흔들리게 되는 겁니다.

그러나 여여(如如), 여법(如法), 여래(如來)··· 이렇게 여(如)라는 글자는 '그대로, 한결같이'란 뜻입니다. 어디를 가더라도 그대로라 이 말입니다. 안 간다는 말은 아닙니다. 여래는 가고, 오고, 눕고, 앉는 일도 없다··· 이러면, '도대체 그럼 어떻게 하는 거냐?' 모양으로 따라가면 이해가 안 됩니다. 뜻을 따라서는 이해가 안 돼요. '가지도 않고 오지도 않으면 어쩐다는 말이냐?' 뜻으로는 이해가 안 되죠. 이것은 조금 다르게 말하면, 가도 가는 게 아니요, 와도 오는 게 아니요, 앉아도 앉는 게 아니요, 누워도 눕는 게 아니다… 그래서 여 (如)라는 글자를 쓰는 겁니다. 노자는 그것을 상(常)이라는 글자로 써요. 상도(常道)라고… 늘, 항상 그렇게… 불교에서는 상(常)이란 글자 대신 여(如) 자를 쓰는 거죠.

비유적으로 말씀드리면, 아까 컴퍼스, 중심, 바퀴, 문… 이렇게 비유를 들었듯이, 실제로 우리가 일상적으로 경험하는 바는, 움직이는 것을 바퀴라 하지, 가만히 고정되어 있는 것을 바퀴라고 하지 않거든요. 문이라는 것도 열고 닫는 것이 문이지 가만히 있는 게 문이 아니거든요. 우리가 일상적으로 경험하는 부분은 항상 오기도 하고, 가기도 하고, 앉기도 하고, 눕기도 하고, 말을 하거나 침묵하거나, 어쨌든 경계가 다 달라요. 그것은 마치 문을 열기도 하고 닫기도 하는 것처럼 다릅니다. 우리가 문에 대해서 관심을 가지고 있는 부분은 손잡이 부분이죠. 열어 놓느냐, 닫아 놓느냐? 열고 닫고에 상관없이 항상 한결같은 부분에 대해서는 별 관심을 두지 않아요. 우리 공부도 마찬가지입니다.

마음에 대해서 《기신론(起信論)》에서는 진여심(眞如心)과 수연심 (隨緣心)을 말합니다. 진여심이란 건 움직임이 없는 마음, 수연심은 인연 따라서 왔다 갔다 하는 마음입니다. 그 둘이 다른 것처럼 말하지만 사실 하나거든요. 같은 마음입니다. 열든 닫든 경첩은 그 자리… 바퀴가 어떻게 굴러가든 축은 항상 그 자리… 컴퍼스를 어떻게 돌리든 중심은 항상 그 자리… 그런 것처럼 어디를 가든, 앉든, 눕든, 생각을 어떻게 하든 언제나 이 마음. 예컨대 오온을 생각해 보시면 돼요. 색(色), 육체적으로 어떤 경험을 하고 어떤 행동을 하든, 수(受), 어떤 느낌을 갖든, 상(想), 어떤 생각을 하든, 행(行), 식욕·색욕·성욕·수면욕·명예욕 등 어떤 욕망이든, 식(識), 어떤 의식이든, 이 모든 것들은 우리가 경험하는 것이지만, 경험하는 그것은 변함없고 한결같은 이 마음입니다. 오온개공(五蘊皆空)이라…

실제 그렇습니다. 그러나 공부의 힘이 처음부터 완전하게 갖춰지냐 하면 그렇지는 않아요. 이 중심에 탁 계합했다 할지라도 처음에는 조금 흔들려요. 왜냐? 힘이 약하거든요. 아직 반야의 힘은 약하고, 세속의 힘은 강한 것입니다. 그러나 시간이 갈수록, 반야를 놓지 않고 거기에 항상 머물게 되고, 시간이 갈수록 더욱 확고부동해지고, 믿음이 더욱 분명해집니다. 그렇게 되면 흔들림이란 게 점점 줄어드는 거죠. 몸이 있는 동안에야 흔들림이 없다면 거짓말이겠죠. 몸이 있으면 아무래도 몸에 익은 습(習)이 좀 있거든요. 그러나 시간이 갈수록 흔들림이 적어지고 더욱 이 자리가 확실해지는 것은 사실입니다. 체험해 보면 그것은 확실하게 알 수 있어요. 이것을 밖으로 남에게 보여 줄 수는 없어요. 그러나 자기가 직접 경험해 보면, '옛날 스님들이 말씀하셨던 게 거짓말이 아니구나' 하고 알 수가 있습니다. 한 번 딱! 반야의 체험을 하고, 그 다음에 흔들림 없는 공부를 계속하는 것입니다.

이 반야라고 하는 것은, 아까는 무생법인이라고 했는데… 오거나 가거나, 어떻게 하든지 간에 언제나 여여(如如)하고 분명합니다. 그것을 다른 식으로 말씀드릴게요. 반야요, 여여한 것이라고 하면, '저게 도대체 어디 있느냐?' 하고 말을 따라가면, '나와는 상관없는 이야기…' 이렇게 될지도 모르지만, 사실 그게 아닙니다. 그게 바로 나 자신이에요. 나 자신! 그게 바로 나 자신입니다. 내 존재의 본바탕이에요. 보통 우리는 자기 자신을 뭐로 알고 있냐 하면, 오온(五蘊)을 자기로 알고 있습니다. 육체도 가지고 있고, 느낌도 있고, 생각, 욕망, 의식도 좀 있고, 그게 바로 나다… 이렇게 알고 있거든요. 그런 관념이 바뀌어야 해요. 꾸준히 공부하다 보면, '그게 아니구나' 하는 경험을 하게 됩니다.

그렇지만 육체를 떠나고, 느낌을 떠나고, 관념을 떠나고, 욕망을 떠나고, 의식을 떠나서 내가 있느냐? 그렇지는 않아요. 육체와 느낌과 관념과 욕망과 의식이 내가 맞기는 맞는데, 우리는 눈에 보이는 것에 홀려 있는 겁니다. 이것은 사실 말로써 설명하기가 어려운 것입니다. 여기에 대한 설명이 색과 공을 가지고 설명하기도 하고, 상(相)과 성(性)을 가지고 설명하기도 하고, 아까 진여, 수연 이런 것으로 설명하기도 하고, 현상과 본질을 가지고 설명하기도 하고… 여러 가지 설명 도구들을 들이대지만, 그것들은 어디까지나 설명 도구일 뿐이고, 실제로는 이것을 직접 체험해 봐야 하는 겁니다. 맛을 봐야 해요. 그러지 않고는 이것은 도저히 이해가 안 되는 것입니다.

그러면 이제 우리가 할 일은 그것을 직접 맛보는 일인데, 이것이 어디에 있기에 어떻게 맛보느냐? 지금 우리 모두가 눈앞에 이것을 보고 있습니다. 눈앞에만 보고 있는 게 아니에요. 내 온 의식과 존재를 가지고 이것을 지금 경험하고 있습니다. 바로 지금 이것을 경험하고 있어요. 제가 몇 가지 이것을 자극하는 말씀을 드려 볼게요.

자, 여기 한번 보세요. 여러분이 저에게 자기 존재의 핵심을, 자신의 존재 그 자체를 보여 달라고 질문을 하신다면, 저는 바로 보여드립니다. (손을 들어 보이며) 이것입니다. 이것이 바로 여러분의 존재입니다. 여기서 (손을 흔들며) 여러분 스스로가 자기의 존재를 바로 확인할 수가 있습니다. '자기 손을 올렸는데 저기 무슨 내 존재가 있어…' 이런 게 사유죠. 사유로는 찾을 수 없습니다. 그런데 정말 진지하다면, 그런 사유에 끌려가지 않을 정도로 진지하다면, 자기 사유에 끌려다니지 않을 그런 진지함이 있다면, 자기 사유에 끌려다니지 않고 제 말에 귀를 기울일 수 있는 진지함이 있다면, (다시 손을 들어 보이며) 이겁니다. 제 손을 보면서 여러분 자기 자신을 한번 확인해 보세요. 어디에 있는지… 이것은 내 손이에요. 이것을 보시면서 여러분 자신의 존재 스스로를 찾을 수가 있습니다. 이것을 보시면서 우리 각자가 자기 존재를 찾을 수가 있어요.

흔히 드는 일화 하나 말씀드릴게요. 향엄 스님 이야기, 아마 대개 다 아실 겁니다. 이 스님은 아는 게 너무 많아, 모르는 게 없었어요. 그래서 팔만대장경을 앞뒤로 꿰차고 있어서, 누가 질문하면 사전처럼 대답이 쫙쫙 나오는 거예요. 그런데 위산 스님, 원래 백장 스님 밑에 있다가 위산 스님 문하에 갔으니까, 위산 스님이 가만히 보니까 저놈이 물건은 물건인데 너무 알음알이에 잡혀 있는 거라…

그래서 불러서 이것저것을 물었어요. 하여튼 경전이나 불교 교리에 대해서는 도사라, 사전이에요, 사전…. 그래서 마지막으로 질문하기를, "좋다. 그러면 이제까지 대답은 놓아두고, 자네 어머니가 자네를 낳기 전의 자네를 한번 말해 봐라. 자네가 지금까지 말한 것은 어머니가 자네를 낳고 난 후에 자라면서 배운 거잖아… 이 세상에 태어나서 자라면서 배운 것 말고, 배워서 안 것이 아닌 것을 말해 봐라." 그랬더니 말이 콱 막혔어요. 도대체 뭐를 어떻게 말해야 될지 깜깜한 겁니다. 몇 가지 이야기를 했지만, 위산 스님은 "그건 다 경전에 나오는 이야기잖아. 배워서 안 거잖아…" 그랬거든요. 결국 향엄 스님은 대답을 못하고 그 절에서 물러나와서, 자기는 공부할 인연이 아닌가 보다 싶어 탑지기로 갔어요. 큰 탑을 지키는 조그만 암자에 근무를 하러 갔습니다. 맨날 하는 일이 탑 주위를 청소하고 풀 베고… 그런데 비록 탑지기로 갔지만 이 사람의 가슴에는 자기가 도사인데, 사전인데도 대답 못한 게 있잖아요. 자기 대답이 먹혀들지 않은 부분이 있거든요. 그것이 가슴에 한처럼 맺혀 있는 거지… 그래서 청소를 해도 청소에 관심이 있는 게 아니고, 밥을 먹어도 밥에 관심이 있는 게 아니었어요. 여기에만 관심이 있는 거지요. 이게 도대체 무어냐? 여기에만 관심이 있는 거지, 다른 데는 아무 관심이 없는 거죠. 그러던 어느 날 탑을 청소하다가 기왓조각을 주워 던졌는데 그것이 대나무에 딱 부딪히는 순간에 깨달았어요. '아, 이것이 내가 태어날 때부터 있던 거로구나!'

무생법인이란 것은 말 그대로입니다. 태어난 이후에 배운 게 아

716

니고, 본래 태어나기 이전부터 있던 그대로… 육체가 죽어도 그대로 있는 것이고… 이게 바로 우리가 깨달아야 할 법이에요. 자기가 태어난 이후에 배워서 안 것이 아닌 것… 이게 법이에요. 이것은 정해진 모양이 없어요. 우리가 태어날 때 빈손으로 온다고 하잖아요? 빈손입니다. 정해진 모양이 없고 빈손이니까 그것을 일컬어 '공(空)'이라고 하는 겁니다. 공! 이름이 공이지 실제로 무슨 빈 밥그릇 같은 게 있는 것은 아닙니다. 그런 식이 아니에요. 어디에 공간이 있는 게 아니라고요. 그런 식으로 관념을 지으면 안 되는 겁니다.

공이 어디 있느냐 하면, 바로 지금 이 순간 여러분이 사실은 공입니다. 다른 것이 아닙니다. 지금 이 순간 단지 공 하나만 있어요. 다른 것은 없어요. 사실은 공도 아니고 색도 아닙니다. 온갖 것이 다 있는데 또한 아무것도 없습니다. 그러니까 색즉시공이라 하고, 공즉시색이라 하는 겁니다. 오온으로 꽉 차 있죠. 경계들로 꽉 차 있습니다. 경계를 보되 경계만 보고 있으면 중생이요, 경계를 보되 이것이 '전부 다 이것뿐이구나…' 그래서 여래(如來)라고 하는 것입니다. 상도(常道)라 그러는 것이고… 맨날 이것뿐이라 그냥… 맨날 이것밖에 없어요. 이것 하나 가지고 살아가는 것이고… 이것!(손을 들어 보임) 하나입니다. 다른 게 없어요, 다른 게… 이것 하나라는 사실이 실감이 탁! 옵니다. 문득 실감이 와요.

불교 철학에서는 이것을 중도(中道)라고 합니다. 중도! 중도라는 말은 무슨 말이냐? 왼쪽에도 발 딛지 않고, 오른쪽에도 발 딛지 않고… 위로도 붙잡지 않고, 아래로도 붙잡지 않고… 그렇다고 놓느냐? 놓은 적도 없어요. 어쨌든 잡지는 마세요. 안 잡으면 되는 거예요. 원래가 빈손이니까… 붙잡는 게 문제예요. 오온 십팔계의 경계, 어느 것도 붙잡지만 않으면 본래가 우리는 빈손입니다. 빈손 그 자체일 뿐입니다. 안 붙잡아도 손아귀에 다 있습니다. 놓고 있어도 손아귀에 다 있지 어디로 가는 게 아닙니다. 색 · 수 · 상 · 행 · 식이, 육체 · 느낌 · 관념 · 욕망 · 의식이 붙잡지 않아도 손아귀에 항상 있지 다른 데로 도망 안 가요.

그런데 우린 그것들이 도망갈까 봐 붙잡고 있습니다. 그러니까 늘 이것 하나라는 사실을 알지 못합니다. 하여튼 경험이 와요. 사람마다 조금씩 다른데…《장자》에 보면 재미있는 이야기가 나와요. 발뒤꿈치로 숨 쉰다는 말이 나오는데, 하여튼 그런 경험들이 와요. 실제로 발뒤꿈치로 숨 쉬는 게 아닙니다. 거기서 콧물이 나오는 것도 아니고… 마치 그런 것 같은, 통하는 경험이죠. 통 밑이 빠진다고 그러는데 막히는 게 하나도 없어요. 의심이 싹 사라지고… 그러면서 안도의 한숨이 푹 나옵니다. 이것을 체험하는 겁니다. 이것 하나 체험하는 거예요. 지금 있는 이것 하나 깨닫는 겁니다. 이것입니다. 지금! 다른 게 아니에요. 늘 이것 하나입니다. 이것 하나만 통하면 돼요. 내가 항상 이것입니다. 언제든지 이것 하나입니다. 눈앞에도 이것이고, 귓전에도 이것이고, 손아귀에도 이것이고, 발밑에도 이것이고, 위장 속에도 이것이고, 머릿속에도 이것이고… 모든 곳에 이것 하나밖에 없습니다. 눈길 닿는 곳곳마다 이것 하나밖에 없어요. 이게 내 존재거든… 이것 하나! 언제든 이렇게 있는 이것! 이것 하나예요.

의식적으로 잡으려고 하면 안 돼요. 이렇게 계속 가리킬 때, 간절함만 가지고 있으면 여기서 깨어납니다. 그런 경험을 할 수 있습니다. 간절함만 가지고 있으면, 이것 하나! 이것 하나! 하고 계속해서 가리킬 때, 이것 하나가 탁! 체험되는 순간이 오는 겁니다. 그렇게 뚫리는 거예요. 제 말이 거짓말 같습니까? 그러면 중국의 《전등록(傳燈錄)》을 한번 보세요. 스님들은 그렇게 뚫어 냈습니다. 아까 기왓장 던지고 어쩌고… 말 한마디 듣고, 한 대 두들겨 맞고… 그게 거짓말이 아닙니다. 실제 기록이에요. 석가모니는 아침에 일어나서 샛별 보고 깨달았어요. 탁! 보는 순간에 이제까지 보던 샛별이 아니네… 샛별 보는 순간에 이것을 체험한 겁니다. 반짝반짝 하는 순간 이때까지 그렇게 고민되던 게 어디 갔는지 없어요. 푹 쉬게 된 겁니다.

그렇게 딱 계합만 되면 맨날 이것뿐이에요. 집에서 떠나 있다가 다시 돌아왔으니까 이제는 언제나 집을 안 떠나… 비유적으로 보면 이런 겁니다. 우리가 망상에, 다른 생각에 빠져 있다 보면 자기 육체를 의식하지 못하잖아요? 육체가 있다는 사실조차도 모르고 생각에만 푹 빠져서 생각 속에서 마구 헤매고 있다가, 누가 뒤에서 뒤통수를 한 대 때리든지, 차가운 얼음을 등짝에 집어넣으면 정신을 번쩍 차리잖아요? "너 지금 무슨 생각하고 있냐?" "어?!" 이런 식의 깨어남이랄까?

그래서 공부를 이렇게 말하거든요. 한로축괴(韓盧逐塊)요, 사자교인(獅子咬人)이라… 한나라 강아지는 흙덩이를 쫓아가지만, 사자는 돌아서서 사람을 문다. 우리는 흙덩이를 쫓아가는 겁니다. 경계에 홀려 가지고… 경계에 머물러 있는 거예요. 그래서 정신 한 번 탁 차리는 게 필요한데… 그게 이제 말하자면 이 공부입니다. 이 법회… 발심해서 혼신의 노력을 기울여서 이 공부에 전력 질주하는 겁니다. 깨어나고자 하는 거죠. 제정신 차리려고 하는 겁니다. 무슨 요령 같은 건 없어요. 방법이 없습니다. 마음공부에는 커리큘럼이 없어요. 과정이 없어요. 마음이란 게 본래 정해진 게 아니기 때문에 그런 겁니다. 본래 잘못된 게 없기 때문에 그런 겁니다. 그냥 혼신의 힘을 다하는 그것밖에 없습니다. 진지하게, 성의껏, 깨어나고자 하는 간절함! 그걸 가지고 이런 법회나 좋은 가르침이나 이런 데서 자극을 받다 보면, 그래서 충분히 무르익다 보면 어느 순간에 탁 깨어나는 겁니다.

꿈을 깨는 것도 그렇잖습니까? 꿈속에서 깨자 해서 바로 깨는 게 아니잖아요? 마구 발버둥 치다가 어느 한계에 이르러야 눈이 탁 뜨이잖아요. 똑같아요. 이것도… 공부도 하다 보면, 사람마다 시간이란 것은 다 다르겠죠? 어떤 사람은 빨리 깨어나고, 어떤 사람은 상당한 시간을 요하는 것이고… 그게 때가 되어야, 어느 한계에 도달해야 눈이 뜨여지는 겁니다. 그러니까 인내심을 가지고 꾸준하게 '어쨌든 이것을 꼭 체험해야 한다'는 숙제와 같은 부담감도 가지고, 해낼 수 있다는 그런 자신감도 가지고… 그러면서 공부를 하다가 때가 되면 깨어남이란 게 일어나게 됩니다.

어쨌든 자기 자신의 마음가짐이 가장 중요하고, 그 다음에 법회에 정기적으로 참석하는 게 좋아요. 자극을 받기 때문에… 그 자극으로 인해서 자기 공부가 더 채찍질이 되고, 또 어느 순간에 자극을 받다 보면 문득 깨어남의 경험도 있게 되니까… 어쨌든 이것밖에 없습니다. 이것! 언제든지 눈길이 가는 곳, 소리가 들리는 곳, 손길이 닿는 곳, 생각이 움직이는 곳, 이것뿐이에요. 여기에 모든 게 다 있는 겁니다. 여기! 이것을 비유적으로 물결을 보다가 문득 물을 알아차린다고 하는 거예요. 눈에 보이는 것은 항상 물결이지… 우리는 물결의 모양을 보고 즐기잖아요? 물결의 종류에도 여러 가지가 있잖아요. 이런 물결, 저런 물결, 그것 보고 즐깁니다. 그런데 그게 아니라, 어떤 물결이 일든 상관없이 한결같이 물일 수 있어야 하는 겁니다. 그것을 알고자 하는 거니까… 물결을 보면서 물결만 보는 게 아니라 물을 보고자 하는 간절한 염원을 가지고 자꾸자꾸 쳐다보다 보면, 어느 순간에 문득 물이라는 사실을 몰록 깨닫는 거죠. 그런 식입니다.

여래라고 하는데, 여래라는 것은 오거나 가거나 앉거나 눕는 게 아니기 때문에 여래라고 한다… 오는 일도 없고 가는 일도 없다… 그래서 여래라고 한다… 이 말의 뜻을 잘 아셔야 하는 겁니다. 오되 오지 않는 겁니다. 가되 가지 않는 거예요. 제목에서 위의적정(威儀寂靜)이라… 행주좌와를 아무리 하더라도 항상 고요해요. 흔들림이 없어요. 그러니까 말씀이 다 똑같아요. 아까 장자의 도추(道樞)나, 노자의 바퀴축이나, 여기 여래나 똑같은 거예요. 《반야심경》의 공(空), 흔들림이 없는 자리… '흔들림이 없는 자리' 이런다고 여러분께서는 관념으로 생각하시면 안 돼요. '흔들림이 없는 자리라는 게 있다는데 내가 그걸 붙잡아야지' 하고 관념적으로 그렇게 하시면 안 된다고요. 법에 관한 말은 전부 다 방편의 말입니다. 어쩔 수 없이 그냥 그렇게 말할 뿐이에요. 말의 뜻은 신경 쓸 필요가 전혀 없습니다.

제가 계속 말씀드리는 것을 듣다 보면 모든 견해들이 정리가 되실 거예요. 이것! 이것 하나!… 그렇게 되면 '이것 하나'만 체험하면 되는데 이것 하나가 어디에 있느냐?

언제든지 우리는 이것을 떠난 적이 없습니다. 항상 바로 이것(손을 들며)이거든요. 문이 문 노릇을 하려면 경첩을 벗어나지 못하고, 바퀴가 축을 벗어날 수 없듯이, 어떤 자리에서 무슨 일을 하든 항상 이것밖에 없다니까요. 여기서 벗어날 수가 없어요. 항상 여기에 있어요. 그래서 깨어 있거나, 잠자거나, 꿈을 꾸거나, 꿈도 안 꾸는 깊은 잠을 자거나 전혀 다를 게 없습니다. 항상 여기에 있을 뿐이에요. 마치 시계바늘이 돌아가는 것과 똑같아요. 0시에서 24시까지 돌아가면서 온갖 일들이 다 있지만 그러나 항상 시계바늘의 중심, 그 자리는 고정되어 있습니다. 다른 데로 안 가요. 한결같이 이것뿐이에요. 늘 여기에 대한 갈증을 가지고 생활하다 보면, 자기 시계 바늘의 중심, 언제든지 내가 이것이구나, 항상 이것뿐이구나… 하는 게 탁하고 확인이 된다니까요. 공부란 게 그겁니다.

그래서 이 자리에 탁 통하고 보면, '아이고, 이런 게 있었구나!'… 이때까지의 모든 문제가 여기에서 싹 다 풀리니까, 다른 게 눈에 들어오지 않아요. 여기에 푹 빠집니다. 말하자면 오온·십팔계의 경계에 대해서는 관심이 없어지고 법에 대해서는 또랑또랑한 거예요. 이 자리에 푹 빠져 가지고 무슨 일을 하든지 간에 전부 법이라 그냥… 그런 식으로 반야에 푹 훈습이 되는 겁니다. 이 공부란 것은 간단한 거예요. 경계에 훈습되어 있던 사람이 반야에 훈습되는 겁니다. 그게 공부예요. 거기에 무슨 복잡한 절차가 있겠어요? 반야에 탁 통해서 반야에 익숙해지면 되는 겁니다. 그래서 이 법을 돈교(頓教), 또는 돈오법(頓悟法)이라고 하는 거예요. 원래 법은 돈오법이지 계단 식의 차례가 없습니다. 그런 게 있다고 하는 것은 전부 의식 속의 장난입니다. 꿈속에서 꿈을 깨기 위해서 여러 가지 단계를 설정해 놓은 것과 같아요. 그것은 꿈을 깨는 게 아닙니다. 꿈속에 있는 거지, 꿈속에서 꿈 깨는 꿈을 또 꾸는 겁니다. 깨어나고 보면 본래 꿈꾸는 그 자체가 깨어 있는 상태예요. 따로 깨어 있는 상태가 있는 게 아닙니다.

그래서 물고기가 물에서 물을 찾는다는 둥, 소를 타고 소를 찾는다는 둥 그런 이야기를 하는 겁니다. 거짓말이 아닙니다. 그래서 망상이 곧 실상이요, 번뇌가 바로 보리라, 부처가 그대로 중생이요… 이렇게 말하는 겁니다. 불이법입니다. 따로 있는 게 아닙니다. 그런데도 스스로가 홀려 있는 겁니다. 그게 문제다 이거예요. 본래 따로 있지 않은데 스스로가 홀려 있는 거예요. 스스로가 눈을 감고 실상을 보지 않고 꿈을 꾸고 있는 거예요. 그게 문제입니다.

이 자리는 다른 데 있는 게 아니고 우리가 맨날 이 자리에 있습니다. 다른 데는 간 적이 없어요. 늘 이 자리에 있었고 앞으로도 있을 것이고… 걱정하실 필요는 없습니다. 내가 진리에서 벗어났다는 그런 걱정 하실 필요가 없다고요. 항상 우리는 진리 안에 있습니다. 늘 이 자리에 있어요. 기독교식으로 이야기하면, 아담과 이브가 선악과를 먹고 에덴동산에서 쫓겨난 것으로 착각했지만, 사실은 에덴동산에 있는 겁니다. 하나님은 그렇게 매정한 존재가 아니라고요.

에덴동산 안에 있으면서도 스스로가 망상 분별을 일으켜서 '아이고, 우리는 이제 하나님하고 관계없다' 이렇게 된 겁니다. 딱 그런 식이에요.

만약에 에덴동산이 따로 있고 에덴동산 아닌 데가 따로 있다면, 불국토(佛國土)가 따로 있고 불국토 아닌 데가 따로 있다면, 그 부처님은 별 볼 일 없는 겁니다. 그런 부처는 안 믿어도 돼요. 자기들 끼리끼리 잘 사는 거지 그거는… 보편성이 없어요. 자비심이 없다고요. 그런 게 아니다 이겁니다. 그것은 이분법이거든요. 그런 흑백논리를 부처님이나 하나님은 쓰지 않습니다. 한결같을 뿐이지… 인간이 흑백논리를 가지고 스스로가 스스로를 속이고 있는 겁니다. 그게 말하자면 선악과(善惡果)의 의미예요. 우리 스스로가 스스로의 흑백논리를 가지고서 스스로를 죄인 취급하고 있는 겁니다. 죄의식을 가지고 망상 분별하는 거지요. 이리저리 나누어 가지고, 저건 하나님이고 이건 나이고… 이렇게 하는 겁니다. 그러나 사실은 하나님이든 자기 자신이든, 다를 게 없어요. 언제나 이것뿐입니다. 이것 하나!

언제 한번 《무문관(無門關)》을 공부해야 되겠어요. 화두집(話頭集) 말이에요. 화두… 왜냐하면 자기 점검을 위해서도 거기서 공부에 도움을 받습니다. 아주 중요한 요점들 몇 가지를 도움 받을 수가 있어요. 여러분의 콩밭에 가는 마음을 지금 내가 있는 이 자리로 돌려놓는 데 화두가 상당히 도움이 됩니다.

예컨대 아까 향엄 스님 이야기 있잖아요? 도대체 어머니가 나를 낳기 이전의 내 모습을 기왓장이 대나무에 부딪히면서 어떻게 알았을까? 도대체 그것과 무슨 상관이 있느냐? 의문을 가지고 탐구해 볼 만한 내용이죠? 그런데 여러분이 '기왓장'과 '대나무'와 '어머니'와 '나를 낳기 이전'이란 스토리에 잡혀 버리면 콩밭으로 가는 겁니다. 그 스토리에 잡히지 않으면 그 스토리 자체가… 자, '대나무'가 어디 있고, '기왓장'이 어디 있고, '어머니'가 어디 있고, '어머니가 나를 낳기 이전'이 어디 있습니까? 그 이야기에 안 따라가면 지금 이렇게 생각하고 말하고 있는 것, 이것뿐이에요. 이것이 '어머니', '기왓장', '대나무', '어머니가 나를 낳기 이전'. 이겁니다. 이것!

문제는 "이겁니다!" 해도 여러분이 '이것!'을 체험해야 진짜 확실하게 거기서 안 속지, 안 그러면 역시 속는 거예요. 스스로가 정말 강렬한 힘으로 안 끄달려가고 지금 눈앞의 이 자리에 밝아 있어야 되는 겁니다. 지금 눈앞의 이 자리에 밝아 있으면 안 끄달려가요. 그런데 그냥 의식이라는 손전등을 가지고 비추어서 밝아져서는 안 돼요. 손전등은 전지가 닳으면 꺼져 버려요. 의식이라는 손전등 말고, 태양빛, 안 꺼지는 그 밝음이 확실하게 확인이 되어야 하는 거예요. 비유입니다. 의식이라는 손전등을 가지고 자꾸 비추어 보는 게 아닙니다. 그건 믿을 수가 없어요. 내가 비추든 비추지 않든, 항상 밝아 있는 게 있습니다. 내가 의식을 사용해서 비추든 비추지 않든, 항상 밝아 있는 게 있다고요. 태양에는 스위치가 없어요. 그러니 부모가 나를 낳기 이전에도 켜져 있었고, 지금도 켜져 있고, 영원히 켜져 있다고 말하는 겁니다. 그래서 여래라고 하는 겁니다.

그래서 의식의 불빛이 아니라 꺼질 수 없는 불빛, 꺼질 수 없는 밝음… 여기에 탁 하고 확인이 되어야 하는 거예요. 그게 도대체 어디 있느냐? 불빛, 밝음… 이러니까 눈에 보이는 불을 따라가면 안 돼요. 그러면 상(相) 따라가는 거고, 그게 아니고, 바로 이것!(손가락을 흔들며) 여기에는 어떤 내용도 없습니다. 그러나 늘 이렇게 있는 이 겁니다. 지금 이렇게 있거든요. 막힘없이 인연 따라 나타나 있다고 요. 그런데 이걸 확인하려면 때가 있습니다. 때가 되어야 의식의 끈 이 딱 끊어지고 여기에 쑥 들어옵니다.

물 끓이는 것과 같아요. "나는 발심했는데 왜 안 돼요?" 하는데, 발심이란 것은, 말하자면 물을 한 솥 올려놓고 불을 지피는 것과 같 아요. 불을 지피자마자 바로 물이 끓습니까? 안 끓는다고요. 시간이 지날 만큼 지난 뒤에 온도가 차츰차츰 올라가서 100도가 되어야 물 이 확 끓잖아요. 발심해서 놓치지 않고 계속해서 달구어야 해요. 그 래서 때가 되면 확 끓어 넘칩니다. 그런 때가 와야 되는 겁니다. 때 가 오면 어떤 계기, 법문이 계기가 될 수 있고, 무엇을 보고 듣는 게 계기가 될 수 있고, 어떤 일을 하다가 될 수도 있고… 문득 탁! 하고 오는 겁니다. 이것이 탁 체험이 와야 의심이 싹 사라지는 겁니다. 확 밝아지는 거죠. 꽉 막혀 있던 것이 확 뚫립니다. 과거에 나를 괴롭히 던 것이 어디로 갔는지 없어요. 실제로 그렇습니다. 확 하고 사라져 버려요. 그게 경험이 되어야 돼요. 그러니까 발심을 해서 그럴 때까 지 인내심을 가지고 공부를 놓치지 않고 밀고 나가는 것, 그것이 아 주 중요한 겁니다.

30
한 덩이 一合理相分

"수보리야, 만일 어떤 선남자 선여인이 삼천대천세계를 부수어 티끌로 만든다면, 어떻게 생각하느냐? 이 티끌들이 많지 않느냐?"

"매우 많습니다. 세존이시여, 무슨 까닭인가 하면, 만일 이 티끌들이 참으로 있는 것이라면, 부처님께서는 이것을 티끌들이라 말씀하시지 않았을 것이기 때문입니다. 그 까닭이 무엇인가 하면, 부처님께서 말씀하신 티끌들이란 티끌들이 아니라 이름이 티끌들이기 때문입니다. 세존이시여, 여래께서 말씀하신 삼천대천세계도 세계가 아니라 이름이 세계입니다. 그 까닭이 무엇인가 하면, 만일 세계가 참으로 있는 것이라면 그것은 곧 한 덩이(一合相)겠지만, 여래께서 말씀하시는 한 덩이는 한 덩이가 아니라 이름이 한 덩이입니다."

"수보리야, 한 덩이란 것은 곧 말할 수 없는 것이어늘, 다만 범부들이 그것을 탐내고 집착하느니라."

"須菩提, 若善男子善女人, 以三千大千世界碎爲微塵, 於意云何?
是微塵衆寧爲多不?"

"甚多, 世尊. 何以故? 若是微塵衆實有者, 佛則不說是微塵衆. 所
以者何? 佛說微塵衆, 則非微塵衆, 是名微塵衆. 世尊, 如來所說
三千大千世界, 則非世界, 是名世界. 何以故? 若世界實有者, 則是
一合相, 如來說, 一合相則非一合相, 是名一合相."

"須菩提, 一合相者, 則是不可說, 但凡夫之人貪著其事."

다시 보겠습니다.

수보리야, 만약 선남자 선여인이 삼천대천세계를 부수어서 가루
로 만든다면, 어떻게 생각하느냐? 이 가루들이 많지 않느냐?

삼천대천세계, 우주를 부수어서 가루로 만든다… 부수기 전의 우
주도 삼천대천세계라 하듯이 개수로 말하면 헤아릴 수 없을 정도로
무수히 많죠. 그런데 그것을 부수어서 가루로 만든다고 했으니까
그 수효는 헤아릴 수 없겠죠.

그런데 항상 《금강경》에서 수보리의 질문은 이런 식입니다. 가정
(假定)이죠. '만약 어떻게 한다면 어찌할 거냐?' 실제로는 일어날 수
없는 일들입니다. 그럼 왜 이렇게 실제로 일어날 수 없는 일을 가정
해서 이야기하느냐? 그게 바로 망상이죠, 망상! 실제 우리가 가지고
있는 문제라고 한다면 그것은 있는 그대로를 보지 못하고 우리 스

스로가 조작을 하고 꾸미고 하는 망상이란 말이죠. 그게 바로 문제예요. 그런 망상을 쉬는 게 이 공부입니다. 망상을 쉬고 나면 원래 문제가 없어요. 원래 문제가 없는 겁니다.

그런데 이런 말씀을 드리면, '망상을 쉬면 되는데… 그래, 망상을 쉬자' 그러는데, 지금 이렇게 '망상을 쉬면 아무 일이 없다. 망상을 쉬자' 하는 이 말 자체가 망상이에요. 예를 들어 말씀드리자면 우리는 이런 식입니다. 운동장에서 큰 원을 그린다고 생각합시다. 원의 중심에다가 말뚝을 박아 놓고 거기에 줄을 연결해서 빙 돌아가면서 원을 그리죠. 우리 의식의 형태라고 하는 것은, 비유적으로 이야기하자면 우리가 손을 대고 있고, 발을 딛고 있고, 관심을 두고 있는 부분은 원의 중심이 아니고 선을 그리는 그 부분이에요. 그리고 뭔가 시작점이 있고, 앞으로 나아감이 있고, 자꾸 달라지고 바뀌어 가는 거죠. 그러나 실제로는 선이 중심에 매여 있기 때문에 어떻게 달라지더라도 그 중심을 기준으로 해서 다양한 달라짐이 있는 겁니다.

그와 마찬가지로 우리의 여러 가지 경험들, 지금 눈에 보이고, 생각으로 드러나고, 귀에 들리고… 지금 당장 여러분이 여기 앉아서 제 이야기를 듣고 계신데, 지금 앉아서 제 이야기를 듣고 계신 여기에 중심도 있고, 그 중심에서 벗어난 부분도 있고, 다 있는 겁니다. 중심도 있고, 그와 떨어져 있는 것은 아니고 그와 연결되어서, 마치 원의 중심이 있으면 그 원의 원주(圓周), 테두리가 있듯이, 중심도 있고 테두리도 있단 말이죠. 우리가 실제 경험하는 것은 중심도 경험하고 테두리도 경험해요. 그런데 원은 비유적으로 든 것이고 실제 우리가 당장 이 자리에서 경험하는 여기에서는, 원에는 중심과 테두리가 반지름이 있어서 떨어져 있지만, 실제 여기에서는 중심과 테두리가 떨어져 있지 않아요. 하나입니다. 하나! 그런데도 우리는 그 하나의 중심을 보지 못하고 그 테두리만 보고 있습니다.

  지금 우리가 어디론가 걸어가고 있다고 합시다. 그래서 한 발 한 발 걸어가고 있는데, 우리 몸의 무게 중심은 항상 어디에 있습니까? 우리의 몸무게가 어디에 실리고 있느냐 이겁니다. 매 발걸음마다의 발바닥에 실리죠? 우리는 전적으로 발바닥에 의지해서 걸어가고 있는 셈인데 그 중심이라는 게 정해져 있는 게 아니죠? 계속해서 발걸음이 옮겨가고 있으니까 정해져 있는 어느 지점이 내 무게의 중심은 아니죠. 그런데 아무리 발걸음을 옮기더라도 늘 발에 무게는 실려 있는 겁니다. 그와 마찬가지로 지금 어떤 의식을 경험하고 있고, 어떤 생각을 하고 있고, 무엇을 보고 있고, 무엇을 듣고 있더라도, 바로 그 보고 듣고 경험하는 그 자리에 내 마음의 무게 중심, 내 존재의 중심은 거기 있는 겁니다. 다른 데 있는 게 아니에요. 항상 여기 있는 거예요. 그것을 이렇게 탁! 실감을 해서 밝아지는 거죠.
  그렇지 않으면 우리는 의식적으로 이렇게 하잖아요? 우리가 어디로 걸어간다고 칩시다. '나는 지금 어디까지 왔는가? 어디까지 왔다.' 이러거든요? 그것은 의식이에요. 의식적으로 우리는 자기가 이미 지나온 과거를 기억하고, 앞으로 가야 할 미래를 예측해서 '현재의 내가 어느 부분에 있다…' 의식은 이런 식으로 본단 말이죠. 실제 걸음걸음 걸을 때마다 나 자신이 존재하는 위치는 내가 어떤 걸음을 걸어서 어디를 가든지 늘 발밑이라는 동일한 자리인데 우리는

'나는 어디에서 어디까지 가고 있다.' 이렇게 한다고요. 그게 의식이죠. 그런 의식에 묶여 있으면 소위 범부라고 하는 것이고, 그런 의식에 묶여 있지 않고 매 걸음걸음마다 항상 자기가 발을 딛는 그 위치가 중심이 되어 있으면, 입처개진(立處皆眞)이라고 그러거든요. 지금 이 순간 자기가 서 있는 이 위치가 진실, 내 존재, 나 자신입니다. 그러므로 여러분 지금 이 시간에 여기에 앉아서 이야기를 듣는 이것이 바로 우리 모두의 존재 중심이에요. 다른 데 있는 게 아니고 이것이 바로 우리 존재의 중심입니다. 여기에 바로 우리 의식의 굴레에서 벗어날 수 있는 출구가 있는 겁니다. 의식의 굴레에서 벗어날 수 있는 출구가 어떤 초자연적이거나 어떤 특수한 기회, 어떤 미래의 사건, 현재 가지고 있지 않은 능력, 그런 데 있는 게 아니고, 지금 내가 처한 여기에 있는 겁니다. 지금 내가 처한 이 위치에 있다 이 겁니다. 그럼 우린 다른 기대를 가질 필요도 없고, 미래를 예상할 필요도, 특별한 일을 상상할 필요도 없어요.

그런데 지금 있는 이 위치라고 말하지만, 예컨대 우리가 걸어 다닐 때 자기의 발걸음 걸음에 주목하는 사람이 누가 있습니까? 옆의 어느 골목, 어느 상점, 그걸 보고 '어디까지 왔구나!' 그렇게 습관이 되어 있지, 내 걸음 걸음 자체가 내 존재의 중심이란 생각은 하지 않는단 말입니다. 지나가는 옆의 광경들에 관심이 있지 실제 자기 자신에게는 관심이 없단 말이죠. 이것이 문제예요. 흘러 지나가는 경치에 관심이 있지, 다시 말해서 흘러 지나가는 경치라고 하는 것은, 언제나 경험하는 의식이고 경계이에요. 생각이나 느낌이나 욕망이나 보고 듣는 것이나 이런 겁니다. 이것들은 스쳐 지나가는 경치죠. 우리는 그런 데에 관심이 있지만, 어떤 경치가 지나가든 상관없이 나는 늘 내 발밑을 떠날 수 없는 겁니다. 바로 이 자리가 내 자리거든요. 그러니까 미래를 기대할 것도 없고 과거를 돌이켜 볼 것도 없습니다. 그냥 지금 이 순간일 뿐이에요.

지금 이 순간의 바로 이것인데… 우리가 지금 경험하고 있습니다. 그런데 '지금 이 순간이라고 하지만 나는 왜?' 실감이 안 온단 말이죠. '말은 이해하겠는데 지금 이 순간이 어쨌단 말이냐?' 우리는 뭘 요구하느냐 하면, 어떻게 되어야 한다는 요구를 한단 말이죠. '어떻게 되어야 할 게 아니냐?' 마음공부도 하고, 깨달음도 오고, 뭐도 하는데 어떻게 되어야 할 게 아니냐? 그런 기대가 있죠? 문제는 그런 기대처럼 되는 게 아닙니다. 그런 식으로 되는 것이 아니고 실제 이 경험, 지금 이 순간의 자기 존재에 대한 경험이라고 하는 것은 우리가 기대한 바대로는 결코 성취되는 것이 아닙니다. 기대하고는 전혀 상관없이 지금 이 순간 나의 존재라는 것이 경험이 되는 겁니다. 실감이 와요.

이것을 실감하셔야 하는데, 이것은 첫째 우선 관심, 내 존재를 찾고자 하는 관심, 내 존재의 실상을 알고자 하는 관심이 투철해야 하고, 어떠한 기대나 견해를 가지고 있으면 안 됩니다. 어쨌든 그런 기대나 견해대로 오는 게 아닙니다. 기대나 견해라고 하는 것은 아까 말씀드렸듯이 우리가 익숙한 대로, 어디까지 가려면 어떤 상점을 지나서 어떤 골목에서 어떻게 꺾어서 어떻게 간다 하는 이런 기대를 가지고 간단 말이죠. 그게 아니라, 어디를 어떻게 걸어간다의 문제가 아니라, 언제든지 어디를 가든 자기 존재의 주인은 변함이 없어요. 그것을 깨닫는 게 목적이란 말이죠. 우리가 기대하고 있고, 기대를 통해서 예측하고 있는 그런 내용대로 경험이 오는 것은 결코 아닙니다. 그러니까 어떤 기대를 가지실 필요는 없어요. 안 갖는 게 좋습니다. 그냥 언제 어떻게 올지 모르는 손님을 맞이하는 기분으로, '막연하지만 분명히 오기는 올 것이다, 언제 어떻게 찾아올지 얼굴도 모르고….' 공부하시는 분들은 일종의 그런 기분을 가지셔야 해요.

내 본래 존재라는 손님은 우선 어떻게 생겼는지도 모르고, 어디에 사는지도 모르고, 언제 오는지도 모르고, 어떻게 오는지도 몰라요. 그러나 반드시 온다는 믿음은 확실하게 가지시되 아무것도 모르니까 미리 준비할 것은 없어요. 반드시 올 것이라는 믿음 하나로써 막연하게 기다리는 겁니다. 제 이야기를 들으시면, 그게 무슨 공부냐? 너무 막연하잖아, 공부라는 게 무슨 방법이나 길이 있어야 될 것 아니냐? 보통 그렇게 생각하죠. 그러나 학교 공부와 이 공부는 달라요. 노자(老子)가 말했듯이 도(道) 공부는 무엇을 더해 가고 쌓아 가는 것이 아니라, 자꾸자꾸 덜어서 없애 가는 거예요(損之又損). 없애고, 없애고, 없애서 그야말로 아무것도 가지지 않을 때 문득 이렇게 이루어지는 건데… 그러나 어떤 방법을 가지고 해 나간다고 하는 것은 없애는 게 아니라 만들어 가는 겁니다. 조작이거든요. 이것은 조작을 통해서는 결코 성취해 낼 수 없는 겁니다. 이 점을 우선 아주 강조해 드리고 싶은데…

제가 드리는 말씀의 내용을 결코 기억하지 마십시오. 제가 말씀을 드리는 순간 그냥 듣고서 이해할 수 있으면 하고, 못 하면 그냥 지나치시지 그것을 기억했다가 계속해서 돌이켜 생각하는 식으로 하지 말라는 겁니다. 그것은 하나의 암기식 공부입니다. 암기식 공부 말고 이것은 몸소 터득해야 하는 것이기 때문에, 그냥 듣고 이해가 되는 것은 넘어가는데, 그 이해가 머리로 되는 부분도 있고 가슴에 공감이 오는 부분도 있고 그럴 겁니다. 어느 부분이든 간에, 머리로 이해되니까 그것을 잘 기억해 둬야지 하거나, 가슴으로 공감이 되니까 그것도 잘 붙잡아 놔야지 하면 안 됩니다. 어떤 식으로든지 내 의식이란 놈이 발동을 못하게 손발을 묶어 놔야 해요.

자연스럽게 머리로 이해되는 것은 되고 안 되는 것은 지나가고, 가슴으로 공감이 되는 것은 되고 안 되는 것은 지나가고… 그러면서 아까 말씀드렸듯이 얼굴도 이름도 모르는 손님을 기다리는 그런 막연한 기다림으로… 의식적으로 이해하시면 '저게 무슨 공부냐?' 하고 이해가 힘드실 겁니다. 그러나 실제 이 공부는 요체가 그것입니다. 그것을 놓치고 내가 의식을 발동시켰다 하면 그 바람에 영원히 공부는 성취가 안 됩니다. 의식이 앞을 항상 가로막습니다. 조금이라도 내 의식이 발동되어서, 이렇게 해야지, 저렇게 해야지, 공부는 이렇게 하는 거야 하면서 스스로를 힘들게 하면 안 됩니다. 애써서 노력해서 이룬 것은 반드시 없어지게 됩니다. 파괴가 돼요. 저절로 된 것은 절대로 되돌아가는 일이 없습니다. 완전히 그쪽으로 가버리죠.

말하자면 물러나는 일이 없어야 되는 거거든요. 불퇴전(不退轉)이라고 하는데, 공부는 불퇴전이 되어야 해요. 물러나는 일이 없어야 합니다. 물러나는 일이 없으려면 방법은 하나밖에 없습니다. 억지로 만들지 말아야 하는 겁니다. 노력해서 억지로 만든 것은 반드시 물러나게 되어 있습니다. 그래서 이 공부는 반드시 이루어진다는 믿음 하나를 가지시고, 제 이야기에 귀를 기울이십시오. 또 책을 보실 때도 마찬가지예요. 학교 공부 하듯이 한 구절 보고 좋은 구절 나오면 그것을 기억해서 써먹을 생각은 하지 마세요. 이것은 사실 써먹을 데가 없어요. 그냥 보고 들어오는 것은 들어오는 대로 놔두고, 안 들어오는 것은 또 안 들어오는 대로 놔두고… 그냥 지나가요. 한 번 보았으면 그걸로 책을 덮으면 무엇을 보았는지 기억도 없어야 돼요. 그래서 저절로 훈습이 되고, 저절로 바뀌고, 저절로 가까워지고, 이렇게 해서 어느 날 문득 이 자리에 적중하는 때가 오는 겁니다. 그런 식으로 공부가 되는 거예요.

이 법회에서는, 제 말씀에 그냥 귀를 잘 기울여 주시면 돼요. 별다른 것은 없습니다. 예컨대 제가 "법은 여기에 인연 따라 나타나고 있습니다"라고 하잖아요? "법은 눈앞에 보이는 이것밖에 없습니다." 이러거든요? 그러면 여러분은 '그래, 맞아. 뭐 법이라는 게 시간적으로 과거, 현재, 미래를 경험할 수 없으니까 지금 이 순간에 눈앞에 있는 이거지.' 이렇게 이해를 하잖아요. 그런데 제가 요구하는 것은 그런 이해가 아닙니다. 그런 견해를 가지시라고 하는 게 아니에요. 그런 이야기를 이렇게 저렇게 듣고 있다가 어느 순간에 탁! 하고, 고기가 낚시에 입질을 하다가 탁 걸려들듯이, 실재 자리에 딱 걸려들어야 해요. 저는 그것을 요구하는 겁니다. 저는 그것을 요구하고 여러분이 스스로 낚시질을 잘 하시라고 여러 가지 상황에 대해 비유를 들어 가며 말씀드리는 거지, 실제 (손가락을 들어 올리며) 이게 법이 아니라고요. 이게 무슨 법입니까? 모양으로 좇아가면 이건 그냥 손가락이에요. 아무것도 아니에요. 그런데 모양을 안 좇아가면 이게 바로 법이거든요.

제가 제시하는 것은 늘 (손가락을 들어 올리며) 이게 법입니다… 그런데 제가 "이게 법입니다" 하고 손가락을 흔들 때 그냥 별 생각 없이 보면 손가락 흔드는 것에 불과한 것이고, 조금 생각을 가지고 보면 '지금 이 순간에…' 하고 이해가 되죠. 그러나 그 어느 것도 옳지가 않습니다. 그게 아니라 제가 "이게 바로 법입니다" 하는 이 순간에 자기 자신에게서, 제 손가락이 아니라, 자기 자신에게서 이 법의 강렬한 실감이 와야 되는 거예요. 제 손가락을 보시는 게 아니고, 자기 자신에게서 이 법의 강렬한 실감이 확 와야 돼요. 그것뿐이에요. 자기가 확인한 이놈을 붙잡고서 더 확실하게, 더 또렷하게, 더 깊이 있게 흔들림 없이 믿음이 강해지고, 실감이 더 강하게 오도록 이렇게 가는 게 공부거든요.

이 정도로 제가 드리는 말씀을 이해하시고, 잊어버리세요. 결국 제가 말씀드리고 있는 것은, 법이란 게 뭐냐? 지금 "법이란 게 뭐냐?" 하고 있는 이것뿐입니다. 우리 각자가 현재 행하고 있는 이 마음밖에 없어요. 다른 게 없습니다. 모든 사람들이 현재 동일하게 활동하고 있는 이 마음 하나뿐입니다. 다른 게 없습니다. 마음이란 게 다른 게 없어요. 어떤 거창한 기대를 잔뜩 가지실 수도 있는데, 그런 것은 하루 빨리 잊어버리십시오. 거창한 기대가 아니고, 늘 이렇게 있는, 활동하고 있는, 오래오래된, 너무 오래되고 너무 당연해서 지금까지 아무 관심도 가지지 않았던 이 한 물건을 체험하는 것에 불과한 겁니다. 너무너무 오랫동안 가지고 행하여 왔기 때문에, 너무 당연해서 내 몸과 한 덩어리가 되어 가지고, 너무 익숙해서 아무런 새로움이 전혀 없는 이 한 물건을 그냥 확인하는 것이지, 무슨 새롭고 거창하고 어떤 신세계나 신대륙, 이 부조리하고 고통스런 세상을 벗어난 어떤 해방의 땅, 극락정토… 그런 게 아니에요.

그런 기대를 갖고 계신 분은 이 자리에 없겠지만, 혹시라도 있다면 하루 빨리 버리십시오. 실제 우리가 확인해야 할 이 물건 하나는 너무나 당연하고 분명한 거예요. 우리가 도니, 불법이니, 마음이니, 본래면목이니 하면서 거창한 말로써 장엄을 하고 있지만, 실제 확인하는 것은 그런 게 아니고, 늘 쓰면서도 너무나 당연하기 때문에 관심을 안 가지고 있는 이것입니다. 이것! 지금 이 순간 이 마음, 이거라고요! 다른 게 없어요. 항상 드러나 있는 지금 이 순간의 이 마음, 이것 하나입니다. 다른 게 없어요. 이것 하나만 확인해 버리면 모든 비밀이 이 안에 있다는 것을 자기 스스로 확인할 수가 있습니다. 거창하고 위대하고 대단했던 모든 것들이 사실은 이것 하나에 비춰 보면 아무것도 아니고 전부 이 안에서 사라져 버려요. 단지 이것 하나뿐이에요. 지금 있는 이것 하나밖에 없다 이겁니다. 여기서 그 위대한, 거창한, 대단한 생각과 말이 다 나오는 거죠. 이것밖에 없어요. 지금 이 순간의 이것밖에 없습니다.

그래서 어찌 보면 이 공부는 너무나 시시한 겁니다. 너무 시시해요. 엄청난 깨달음… 뒤에서 광채가 나고, 육체의 모양이 달라지고 하는 그런 말을 하는 사람들도 있던데, 깨달음을 얻으면 몸의 뼈가 전부 해체되었다가 다시 재결합을 이룬다는 등… (대중 웃음) 그래서 몸매가 32상의 형태로 변한다는 등… (웃음) 바로 그런 망상을 하고 있는 그 순간에 이 망상하는 게 뭔지를 깨달으면 이것밖에 없습니다. 다른 게 없어요. 모든 것이 그런 식의 망상이죠.

다시 《금강경》의 경문을 보겠습니다.

> 대단히 많습니다. 세존이시여! 왜 그런가 하면 만약에 먼지 티끌의 무리가 실체로 있는 것이라고 한다면 부처님께서는 이것을 먼지 티끌의 무리라고 말씀하시지 않을 겁니다.

말일 뿐이에요, 말! 모든 것은 말일 뿐입니다. 말일 뿐인 것에 대해서는 우리가 신경 쓸 것이 없습니다.

불교 공부를 조금 해 보신 분이라면 파사현정(破邪顯正)이란 말을 들어 보셨을 겁니다. 삿된 것을 부수면 바른 것이 드러난다. 삿된 망상, 삿된 분별심, 삿된 견해를 부숴 버리면 바른 게 드러난다. 그래서 우리는 삿된 견해의 성질을 잘 알아서 그것을 부숴야 한다. 합리적으로 생각하면 그렇죠? 그러나 이 파사현정의 참된 의미, 파사현정의 실천적인 의미를 보자면, 파사(破邪)라는 것은 오로지 현정(顯正)이 이뤄질 때만 이루어지는 겁니다. 그러니까 현정을 통해서만 파사가 되는 겁니다. 현정을 모르면, 즉 바른 것이 드러나지 않으면, 삿된 것이 부서지지 않습니다. 그러니 삿된 것에는 관심을 가질 필요가 없습니다. 그냥 바른 것에만 관심을 가지셔야 돼요.

샷된 것이라고 한다면 보통 망상, 오온 십팔계, 느낌, 욕망, 생각, 의식적인 말들… 이런 것들이죠? 그러니까 우리가 경험하는 모양들은 전부 다 샷된 것이다… 그러니까 이 모양들을 부수면 모양이 없는 실상이 드러날 것이 아니냐? 모양은 망상이니까 망상을 부수면 실상이 드러날 것이다… 이렇게 우리는 생각하는데, 그것 자체가 바로 망상이에요. 망상이란 것은 말 그대로 망상(妄想: 허망한 생각)입니다. 실재하지 않는다 이거예요. 실재하지 않습니다. 망상은 없습니다. 실상이 있을 뿐이에요. 망상을 꿈에다 비유하지 않습니까? 꿈은 실재하지 않습니다. 꿈꾸는 일이 있을 뿐이지, 꿈은 실재가 아니에요. 그러니까 꿈을 없앨 수는 없는 거예요. 단지 꿈꾸는 사람이 꿈꾸는 자신을 자각하게 되면, 그게 바로 꿈을 깨는 것 아닙니까? 그런데 꿈을 없앤다… 그런 일은 아무리 해도 일어날 수 없는 겁니다. 내가 지금 이렇게 하는 것이 바로 꿈인데 어떻게 꿈을 없앱니까?

그러니까 공부에 있어서 '내가 여러 가지 샷된 견해를 가지고 있으니까 샷된 견해들을 다 물리쳐야지' 하는 식으로는 공부가 안 되는 거예요. 그런 것들은 소위 파사를 목적으로 하는 것인데, 그런 식으로 공부는 이루어지지 않습니다. 오로지 진실을 드러낼 때 모든 망상은 원래 없는 거예요. 본래 망상은 있는 게 아니었거든요. 진실을 드러내는 것 하나만 공부의 방법이지, 망상을 없애는 것은 공부의 방법이 될 수 없습니다. 공부를 하려면 이 정도는 알고 있어야 됩니다. 망상을 없애려고 하지 마십시오. 망상을 없애는 것은 공부 방법이 될 수 없어요. 없어지지 않습니다. 오직 진실을 체험했을 때,

739

진실이 드러났을 때만이 망상이 본래 없다는 사실이 백일하에 드러나는 겁니다. 망상은 절대 없어지지 않습니다. 망상을 없애려는 그것 자체가 바로 망상이에요.

'나는 생각이 너무 많아서 죽겠다. 좀 조용했으면 좋겠다. 이런 생각들이 좀 사라지면 뭔가 진실이 드러나지 않겠나…' 우리는 대개 이런 식으로 생각합니다. 그러나 이런 식으로는 절대로 안 됩니다. 왜냐하면 망상을 없애고자 하는 그 마음 자체가 망상이에요. 누차 말씀드렸듯이 물에 물결이 마구 일어나니까 이 물결을 없애려고 자꾸 손을 대거든요. 없애야지, 없애야지 하지만, 아무리 해도 안 없어져요. 손대는 것 자체가 물결을 일으키기 때문이죠.

실상을 체험하는 데에만 관심을 가지셔야 합니다. '망상이 좀 안 떨어져 나가나… 나는 공부를 좀 했는데도 망상이 자꾸 일어나네, 그렇다면 난 공부가 안 되었잖아…' 하고 여기지만, 그렇지 않습니다. 그것은 너무 당연한 이야기예요. 망상은 절대 떨어져 나가지 않습니다. 망상은 영원히 우리와 같이 있습니다. 단지 실상을 바로 알면 망상이 바로 실상이기에 망상이 따로 없는 거예요.

요즘 서양을 비롯해서 대개 마음공부라는 이름으로 생각을 가라앉히고 여러 가지 망상들로부터 자유롭게 되고자 그런 쪽으로 방향을 잡고서 자꾸 생각을 제거하려 하고, 생각을 쉬려 하고, 좀 더 조용하고 고요하고… 이런 식으로 추구하는 경향이 많습니다. 그러나 그것은 금방 말씀드렸듯이 물을 잔잔하게 하고자 물 위를 손으로 쓰다듬는 것과 같은 행위예요. 가능하지 않은 그런 일을 하고 있는 겁니다. 망상은 결코 없어지지 않습니다. 오직 물이 무엇인지를 체험할 때만, 제대로 깨달을 때만, 물결이 일고 안 일고와는 상관없이 고요할 수가 있는 겁니다. 망상이 일어나건 안 일어나건 그것과는 상관없이 고요할 수 있는 거예요. 이것이 실상이거든요. 그러니까 실재 자리만 드러낼 뿐, 망상에 관해서는 말하지 않습니다. 저는 최대한 그렇게 할 것입니다. 실재 자리만 탁 하고 체험하면 되는 겁니다. 망상에 대해서는 어떻게 그것을 없앨 것이냐를 아무리 말해도 아무 소용이 없고, 의미가 없습니다. 그것은 말하지 않습니다.

어떻게 진실을 알 것이냐? 공부하는 사람의 기본적인 자세가 그겁니다. 어떻게 하면 내가 이 망상들을 떨쳐 버리고, 진실하고 고요하고 편안한 자리에 갈 수 있을까? 하지만 떨쳐 버릴 수 없습니다. 절대로! 그런 방향으로는 아예 꿈도 꾸지 마십시오. 안 떨어져 나갑니다. 그게 아니라, 오로지 실상 하나만 뚫어 내면 모든 망상은 더 이상 문제가 안 돼요. 물의 참된 본성을 알고 나면 물결이 일든 일지 않든, 그런 것은 나에게 문제가 되지 않아요. 그냥 그 자체로 고요한 겁니다. 흔들리지 않고 안정되고 편안해지는 겁니다. 그러니까 이 실상 하나만 잡아 내는 것에 모든 관심을 집중적으로 기울이시라 이겁니다.

선(禪)은 단도직입(單刀直入)이라 합니다. 한 자루 칼만 들고 곧장 적진으로 돌격한다는 말입니다. 이것저것 고려하지 않고 적진으로 망설임 없이 달려들라는 거죠. 이것저것 헤아리고 따지면서 망설이고 있으면 공부할 수 없습니다. 단도직입이에요. 핵심만 곧장 찌르면 되지 여러 가지 할 일이 필요한 게 아닙니다. 여러 가지 공부의 방법이 없어요. 실상 하나만 깨달으면 되는 겁니다.

　마음공부라는 것은 여러 가지 기분이라든지 마음의 다양한 상황들을 그때그때 어떻게 대처하고 요리하느냐 하는 그런 게 아니에요. 그런 것을 하시려면 심리상담소에 가셔야지요. 그런 것은 일종의 대증요법(對症療法)이죠. 근원적으로 치료하는 게 아니고 증세에 따라서 그때그때 필요한 조치를 취하는 겁니다. 고민이 있다면 이렇게 저렇게 해라, 분노가 자주 일어나면 또 이렇게 저렇게 해라, 증상에 따라서 진통제를 주는 겁니다. 그러나 제가 여기서 제시하는 것은 근원적으로 뿌리를 확 뽑아 버려서 완전히 건강한 상태로 만드는 것입니다. 다양하게 일어나는 증상들에 대해서는 아예 관심을 가지실 필요가 없어요. 그것들을 뿌리 뽑는 데만 관심을 가지시라 이겁니다. 나에게 일어나는 탐(貪)·진(嗔)·치(癡)의 다양한 증상에는 관심을 가지실 필요가 없습니다. 그것들의 뿌리만, 무명(無明)이라는 뿌리만 뽑아 버리면 그것들은 저절로 없어져요. 이것 하나만 적중하면 모든 문제가 한꺼번에 해결되는 겁니다. 이건 로또복권과 같습니다. (대중 웃음) 이것 하나만 당첨되면 인생역전입니다. (웃음) 로또는 당첨될 확률이 대단히 어렵지만 이것은 그렇지 않습니다. 로또는 한 회차에 당첨자가 한 명밖에 나오지 않지만 이것은 모두 당첨자가 될 수 있습니다.

　대단히 많습니다. 세존이시여! 왜 그런가 하면 만약에 먼지 티끌의 무리가 실제로 있는 것이라고 한다면 부처님께서는 이것을 먼지 티끌의 무리라고 말씀하시지 않을 겁니다.

실재라는 것은 없습니다. 실제로 있니 없니 하는 것은 전부 말일 뿐이에요. 진실이니 뭐니 하는 것은 말일 뿐입니다. 모든 것은 말이에요. 말! 그래서 '태초에 말씀이 있으셨으니…' 말씀이 창조주 역할을 다 하는 거예요. 《노자도덕경》 제1장에 "이름 있는 것은 만물의 어머니이다(有名萬物之母)"라고 나와요. 말이 있으니 만물이 다 생겨났다 이거예요. 말입니다. 전부 다 말입니다. 다 말일 뿐이지, 실재는 단순한 것입니다. 실재는 딱 하나, 아주 단순한 것이고, 수없이 많은 다양한 것들은 말일 뿐이에요. 말이라는 것은 이름을 붙이는 것이고, 이름을 붙이면 여러 가지로 모양이 달라지는 것이죠. 실재는 하나밖에 없습니다. 하나! 이 하나만 정확하게 적중이 되어서, 낚시에 딱 걸려들듯이, 수레바퀴를 바퀴 축에다 맞춰 넣듯이, 딱 하고 맞으면 됩니다. 그것을 계합(契合)이라고 하는데 계합만 되면 됩니다.

까닭이 무엇인가? 부처님께서 말씀하시기를 이 먼지 티끌 더미라고 하는 것은 곧 먼지 티끌 더미가 아니라 이름일 뿐이다…

먼지라는 것은 먼지가 아니라 이름일 뿐이다… 다 이름일 뿐이에요. 진실, 진리 다 이름일 뿐입니다. 보리, 깨달음 다 이름일 뿐이에요. 그럼 실법은 어디 있느냐? 지금 "진실, 진리, 보리, 깨달음, 이름일 뿐입니다"라고 하는 이것이에요. 제가 드리는 말씀도 전부 이름이고 말이잖아요? 전부 이름이고 말이지만 이것이 진실한 법이에요. 이름과 말을 따라가지 않으면, 이름과 말에 안 속으면, 지금 이 것뿐입니다. "이름일 뿐이에요, 말일 뿐이에요" 하는 이것뿐이에요. 다른 게 없어요. "이름일 뿐이고 말일 뿐이다" 하는 이것이에요. 이 것! 이것은 어떤 식으로도 설명해 줄 수가 없는 겁니다. '이것'이라 는 것도 마지못해서 말하는 거지만, '이것'이라고 하면 쓸데없는 생 각을 안 하니까… 여기에다 어떤 의미를 붙여서 장엄을 하면 또 그 림을 그리니까… 그 그림을 최대한 제거시키고, "법이 무어냐?" 하 면 "지금 이것이다!" 지금 말하는 이것, 듣는 이것, 움직이는 이것… 이렇게 하지만, 벌써 말하고 듣고 움직이고… 장엄을 했잖아요. 또 생각으로 좇아가 버린다고요… 그러니까 그렇게 말할 수는 없고, 그냥 이것뿐이라… 지금 이것뿐이에요.

이것뿐이라고 하니까, '그래 이것밖에 없는데, 이것…' 너무 재미 도 없고, 싱겁고, 답답하고 그렇죠? 아무 재미도 없고 싱거워야 됩 니다. 재미있으면 안 돼요. 재미없고 싱거우면 좋은 거예요. 답답한 것도 좋은 거고요. '아, 알겠다!' 하면 잘못된 겁니다. 재미도 없고 싱겁고 답답하다가, '알겠다!'가 아니라 뭔가 목에 걸렸던 놈이 내려 가듯이 스윽 뚫려야 돼요. 결국엔 이놈이, 목에 걸렸던 것이 스윽 내 려가서 통 밑이 쑥 빠져 버려야 해요.

완전히 적중해서 싹 통해 버리는, 그래서《반야심경》에 나오듯이 아무런 장애가 없고, 두려움이 없고, 막힘이 없는 그 상황이 안 되면 여전히 알음알이 수준에 머무는 겁니다.

까닭이 무엇인가? 부처님께서 말씀하시기를 먼지 티끌의 무리는 곧 먼지 티끌의 무리가 아니라 그 이름이 먼지 티끌의 무리이다.

이것을 다시 말하면 이런 겁니다. 사과는 사과가 아니라 말만 사과다… 시계는 시계가 아니라 말만 시계다… 컵은 컵이 아니라 이름만 컵이다… 책은 책이 아니라 이름만 책이다… 이런 경우에 우리가 쉽게 빠지는 방향은 이치로써 이렇게 저렇게 맞추어 보는 겁니다. 그러나 그렇게 해서는 해답이 나올 수 없습니다. 그게 아니라 "부처님께서 말씀하시기를 먼지 티끌은 먼지 티끌이 아니라…" 이 순간에 바로 이쪽으로 탁 들어와야 하는 겁니다.

예컨대 이 손, (손을 들어 대중에게 보이고) 손은 손이 아니라, 이것이 손이죠? (손을 흔들며) 우리가 알고 있는 손 하면 이것을 말합니다. 손은 손이 아니라, (손을 흔들며) 알고 있는 이 손이 아니라, 이겁니다. 손은 손이 아니라 하면 지금 우리가 알고 있는 이 손이 아닌 다른 무언가가 있는 게 아닌가? 이것(손을 가리키며)은 이름만 손이라고 했으니까, 이것 말고, 알고 있는 이 손이 아닌 다른 무언가가 즉각적으로 바로 탁! 통해야 하는 거죠. 그렇게 되면 이제 《금강경》을 읽으면서 소화가 쑥쑥 되는 거죠. 말하자면 이치가 전혀 발동이 안 되는 겁니다. 읽으면서 바로바로 소화가 되는 거죠. 손은 손이 아니라… 보살은 보살이 아니라… 먼지는 먼지가 아니라 뭐? 하면 바로바로 이쪽으로 돌아와야 하는 겁니다.

'아니다!' '손이 아니라면 뭐냐?' '아니다!' 하는 순간 이쪽으로 바로 돌아와야 하는데… 제가 몇 가지 방편을 들어서 실험적으로 말씀을 드려 볼게요. 자, 그럼 봅시다. "먼지는 먼지가 아니라…" 그랬습니다. 우리는 '먼지'라는 말을 들으면, '방바닥, 땅바닥 또는 공기 중에 날아다니는 먼지' 하고 아주 자동적으로 대상을 좇아가는데, 여기서 "먼지는 먼지가 아니라" 했거든요. 그러면 대상을 좇아가다가 다시 돌아와야 돼요. 회광반조(廻光返照)를 해야 한다는 말이죠. 그럼 어디로 돌아갈 거냐 이거예요. 어디로? '먼지'라는 말을 듣는 순간에 먼지라는 모양, 대상을 좇아가다가 다시 돌아와야 하는데 어디로 돌아갈 거냐? 그 지점을 바로 낙처(落處)라고 하는 겁니다. 낙처(落處)! 돌아갈 지점을 알면 그게 바로 공부죠. 어디로 돌아갈 거냐?

대상들은 수없이 많아요. 먼지뿐만 아니라, 여기만 해도 온풍기, 형광등, 화분, 방바닥, 책, 사람, 안경, 시계… 모르긴 해도 이 방 안에 있는 것만 헤아려도 수십만 가지가 될 겁니다. 그런데 따라갈 대상은 엄청나게 많지만 돌아올 지점은 딱 한 군데입니다. 그래서 어떻게 하든 이쪽으로 돌아오는 건데… 그것이 이제 말하자면 공부입니다. 그렇게 회광반조가 될 수 있을 때 공부라고요. 그래서 《반야심경》에 '조견오온개공(照見五蘊皆空)', 오온(五蘊)이란 게 벌써 다섯 가지거든요? 다섯 가지를 나누면 오십 가지가 되고 오십 가지를 나누면 또 오백 가지가 되고… 얼마든지 나눌 수 있습니다. 그런데 그 다섯 가지가 전부 공(空)으로 싹 돌아갔거든요. 공이라는 이름을 가진 것으로 다 돌아가잖아요.

그와 마찬가지로 우리가 어떤 대상, 손, 먼지… 먼지는 먼지가 아니라… 먼지를 따라서 가다가 "먼지가 아니라" 하는 순간에 걸음

을 멈추시면 돼요. "먼지가 아니라…" 하는 이 지점이거든요. 돌아
갈 지점은 이 지점입니다. '먼지' 하면 먼지 쭉 따라가다가 "먼지가
아니라" 하면, 탁! 이것입니다. 이것! "먼지가 아니라" 하는 바로 이
지점이에요.

이것을 일컬어서 여러 가지 표현을 해요. '지금 이 순간'이라는
둥, '눈앞에 있다'는 둥, '손아귀에 있다'는 둥, '발밑에 있다'는 둥 여
러 가지 이야기를 합니다. 그 '먼지가 아니라'는 지점은 사실 우리
자신이 언제나 있는 바로 이 지점이에요. 하지만 '돌아간다'는 말도
정확하게 맞지는 않습니다. 어디로 돌아가는 게 아니에요. 언제든지
지금 이것입니다. '먼지'라는 것은 내가 좇아가야 하는 것이고, 좇아
가다가 "먼지가 아니라" 하는 순간 멈춰서면 바로 좇아가는 이 지
점이에요. 언제든지 내가 있는 바로 이 지점입니다. 다른 데로 가는
게 아니라 언제든지 바로 이것입니다.

통 밑이 빠지는 것은 일단 나중의 일이라 하더라도, 지금 당장에
'먼지'라는 말에 끌려다니기 싫다면 "먼지는 먼지가 아니라"는 이
순간에 지금 내가 있는 여기에 있으면 되는 겁니다. 언제든지 여기
있으면 돼요. 안 끌려가고 지금 여기 있으면 되는 거예요. 그것뿐이
에요. 너무 간단한 거예요. 그런데 또 '끌려가지 말자' 하는 말에 끌
려가면 안 돼요. '끌려가지 말자'는 것이 바로 이것이에요. 지금 여
기에 있으면 되는 거예요. 지금 여기에 정신 차리고 있으면 돼요.

지금 여기에서 정신을 차려서 더 이상 안 끌려가려면 그냥 관념
적으로 '지금 여기에 있자' 해서는 힘이 없어요. '지금 여기에서 끌

747

려가지 말아야지. 정신 차리고 있어야지' 하는 것은 하나의 생각이죠. 그것 가지고는 힘이 없어요. 그렇게 하더라도 크게 속지는 않지만, 안 속는 정도가 아니라 아주 자유자재하게 이 지점에 있으려고 한다면, 계합(契合)이란 체험이 필요한 겁니다. 그러려면 간절한 갈증과 끝내 그 갈증을 감로수를 통해서 목을 축이고자 하는 인내력, 그리고 믿음을 가지고 제 이야기에 귀를 잘 기울이시면 언젠가는 계합이 되는 그런 경험이 일어나는 겁니다. 지금 바로 이것이에요. 이렇게 하는 이것! 이게 바로 아주 그윽하고 현묘한 지점이라고요. 《노자도덕경》에서 말하는 중묘지문(衆妙之門)이 바로 이것이라고요. 다른 데 있는 게 아니에요. 온갖 현묘한 게 여기 다 있는 겁니다.

우리 각자가 지금 자기의 현묘함에 싹 하고 통할 수가 있습니다. 그 다음에 이 현묘함에 대한 이야기들은 전부 망상이에요. 내가 손아귀에 넣고 나면 전부 다 망상이라고요. 제가 드리는 이 말씀이 전부 다 망상입니다. 제가 드리는 말씀 중에서 여러분 스스로가 이것을 탁! 하고 체험하면 그것으로 1차 관문을 통과하는 겁니다. 이것은 늘 우리 눈앞에 드러나 있으니까요. 물고기가 물속에서 물을 찾는다는 말이 있죠. 아주 의미심장한 말인데, 우린 전부 법계의 바다 속을 헤엄치는 물고기입니다.

온 우주는 법으로 가득 차 있습니다. 법은 모양이 없기 때문에 허공이라고 말을 붙이지만 법으로 가득 차 있어요. 그래서 얼마든지 자기 스스로 한 번만 탁 체험하고 나면, 그렇게 눈에 안 보이던 놈이 감이 싸악 온다고요. 그렇게 한 번만 딱 감이 오면 그 다음에 또 한 번 더 해 보자… 또 감이 오고, 또 감이 오고… 나중에는 손가락만 까딱 해도 감이 오는 거예요. 온통 법이로구나 하는 것을 알 수가 있습니다. 그러니까 이 몸뚱이는 아무것도 아니야, 이 의식 이것도 아무것도 아니야… 모양을 가진 것은 아무것도 아니야… 그야말로 그냥 법의 바다 속에 있는 거예요. 실감하면서…

그러니까 "부처님께서 먼지 티끌의 무리라는 것은 곧 먼지 티끌의 무리가 아니다…" 하는 여기에서 싹 하고 통해야 하는 겁니다. 이름일 뿐이다…

세존이시여! 여래께서 말씀하시는 삼천대천세계, 온 우주라는 것도 세계가 아니라 그 이름만 세계일 뿐입니다…

'우주는 우주가 아니다' 하는 순간에 우주가 바로 여기서 실감이 와야 하는 겁니다. 우주는 우주가 아니지… 이것뿐이네… 이것 하나네… 하나란 생각도 없어, 그저 '이것뿐이다!' 하고 싸악 실감이 온다니까요. '이것뿐이다!'란 생각도 안 들지, 그저 실감이 딱 와… 말이 안 나와요. 처음엔 설명이 안 돼, 실감이 확 오고 가슴이 툭 내려앉지… 그렇게 팡 통해야, 뚫리고 통달이 되고 투철해 버려야 우리가 통 밑이 빠진다고 그러거든요. 그 다음에는 무슨 말을 듣든, 무슨 느낌이 오든, 무슨 욕망이 오든 다른 게 없습니다. 이것이 뚫리고 나서 보면 화두란 것은 아주 웃기는 거예요. 조그마한 하나의 방편이라…

여래께서 말씀하신 삼천대천세계라고 하는 것은 삼천대천세계가 아니고 이름일 뿐이다… 무슨 까닭인가?

또 이유를 대요. 하이고(何以故), 하이고(何以故) 하는 이유를 금강
경에서는 많이 대고 있죠? 참 친절한 겁니다. 한마디 말로써 설명을
해 주고 안 되면 또 다른 식으로 설명해 주고 하는 겁니다. 친절하
지만 또 동시에 너무 말이 많아요.

　　만약 세계가 진실로 있는 것이라고 한다면 한 덩어리의 모습(一
　　合相)일 것인데…

세계란 것은, 우주란 것은 하나밖에 없잖아요? 우주가 여러 개 있
습니까? 우주 전체가 한 덩어리예요. 일합상! 하나로 합해진 한 덩
어리의 모습이다…

　　여래께서 말씀하시기를 한 덩어리의 모습이라는 것은 곧 한 덩
　　어리의 모습이 아니라 이름일 뿐이다…

일단 우리가 일합상이란 이름을 붙였습니다. 우리가 이름을 붙
이는 이유는 뭡니까? 이름을 붙이는 이유는 뭔가 다른 것과 구별하
기 위해서입니다. 다른 것과 구별할 일이 없으면 이름 붙일 필요가
없잖아요. 우리는 삼라만상에 이름을 다 붙입니다. 다른 것과 구별
하기 위해서죠. 그런데 우주는 하나잖아요. 하나! 비교 대상이 없다
이 말이에요. 다른 것과 구별할 수 있는 뭐가 없어요. 이름 붙일 수

750

가 없지 사실은… 이름 붙일 수도 없고 필요도 없는 거죠. 그러니까 말일 뿐이다, 말… 실제 이름이 붙은 한 덩어리가 있는 것이 아니라 말일 뿐이에요. 말… 말로써 우주, 삼라만상 이렇게 한단 말이에요.

그런데 이 한 덩어리의 우주, 일합상을 실제로 경험하는 방법이 있습니다. 삼라만상이 다 우주잖아요? 그러니까 달을 쳐다봐도 이 것이고, 별을 쳐다봐도, 해를 쳐다봐도, 땅을 봐도, 구름을 봐도, 사람을 봐도… 뭐를 봐도 한결같이 이것… 여기서 우주가 확인되는 겁니다. 그것을 상도(常道)라고 하는 건데, 모든 것은 다 변해도 이 것은 안 변하는 거거든요. 여기서 한 덩어리 우주가 확인될 수 있어요. 그런데 그것은 이름이 아니죠. 일합상은 일합상이 아니다 그랬으니까… 이름이 아니라, "일합상은 일합상이 아니다" 하는 이 순간에 바로 이 자리에서 딱 확인할 수 있는 것, 이겁니다. 여기서 우주가 확인되는 거예요. 일합상은 일합상이 아니라 바로 이놈이다… 하는 것, 여기서 우주가 딱 확인되는 겁니다. 일합상은 일합상이 아니라… 하면 벌써 일합상이란 말을 듣는 순간에, '우주가 꼭 축구공 같은 한 덩어리다' 하다가 갑자기 '일합상이 아니다' 하는 순간에 이쪽으로 탁, 대상 모양을 좇아가던 그놈이 더 이상 안 좇아가고 자기 자리에 딱 확인이 되어야 하는 겁니다.

보통 우리가 마음공부를 '나를 찾아서 가는 여행'이라고 표현하지 않습니까? 내가 나를 찾아서 간다 이겁니다. 나는 내가 어디 있는지 모르겠다, 그래서 간다 이거죠. 그러다 어느 순간에 나를 찾게 되는데 결국 어디에서 찾는 겁니까? 어디를 가는 것과는 상관없이 현재 100미터를 갔으면 100미터 간 거기서 찾는 것이고, 200미터 갔으면 200미터 간 거기서 찾는 거잖아요. 언제 어디서나 자기를 찾는 지점은 여기 한 군데밖에 없어요. 어디를 가든지 간에… 그러니까 우리가 어떤 생각을 좇아다니든, 어떤 느낌, 어떤 욕망을 좇아다니든, 어떤 관념에 매여 있든 간에 언제든 나 자신을 확인하고 찾을 수 있는 지점은 현재 있는 이 지점이라고요. 다른 지점이 없어요. 지금 현재 생각 좇아가고, 느낌 좇아가고, 욕망 좇아가고 하는 이것이 바로 '나'이거든요. 달리 내가 어디 있습니까? 지금 이 마음이 부처라고 했잖아요? 즉심시불(卽心是佛)이라… 지금 이 마음이 부처다. 이것뿐이다. 이것뿐이지 달리 어디 가서 나를 찾을 겁니까? 나를 찾아서 지리산을 올라간다면, 100미터를 올라갔을 때 찾든, 200미터를 올라갔을 때 찾든, 꼭대기 가서 찾든, 어쨌든 찾는 것은 그냥 여기 이것뿐이라. 다른 게 없어요. 몇 미터 올라가서 찾느냐 그것과는 상관없단 말이죠. 그러니까 수행을 10년 해서 자기를 찾든, 10개월 해서 찾든, 10시간 해서 찾든 똑같아요. 찾는 것은 다를 게 없습니다. 사실 10년 한 사람은 억울하지… (대중 웃음) 찾고 나면 똑같습니다. 다른 게 전혀 없습니다. 그러니까 이것은 많은 시간을 오랫동안 기다려서 수많은 세월을 수행한 뒤에야 이루어지는 그런 게 아닙니다. 언제든 자기가 진지하게, 간절하게 하다가 문득 통하는 계기만 이루어지면 지금 이 순간에 찾는 것 이것뿐이에요. 지금 찾아서 가고 있는 이 마음밖에 없지 다른 마음이 없다 이거예요. 그런데 우리는 쉽게 믿지 않아요.

이런 경우 있잖습니까? 수석이나 분재를 찾아 산과 계곡을 다니는 사람이 좋은 물건을 찾아 어떤 계곡을 온통 헤매다 나오는 길에 새로 그곳으로 들어가는 사람에게 "거기 가 봐도 없어요"라고 말해 주면, 새로 그 계곡에 들어가는 사람은 그 사람 말을 믿지 않고 "내 눈으로 직접 확인해 봐야 한다" 하고 그대로 찾아 들어갑니다. 제가 "지금 찾고 있는 이 마음밖에 없습니다"라고 말씀을 드려도 실제 여기서 제 말을 듣고서 즉각 걸음을 멈출 수 있는 분은 많지 않습니다. 그래도 그냥 '그래, 말귀는 알겠어' 해 놓고는 또 가는 거예요. 자기도 모르게 찾아가는 거예요. 고생을 한참 하다가 어느 날 문득 체험하게 되면 '그래, 이것밖에 없구나.' 그래 놓고 가만 생각해 보면 예전에 그 사람 말이 맞거든요. (대중 웃음)

그래서 고생을 할 만큼 해 봐야 한다는 것도 일리가 있어요. 자기가 헤맬 만큼 헤매 봐야 이것을 체험할 기회가 온다⋯ 그럴 거면 차라리 처음부터 심하게 헤매는 것도 좋아요. 꽉 막혀서 더 이상 어찌할 수 없는 답답함과 갑갑함과 안타까움을 심하게 않으면 오히려 더 빨리 고비를 넘길 수가 있는 거죠.《유마경》에 보면 그런 이야기가 나와요. 번뇌가 바로 깨달음의 씨앗이다⋯ 심하게 번뇌해 보지 않으면 깨달음이 오지 않는다 이겁니다. 심하게 번뇌를 겪고, 혼란스럽고, 헤매고, 막히고, 그래서 그야말로 은산철벽(銀山鐵壁)이란 말을 하듯이 꽉 막혀서 꼼짝달싹도 못 할 정도가 되면, 거기서 비로소 그것을 뚫고서 자유, 해방, 해탈을 성취하는 겁니다. 막힌 자만이 해방될 수 있지, 자기가 막힌 줄 모르는 사람에겐 해방이 오지 않습니다.

그래서 공부를 하다가 공부가 예상대로 술술술 잘 풀려 나가는

사람보다 오히려 잘 풀리지 않고 꽉 막혀 버리는 사람, 그 사람이
공부가 터질 날이 멀지 않은 거예요. 그런데 예상대로 뭔가 잘 풀려
나간다 하면, 아직 막히지 않은 사람입니다. 막히지 않으면 터지지
않아요. 스스로가 꽉 막혀서 더 이상 어찌해 볼 수 없는 상황에 당
도해야 터질 날도 멀지 않았다 할 수 있는 겁니다.

  수보리야, 한 덩어리라고 하는 것은 말할 수 없는 것인데 다만
  범부의 사람들이 그것에 탐착하느니라…

  우리가 말을 한다는 것은 다른 뭔가가 있을 때 말을 할 수 있는
것이지, 그것 하나만 있는데 말을 할 수는 없죠. 그런데도 범부는 망
상을, 분별심을 내어서 한 덩어리와 두 덩어리를 나눠 놓고는 마구
집착을 한다 이거예요. 우리는 우주가 한 덩어리다, 두 덩어리다, 세
덩어리다… 말을 할 수 있죠. 그러나 그것은 생각 속에서 그런 것이
지 실제 우주와 마주치면 그것을 어떻게 말할 수 없어요. 실제 이
자리에 딱 마주치면 그것을 어떻게 말할 방법이 없어요. 그래서 언
어도단(言語道斷), 불가사의(不可思議)라고 하는 겁니다. 실제 이 자
리와 마주치면 이것밖에 없어요. 다른 게 없습니다. 이것밖에 없으
니까 말이 안 나와요. 너무나 뚜렷하게 알면서도 입은 열리지 않는
거라… 입이 열린다고 하는 것은 다른 비교 가능한 망상을 짓고 있
을 때 이렇게 저렇게 말이 나오는 겁니다. 법은 이렇고, 법 아닌 것
은 저렇고… 다 분별망상이거든요. 법은 이렇고 망상은 저렇다…
이런 말이 바로 분별망상이에요.

31

지견(知見)이 생기지 않는다 _{知見不生分}

"수보리야, 어떤 사람이 말하기를 '부처님이 아견(我見)·인견 (人見)·중생견(衆生見)·수자견(壽者見)을 말씀하셨다' 하면, 수 보리야, 어떻게 생각하느냐? 이 사람은 내가 말한 뜻을 이해한 것 이냐?"

"아닙니다, 세존이시여. 이 사람은 여래께서 말씀하신 뜻을 알 지 못하옵니다. 무슨 까닭인가 하면, 세존께서 말씀하신 아견·인 견·중생견·수자견은 아견·인견·중생견·수자견이 아니라 이 름이 아견·인견·중생견·수자견이기 때문입니다."

"수보리야, 무상정등각의 마음을 낸 이는 온갖 법에 대하여 마 땅히 이렇게 알고, 이렇게 보고, 이렇게 믿고 이해하여서 법상(法 相)을 내지 않아야 한다. 수보리야, 법상이라 하는 것을 여래는 법 상이 아니라 이름이 법상이라 말하느니라."

"須菩提, 若人言:'佛說我見人見衆生見壽者見', 須菩提, 於意云何? 是人解我所說義不?"

"不也, 世尊. 是人不解如來所說義. 何以故? 世尊說, 我見人見衆
生見壽者見, 卽非我見人見衆生見壽者見, 是名我見人見衆生見壽
者見."

"須菩提, 發阿耨多羅三藐三菩提心者, 於一切法, 應如是知, 如是
見, 如是信解, 不生法相. 須菩提, 所言法相者, 如來說, 卽非法相,
是名法相."

다시 보겠습니다.

　수보리야, 만약 어떤 사람이 부처님께서 아견 · 인견 · 중생견 ·
수자견을 말씀하셨다고 한다면, 수보리야, 어떻게 생각하느냐?
이 사람이 내가 말한 뜻을 이해한 사람이겠느냐?

　여기서 아견 · 인견 · 중생견 · 수자견, 곧 아상 · 인상 · 중생상 ·
수자상은 말일 뿐이에요. 말! 실재가 아니라 말이라고요. 말, 분별망
상! 부처는 분별망상을 말한 사람이 아니고 실재를 말한 사람이에
요. 분별망상을 말하는 사람은 중생이고, 부처는 실재를 말하는 사
람이죠. 그러니까 아견 · 인견 · 중생견 · 수자견을 부처가 말할 리
가 없는 겁니다.
　그럼 좀 더 면밀하게 봅시다. 부처가 무엇이기에 아견 · 인견 · 중
생견 · 수자견을 말하지 않는가? '아견(我見)'을 그 말의 뜻을 따라가

지 않는다면 뭡니까? "아 · 견"이잖아요? 말의 뜻을 따라가지 말고
'아견'을 들어 보세요. 아-견-…

　'말의 뜻을 따라가지 않는 것은 저런 것이구나' 하지 말아야 합니
다. 그렇게 되면 따라가는 거잖아요. 말의 뜻을 따라가지 않고 들어
야지, '말의 뜻을 따라가지 않고 듣는 것은 저런 거구나.' 이렇게 하
는 게 아닙니다. "아-견-" 이것밖에 없어요. "아-견-"은 언제든지
"아-견-"입니다. 언제든지 나는 "아-견-" 하는 이것이에요. 말뜻을
안 따라가면 "아 · 견" 할 때나 "인 · 견" 할 때나 똑같아… 말뜻을 따
라가면 "아 · 견"과 "인 · 견"이 완전히 다른 말이지만, 안 따라가면
"아 · 견"과 "인 · 견"이 아무 차이가 없어요. "중 · 생 · 견", "수 · 자 ·
견" 역시 똑같아요.

　《천수경》에 보면 주문(呪文)이 많지 않습니까? "수리 수리 마하수
리" 하면서… 이런 주문을 산스크리트어로 만트라(mantra)라고 합니
다. 중국말로는 진언(眞言)이라고 해요. 진짜배기 말이라는 뜻입니
다. 다른 말로는 총지(摠持)라고도 해요. 총지, 모든 것을 다 가지고
있다는 뜻이에요. 주문은 바로 이것을 그냥 그대로 끊임없이 나타
내고 있는 겁니다. 수리 수리 마하수리… 주문을 외우는데, 뜻을 가
지고 외우는 사람이 누가 있습니까? 아무리 소리가 바뀌고 말이 바
뀌어도 그냥 총지(摠持)… 우주 전체가 이 한마디에 들어 있는 거예
요. 이 한마디… 진짜 말(眞言), 그 한마디에 진실이 있는 겁니다. 처
음부터 끝까지… 그래서 《금강경》도 맨 끝에 주문이 나와요. 이것밖
에 없다 하고… 《반야심경》도 맨 끝에 아제 아제 바라아제… 나오

잖아요. 주문은 말뜻을 따라가는 게 아니에요. 무슨 말이 나오든 상관없이 이것뿐이구나… 하는 것을 확인하는 겁니다.

아견 · 인견 · 중생견 · 수자견… 이것도 마찬가지예요. 아견 · 인견 · 중생견 · 수자견… 어, 똑같네… 아무것도 달라진 게 없어… '아무것도 달라진 게 없어' 하는 이것도 주문입니다. 수리 수리 마하수리, 아제 아제 바라아제만 주문인 것은 아니에요. 인도 사람들은 옴(Om, Aum) 하는데, 옴을 우주의 소리니 근원적인 뭐니 하면 뜻을 따라간 것입니다. 어째서 '오 · 옴'만 그렇겠어요? '아 · 암'도 되고… (대중 웃음) 얼마든지 될 수 있는 것이지… 모양을 따라가고 뜻을 따라가니까 그것만 고집하는 거예요. 안 따라가면 뭐든 상관없습니다. '아제 아제 바라아제'란 주문은 인도 말로는 '가테 가테 파라가테'예요. 인도에서 온 주문인데 벌써 음이 달라졌으니까 효험이 없어졌을 것 아니에요? 모양을 따라가면 그런 생각이 듭니다. 모양을 따라가면 그럴 것 같은데, 그게 모양이 아니거든요. 아제 아제 바라아제 하든, 가테 가테 파라가테 하든, 수리 수리 마하수리 하든 아무 상관이 없어요. 모양을 안 따라가면 아무 상관이 없습니다. 똑같아요. 그것이 진실한 한마디인가? 확실하게 모든 것이 한마디에 있음을 실감하느냐? 문제는 이것입니다. 과연 말을 따라다니지 않을 수 있느냐? 요점은 여기 있어요. 주문을 얼마나 틀리지 않고 외우느냐에 있는 게 아니라, 무슨 말을 하든 한결같이 지금 여기서 입처개진(立處皆眞)이 되면 그게 바로 총지이고 주문이고 진언이고 바로《금강경》이에요.

아닙니다. 세존이시여! 그 사람은 여래께서 말씀하신 바의 뜻을 이해하지 못한 것입니다.

견해를 따라가면 그렇다 이겁니다. 소리의 모양, 아견 · 인견 · 중생견 · 수자견 그 뜻을 따라가면 그렇다 이거예요.

왜 그러한가? 세존께서 말씀하신 아견 · 인견 · 중생견 · 수자견은 아견 · 인견 · 중생견 · 수자견이 아니라…

세존께서 말씀하신 아견 · 인견 · 중생견 · 수자견이, '나라는 견해, 남이라는 견해가 아니라…' 여기서 "아니라" 하면 벌써 이쪽으로 딱 와야 되는 거예요. 가나다라마바사는 가나다라마바사가 아니다… 하면 벌써 탁 와야 되는 거예요. 한결같이 변함없는 곳으로 와야 되는 겁니다. 그럼 자연스럽게 결론은 가나다라마바사는 이름일 뿐이다… 이름으로는 그렇게 다양하게 달라짐이 있지만, 실제는 다양함도 없고 달라짐도 없다 이거예요.

사실 화두라는 것도 핵심적인 요점은 여기에 있습니다. 화두도 주문이랑 별 다를 게 없어요. 결국은 이 방편이니까… 무 자라 하든, 정전백수자라 하든, 마른 똥막대기라 하든, 마삼근이라 하든 음은 상관없어요. 뭐라고 하든 한결같이 이것… 마삼근은 마삼근이 아니라 이름일 뿐이다. 마삼근은 마삼근이 아니라 뭐? 이것! 탁 오는 거죠. 자기가 실감이 와야 되는 거예요. 바로 실감이 탁 와 버리면… 화두를 아는 게 아닙니다. 화두를 통해서 내가 뚫려야 돼요. 내 의식이… '화두가 이렇다 저렇다'를 아는 게 아니에요. 화두란 건 하나의 헛된 말이지… 화두의 이치가 이렇게 된다, 저렇게 된다가 아니라, 화두를 통해서 나의 막혀 있던 분별심이 뚫려야 된다니까요. 그래야 화두가 진짜로 된거라… 화두에 무슨 이치를 가지고 이러쿵저러쿵 하는 것은 자다가 남의 다리를 긁는 거예요. 가려운 데를 제대로 긁지 못하는 거예요. 말하자면 낙처(落處)를 모른다 이겁니다.

　　수보리야, 위없는 바르고 평등한 깨달음을 얻고자 하는 마음을 낸 자는 일체법에 있어서, 모든 경우에 있어서, 언제든지 어디서나 마땅히 이와 같이 알고, 이와 같이 보고, 이와 같이 믿고 이해하되 법상을 내지 말라…

이와 같이… 이와 같이 알고, 이와 같이 보고, 이와 같이 믿고, 이와 같이 이해해라… 이와 같이 아는 것은 무엇을 아는 게 아닙니다. '이렇다, 저렇다' 이렇게 아는 게 아니에요. 이와 같이 보는 것은 이것은 시계, 저것은 컵, 이렇게 보는 게 아닙니다. 이와 같이 믿고, 이와 같이 이해하는 것은 1 더하기 1은 2고, 3 더하기 3은 6이다, 이렇게 이해하는 게 아니에요.

이와 같이 알고, 이와 같이 보고, 이와 같이 믿고, 이와 같이 이해한다… 알고, 보고, 믿고, 이해하는 자체가 바로, 아는 것은 아는 게 아니라 바로 이것이고, 보는 것은 보는 게 아니라 바로 이것이고, 믿는 것은 믿는 게 아니라 바로 이것이고, 이해하는 것은 이해하는 것이 아니라 바로 이것이다… 이렇게 되는 겁니다. 알고, 보고, 믿고,

이해한다는 것은 말일 뿐이에요. 그런 말을 따라가는 게 아니라, 보는 것은 보는 게 아니라 바로 이거고, 믿는 것은 믿는 게 아니라 바로 이거고… '이와 같이'란 게 그런 뜻입니다. '이와 같이' 했더니 '어떻게?'… '어떻게'라는 것이 없어요. 어떻게 하는 게 아닙니다. 이와 같이 한다 하면 이와 같이! 어떻게 하는 게 아니란 말이죠. '어떻게'라는 게 나오면 또 모양 따라가는 겁니다. 어떻게가 아니라, 보는 것은 보는 게 아니라 바로 이거고, 듣는 것은 듣는 게 아니라 바로 이거고, 아는 건 아는 게 아니라 바로 이거고, 믿는 것은 믿는 게 아니라 바로 이거다…

그렇게 하되 법상(法相)을 내지 않는다… 그렇게 되면 사실 법상, 진리의 모습이란 것은 애초에 생겨나지 않습니다. 진리는 모습이 없어요. '이런 게 진리다'라는 건 있을 수 없습니다. 진리는 없습니다. 그래서 《금강경》 앞부분에 얻을 것도 없고 잃을 것도 없다… 생겨난 것도 아니고 없어지는 것도 아니고, 더러운 것도 아니고 깨끗한 것도 아니다… 법은 그 모습이란 게 없습니다. 법상이라고 하지만 법에는 상이 없어요. 상이 없다는 것도 '이와 같이'와 마찬가지로 '어떻게 상이 없어?'… '어떻게 상이 없어?'라고 하는 여기서 계합이 되면 바로 '어떻게 상이 없어?'가 바로 이것이라고요. 다른 게 없어요.

수보리야, 이른바 법의 모습이라고 하는 것은 여래께서 말씀하시기를 법의 모습이 아니라 이름일 뿐이다.

결국 결론은 이거예요. 컵은 컵이 아니라 이름이 컵일 뿐, 이거다!

시계는 시계가 아니라… 향로는 향로가 아니라… 화분은 화분이 아니라… 생각은 생각이 아니라… 보는 것은 보는 게 아니라… 뭐든, 하나도 남김없이, 앞에서 모든 중생을 전부 한꺼번에 멸도시킨다 했잖아요. 모든 중생은 중생이 아니라… 허상으로서의 중생은 모두 멸도(滅度)되어서 진실한 부처가 다 되어 있습니다. 어떤 말을 듣든, 무엇을 듣는 그게 아니다 이거예요. 보살은 보살이 아니다, 부처는 부처가 아니다, 진리는 진리가 아니다, 중생은 중생이 아니다, 아상은 아상이 아니다… 뭐를 갖다 대든 《금강경》에만 갖다 대면 그게 아니고 이리로 딱 돌아오는 겁니다. 그래서 《금강경》을 경전 중에서 애지중지하는 거죠.

《금강경》의 다른 이름 중에 《능단금강바라밀경》이라고 있습니다. 능단(能斷), 잘 끊는다… 뭐든 이쪽에 갖다 대기만 하면 그대로 다 끊어 버려요. 망상을 탁탁 끊어 내는 거죠. 선은 선이 아니라, 달마는 달마가 아니라, 인간은 인간이 아니라… 뭐든 그 자리에서 바로바로 끊어 버리는 거예요. 망상을 더 이상 진행되지 못하게 끊어서, 아니다 하는 순간에 실상이 탁탁탁 드러나는 거예요. 사과, 사과는 사과가 아니라… 하는 순간에 실상으로 딱 돌아와야지… 그럼 사과가 아니라면 배란 말이냐? 그건 너무 유치하잖아요. 사과니 배니 하는 이름을 좇아가지 마라 이겁니다. 이름 안 좇아가면 바로 아니다 하는 순간에 이 자리, 이것, 이것 하나! 아니다 하는 순간에 입이 딱 다물어져야 돼요. 능단이에요. 다이아몬드! 모든 망상을 이것으로 다 잘라 버리는 거예요. 그래서 《능단금강반야바라밀경》이다. 모든 망상을 다 잘라서 전부 이 자리로, 실상의 자리로, 그 실상은 실

762

상이 아니라고 또 잘라 버려야 돼요. 이 자리는 이 자리가 아니라…
또 잘라 버려야 돼요. 그러면 할 말이 없어요, 더 이상….

32
반응하여 변화하는 것은
진실이 아니다 應化非眞分

"수보리야, 만약 어떤 사람이 한량없는 아승지 세계에 칠보를
가득 채워서 보시하더라도, 만약 선남자 선여인으로서 깨달음을
얻고자 하는 마음을 낸 이가 이 경에서 사구게(四句偈)만이라도 받
아 지니고 읽고 외우고 남에게 일러 주면, 그 복이 저 보시한 복보
다 더 나으리라. 어떻게 남에게 일러 주는가? 모양을 취하지 않으
면 늘 한결같아서 움직이지 않느니라. 무슨 까닭인가?

모든 유위(有爲)의 법은
꿈같고 물거품 같고 그림자 같고
이슬 같고 번개 같으니,
마땅히 이렇게 보아야 한다."

부처님께서 이 경 말씀하시기를 마치시니, 장로 수보리와 여러

비구·비구니와 우바새·우바이와 여러 세계의 하늘사람과 세상 사람과 아수라들이 부처님의 법문을 듣고 모두들 매우 즐거워하면서 믿고 받들어 행하였다.

나모바가발제 발라양 바라미다예 옴 이리지 이실리 수로다 비사야 비사야 사바하

"須菩提, 若有人以滿無量阿僧祇世界七寶, 持用布施. 若有善男子善女人 發菩薩心者, 持於此經 乃至四句偈等, 受持讀誦爲人演說, 其福勝彼. 云何爲人演說? 不取於相, 如如不動. 何以故?

一切有爲法, 如夢幻泡影,
如露亦如電, 應作如是觀."

佛說是經已, 長老須菩提及諸比丘比丘尼優婆塞優婆夷, 一切世間天人阿修羅, 聞佛所說, 皆大歡喜, 信受奉行.
那謨婆伽跋帝 鉢喇壤 波羅弭多曳 唵伊利底 伊室利 輸盧馱 毘舍耶 毘舍耶 莎婆訶

다시 하나하나 살펴보겠습니다. 이《금강경》마지막 부분이 결론 부분이고, 실제 결론을 내리고 있습니다.

765

수보리야, 만약 어떤 사람이 헤아릴 수 없는 세계를 칠보를 가지고 가득 채워서 보시를 한다고 하자…

이런 가정은 앞에서도 많이 나왔었죠? 온 우주를, 칠보라고 하는 것은 세속에서 가장 가치 있는 것인데, 세속에서 가장 큰 가치를 가지고 있는 보물을 가지고 온 우주를 가득 채워서 보시를 한다 이겁니다. 세속적으로는 이것이 가장 큰 공덕이고, 가장 위대한 일이겠죠. 물론 이것은 가정입니다. 법을 말하기 위해서 가정법을 쓰는 것입니다. 이 온 우주를 세속적인 가치로써 장식해서 보시를 한다고 하자 이거죠. 그런데,

만약 선남자 선여인으로서 발보리심자(發菩提心者) — 보리란 곧 깨달음이죠? — , 깨달음을 얻겠다는 마음을 낸 자가 이 경전 내지 사구게만이라도 지니고서 그것을 읽고 남을 위해 설명해 준다면 그 복덕은 앞서 칠보로써 우주를 장식한 것보다 뛰어나다…

경전을 읽고 설명해 준다는 것을 법보시(法布施)라고 하죠. 법보시라고 하는 것은 곧 법이죠, 법! 법은 세간의 가치로는 헤아릴 수 없는 거죠. 비교할 수 없는 겁니다. 왜 그러하냐? 가치 기준이라는 것이, 내가 세간에 가치 기준을 두고 있으면 세간법이 훨씬 가치가 있죠. 세간에 있어서의 각종 가치들, 물질적인 가치라든지, 명예라든지, 건강이라든지 여러 가지가 있잖습니까? 세간적인 가치에 기준을 두고 있는 사람이라면 법의 가치는 아무짝에도 쓸모없는 겁니

다. 알 수 없으니까, 그 가치를 알지를 못하고, 자기 저울의 눈을 세간적 가치에 두고 있기 때문에 법이라는 것은 자기 저울로 달아지지 않는 것입니다. 그러니 법이란 것은 쓸모가 없는 거죠.

'돼지 목에 진주 목걸이'라는 말이 있죠? 진주란 것은 사람들에게 가치가 있는 것이지만, 돼지에게는 아무 쓸모가 없는 거죠. 왜냐하면 돼지로서는 진주의 가치를 알지 못하기 때문입니다. 법의 가치도 마찬가지예요. 경전에서는 법의 가치를 수없이 말하고 있습니다. 온 우주를 칠보로 가득 채우는 것보다도 사구게, 경전, 법의 가치가 훨씬 높다는 이야기를 수없이 해 왔죠. 그러나 사실은 세간법에 익숙해 있는, 또는 세간법에 가치를 두고 있는 입장에서는 법의 가치를 아무리 말해도 별 실감이 안 나요. 법의 가치란 것은 그 법의 가치를 실제로 실감한 사람만이 알 수가 있습니다. 이것이 왜 가치 있다고 하는 것인지, 말로만 들은 입장에서는 그 가치를 알 수가 없는 거죠. 실감을 해 봐야 그 가치를 알 수 있습니다.

실감을 해 보지 않은 사람에게는 결국 말로써 설명할 수밖에 없습니다. 왜 세간법에 비해서 법의 가치가 위대하냐? 그런 이야기들은 경전에 수없이 나옵니다. 예컨대 세간법이라고 하는 것은 생멸법(生滅法)이다… 생하고 멸하니 무상(無常)하다는 말이죠. 어떻게 하더라도 우리가 일정하게 가질 수 없는 것이다… 가지면 또 빠져나가는 것이고, 회자정리(會者定離)란 말이 있듯이 왔다 가는 것이니까 무상하죠? 변화가 심하고, 그래서 믿기가 힘들죠. 세간법의 가치란 것은 완전한 만족을 주지 못한다… 우주를 칠보로 가득 채워 가진다고 해도 거기서 만족이 느껴지느냐 하면 그렇지 못하고 불만족스럽다…

  거기에 비하면 이 출세간법의 가치라고 하는 것은 왔다 갔다 하
는 것이 아니다… 온 적이 없고 가지 않는 것이다… 그리고 불만족
이란 게 없어요. 사실 불만족이 없다는 것은 만족도 없는 것이지만,
만족과 불만족의 구속으로부터 벗어나는 것이라 이겁니다. 그 외에
도 해탈(解脫)이란 말로써 표현되듯이 온갖 구속으로부터의 자유가
있습니다. 관념이라든지, 각종 욕망이라든지, 의식 가운데 우리를
구속하고 있는 여러 가지 대상으로부터 자유가 있다… 이렇게 상대
적으로 세간법에 대해서 표현을 할 수가 있을 뿐이지, 어찌 보면 출
세간법의 가치를 말해 주기 위해서 어쩔 수 없이 세간법과 상대적
으로 말하는 겁니다. 그러나 실제로 이 출세간법의 입장이 되면, 말
하자면 반야(般若)에 발을 탁 디디면 이렇고 저런 게 없지요. 만족스
럽다든지 자유롭다든지 그런 정해진 뭐가 있는 게 아니에요. 정해
진 게 없습니다. 그걸 일컬어 해탈이니 자유니 이렇게 말할 수 있겠
죠. 뭐든 정해진 게 있다면 우리는 그 정해진 것의 구속을 받는 겁
니다. 정해진 게 없기 때문에 그것이야말로 완전한 자유다… 이렇
게 말하기도 하죠.

  이 마지막 부분에서 발심, 발보리심자 이야기를 또 하고 있는데,
실제로 이 공부에서 가장 중요한 점은 "어떻게 발심(發心)하느냐?"
하는 문제가 가장 중요해요. 세간적인 의미에서의 어떤 목표 성취,
세간적 의미에서의 목표 성취라는 것은 어떤 목표를 정해 놓고 그
것을 성취함으로써 얻는 여러 가지 쾌감들, 만족감 같은 것들인데,

그러한 세간적인 가치를 가지고서 법을 측량할 수는 없습니다.

제가 보기에 발심에 있어서 가장 중요한 것은 바로 그것입니다. 도를 알면 살아가는 데 있어서 사업이 잘되고 인생이 잘 풀린다… 그런 종류의 가치가 아니란 겁니다. 공부의 목적을 그런 세간적 가치의 성취에 둔다면 법에 계합할 수가 없습니다. 법에 계합한다고 하는 것은 어떠한 가치도 염두에 두지 않는 것입니다. 그저 단순히 법에 계합하고자 하는 한 마음만 있을 뿐입니다. 어떤 다른 이유가 거기에 개입되어서는 안 되는 것입니다. 다른 이유가 개입되면 그 이유를 달성하는 것이 목적이 되지 실제 깨달음과는 상관없게 되는 겁니다.

왜냐하면 법이란 것은 무미건조한 거예요. 무미건조한 거죠. 법이 무슨 정서적인 쾌감을 주는 것도 아니고, 그렇다고 육체적으로 어떤 이상한 능력을 얻는 것도 아니고, 건강을 주어서 영원히 살게 해 주는 것도 아니란 말이에요. 육체가 영원할 수는 없는 겁니다. 또 무슨 특별한 능력을 얻어서 남보다 뛰어나게 인생을 살 수 있게 해 주는 것도 아니에요. 오히려 법은 너무나 평범하고 모든 사람에게 똑같이 갖추어져 있기 때문에, 법을 깨닫고 보면 남보다 더 나아진다는 생각이 전혀 없습니다. 모두가 똑같아요. 아무런 조건도 없고 특별히 성취되는 것도 없습니다.

그렇지만 법을 실감하고 법에 계합하면, 지금까지 나를 괴롭혀 왔던 수많은 문제들이 사라지기 시작합니다. 일시에 싹 사라진다는 것은 말이 좀 안 맞지만, 서서히 사라져서 그 문제들이 없는 상황이 되는 겁니다. 그래서 결국에는 삶과 죽음 자체가 문제가 되지 않죠.

예컨대 세속적인 의미에서의 종교 가운데는 미래를 예언해서 문제가 생길 소지가 있으면 미리 그것을 방비한다는 그런 게 있습니다. 그러나 실제 이 법에는 그런 게 없습니다. 왜냐? 문제가 생기느냐, 안 생기느냐 하는 그런 시각 자체가 바로 분별심이고 망상이에요. 망상을 떠나서 법의 자리에 있으면 내일 지구가 사라진다고 해도 그것이 문제가 되지 않습니다. 그게 바로 법이에요. 법의 자리에 오롯하게 있지 못하는 게 문제이지, 내 미래가 어떻게 될까 말까 하는 것은 분별심이고 망상입니다.

불교의 진리를 말하는 것 가운데 무아(無我)란 것이 있잖습니까? 거짓말이 아니거든요. 나라는 게 없어요. 내 몸이 있고 내 정신이 있는데, 왜 내가 없다고 그러느냐? 똑같은 상황인데 분별심으로 보면, 내가 있고, 내 몸이 있고, 내 미래도 있고, 잘됨이 있고, 못됨이 있습니다. 그러나 똑같은 상황인데 분별심이 아닌 법에서 보면, 내가 없고, 내 몸도 없고, 미래도 없고, 잘되는 것도 없고, 못되는 것도 없어요. 그러니 분별심 입장에서 보면 법이란 것은 아무런 가치가 없는 거예요. 그런 것을 얻어 봐야 내가 무엇을 할 거냐? 당장 돈이 되는 것도 아니고… 그래서 제대로 발심하기가 힘든 겁니다. 그래서 힘든 거예요.

분별심을 가지고 미래를 예측하고 내 삶의 방향을 보다 좋은 방향으로 개척해 나가려는 사고를 가지고 있는 한은, 결코 법을 깨달을 수도 없고 자유로울 수도 없고 해탈할 수도 없습니다. 계속해서 좋고 나쁨, 가치 있는 것과 가치 없는 것, 이런 굴레에 묶여 가지고 끊임없이 방황을 해야 하는 겁니다.

그래서 종교에서 그런 식의, 미래를 예측하고 좋고 나쁨을 가려서 좋은 것을 추구하고자 한다면, 유감스럽지만 그런 종교는 이름만 종교이지 참된 종교는 아닙니다. 실제 법에서는 지금 당장 천지개벽이 일어난다 한들 그것 자체가 전혀 문제가 되지 않는 것이니 바로 생사로부터 초탈하는 겁니다. 왜? 실제 법이 바로 그렇기 때문에 그런 겁니다. "나는 죽어도 좋다!" 이렇게 억지 부리는 게 아니에요. 법이 그렇기 때문에 그런 거예요. 법이 그렇기 때문에 그런저런 일에 대해서 흔들림이 없는 겁니다.

이 문제는 아주 간단한 문제이면서도 대부분의 사람들이 잘못 알고 있는 측면이 있습니다. 법은 건강한 사람에게나 병든 사람에게나 아무 차등이 없습니다. 죽은 사람에게나 산 사람에게나 아무 차등이 없어요. 남자, 여자 아무 차등이 없어요. 흑인, 백인, 황인 아무 차등이 없어요. 심지어 사람과 땅강아지도 아무 차등이 없습니다. 그래서 장자(莊子)는 "도가 어디 있느냐?" 하니까, "땅강아지, 오줌, 똥에 있다"고 했어요. 사람하고 오줌, 똥하고도 차별이 없어요. 그런 차별이 없습니다. 그래서 우리 불법은 평등법(平等法)이라고 그러거든요. 모양을 좇아가고, 이름을 따라가고, 상(相)을 따라가면 다 다르죠? 사람은 만물의 영장이고 그 외에는 사람의 손아귀 속에 있는 재료라는 식의 사고방식도 있는데, 그것이 바로 모양 따라가고 이름 따라간 겁니다. 그래서는 법을 체험할 수가 없죠.

그래서 이 발심(發心), 발보리심(發菩提心), 깨달음을 얻고자 마음을 낸다고 하는 것은, 세속적인 의미에서의 어떤 욕심도, 어떤 가치도 추구하지 않는 것입니다. 제가 자주 말씀드리는 것이지만, 이 공부는 어떤 기분 좋고 황홀한 느낌을 만끽하고 향유하려고 하는 것이 아닙니다. 궁극적으로 법, 즉 진리를 깨닫는 것이지 기분 따라서 하는 것이 아니에요. 기분 따라 한다면, 예전에 제가 이런 질문을 받은 적이 있었는데, 마약을 먹고 황홀한 것과 깨달아서 황홀한 것의 차이가 뭐냐? 언뜻 보면 실제 차이가 없을 수도 있습니다. 왜냐하면 마약을 먹고 황홀할 때도 자타(自他)가 따로 없어요. 그저 황홀하지… 그럼 깨달아서 황홀한 것과 무슨 차이가 있느냐? 법이 무엇인지 모르니까 그런 질문이 나오는 겁니다. 깨달음을 그런 자타 구별이 없는 황홀한 기분인 양 착각을 하는 겁니다. 그러나 그런 게 아닙니다.

법이라고 하는 것은 그런 황홀함이 아니라 오히려 한없이 냉정하고 차갑고 착 가라앉아 있습니다. 그것을 황홀하다고 이름 붙인다면 어쩔 수가 없지만… 깨어 있다는 말을 쓰듯이 아주 건강한 상태이고, 아주 정상적인, 가장 정상적인 상태죠. 사실 기분이란 것은 우리에게 하나의 경계(境界)일 뿐이에요. 오온(五蘊) 중에 수(受)나 행(行)에 해당하는 겁니다. 법은 그런 경계가 아닙니다. 어떤 경계에도 해당되지 않는 거예요. 오온 십팔계(十八界)라고 부르는, 우리가 의식적으로 경험할 수 있는 어떤 경계에도 이 법은 해당되지 않습니다. 동시에 어떠한 경계에서도 법은 명확한 겁니다. 어둡지가 않아요. 술을 마셨을 때에도 이 법은 분명하고, 상한 음식을 먹고 탈이 났을 때에도 법은 분명한 겁니다. 아무런 차이가 없습니다. 어떠한 경계의 문제가 아니에요. 이 점을 명확하게 아셔야 합니다. 그렇지 않으면 자칫 기분 따라서 공부하는 그런 상황이 되어 버립니다. 그런 경우를 많이 보거든요. 기분 내키면 하고 기분 내키지 않으면 안 하고…. 제가 그런 공부인들을 볼 때면 제 스스로도 관심이 없어져요. 알아서 하겠지… 우리는 그렇게 공부하지 않았습니다. 처음부터 그렇게 배우지도 않았고. 그리고 실제 경전에서의 가르침도 그런 게 아닙니다. 부처님이 자기 기분 좋은 것을 추구했습니까? 죽을 고생 다 해서 진리 하나 깨달으신 거예요. 기분 좋게 살려고 했으면 왕궁에서 사는 게 훨씬 낫지요. 그 점을 우리 공부하는 입장에서는 명심해야 합니다. 자칫하면 그렇게 될 수 있습니다.

발심할 때, 깨달음이라는 것을 어떤 그런 황홀한 상태라고 착각하시면 안 됩니다. 그런 게 아닙니다. 진리입니다. 진리! 진리라고 하는 것은 무색투명한 것입니다. 담연적적(湛然寂寂)하다고 하잖습니까? 아주 맑고 투명해서 아무 색깔이 없어요. 그러면서 아주 고요해서 흔들림이 없습니다. 말하자면 그렇게 표현할 수 있는 겁니다. 거기에 무슨 톡 쏘는 맛이 있는 게 아니에요. 어찌 보면 있는 둥 마는 둥입니다. 실제로는 우리가 늘 법을 벗어나 있지 않고, 법 안에서 살고 있습니다. 아니, 나 자신이 법이에요. 그래서 '평상심(平常心)이 도'라고 하잖습니까? 늘 그냥 평범한 그대로예요. 우리가 태어나서 의식이 있고 난 이후에 수많은 경험을 해 왔는데, 그 수많은 경험들의 다양한 모습들과는 관계없이 법은 늘 그렇게 있어 온 겁니다. 늘 그런 겁니다.

법은 항상 그대로입니다. 그래서 주어지는 것도 아니고, 얻은 것도 아니고, 본래 가지고 태어난 거예요. 그러니까 죽을 때도 가지고 가는 겁니다. 가지고 온 것은 죽을 때도 가지고 가요. 그런데 태어난 이후에 성취한 것은 죽을 때는 내놓고 가야죠. 법은 그런 게 아니거든요. 그래서 불생불멸(不生不滅)이라고 하는 겁니다. 애초에 생겨난 게 아니기 때문에 갈 때도 없어지는 게 아니다 이겁니다. 아주 평범한 것이고, 너무 당연한 것이고, 그래서 누구나가 다 원하기만 하면 체험할 수 있는 거예요.

이 점도 발심하시는 분들이 알아 두셔야 하는 것인데, '부처님, 깨달음이란 것은 대단한 것이다. 그래서 수십 생을 갈고 닦아야 겨우 될까 말까 하는 그런 거지, 평범한 범부들은 턱도 없는 이야기다.' 이런 식으로 법에 대해서 겁을 주는 사람들이 있죠. 역시 그런 사람은 법에 대한 망상은 알고 있을지라도 실제 법은 모르는 사람들입니다. 왜냐하면 법은 그렇게 멀리 있는 대단한 게 아니에요. 우리는 법을 벗어난 적이 없습니다. 우리는 법을 손에서 놓은 적이 없고, 발에서 뗀 적이 없어요. 늘 법 안에서 살아왔습니다. 법이 아니면 아무 것도 존재할 수 없어요. 그래서 우리는 법을 일컬어 '나 자신이다', '본래면목(本來面目)이다', '나의 참된 자신, 진아(眞我)다', '나의 본성(本性)이다'… 이렇게 표현하잖아요? 내 본성, 나 자신이란 것을 언제 우리가 벗어난 적이 있습니까? 잃은 적이 있습니까? 그러니까 우리는 언제든지 마음만 먹고 원하기만 하면 누구든지 어렵지 않게 성취할 수 있는 게 깨달음입니다. 결코 겁먹을 필요가 없습니다. 쉬워요. 누구나 다 경험할 수 있는 겁니다. 믿음을 가지셔야 돼요. 발심을 하시는 분들은 겁먹으실 필요가 없습니다. 누구나 할 수 있다, 나도 할 수 있다 하고 자신감을 가지세요.

발심을 하시되 무슨 세속적인 가치를 추구하듯이 그런 가치 판단을 가지고 하셔서는 안 되고, 다만 이렇게 하셔야 되는 거죠. 어떤 욕심도 없다. '단지 이 진리를 체험하고 싶다.' 이렇게 하시면 됩니다. 어떤 다른 욕심도 없다, 어떤 다른 이유도 없다, 그냥 이 진리를 깨닫고 싶다, 이렇게 하시는 거죠. 그러다 보면 여러 가지 주변적인 상황들이 어려울 수도 있고, 소위 역경계(逆境界), 순경계(順境界) 그러는데, 공부를 방해할 수도 있고, 공부에 도움이 될 수도 있는데, 방해를 하든 도움이 되든 그런 것은 상관이 없어요. 이 진리라는 것은 그런 것에 영향을 받는 게 아니거든요. 다만 이것만 추구할 수 있는 겁니다. 발심을 제대로 잘 하시는 게 공부의 성패를 가늠하는 중요한 요인이 되는 겁니다.

그럼, 법에 관한 이야기로 다시 돌아가겠습니다.

발심을 한 사람이 이 경전을 받아 지녀서 읽고 남을 위해서 설명해 준다면 그 복은 저 복보다 뛰어날 것이다.

그러면 '이 경전'이라는 게 도대체 뭐냐? 어디 있는 것이냐? '이 경전'이라는 게 무엇을 가리키는 겁니까? 바로 법을 가리키는 것이거든요. 그럼 '이 경전'이 지금 어디 있느냐?

자, 직접적으로 제가 보여 드리겠습니다.

법이 어디 있느냐? '받아서 지니고' 그랬습니다. 받아 지니고…(컵을 들어 보임) 누가 이렇게 주는데 받아 지니고… 그리고 '읽고'… (컵에 그려진 꽃 문양을 보며) 수선화인가? '수선화와 나비'… 이렇게 읽는단 말이죠. 그 다음에 '남을 위해서 설명해 준다'… (컵을 들어 보이고) '이것은 도자기로 된 컵인데 이쪽에 수선화와 나비가 그려져 있네요'… 설명해 준다…

자, 제가 법을 다 보여 드렸습니다. (다시 앞서의 컵을 들어 보이고) 이게 바로 법이에요. 이게 바로 경전이에요. 이게 바로 '이 경전'이란 말입니다. 《금강경》이 바로 이겁니다. 이게 바로 《금강경》이에요. 받아서 지니고 읽고 설명하고… 이게 바로 《금강경》입니다. 너무 분명하잖아요. 너무 간단한 거죠. 《금강경》이 바로 여기(컵을 들어 올리며) 있어요.

(컵을 들어 차를 마신 후)《금강경》이 바로 이겁니다. (대중 웃음)

이렇게 해도 깨닫지 못한 분들을 위해서 또 여기에 설명을 덧붙이고 있습니다.

어떻게 남을 위해 설명해 줄 것인가? 불취어상여여부동(不取於相如如不動)이라, 모양을 취하지 않아서 늘 있는 그대로 변함이 없다…

불취어상여여부동(不取於相如如不動)이라… 모양을 따라가지 않으니까 항상 그대로 변함이 없다, 한결같다 이겁니다. 그러면 제가 다시 경전을 보여 드릴게요. 이제 모양을 취하지 않고 보셔야 하는 겁니다. 모양을 취하지 않고 '이 경전'을 보십시오.

받아서 지니고(컵을 들어 올림)… '수선화와 나비', 읽고… '수선화와 나비가 그려져 있는 하얀 도자기에 담긴 차 한 잔', 설명 드렸죠? 모양을 따라가지 않으면 여여부동이라… 지금까지 여러 가지 말을 했지만 처음부터 끝까지 달라진 게 없습니다. 다른 게 없다 이거예요. 처음부터 끝까지 이것이라고요. (컵을 들어 대중에게 보임) 다른 게 없다… 불취어상여여부동… 처음부터 끝까지 이것뿐이다 이겁니다. 받아 지니고, 읽어 주고, 설명해 주고… 이게 바로 《금강경》이에요. 모양 따라가지 않으면 처음부터 끝까지 한결같이 이것뿐이라… (다시 차를 한 모금 마신 후) 《금강경》이 이거라니까요. (대중 웃음)

그래도 깨닫지를 못하니까 한 번 더 설명해 드리는 겁니다.

왜 그러한가? 일체 유위법…

모든 유위법, 세간법, 우리가 알고 있는 모든 것, 경험하고 있는 모든 것, 우리가 알고 있는 것은 모두가 유위법입니다. 의식으로 판단해 내는 것은 다 유위법이에요. 이름과 모양으로 판단하는 것은 유위법입니다.

물 컵을 받아서 지닌다고 할 때, 물 컵, 받음, 지님, 세 가지 뜻이 있죠. 모양을 따라서 이해가 됩니다. 그게 바로 유위법이에요. 모양을 따라갔기 때문에… 그러면 불취어상, 모양을 따라가지 않으면 어떻게 됩니까? 물 컵을 받아서 지니고… 모양을 따라가지 않으면 세 가지가 없어요. 두 가지도 없습니다. 한 가지뿐이라고 하는 것도 억지로 말하는 거예요. 물 컵을 받아서 지니고… 모양을 안 따라간 다는 말은 뜻이 없다는 말입니다. 뜻을 따라가지 않는다는 말입니다. 물 컵을, 받아서, 지니고… 한결같아요.

물 컵을 받아서 지니고… 여기서 모양을 따라가지 않는다면 이것이 무엇이냐 이겁니다. 물 컵을 받아서 지니고… 이게 어디 있느냐? 이게 어디 있습니까? (대중 침묵) '저기 내 눈 앞에 있네.' 자기가 가지고 있으면서 자꾸 남의 것을 보는 겁니다. 바로 이렇게 가지고 있는 겁니다. 모든 사람 각자가 다 가지고 있는 것입니다. 이것은 제가 가지고 있는 컵이 아니에요. 각자가 가지고 있는 컵을 놓아두고 제 물컵을 보면 안 돼요. 그러면 모양 따라가는 겁니다. 각자가 자기 손에 물 컵을 가지고 있는 겁니다. 자기 손으로 붙잡고 있는 거예요. 제가 붙잡고 있는 것을 따라가는 게 모양 따라가는 겁니다. 각자가 자기 손아귀에 컵을 가지고 있고, 그것을 지금 받아 지니고 있고, 자기가 다 놀리고 있는 거예요. 언제나 가지고 놀리는 이것 밖에 따로 가지고 계신 게 있습니까? 모든 일이 이것 아닙니까? 밥도 먹고, 볼 일 있으면 어디에 가고, 등이 간지러우면 이렇게 긁고, 세수도 하고, 양치질도 하고, 보고 싶은 게 있으면 눈을 두리번두리번 돌리고 하는 것 아닙니까? 이것 하나를 누구나 가지고 있잖아요? 그러니 이것밖에 없죠. 다른 게 없어요.

왜 내 것을 내가 쓰면서도 모르느냐 하면, '내 것'이란 생각이 생기는 순간 모르는 겁니다. '내 것'이란 생각이 생기는 순간에 실제 내 것 앞을 그놈이 탁 가로막아요. 그게 말하자면 유위법이거든요. '내 것'이라는 생각이 바로 유위법이라… '내 것'이란 내가 만든 망상이거든요. 이놈이 턱 가로막아 버려요. 그러니까 언제나 이렇게 (손을 흔들며) 가지고 있으면서도 있는 줄 모르는 거예요. 이것들은 다 망상이거든요. 그래서 여기 나오잖아요.

일체의 유위법은…

내가 만들어 낸 망상은…

꿈과 같고 환상과 같고,
물거품과 같고 그림자 같고,
이슬 같고 번개불과 같으니,
마땅히 이렇게 보아야 한다…

잘 보십시오! 그럼 우리가 알고 있는 각종 모양들, 생각들, 의식, 느낌, 욕망, 관념… 이런 것들을 물거품이나 그림자처럼 봐야 한다… 그런 뜻입니까? 그런 뜻이 아니에요. 응작여시관(應作如是觀)이 그런 뜻이 아니라고요. 그렇게 알면 그게 바로 망상이에요. 세상을 사는 게 다 물거품 같아… 욕심 낼 것도 없고 되는 대로 살다가 죽으면 그만이지… 그게 바로 망상입니다. 응작여시관이란 게 그렇게 보라는 게 아니에요.

아니면, 세상이 비록 물거품 같지만 나는 내일 사과나무를 심겠다는 그런 진지하고 희망적인 마음을 가지고 살아야지… 역시 망상입니다. 그러한 어떤 종류의 가치 판단이 들어가면 무조건 망상이에요. 그게 바로 일체 유위법이라고요.

응작여시관(應作如是觀)은 우리가 오해하기 쉬운 부분인데… 응작여시관이란 것은 응작(應作), 마땅히, 관(觀), 봐야 한다… 어떤 식으로, 여시(如是), 이렇게, 이런 식으로… 사구게를 받아 지녀서 읽고 설명해 주고 하는 그런 식으로… 눈에 티끌이 들어갔을 때 눈을 비벼서 티끌을 뽑아내는 식으로… 더울 때 윗도리를 벗어서 시원하게 만드는 식으로… 목마를 때 물을 마시는 식으로… 뭔가 또 오해가 일어나고 있죠? 그러면 (탁자 위의 난초 잎을 만지며) 난초 잎을 만지는 식으로… (탁자 위의 시계를 보며) 시계를 보는 식으로… 난초 잎을 만진다… 거기에 무슨 생각이 들어갈 수가 없어요. 그냥 있으니까 만지는 거지. 그럼 더 간단하게, (손을 들어 보이고) 손가락을 오므렸다 펴는 식으로, 안 펴도 좋아요, 그냥 오므리는 식으로(손을 오므림)… 이게 바로 응작여시관 하는 겁니다. 팔을 구부렸다 펴는 식으로(팔을 들어 올려 굽혔다 폄), 눈을 껌벅껌벅 하는 식으로, 고개를 이렇게 돌리는 식으로… 이게 바로 응작여시관입니다.

경전을 인용하여 설명을 하자면, 불취어상 여여부동 하는 식으로… 이것은 좀 안 좋은 말이에요. 더 좋은 말은 이런 식으로 (손가락을 들어 올림)… 이게 제일 간단하지… (손가락을 올리며) 이런 식으로… 이런 식으로 보라 이겁니다. 이런 식으로…

조금 더 면밀하게 설명해 드릴게요. 응작여시관(應作如是觀)… 어떻게 보느냐? 자 한번 보십시오. 제가 보여 드릴게요. (컵을 들어 올려 대중에게 보이고) 이 컵을 보시는데, 컵을 보는 순간에 '본다는 것'이 어디 있습니까? '컵을 본다'라는 사실이 어디 있느냐고요. '컵을 본다' 할 때 '본다'라는 사실이 어디 있냐 이겁니다. '본다'는 것은 없어요, 생각이지. 다만 이것뿐입니다. 다른 게 없어요.

그런데 우리가 왜 안 되느냐? 불취어상(不取於相)을 못 해서 그래요. 취상(取相)을 해서, 생각으로 본다는 말이죠. 그래서 이 문제는 습과 관련된 문제다… 습(習), 습관과 관련된 문제인데, 우리가 컵을 볼 때는 늘 어릴 때부터 봐 왔던 방식으로 봅니다. '음, 이것은 컵이다.' 이렇게 보는 거죠. 말하자면 컵의 모양만을 좇아 왔기 때문에 지금도 여전히 컵의 모양만을 좇아서 보는 데 익숙해져 있는 겁니다. 그래서 "컵을 보시오" 하면 그냥 컵을 보는 거예요, 그 모양으로… 그게 바로 우리가 익숙해져 있는 습입니다.

"컵을 보시오" 하면 바로 이것입니다. 바로 법입니다. 생각이 필요 없어요. 이렇게 실감하고 있으면서도 이것을 실감하지 못하고 컵이라는 모양을 따라가 버린단 말입니다. 그게 습이거든요. 문제는 거기에 있는 겁니다. 그래서 공부라고 한다면 그 습을 극복하고, 컵을 볼 때도 컵을 보는 것이 바로 이것, 이 법을 실감할 수 있느냐, 이게 바로 공부의 요점이에요. 앞에 나왔잖아요? 약견제상비상(若見諸相非相)… 모양을 보되 어떻게 하면 모양에 매몰되지 않을 수 있느냐, 모양에 파묻히지 않을 수 있느냐, 모양을 따라가지 않을 수 있느냐?

사실 그것은 습의 문제입니다. 그래서 그 습을 이겨내고자 하는 게 발심이거든요. 나는 모양만 보면 좇아다니는 게 습이 되어 있는데, 나는 그 습을 극복하고 싶다… 어떻게 극복할 것이냐가 아니라, '어떻게'라는 특별한 방법은 없어요. 단지 중요한 것은 '나는 극복하고 싶다'라는 것입니다. 그것이 발심이에요. 그 극복하고자 하는 마음이 뼛속 깊이 사무칠 정도로 깊고 깊게 뿌리를 잡게 되면, 시간이 좀 걸립니다만, 모양을 좇아가던 습이 점차점차 약해지고 하다가 어느 순간에 갑자기 좇아가는 힘보다도 반야를 보는 힘이 더 강해지는 순간이 오게 되는 겁니다. 그럼 문득 턱 보게 되는 겁니다. 막혔던 장애가 사라지고, 가벼워지고, 안정이 되고, 죽어 가던 사람이 다시 살아나듯 하게 됩니다. 물론 그 다음에도 계속해서 공부해야 하는 겁니다. 모양을 따라가던 습이 이제 반야(般若) 쪽으로 기울어지도록 말이죠. 습의 문제입니다. 법이 잘못된 건 없습니다. 우리 본성에는 문제가 없어요. 우리가 어릴 때부터 익혀 온 습이 문제입니다.

제가 시간이 지날수록 그걸 느껴요. '이게 전부 습의 문제구나…' 그 습을 불교에서는 일컬어서 업(業)이라고 이름 붙이는 겁니다. 습이라는 게 실체가 있는 게 아니거든요? 그냥 습관화되어 있는 것뿐이지 거기에 뭐가 있는 게 아니에요. 그냥 그렇게 익숙해져 있을 뿐이에요. 그렇게 익숙해져 있는 것에서 이 아무 일 없고 밝은 쪽으로 방향을 트는 겁니다. 그래서 실제 이 공부를 하다 보면 우리 스스로에게 많은 변화가 오는 겁니다. 그것은 습이 바뀌니까 변화가 일어나는 거죠. 많은 변화가 일어나서 이렇게 밝고 편안하게 바뀌는 겁니다.

응작여시관이라고 하는 것은 그렇게 우리 습을 바꾸는, 반야에 발 딛고서 세상을 바라보는, 반야의 시각으로 대상을 바라보는 게 바로 응작여시관입니다.

　　부처님께서 이 경을 말씀하시는 것을 끝내자 장로 수보리와 여러 비구들과 비구니와 우바새와 우바이와 일체 세간 천·인·아수라…

일체 세간 천·인·아수라, 사람뿐만 아니라 온 천지 삼라만상 전부 다…

　　부처님의 말씀을 듣고서 모두 크게 환희하면서 믿고 받들어서 행하더라…

　　이것이《금강반야바라밀경》의 마지막인데… 온 세상 가득 차 있는 삼라만상이 전부 불법을 받들어서 행하더라… 마지막에 참 바른 소리 한마디 하고 끝내는 거죠. 알고 보면 망상은 없습니다. 다 불법뿐이에요. 전부 불법인 거지, 이 세상의 삼라만상 어느 것도 망상은 없어요. 다 불법뿐이라… 불법을 떠나서 뭐가 있겠습니까? 만약에 이것은 '불법'이 아니라 '마구니'라고 하면… "마·구·니" 하는 이 자체가 법(法)이라… 그런 것을 뭐냐고 하면 자기 귀를 막고서 크게 고함을 치는 것과 같다 그럽니다. 자기 스스로가 스스로를 속이고 있는 거지 실제로는 다 드러나 있는 겁니다.
　　불법은 숨겨져 있는 게 아니에요. 법은 숨길 수가 없습니다. 그런데 우리 스스로가 망상을 부리고 분별을 해서 이것은 '마구니', 저것은 '부처'라고 하는 것이지, 이것은 '마구니', 저것은 '불법' 하는 자체가 불법이 그대로 드러나고 있는 겁니다. 법에는 두 가지가 없습니다. 오직 법뿐이에요! 법 하나뿐입니다. '마구니'라고 하든, '부처님'이라고 하든, '예수님'이라고 하든, '알라신'이라고 하든, '상제님'이라고 하든 아무 상관이 없어요. 그것들은 전부 말일 뿐입니다. 말만 안 따라가면 이게 전부 불법이에요. 일체 세간 삼라만상이 다 불법을 믿고 받들어서 행하고 있는 겁니다. 마지막 결론에서 이 하나를 완전히 보여 주고 있는 겁니다. 두두물물이 모두 이것 아닌 게 없다… 언제 확인하느냐? 지금 이렇게 확인하고 계신 겁니다. 다른 때 확인할 수 없어요. 미래에 확인할 수 없습니다. 과거에 확인할 수 없습니다. 지금 이렇게 확인하고 계신 겁니다. 늘 불법 속에 있으면서 이것이 뭔지를 모르고 있을 뿐이에요. 다 불법입니다.

그 다음에 진언(眞言)이 나오는데, 진언은 '진짜배기 말'이다 이거죠? 진짜배기 말에는 모양이 없습니다. 진짜 말에는 모양이 없어요. 그래서 《노자도덕경》에 명가명비상명(名可名非常名) 그랬어요. 모양을 갖춘 말은 진짜 말이 아니다 이거예요. 진짜 말에는 모양이 없어요. 《반야심경》에도 진언이 있죠? "아제 아제 바라아제 바라승아제 모지 사바하"…. 여기서는 좀 길어요. 길어도 상관이 없습니다.

나모바가발제 발라양 바라미다예 옴 이리지 이실리 수로다 비사
야 비사야 사바하

784

모양이 없기 때문에 처음부터 끝까지 한마디일 뿐입니다. 일구(一句)라, 일구! 단 한마디! 이 한마디가 언제나 모든 것입니다. 이 한마디만 깨달으면 되는 거예요. 진언, 진짜 말 한마디만 체험하시면 되는 거예요. 뜻 없는 이 한마디만 깨달으시면 되는 겁니다.

이 한마디가 뭐냐?

비사야 비사야 사바하

탁! 탁! 탁! (죽비 소리)

《선으로 읽는 금강경》 끝.

2004년에 출간된 《선으로 읽는 금강경》은 도반들에게 인기가 많
았다. 그런데 이 책이 출간된 지 10년이 되는 2014년에 다시 훑어
보니, 생각으로 한 말도 많고, 자칫 공부를 잘못 이끌 수 있는 경계
를 제시하는 듯 오해를 불러일으킬 만한 말도 많음을 알고는, 애초
에는 이 책을 그냥 절판시키고 2008년 행했던 금강경 법회를 다시
녹취하여 새로 《선으로 읽는 금강경》으로 엮어 내려고 하였다. 그
리하여 사람들의 의견을 물어보니 많은 사람들이 이 책이 그동안
마음공부로 이끈 역할을 한 것이 적지 않고 사람들이 이 책을 상당
히 좋아하여 초심자들에게 많이 추천한 책이므로 문제가 있는 부분
을 수정하여 다시 출간하는 것이 좋겠다고 하였다. 심지어 어떤 도
반은 이 책을 읽기만 하여도 해탈의 체험이 온다고 하기도 하였는
데, 어쨌든 이 책이 마음공부로 이끄는 길잡이 노릇은 톡톡히 하여
왔던 것 같다. 이에 원고를 다시 읽어 보면서 문제가 될 만한 부분
을 대강 고쳐서 다시 출간하게 되었다. 아무쪼록 이 책이 마음공부

를 처음 시작하는 사람들에게 길잡이가 되기를 바랄 뿐, 이 책으로 말미암아 마음공부를 잘못하는 일이 없기를 간절히 바란다. 끝으로 교정을 도와주신 조두현 거사님, 김말진 보살님, 윤상일 거사님, 곽규숙 보살님의 노고에 감사드리고, 또 출판을 흔쾌히 허락해 주신 침묵의 향기 김윤 사장님께도 깊은 감사를 드린다.

　손가락으로 달을 가리키면
　손가락은 잊고 달만 보아라.
　간절히 달을 보고자 하면
　애초에 손가락은 보이지 않을 것이다.

2015년 3월 21일
해운대 무심선원에서 김태완 씀

| 감사의 말씀(초판) |

홍매화의 향기가
금정산 골짝골짝에 흐르는구나!

이 책은 2003년 1월에서 6월까지 6개월 동안 부산 무심선원에서 매주 토요일에 진행된 《금강경》 법회의 내용을 그대로 녹취한 것입니다. 《금강경》 법회에서는 《금강경》 경문에 대한 단순한 교리적 해설과 사전적 주석을 붙이는 수준에서 탈피하여, 《금강경》을 통하여 불법(佛法)의 진실한 모습을 바로 알아볼 수 있도록 하려고 노력하였습니다. 즉, 《금강경》을 통하여 우리의 본래 마음을 드러냄으로써, 각자 변함 없는 자리에 발을 디뎌서 영원히 쉬도록 이끌려고 애썼습니다.

최상의 깨달음을 얻기 위해서는 그 마음을 어떻게 머물고 어떻게 항복시켜야 하는가를 밝히는 것이 바로 《금강경》의 주제입니다. 다시 말하여, 우리가 어떻게 하여야 망상분별에서 풀려나 막힘 없이 자유롭고 한결같이 안정된 반야의 마음을 누릴 수 있느냐를 가르치는 것이 바로 《금강경》의 지혜입니다. 《금강경》에서는 망상분별에서 풀려나 한결같은 자리에 머물 수 있는 비결을 밝히고 있으며, 이 비결을 실천하는 사람의 올바른 마음 자세를 잡아 주고 있습니다.

《금강경》법회에서는 불교 교리를 끌어들이지 않고, 저의 선수행 (禪修行) 경험에 바탕하여 불교공부와 선공부가 어떤 것이며, 어떻게 하여야 반야를 경험할 수 있는지를 쉽게 보여 주려고 노력하였습니다. 불교에 문외한인 사람이라도 누구나 설법을 듣고 있다 보면, 저절로 잘못된 생각이 떨어져 나가고 올바른 공부의 길로 들어설 수 있도록 이끌려 한 것입니다.

《금강경》법회가 이와 같은 한 권의 책으로 되어 나오기에는 도반인 심성일 선생님의 노고가 뒷받침이 되었습니다. 심성일 선생님께선 42시간에 달하는 방대한 분량의 녹음을 한 구절 한 구절 듣고 녹취하셔서 원고지 3,100매 분량의 책을 만들어 주셨습니다. 그 노고에 깊이 감사드립니다. 또 그 원고를 일일이 읽고 교정을 보아 주신 임순희 도반과 정인호 도반의 노고에도 감사드립니다. 그리고 출판을 흔쾌히 허락해 주신 고요아침의 이경영 사장님과 책을 멋있게 만들어 주신 김수현씨에게도 감사드립니다.

《금강경》법회와 이러한 책이 나올 수 있는 바탕은 무엇보다도, 저에게 마음의 눈을 뜨도록 이끌어 주신 스승 훈산 거사님의 은혜 덕분임은 말할 필요도 없습니다. 언제나 철두철미하신 스승님의 가르침 덕분에 오늘날 이만 한 안목이라도 드러내게 되었습니다. 그러나 이 책에서 미흡한 부분이 있다면, 그것은 전적으로 저의 공부가 부족한 탓임을 밝힙니다.

입을 벌려 말을 하면 나와 너를 세우고 법과 비법을 세워서 바로 어긋나 버리지만, 말에 속지 않으면 한결같은 유희삼매일 뿐이니, 어찌 허물이 있고 없고를 따지겠습니까?

산, 나무, 바위, 하늘, 구름.
한 폭의 수채화가 완성되었네.
어디에서 화가 얼굴 찾고 있는가?
눈앞에서 붓질하며 웃고 있는데.

2004. 3. 8. 김태완 합장

선(禪)으로 읽는 금강경

초판 1쇄 발행일 2015년 7월 30일
3쇄 발행일 2021년 8월 20일

지은이 김태완

펴낸이 김윤
펴낸곳 침묵의 향기
출판등록 2000년 8월 30일, 제1-2836호
주소 10401 경기도 고양시 일산동구 무궁화로 8-28,
삼성메르헨하우스 913호
전화 031) 905-9425
팩스 031) 629-5429
전자우편 chimmukbooks@naver.com
블로그 http://blog.naver.com/chimmukbooks

ISBN 978-89-89590-52-1 03220

* 책값은 뒤표지에 있습니다.